民法典判解研究与适用丛书

民法典·物权
判解研究与适用

| 首届全国审判业务专家 |
何　志◎著

中国法制出版社
CHINA LEGAL PUBLISHING HOUSE

何志简介

何志，河南淅川人，首届全国审判业务专家，河南省十大中青年法学家，西南政法大学民商法学院兼职教授，河南省南阳高新技术产业开发区人民法院分党组书记、院长。从事民商事审判工作近30年，致力于民商事审判理论和实务的研究与传播，先后发表文章150余篇，获奖30余篇，其中，《顾此不能失彼：裁判与民意的博弈与衡平》荣获第二十四届全国法院系统学术讨论会一等奖。致力于民商法学理论和实务的研究与传播，先后出版了《民法典·总则判解研究与适用》、《物权法判解研究与适用》（荣获中国法学会民法学研究会2006年度优秀科研成果奖）、《担保法判解研究与适用》、《合同法总则判解研究与适用》、《合同法分则判解研究与适用》、《侵权责任判解研究与适用》、《婚姻法判解研究与适用》、《最高人民法院合同法司法解释精释精解》、《婚姻案件审理要点精释》等30余部法学专著。担任《民商事纠纷裁判依据新释新解丛书》（一套8本）、《民商事司法解释精释精解丛书》（一套13本、再版7本）的总主编。

总　序

首届全国审判业务专家、河南省十大中青年法学家、河南南阳高新技术开发区人民法院分党组书记、院长何志同志的力作——《民法典判解研究与适用丛书》即将付梓之际，托我为之作序，欣然应允。

走近何志

认识何志同志20余年了。

何志同志业精于勤。他长期在法院审判一线工作，积累了丰富的审判实践经验，并善于从司法实践中发现法律问题，提出立法、司法建议，形成司法智慧。在2009年最高人民法院评选首届全国审判业务专家时，他在全国法院系统推举的160余名候选人中脱颖而出，成功入选45名首届全国审判业务专家之一，是难能可贵的，足见其审判理论的深厚，这也是对他的审判业务能力、理论研究能力的最高“奖赏”。

何志同志行成于思。他并非法学科班出身，而是自学成才的“土专家”。三十年如一日，笔耕不辍，对民法表现出极大的兴趣，对民法通则、合同法、物权法、担保法、侵权责任法、婚姻家庭法等进行了深入研究，并出版了不少专著。其中，《物权法判解研究与适用》（人民法院出版社2004年版）荣获中国法学会民法学研究会2006年度优秀科研成果奖（青年学术成果奖）；《顾此不能失彼：裁判与民意的博弈与衡平》荣获第二十四届全国法院系统学术讨论会一等奖，他也因此被评为《判解研究》“十周年庆典三名杰出作者”之一。这些荣誉表明何志同志的理论研究成果得到了学界的肯定和赞誉。

何志同志传道解惑。他被西南政法大学民商法学院、南阳师范学院法学院等聘为兼职教授，长期在河南法院系统、律师系统、金融系统、部分高校讲授民商法理论与实务，听课人数累计超过30万人次。他还作为全国“双千计划”首批入选者，挂职于河南科技大学法学院。因而在社会上人们称之为老师、教授，在法院同事们称之为学者、专家。

走进丛书

法律是治国之重器，良法是善治之前提。《中华人民共和国民法典》被誉为“社会生活的百科全书”，以保护民事权利为出发点和落脚点，切实回应人民的法治需求，更好地满足人民日益增长的美好生活需要，是新时代切实保障人民合法权益的法典。

《民法典判解研究与适用丛书》以民法典为主线，以单个编章为载体，分为《民法典·总则判解研究与适用》《民法典·物权判解研究与适用》《民法典·合同通则判解研究与适用》《民法典·典型合同判解研究与适用》《民法典·人格权判解研究与适用》《民法典·婚姻家庭判解研究与适用》《民法典·继承判解研究与适用》《民法典·侵权责任判解研究与适用》。丛书采用他擅长的判解研究方法（从案例入手—提出问题—法理阐释—简要评析），博百家理论之精华，集司法实践之案例，以案说法，以法释案，做到了研究实务问题而不乏深入的理论分析，探讨理论问题而不脱离具体的司法实践，从而使民法典判解研究与适用紧密结合。

因此，何志同志的著作，具有很强的理论性、实践性、指导性和可读性。相信本丛书的出版，对学术界深入研究民法典具有重要的参考价值；对实务界适用民法典具有重要的借鉴意义；对社会大众学习民法典具有重要的指导作用。

走向未来

习近平总书记指出，民法典在中国特色社会主义法律体系中具有重要地位，是一部固根本、稳预期、利长远的基础性法律。民法典的研习，是为了使民法典更好地贯彻实施，但愿何志同志百尺竿头更进一步，为繁荣我国的民法学研究做出更大的贡献。

尊其嘱，是为序。

[①]

2020 年 9 月 6 日

---

① 王轶，中国人民大学党委常委、副校长、法学院院长（兼），中国法学会民法学研究会副会长兼秘书长，中国法学会民法典编纂项目领导小组成员、秘书长。

前　言

笔者研习民法物权已经20余年了，与民法物权结下了深深的“不了情”。

20年来，笔者一直在关注、学习、研习民法物权，聆听民法大家的高见，倾听普通民众的心声，集思广益，形成自己的浅见，撰写了《物权法判解研究与适用》，由人民法院出版社于2004年出版发行，后该书荣获中国法学会民法学研究会优秀科研成果奖（青年学术）。《物权法》公布后，笔者及时跟进，于2007年在人民法院出版社出版了《物权法判解研究与适用》(修订版)。《民法典》公布之后，笔者借学习、宣讲民法典的热潮，积极投身其中，同时研习最高人民法院发布的与《民法典》实施相关的司法解释，几易其稿，完成了这本《民法典·物权判解研究与适用》，既是为多年研习成果作一总结，也期待在本书与广大读者见面后，能获得更多关于民法物权研究的新思路。

法学界有一句名言:“民法乃万法之母。”而民法物权是民法的核心，是“母亲的心脏”。因为，物权法律制度调整因物的归属和利用而产生的民事关系，是最重要的民事基本制度之一。《民法典》物权编是在物权法的基础上，按照党中央提出的完善产权保护制度，健全归属清晰、权责明确、保护严格、流转顺畅的现代产权制度的要求，结合现实需要，进一步完善了物权法律制度。因此,《民法典》物权编是规范物权法律秩序，维护交易安全的基本法律。

《民法典》物权编主要规定了通则、所有权、用益物权、担保物权和占有，共有5个分编、20章、258个条文。《民法典》物权编进一步明确物的归属，定分止争，发挥物的效用，保护权利人的物权，体现和维护了我国坚持公有制为主体、多种所有制经济共同发展的基本经济制度。《民法典》物权编明确国有财产和集体财产的范围、国家所有权和集体所有权的行使、加强对国有财产和集体财产的保护，有利于巩固和发展公有制经济；明确私有财产的范围、依法对私有财产给予保护，有利于鼓励、支持和引导非公有制经济的发展。产权明晰、公平竞争是发展社会主义市场经济的基本要求。《民法典》物权编确认物的归属，明确所有权和用益物权、担保物权的内容，保障各种市场主体的平等法律地位和发展权利，依法保护权利人的物权，对于发展社会主义市场经济具有重要作用。《民法典》物权编是维护广大人民群众切身利益的需要。随着改革开放、经济发展，人民群众生活普遍改善，迫切要求切实保护他们通过辛勤劳动积累的合法财产、保护依法享有的土地承包经营权等合法权益。《民法典》物权编明确并保护私人所有权、业主的建筑物区分所有权、土地承包经营权、宅基地使用权，以维护人民群众的切身利益，激发人们创造财富的活力，确保"有恒产者有恒心"。

本书依据《民法典》物权编的规定，融百家之长，以司法实践和现实生活中的具体案例为依托，采用判解研究的方法（从案例入手—提出问题—法理阐释—简要评析），全面、系统地阐述了《民法典》物权编，力争做到将判解研究与适用紧密结合，为审判实践和现实生活服务。《民法典》物权编理论博大精深，而本人水平有限，时间仓促，书中的缺憾和疏漏在所难免，因此，恳请读者不要见笑，不吝赐教，为繁荣我国《民法典》物权编研究而共同努力。

《民法典 · 物权判解研究与适用》是笔者《民法典判解研究与适用丛书》的第二本著作，该丛书总序承蒙中国人民大学党委常委、副校长、法学院院长（兼），中国法学会民法学研究会副会长兼秘书长，中国法学会民法典编纂项目领导小组成员、秘书长王轶老师作序，笔者表示最衷心的感谢！拙著的出版发行，得到了中国法制出版社周琼妮女士的大力支持与辛勤付出，笔者表示最诚挚的谢意！

何志
2021 年 4 月

本书主要法律文件名称及缩略语对照表

缩略语	全称
《宪法》	《中华人民共和国宪法》
《立法法》	《中华人民共和国立法法》
《民法典》	《中华人民共和国民法典》
《民法总则》	《中华人民共和国民法总则》
《民法通则》	《中华人民共和国民法通则》
《物权法》	《中华人民共和国物权法》
《合同法》	《中华人民共和国合同法》
《侵权责任法》	《中华人民共和国侵权责任法》
《婚姻法》	《中华人民共和国婚姻法》
《继承法》	《中华人民共和国继承法》
《担保法》	《中华人民共和国担保法》
《公司法》	《中华人民共和国公司法》
《证券法》	《中华人民共和国证券法》
《保险法》	《中华人民共和国保险法》
《票据法》	《中华人民共和国票据法》
《商业银行法》	《中华人民共和国商业银行法》
《海商法》	《中华人民共和国海商法》
《著作权法》	《中华人民共和国著作权法》

续表

缩略语	全称
《民事诉讼法》	《中华人民共和国民事诉讼法》
《仲裁法》	《中华人民共和国仲裁法》
《土地管理法》	《中华人民共和国土地管理法》
《农村土地承包法》	《中华人民共和国农村土地承包法》
《城市房地产管理法》	《中华人民共和国城市房地产管理法》
《刑法》	《中华人民共和国刑法》
《刑事诉讼法》	《中华人民共和国刑事诉讼法》
《行政诉讼法》	《中华人民共和国行政诉讼法》
《村民委员会组织法》	《中华人民共和国村民委员会组织法》
《民法典物权编解释（一）》	《最高人民法院关于适用〈中华人民共和国民法典〉物权编的解释（一）》
《民法典担保解释》	《最高人民法院关于适用〈中华人民共和国民法典〉有关担保制度的解释》
《婚姻家庭编解释（一）》	《最高人民法院关于适用〈中华人民共和国民法典〉婚姻家庭编的解释（一）》
《建设工程施工合同解释（一）》	《最高人民法院关于审理建设工程施工合同纠纷案件适用法律问题的解释（一）》
《买卖合同解释》	《最高人民法院关于审理买卖合同纠纷案件适用法律问题的解释》
《诉讼时效规定》	《最高人民法院关于审理民事案件适用诉讼时效制度若干问题的规定》
《区分所有权解释》	《最高人民法院关于审理建筑物区分所有权纠纷案件适用法律若干问题的解释》
《物业服务解释》	《最高人民法院关于审理物业服务纠纷案件适用法律若干问题的解释》
《土地承包纠纷解释》	《最高人民法院关于审理涉及农村土地承包纠纷案件适用法律问题的解释》
《国有土地使用权合同解释》	《最高人民法院关于审理涉及国有土地使用权合同纠纷案件适用法律若干问题的解释》
《存单若干规定》	《最高人民法院关于审理存单纠纷案件的若干规定》

续表

缩略语	全称
《民间借贷规定》	《最高人民法院关于审理民间借贷案件适用法律若干问题的规定》
《拍卖变卖财产规定》	《最高人民法院关于人民法院民事执行中拍卖、变卖财产的规定》
《建设工程施工合同解释》	《最高人民法院关于审理建设工程施工合同纠纷案件适用法律问题的解释（一）》
《民事诉讼法解释》	《最高人民法院关于适用〈中华人民共和国民事诉讼法〉的解释》
《民法通则意见》	《最高人民法院关于贯彻执行〈中华人民共和国民法通则〉若干问题的意见（试行）》
《物权法解释（一）》	《最高人民法院关于适用〈中华人民共和国物权法〉若干问题的解释（一）》
《担保法解释》	《最高人民法院关于适用〈中华人民共和国担保法〉若干问题的解释》
《合同法解释（一）》	《最高人民法院关于适用〈中华人民共和国合同法〉若干问题的解释（一）》
《合同法解释（二）》	《最高人民法院关于适用〈中华人民共和国合同法〉若干问题的解释（二）》
《建设工程施工合同解释》	《最高人民法院关于审理建设工程施工合同纠纷案件适用法律问题的解释》
《婚姻法解释（二）》	《最高人民法院关于适用〈中华人民共和国婚姻法〉若干问题的解释（二）》
《继承法意见》	最高人民法院印发《关于贯彻执行〈中华人民共和国继承法〉若干问题的意见》

目录
CONTENTS

第一编

物权通则

本编概要

民事主体依法享有物权。物权是权利人对特定的物享有直接支配和排他的权利，包括所有权、用益物权和担保物权。由此可见，物权的归属性和排他性集中体现了它在本质上是人与人的关系，即物权的权利主体与所有不特定人之间的关系。

《民法典》物权编的“物”，包括不动产和动产。法律规定权利作为物权客体的，依照其规定。《民法典》物权编的基本原则包括平等保护原则、物权法定原则、物权公示公信原则。物权的效力体现为排他效力、优先效力、追及效力等。

物权变动，即物权的设立、变更、转让和消灭。我国《民法典》物权编对物权变动模式采取了债权形式主义变动模式，即“债权合同加公示”的形式，不动产物权变动，经依法登记，发生效力；未经登记，不发生效力，但是法律另有规定的除外。动产物权变动，自交付时发生效力，但是法律另有规定的除外。当事人之间订立有关设立、变更、转让和消灭不动产物权的合同，除法律另有规定或者当事人另有约定外，自合同成立时生效；未办理物权登记的，不影响合同效力。

物权请求权是以物权为基础的一种独立请求权，是物权保护的有效法律手段。包括确认物权请求权、返还原物请求权、停止侵害请求权、消除危险请求权、排除妨害请求权、恢复原状请求权、损害赔偿请求权。

第一章　物权的一般规定

第一节　物权概说

一、问题的提出

人类为了生存，必须对外界的物资加以利用，但人类的需求无穷，而外界的物资有限，为定分止争，法律必须对人与物的支配加以规范，并不允许任何人加以干涉而保障物资的安全利用，此为物权的社会作用。在市场经济条件下，人和物的结合表现为物权，当物进入流通领域之后，在不同主体之间的交换则体现为债权。因此，物权和债权反映着社会经济生活中最基本的财产关系，也是民法中最基本的财产权形式。

在研究物权的几个基本问题之前，先看一则案例，并思考之。

案例 1："一女"嫁"二男"，谁拥有物权？

宏业公司和王某于2021年1月1日签订商品房买卖合同，将位于该市宏业花园的一处别墅以300万元的价格卖给王某，约定王某在5日内交付房款，宏业公司在4月1日前将别墅交付给王某，一并将产权证书办妥；并约定哪一方违约就处以房款300万元的20%的违约金。

同年2月16日，宏业公司为解决经营中的资金困难，和牛某签订了商品房买卖合同，将于1月1日签订合同卖给王某的别墅又以250万元的价格卖给牛某，牛某于当日即交付房款250万元，并约定宏业公司在30日内交付该处别墅，一并将产权证书办妥。3月12日，宏业公司将别墅的产权证书办妥，连同别墅一并交付于牛某。

同年3月29日，牛某对别墅进行装修。次日，王某到宏业公司催促其履行合同，得知宏业公司已将自己所预订的别墅卖给牛某，王某于4月8日以宏业公司为被告诉至法院，请求判令宏业公司交付别墅，并支付违约金60万元。

法院审理中，牛某以有独立请求权的第三人申请参加诉讼。

案例2：下列属何类物权？

1. 甲拥有一座房产和一部轿车。

2. 乙承包50亩耕地。

3. 丙借给李某10万元，李某以其房产抵押，并办理了抵押登记。

4. 丁以张某欠其货款为由而占有张某的临街门面房10间，丁将其出租，并每年收取租金2万元。租金抵偿货款后，张某要求丁返还房屋时，丁拒绝返还而形成纠纷。

根据上述案例，试问：物权的法律意义如何？《民法典》物权编的法律性质如何？物权与债权有何区别？物权有哪些类型？

二、物权的法律意义

近现代各国民法对物权的概念除奥地利民法典外，基本上没有作定义性的规定，故学理上多有争议。《民法典》第一百一十四条第一款规定："民事主体依法享有物权。"物权是权利人依法对特定的物享有直接支配和排他的权利。[①] 包括所有权、用益物权和担保物权。由此可见，物权的归属性和排他性集中体现了它在本质上是人与人的关系，即物权的权利主体与所有不特定人之间的关系。

物权是对物直接支配的权利，得享受其利益，并具有排他的绝对效力。具体来说，物权包括两者，一是对物的直接支配，并享受其利益；二是排他的保护绝对性。此两者系来自物的归属，即法律将特定物归属于某权利主体，由其直接支配，享受其利益，并排除他人对此支配领域的侵害或干预，此为物权本质之所在。[②] 从物权的定义来看，物权具有下列法律特征：

1. 物权的主体具有对世性。物权的权利主体是特定的权利人，而义务主体则是权利人以外的一切不特定人，该义务主体均负有不得侵害物权人的权利及妨害物权人权利行使的义务。因此，物权的效力可以向一切人主张，物权人有

---

① 黄薇主编：《中华人民共和国民法典释义（上）》，法律出版社2020年版，第223页。

② 王泽鉴：《民法物权：通则·所有权》（第1卷），中国政法大学出版社2001年版，第37页。此观点亦是德国民法学者的通说。

权排除他人对其支配之物给予的侵害、妨碍与干涉，在受他人侵害时，物权人得主张物上请求权，排除他人侵害，以恢复物权之原状。因此，物权的主体具有对世性，物权又称为绝对权。

2. 物权的客体具有特定性。物权以物为其客体，而且物权的客体必须具有确定性，也就是说，物权的客体必须是现存、独立和特定之物。《民法典》第一百一十五条规定，物包括不动产和动产。法律规定权利作为物权客体的，依照其规定。由此可见，物权的客体包括动产和不动产，以及法律规定的权利，如《民法典》第四百四十条所规定的作为权利质押的标的——汇票、本票、支票；债券、存款单；仓单、提单；可以转让的基金份额、股权；可以转让的注册商标专用权、专利权、著作权等知识产权中的财产权；现有的以及将有的应收账款；法律、行政法规规定可以出质的其他财产权利。因此，物权客体的特定性是实现物权的支配效力的客观要求。

3. 物权的内容以直接支配权为核心。物权是法律赋予物权人对物的直接支配的权利。此所谓“直接”，指物权人实现其权利不必借助他人，在法律规定的范围内，完全可以按照自己的意愿行使权利。[①] 此所谓“支配”，指依权利人的意思，对标的物加以管领处分。而此种管领处分，不限于法律行为，包括事实上的使用、处分等一切对物可实施的行为。《民法典》第三百三十一条规定，土地承包经营权人依法对其承包经营的耕地、林地、草地等享有占有、使用和收益的权利，有权从事种植业、林业、畜牧业等农业生产。上述权利体现了物权的直接支配权。因此，物权的内容若失去了直接支配权，则物权存在的价值和社会作用也就失去了。

三、《民法典》物权编的法律性质

按照大陆法系民法理论，规范财产关系的法律，为财产法。财产法分为物权法和债权法两大部分。物权法是规范财产归属关系的法律，债权法是规范财产流转关系的法律。[②] 近现代物权法通说认为，《民法典》物权编的调整对象是财产的占有关系。财产的占有关系，包括财产的归属关系和财产的物权利用关系。这种占有关系以保护财产归属秩序为目的，以财产享有利用为内容，注

---

① 黄薇主编：《中华人民共和国民法典释义（上）》，法律出版社 2020 年版，第 224 页。

② 梁慧星：《中国物权法草案建议稿》“序言”，社会科学文献出版社 2000 年版。

重保护社会经济生活的静态的安全。此与债权法调整对象以财产取得为内容，注重保护社会经济生活的动态的安全，借以实现财产流转的功能，形成对应。《民法典》第二百零五条规定：“本编调整因物的归属和利用产生的民事关系。”因此，对财产的两种占有关系，即财产归属关系和财产物权利用关系是《民法典》物权编的调整对象，其由此形成了《民法典》物权编中以所有权为核心，以用益物权和担保物权为两翼的三大法律制度。

《民法典》物权编作为《民法典》的一个重要组成部分，有其鲜明的法律性质：

1.《民法典》物权编是私法。法律上区分公法与私法，起源于罗马法，虽区别的标准莫衷一是，但区分公法和私法仍然是有必要的。一般而言，私法规范的是民事法律关系，而公法规范的是行政法律关系。私法强调对自然人、法人、非法人组织的合法民事权利的保护，充分尊重民事主体在法定的范围内所享有的行为自由，尊重民事主体依法对自己的民事权利和利益所作出的处分。[①]而公法则更注重对民事关系的干预，对社会经济生活的管理。《民法典》物权编是民法的一个重要组成部分，其性质当为私法。正如王泽鉴先生所言：“物权法旨在规范私人间关于财产上的权利义务，是为私法。”[②]虽现代物权法越来越重视在物权的行使、移转等方面从公法上加以干预，但《民法典》物权编在本质上仍为私法。

2. 适用的强制法性。基于物权支配性、排他性、公示性的要求，《民法典》物权编多为强制性规范，实行物权法定主义、一物一权、公示与公信等原则，并以此为物权结构的支柱。除少数的例外，《民法典》物权编的各项制度不允许当事人自行创设或任意变更，须绝对适用。若当事人的约定违法，则应认定为无效行为。而债权法规范具有任意性，债权法力倡并实行契约自由原则，当事人原则上可对债的契约种类、内容、形式甚至违约责任的方式加以约定，债权法不予干涉，有效的契约具有法律效力。

3. 内容的固有法性。一国法律的制定，与该国的经济基础、民族习惯、历史传统甚至统治者的意志均有密切关系。因此，《民法典》物权编内容更多地反映了固有法特征，少染继受法色彩。尤其是关于一国民众赖以生存的土地制

---

① 参见梁慧星：《民法总论》，法律出版社 1995 年版，第 29 页。

② 王泽鉴：《民法物权：通则 · 所有权》（第 1 卷），中国政法大学出版社 2001 年版，第 2 页。

度的规范，注重考虑的就是与社会制度相适应。我国土地归国家和集体所有，反映这种公有制的《民法典》物权编内容自然有其特殊性、固有法性。债权法强调对财产流转秩序的维护，它具有普遍意义，各国对债权法的规范不仅大同小异，而且越来越趋同。因此，《民法典》物权编的固有法性与债权法的普遍性对比鲜明。

4. 适用上的公益法性。《民法典》物权编以保护财产静的安全、明确财产归属为己任，其标的物尤其是对土地等稀缺性自然资源的保护，涉及国家、社会和人民群众切身利益，与社会公益关系甚大，故《民法典》物权编中通常有不少关于公共利益的规定。

四、物权与债权的区别

物权和债权是民法中两类最基本的财产权，它们的联系非常紧密：物权往往是债权发生的前提，而债权履行的结果则往往是物权的取得或转移。如在买卖合同中，出卖人对标的物必须享有物权，才得以使买卖合同的债权发生，否则，不能发生债权；作为债权的买卖合同履行的结果是，出卖人丧失标的物物权而取得价款，买受人支付价款而取得标的物的物权。当然，近现代以来，不仅物权有债权化之趋势，债权亦有物权化之现象，租赁权之物权化即为典型，债权与担保物权结合而横扫千军，亦足为证。①

但是，物权和债权毕竟是民法中两类不同的财产权，有其各自不同的法律属性。正如孙宪忠先生在研究德国的物权与债权的区分时所言："应当说物权与债权整体之间的区分确实是存在的，而且在理论上也是清晰可见的。"具体而言，物权和债权的区别如下：

1. 权利发生不同——物权发生实行法定主义；债权发生以任意主义为原则，以法定主义为例外。

物权的发生实行法定主义，即物权的种类和基本内容均由法律规定，不允许当事人自由创设物权的种类或者随意变更物权的内容；而债权的发生（指合同债权，也是在实务中占绝对优势的债权）则无此限制，可由当事人自由确定，因此被称为任意主义，是债权发生的一般原则，只要当事人创设的债权不违反《民法典》第一百五十三条"违反法律、行政法规的强制性规定的民事法律行

① 谢在全：《民法物权论》，中国政法大学出版社 2001 年版，第 31 页。

为无效。但是，该强制性规定不导致该民事法律行为无效的除外。违背公序良俗的民事法律行为无效”的规定，则可根据契约自由原则而创设债权。

需要明确的是，债权发生以任意主义为原则，以法定主义为例外。其例外的情形是：侵权行为之债、不当得利之债、无因管理之债，是不允许当事人自由创设，而仍然受到法律的限制，为法定债权。

2. 权利性质不同——物权是支配权；债权是请求权。

物权的支配权是物权的核心内容，它无须借助于他人的行为，就能够行使其权利，即直接支配其标的物，并通过对标的物直接支配以享受其利益。如房屋所有人将其房屋出租而享有收取租金之利益；而债权为请求权，则需要借助于他人（债务人）的意思和行为，才能实现其利益。如买受人只有请求出卖人履行交付买卖合同标的物的义务，才能实现买卖合同的目的，合同利益才得以实现。

3. 权利效力不同——物权是绝对权、排他权、优先权、追及权；债权是相对权，不具有排他、优先、追及的效力。

物权是绝对权，它的权利主体是特定的，权利人之外的一切人均为义务主体，这些义务主体均负有不得侵害和妨害权利人所享有物权的义务。是故，物权的效力得向一切人主张，是绝对权或对世权。而债权是相对权，它的权利主体和义务主体均为特定的人，债权人的请求权只能向特定的债务人行使，才得以实现，这也是合同相对性原则的要求。因此，债权为相对权或对人权。

物权是排他权，在同一物上不能存在内容相同的两个物权。但同一物上可设立多个内容不同的物权，如同一房屋之上，存在房屋的所有权，该房屋可设立抵押权，在抵押期间可设立租赁权，因此可同时存在三种物权，即所有权、抵押权、租赁权。而债权则不具有排他性，同一物之上可以并存数个内容相同的债权，各个债权之间具有平等的效力。

物权是优先权，当物权与债权并存时，物权优先于债权，而债权则相互平等。如在破产案件中，抵押权人所享有的抵押物不属于破产财产，依法可行使优先受偿权，若有剩余，才纳入破产财产。而其他一般债权人的债权平等，只能按各自的债权比例清偿。

物权是追及权，物权的标的物不管辗转流通于何人之手，物之所有权人均可依法向其索取，请求其返还该物，任何人均不得拒绝。但应当注意的是，物权的追及效力应当受到善意取得制度的限制，而债权则无追及的效力。

4. 权利期限不同——物权的期限采无期限和有期限相结合的原则；债权有期限。

在物权中，所有权为无期限限制，其他用益物权和担保物权均为有期限限制。如《民法典》第三百三十二条规定，耕地的承包期为三十年。草地的承包期为三十年至五十年。林地的承包期为三十年至七十年。第四百一十九条规定，抵押权人应当在主债权诉讼时效期间行使抵押权；未行使的，人民法院不予保护。而债权性质上为有期限的权利，任何人不允许存在无期限的债权。如《民法典》总则编所规定的诉讼时效，即为债权的行使期限作了限制，即超过诉讼时效的债权将失去法律的强制保护力，债权人丧失胜诉权，债权变为自然债权。

五、物权的类型

（一）《民法典》对物权的分类

根据《民法典》物权编的规定，物权分为如下四类：

1. 所有权。是指民事主体在法律规定的范围内对于所有物进行包括占有、使用、收益、处分并排他性的全面支配的物权。《民法典》第二百四十条规定，所有权人对自己的不动产或者动产，依法享有占有、使用、收益和处分的权利。所有权是物权完全、充分的唯一形式，是最典型的物权。正因为如此，所有权临于其他物权之上，成为其他各类物权的基础，即为发挥物的效能，可从所有权中派生、衍生出虽不具全面性物权特征但仍不失为物权的其他类别。

2. 用益物权。根据《民法典》第三百二十三条规定，用益物权是指用益物权人对他人所有的不动产或者动产，依法享有占有、使用和收益的权利。它是从所有权中分离出来的一项物权形式，此物权以取得物的使用价值为目的。传统民法通常包括地上权、地役权、典权和永佃权等。我国《民法典》物权编所规定的用益物权包括：土地承包经营权、建设用地使用权、宅基地使用权、居住权、地役权。

3. 担保物权。根据《民法典》第三百八十六条、第三百八十七条的规定，担保物权是指在借贷、买卖等民事活动中，债务人或者第三人将自己所有的财产作为履行债务的担保。债务人未履行债务或者发生当事人约定的实现担保物权的情形时，债权人依照法律规定的程序就该财产优先受偿的权利。其建立基础仍为所有权。此物权以取得物的交换价值为目的，通常有抵押权、质权和留置权。

4. 占有。根据《民法典》的有关规定，占有是指占有人对不动产或者动产的实际控制。占有人可能依法有权占有不动产或者动产，如根据租赁合同在租期内占有对方交付的租赁物，即为有权占有。占有人也可能无权占有他人的不动产或者动产。如借他人的物品，过期不还，即为无权占有。占有人不知道自己是无权占有的，为善意占有；明知自己属于无权占有的，为恶意占有。

（二）学理上的物权分类

1. 完全物权与定限物权。以对于标的物之支配效力的范围为标准，可将物权分为完全物权与定限物权。在所有的物权形态中，所有权是物权中最完整、最充分的权利形态，它是对物的全面支配的物权，因此所有权又被称为完全物权。定限物权是所有权以外的物权，它是在所有权权能与所有权人发生分离的基础上产生的。在商品经济条件下，商品具有使用价值和交换价值，与之相适应，定限物权以其所支配内容为标准，可分为用益物权和担保物权。用益物权是以支配物之使用价值为内容之物权，地上权、永佃权、地役权、典权为用益物权。担保物权是以支配物之交换价值为内容之物权，抵押权、质权、留置权为担保物权。

2. 主物权与从物权。以物权是否具有独立性为标准，可将物权分为主物权与从物权。主物权是可以独立存在的权利，其不以其他权利的存在为前提，所有权、地上权、永佃权及典权均属于物权体系中的主物权。反之，从物权则不能独立存在，从物权的存在必须以其他权利的存在为前提。例如，担保物权的存在就必须以合法债权的存在为前提，没有债权也就没有担保物权，而一旦债权获得清偿，则担保物权随即消灭。根据《民法典》第三百九十三条的规定，主债权消灭，担保物权消灭。因此，担保物权为从属于债权之物权。

3. 不动产物权与动产物权。以标的物种类为标准，可区分为不动产物权与动产物权。凡存在于不动产上之物权，称为不动产物权，例如土地所有权、建筑物区分所有权、不动产抵押权等。凡存在于动产上之物权，称为动产物权，例如动产所有权、动产质权等。

4. 意定物权与法定物权。以物权发生的根据为标准，可以区分为意定物权与法定物权。基于当事人之意思而发生的物权为意定物权，如抵押权、质权均可以依当事人之意思而发生，属于意定物权。法定物权，是指直接由法律规定而发生的物权，至于当事人有无设定物权之意思，在所不问。例如，留置权、农村土地承包经营权、法定抵押权，都属于法定物权。再如《民法典》第八百零七条[①]所规定的建设工程承包人的优先权即为法定物权。

5. 登记物权与不登记物权。以物权之变动是否须经登记为标准，可以区分为登记物权与不登记物权。物权变动必须经登记才能发生效力的物权为登记物权。例如，《民法典》第二百零九条第一款规定："不动产物权的设立、变更、转让和消灭，经依法登记，发生效力；未经登记，不发生效力，但是法律另有规定的除外。"第二百一十四条规定："不动产物权的设立、变更、转让和消灭，依照法律规定应当登记的，自记载于不动产登记簿时发生效力。"物权变动无须登记，只需交付即生效力的物权为不登记物权，动产物权多为不登记物权。例如，《民法典》第二百二十四条规定："动产物权的设立和转让，自交付时发生效力，但是法律另有规定的除外。"第二百二十五条规定："船舶、航空器和机动车等的物权的设立、变更、转让和消灭，未经登记，不得对抗善意第三人。"

6. 本权与占有。以其有无物权之实质内容为标准，可以区分为本权与占有：民法上的占有，通常是指主体对物的实际控制。占有仅仅是一种事实状态，即对标的物具有事实上的管领力，它本身并不是物权。例如，小偷对于其盗窃所得的财物，虽然没有所有权和占有权，但他却实际控制着财物。相对占有而言，所有权和其他物权则为本权。

7. 典型物权与准物权。按照罗马法以来在法学中确定的物权法定原则，各种物权的类型及内容，必须由民法典和其他民法明确规定。据此可将物权分为典型物权和准物权。所谓典型物权，是由民法基本法即民法典明确承认的物权种类。而准物权是由民法特别法或者行政法规规定的物权类型。如《民法典》第三百二十八条规定，依法取得的海域使用权受法律保护。第三百二十九条规定，依法取得的探矿权、采矿权、取水权和使用水域、滩涂从事养殖、捕捞的权利受法律保护。

---

① 《民法典》第八百零七条规定："发包人未按照约定支付价款的，承包人可以催告发包人在合理期限内支付价款。发包人逾期不支付的，除根据建设工程的性质不宜折价、拍卖外，承包人可以与发包人协议将该工程折价，也可以请求人民法院将该工程依法拍卖。建设工程的价款就该工程折价或者拍卖的价款优先受偿。"

六、对案例 1、案例 2 的简要评析

（一）对案例 1 的简要评析

本案属于典型的二重买卖，亦即常说的“一女二嫁”。在本案处理时应注意：

1. 正确确认宏业公司与王某、宏业公司与牛某分别签订的别墅买卖合同的效力。该两份买卖合同中，宏业公司与王某所签订的买卖合同，是双方当事人的真实意思表示，为生效合同。宏业公司与牛某所签订的买卖合同，虽宏业公司有违民法所倡导的诚信原则，隐瞒了订立合同的重要事实，但牛某并未请求撤销该合同，故亦属生效合同。因此，两份合同均为有效合同，应依法受法律保护。

2. 本案的处理意见当是，宏业公司与牛某之间的买卖合同有效，宏业公司将别墅的产权证书办妥并交付于牛某，牛某因此取得了别墅的产权，应当依法受到保护。宏业公司与王某之间的买卖合同有效，宏业公司擅自违约，应当对王某承担违约责任，支付违约金 60 万元，但王某请求宏业公司交付别墅，因牛某取得了别墅的物权而成为不可能，可通过调解让宏业公司将其他别墅交付给王某，若调解不成，应判决宏业公司退回王某所交的房款 300 万元，并支付违约金 60 万元。

3. 在本案中，王某虽将房款交付于宏业公司，但既未收到别墅，又未取得别墅的产权证书。因此，王某不拥有物权。宏业公司既将别墅交付于牛某，且牛某又取得了别墅的产权证书，因此牛某拥有物权。

（二）对案例 2 的简要评析

1. 甲拥有一座房产和一部轿车，属于典型的所有权，又是完全物权、主物权、法定物权、本权、典型物权。同时，房产属于不动产物权，轿车属于动产物权。

2. 乙承包 50 亩耕地，依法享有土地承包经营权，它属于典型的用益物权，又是定限物权、法定物权。

3. 丙借给李某 10 万元，李某以其房产抵押，并办理了抵押登记。它是典型的担保物权，又是定限物权、从物权、不动产物权、意定物权、登记物权、本权。

4. 丁以张某欠其货款为由而占有张某的临街门面房 10 间，丁将其出租，并每年收取租金 2 万元。它是典型的有权占有。丁和张某基于债权债务关系，而由丁占有张某的不动产。当丁收取的租金抵偿其债权后，应将门面房返还给张某。若丁某继续占有，则为无权占有。

第二节　物权的客体

一、问题的提出

任何法律关系必有其客体，物权法律关系亦不例外。物权的客体是物，而物作为物权的客体，既有民法上的物的一般属性，又具有自己的独特内涵。因此，确有对物权的客体进行研究之必要。

在研究物权的客体之前，先看下列案例，并思考之。

案例 3：谁买我的脸？

郑州某青年在其前胸和后背上挂广告，其广告标题——谁买我的脸，主要内容：我这一张年轻又漂亮的脸，愿为您做 3 年的广告，广告费用为 30 万元，必须在订立合同时支付。

数日过去，该青年仍在街头卖脸。

众人见之，皆议论纷纷。那么，脸能否作为物权的客体？

案例 4：下列情形能否构成物权的客体？

1. 张三在清晨散步，呼吸新鲜空气。某日，张三因病住院，通过呼吸机吸收氧气。

2. 李四是位富翁，拥有 3 座别墅和 1 辆“劳斯莱斯”牌轿车。

3. 王五将其房产抵押给某银行而取得贷款 10 万元。

4. 赵六承包经营荒山 200 亩，并养殖 200 头牛。

根据上述案例，试问：何谓物权客体的物？有何特征？物权客体的物如何分类？

二、物权客体——物及其特征

罗马法中，对物的理解是广义的理解，物（res）是指除自由人以外存在于自然界的一切东西。如山川、大地、阳光、空气等皆为物，外延十分宽泛。罗马人有时也称物为 Bona，意指那些对人们有用而能满足人们需要的东西，包括权利、利益、权利客体等，而这里物的有用且能满足人们需要的特性，是以物在法律上具有金钱价值来衡量的。[①]

在大陆法系中，《法国民法典》中物的概念，承袭了罗马法对于物的理解，其所称之物既包括有形之物，也包括无形之物。这一点可以从《法国民法典》的体系中明显地看出来，即把物理解为财产权，因此在第二编中没有用“物权”一词，而是以“财产及对于所有权的各种变更”为标题。《德国民法典》则是从狭义上来理解物的，该法典在第 90 条中规定：“法律上所称物，仅指有体物而言。”这一定义为大多数国家所沿用，如《日本民法典》第 85 条的规定直接承袭了《德国民法典》。而《瑞士民法典》则规定，物既包括有体物，又包括“法律上可得支配的自然力”。

在英美法系中，没有物权的概念，也极少使用物这一词，经常使用的概念是财产、财产权、财产法等。

在我国，《民法通则》和《担保法》均未使用“物”这一概念，而是使用了“财产”。《民法典》第一百一十五条规定，物包括不动产和动产。法律规定权利作为物权客体的，依照其规定。从物之定义来看，物具有下列特征：

1. 非人格性。近代以来，法律思想以个人尊严为基本原理和出发点而构成，人之身体为人格所附，不属于物，故生存中之人的身体或其一部，不能成为物权的客体[②]。于他人之身体上成立物权，无异于承认奴隶制度，为现代法所不容。

但值得注意的是，随着科学技术的发展，活人之身体不属于物的观念正日益受到挑战。如器官移植、器官捐赠、献血及所谓代孕母等，均以活人的器官为契约的标的物。不少学说认为，此等契约是否有效，应视其是否有悖于公序

---

① 参见周枏、吴文翰、谢邦宇：《罗马法》，群众出版社 1983 年版，第 144 页、第 145 页。

② 按照现代法律，自然人既不能以自己之身体为客体成立所有权，同时原则上也对自己的身体无处分权。

良俗而定，如不违于公序良俗者，即为有效，反之为无效。另外，生前处分自己遗骸的契约或遗嘱，如不与公序良俗相违时，亦属有效，如生前约定将自己死后留下的遗骸供医学研究，即为适例[①]。

问题在于，以活人身体之一部分为标的物的契约能否强制执行。通说认为，为输血之血液买卖、为移植之皮肤切取，或眼角膜、肾脏之捐献，于不造成重伤的限度内可有效成立，但为了维护人的价值与尊严，绝不能赋予受移植人由移植人之活体强行取去之权利，亦即不准强制执行。

2. 原则上须具有有体性。即民法上之物原则上以有体物为限。法制史上，物之区分为有体物与无体物，系由罗马法为其端绪，其后为法国法系民法所承袭。所谓有体物，指占据一定空间，可为人力所能支配的物质。无体物，指不能触觉之物，如专利、商标、著作、营业秘密、Know-how（专有技术）、信息等均属之。无体物，原则上不能作为民法上之物。依据《民法典》第一百一十五条的规定，法律规定权利作为物权客体的，权利自然就成为《民法典》物权编上所说的物。

在司法实践中应当注意下列例外：一是电、热、声、光等能源，以在法律上有排他的支配可能性为限，被视为物。如前所述，瑞士民法就此设有明文。二是特定的空间。近代以来，随着人类对于土地的利用由平面利用转向主要进行立体利用，空间权概念应运而生。通说认为，空间——无论是土地的上空还是地下，如果具备独立的经济价值及排他的支配可能性两要件，即可成为物。

3. 支配可能性。即民法上之物，应是人力所能支配的物，人力不能支配的物，如日月星辰等虽为有体，但非人力所能支配，故仅为物理上的物，而非法律上的物。法律上的物既然重视物与人的关系，则物必须有被支配的可能。没有支配可能性的物，绝不能成为法律上之物。

---

① 值得注意的是，关于失去生命之尸体，现代各国法律多认为属于物（但德国实务与学说系采否定立场，不认为尸体为物，而认为是人格的延续部分或扩展部分，对人的身体之侵害仍构成对人格的侵害。孙宪忠：《德国当代物权法》，法律出版社 1997 年版，第 5 页），由继承人“所有”。唯此所谓“所有”，实质上不过是一种习惯上的“管理权”，即继承人对于失去生命之尸体仅有依习惯祭祀予以埋葬、焚化或将之供作医学研究使用的权利。可见“尸体所有权”，与一般物的所有权有相当大的不同。一般物的所有权，所有权人得对标的物为自由的占有、使用、收益及处分，而尸体所有权，所有权人对作为标的物的尸体则无此等权利。参见［日］本城武雄等：《民法总则》，转引自陈华彬：《物权法原理》，国家行政学院出版社 1998 年版，第 51 页。

4. 独立性。即必须独立成为一体，且能满足人类社会生活需要的物质，才能成为民法上的物。如一粒米、一滴水，虽为物理上之物，但因不能独立满足人类社会的生活需要，故不能谓为法律上之物。椅子之脚，屋之梁、柱、砖块及未与土地分离之树木等，因其分别属于椅子、房屋和土地的构成部分（即“物的成分”），非独立构成一体，且不能独立满足人类社会的生活需要，故亦非属于法律上之物。另外学说认为，只要能独立满足人类的生活需要，纵使其金钱价值甚低乃至为零，亦不妨成为法律上的物。例如亲人之书信、祖先之遗物，即属于法律上之物。①

三、物权客体——物的分类

（一）不动产与动产

物可分为不动产及动产，我国《民法典》并未对不动产给出明确的定义。最高人民法院于1988年出台的《民法通则意见》认为：“土地、附着于土地的建筑物及其定着物、建筑物的固定附属设备为不动产。”②1995年《担保法》第九十二条对不动产的定义是：“本法所称不动产是指土地以及房屋、林木等地上定着物。”③我国台湾地区“民法”第六十六条第一项则规定：称不动产者，谓土地及其定着物。可见，我国立法基本上把不动产分为土地和定着物两部分。土地作为重要自然资源，要成为支配的对象和交易的客体，必须加以特定化，这种特定化主要是通过登记来完成的，因此土地一般都有地籍。定着物，系指固定附着于土地上的物，在我国，现行法上主要包括房屋等建筑物、构筑物和林木。何谓动产？1995年《担保法》第九十二条规定，所谓动产，是指不动产以外的物。我国台湾地区“民法”第六十七条规定，动产系指不动产以外之物。

动产和不动产之区分，重点在于位置移动对其价值的影响，对动产而言，“能动”为其基本特点，其容易移动位置且价值不会因移动而受影响，不动产则大相径庭，不动产的位置固定不动，一般不能移动，或者移动会导致其价值

---

① 参见刘得宽：《民法总则》，我国台湾地区五南图书出版公司1995年版，第152～153页。

② 《民法通则意见》第186条。

③ 不动产，是指依自然性质或者法律的规定不可移动的物，包括土地、土地定着物、与土地尚未脱离的土地生成物、因自然或者人力添附于土地并且不能分离的其他物。

受到重大损失，这是二者存在区别的重要原因。基于以上原因，二者在物权变动方式、物权形态等诸多方面存在重大区别。如动产可以移转占有设定动产质权，不动产则不可以；在物权变动中，动产的公示方式为交付占有，不动产的公示方式则为登记，这样动产买卖就因交付而转移所有权，而不动产则必须办理登记才能转移所有权。

（二）主物与从物

物可分为主物和从物。我国台湾地区“民法”第六十八条规定：“非主物之成分，常助主物之效用，而同属于一人者，为从物，但交易上有特别习惯者，依其习惯。”1988 年《民法通则意见》第 87 条中规定，“有附属物的财产，附属物随财产所有权的转移而转移。但当事人另有约定又不违法的，按约定处理”。据此，有附属物的财产即为主物，附属物即为从物。

两个物在什么情况下构成主从关系？一般而言，从物有以下四个构成要件：

1. 从物必须为独立的物。既然两个物之间构成主从关系，那么主物和从物必须都是独立的物，如果从物不是一个独立的物，而是一物的组成部分，那么就只能认定为一个物，根本谈不上主从关系。如座椅与垫子，均为独立之物，显然，座椅为主物，垫子为从物。

2. 从物必须帮助主物之使用。相互独立的两个物为何会构成主物和从物的关系，原因就在于二者在使用的过程中具有从属关系。如裤子与腰带。

3. 从物与主物同属一人。张三有马一匹，李四有马鞍一套，因马与马鞍由不同的人所有，自然不能构成主物与从物的关系。张三转让其马，当然也不能认为李四的马鞍随之转让。

4. 交易上无特别习惯。一物是否因经常辅助他物之使用而构成从物，应依一般交易习惯和物的所有人的意思表示而确定[①]。如果有特别习惯认为二物不构成主物和从物的，应尊重特别习惯。

主物与从物之区别，其立法目的在于维护物的经济利用价值，其方式主要是使从物之命运随主物而确定。既然从物经常辅助主物之使用，如果在处分时使其归属于不同的权利主体，势必减少其利用价值，对社会整体利益显然不利。因此，除非当事人有明确相反之约定，主物之处分或在主物上设定抵押权等，

---

① 梁慧星主编：《中国物权法研究》，法律出版社 1998 年版，第 54 页。

一般应及于主物之从物，这正是民法上所说的“从随主”原则的体现。

（三）原物与孳息

所谓孳息，就是他物所生出的收益物。所谓原物，就是产生孳息的物。如果树结出果实，动物生出幼崽，果树和动物就是原物，果实和幼崽则是孳息。孳息有天然孳息和法定孳息之别。天然孳息，即物的出产物以及根据物的用法所取得的收获物，主要包括植物的果实、动物的出产物以及其他依物之用法所收获之出产物。必须注意的是，天然孳息在分离前，不能作为物权的客体（如尚未采摘的果实）。在孳息与原物分离以前，有收取天然孳息权利的人不能主张已单独取得孳息的所有权。只有在孳息与原物分离以后，有权收取天然孳息权利的人才可以取得孳息的所有权。法定孳息是指基于法律关系所取得的收益，解释上主要包括利息、租金以及其他因法律关系所取得的收益。

原物与孳息之区别，目的在于确定孳息的归属。根据《民法典》第三百二十一条的规定，天然孳息，由所有权人取得；既有所有权人又有用益物权人的，由用益物权人取得。当事人另有约定的，按照其约定。法定孳息，当事人有约定的，按照约定取得；没有约定或者约定不明确的，按照交易习惯取得。

（四）物的成分

物的成分，即物的构成部分。物的成分可分为重要成分和非重要成分。物的各部分互相结合，非经毁损或变更其性质不能分离者，则各该部分均属于重要成分。如房屋的梁、柱、墙壁等，均为房屋的重要成分。凡不属于物的重要成分者，均为非重要成分。如房屋的门窗、汽车的音响、电视的遥控器等。

物的重要成分和非重要成分的区分意义在于：物的重要成分不得独立为物权的客体；物的非重要成分则得为物权的客体。如《德国民法典》第93条规定：“物的相互不可以分开的、失去其物将毁坏或改变本质的组成部分，不得独立作为权利的客体。”在处理整体与其重要成分之间的关系时形成了两个默示的法律原则，一是物的整体与其重要成分上只存在一个权利的规则，二是物的整体与其重要成分随同转移的规则。这些规则，与主从物之间的关系可以依据交易习惯或者依据当事人的约定而改变的情形是不同的。

四、对案例 3、案例 4 的简要评析

（一）对案例 3 的简要评析

在案例 3 中，某青年用自己的脸庞为他人做活体广告，显属违法。一是该青年的脸庞是其身体的一部分，不能成为物权的客体。当然，他的脸庞不属于民法上所说的“物”。二是虽无明确法律依据规定禁止该青年的脸庞做广告，但若真的以他的脸庞做广告，有违公序良俗原则，当属无效。三是若该青年收取了广告费用却拒绝履行合同，而对方当事人要求该青年继续履行合同，则法院如何去强制执行？谁又敢强制其履行合同义务？显然，不能也不敢强制履行，否则违法。

因此，该青年的脸庞不能为物权的客体，谁也不敢买他的脸。当然，他的脸庞拍成照片，在媒体、有形物体上做广告，则为合法，此时，物权的客体是照片，而非他的脸。数日过去，他只好独自卖脸。

（二）对案例 4 的简要评析

1. 张三在清晨散步，呼吸新鲜空气。该空气不为物权法上的物，因为，它不能为人力所控制。张三因病住院，通过呼吸机吸收氧气。该氧气为物权法上的物，因为它为人所支配。同时，它是动产，又属于原物。

2. 李四拥有 3 座别墅和 1 辆“劳斯莱斯”牌轿车，这些均为物权法上的物。其中，别墅是不动产，轿车是动产，均为原物。

3. 王五将其房产抵押给某银行而取得贷款 10 万元，房产是不动产，房产是抵押权的客体。

4. 赵六承包经营荒山 200 亩，并养殖 200 头牛，赵六享有承包经营权，为用益物权的客体。牛为动产，赵六享有所有权。

第三节　民法物权的基本原则

一、问题的提出

民法物权的基本原则，是民法物权的主旨和根本准则，贯穿在整个民

法物权制度和规范之中，体现了民法物权的基本理念和精神。《民法典》第一百一十三条、第二百零七条规定了平等保护原则，第一百一十六条规定了物权法定原则，第二百零八条规定了物权公示公信原则。

在研究民法物权的基本原则之前，先看两则案例。

案例 5：陈某与兴业银行列东支行、鑫科公司建设工程施工合同纠纷案①

最高人民法院经审查认为，本案再审审查的焦点在于陈某对其所承建的永安山庄后期工程项目折价或拍卖所得价款在鑫科公司所欠付的工程款范围内是否享有优先受偿权。就本案诉争的永安山庄工程，鑫科公司原与中标人龙腾公司、东泉公司签订《建设工程施工合同》，但是其后各方当事人并未实际履行该合同，而是由鑫科公司与陈某签订《施工承包合同》，并由陈某实际进行施工。涉案《容缺备案表》中所填施工单位为东泉公司、龙腾公司。结合上述事实可以认定，就涉案工程，陈某为借用资质的实际施工人。优先受偿权作为一种物权性权利，根据《物权法》第五条“物权的种类和内容，由法律规定”之物权法定原则，享有建设工程价款优先受偿权的主体必须由法律明确规定。而《合同法》第二百八十六条、《最高人民法院关于建设工程价款优先受偿权问题的批复》第一条均明确限定建设工程价款优先受偿权的主体是建设工程的承包人，而非实际施工人。这也与《最高人民法院关于审理建设工程施工合同纠纷案件适用法律问题的解释（二）》第十七条明确规定建设工程价款优先受偿权的主体为“与发包人订立建设工程施工合同的承包人”这一立法精神相契合。陈某作为实际施工人，并非法定的建设工程价款优先受偿权主体，不享有建设工程价款优先受偿权。

案例 6：李某与杨某、大地公司房屋买卖合同纠纷案②

最高人民法院经审查认为：关于李某再审提出的原判决认定事实错误的问题。李某认为：杨某并非涉案房屋的所有权人，杨某无权处分涉案房屋，双方签订的《房屋买卖协议》无效；涉案房屋是其从大地公司购买的，其已经向大地公司缴纳了购房款。对此本院认为，依据《物权法》第九条规定，“不动产

---

① 详见最高人民法院（2019）最高法民申 2852 号民事裁定书。

② 详见最高人民法院（2019）最高法民申 748 号民事裁定书。

物权的设立、变更、转让和消灭，经依法登记，发生效力；未经登记，不发生效力”，涉案房屋未曾登记在杨某名下，因此原判决认定杨某系涉案房屋的所有权人错误，但此错误并不影响本案的判决结果。《买卖合同解释》第三条第一款规定“当事人一方以出卖人在缔约时对标的物没有所有权或者处分权为由主张合同无效的，人民法院不予支持”，李某以杨某无权处分涉案房屋，主张《房屋买卖协议》无效并申请再审的理由不能成立。

原审法院依据杨某提交的迁入证、大地公司出具的证明、房屋相关费用的缴纳票据认定大地公司将涉案房屋出售给杨某且已经交付，并无不当。杨某作为涉案房屋的合法占有者于2015年3月16日与李某签订《房屋买卖协议》。李某于2015年3月20日又与大地公司就涉案房屋签订《房地产买卖契约》，2015年3月25日涉案房屋登记至李某名下。对此本院认为，李某在短时间内就涉案房屋与两个主体分别签订买卖合同，不符合常理；李某在涉案房屋已经登记在其名下后，仍于2017年3月21日针对《房屋买卖协议》签订《补充协议》，约定其向杨某支付购房款，明显有违常理；李某以涉案房屋的不动产销售发票主张其向大地公司缴纳了全部购房款，但并未进一步提供相应证据证明实际缴纳了购房款，且在再审时针对如何缴纳购房款前后陈述矛盾。因此有理由相信李某并未实际向大地公司缴纳购房款，其与大地公司签订《房地产买卖契约》、开具不动产销售发票并非是为了从大地公司购买涉案房屋。杨某在原审庭审中称：“其与李某签订协议后，按照大地公司的要求向大地公司出具了办理房屋所有权的承诺，大地公司直接将房屋过户至李某名下”，杨某此陈述合理。

在上述案例中，案例5涉及物权法定原则，案例6涉及物权公示公信原则。试问：如何理解适用民法物权的基本原则？

二、平等保护原则

《民法典》第一百一十三条规定：“民事主体的财产权利受法律平等保护。”第二百零七条规定：“国家、集体、私人的物权和其他权利人的物权受法律平等保护，任何组织或者个人不得侵犯。”该条的核心是“平等保护”。民事主体的财产权利受法律平等保护是市场经济的内在要求。[①] 由此可见，不论是国家、集体、

① 黄薇主编：《中华人民共和国民法典释义（上）》，法律出版社2020年版，第222页。

私人还是其他民事主体的物权在法律地位上都是平等的，这是《民法典》的一项重要原则，充分体现了公平竞争、平等保护、优胜劣汰的市场经济的基本法则。

1986 年《民法通则》对民事主体财产权利的保护，并不是平等保护，体现出国家财产“神圣不可侵犯”的烙印，2007 年《物权法》确立了公私财产权利平等保护的基本原则，确立物权平等保护原则，是法治进步，具有划时代的意义。[①] 承认个人财富进取心，并依据法律保护这种进取心，为《民法典》物权编的根基；反过来，《民法典》物权编引导人们合法取得物权、保护人们合法物权的制度建设，为社会发展奠定了基石。《民法典》物权编旨在保护权利人的物权，历史上最经典的表述是 18 世纪英国首相老威廉 · 皮特在一次演讲中形容物权不可侵犯：即使是最穷的人，在他的寒舍里也敢于对抗国王的权威。风可以吹进这所房子，雨可以打进这所房子，房子在风雨中飘摇，但是英王不能踏进这所房子，他的千军万马也不敢踏进这所门槛已经破损了的房子。换句话说，穷人也有一国之君不可剥夺的权利。《民法典》物权编就是要充分发挥物权法律制度定分止争和物尽其用的作用，为权利人充分利用财产创造一个良好的法治环境，鼓励权利人创造财富，积累财富，使“有恒产者有恒心”，保障安居乐业，促进经济发展和社会进步。[②]

《民法典》物权编的平等保护原则是民法平等保护原则的具体化，它是指国家、集体、私人等物权的主体在法律地位上是平等的，他们对相同的物权享有同等的权利，适用相同的市场交易规则，当其物权受到侵害以后，应当受到《民法典》物权编的平等保护。《民法典》物权编之所以规定平等保护原则，是我国基本经济制度的内在要求，也是维护市场经济制度、巩固改革开放成果的必须要求。公平竞争、平等保护、优胜劣汰是市场经济的基本法则，如果缺乏对私有财产平等保护的法律制度，则人们财产权利的实现将是不确定的，很难使人们产生投资的信心、置业的愿望和交易的动力，这势必伤害人民群众创造财富、积累财富的积极性，不利于民富国强、社会和谐。[③]

《民法典》物权编对物权的保护，大致分为三种情形：一是基于物权归属

---

① 参见杜万华主编：《中华人民共和国民法总则实务指南》，中国法制出版社 2017 年版，第 446 页。

② 黄薇主编：《中华人民共和国民法典物权编释义》，法律出版社 2020 年版，第 3 页。

③ 杜万华：《加强监督指导 促进司法和谐 努力推动民事审判工作新发展——在成都、汕头召开的民事审判专题座谈会上的讲话》，载最高人民法院民事审判第一庭编：《民事审判指导与参考》2007 年第 3 辑（总第 31 辑），法律出版社 2007 年版，第 98 页。

和内容的请求权，即物权确认请求权；二是基于物权行使的请求权，包括原物返还请求权、停止侵害请求权、消除危险请求权、排除妨害请求权；三是基于对物的毁损或损害的请求权，如修理请求权、重作请求权、更换请求权、损害赔偿请求权。在适用这些物权保护方法时，要严格依照法律的规定进行，不得创设法律没有规定的保护方法，也不得将法律规定的保护方法任意扩大化。

《民法典》物权编规定了私人合法财产与国家财产平等受法律保护，二者的主次、先后关系不能再按传统观点来套用，形成了“一体承认、平等保护”的原则。但是在依法保护个人物权的同时，也要注意对公共利益的保护，不能以保护私有财产为由，而忽视对国家和社会公共利益的保护。如果把个人利益强调到极致，将对我国的社会发展造成严重的阻碍。当然，也绝不能允许打着公共利益需要的幌子，侵害公民的合法权益。

三、物权法定原则

物权法定原则，又称物权法定主义，是指物权的种类、内容由法律明确规定，而不能由当事人通过合同任意设定。《民法典》总则编第一百一十六条规定：“物权的种类和内容，由法律规定。”由此可知，物权法定原则是《民法典》的一项基本原则，在《民法典》物权编的结构体系上处于枢纽地位。

物权的创设，有放任主义和法定主义之别。放任主义允许当事人依占有或登记，赋予其使用收益权以物权的效力，此为普鲁士普通法所采用。如租赁权本为一债权关系，但依普鲁士普通法，以不动产为其标的时，则当事人得以自由意思，加以登记，使之变为物权。法定主义由法律明定物权之种类及内容等，不许当事人自由创设。法定主义肇端于罗马法，后被法国、德国、日本、奥地利、荷兰民法及我国台湾地区“民法”加以继受。我国《民法典》总则编亦对物权法定原则作出了规定。当事人违反物权法定原则，如果法律有特别规定，则从其规定；如果法律没有特别规定，则其行为无效。物权法定原则是近代大陆法系国家物权法的共同原则。[①]

---

① 《日本民法典》第175条规定：“物权，除本法及其他法律所规定者外，不得创设。”我国台湾地区“民法”第七百五十七条亦规定：“物权除本法或其他法律有规定者外，不得创设。”《奥地利民法典》第308条也作了类似的规定。《德国民法典》虽然未明文规定物权法定原则，但民事判例、理论学说均持肯定态度。

物权法定的内容，民法理论上的理解不尽相同。大陆法学者多认为，物权法定包括物权种类法定和物权内容法定两个方面。我国《民法典》总则编的规定，具体而言：一是物权种类法定，即指物权类型除法律明确规定的外，不得创设。物权种类法定是物权法定原则的核心内容，各国立法均以明确物权种类为物权法体系构造的第一要务。各国法把物权分为完全物权（即所有权）和定限物权（包括用益物权和担保物权），并分别予以规定。我国《民法典》物权编规定物权的种类包括所有权、用益物权、担保物权和占有，并对具体每类物权作了详细规定。二是物权内容法定，即物权权能的法定，是指物权主体的权利义务的内容由法律明确规定。物权内容法定，禁止任何法定物权权能以外的新创设。除非法律规定了“有约定的按照约定”“当事人另有约定的除外”这些例外情形。[①] 物权内容法定，要求物权人在行使其物权时，必须严格遵守法定的物权权利的范围；超出或违反法律对物权权能的规定，为权利滥用，为法律所不许。物权内容法定，首先是所有权权能法定。大陆法系国家，对所有权的内容规定不同，有的采概括方式界定，如德国；有的采列举方式界定，如日本。以列举方式界定所有权权能，使人能清楚把握和理解，为我国现行法律所采用。

在审判实践中应注意几个问题：一是物权法定中的“法”原则上应该限定为制定法。依大陆法系普遍认可的法理，物权的种类历来为强制性规范。换句话说，物权的种类只能由法律规定，法律之外，当事人约定的物权种类不为法律所认可。因而，物权法定的“法”不包括法规、司法解释和习惯法。二是违反物权法定原则的民事后果只是物权设定无效。不依物权法或者其他法律规定的物权种类设定的物权，无物权的效力。这一规则，针对的是当事人虽然按照法律规定的物权种类设定物权，但其设定的内容违背法律的情形。如当事人虽用抵押权、质权的合法术语，但内容实际为保证，则不能认可取得了担保物权。正如对当事人违反物权法定的约定，应当首先将其确定为不发生物权效力。所谓不发生物权效力，即不发生当事人意欲实现的物权设立、变更、转让和消灭的效力（内部），以及不发生排他的效力（外部）。当事人违反物权法定原则所作的约定虽然不产生物权效力，但如果符合其他法律行为生效要件，应当认定其产生相应法律效果，比如债权人与抵押人（非债务人）约定，就某项不动产

---

① 黄薇主编：《中华人民共和国民法典释义（上）》，法律出版社2020年版，第228页。

不论是否办理抵押登记均设定抵押权，此时虽然物权法意义上具有优先受偿效力的抵押权不能成立，但在内部关系中，应当认定债权人享有依据合同约定主张就该项不动产变价受偿的权利。[①]

四、物权公示公信原则

物权是对标的物的直接支配，具有排他和优先效力，因此，物权的存在及其变动，必须有一定的公示方法，使当事人与第三人均可从外部认识其存在及现象，以保障交易的安全，故产生了“公示原则”与“公信原则”，此为物权变动的两大原则，简称为公示公信原则。对此，《民法典》第二百零八条规定：“不动产物权的设立、变更、转让和消灭，应当依照法律规定登记。动产物权的设立和转让，应当依照法律规定交付。”

（一）公示原则

公示原则系指物权变动之际，必须以一定之公示方法，表现其变动，始能发生一定法律效果之原则。[②]公示原则是物权法上的归属属性，《民法典》物权编通过规定公示原则来确定物的归属关系。[③]这是因为物权具有排他的性质，其变动常有排他的效果，如果没有一定的可以从外部查知的方式将其变动表现出来，就会给第三人带来不测的损害，影响交易的安全。如在房屋上设定抵押权，如果不以一定的方式表现出该抵押权的存在，那么，不知该抵押权存在而受让该房屋的第三人就可能蒙受损害。因此，关于物权的变动，对于不动产以“登记”为不动产物权的公示方式，对于动产则以“交付”为动产物权的公示方式。[④]依据《民法典》第二百零八条的规定，不动产物权的设立，是指创设一个原来并不存在的物权。不动产物权的变更、转让和消灭是不动产变动的三种状态。其中，不动产物权的变更，是指在物权主体不改变的情况下改变物权的内容，如改变用益物权的设定期限等；不动产物权的转让，是指将已经存在

---

① 辛正郁：《物权法实施过程中应当注意的若干重要问题》，载最高人民法院民事审判第一庭编：《民事审判指导与参考》2014 年第 3 辑（总第 59 辑），人民法院出版社 2015 年版，第 80 页。

② 谢在全：《民法物权论》，中国政法大学出版社 1999 年版，第 56 页。

③ 最高人民法院民法典贯彻实施工作领导小组主编：《中华人民共和国民法典物权编理解与适用（上）》，人民法院出版社 2020 年版，第 39 页。

④ 参见王轶：《物权变动论》，中国人民大学出版社 2001 年版，第 117 页。

的物权在民事主体之间转移，亦称为过户登记；不动产物权的消灭，是指物权的终止，如标的物灭失时，物权随之消灭。动产物权的转让与不动产物权的转让含义相同。

以交付作为动产物权的公示方式与登记不同，交付没有永久的公示力。这是因为动产物权变动不仅容易而且频繁，无法以登记方法予以公示，只能用移转占有这一手段来表现动产物权的变动。甚至在现代社会经济发展的条件下，为保证交易的顺利进行，《民法典》物权编上还有简易交付、占有改定、拟制交付、指示交付等补充方式[①]。可见，从经济发展的需要看，交付足以作为动产物权变动的有效公示方法。动产物权设立和变动的公示方法还要求我们在司法实践中，应当树立这样的观念：凡是占有除民用航空器、船舶和机动车外的动产的人即可以认定为该动产的物权人，而不得要求该动产的占有人另行提供其他证据。这正是“谁占有动产谁是物的主人”的物权推定原则的体现。只有如此，才能真正保护动产物权人的合法权益。

值得注意的是，由于公示产生推定力，公示的物权人无须证明自己的物权，对公示的权利状态提出相反主张的人承担举证责任。在物权变动无须公示的情形下，权利人只有证明物权变动的原因事实，才能证明物权。[②]

（二）公信原则

公信原则系指依公示方法所表现的物权纵不存在或内容有异，但对于信赖此项公示方法所表示的物权，而为物权交易之人，法律仍承认其具有与真实物权存在的相同法律效果，以保护交易安全。[③]也就是说，物权的变动以登记和交付为公示方式，那么，如果信赖这种公示而为一定行为（如接受买卖、赠与），即使登记或交付所表现的物权状态与真实的物权状态不相符，也不能影响物权变动的效力。这正是公信原则的基本要求。物权公信原则，在《民法典》物权编中得到了充分体现，该法第二百一十六条第一款规定：不动产登记簿是物权归属和内容的根据。第二百一十七条规定：不动产权属证书是权利人享有该不

① 关于交付的四种方式，详见何志：《合同法原理与审判实务》，法律出版社2002年版，第382～383页。

② 参见孙宪忠、朱广新主编：《民法典评注·物权编》（第1卷），中国法制出版社2020年版，第31页。

③ 参见谢在全：《民法物权论》，中国政法大学出版社1999年版，第60页。

动产物权的证明。不动产权属证书记载的事项，应当与不动产登记簿一致；记载不一致的，除有证据证明不动产登记簿确有错误外，以不动产登记簿为准。

物权变动之所以要有公信原则，是因为仅贯彻公示原则，在进行物权交易时，固然不必顾虑他人主张未公示的物权，免受不测的损害。但公示所表现的物权状态与真实的物权状态不相符的现象在现实生活中也是存在的。如假冒房屋所有人进行移转房屋所有权的登记，电视机的借用人将电视机出卖，等等。如果在物权交易中都得先一一进行调查，必然十分不便。在物权变动中以公信原则为救济，使行为人可以依赖登记与交付所公示的物权状态进行交易，不必担心其实际权利的状况。可见，公信原则的目的在于保护交易的安全与便捷。它有时虽然不免牺牲真正权利享有人的利益，但这是法律为促进社会经济发展，在权利享有人的个人利益与社会利益之间进行均衡、选择的结果。

公信原则在现代各国立法例上，对于动产物权的交付是普遍适用的。而对于不动产物权的登记，《德国民法典》第 892 条、《瑞士民法典》第 973 条都赋予其公信力，但《法国民法典》和《日本民法典》对于不动产物权还未实行公信原则。不动产物权是否采用公信原则，在法律效力上会有显著差异。如甲将房屋出卖给乙，并且进行了产权移转登记，而乙又将房屋转卖给丙，且也做了产权登记。以后因甲主张甲与乙之间的房屋买卖有重大误解而予以撤销，乙不能取得房屋的所有权。但对于丙来讲，他可否取得房屋的所有权，就要看法律是否赋予不动产物权登记以公信力。如果赋予其公信力——因登记的所有权人是乙，丙也相信房屋是乙的所有物——则丙取得其所有权；如果不赋予其公信力——即使登记的所有人是乙，丙也相信房屋是乙的所有物，即使其相信并无过失——丙也不能取得房屋的所有权。从维护交易安全和便捷的角度出发，应当赋予不动产登记以公信力。

综上，对于物权的变动，因采取公示原则，对于动产以交付为公示方法，对于不动产以登记为公示方法；因采取公信原则，对于动产予以交付（占有）公信力，对于不动产予以登记公信力。这样，一般而言，物权的变动只有在事实上和形式上都是真实的才会发生效力。但是由于这两个原则被采用的结果，就会发生即使事实上已经变动（如当事人已将房屋进行了买卖），但形式上没有采取公示方法（没有进行产权转让登记），仍然不发生物权变动的效力；反之，如果形式上已经履行了变动手续（如已登记），但事实上并未变动（如当事人间并无真正让与的意思），仍然发生物权变动的效力。这种情形初看起来于理不合，但它却是法律根据物权本身的特点，为保护交易的安全，稳定社会经济秩序而采取的措施。

因此，公信原则实际上赋予了公示的内容公信力，公信原则弥补了处分行为的权利瑕疵，公信原则是公示原则的进一步延伸。公信原则的确立，旨在保护善意的第三人，而不适用恶意的第三人。这是因为，在第三人为恶意的情况下，若进行保护，就失去了公信原则所应有的本质。

根据物权公示公信原则，如果房屋已经办理房产过户手续，他人已取得此房屋的产权证，应认定该房屋已经发生了物权变动的法律后果。这一点在最高人民法院审理的赵某保与天津市新厦房地产开发经营公司破产清算组、天津市嘉盛房屋置换有限责任公司、刘某华确认房屋所有权纠纷上诉案中得到了体现。本案中赵某保与新厦公司签订的商品房买卖合同约定，赵某保购买新厦公司房产；后新厦公司因贷款担保将上述房屋抵押给天津市商业银行开源支行，并办理了抵押登记。开源支行与嘉盛公司签订的债权转让合同约定将其对新厦公司享有的债权转让给嘉盛公司，抵押物包括本案诉争之房屋，在嘉盛公司支付全部转让价款后，有权以自己的名义对外销售抵押物。嘉盛公司与刘某华签订《房产买卖协议》，将房屋卖给刘某华，刘某华领取了该房屋的产权证书。最高人民法院认为：讼争房屋已经办理房产过户手续，刘某华取得了讼争房屋的产权证，应认定该房屋已经发生了物权变动的法律后果。赵某保在与新厦公司签订《商品房买卖合同》后，未办理房产过户手续。赵某保只对新厦公司享有债权请求权，其不能对抗刘某华依法取得物权的效力。本案裁判的意义在于，当事人之间订立转让不动产合同，除法律另有规定或者合同另有约定外，自合同成立时生效；未办理物权登记的，不影响合同效力。不动产的物权变动，必须以登记为必要条件，未经登记，不发生法律效力。国家对不动产实行统一登记制度。不能认定合同生效就必然导致不动产物权的变动。登记制度是不动产物权的公示方法，通过公示避免第三人遭受损害并保护交易安全。赵某保与新厦公司因合同关系而产生的债权纠纷，可以另案解决。①

① 贾劲松：《“一房二卖”的法律后果和纠纷的处理原则——赵某保与天津市新厦房地产开发经营公司破产清算组、天津市嘉盛房屋置换有限责任公司、刘某华确立房屋所有权纠纷上诉案》，载最高人民法院民事审判第一庭编：《民事审判指导与参考》2009年第2辑（总第38辑），法律出版社2009年版，第241～246页。

五、对案例 5、案例 6 的简要评析

在案例 5 中，陈某申请再审的焦点是对其承建的工程部分在其折价或者拍卖所得价款在鑫科公司欠付的工程款范围内享有优先受偿权。根据《合同法》第二百八十六条“发包人未按照约定支付价款的，承包人可以催告发包人在合理期限内支付价款。发包人逾期不支付的，除按照建设工程的性质不宜折价、拍卖的以外，承包人可以与发包人协议将该工程折价，也可以申请人民法院将该工程依法拍卖。建设工程的价款就该工程折价或者拍卖的价款优先受偿”①的规定，享有建设工程价款优先受偿权的主体只能是建设工程的承包人。陈某并非建设工程的承包人，而是实际施工人，显然不能享有建设工程价款优先受偿权。若判决陈某享有此项权利，则有违物权法定原则。同时，根据合同相对性原则，陈某只能与签订合同的相对方主张合同权利。对实际施工人的特殊保护，体现在《建设工程施工合同解释》第二十六条“实际施工人以转包人、违法分包人为被告起诉的，人民法院应当依法受理。实际施工人以发包人为被告主张权利的，人民法院可以追加转包人或者违法分包人为本案当事人。发包人只在欠付工程价款范围内对实际施工人承担责任”所规定的发包人在欠付承包人工程价款范围内对实际施工人承担责任。因此，作为实际施工人的陈某主张对其承建的工程享有优先受偿权没有法律根据。

在案例 6 中，再审申请人李某以杨某并非涉案房屋的所有权人、杨某无权处分涉案房屋、双方签订的《房屋买卖协议》无效为由申请再审，李某的诉讼行为有违民法所倡导的诚信原则，有违物权的公示公信原则。依据《物权法》第九条第一款“不动产物权的设立、变更、转让和消灭，经依法登记，发生效力；未经登记，不发生效力”②的规定，杨某作为涉案房屋的合法占有者于 2015 年 3 月 16 日与李某签订《房屋买卖协议》，3 月 25 日涉案房屋登记至李某名下。至此，从不动产物权登记来看，涉案房屋的权属已经归李某所有，这正是物权公示公信原则的体现。李某以杨某无权处分涉案房屋，主张《房屋买卖协议》无效的理由不能成立。其实，笔者认为该案的焦点是因为房价贬值所引发的诉讼。

---

① 《民法典》第八百零七条亦作出了同样的规定。

② 《民法典》第二百零九条第一款作出了同样的规定。

第四节　物权的效力

一、问题的提出

物权与债权不同，物权具有排他效力、优先效力、追及效力。在研究物权的效力之前，先看三则案例。

案例 7：承包经营权归属何人？

2021 年 1 月 12 日，某乡政府将其所有的 50 亩果林发包给黎某，承包经营期限为 30 年，每年承包费为 5000 元，并实行预交。同日，黎某缴纳了当年的承包费，乡政府亦将果林 50 亩交给了黎某。黎某开始投入承包经营。

同年 3 月 20 日，该乡政府进行了换届选举，更换了乡长。新乡长上任之后，便撕毁了与黎某的承包经营合同，将该 50 亩果林另行发包给新乡长的亲戚杨某，杨某亦预交了承包费，双方签订了承包经营合同。合同签订后，杨某便派人去果林地进行经营活动，遭到了黎某的强烈反对，双方为此产生纠纷。黎某以乡政府擅自毁约，侵害其承包经营权为由提起诉讼，请求人民法院判令乡政府继续履行合同。杨某以第三人的身份申请参加诉讼，请求人民法院判令其拥有承包经营权。

案例 8：担保物权竞合，谁更优先？

张三以其红旗轿车作抵押担保在某信用社贷款 10 万元，并在车辆登记机关办理了抵押登记。后张三因醉酒开车，致使红旗轿车撞毁，他自己重伤。红旗轿车被维修中心进行大修，花去维修费用 5 万元，因张三无款支付，维修中心将红旗轿车予以留置。贷款到期后，信用社主张实现抵押权，维修中心予以拒绝。此时，出现了抵押权与留置权竞合，应当如何处理此案？

案例 9：抵押物转让纠纷案

李某与宏发支行于 2021 年 3 月 3 日签订借款抵押担保合同书，由宏发支行贷给李某人民币 8 万元，月息 6 厘，贷款期限 8 个月，贷款用途为购买面的，担保方式为以李某坐落在该市的一座房屋作抵押。该房屋经该市房地产交易中心评估价格为11万元。同日，李某和宏发支行一块去房地产登记部门办理了抵押登记手续。次日，李某到宏发支行将该款取出，并从他人手中购买了一辆面的。李某在经营期间，面的被盗，又因该车超过保险期限而无法向保险公司索赔。同年8月26日，李某与杨某协商，李某将其抵押给宏发支行的房屋以10.6万元的价格转让给杨某，并商定先由杨某支付给李某房款3万元，剩余7.6万元在12月30日前付清。9月1日，李某和杨某一起到房地产交易中心，因该交易中心的过失而办理了过户登记手续。宏发支行借款到期后，因李某没有偿还，故要求李某以其所抵押的房屋优先受偿。李某称该房屋已卖给杨某，宏发支行遂以李某、杨某为被告诉至某区人民法院，请求人民法院依法确认李某与杨某的抵押物转让行为无效，并判令宏发支行对李某的抵押物享有优先受偿权。

上述案例，案例7涉及物权的排他效力，案例8涉及物权的优先效力，案例9涉及物权的追及效力。试问：如何理解物权的效力？

二、物权的排他效力

物权的排他效力，是指在同一标的物上，不能同时成立两个以上内容互不相容的物权。[①] 依通说，这一效力发端于物权的直接支配性。早在罗马法上就有“所有权遍及全部，不得属于二人”的法则，足见物权具有排他的效力，[②] 况且，《民法典》第一百一十四条第二款对物权下定义时，就明确了物权的权利人有排他的权利。

（一）物权排他效力的主要内容

1. 同一标的物上，已有所有权存在的，不能另有其他所有权成立。如同一标的物上有所有权，后来他人因时效取得或善意取得时，前一所有权即告消灭。

2. 同一标的物上，已有以占有为内容的定限物权（如建设用地使用权、农村土地承包经营权）存在的，不得另外成立同样性质的定限物权。物权排他效

① 王泽鉴：《民法物权：通则·所有权》（第1卷），中国政法大学出版社2001年版，第60页。

② 梁慧星主编：《中国物权法研究》，法律出版社1998年版，第77页。

力的一个例外是，数个内容相同的地役权可以同时存在于同一标的物上。

但是，有下列情形的，数个物权可以同时存在于同一标的物上：（1）所有权与定限物权。（2）以占有为内容的定限物权与非以占有为内容的物权，如建设用地使用权和抵押权可以并存于同一标的物之上。（3）非以占有为内容的数个物权。

需要注意的是，物权的排他效力有强弱之分，所有权最强，同一物上绝不允许存在两个或两个以上的所有权。以占有标的物为内容的定限物权，如建设用地使用权、农村土地承包经营权则次之，至于非以占有标的物为内容的定限物权，如抵押权与抵押权竞合时，依据《民法典》第四百一十四条第一款的规定：同一财产向两个以上债权人抵押的，拍卖、变卖抵押财产所得的价款依照下列规定清偿：（1）抵押权已经登记的，按照登记的时间先后确定清偿顺序；（2）抵押权已经登记的先于未登记的受偿；（3）抵押权未登记的，按照债权比例清偿。《民法典》第四百五十六条规定，同一动产上已经设立抵押权或者质权，该动产又被留置的，留置权人优先受偿。

（二）物权排他效力的限制

《民法典》第一百三十一条规定："民事主体行使权利时，应当履行法律规定的和当事人约定的义务。"这是关于物权的取得和行使应当遵守法律和维护社会公共利益原则的规定，是对物权绝对性、排他性的限制。

物权具有绝对性和排他性特质。在规定物权的绝对性和排他性原则时，必须考虑的问题是物权绝对性和排他性的基本法律条件，也就是说，物权人行使其权利时在何种条件下才可以排除他人（包括国家公共权力机构）的干涉。这就需要个人权利的行使不得损害社会公共利益和他人合法权益。

物权的民事权利属性决定了其取得和行使应受到一定的限制。任何民事权利的取得必须有法律依据，并遵守法律规定的方式和程序，否则就不被法律所承认，更不受法律保护。物权也不例外。任何人如想取得对物的所有权或者其他物权，不遵守法律规定的方式和程序是不可能达到目的的，如不动产物权的设立、变更、转让和消灭，通常情形下只有经依法登记才能发生法律效力。取得物权后，物权人行使权利时还必须遵守法律的规定。虽然权利意味着在法律规定范围的意志自由，但这种自由是有一定限度的。人们必须在法律规定的限度内行使自己的权利，只有在这个限度内，人们才可能具有依自己的意志从事一定行为的自由。法律并不允许权利人以任何方式随心所欲地行使自己的权利。物权也是如此。尽管对于物权而言，物权人对物享有直接的支配权，可以在法律规定的范围内行使自己的各项权利。但是这种支配并非绝对无限制的。即使是所有权人，也只能在法律规定的范围内享有所有权的各项权能，而不能享有所谓绝对无限制的权利。物权的行使必须要有合理的界限。这个界限就是不得损害国家利益、社会公共利益和他人的合法权益。

在司法实践中，判断物权的取得是否遵循守法和维护社会公共利益的原则，除了依照《民法典》物权编的规定外，还要注意其他相关法律的规定。例如，农村土地的承包经营权问题，《民法典》物权编只作了概括性规定，其他许多内容依照《农村土地承包法》的规定。例如，《农村土地承包法》对承包的原则、程序、承包合同应具备的主要条款等都有详细而具体的规定。只有遵守这些规定签订承包合同，承包人才可能取得农村土地的承包经营权。

在实践中，值得注意的问题：一是物权有强烈的排他性，如果对物权的排他性不加限制，则必然导致物权人滥用其权利、妨害社会公共利益和他人利益发展的结果。这一点已被历史的发展所证明。二是对物权绝对主义予以适当修正，并不是放弃物权的绝对性原则。物权，特别是所有权，作为绝对权利，决定物权人根据自己的意志依法行使其权利的本质没有改变。作为一项重要的民事权利，物权应当永远保留其绝对权的特性。这是物权和债权的基本区别。三是对物权排他性的限制只是要求物权人行使权利时必须遵守法律，尊重社会公共利益和他人利益，不得滥用其权利，但并不是要求物权人牺牲自己的权利或者不主张其权利。《民法典》物权编的规定不存在任何他人为了自己的利益而限制物权人行使其权利的意思，更不存在任何公共权力机构无端以公共利益为借口而限制甚至剥夺物权人权利的意思。

三、物权的优先效力

物权的优先效力，亦称物权的优先权。通说认为，物权的优先权在先后发生的物权间及物权与债权间都是存在的。[①] 物权的优先权，其基本含义是指权

---

① 王泽鉴：《民法物权：通则·所有权》（第 1 卷），中国政法大学出版社 2001 年版，第 61～62 页；谢在全：《民法物权论》，中国政法大学出版社 1999 年版，第 33～36 页；江平主编：《民法学》，中国政法大学出版社 2000 年版，第 326～328 页；梁慧星主编：《中国物权法研究》，法律出版社 1998 年版，第 78～81 页；陈华彬：《物权法原理》，国家行政学院出版社 1998 年版，第 93～95 页；等等。足见其为民法之通说。

利效力的强弱，即同一标的物上有数个利益相互矛盾、相互冲突的权利并存时，具有较强效力的权利排斥或先于具有较弱效力的权利的实现。[①] 物权相互之间以及物权与债权之间的关系，物权的优先效力都是存在的。这种物权的优先权是物权因对标的物的直接支配权而具有的排他性的表现，是法律根据物权的特性而对之赋予的强烈的法律效力。

（一）物权优先于债权的效力

物权对于债权的优先效力，是指物权与债权在因同一标的物而有关联时，不论各自的种类为何，也不论各自成立的时间先后，物权均具有优先于债权的效力。[②] 这具体体现在以下几个方面：

1. 所有权的优先性。物已为债权的给付标的，如就该物再成立物权时，则物权具有优先的效力。如一物数卖，但在后的买受人已经接受了出卖物（动产已交付，或已就不动产办理了所有权移转登记手续），则该买受人即取得了出卖物的所有权，即使不动产已交付给在先的买受人亦然。此时该买受人的所有权当然优先于在先的买受人的债权。

2. 用益物权的优先性。用益物权人对于标的物的价金或补偿金、赔偿金，有较其他债权人优先受偿的权利。如在一栋房屋上设定抵押权后，再设定典权，在抵押权人实行抵押权时，附有典权的房屋所有权无人愿意购买或其出价低于抵押权所担保的债权额时，可以除去典权将房屋出卖。在卖得的价金清偿抵押权所担保的债权以后尚有余额的，典权人有权优先于一般债权人（当然还包括登记在后的其他物权人）而受偿。

3. 担保物权的优先性。在债务人的财产上设有担保物权的，担保物权人享有优先受偿的权利，这即为别除权。如在债务人房屋上设定了抵押权，在实行该抵押时，无论该债务人的财产是否够清偿债务，抵押权人对于抵押房屋的卖得价金均享有优先受偿权。即使该债务人宣告破产，也不影响抵押权的优先效力，抵押权人仍可行使别除权，而优先受偿。

4. 非属于债务人所有之物，所有人有取回该物的权利，这即为取回权。如

---

① 江平主编：《民法学》，中国政法大学出版社 2000 年版，第 326 页。

② 特定的不动产或者动产，既是物权的支配物，又是债权的标的物时，优先保护物权，但法律另有规定的除外。

在所有权保留买卖中，在买受人未付清价款的情况下，则出卖人享有取回权，取回标的物。

（二）物权优先于债权的例外

物权优先于债权，是其一般原则，但也有例外的情形：

1. 买卖不得击破租赁规则。关于租赁权的性质，大致存在三种学说：债权说、物权说、租赁物权化说。其中，租赁物权化说为当今有力的通说。[①]《民法典》第七百二十五条“租赁物在承租人按照租赁合同占有期限内发生所有权变动的，不影响租赁合同的效力”之规定，说明了我国从立法角度上对租赁权的对抗效力予以确认，体现了“租赁权的物权化”，明确了“买卖不得击破租赁”的规则。所谓物权化，是指在承租人依据租赁合同占有租赁物期限内，承租人对租赁物的占有使用可以对抗第三人，即使是该租赁物所有权人或享有其他物权的人也不例外。[②]

2. 基于公益或社会政策的理由，法律规定某些物权不得有优先次序。如根据《海商法》第二十一条、第二十二条之规定，船长、船员等工作人员的工资、其他劳动报酬、船员遣返费用和社会保险费用的给付请求权，优先于设定在先的抵押权。

（三）物权相互间的优先效力

物权相互间的优先效力，是指依物权效力的强弱，具有较强效力的物权或者排斥具有较弱效力的物权的存在，或者先于具有较弱效力的物权得到实现。物权对于标的物之直接支配性与排他性特征，决定了确定物权相互间效力的基本原则，是以物权成立的时间先后决定效力的孰先孰后，称为“成立在先，权利在先”原则。

1. “成立在先，权利在先”原则的体现。同一标的物上存在两个或两个以上不同内容或性质的物权时，成立在先的物权优先于成立在后的物权（成立在先，权利在先）。成立在先的物权由此具有两项优先效力：一是优先享受其权

---

① 关于租赁权性质的三种学说，详见何志：《合同法原理与审判实务》，法律出版社 2002 年版，第 508～509 页。

② 黄薇主编：《中华人民共和国民法典释义（中）》，法律出版社 2020 年版，第 1361 页。

利。如于同一不动产上设定抵押权后，又进行再抵押或重复抵押时，优先效力即依抵押权设定登记的先后顺序而定，先成立的抵押权优先于后成立的抵押权。二是先成立的物权压制后成立的物权。后成立的物权害及先成立的物权时，后成立的物权将因先成立的物权的实行而被排斥或消灭。

2.“成立在先，权利在先”原则的例外。先成立的物权优先于后成立的物权，为一般法律原则。但其例外的情形主要有：一是定限物权优先于所有权。定限物权，是于一定范围内限制所有权的权利。同一标的物上，定限物权虽成立于所有权之后，但仍有优先于所有权的效力。二是基于法律的特殊规定，不适用“成立在先，权利在先”的原则，须依法定的序位确定数个物权的优先效力。如《海商法》第二十五条第一款规定：“船舶优先权先于船舶留置权受偿，船舶抵押权后于船舶留置权受偿。”《民法典》第四百一十六条规定：“动产抵押担保的主债权是抵押物的价款，标的物交付后十日内办理抵押登记的，该抵押权人优先于抵押物买受人的其他担保物权人受偿，但是留置权人除外。”三是基于社会公益、政策的理由，成立在后的某些物权优先于在先的物权。如海商法上的优先权具有优先于后成立的船舶抵押权的效力。

四、物权的追及效力

所谓物权的追及效力，是指物权成立后，其标的物不论辗转于何人之手，物权人均得追及物之所在，而直接支配其物的效力。[①] 这也正是《民法典》第二百零七条“国家、集体、私人的物权和其他权利人的物权受法律平等保护，任何组织或者个人不得侵犯”的原则的体现。

物权的追及效力，是否为物权的一项独立效力，有否定说和肯定说两种主张。否定说认为，物权的追及效力是物权优先效力的内容之一或是物权请求权的反映，没有必要将其另立为物权效力。肯定说则认为，虽然否认追及效力为物权的独立效力的见解有一定的合理性，但为更周全地保护物权，更清楚深刻地把握物权的本质，将追及效力作为一项独立效力认识，确属得当。[②]

物权的追及效力主要表现为如下两种情形：第一，当标的物由无权处分人转让给第三人时，除法律另有规定外，物权人有权向第三人请求返还原物。物

---

① 王泽鉴:《民法物权：通则 · 所有权》(第1卷)，中国政法大学出版社2001年版，第62页。

② 参见梁慧星、陈华彬:《物权法》(第6版)，法律出版社2019年版，第51页。

权在此种情况下所具有的追及效力属于物上请求权的一种形式。第二，在抵押期间，抵押人擅自转让抵押物给第三人时，抵押权人得追及抵押物之所在行使抵押权。《民法典》第四百零六条第一款规定："抵押期间，抵押人可以转让抵押财产。当事人另有约定的，按照其约定。抵押财产转让的，抵押权不受影响。"

当然，物权的追及效力并不是绝对的，而是相对的。《民法典》物权编为维护交易安全，保护善意第三人，确立了善意取得制度，对物权的追及效力进行了若干限制。如《民法典》第三百一十一条规定："无处分权人将不动产或者动产转让给受让人的，所有权人有权追回；除法律另有规定外，符合下列情形的，受让人取得该不动产或者动产的所有权：（一）受让人受让该不动产或者动产时是善意；（二）以合理的价格转让；（三）转让的不动产或者动产依照法律规定应当登记的已经登记，不需要登记的已经交付给受让人。受让人依据前款规定取得不动产或者动产的所有权的，原所有权人有权向无处分权人请求损害赔偿。当事人善意取得其他物权的，参照适用前两款规定。"

五、对案例 7、案例 8、案例 9 的简要评析

（一）对案例 7 的简要评析

在本案中，主要涉及下列法律问题：

1. 首先应当明确的是，承包经营权在性质上属于物权的范畴，且是用益物权。

2. 某乡政府与黎某所签订的果林承包经营合同是双方当事人的真实意思表示，是基于法律行为所取得的，符合物权法定原则，因此，黎某所取得的承包经营权依法有效，应当受法律保护。

3. 在某乡政府换届之后，因乡政府的法定代表人更换，撕毁前任乡政府与黎某所签订的果林承包经营合同，而与杨某签订果林承包经营合同。显然，杨某依据承包经营合同所取得的承包经营权当属违法无效。

4. 根据物权的排他效力，黎某的承包经营权依法有效，而杨某的承包经营权因违法而无效，则黎某的承包经营权具有抗辩杨某的权利。因此，黎某的诉讼请求应当得到人民法院的支持，并判决解除乡政府与杨某的承包经营合同。

（二）对案例 8 的简要评析

在本案中，信用社所享有的抵押权与维修中心所享有的留置权发生了竞

合，能否适用“成立在先，权利在先”的规定是本案争议的焦点。

根据《民法典》第四百五十六条“同一动产上已经设立抵押权或者质权，该动产又被留置的，留置权人优先受偿”的规定，显然，维修中心的留置权虽然成立在后，但因其权利优先于信用社的抵押权而优先受偿。

（三）对案例9的简要评析

1. 李某与宏发支行的借款抵押担保合同的效力问题。李某与宏发支行所签订的借款抵押担保合同，是双方当事人的真实意思表示，并不违反法律、行政法规的强制性规定，故为有效合同。同时，办理了抵押权登记手续，使抵押权得以有效设立，抵押权人宏发支行对抵押物依法享有优先受偿权。

2. 李某将抵押物房屋转让给杨某的行为效力问题。依据《民法典》第四百零六条“抵押期间，抵押人可以转让抵押财产。当事人另有约定的，按照其约定。抵押财产转让的，抵押权不受影响。抵押人转让抵押财产的，应当及时通知抵押权人。抵押权人能够证明抵押财产转让可能损害抵押权的，可以请求抵押人将转让所得的价款向抵押权人提前清偿债务或者提存。转让的价款超过债权数额的部分归抵押人所有，不足部分由债务人清偿”的规定，李某未经抵押权人宏发支行同意擅自转让抵押物行为的效力，不应认定为无效。由于抵押权具有优先的效力、排他的效力、追及的效力，因此宏发支行的抵押权可以对抗杨某的购买权。

第二章 物权的设立、变更、转让和消灭

第一节 物权变动概说

一、问题的提出

物权变动，简言之，即指物权的设立、变更、转让和消灭。具体而言，从物权的自身来看，即指物权设立、变更、转让和消灭的运动状态；从物权的主体来看，即指物权的取得、设定、变更与丧失。物权变动是《民法典》物权编上的一种民事法律效果，其实质是权利主体之间对于权利客体的支配和归属的法律关系的变更。

在研究物权变动之前，先看两则案例。

案例 10：未经抵押登记能否取得抵押权？

某银行与甲公司签订借款合同，由银行贷款给甲公司 300 万元。乙公司以其 50 亩建设用地使用权为甲公司作抵押担保，并与银行签订了抵押合同，双方还约定抵押合同签订后 5 日内办理完抵押登记手续。抵押合同签订后，乙公司拒绝办理抵押登记。此时，银行已将款项付给甲公司。这时，银行能否取得抵押权？银行应当采取哪些措施来防范和化解该笔贷款风险？

案例 11：买卖行为被撤销，受让人能否取得物权？

乙公司长期拖欠甲公司货款 200 万元，甲公司多次要求乙公司还款，乙公司称暂时无力归还，正在想办法偿还甲公司债务。为此考虑将其临街办公楼卖给他人。该办公楼当时评估价为 300 万元，而乙公司与丙公司以价款 150 万元达成办公楼买卖协议，并办理了办公楼产权转移登记手续。同时，乙公司与丙公司又达成了租用办公楼协议，租期为 3 年，年租金 30 万元（正常价格年租金需 70 万元）。甲公司认为乙公司与丙公司的办公楼买卖行为是以逃避债务为

目的，损害了自己的利益，遂与乙公司、丙公司多次协商，未果。后甲公司以乙公司为被告、丙公司为第三人，向法院提起诉讼，请求撤销乙公司与丙公司的买卖协议。该买卖协议能否撤销？丙公司取得的物权能否受法律保护？

在上述案例中，案例10涉及作为抵押权的物权能否设立的问题，案例11涉及物权变动能否有效的问题。试问：如何理解物权变动？如何理解物权行为？如何理解物权变动模式？

二、物权变动

物权变动，即物权的设立、变更、转让和消灭。现分述之。

（一）物权的设立（发生、取得、设定）

物权的设立，又称物权的发生、取得或设定，是就物权与特定主体结合而言，从物权人方面观察，为物权的发生。它可分为原始取得和继受取得。

1. 原始取得。即指非依他人权利与意志而取得物权，又称固有取得。物权的原始取得方法通常有：（1）通过生产而取得产品的物权；（2）通过收益而取得天然孳息的物权；（3）国家通过税收、国有化、征收、征用、没收而取得物权；（4）国家按法定程序取得无人继承的遗产、无人认领的遗失物和所有人不明的埋藏物、隐藏物的所有权；（5）集体组织取得其成员的无人继承的遗产的所有权；（6）在法律允许之范围内通过先占取得无主动产的所有权；（7）取得添附物的物权；（8）通过取得时效制度取得物权；（9）通过即时取得制度取得物权，亦即通过善意取得制度取得物权。

2. 继受取得。即指依他人的权利和意志而取得物权，又称传来取得。物权继受取得可分为：（1）移转继受取得，指原物权人的物权完整地移转给新物权人。发生此种继受取得的原因有买卖、互易、赠与、遗赠、继承等。如《民法典》第二百三十条规定，因继承取得物权的，自继承开始时发生效力。（2）创设继受取得，指所有权人为他人创设所有权以外的物权。此种继受取得的方法有民事与行政两类方法。民事方法，指所有权人通过与他人订立契约的方式为他人创设他物权，如农村土地承包权合同、建设用地使用权合同、邻地利用权合同、抵押合同，等等。行政方法，指国家行政主管机关通过划拨或特批许可为法人、自然人创设他物权，如创设土地使用权、采矿权、水产养殖权、水产资源捕捞权、取水权，等等。

通常情况下，继受取得均基于法律行为。除上述两种重要的继受取得方法外，还有对特定标的物的特定继受取得和对他人权利义务全部继受的概括继受取得。

（二）物权的变更

物权的变更，有广义和狭义之分。广义的物权变更包括物权主体的变更、物权内容的变更和物权客体的变更。狭义的物权变更，仅指物权客体与内容的变更，不包括物权主体的变更。鉴于物权主体的变更会同时引起原物权人物权的丧失和新物权人物权的取得，因此，不再作为物权变更来理解。物权法中所言物权的变更，通常指物权客体与内容的变更，即狭义变更，而将主体变更分别归入物权的取得与丧失之中。

所谓物权客体的变更，指物权的标的物的量有所改变，即标的物的数量上的增减，如物权的标的物因附合而增加。所谓物权内容的变更，指物权的质的改变，即物权权利义务存在状态的变更，如土地所有权人与土地承包经营权人合意改变土地的使用方法或承包经营期间等。

（三）物权的消灭

物权的消灭，是指特定主体与物权分离，即主体物权的丧失。物权的消灭有广、狭两义。广义的物权消灭有下列两种情形：

1. 物权的绝对消灭，指物权与特定主体分离，且他人又未取得其权利。标的物的灭失、物权人抛弃其物权、他物权与所有权混同等，都能引起物权的绝对消灭。

2. 物权的相对消灭，指物权与原主体分离而又与新主体结合归于新主体。如转让人因转让物权而丧失物权。

狭义的物权消灭，仅指物权的绝对消灭，不包括物权的相对消灭。因为物权的相对消灭从另一角度观察，可归于物权继受取得与物权主体的变更。为此，《民法典》物权编所称物权的消灭，大抵是从绝对消灭即狭义物权消灭的方面来规范的。

（四）物权变动的原因

既然物权变动是物权法上的一种民事法律效果，那么，和其他民事法律效果一样，物权的变动也是由民事法律事实引起的。依近现代各国物权立法和实务，能够引起物权变动的民事法律事实即原因有三类：

1. 物权法律行为，简称物权行为，包括双方行为与单方行为。双方物权行为又称为物权契约。物权法律行为是物权变动的最为常见形式。

2. 物权行为以外的法律事实，包括生产、天然孳息、时效、先占、遗失物拾得、埋藏物发现、标的物灭失、混同、加工、附合、法定期限届满等。如《民法典》第二百三十一条规定："因合法建造、拆除房屋等事实行为设立或者消灭物权的，自事实行为成就时发生效力。"由此可见，当事人通过事实行为引起的物权变动，自事实行为完成时即发生效力。

3. 某些公法行为，如法院强制执行、征收、没收等。物权的变动，大都基于物权行为而生，因此，物权行为是物权变动所常见的主要原因，也因此引起各国民法理论和民事立法的重视。如我国《民法典》第二百二十九条规定，因人民法院、仲裁机构的法律文书或者人民政府的征收决定等，导致物权设立、变更、转让或者消灭的，自法律文书或者征收决定等生效时发生效力。

三、物权行为

（一）如何理解物权行为

物权行为，是指以物权的设立、移转、变更或消灭为目的的法律行为。[①]由此可见，物权行为是法律行为的一种，而法律行为根据其法律效果可分为负担行为和处分行为。负担行为是以发生债权债务为其内容的法律行为，亦称债权行为或债务行为。处分行为是直接使某种权利发生、变更或消灭的法律行为。处分行为包括物权行为和准物权行为。[②]负担行为与物权行为的关系，可分为三种：一是仅存在负担行为而无处分行为。不以物权变动为目的的债权合同，如承揽合同、居间合同等。以物权变动为目的的债权合同，在合同未履行的情况下，亦属此类。二是仅存在处分行为而无负担行为。主要为不因债权合同而导致物权变动的情形，如物之所有权的抛弃。三是负担行为与处分行为并存。如在案例11中，乙公司与丙公司的办公楼买卖协议即为负担行为，而双方所

① 史尚宽：《物权法论》，中国政法大学出版社2000年版，第18页。

② 参见王泽鉴：《民法物权：通则·所有权》（第1卷），中国政法大学出版社2001年版，第79～80页。

办理的产权转移登记即为处分行为。

德国著名历史法学家萨维尼在1840年所著的《当代罗马法制度》一书中系统地阐述了物权行为理论。他认为："以履行买卖合同或其他以所有权移转为目的而为的合同的交付，并不仅仅是一个纯粹的事实履行行为，而是一个特别的导致所有权移转的'物的'契约。"物权行为的理论基石是：（1）交付是一种真正的契约。它包含双方当事人归于移转所有权的意思表示的合意，并以移转物权的意思为移转占有或登记等行为，表现了鲜明的目的性，从而具备契约的全部构成要件。（2）物权行为的意思表示不同于债的意思表示。它的交付的合意，仅在于产生物权变动，使所有权发生移转，体现物权人支配物和行使处分权利的意志。（3）物权的变动，必须以移转物在于交付或登记等方法进行公示。（4）物权行为追求的法律效果为物权的变动，债权行为的法律效果为债权的变动。物权行为独立于债权行为。正是基于以上阐述，萨维尼抽象概括出物权行为的理论，亦称"抽象物权契约理论"。该理论包括三项基本原则：

1. 分离原则。该原则的基本意义是，德国法将权利主体承担的移转标的物交付义务的法律行为（一般是债权法上的契约或称为合同），与其完成物权的各种变动的行为作为两个法律行为，前者是原因行为，后者是物权行为，它们分别具有独立的意思表示和成立方式。当事人以物权变动为目的和内容所达成的一致意思表示，在德国民法中被称为合意，以与债权法中一致的意思表示即合同相互区分。

2. 抽象原则。该原则的基本意义是，物权行为在其效力和结果上不依赖其原因行为而独立成立，即原因行为的无效或者撤销不能导致物的履行行为的当然无效和撤销。抽象原则是根据分离原则进行推理的必然结果。

3. 物权变动的形式主义原则，即公示要件主义原则。该原则的基本意义是，当事人所具有导致物权变动的意思表示通过一定方式向公众表示出来，进而决定该意思表示的法律效力，决定物权是否变动。①

萨维尼的物权行为理论问世后，深受学者们的重视。时值《德国民法典》制定之际，该理论为《德国民法典》的立法者所接受，成为该法典的立法理论基础，因此该理论被称为"德意志法系的特征"。为《德国民法典》所肯定的物权行为无因性原则也对其他国家的民法和理论产生了深远的影响。

---

① 详见孙宪忠：《论物权法》，法律出版社2001年版，第134～137页。

（二）物权行为的独立性

所谓物权行为的独立性，是指物权行为与债权行为相互分离且独立于债权行为之外。[①]债权契约仅能使当事人之间产生债权债务关系，而不能发生所有权转移效果，只有通过物权行为，才能导致所有权转移。以买卖为例，当事人之间缔结买卖合同的合意是债权行为或债权合同，它仅能使双方当事人负担交付标的物和支付价金的义务。如果要发生标的物和价金所有权转移的效果，则当事人仍需达成移转所有权的合意，同时还要从事登记或交付行为。许多学者认为，物权行为的独立性是物权行为的基本特征，甚至有人认为它是物权法的基本原则。[②]

承认物权行为独立性理论的学者，在简述物权行为与债权行为的关系时认为，物权行为与债权行为可能发生四种不同的联系：一是物权行为与债权行为并存。例如，在特定物的买卖、赠与、互易等关系中，当事人订立债权合同，必须实施物权行为才能转移所有权。二是债权行为先于物权行为。例如，在不特定物的买卖中债权行为仅能产生转移某项不特定物所有权的给付义务，必须嗣后为物权行为才能使某项不特定物的所有权发生实际的移转。三是仅有债权行为而无物权行为，如雇用。四是仅有物权行为而无债权行为，如抵押的设立、即时买卖、即时赠与等。[③]

（三）物权行为的无因性

根据萨维尼抽象物权契约理论，承认了物权行为的独立性，就要进一步承认物权行为的无因性。原因本应构成法律行为的一部分，使法律行为有因化。但是，为了交易的安全，民法理论和立法经常将原因从特定的法律行为中抽离出去，不使其成为法律行为的内容，原因的欠缺或不存在，不影响法律行为的效力。物权行为往往是以债权行为为其原因的，将该原因从物权行为中抽离，不以债权行为的欠缺或不存在而影响物权行为的效力，这就是物权行为无因性原则。例如，在买卖关系中，出卖物交付后，买受人对于接受交付的出卖物即

---

① 谢在全:《民法物权论》，中国政法大学出版社 1998 年版，第 70 页。

② 申政武:《论现代物权法的原则》，载《法学》1992 年第 7 期。

③ 参见张龙文:《民法物权实务研究》，我国台湾地区汉林出版社 1977 年版，第 4 页。

享有了所有权。即使买卖合同因意思表示瑕疵或违反法律而无效或被撤销，买受人的所有权也丝毫不受影响。丧失所有权的出卖人只能依不当得利的规定向买受人请求返还。可见，物权行为的无因性并不是说物权行为没有原因，而是指原因被从行为中抽出，不使其成为物权行为的内容。

对于物权行为无因性原则，经过学者们一个多世纪的争论，其优点和缺陷均已暴露无遗。依学者的一致见解，该原则的优点主要有以下几点：（1）可以使法律关系明晰，有助于法律的适用；（2）在一定程度上具有保障交易安全的作用。因物权行为不受债权行为的影响，债权行为无效或被撤销，第三人仍能取得标的物的所有权，从而有利于保障交易安全。[①] 而反对该原则的观点则认为：（1）该原则人为地割裂了原因行为与结果行为的必然联系，完全是人为的拟制，有违生活常理；（2）依该原则在原因行为无效时原所有权人虽然可以依不当得利的规定向物之取得人请求返还，但不当得利的规定并不足以保护原所有权人的利益。[②]

（四）我国《民法典》物权编对物权行为理论所持的态度

我国现行民法及物权立法是否或应当采纳物权行为理论，对此存在两种对立的观点。一是我国民法不承认物权行为，[③] 虽物权行为理论被德国立法和司法实务所采纳，但按照法律本土化的要求，并不符合我国的实际情况，我国物权立法不宜采纳这一理论。[④] 一些学者竭力主张在物权法立法中承认物权行为的独立性和无因性。孙宪忠先生在他的《物权行为理论探源及其意义》一文中，论证了物权行为及其独立性和无因性的重大理论意义和现实意义后认为："物权行为理论精确、细致、安全、公平的理论优越性，应当说更能满足我国市场经济体制对我国物权法和其他有关立法的要求。"他主张在大胆吸收德国民法和我国台湾地区民法在物权行为理论原则和制度方面的积极经验的基础上，

---

① 王泽鉴：《民法学说与判例研究》（第1册），中国政法大学出版社1998年版，第264～265页。

② 王利明：《物权法中的重大疑难问题探讨》，载《民商法理论与实践》，吉林人民出版社1996年版，第359页。

③ 参见梁慧星：《我国民法是否承认物权行为》，载《法学研究》1989年第6期。

④ 王利明：《物权法研究》，中国人民大学出版社2002年版，第155页。

“是一个更为明智的选择”。①

二是我国现行民法并不否认物权行为，但不承认物权行为的独立性和无因性，笔者认同这种观点。物权立法也体现了这一精神，即采纳物权行为的分离原则，把物权变动与其原因行为相区分。但是不承认物权行为的独立性和无因性，② 这是因为：

1. 以发生物权变动为目的的原因行为，主要是合同，它属于债权法律关系的范畴，其成立、生效应该依据债权法、合同法的规定。在法学上，这种合同属于物权变动的原因行为。不动产物权的变动只能在登记时生效，动产物权的变动只能在交付时生效，因此合法成立的合同也许不能发生物权变动的结果。其中的原因，可能是物权因客观情势发生变迁，使得物权的变动不能；也可能是物权的出让人“一物二卖”，其中一个买受人先行进行了不动产登记或者接受了动产的交付，另一个买受人便不可能取得合同指定的物权。因合同产生的权利属于债权，法律性质为相对权，不具有排他性。因此，买受人无法也无必要知道是否存在“一物二卖”的情形。所以，物权变动的合同和物权变动本身是两个法律事实。这也是物权法的一个基本原则，在德国民法中被称为“区分原则”或者“分离原则”，其建立不但符合物权为排他权而债权为请求权的基本法理，而且被民法实践证明是一条分清物权法和债权法的不同作用范围、区分当事人的不同法律责任的行之有效的原则。我国台湾地区“民法”、《瑞士民法典》等采纳了这一原则。中国现行不动产法也基本上遵守了这一原则。

从上文关于买卖关系的举例中可以清楚地看出，由于以发生不动产物权变动为目的的买卖合同与物权变动本身是两个法律事实，只有在买卖合同有效成立后，才发生合同的履行问题，亦即在合同生效之后才发生标的物的交付和登记问题。未交付或未登记，其法律效果是不发生物权变动，绝不能以未交付或未登记而否认买卖合同的效力。

因此，在未能发生物权变动的情况下，不能否定有效成立的合同的效力。因合同仍然是有效的合同，所以违约的合同当事人一方应该承担违约责任。依

---

① 孙宪忠：《论物权法》，法律出版社 2001 年版，第 154 页。

② 《瑞士民法典》第 656 条规定：“取得土地所有权，须主张不动产登记簿登记。”第 657 条规定：“转移（土地）所有权的契约，不经公证，无约束力。”第 963 条规定：“不动产登记，须依不动产所有人的书面声明作成。该所有人对该不动产须有处分权。”第 974 条规定：“凡无法律原因或依无拘束力的法律行为而完成的登记，为不正当。”

不同情形，买受人可诉请法院判决强制实际履行，即强制出卖人交付或办理登记，或判决出卖人承担违约责任，向买受人支付损害赔偿金。

物权变动与其原因行为相区分的原则，既适用于不动产物权变动，也适用于动产物权变动。①

2. 不动产物权的变动明确地接受了物权行为理论所确立的法律规则。《民法典》第二百一十五条规定："当事人之间订立有关设立、变更、转让和消灭不动产物权的合同，除法律另有规定或者当事人另有约定外，自合同成立时生效；未办理物权登记的，不影响合同效力。"关于不动产物权的设立或者移转行为必须登记，而且行为自登记时生效，正是物权行为理论的表现。

3. 我国司法解释实际上采纳了物权行为理论的分离原则。最高人民法院早在 1988 年制定的《民法通则意见》中就采纳了物权行为理论分离原则，其中第 85 条规定："财产所有权合法转移后，一方翻悔的，不予支持。财产所有权尚未按原协议转移，一方翻悔并无正当理由，协议又能够履行的，应当继续履行；如果协议不能履行，给对方造成损失的，应当负赔偿责任。"这说明财产所有权的转移与否，并不决定双方协议的效力，其法理基础就是原因行为与物权变动的区分原则。②

综上所述，我国《民法典》物权编并未承认物权行为的独立性和无因性，对不动产登记、动产交付等物权变动要件的规定，主要是出于公示的要求。同时，《民法典》物权编对建设用地使用权、地役权、抵押权、质权等物权的取得，均明确规定要采用书面合同的形式设立和取得。当然，物权人取得物的所有权时，也离不开合意。因此，我国《民法典》物权编所规定的物权变动，不仅需要债权的意思表示，还需要登记或交付。

---

① 梁慧星：《物权法建议稿》，社会科学文献出版社 2000 年版，第 112～113 页。

② 李国光等：《最高人民法院〈关于适用《中华人民共和国担保法》若干问题的解释〉理解与适用》，吉林人民出版社 2000 年版，第 233 页。同时该书还认为：根据物权变动与其原因行为的区分原则，应当区别抵押合同的生效和抵押权的设定。担保合同的订立与担保物权的设定是两个不同的法律事实，抵押合同为债权合同，属于合同法的范畴。抵押权经登记而设定，是合法有效的抵押合同所产生的法律后果，属于担保物权变动的范畴。因此，抵押合同自成立之日起生效，抵押权自登记之日起设定。以设定担保物权为目的的原因行为，自合法成立之日起生效。未能发生担保物权设定的情况下，不能否定有效成立的担保合同的效力，有过错的合同当事人应当承担违约责任。参见该书第 232～233 页。

四、物权变动的基本模式

虽物权变动在现实生活中极为常见，但其隐含的法律关系却相当错综复杂。这是由于：发生变动之物权往往是基于债权合同而产生，债权具有相对性，而物权具有绝对性。具有相对性的债权为具有绝对性的物权发生变动之原因，具有绝对性的物权发生变动为具有相对性的债权履行之结果。然而，物权变动如何进行？不同的国家和地区采用了不同的立法模式。

（一）意思主义变动模式

意思主义变动模式，又称债权意思主义变动模式，是指物权变动只需要根据当事人关于物权变动的意思表示即可以发生，无须任何外在的表现形式。《法国民法典》是其典型代表。《法国民法典》第711条规定，财产所有权得因继承、生前赠与、遗赠以及债的效果而取得或转移。也就是说，法国民法认为物权变动为债权行为的当然结果，不承认有所谓物权行为。以买卖契约为例，依照《法国民法典》第1583条的规定，当事人就标的物及其价金相互同意时，即使标的物尚未交付，价金尚未支付，买卖即告成立，而标的物的所有权也于此时在法律上由出卖人移转于买受人。所有权的移转以债权契约为根据，既无须另有物权行为，也不以交付或登记为生效要件，学说称为意思主义。

在物权变动问题上，《日本民法典》与《法国民法典》之立场相同，即采所谓意思主义。《日本民法典》第176条规定，物权的设定及移转只因当事人的意思表示而发生效力。依该法典第177条、第178条，物权变动，非经登记或交付，不得以之对抗第三人。其中，第176条所谓意思表示，因其含义不如《法国民法典》第711条规定得明确、肯定，故学说对它属于债权的意思表示或物权的意思表示，意见未尽一致，但通说及判例向来认为是债权的意思表示。

（二）物权形式主义变动模式

物权形式主义变动模式，是指物权的变动不仅要具有意思表示，而且必须具有一定的外在表现形式。此种变动模式简称“物权合同加公示”，以《德国民法典》为其典范。依此主义，买卖标的物所有权的移转，除须有买卖契约、登记或交付外，尚须当事人就标的物所有权的移转作成一个独立于买卖契约之外的合意。此合意因以物权的变动为其内容，故学说称为物权合意。《德国民法典》第 873 条规定，为了移转土地所有权，或为了在土地上设定某项物权或移转此项权利，或为了在此项物权上再设定某项物权，除法律有特别规定外，必须由权利人及相对人，对于权利变更成立合意，并将此种权利变更之事实，登记于土地登记簿内。该法典第 929 条规定，动产所有权的出让，必须由所有人将标的物交付于取得人，而且双方就所有权的移转，必须成立合意。如取得人已经占有该物时，仅须就所有权的移转成立合意。此种将物权的合意与登记或交付作为引起物权变动的法律事实的立法，即物权变动的物权形式主义。

（三）债权形式主义变动模式

债权形式主义变动模式，又称“债权合同加公示”变动模式，也称意思主义与登记或交付结合，此种主义因以奥地利民法为其代表，故又称奥国主义。依此主义，物权因法律行为发生变动时，除当事人间须有债权合意（债权行为）外，仅需另外践行登记或交付的法定方式，即发生物权变动的效力。按照 1811 年 6 月 1 日公布的《奥地利民法典》，这一主义的基本要点如下：其一，发生债权的意思表示即为物权变动的意思表示，二者合一，并无区别。此与意思主义同，而与物权形式主义异。其二，欲使物权实际发生变动，仅有当事人间的债权意思表示（债权契约）尚且不足，同时还须履行登记或交付的法定方式。因此，公示原则所须之登记或交付，系物权变动的成立或生效要件。其三，物权变动，仅须在债权的意思表示之外加上登记或交付即获满足，不需另有物权的合意，故无独立的物权行为存在。其四，既然无独立的物权行为存在，则物权变动之效力自应受其原因关系——债权行为之影响，因而所谓物权行为无因性也不存在。

1907 年《瑞士民法典》关于物权变动，系采介于德国物权形式主义与法国意思主义之间的折中主义立法。其中第 714 条规定，动产所有权移转，应移转占有。关于不动产，其以原因行为、登记承诺与登记相结合而发生物权变动的效力。依其规定，不动产物权变动效力的发生须具备三个要件：一是须有法律上的原因或原因行为。所谓原因行为，包括移转不动产所有权的契约和设定不动产他物权的契约。二是须有不动产所有人的登记承诺。此登记承诺，兼有物权契约的意义。三是须有国家主管机关依不动产所有人的登记承诺所作的登记。由此可见，瑞士民法既没有把不动产物权的变动系于债权行为，也没有把不动产物权的变动单纯系于物权行为，而是把不动产物权变动的根据看作由一个原因行为（债权行为或兼有物权行为）、登记承诺（兼有物权行为）及登记相结合的法律事实构成。这表明，关于物权变动，瑞士民法采取的是介于德国物权形式主义与法国意思主义之间的折中主义立场。

《韩国民法典》公布于1958年，该民法典是“二战”以后各国民事立法运动的一项重要成果。关于物权变动，《韩国民法典》与《奥地利民法典》的立场完全相同，即采意思主义与登记或交付之结合。《韩国民法典》第188条规定，基于法律行为的不动产物权变动，非经登记，不生效力；动产物权的让与，非移转动产之占有，不生效力。本来，韩国在此以前，对于物权变动系采意思主义，现今立法改采登记或交付的生效要件主义，学说称为“从意思主义到形式主义之转换”。民法典制定之际，关于是否采行此种主义曾发生激烈争论。反对意见指出，由于韩国国民长久以来一直生活在“意思主义”之下，登记之习惯并未获得普及，采意思主义与登记或交付之结合势必引起社会混乱，故宜采意思主义。① 但立法者最终未接受这一反对立场，而毅然选择了意思主义与登记或交付之结合。立法理由书就此写道：之所以选择这一主义，在于使物权变动得以明确化，以期保护交易安全。②

债权形式主义变动模式，是“二战”以后各国民事立法所广泛采取，居于有力的支配地位，代表物权变动立法规制模式的基本潮流和趋向。除现今欧州大陆国家奥地利、瑞士等采此立法主义外，拉丁美洲各国、苏联及现代东欧各国，以及以丹麦为首的北欧各国及远东各国也采这一主义。这表明，债权形式主义变动模式已在当代世界民法立法中居于有力的支配地位，成为物权变动立法规制模式的基本潮流。③

（四）我国《民法典》物权编对物权变动采取债权形式主义变动模式

正是基于债权形式主义变动模式的优越性和法律的稳定性及连续性，我

---

① 日本民事法研究会：《民法草案意见书》（1957），第67页；郑钟休：《韩国民法典的比较分析》（日文），第210页。转引自陈华彬：《物权法原理》，国家行政学院出版社1998年版，第144页。

② 日本民事法研究会：《民法草案意见书》（1957），第67页；郑钟休：《韩国民法典的比较分析》（日文），第210页。转引自陈华彬：《物权法原理》，国家行政学院出版社1998年版，第144页。

③ 参见梁慧星主编：《中国物权法研究》，法律出版社1998年版，第177页。

国《民法典》物权编对物权变动仍然坚持了债权形式主义变动模式。该法第二百一十五条规定，当事人之间订立有关设立、变更、转让和消灭不动产物权的合同，除法律另有规定或者当事人另有约定外，自合同成立时生效；未办理物权登记的，不影响合同效力。第三百四十八条第一款规定，通过招标、拍卖、协议等出让方式设立建设用地使用权的，当事人应当采用书面形式订立建设用地使用权出让合同。第三百六十七条第一款规定，设立居住权，当事人应当采用书面形式订立居住权合同。第三百七十三条第一款规定，设立地役权，当事人应当采用书面形式订立地役权合同。由此可以看出，我国《民法典》物权编对物权变动模式采取了典型的债权形式主义变动模式，即“债权合同加公示”的形式。

在司法实务中，同样采用了债权形式主义变动模式。如《合同法解释（一）》第九条规定：“依照合同法第四十四条第二款的规定，法律、行政法规规定合同应当办理批准手续，或者办理批准、登记等手续才生效，在一审法庭辩论终结前当事人仍未办理批准手续的，或者仍未办理批准、登记等手续的，人民法院应当认定该合同未生效；法律、行政法规规定合同应当办理登记手续，但未规定登记后生效的，当事人未办理登记手续不影响合同的效力，合同标的物所有权及其他物权不能转移……”其中，所谓合同是指债权合同，合同标的物若要发生物权变动，除有债权合同外，尚需依据法律规定办理登记手续。

五、对案例10、案例11的简要评析

（一）对案例10的简要评析

在案例10中，乙公司与银行签订了抵押合同，若根据物权变动与其原因行为的区分原则，则该抵押合同为抵押权发生的原因行为，是债权合同，以双方当事人意思表示一致为成立要件。而抵押权的有效成立，则根据《民法典》第四百零二条“以本法第三百九十五条第一款第一项至第三项规定的财产或者第五项规定的正在建造的建筑物抵押的，应当办理抵押登记，抵押权自登记时设立”的规定，该抵押权自登记之日设立。而本案中，乙公司以建设用地使用权设定抵押，没有进行登记。因此，银行尚不能取得抵押权。

在本案中，因银行还没有取得抵押权，为防范和化解此笔贷款风险，此时，银行可采取诉讼途径，请求人民法院判令乙公司补办抵押权登记；或者，银行

要求甲公司另行提供担保，行使不安抗辩权；或者提起诉讼时，进行诉讼保全。

（二）对案例 11 的简要评析

在案例 11 中，乙公司以明显不合理的低价将其办公楼转让给丙公司，致使甲公司的债权遭到损害，甲公司与乙公司和丙公司在办公楼转让法律关系上无牵连，则甲公司应以何种手段保护自己的债权？甲公司应依据《民法典》第五百三十九条“债务人以明显不合理的低价转让财产、以明显不合理的高价受让他人财产或者为他人的债务提供担保，影响债权人的债权实现，债务人的相对人知道或者应当知道该情形的，债权人可以请求人民法院撤销债务人的行为”的规定，通过行使撤销权来实现其债权。若人民法院支持了甲公司的诉讼请求，则意味着丙公司丧失了因办公楼转让合同而取得的物权。

1. 甲公司是否具备行使撤销权的要件。一是乙公司拖欠甲公司货款 200 万元，当为合法有效的债权，并以财产给付为内容，且在乙公司转让其财产的行为之前已有效存在。二是乙公司转让给丙公司的办公楼，评估价为 300 万元，而乙公司仅以 150 万元的低价转让给丙公司，然后又以低价租用其转让给丙公司的办公楼，乙公司在租赁期间可获得部分补偿。三是债务人乙公司低价转让办公楼的行为，导致清偿资力减少，给债权人甲公司造成了损害。四是乙公司与丙公司应当认定具有恶意。丙公司应当在当时知道办公楼评估价为 300 万元而以低价 150 万元购买，后乙公司又低价租赁，足以表明乙公司和丙公司均具有恶意行为，给债权人造成了损害。五是债权人甲公司行使撤销权应以债权额 200 万元为限，而在本案中，甲公司仅请求撤销乙公司的转让行为，并未请求对其债权清偿。六是甲公司得知乙公司低价转让办公楼行为后，便于 2000 年 2 月 16 日提起诉讼，转让行为的发生与提起诉讼相隔不到 3 个月，可谓在法定期间内行使撤销权。

因此，甲公司具备行使撤销权之要件，其提起撤销权之诉讼，应得到人民法院的支持。

2. 本案债权人甲公司为原告，债务人乙公司为被告，受让人丙公司为第三人，并应由被告乙公司所在地法院管辖。

3. 甲公司行使撤销权的法律后果是，乙公司与丙公司的办公楼转让协议一经撤销，自始不生效力，丙公司应将办公楼返还给乙公司，乙公司应将所收价款返还给丙公司，乙公司应将办公楼作为清偿债务的财产，用于清偿甲公司的债务。且甲公司因提起诉讼的必要费用，如律师代理费、诉讼费用等均由乙公司负担。

第二节 不动产登记

一、问题的提出

所谓不动产登记，即经权利人申请国家专职部门将有关申请人的不动产物权的事项记载于不动产登记簿的事实。[①] 不动产物权的各种变动都必须登记，这是世界各国立法的通例。我国现有的不动产法也规定了有关不动产的法律行为都应当登记，但过于简单，诸多基本问题尚无法律根据，而《民法典》第二百零九条至第二百二十三条对不动产登记的有关问题作了较为详细的规定，为实务操作提供了准绳。

在研究不动产登记之前，先看两则案例，并思考之。

案例 12：现代物流港公司、现代置业公司与中建七局、现代投资集团票据追索权及合同纠纷案[②]

最高人民法院认为，案涉《担保合同》系抵押人现代置业公司与主债权人中建七局的真实意思表示，双方约定当案涉票据票面金额未能按时足额兑付时，中建七局有权依法拍卖、变卖现代置业公司用于担保的在建工程，并以所得价款优先受偿，故其性质为抵押合同。《物权法》第十五条规定："当事人之间订立有关设立、变更、转让和消灭不动产物权的合同，除法律另有规定或者合同另有约定外，自合同成立时生效；未办理物权登记的，不影响合同效力。"第一百八十条第一款规定："债务人或者第三人有权处分的下列财产可以抵押：……（五）正在建造的建筑物、船舶、航空器；……"第一百八十七条规定："以本法第一百八十条第一款第一项至第三项规定的财产或者第五项规定的正在建造的建筑物抵押的，应当办理抵押登记。抵押权自登记时设立。"

---

① 孙宪忠：《论物权法》，法律出版社 2001 年版，第 439 页。

② 最高人民法院（2017）最高法民终 718 号民事判决书。

根据上述规定，案涉抵押合同自成立时生效，但由于案涉抵押的在建工程未办理抵押登记，故案涉抵押权未能设立。一审判决认定《担保合同》不属于抵押担保有误，应予纠正。《担保合同》虽未明示约定现代置业公司的抵押登记义务，但现代置业公司作为抵押人办理抵押登记以使抵押权有效设立是其依据诚信原则应当履行的合同义务，且现代置业公司提交的证据不足以证明其未进行抵押登记的过错在于中建七局，故一审判决认定现代置业公司应对未进行抵押登记的行为承担责任是正确的。现代置业公司未履行抵押登记义务致使抵押权未设立，构成违约，其应当承担违约责任。中建七局未请求现代置业公司履行抵押登记义务，直接要求现代置业公司承担清偿责任，根据《合同法》第一百零七条、第一百一十三条的规定，现代置业公司应承担违约损害赔偿责任，损失赔偿额应当相当于因违约造成的损失，包括合同履行后可以获得的利益。《担保合同》如正常履行，中建七局可以获得的利益是对担保物在建工程享有抵押权。因此，现代置业公司应当在约定的担保物价值范围内承担对现代物流港公司票面金额债务的赔偿责任。一审判决将现代置业公司抵押合同项下的责任转换为连带清偿责任，与合同约定不符，适用法律有误，应予纠正。

案例13：仁恒置业公司与光大银行湖北路支行、万某静金融借款合同纠纷案[①]

江苏高院认为：一、抵押权预告登记不同于抵押权登记，本案中，在仅办理抵押权预告登记的情况下，光大银行湖北路支行就案涉房屋不享有优先受偿权。《物权法》第二十条规定："当事人签订买卖房屋或者其他不动产物权的协议，为保障将来实现物权，按照约定可以向登记机构申请预告登记。预告登记后，未经预告登记的权利人同意，处分该不动产的，不发生物权效力。预告登记后，债权消灭或者自能够进行不动产登记之日起三个月内未申请登记的，预告登记失效。"该规定确立了我国不动产物权预告登记制度，该制度旨在保障将来物权的取得，使预告登记权利人享有当不动产物权登记条件具备时对不动产优先办理物权登记的请求权，并可排他性地对抗他人针对不动产的处分。就抵押权预告登记而言，该规定赋予预告登记权利人享有的未来实现抵押权的请求权以一定的保全效力，即未经预告登记权利人同意，处分该预购商品房的不

① 江苏省高级人民法院（2018）苏民再100号民事判决书。

发生物权效力。基于目的解释，这一保全效力应以保障未来实现抵押权设立为限，而非为保障预告登记权利人所有债权的实现。因此，抵押权预告登记并不具备保障抵押权预告登记权利人设立抵押权之外的请求权实现的效力。根据该规定，具备不动产登记条件时仍需办理不动产登记，故抵押权预告登记不是抵押权登记，本案中仁恒置业公司认为仅办理抵押权预告登记的情况下，光大银行湖北路支行就案涉房屋享有抵押权并应获得优先受偿的再审申请理由缺乏法律依据，本院不予采纳。

二、案涉房屋在抵押权预告登记之后被法院预查封，不影响房屋抵押权登记的办理以及光大银行湖北路支行就案涉房屋优先受偿。第一，抵押权预告登记旨在使得债权人于相应的条件满足后确定地取得抵押权，如果认为不动产被查封或者预查封后，抵押权预告登记即便符合条件也不能转为抵押权登记，则显然违反了预告登记目的。第二，即便将查封或者预查封的不动产上的抵押权预告登记转为抵押权登记，实质上也不影响查封或者预查封的效力，无损于申请执行人的利益。第三，查封或者预查封之前，被执行人的不动产上存在着将来可以转为抵押权登记的抵押权预告登记已经通过预告登记公示，且依据法律规定，抵押权预告登记在条件具备时可以转为抵押权登记，这种基于在先顺位的登记性质的转化不构成对法院执行措施的妨害。因此，尽管《不动产登记资料查询结果证明》显示在2014年7月23日案涉房屋抵押权预告登记之后，江苏省南京市雨花台区人民法院等查封了案涉房屋，但均不影响案涉房屋抵押权预告登记的排他性效力，在案涉房屋已办理抵押权登记的情况下，前述查封亦不影响光大银行湖北路支行就案涉房屋优先受偿。

三、本案再审期间，案涉房屋已办理抵押权登记，且不动产登记簿明确载明抵押担保的范围以抵押人与抵押权人约定的为准。因万某静未清偿到期债务，光大银行湖北路支行有权就案涉房屋优先受偿，优先受偿的范围为案涉《贷款合同》约定的贷款本息、违约金、损害赔偿金、贷款人实现贷款项下债权及抵押权的必要费用和其他应付的合理费用。

在上述案例中，案例12涉及不动产抵押权应当办理抵押登记而没有办理抵押登记问题，案例13涉及预告登记、所有权登记、抵押权登记问题。试问：不动产登记的理论基础如何？不动产物权登记的效力如何？不动产登记范围和机关如何？不动产登记簿作用和内容如何？何谓异议登记？何谓预告登记？登记机关存在过错是否承担赔偿责任?

二、不动产登记的理论基础

(一) 不动产登记制度立法例

当今世界各国的不动产登记制度，源于三种基本的登记制度，即“契据登记制度”，又称“法国登记制度”；“权利登记制度”，又称“德国登记制度”；“托伦斯登记制度”，又称“澳大利亚登记制度”。

1. 法国法主义。法国法登记之特色：（1）登记为物权变动对抗第三人之要件，即物之变动，依当事人的合意发生效力，登记不过为已发生的物权变动对抗第三人的要件。（2）登记官吏于登记时，只得为形式的审查，对于物权变动更无实质的审查权限。（3）登记无公信力，故登记事项，实质上不成立或无效之时，其不成立不得以之对抗善意之第三人。（4）登记簿的编成采人的编成主义（Prinzip desporsonen foliuncs），即不以不动产为标准，而以权利人为标准编成之。（5）登记物之动的状态，即不仅登记物权之现存状态，而且登记物权之变动。①

2. 德国法主义。德国登记制度之特色：（1）登记（Eintragung）为土地物权变动之效力发生要件。即土地物权之发生变动效力，除当事人之合意外，尚须登记。（2）登记官吏为登记时有审查土地物权变动实质关系之权限——所谓实质审查主义。（3）登记有公信力，即登记簿上之事实，纵实体法上不成立或无效，不得以其不成立或无效对抗善意第三人，常视为实体上有效。（4）登记簿的编成采物之编成主义（Prin-zip des Reaifoliums），即以不动产标准编成之。（5）登记物权之静的状态，即于登记簿不记入物权的变动事实，而记入物权的现在状态。

3. 托伦斯登记制度（Torenssyhem），此制度于 1855 年始行于南澳洲，现在美国多数州亦采之，乃登记制度中最优者。其主要特色如下：（1）始登记一定不动产时，登记局依一定的程序，经查确定其不动产的权利状态后，制成记载此权利状态之地券二份。一份交与所有人，一份保存，依物的编成主义，编入登记簿。（2）不动产移转之时使用一定的官制用纸，或转让证书，存于登记局。登记官制审查以后，权利的移转记入登记簿，让与证书存于登记局，对于

---

① 参见王洪亮:《不动产物权登记立法研究》，载《民商法学》2000 年第 7 期。

受让人交付新地券，成为背书之原来地券。（3）不动产设定抵押权时应依一定的形式，作成抵押书二份，连同地券，提出于登记局，登记审查后，记入登记簿及地券，返地券于债务人。（4）不动产物权之变动，非登记于登记簿，不生效力。（5）其登记官有实质审查的权限。（6）登记有公信力。其结果真权利人因不实的登记而受损害时，国家负赔偿的责任。

（二）我国现行登记制度（包括《民法典》物权编）介于托伦斯登记制与权利登记制之间

我国现行不动产登记制度，显然无法完全套用上述三种登记制度予以评判，因为其既不属契据登记制，也不属权利登记制或托伦斯登记制，而是介于权利登记制与托伦斯登记制之间的一种登记制度。这主要表现于登记为不动产权属变动的生效要件，及实行登记发证两个方面。

1. 按照我国现行法，登记是不动产权属变动的生效要件。《民法典》第二百零九条第一款规定，不动产物权的设立、变更、转让和消灭，经依法登记，发生效力；未经登记，不发生效力，但是法律另有规定的除外。第二百一十四条规定：不动产物权的设立、变更、转让和消灭，依照法律规定应当登记的，自记载于不动产登记簿时发生效力。这些规定表明，原则上不动产物权登记是不动产物权的法定公示手段，是不动产物权设立、变更、转让和消灭的生效要件，也是不动产物权依法获得承认和保护的依据。[①] 此与托伦斯登记制和权利登记制，并无差异。

2. 就发给登记权利书证而言，我国不动产登记制与托伦斯登记制大抵一致。《民法典》第二百一十条规定："不动产登记，由不动产所在地的登记机构办理。国家对不动产实行统一登记制度。统一登记的范围、登记机构和登记办法，由法律、行政法规规定。"自 2015 年 3 月 1 日《不动产登记暂行条例》实施以来，不动产登记已经实现了统一登记制度。

三、不动产物权登记的效力

所谓不动产物权登记的效力，是指登记这一法律事实对第三人的不动产物

---

① 黄薇主编：《中华人民共和国民法典释义（上）》，法律出版社 2020 年版，第 414 页。

权所施加的实际作用。[①] 从《民法典》第二百一十七条“不动产权属证书是权利人享有该不动产物权的证明。不动产权属证书记载的事项，应当与不动产登记簿一致；记载不一致的，除有证据证明不动产登记簿确有错误外，以不动产登记簿为准”的规定来看，不动产物权登记的效力的本质是物权公示。不动产物权登记最基本的效力表现为，除法律另有规定外，不动产物权的设立、变更、转让和消灭，经依法登记发生效力；未经登记，不发生效力。具体来说，不动产物权登记的效力表现为：

1. 不动产物权，依法律行为取得、设定、丧失及变更时，非经登记，不生效力。《民法典》第二百零九条和第二百一十四条均有明确规定。因此，依法律行为而使不动产物权发生变动者，以绝对办理登记为必要，如当事人不践行此种登记，纵有物权变动的事实，法律上也绝对不生物权变动的效力。须注意的是，此所谓法律行为，包括买卖、赠与、互易及在不动产上设定他物权的行为等。“非经登记不生效力”，意指唯有当事人的法律行为与国家专职机关的登记相结合，才能实际发生物权变动的法律效果。

2. 不动产物权变动，非因法律行为而发生者，不以登记为生效要件。亦即，因继承、没收、征收、法院判决、强制执行等原因而取得物权者，均不以登记为物权变动的生效要件。对此，《民法典》第二百二十九条明确规定：因人民法院、仲裁机构的法律文书或者人民政府的征收决定等，导致物权设立、变更、转让或者消灭的，自法律文书或者征收决定等生效时发生效力。另外，依法律的直接规定而取得不动产物权（如法定抵押权）者，以及由自己出资合法建筑而取得建筑物者，亦与此同。[②] 但是，出于维护交易安全的考虑，各国家和地区民法又同时规定，此等场合，物权人在为登记之前不得处分已经取得的物权。

从《合同法解释（一）》第九条“依照合同法第四十四条第二款的规定，法律、行政法规规定合同应当办理批准手续，或者办理批准、登记等手续才生效，在一审法庭辩论终结前当事人仍未办理批准手续的，或者仍未办理批准、登记等手续的，人民法院应当认定该合同未生效；法律、行政法规规定合同应

---

① 孙宪忠：《论物权法》，法律出版社 2001 年版，第 445 页。同时，孙宪忠老师认为不动产物权登记的具体效力有：物权公示效力、物权变动的根据效力、权利正确性推动效力、善意保护效力、警示效力。

② 《民法典》第二百三十一条规定：“因合法建造、拆除房屋等事实行为设立或者消灭物权的，自事实行为成就时发生效力。”

当办理登记手续，但未规定登记后生效的，当事人未办理登记手续不影响合同的效力，合同标的物所有权及其他物权不能转移”的规定来看，将登记的效力与合同本身的效力区分开来，颇具实践意义。同时，《民法典》第二百一十五条明确规定，当事人之间订立有关设立、变更、转让和消灭不动产物权的合同，除法律另有规定或者合同另有约定外，自合同成立时生效；未办理物权登记的，不影响合同效力。这就是通常所说的民法物权上的不动产物权变动的原因与结果相区分的原则。所谓区分原则，即在发生物权变动时，物权变动的原因与物权变动的结果作为两个法律事实，它们的成立生效依据不同的法律根据。换言之，是否登记或者交付，只影响物权变动的效力，并不影响合同的效力。

四、不动产登记范围和机构

依据《不动产登记暂行条例》第五条的规定，下列不动产权利，依照本条例的规定办理登记：（1）集体土地所有权；（2）房屋等建筑物、构筑物所有权；（3）森林、林木所有权；（4）耕地、林地、草地等土地承包经营权；（5）建设用地使用权；（6）宅基地使用权；（7）海域使用权；（8）地役权；（9）抵押权；（10）法律规定需要登记的其他不动产权利。

不动产物权登记包括四类：设立登记或者取得登记，变更登记，转让登记以及消灭登记。不动产物权设立登记包括所有权登记，用益物权登记和担保物权登记。变更登记主要是指不动产物权内容变更的登记，不包括主体变更的登记。转让登记是不动产物权出让时的登记。消灭登记又叫涂销登记，即消灭不动产物权的登记。《民法典》第二百零九条第一款、第二百三十一条对此作了明确规定，不动产物权因法律行为消灭的应当进行登记，未经登记的不产生法律效力；因事实行为消灭的，自事实行为成就时发生效力，无须登记。

不动产统一登记办法。登记办法即登记的程序，包括登记申请、登记审查、不动产登记簿的管理、不动产权属证书发放、登记查询、登记异议、预告登记、错误登记的法律后果以及登记收费等各个方面。《民法典》物权编对此有明确的规定。

不动产统一登记效力。统一登记效力最理想的状态是采用一种登记效力模式。但《民法典》物权编规定了两种不同的登记效力模式，一是《民法典》第二百零九条规定的登记生效主义模式，这是不动产物权登记的原则；二是《民法典》第三百三十五条规定土地承包经营权互换、转让采登记对抗主义等，这只是特例。从目前我国的情况来看，完全统一不动产物权登记的效力并不妥当，在一定条件下以登记对抗主义为补充是可行的也是必要的。

五、不动产登记簿

（一）不动产登记簿的设置

不动产登记簿即记载不动产物权事项的专用簿册。根据物权公示原则，不动产登记簿实质上成为不动产物权的法律根据，它具体地显示着登记对不动产物权的三大效力，即物权变动根据效力、权利正确性推定效力、善意保护效力。[①] 对此，《民法典》作了明确规定，即该法第二百一十六条第一款规定："不动产登记簿是物权归属和内容的根据。"该条款规定了不动产登记簿的推定力，意在强化它对不动产物权归属和内容的表征作用，体现了登记簿记载的权利被推定为真实的特色。[②] 该法第二百一十七条规定："不动产权属证书是权利人享有该不动产物权的证明。不动产权属证书记载的事项，应当与不动产登记簿一致；记载不一致的，除有证据证明不动产登记簿确有错误外，以不动产登记簿为准。"

不动产登记簿在登记制度中具有特殊的地位，即登记簿是不动产物权归属和内容的根据。在现代不动产法律体系中，不动产登记簿具有十分重要的作用。一是不动产登记簿是有效的表明权利人就不动产所享有的权利来源的证明文件，能够清晰地展现不动产上的权利变动状况，因此具有无可争辩的权威性。当不动产权利人的权利受到侵害时，其可以以不动产登记簿作为要求法律救济的依据；当某项不动产上发生权属争议时，不动产登记簿可以用来确定真正的权利人。同时，不动产登记簿的推定力是一种权利推定，而非事实推定。[③] 二是不动产登记簿具有公信力。所谓公信力，是指依据公示方法所表现的物权即便不存在或内容有异，但对于信赖这项公示方法所表现的物权而为物权交易的人，法律仍然承认其具有与真实物权存在相同的法律效果，并加以保护。登

① 参见孙宪忠：《中国物权法总论》，法律出版社 2003 年版，第 223 页。

② 孙宪忠、朱广新主编：《民法典评注 · 物权编》（第 1 卷），中国法制出版社 2020 年版，第 110 页。

③ 参见杜万华主编：《最高人民法院物权法司法解释（一）理解与适用》，人民法院出版社 2016 年版，第 81 页。

记之所以具有公信力是因为登记簿是对权利归属的真实记录，是国家公权干预私权的结果，是对财产拥有或交易的确认。这种制度设计的目的是保障交易安全，如果登记没有公信力，就会增加当事人判断出让人是否是真实所有权人的难度，对自己受让的权利是否安全表示担心。在登记发生错误时，法律也会基于交易安全的考虑，保护善意信赖登记簿的人。因此，可以说赋予登记公信力是保证交易安全而采取的一项制度。三是不动产登记簿便于国家对有关不动产的监督与管理，更便于人民法院在发生损害赔偿纠纷时确定责任的归属。

在各国或者地区的不动产登记法中，不动产登记簿由不动产登记机构专门掌管。不动产登记机构以不动产登记簿为根据，为本管辖区域的全部不动产建立地籍。任何一宗不动产都必然在不动产登记簿上有一个确定的位置，不论是私有还是官方的。我国《民法典》第二百一十六条第二款就明确规定：不动产登记簿由登记机构管理。

（二）不动产登记簿的特点

1. 统一性。即将一定地域的不动产纳入统一的地籍登记簿。统一性的基本要求，是将各种不动产物权以及各种限制都登记在一个不动产登记簿上。对此，可以从《民法典》第二百一十条第二款“国家对不动产实行统一登记制度”的规定中体现出来。

2. 官方性。即不动产登记簿只能是国家专门机构通过特别程序制作的档案文献，它具有特别的规格和形式，不是私人制作的比较随意的文件。《民法典》第二百一十条第二款“国家对不动产实行统一登记制度。统一登记的范围、登记机构和登记办法，由法律、行政法规规定”的规定，是官方性的集中反映，体现了国家对于不动产这种重大社会财富的支配秩序和交易安全必须给予极大关注的立法精神。

3. 公开性。即不动产登记簿记载的资料，必须向社会公开，必须许可权利人、利害关系人查询和复制，并作为不动产权利的最有效的证据使用。不动产登记，是为了实现物权公示原则的要求而建立的制度，因此，不动产登记簿必须是公开的，而不是秘密的。对此，《民法典》第二百一十八条明确规定：“权利人、利害关系人可以申请查询、复制不动产登记资料，登记机构应当提供。”不动产登记簿越公开，越便于权利人、利害关系人查询和复制，就越有利于保护不动产交易的安全。

4. 持久性。即不动产登记簿是国家长期保留的档案，不得由任何机关销毁。由于不动产登记簿是物权归属和内容的根据，涉及不动产权利人最基本的权利，保持不动产登记簿资料的长期性，也就保持了不动产权利的稳定性，并为交易安全提供了保障。

（三）司法实践中应当注意的问题

在审判实践中，应当注意下列问题：

1. 不动产权属证书的移转占有不能作为物权变动的生效要件。不动产权属证书可以作为证明权利的根据，但是不能仅以交付该证书的占有作为物权变动的根据。根据《民法典》第二百一十六条第一款的规定，不动产登记簿是物权归属和内容的根据。不动产权属证书不是不动产物权的基本法律依据。在进行不动产物权交易中，权利人为了证明自己的权利状况，可以出示权属证书，但权利人或者利害关系人必须进行登记而为物权的变动，否则物权无法变动。同时应当注意的是,《民法典物权编解释（一）》第一条规定，因不动产物权的归属，以及作为不动产物权登记基础的买卖、赠与、抵押等产生争议，当事人提起民事诉讼的，应当依法受理。当事人已经在行政诉讼中申请一并解决上述民事争议，且人民法院一并审理的除外。

2. 不动产登记簿不具有“绝对”的证据力。作为证据的不动产登记簿，只具有“推定的证据效力”。首先把不动产登记簿当作真实的来对待，对方如果有异议就责令对方提出反证；如果异议方举出反证，证明登记簿上的记载确有错误，登记簿上的记载就被推翻了，法院就应当直接根据反证认定争议财产的物权归属。不动产登记簿不具有“绝对”的“证据力”，这是由社会生活的复杂性决定的。不动产登记簿上记载的物权状况可能与真实的权利状况不一致，这既有当事人方面的原因，也可能有登记机构方面的原因，如登记官员的过错。因此,《民法典物权编解释（一）》第二条规定：“当事人有证据证明不动产登记簿的记载与真实权利状态不符、其为该不动产物权的真实权利人，请求确认其享有物权的，应予支持。”

3. 正确认定“利害关系人”。不动产登记的目的就是要让社会公众便利地了解他已经进行或正在考虑进行的不动产交易的准确权属信息。因此，不动产登记是不动产权属得以公开的法定方式。其背后有两个价值判断：一是不动产与社会生活的重要关联。不动产的所有权和他物权关系到人们的基本生存，而不动产的相邻关系也极易产生不同利益的冲突。二是不动产登记能够保护人们的交易安全。因为不动产登记是公信的基本要求。所以，对查阅权主体不能限制过严，否则无法真正实现不动产登记的目的，使登记制度的设立在一定程度上流于形式。对于实践中大量存在的有不动产交易意图且需要准确的不动产权属信息的潜在交易者是否认定为“利害关系人”要认真分析。笔者认为，“利害关系人”并不必然具有法律利益，经济上的或亲属关系上的利益，有时甚至是一般公众上的利益，也是可以的。但也不能只要申请人陈述自己是利害关系人，就一概地认定。如有人意图购买某处房产，而没有任何证据证明该处房产的权利人有出卖的意思表示，那么，就不能认定为利害关系人。

六、更正登记与异议登记

在现实生活中，存在登记的权利和事实上的权利不相符的可能性。事实上的权利是权利人的真正权利，法律不但要予以承认和保护，而且应当许可权利人或者利害关系人依据真正的权利状态对现时登记的权利进行更正。但考虑到更正程序较长以及与登记权利人之间的争议一时难以解决的情况，《民法典》第二百二十条对异议登记作出了规定：“权利人、利害关系人认为不动产登记簿记载的事项错误的，可以申请更正登记。不动产登记簿记载的权利人书面同意更正或者有证据证明登记确有错误的，登记机构应当予以更正。不动产登记簿记载的权利人不同意更正的，利害关系人可以申请异议登记。登记机构予以异议登记，申请人自异议登记之日起十五日内不提起诉讼的，异议登记失效。异议登记不当，造成权利人损害的，权利人可以向申请人请求损害赔偿。”该条确立了更正登记和异议登记制度，是保护事实上的权利人或者真正权利人以及真正权利状态的法律措施。[①]

所谓更正登记，是指对不动产登记簿上的瑕疵记载（错误或疏漏）进行改正补充而进行的登记。更正登记是彻底地终止现实登记的权利推定效力，终局性地终止第三人依据不动产登记簿的记载对现实登记权利的取得。因此，更正登记是对原登记权利的涂销登记，同时是对真正权利的初始登记。根据更正登记程序启动方式的不同，更正登记分为依申请的更正登记和依职权的更正登记两种方式。依申请的更正登记指不动产登记簿记载的权利人、真正权利人或者

---

① 黄薇主编：《中华人民共和国民法典释义（上）》，法律出版社 2020 年版，第 428 页。

利害关系人申请登记机关对登记记载进行更正，由登记机关对申请人提交的书面证据进行审查。依职权的更正登记则指登记机关依据职权所进行的更正登记。各国的物权法以及不动产登记法律均对依申请的更正登记作出规定，但对登记机关采取的是形式审查（交由法院居中裁判，确认真正权利人）还是实质审查存在不同规定。对登记机关依职权进行更正登记，各国也存在肯定与否定两种不同的规定。

所谓异议登记，是指利害关系人对不动产登记簿上有关权利主体、内容的正确性提出不同意见的登记。异议登记的目的是限制不动产登记簿上的权利人的权利，以保障提出异议登记的利害关系人的权利。异议登记源于德国民法以及土地登记法的规定。在德国民法中，涉及异议登记的条文主要有《德国民法典》第 892 条和第 899 条，其中，第 892 条第 1 款第 1 句规定："为权利取得人的利益，在其因法律行为取得土地权利或者土地权利之上权利时，土地登记簿的内容视为正确，但是，土地登记簿上记载有对抗此权利正确性的异议抗辩，或者取得人明知登记错误的除外。"第 899 条规定："在第 894 条的情形，[①] 对土地登记簿正确性的异议，可以请求进行登记。异议登记，依据假处分或者更正登记涉及其利益之人的同意而进行。许可假处分，无需查明提出异议人的权利已经受到损害的事实。"在德国土地登记法中，涉及异议登记的条文有，第 41 条第 1 款第 2 句规定："异议登记因假处分而设定，而且所涉及的抵押权或者抵押权担保的债权不存在或者存在可抗辩性，或者抵押权登记错误，则异议登记的设定无需提交抵押证券。"第 53 条规定："在登记机关因违法登记致使登记错误时，登记机关得依职权进行异议登记。……在异议登记具有第 41 条第 1 款第 2 句规定内容时，针对抵押权、土地债务或者定期金债务的异议登记，在设定时无需提供相关证书。证券式土地债务、定期金债务由其持有人签发的，上述规定即不得适用。"

异议登记的直接法律效力，是中止现实登记的权利人按照登记权利的内容行使权利。异议纳入登记后，登记权利的正确性推定作用丧失其效力，第三人

① 《德国民法典》第 894 条规定："如果土地登记簿中的内容在有关土地上的权利、此项权利上的权利或者在第 892 条第 1 款所列举种类的处分权的限制方面，与真实的法律状态不一致时，自己的权利未登记或者未正确登记的人，或者因登记不存在的负担或者限制而受损害的人，可以要求因更正而涉及其权利的人同意在土地登记簿中加以更正。"

也不得以登记的公信力按照登记的内容取得登记的不动产物权。故异议登记作为一种对事实上的权利人和利害关系人利益进行保护的有效措施，属于不动产物权法的重要内容。

异议登记的目的，“在于对抗现时登记的权利的正确性”，即中止不动产登记权利的正确性推定效力及公信力，以维护事实上的权利人和真正的权利状态。其实质是对现时登记权利人的处分权设置限制，使其在一定期限内不能按照登记的内容处分不动产物权。在《日本不动产登记法》中，这种登记被称为假登记或者假处分登记，在我国台湾地区“民法”中，这种登记被称为限制登记或者禁止处分登记。

异议登记作为更正登记之前的一种临时性措施，同时具有导致不动产物权出现不稳定状态的消极作用。为使不动产物权的不稳定状态不致长期延续，尽早恢复正常的不动产物权秩序，法律必须为异议登记的效力设置除斥期间。《民法典》第二百二十条第二款规定：“……申请人自异议登记之日起十五日内不提起诉讼的，异议登记失效……”表明异议登记的申请人不积极行使其权利，为登记权利人的利益和交易秩序稳定的需要，当然应使该异议登记丧失其效力。但是，依据《民法典物权编解释（一）》第三条的规定，异议登记因《民法典》第二百二十条第二款规定的事由失效后，当事人提起民事诉讼，请求确认物权归属的，应当依法受理。异议登记失效不影响人民法院对案件的实体审理。

需要强调的是，异议登记不当，因此给登记权利人的利益造成损害的，依据《民法典》第二百二十条第二款“异议登记不当，造成权利人损害的，权利人可以向申请人请求损害赔偿”的规定，权利人可以请求向异议登记的申请人请求损害赔偿，而不是由登记机构承担责任，这正是法律关于“自己责任原则”的体现。

在审判实践中，应当注意以下问题：[①]

一是对于申请人（权利人、利害关系人）在异议登记之后提起的确权之诉，以及权利人因申请人异议登记不当而提起的损害赔偿之诉，人民法院要及时审理，及时判决，以维护双方当事人合法权益，维护不动产物权权属关系的稳定，发挥财产的经济效益。不动产登记簿记载的权利人不同意更正登记的，法律赋

---

① 参见最高人民法院民法典贯彻实施工作领导小组主编：《中华人民共和国民法典物权编理解与适用（上）》，人民法院出版社2020年版，第111～112页。

予申请人申请异议登记的权利，同时限定申请人须于法定时限内提起诉讼。立法目的在于，通过申请人提起诉讼，交由人民法院对实体争议居中裁判，依法对权属争议作出裁决，法院的生效判决可以代替相对人的同意。登记机构据此决定是否对登记簿记载事项作出更正。这是符合法治精神的。由于异议登记对不动产登记簿记载的权利人行使所记载权利起到了限制作用，时间越长，越不利于不动产物权权属关系的稳定以及财产效益的发挥。因此，人民法院应对此申请人的诉请及时立案，及时审结，维护公正与效率。申请人异议登记不当造成权利人损害，权利人由此提起损害赔偿之诉的，人民法院亦应公正审理，依法维护权利人的合法权益。

二是关于异议登记制度的法律效果的问题。异议登记作为一种保护申请人利益的措施，在异议登记期间，异议登记的法律效果可以从第三人和登记权利人两个角度来分析。对于第三人，异议登记具有中止不动产登记公信力、排除第三人善意取得的效果。第三人由此主张基于对登记簿记载的善意信赖而取得物权的，人民法院在审判实践中不予支持。异议登记的最后结果无非是登记更正和登记不予更正两种情形。在经过异议登记程序乃至诉讼裁决最终不予更正登记的情形下，若一概规定“异议登记后，记载于不动产登记簿的登记权利人在异议登记期间不得处分该不动产”，必然在一个时期内中止登记权利人行使处分权，有违“物尽其用，鼓励交易”这一民事财产立法的宗旨。即使登记权利人事后可以向异议登记申请人主张损害赔偿，但毕竟不利于发挥财产的经济效益。在经过异议登记程序最终更正登记的情形下，若规定“登记更正后，登记权利人在异议登记期间处分该不动产，登记更正后的权利人未追认的，该处分行为无效”，通过将该处分行为定性为效力待定行为，有利于促进交易，无处分权的人处分他人财产，经权利人追认或者无处分权的人订立合同后取得处分权的，该合同有效。

七、预告登记

所谓预告登记，是指为保全一项请求权而进行的不动产登记，该项请求权要达到的目的，是在将来发生不动产物权变动。预告登记的本质特征是使被登记的请求权具有物权的效力。① 预告登记为德国中世纪民法创立的制度，我国

① 黄薇主编：《中华人民共和国民法典物权编释义》，法律出版社 2020 年版，第 28 页。

学术界将其翻译为预先登记、预登记、暂先登记等，在日本民法中称为假登记，我国台湾地区“土地法”第七十九条使用了预告登记的称谓。[①]《民法典》第二百二十一条对预告登记作了规定，即“当事人签订买卖房屋的协议或者签订其他不动产物权的协议，为保障将来实现物权，按照约定可以向登记机构申请预告登记。预告登记后，未经预告登记的权利人同意，处分该不动产的，不发生物权效力。预告登记后，债权消灭或者自能够进行不动产登记之日起九十日内未申请登记的，预告登记失效”。

预告登记的原因，即保全关于未来发生不动产物权变动的请求权。大体上有：保全目的在于移转不动产物权的请求权；保全目的在于消灭不动产物权的请求权（如消除抵押权的请求权等）；保全关于不动产物权变更的请求权等。这些请求权都可以附条件或者附期限。但预告登记在实践中最为广泛的使用，仍然是为了保全一项以取得不动产物权如住房所有权的请求权。预告登记的功能是限制房地产开发商等债务人处分其权利，以保障债权人将来实现其债权。[②]

预告登记的效力：（1）保全效力，即保障请求权肯定发生所指定的效果的效力。（2）顺位保护效力，即保障请求权所指定的物权变动享有登记的顺位。（3）破产保护效力，即在相对人陷入破产时（请求权的履行条件并未成就，期限尚未到来），排斥他人而保障请求权发生指定的效果。这一效力，同样适用于相对人死亡，其财产纳入继承程序的情形，即继承人不得以继承为由要求涤除预告登记。司法实践中，有判决认为，根据《物权法解释（一）》第四条[③]关于“未经预告登记的权利人同意，转移不动产所有权，或者设定建设用地使用权、地役权、抵押权等其他物权的，应当依照物权法第二十条第一款的规定，认定其不发生物权效力”的规定，抵押权人未经房屋预告登记权利人的同意设定抵押权，对已办理了房屋预告登记手续的购房人应不发生物权效力。[④]（4）对执行的对抗效力。在开发商资不抵债，开发商的债权人（包括抵押权人）

---

① 王利明：《物权法研究》，中国人民大学出版社2002年版，第210页。

② 黄薇主编：《中华人民共和国民法典释义（上）》，法律出版社2020年版，第428页。

③ 《民法典物权编解释（一）》第四条与该条规定稍有不同：“未经预告登记的权利人同意，转让不动产所有权等物权，或者设立建设用地使用权、居住权、地役权、抵押权等其他物权的，应当依照民法典第二百二十一条第一款的规定，认定其不发生物权效力。”

④ “三合房产公司与浦发成都分行、富可斯公司、登鸿投资公司、陈某武、邹某银、陈某海、陈某国金融借款合同纠纷案”，四川省高级人民法院（2017）川民终1165号民事判决书。

申请执行的，如预售合同经过预告登记，预告登记权利人有权主张停止处分异议或者排除执行异议。

预告登记在商品房预售中应用广泛。商品房预售俗称“卖楼花”。对商品房预售的行为，有关法律、行政规章规定实行预售登记。从实践来看，实行商品房预售登记确有利于保护买受人利益，减少和预防一些不必要的纠纷。由于商品房预售的标的物价值较大，当事人之间的权利义务也比较复杂，法律规定预售合同应当登记是必要的。但是否需要实行商品房预售的强制登记，对此学者的看法并不一致。从原则上说，由于预告登记将使买受人取得一种对商品房具有物权性质的权利，同时买受人也可以优先购买以及请求法院撤销出卖人所实施的双重买卖欺诈行为，所以预告登记可以有效地防止出卖人一物数卖，尤其是在房屋价格不断上涨的情况下，出卖人极有可能一物数卖，在此情况下必须通过预告登记，使期房买卖合同能够产生公示的效力，防止出卖人将房屋一物数卖。对于买受人则无此种防范的必要，买受人没有产权证明，也常常不能实际占有标的物，因而通过预售登记，取得优先购买权，十分必要。这也说明了预售登记将十分有利于保护买受人的利益。正是从这个意义上讲，实行商品房预售的强制登记是必要的。当然，预售登记并不是任何确定产权变更的登记备案，如未履行该手续，只能责令当事人补办手续，不应使合同无效。如果认为未办理登记手续的预售合同都是无效的，则不仅使许多正当的交易被消灭，而且会使出卖人故意不办理登记手续，等价格上涨以后主张合同无效，这就不利于维护买受人利益。此外，登记的费用必须合理，不得对买受人形成过重的负担。

审判实践中，应当注意以下问题：一是纳入预告登记的不动产物权请求权具有排他效力，在预告登记有效期间，未经预告登记权利人同意，现实登记权利人违背登记内容的要求擅自处分该不动产的，人民法院应依法认定该处分行为不发生物权效力。在审判实践中，对于经过依法预告登记又出现的不动产交易中的“一物二卖”现象，人民法院应查明事实，依法认定出卖方第二次处分行为无效不能对抗预告登记权利人，以维护预告登记权利人的合法权益。二是预告登记使得被登记的不动产物权请求权具有物权效力，但并不改变请求权本来的法律关系。第一，原债权请求权的存在是预告登记的前提，债权一旦消灭，预告登记也就失去了其存在的基础。对于纠纷中存在的债权消灭的情形，人民法院应认定预告登记自债权消灭之日起失效，原预告登记权利人此后的请求权不再享有物权效力，不再具有排他效力，原现实登记权利人此后行使的处分行为，应为有效。第二，既然预告登记并不改变请求权本来的法律关系，原协议中双方当事人基于债权债务关系享有对抗该请求权的抗辩权，非因预告登记而消除。即预告登记中的义务人，基于债的本来法律关系，仍可以对预告登记权利人（请求人）行使抗辩权，甚至可以使预告登记的效力消灭。第三，在查明事实的基础上，综合分析认定预告登记权利人（一般约定的是预告登记权利人负有事后申请登记的义务）能够进行不动产登记而怠于申请登记的事实是否成立，依据《民法典》物权编第二百二十一条关于90日期限的规定认定预告登记是否因此而失效。假若双方当事人约定由现实登记权利人负责事后的申请登记，而现实登记权利人在能够进行不动产登记时怠于申请登记的，为维护预告登记权利人的合法权益，不应认定预告登记失效。

八、登记机关的审查权及赔偿责任

（一）登记机关的审查权

各国对登记机关的审查权的规定大致有两种立法原则：一是实质审查主义；二是形式审查主义。

所谓实质审查主义，是指登记机关对登记物权的存在状况进行实质性的审查。为此，登记机关必须享有调查权，在进行登记之前，对物权的存在以及物权的类型和形成过程进行全面的核实。与实质审查权相对应，登记机关如因审查疏忽，使登记的物权与该权利的现实状态不符，就应对因此而受到损害的人承担赔偿责任。因此，实质审查主义与登记错误的国家赔偿制度是联系在一起的，无国家赔偿制度，则实质审查不可能彻底实行。德国在民法典颁布以前曾实行实质审查制度，但在民法典中，实质审查制度被废除。目前实行实质审查制的主要有瑞士等国。《瑞士民法典》第955条规定，对不动产登记而产生的一切损失各州对受害当事人有赔偿责任；对造成错误登记的登记官员、职员以及有直接过失的监督机关，各州有请求损害赔偿的权利。

所谓形式审查主义，是指登记机关仅就当事人提供的有关书面文件材料以及当事人的陈述进行表面上的审查，物权的变动过程与登记之状态是否相符，登记机关不负调查职责，当物权的真实状况与登记的状况不符而登记机关对此无过错时，登记机关不对此承担。日、法等采登记对抗主义的国家实行此种制度。

我国现行法律对登记机关的审查权是采用实质审查主义，还是采用形式审查主义，尚未作出明确规定。从《民法典》第二百一十二条“登记机构应当履行下列职责：（一）查验申请人提供的权属证明和其他必要材料；（二）就有关登记事项询问申请人；（三）如实、及时登记有关事项；（四）法律、行政法规规定的其他职责。申请登记的不动产的有关情况需要进一步证明的，登记机构可以要求申请人补充材料，必要时可以实地查看”的规定来看，应当认为不动产登记机构的登记审查以形式审查主义为主，实质审查主义为辅。[①] 在物权变动中，物权变动的原因行为是决定因素，登记机构对于原因行为主要进行的是形式审查，并未将自己的意志决定渗透到物权变动中，并不决定物权的取得、变更、转让和消灭。

（二）登记机关的赔偿责任

在实行实质审查主义的国家，登记机关对因物权登记与现实的物权关系不符而受损害的人应承担损害赔偿责任，此时，只要登记的物与现实的物权状况不符，登记机关就要承担责任。在实行形式审查主义的国家，登记机关对因登记错误而遭受损害的人仅负过失责任，在错误是由登记机关的行为造成的时候，登记机关才承担责任。因此，登记机关的责任范围非常有限。其承担责任的条件是：登记之错误是登记机关行为的直接后果，即登记机关仅在因其工作人员的过失而使登记发生错漏时，才对登记的当事人承担损害赔偿责任。在因当事人的申请进行登记而致第三人的利益受到损害时，登记机关不承担责任。由上可知，登记机关无论是采用实质审查主义，还是采用形式审查主义，只要因登记机关自身的错误而给相对人造成损害的，均要承担损害赔偿责任，只不过实行实质审查主义，不问过错由谁造成。

在我国，登记机关存在过错而给他人造成损害时，是否承担损害赔偿责任？对此，《民法典》第二百二十二条第二款作出了明确规定：“因登记错误，造成他人损害的，登记机构应当承担赔偿责任。登记机构赔偿后，可以向造成登记错误的人追偿。”这里造成登记错误的原因，既包括登记机构工作人员故意以及疏忽大意等过错，也包括当事人提供虚假材料欺骗登记机构的情形。这

---

① 参见杜万华主编：《最高人民法院物权法司法解释（一）理解与适用》，人民法院出版社2016年版，第50页。

样规定，是为了更加充分地保护处于相对弱势地位的受害人的利益。[①]

九、对案例 12、案例 13 的简要评析

在案例 12 中，中建七局与现代置业公司就其在建工程进行抵押，双方签订了担保合同，该合同自成立时生效。由于在建工程没有办理抵押权登记，中建七局未能取得抵押权。《全国法院民商事审判会议纪要》（最高人民法院 2019 年 11 月 14 日发布）第六十条规定："不动产抵押合同依法成立，但未办理抵押登记手续，债权人请求抵押人办理抵押登记手续的，人民法院依法予以支持。因抵押物灭失以及抵押物转让他人等原因不能办理抵押登记，债权人请求抵押人以抵押物的价值为限承担责任的，人民法院依法予以支持，但其范围不得超过抵押权有效设立时抵押人所应当承担的责任。"因此，抵押人不是承担连带责任，而是在债务人不能清偿的情况下以抵押物的价值为限承担补充责任。

在案例 13 中，首先要明确抵押权预告登记与抵押权登记的效力不同。抵押权预告登记赋予预告登记权利人享有未来实现抵押权请求权的一定的保全效力，未经抵押权预告登记权利人同意，处分该预购商品房不发生物权效力。因此，抵押权预告登记并非抵押权登记，不能因为办理了抵押权预告登记就对涉案房屋享有优先受偿权。其次是本案债权人在抵押权预告登记之后，光大银行湖北路支行办理了预查封，该查封具有对抗第三人的效力。同时，在具备办理抵押权登记的情况下办理了抵押权登记，则抵押权依法有效设立，抵押权人光大银行湖北路支行则依法对抵押物享有优先受偿权。

第三节　动产交付

一、问题的提出

《民法典》第二百二十四条规定：动产物权的设立和转让，自交付时发生效力，但法律另有规定的除外。因此，动产物权是以占有与交付为其法定公示方法。当然，法律另有规定的除外。这是保护动产的交易安全，并为第三人利

① 参见黄薇主编：《中华人民共和国民法典物权编释义》，法律出版社 2020 年版，第 31 页。

益提供切实保障的普遍公认的法律手段。虽动产物权变动相当简单，但确有研讨之必要，因为它也是民法物权的一个重要组成部分。

在研究动产交付之前，先看一则案例，并思考之。

案例 14：王某与王某华、苟某义、遵义鑫海泓物资贸易有限公司、李某海案外人执行异议纠纷案[①]

贵州高院认为，车辆的登记状况与实际状况不一致时，应以实际状况确定所有权归属。本案中，登记于苟某义名下的案涉车辆是否已转让给王某？王某是否是车辆的实际权利人？

首先，2015 年 11 月 27 日，王某远向苟某义汇款 40 万元，王某远及苟某义均认可系王某远代其侄儿王某支付款项。且在本案审理中，王某远亦主张其与苟某义之间不存在其他债权债务关系。依据《民法总则》第一百三十五条“民事法律行为可以采用书面形式、口头形式或者其他形式；法律、行政法规规定或者当事人约定采用特定形式的，应当采用特定形式”的规定，因王某远与王某之间系亲属关系，双方就借款达成口头借款协议，王某远通过银行转账的方式，代王某向苟某义支付购车款 40 万元，符合法律规定，且转款当日即 2015 年 11 月 27 日，苟某义即将该车交付给了王某。一审判决因王某未能举证证明其与王某远之间存在借款协议，因而未予认定王某远代王某支付车辆转让款不当，二审予以纠正。

其次，依据《物权法》第二十三条“动产物权的设立和转让，自交付时发生效力，但法律另有规定的除外”、第二十四条“船舶、航空器和机动车等物权的设立、变更、转让和消灭，未经登记，不得对抗善意第三人”、第二十五条“动产物权设立和转让前，权利人已经依法占有该动产的，物权自法律行为生效时发生效力”的规定，本案中王某作为车辆的买受方，与苟某义签订了《车辆买卖协议》，苟某义已将案涉车辆交付给王某，且一并交付了该车辆的相关证照，汽车买卖行为在王某远代王某向苟某义付款，苟某义向王某交付车辆当日即已履行完毕，王某合法占有使用该车辆至今，该汽车买卖行为合法有效，符合法律规定，王某华亦未能举证证明王某与苟某义在车辆买卖过程中存在恶意的情形，以及王某在买受案涉车辆时不是善意买受人。同时，《车辆买卖协

---

① 详见贵州省高级人民法院（2017）黔民终 936 号民事判决书。

议》《委托书》载明的时间与王某远代王某付款的时间亦为同一日，该付款时间系经银行转账，不存在更改的情形。故案涉车辆通过买卖合同关系进行转让并履行了交付，车辆的实际所有人已变更为王某。

综上，王某主张依据王某与苟某义签订的《车辆买卖协议》、苟某义出具的《委托书》以及王某远代王某付款的凭证，已形成证据链，证明苟某义已将案涉车辆转让给王某。

上述案例涉及特殊动产的物权变动问题，试问：动产占有与交付的公示意义如何？交付的方式和效力如何？

二、动产占有与交付的公示意义

（一）占有的公示意义

占有为享有动产物权的公示方法，是权利存在的外衣。所谓占有，指对于物有事实上的管领力的状态。其中，占有人事实上占有其物者，为直接占有；基于一定的法律关系而对于事实上占有其物之人，有返还请求权者，为间接占有。无论是直接占有还是间接占有，都可以作为享有动产物权的公示手段。

一般而言，占有公示的物权为何种物权，宜视占有人的意思而定：以所有的意思占有标的物者，其公示的物权为所有权；以行使质权的意思占有标的物者，其公示的物权为质权；以扣留返还债务人的动产保障债权实现的意思占有标的物者，其公示的物权为留置权。另外，占有还可以作为享有具有物权性质的债权的公示手段，例如承租人的占有可以作为其享有租赁权的手段，即是一例。至于占有人占有意思的确定，一般认为，在他主占有（以非所有的意思而占有）下，占有人的占有意思依他主占有人与所有人就他主占有所形成的合意来确定，占有人的占有究竟为他主占有抑或自主占有（以所有的意思而占有）不能判明时，通常推定为自主占有[①]。

（二）交付的公示意义

交付是让与动产物权的公示方法。交付与登记不同，登记可作为不动产物

① 参见李开国：《民法学》（专题讲座），西南政法大学 1995 年 12 月印刷，第 371 页。

权一切变动形式的公示方法，而交付则不能作为不动产物权一切变动形式的公示方法，只能作为基于法律行为的动产物权的公示方法。所谓法律行为，包括以让与动产物权目的的双方法律行为（契约）与单方法律行为（赠与）、诺成法律行为与实践法律行为、有偿法律行为与无偿法律行为，等等。所谓让与，包括转让所有权与设定以占有为内容的他物权。因此，以交付作为动产物权变动的生效要件，是物权公示原则的必然要求，是社会经济生活的客观需要，有利于保护动产的交易安全以及第三人的利益。[①]

动产物权的其他变动形式均不以交付为其公示手段。例如，基于原始取得和继承取得动产所有权，即不以交付为其公示手段。因为以这些方式取得动产所有权，或者根本不发生交付（如因先占、添附、时效取得方式取得动产所有权），或者交付在其中不具有法律意义（如以继承方式取得动产所有权时，交付即不具有法律意义）。留置权因是债权人先占有债务人的财产，在债务人到期不履行债务时才发生，故交付也非取得留置权的公示手段。由此可见，只有基于法律行为让与动产所有权与设定质权时，交付才是动产物权变动的公示手段。其中具有普遍意义的，是动产所有权的让与[②]。

民法学一般认为，船舶、航空器和机动车因价值超过一般动产，在法律上被视为一种准不动产，其物权变动应当以登记为公示方法。但在登记的效力上不采用登记生效主义，这是考虑到船舶、航空器和机动车等本身具有动产的属性，其物权变动并不是在登记时发生效力。[③]虽交付亦能完成物权变动的公示要求，但没有登记而不能对抗善意的第三人。对此，《民法典》物权编的规定与其特别法的规定是一致的。《民法典》第二百二十五条规定，船舶、航空器和机动车等的物权的设立、变更、转让和消灭，未经登记，不得对抗善意第三人。因此，特殊动产的物权变动因交付而发生效力，无需登记；当然，最完美的形式是本金交付，而且登记。因为权利取得在没有纳入登记的情况下，处于不稳定状态，因此当事人应当主动办理登记，否则将面临权利丧失的危险。[④]

---

① 最高人民法院民法典贯彻实施工作领导小组主编：《中华人民共和国民法典物权编理解与适用（上）》，人民法院出版社 2020 年版，第 130 页。

② 参见李开国：《民法学》（专题讲座），西南政法大学 1995 年 12 月印刷，第 372 页。

③ 黄薇主编：《中华人民共和国民法典物权编释义》，法律出版社 2020 年版，第 35 页。

④ 孙宪忠、朱广新主编：《民法典评注 · 物权编》（第 1 卷），中国法制出版社 2020 年版，第 162 页。

三、动产的交付方式

动产交付的主要形态是现实交付，但不仅限于现实交付，交付的方式包括：

1. 现实交付，又称实际交付，是指出卖人按指定的时间和地点，将标的物置于买受人的实际控制之下。现实交付一般是指具体的，可以转移实际占有的出卖物交付。

2. 简易交付，又称“无形交付”，是指受让人在动产物权变动前已先行占有该动产的，让与人如设立和转让其动产物权，受让人依据法律行为取得其物权的情况下，动产物权的公示已经在事先完成，物权受让人已经能够依物权的排他性行使物权，无需再为现实交付。[①] 当事人之间的关于物权变动的协议生效时即发生物权变动的效力。《民法典》第二百二十六条也作了规定，即动产物权设立和转让前，权利人已经占有该动产的，物权自民事法律行为生效时发生效力。如甲将电动车借给乙使用，后甲、乙双方协商将该车出卖给乙，则自协议生效之时起，即为电动车的交付。

在简易交付中，受让人须于动产物权设立和转让前先行占有该动产，但受让人基于何种原因占有该动产，在审判实践中无需考虑。在现实经济生活中，受让人在动产物权变动前可能基于租赁、委托、保管、质权等多种原因占有该动产，不论受让人基于何种原因占有该动产，均不影响动产物权设立和转让的效力。因此，审判实践中没有必要花费过多精力去查明受让人先行占有动产的原因。但应注意的是，依照《民法典》第二百二十六条规定，权利人先行占有该动产须“依法”占有，这一点与其他国家和地区的立法例不同。在其他国家和地区的立法例中，一般不强调权利人的先行占有是否“依法”，也就是说，即使受让人占有动产系没有任何合法原因的无权占有，也不影响物权设立和转让的效力。例如，甲在路上捡到乙遗失的宠物狗一只，乙获悉后向甲索取，甲则向乙索要饲养费用。因协商未果，甲一直未将该狗返还给乙。后双方达成协议，乙将该狗出售与甲，协议生效后，甲即可取得该只宠物狗的所有权。又如，甲盗窃乙手机一部自用，后被抓获。乙有意更换一部新手机，遂表示愿意将甲盗窃的手机出售与甲，甲也表示同意。双方协议生效后，甲即取得该部手机的

---

① 最高人民法院民法典贯彻实施工作领导小组主编：《中华人民共和国民法典物权编理解与适用（上）》，人民法院出版社 2020 年版，第 141 页。

所有权。

在简易交付情形下，当事人之间不仅要有物权让与的合意，而且该合意生效之时，才发生物权变动的效力。简易交付实际上是以当事人之间物权让与的合意代替动产的现实交付，但对该物权让与的合意，是必须生效还是只要存在即可，则有不同的做法。从许多国家和地区的立法例看，只要当事人之间存在物权让与的合意，即可替代现实交付发生物权变动的效力，而不强调物权合意必须生效，如德国、日本、俄罗斯、韩国以及我国台湾地区都不要求物权让与的合意必须生效。与这些国家和地区的规定不同，《民法典》第二百二十六条则要求动产物权设立或动产所有权转让的合同必须生效，才发生物权变动的效力。因此，审判实践中，要注意按照法律中有关法律行为生效要件的规定，审查当事人之间的动产质权设立或动产所有权转让合同是否生效，并据此判断物权变动是否发生效力。

3. 指示交付，又称“返还请求权的让与”，是指出卖的标的物由第三人占有的情况下，出卖人将对于第三人就标的物的返还请求权转让给买受人，以代替标的物的实际交付。如出卖人将提单、仓单交付给买受人，由买受人向第三人提取标的物。《民法典》第二百二十七条就是针对指示交付所作出的规定，即动产物权设立和转让前，第三人占有该动产的，负有交付义务的人可以通过转让请求第三人返还原物的权利代替交付。该条文中的“第三人”即指能够对转让标的（动产）进行物理意义上直接占有和直接控制的一方。[①]

4. 占有改定，是指在买卖合同生效后，卖方如需继续占有买卖合同的标的物的，卖方与买方缔结由买受人取得间接占有的合同关系以代替现实交付。《民法典》第二百二十八条对此作出了规定，即动产物权转让时，当事人又约定由出让人继续占有该动产的，物权自该约定生效时发生效力。如甲将电动车卖给乙，甲乙签订买卖合同后，又签订借用合同，由甲在买卖合同生效后借用该电动车，借用合同生效时即为标的物交付。

审判实践中，适用本条要注意以下几个问题：[②]

第一，在占有改定情形下，当事人双方订立的租赁、借用等合同生效后，

---

① 黄薇主编：《中华人民共和国民法典释义（中）》，法律出版社2020年版，第435页。

② 参见最高人民法院民法典贯彻实施工作领导小组主编：《中华人民共和国民法典物权编释义（上）》，人民法院出版社2020年版，第156～158页。

虽然标的物仍继续由出让人占有，但受让人已取得标的物所有权，在审判实践中要注意依法保护受让人的合法权益。例如，甲工贸公司既急需资金又要确保正常生产，于是将自己的一台机器出售给乙租赁公司，并与乙租赁公司签订租赁合同，继续租用该台机器。机器虽然继续由甲工贸公司占有使用，但双方签订的租赁合同生效时，该台机器的所有权即转移给乙租赁公司，乙租赁公司取得该台机器的所有权。假设甲工贸公司在另一案件中成为被执行人，该台机器不应作为其财产被强制执行。

第二，占有改定虽然是一种观念交付，但作为一种法定交付方式，可以产生与现实交付相同的效果，不能认为占有改定方式的效力低于现实交付方式。例如，甲将一套音响设备出售给乙，甲因演出需要，与乙达成租用三个月的协议代替交付。租用期间，甲又将该套音响设备出售给丙，并实际交付给丙。在上述情况下，乙虽然未直接占有该套音响设备，但应认为其已通过占有改定取得了所有权。因甲对该套音响设备已丧失所有权，因此甲再将其出售给丙即构成无权处分。如果丙受让该套音响设备时符合善意取得的有关规定，可认定丙取得该套音响设备的所有权，但对丙的善意取得当从严把握认定。

第三，通过占有改定方式不能设定质权。这是因为，动产容易移转，只有在质权人能够直接控制质物的情况下，质权的作用才能很好得以发挥。而在占有改定的情况下，质物实际上仍由出质人占有，质权人未实际占有控制质物，质权的担保功能难以发挥。而且，通过占有改定方式设定质权，因没有任何可以从外部识别的表征，容易导致当事人之间恶意串通，以虚假质权损害第三人利益，也容易出现“一物二质”，不利于维护交易秩序和交易安全。当然，禁止以占有改定方式设定质权，并不意味着质物必须由质权人直接占有。质权人可以实际占有质物，也完全可以由第三人占有质物，但质权人不能丧失对质物的控制权。

第四，依照《民法典》第三百一十一条的规定，善意取得的要件之一是转让的财产依照法律规定应当登记的已经登记，不需要登记的已经交付给受让人。值得探讨的是，这里所说的“交付”是否包括占有改定，也就是说，善意受让人能否以占有改定方式取得动产所有权。对此，理论界和实务界一直存在争论。肯定说认为，占有改定能够发生善意取得的适用问题；否定说认为，在占有改定下没有善意取得制度的适用；折中说则认为，占有改定可以发生善意取得的效力，但善意取得的权利必须于标的物实际交付后才能确定。此外，在该问题上还有类型化说、共同损失分担说等观点。[①] 从其他国家和地区来看，立法或判例大都否认了占有改定下的善意取得。如《德国民法典》第 933 条规定："根据第 930 条（占有改定）的规定出让的物不属于出让人的，在出让人将物交付于受让人时，受让人成为所有权人，但其在当时非出于善意的除外。"日本判例也否认占有改定时的善意取得。鉴于占有改定方式公示作用不足，否定占有改定下善意取得的适用，更有利于保护当事人的合法权益及维护交易安全。因此，我们倾向于认为，占有改定下不能发生善意取得。

四、动产交付的效力

动产交付的效力表现为：一是动产的交付具有转移所有权的效力。对动产的交付，除法律特别规定外，在卖方将其交付于买方时，所有权便发生转移。如果仅仅是拟制交付，出卖人转移提取标的物的单证，单证的转移是通过出卖人为背书行为完成。二是某些特殊动产（如船舶、飞行器、机动车等）需要办理登记手续才能转移所有权的对抗效力，即不经登记，不得对抗善意第三人。《民法典物权编解释（一）》第六条规定："转让人转移船舶、航空器和机动车等所有权，受让人已经支付合理价款并取得占有，虽未经登记，但转让人的债权人主张其为民法典第二百二十五条所称的'善意第三人'的，不予支持，法律另有规定的除外。"司法实践中，应当注意下列问题：

1. 动产"交付"的理解。一是交付必须基于权利人的意思，如果权利人没有使受让人取得某动产物权的意思，而受让人自行占有该动产的，不构成现实交付。二是按照物权法定主义原则，交付应当采取物权法上的形式，必须是可以明确识别的、一次性的、全部的占有移转，并且让与人对标的物不再享有任何意义上的占有。首先，交付必须是可以明确识别的占有移转。作为动产物权变动的公示手段，交付必须有明确的、可以识别的表征，以便对外显示动产物权的变动及变动后的物权现状，使当事人、社会公众能够直接从外部加以识别，并为司法机关判断动产物权的变动提供一个客观标准。其次，交付必须是一次性的、全部的占有移转。基于物权变动的确定性，交付应当是一次性的、全部的，如果债务人分期分批履行义务或者将一个整体物分部分履行，则每一次履

① 孙鹏：《物权公示论——以物权变动为中心》，法律出版社 2004 年版，第 371～375 页。

行，只表示一次或者部分的物权变动，而不表示整个物权变动。[①] 例如，甲向乙出售60台彩电，甲仅向乙交付了20台，则乙仅取得该20台彩电的所有权。最后，交付必须能够切断让与人与物的联系，使其不再成为占有人，并确保事实上的管领力已移转给受让人，使受让人对该物取得最终意义上的支配权。三是交付是否完成，事实上的管领力是否移转，不一定要看标的物本身占有的移转，而应当依照交易观念确定。[②] 例如，甲、乙同住一个小区，甲出售给乙电动车一辆，甲告知乙该车停放在小区车库，并将车钥匙交付给乙。此时，虽然甲未将电动车交付给乙，但依照通常的交易观念，应认为已完成了现实交付。四是交付不一定要由当事人亲力亲为，而可以通过辅助占有人、被指令人或者占有媒介人进行。所谓辅助占有人，是指基于某种特定的从属关系，受他人指示而对物有事实上管领力的人。例如司机、保姆、学徒、店员等，都可能成为辅助占有人。辅助占有人仅为占有机关，占有人仍为发出指示的该他人。

2. 要注意依法保护当事人和善意第三人的合法权益。船舶、航空器和机动车等物权的设立、变更、转让和消灭，虽然在办理登记之后，才能对抗善意第三人。但在登记前，物权变动在当事人之间已经生效，审判实践中要注意依法保护物权取得人的合法权益。尤其值得注意的是，"未经登记，不得对抗善意第三人"中的第三人应受到一定的限制，也就是说，物权变动即使未进行登记，也可以对抗某些第三人。如一般债权人、不法侵害或占有交易标的物的人、无效的登记名义人、基于无效行为受让物权的人，等等。《民法典物权编解释（一）》第六条将转让人的债权人排除在善意第三人之外，意在贯彻物权优先效力。[③] 在上述情况下，就要注意区分不同情况，依法支持物权受让人的请求。例如，甲将A轮船出售与乙，但未办理登记手续。乙在使用A轮船期间，被丙毁坏。在本案中，A轮船虽然登记在甲的名下，但乙已取得其所有权，因此，应当认为乙对丙有损害赔偿请求权。

同时，要注意依法保护善意第三人的合法权益。在性质上应该明确，善意第三人应对标的物具有正当物权利益。立法者对善意第三人的解释是"不知道

① 孙宪忠：《中国物权法总论》，法律出版社2003年版，第253～254页。

② 王泽鉴：《民法物权：通则·所有权》（第1卷），中国政法大学出版社2001年版，第134页。

③ 参见杜万华主编：《最高人民法院物权法司法解释（一）理解与适用》，人民法院出版社2016年版，第180页。

也不应当知道物权发生变动的物权关系相对人”[①]。“不得对抗”，实际上就是两个权利优劣的比较。[②]在审判实践中，船舶、航空器和机动车等物权的设立、变更、转让和消灭，在未进行登记之前，如果有善意第三人对同一标的物主张物权的，则该善意第三人的主张应当依法予以支持。例如，甲公司将一架飞机出售与乙公司，乙公司支付了全部价款，但未办理过户手续。后甲又以更高的价格将该架飞机出售给丙公司，因该架飞机仍登记在甲公司名下，丙公司确信飞机为甲公司所有，遂支付了大部分价款，并办理了所有权转移登记手续。本案中，乙公司与甲公司的买卖合同虽然在先，并支付了全部价款，但丙公司在先办理了所有权转移登记，乙公司不得以其所有权对抗丙公司。丙公司完成登记后，即取得完整的物权，乙公司的物权则完全消灭。因此，乙公司和丙公司如因此涉讼，法院应依法支持丙公司的主张。当然，这里的第三人须为善意第三人，否则对其主张不应予以支持。例如，甲将一辆机动车出售与乙，乙在办理登记过程中，丙采取欺诈、胁迫等手段对乙的登记设置障碍，后又趁机与甲串通，受让该机动车，并办理了所有权移转登记。本案中，丙虽然先办理完所有权移转登记，但因系采取欺诈、胁迫手段，因此，应排除于善意第三人之外，对其主张不应予以支持。

3. 动产交付无论采用何种交付方式，出卖人都负有按照合同的约定或者交易习惯向买受人交付提取标的物单证以外的有关单证和资料的义务。有关单证和资料，通常由双方在合同中约定或按交易惯例确定种类。通常有：保险单、保修单、产品质量保证书、专家鉴定意见、商业发票、产地证书、品质检验证书、产品检疫合格证书、产品进出口检疫证书，等等。

五、对案例14的简要评析

在本案中，涉及登记的名义车主与实际车主不一致时应当如何认定的问题。首先，涉案车辆属于动产，即车辆已经交付，即产生物权变动的效力。只不过“船舶、航空器和机动车等物权的设立、变更、转让和消灭，未经登记，不得对抗善意第三人”。因此，本案涉案车辆的所有权人应当认定为王某。其

---

① 王胜明主编:《中华人民共和国物权法解读》，中国法制出版社2007年版，第55页。

② 参见杜万华主编:《最高人民法院物权法司法解释（一）理解与适用》，人民法院出版社2016年版，第198页。

次，涉案车辆有交付，也有购买人支付价款，并没有证据证明交易双方为恶意串通损害第三人利益的情形。因此，交易行为真实有效。综上，案涉车辆通过买卖合同关系进行转让并履行了交付，车辆的实际所有人已变更为王某。二审法院的改判意见是正确的。

第四节　法律行为以外的原因引起的物权变动

一、问题的提出

根据物权变动的原因不同，可将之分为基于法律行为的物权变动和非基于法律行为的物权变动。非基于法律行为的物权变动，是指由法律行为以外的其他法律事实如事实行为或事件所引起的物权变动。依物权法定原则，法律行为以外的法律事实究竟有哪些，当由法律明文规定。依《民法典》物权编的规定，非基于法律行为发生物权变动的有三种情形：人民法院、仲裁委员会的法律文书或者人民政府的征收决定；继承；合法建造、拆除房屋等事实行为。

在研究法律行为以外的原因引起的物权变动之前，先看一则案例。

案例 15：谢某衡诉国土局、高新区管委会行政赔偿案[①]

二审法院认为，本案的争议焦点为：一、关于人民法院的调解书是否有效，能否引起物权直接变动的问题。谢某衡与四建公司于 2001 年 3 月 21 日经法院调解达成了调解协议，并制作调解书后送达双方当事人，该调解书已发生法律效力。具有不动产物权变动内容的形成调解书，在调解书生效时，即产生不动产物权变动的效力。当事人凭生效的具有不动产物权变动内容的形成调解书可以单方申请登记。原国土资源部《不动产登记操作规范（试行）》单方申请中的“人民法院、仲裁委员会生效的法律文书或者人民政府生效的决定等设立、变更、转让、消灭不动产权利的”即包含了当事人凭形成调解书前来单方申请登记的情形。涉案 113 号房屋的物权在调解之前，应归属于四建公司所属的天河公司，而谢某衡与四建公司达成的调解协议内容第一条明确规定：四建公司

① 详见湖南省衡阳市中级人民法院（2019）湘 04 行赔初 4 号行政赔偿决定书。

愿意将天河公司卖给谢某衡，归谢某衡所有，由谢某衡办理有关房屋产权手续。因此，谢某衡与四建公司达成的调解协议明显属于形成调解。根据《物权法》第二十八条规定："因人民法院、仲裁委员会的法律文书或者人民政府的征收决定等，导致物权设立、变更、转让或者消灭的，自法律文书或者人民政府的征收决定等生效时发生效力。"故本案涉及113号房屋的前述民事调解书，属于《物权法》第二十八条规定的导致不动产物权变动的法律文书的范畴，产生了不动产物权变动的效力，虽未登记在谢某衡名下但并不影响房屋所有权已经转移。

二、关于被告高新区管委会、原市国土局对涉案房屋给唐某办理产权证是否有过错及是否应当承担行政赔偿责任的问题。本案谢某衡债权的损害后果产生于三种各自独立的侵权行为。一是为唐某进行房屋登记申请的申请人唐某晋提供虚假材料进行的欺诈登记行为。二是高新区管委会作为行政机关，未经调查核实，直接向房屋登记机构或申请人出具不实行政证明的行为，该行政证明行为已被人民法院生效判决确认违法。该违法证明行为的作出，成为房屋登记申请人"合法、有效"的权利来源，并成为其后原市房产局登记行为的法定依据。三是原市房产局对113号房屋的登记行为，也已经被人民法院生效判决确认未尽审慎审查义务，存在登记程序违法，可以认定原市房产局的疏忽也是导致113号房屋登记申请人唐某晋骗取登记和市产权处错误登记，从而造成谢某衡遭受财产损失的原因之一。根据《国家赔偿法》第四条第四项规定，行政机关及其工作人员在行使行政职权时造成受害人财产损害的其他违法行为，受害人有取得赔偿的权利。因此，谢某衡经人民法院调解取得的113号房屋受到损害，有权要求高新区管委会、原市房产局承担行政赔偿责任。根据《行政诉讼法》第二十六条第六款规定，原市国土局作为继续行使原市房产局职权的行政机关，应承担原市房产局的行政赔偿责任。根据《不动产登记暂行条例》第二十九条"不动产登记机构登记错误给他人造成损害，或者当事人提供虚假材料申请登记给他人造成损害的，依照《中华人民共和国物权法》的规定承担赔偿责任"、《物权法》第二十一条第二款"因登记错误，给他人造成损害的，登记机构应当承担赔偿责任。登记机构赔偿后，可以向造成登记错误的人追偿"的规定，对登记错误的登记机关与登记申请人的过错，本院确认由原市国土局承担赔偿责任，原市国土局承担责任后，有权向登记申请人追偿。《最高人民法院关于审理房屋登记案件若干问题的规定》第十二条规定："申请人提供虚假材料办理房屋登记，给原告造成损害，房屋登记机构未尽合理审慎职责的，应当根据其过错程度及其在损害发生中所起作用承担相应的赔偿责任。”根据本案原市房产局的过错程度及其在损害中发生的作用，本院确定原市房产局承担30%的责任，登记申请人承担20%的责任。因此，原市国土局作为继续行使市房产局职权的机关共向谢某衡承担50%的行政赔偿责任。被告高新区管委会出具113号房屋产权证明的行为，已被人民法院生效判决确认为违法，且客观上其行为也是造成登记错误的重要原因，为减少不必要的诉累，本院确定由高新区管委会对谢某衡113号房屋损失承担50%的行政赔偿责任。

上述案例，涉及人民法院的调解书能否引起物权变动的问题，进而涉及不动产登记机关是否存在过错，应否承担赔偿责任的问题。试问：如何理解法律行为以外的原因引起的物权变动？

二、法院和仲裁委员会的生效法律文书

《民法典》物权编之所以对基于法律行为和非基于法律行为引起的物权变动规定了不同的规则，主要有两点考虑：其一，因人民法院的法律文书、人民政府的征收决定等引起的物权变动，是依据公法进行的变动，因为有公权力的介入，物权变动的状态往往比较明确，物权变动本身已经具有很强的公示性，能够满足物权变动对排他效力的要求，从而不必进行登记或交付而直接生效。其二，不动产登记涉及国家专门机关的行为，其构成及过程相对比较复杂；动产交付也要经过一定的时间。因此，不动产登记和动产交付作为公示手段，虽然具有使权利关系明晰和保护交易安全的优点，但因其要求过于严格，也会给当事人带来不便。因此，在将登记和交付作为物权变动生效要件的同时，对某些本身已经符合公示性要求的物权变动，例外地承认不以登记和交付作为其生效要件，正好可以弥补公示要件主义过于严格的缺憾。①

《民法典》第二百二十九条规定：“因人民法院、仲裁机构的法律文书或者人民政府的征收决定等，导致物权设立、变更、转让或者消灭的，自法律文书或者征收决定等生效时发生效力。”因此，基于国家司法裁判权的行使、仲裁

---

① 最高人民法院物权法研究小组编著：《〈中华人民共和国物权法〉条文理解与适用》，人民法院出版社2007年版，第124页。

裁决而产生的生效法律文书，即人民法院的判决书、调解书以及仲裁机构的裁决书、调解书等法律文书的生效时间，就是当事人的物权设立、变动的时间。[①]人民法院、仲裁机构的法律文书具体包括哪些？司法实践中存在争议，对此，《民法典物权编解释（一）》第七条规定："人民法院、仲裁机构在分割共有不动产或者动产等案件中作出并依法生效的改变原有物权关系的判决书、裁决书、调解书，以及人民法院在执行程序中作出的拍卖成交裁定书、变卖成交裁定书、以物抵债裁定书，应当认定为民法典第二百二十九条所称导致物权设立、变更、转让或者消灭的人民法院、仲裁机构的法律文书。"上述法律文书，均可以导致物权设立、变更、转让和消灭，明确了能够导致物权变动的法律文书之形成性文书，给付性文书和确认性文书不能导致物权变动。[②]

在民事诉讼中，根据诉的性质和内容可以将其诉分为确认之诉、给付之诉和形成之诉。与此相对应，人民法院的法律文书亦分为确认性法律文书、给付性法律文书与形成性法律文书。现以人民法院的判决为基础进行分析。作为物权变动原因的法院判决应当是法院的生效判决，但并非所有的生效判决都能引起物权变动。依诉的种类不同，法院判决有确认判决、给付判决和变更判决（又称为"形成之诉判决"）。确认判决是确认当事人间一定的民事法律关系存在与否的判决。给付判决是具有给付内容的判决。变更判决是具有变更、解除当事人之间某种法律关系内容的判决。形成之诉以原告享有形成权为基础。在实体法上，权利人以自己单方面的意思表示就可以使现存的民事法律关系的效力发生、变更或者消灭的权利就是形成权，如追认权、撤销权、解除权等，该权利行使可以直接导致一定法律状态的变动，若该状态是物权，形成权的行使就会导致物权变动。[③]给付判决送达时，仅确定了当事人的给付义务，不能直接引起物权变动。只有在当事人履行给付义务，对方也接受给付时，物权变动始生效。当事人自愿履行给付的行为，毫无疑问属于法律行为。当事人不愿履行给付而由执行机构强制执行时，客观上属于执行机构的命令直接发生物权变动。因此，直接引起且不以公示为要件的物权变动的法院判决只能是变更判决。

---

① 黄薇主编：《中华人民共和国民法典释义（上）》，法律出版社2020年版，第439页。

② 最高人民法院民法典贯彻实施工作领导小组主编：《中华人民共和国民法典物权编理解与适用（上）》，人民法院出版社2020年版，第160页。

③ 孙宪忠、朱广新主编：《民法典评注·物权编》（第1卷），中国法制出版社2020年版，第188页。

人民法院在执行程序中作出的拍卖成交裁定书引起物权变动。强制拍卖是执行的一种有效措施，其使被执行人的财产得到最大化的有效处理。《拍卖变卖财产规定》第二十六条规定："不动产、动产或者其他财产权拍卖成交或者抵债后，该不动产、动产的所有权、其他财产权自拍卖成交或者抵债裁定送达买受人或者承受人时起转移。"该规定针对不同性质的财产分别规定了强制拍卖是否具有导致物权变动的效力。《民事诉讼法解释》第四百九十三条不再区分动产与不动产，采取统一承认强制拍卖成交确认裁定书导致物权变动的效力，该条规定：拍卖成交或者依法定程序裁定以物抵债的，标的物所有权自拍卖成交裁定或者抵债裁定送达买受人或者接受抵债物的债权人时转移。因此，拍卖成交裁定书属于导致物权变动的法律文书之一。

人民法院在执行程序中作出的以物抵债裁定书引起物权变动。以物抵债是实践中常用的执行方法，属于强制执行措施的一种形式，是在执行过程中以被执行人所有的财产折价交给申请执行人抵偿法律文书所确定的债务。《民事诉讼法解释》第四百九十一条规定，经申请执行人和被执行人同意，且不损害其他债权人合法权益和社会公共利益的，人民法院可以不经拍卖、变卖，直接将被执行人的财产作价交申请执行人抵偿债务。对剩余债务，被执行人应当继续清偿。第四百九十二条规定，被执行人的财产无法拍卖或者变卖的，经申请执行人同意，且不损害其他债权人合法权益和社会公共利益的，人民法院可以将该项财产作价后交付申请执行人抵偿债务，或者交付申请执行人管理；申请执行人拒绝接收或者管理的，退回被执行人。由此可见，以物抵债直接导致物权变动。

三、政府征收决定

国家除了通过法律行为取得物权外，还通过征税、没收、征收、征用等政府指令行为取得物权，这类国家取得行为不问物权人的意思表示，具有单方性和强制性，因此属于非基于法律行为的物权取得。政府的指令属于公法上的行为，当其针对特定的人和物作出时，足以满足物权的排他性要求，在其下达时即直接发生物权变动。而当政府的指令如纳税通知仅针对特定人而不针对特定物时，政府指令的下达并不能直接发生物权变动。此时政府的指令仅是物权变动的原因，欲发生物权变动的结果，权利人还必须有相应的行为且伴有物权的交付或登记。所以，未针对特定物的"政府指令"在其下达时并不直接引起物权变动。

如何理解“征收决定生效”？因政府征收决定导致物权变动的，物权变动自政府征收决定生效时发生效力，但如何解释征收决定生效呢？我国现行操作中，集体土地征收和城市房屋拆迁都要经过申请、审批、公告和补偿这四个程序，征收补偿方案的实施及补偿金额的足额支付意味着一个完整的征收程序的结束。征收决定的生效是征收方案审批通过之日、方案公告之日还是补偿金额支付到位之日？不同的起算点对于当事人的利益影响巨大，在司法实践中应当慎重认定。根据《民法典》第二百四十三条“为了公共利益的需要，依照法律规定的权限和程序可以征收集体所有的土地和组织、个人的房屋以及其他不动产。征收集体所有的土地，应当依法及时足额支付土地补偿费、安置补助费以及农村村民住宅、其他地上附着物和青苗等的补偿费用，并安排被征地农民的社会保障费用，保障被征地农民的生活，维护被征地农民的合法权益。征收组织、个人的房屋以及其他不动产，应当依法给予征收补偿，维护被征收人的合法权益；征收个人住宅的，还应当保障被征收人的居住条件。任何组织或者个人不得贪污、挪用、私分、截留、拖欠征收补偿费等费用”的规定，合法有效的征收必须具备“符合公共利益”“经过法定程序”“足额支付征收补偿”这三个要件，因此，以征收补偿完毕作为征收决定生效的时间点，符合民法物权的精神，也更有利于保护公民的物权。① 所以，因土地征收决定而发生物权变动效力的前提条件是签订了土地征收安置补充协议，协议的签订表明政府与被征地农民就补偿问题达成了合意，在此基础上才能顺利开展征地工作。②

四、因继承发生的物权变动

无论是被继承人生理死亡，还是被继承人宣告死亡，继承皆于被继承人死亡时开始。此时，遗产上的所有权及其他权利因其原权利主体的死亡而消灭，继承人取得遗产所有权及其他权利。换言之，继承中的物权变动，在继承开始时即生效，无须继承人主张，也无须具备一定方式。对此，《民法典》第

---

① 参见杜万华主编：《最高人民法院物权法司法解释（一）理解与适用》，人民法院出版社2016年版，第241页。

② 孙宪忠、朱广新主编：《民法典评注·物权编》（第1卷），中国法制出版社2020年版，第190页。

二百三十条规定："因继承取得物权的，自继承开始时发生效力。"该条旨在强调因继承开始而直接发生物权变动，无需经过物权变动的公示方式。①

对于继承人抛弃继承的，有学者认为是上述情形的例外。②此观点值得进一步商榷。依继承的基本法理，虽然单一的继承人亦可抛弃继承，但按照《继承法意见》第四十七条的规定，继承人抛弃继承当以书面形式向其他继承人表示，也就是说，抛弃继承主要存在于有二个以上的继承人的场合。抛弃继承只能发生在继承开始后遗传分割前，如果否认物权变动在继承开始时生效，则不能解释多个继承人对遗产的共同共有的权利性质。所以，当有二个以上的继承人时，部分继承人抛弃继承实质上是抛弃对遗产的共同共有权。第一顺序的继承人抛弃继承的，遗产的所有权及其他权利由第二顺序继承人取得；唯一的继承人抛弃继承的，实质上抛弃的是取得遗产的单独所有权，此时，遗产变为无主财产。如果认为第一顺序的继承人抛弃继承的，物权变动不在继承开始时生效，那么，在继承人为抛弃继承的意思表示之前，遗产的所有权及其他权利就处于不确定状态。因此，继承人抛弃继承的，物权变动也是在继承开始时生效。

被继承人死亡后，其民事主体丧失，被继承人的财产权利消灭。因继承发生的物权变动除了被继承人的遗产所有权外，土地使用权、为担保债权的抵押权等均得由继承人因继承行为而发生变动。

五、因合法建造、拆除房屋等事实行为发生的物权变动

所谓事实行为，是指行为人主观上不一定具有发生、变更或消灭正常民事法律关系的意思，但客观上能够引起这种后果的行为。与法律行为必须有意思表示不同，事实行为的行为人虽然也有内心意思，但行为人只要事实上实施了一定行为，无须将内心意思表示出来，即可发生一定的法律效果。一般认为，事实行为是合法行为，不应包括违法行为。③

《民法典》第二百三十一条规定了因合法建造、拆除房屋等事实行为发生

① 孙宪忠、朱广新主编：《民法典评注·物权编》（第1卷），中国法制出版社2020年版，第192页。

② 参见杨与龄：《不动产物之非由于法律行为而取得及其处分》，载郑玉波主编：《民法物权论文选辑（上册）》，我国台湾地区五南图书出版公司1984年版，第78页。

③ 参见梁慧星：《民法总论》，法律出版社2017年版，第64页；［德］卡尔·拉伦茨：《德国民法通论（下册）》，王晓晔等译，法律出版社2003年版，第709～710页。

的物权变动，其事实行为的“成就”应当根据各种事实行为的具体情况确定。例如，对于建造房屋、制作家具来说，事实行为成就之时就是房屋建成、家具完成之时。对于拆除房屋来说，拆除到何种程度才是事实行为成就之时，应当依一般社会交易观念判断。如果房屋仅被拆除一部分，修复后不失原房屋的同一性的，就不应认定房屋灭失；如果房屋已经被完全拆除，或者被拆除了一部分但无法修复或修复后已经失去原房屋的同一性的，应当认定该房屋的所有权消灭。

对于“合法建造”的认定，可遵循下列原则：一是取得了合法手续的建房，包括完成特定的审批手续、取得合法的土地权利、符合规划要求，否则意味着鼓励人们擅自突破城市规划、违章建房，从而损害公共利益。二是可以把建设用地规划许可证和建设工程规划许可证作为效力性强制性规范，把国有土地使用证、开工许可证一般作为管理性强制性规范对待。三是尊重城乡差别适度区别在国有建设用地与农村宅基地上建房，尊重目前农村宅基地上建房缺少审判程序的现实。四是违章建筑的认定属于行政判断权，司法不宜取代。[①]

六、对案例 15 的简要评析

人民法院的调解书能否引起物权的变动，不能一概而论。依据《民法典物权编解释（一）》第七条的规定，“人民法院的法律文书”应当包括判决书、裁定书和调解书。其实，判决书、裁定书与调解书在本质上是共通的，因此不宜将导致物权变动的生效法律文书仅限定于形成判决，有直接导致物权变动内容的调解书和裁定书也应当包括在内。根据司法实践，人民法院调解有三种类型：确认调解、给付调解与形成调解。确认调解，是对物权事实的确认，并没有改变物权的归属，不能导致物权的变动。给付调解，是要求另一方履行义务的调解，不具有形成力，仍然需要负有履行义务的一方配合才能产生不动产物权变动的法律效果。而所谓形成调解，是指人民法院对当事人之间已经存在的民事实体法律关系作出变更的调解，形成调解具有形成力，不需要法院的协助执行便能产生相应的法律效果。在本案中，谢某衡与四建公司所达成的调解书显然属于形成调解，具有物权变动的效力，因此自调解书生效之时，涉案的房屋就

---

① 参见最高人民法院民法典贯彻实施工作领导小组主编：《中华人民共和国民法典物权编理解与适用（上）》，人民法院出版社 2020 年版，第 174～175 页。

发生了物权变动。但是，申请人唐某晋提供虚假材料进行欺诈登记、高新区管委会违法出具证明行为及原市房产局未尽审慎审查义务的错误登记行为之间均有相当的因果关系，法院据此裁判高新区管委会对谢某衡的损失承担 50% 的赔偿责任，原市国土局对谢某衡的损失承担 50% 的行政赔偿责任，原市国土局赔偿后，可以向造成错误登记的申请人唐某晋就其应承担的 20% 的责任部分进行追偿。

第三章　物权的保护

第一节　物权请求权

一、问题的提出

请求权是民事权利的一种，是指要求特定人为特定行为（作为、不作为）的权利，在权利体系中居于枢纽的地位，因为任何权利为发挥其功能，或恢复不受侵害的圆满状态，均须借助于请求权的行使。[①] 请求权基础，又称为请求权规范基础，是指可供支持一方当事人得向他方当事人有所主张的法律规范，简称请求权基础。[②] 请求权包括债权请求权、物权请求权、人格权请求权等。物权请求权，亦称物上请求权，有狭义和广义之分。狭义的物权请求权是指基于物权而产生的请求权，即当物权人在其物被侵害或有可能遭受侵害时，有权请求恢复物权的圆满状态或防止侵害；狭义的物权请求权除了基于物权而产生的请求权以外，还包括占有人的占有保护请求权。[③] 物权请求权包括返还原物请求权、停止侵害请求权、排除妨碍请求权、恢复原状请求权。依物权请求权的目的，上述请求权都只能在恢复物之原有支配状态有可能时才能行使。

在研究物权请求权之前，先看一则案例，并思考之。

案例 16：牛某是行使物权请求权，还是侵权请求权？

牛某与杨某系前后排邻居。杨某将其平房拆除，深挖地基 3 米，准备盖成四层小洋楼。地基挖好后，因连续降雨，致使前排牛某的平房地基下沉，房顶

---

① 参见王泽鉴:《民法概要》，中国政法大学出版社 2003 年版，第 66 页。

② 王泽鉴:《法律思维与民法实例》，中国政法大学出版社 2001 年版，第 50 页。

③ 王利明:《物权法研究》，中国人民大学出版社 2002 年版，第 101 页；又见王泽鉴:《民法物权：通则 · 所有权》（第 1 卷），中国政法大学出版社 2001 年版，第 63 页。

倾斜。经过有关部门鉴定，牛某的平房损坏与后排杨某深挖地基有直接的因果关系。牛某便找到杨某协商如何解决，而杨某却说牛某的平房地基不牢，其应自认倒霉。无奈，牛某诉至法院，请求法院判令被告停止侵害，恢复原状，并赔偿损失。

上述案例，是司法实践中经常遇到的问题，当事人是选择物权请求权保护，还是选择侵权请求权保护？试问：物权请求权的性质如何？物权请求权与相关请求权的关系如何？物权请求权如何行使？物权请求权是否适用诉讼时效？

二、物权请求权的性质

由于物权请求权作为物权的效力，与债权、侵权行为、诉权等存在广泛而密切的联系，学者们从不同的角度探讨其性质，因而有不同的观点：(1)物权作用说，认为物权请求权是物权的作用（效用），而非独立的权利，其依存于物权而存在、消灭。(2)纯债权说，认为物权请求权系请求特定人为特定行为（排除妨害）之权利，为行为请求权。故性质上是纯粹的债权，应适用有关债的规定。(3)准债权说，认为物权请求权不同于债权，但又类似于债权，即为一种准债权之特殊请求权。所谓类似于债权即物权请求权系请求特定的人为特定行为的权利，不是以直接支配标的物为内容，故不是物权的本体，而是一种类似于债权的独立权利。所谓不同于债权，是物权请求权附属于物权，其命运从属于物权，因而又不同于债权。就上述特性看，物权请求权系仅可以准用债权的规定之权利，故是一种准债权。(4)非纯粹债权说，认为物权请求权系对人的请求权，故非物权本身，而系独立的权利，但其命运与物权相同，于物权的存续期间不断地派生，故不适用消灭时效。这种请求权虽是对特定人的请求，但在破产程序和强制执行程序中较一般债权优先，强烈地表现出其系自物权派生的特征，故非纯粹之债权。(5)物权效力所生请求权说，认为物权请求权乃物权效力上所生之请求权，与物权不可分离。物权如有移转，此请求权亦当然随之移转。(6)物权派生之请求权说，认为物权请求权是由物权所派生，而经常依存于物权之另一权利。(7)所有权动的现象说，认为这种请求权系观念的、绝对的近代所有权，对于特定人主张的一种动的现象形态而已。[①]

---

① 谢在全:《民法物权论（上册）》，中国政法大学出版社 1998 年版，第 38 页。

以上诸说中，物权作用说与所有权动的现象说完全否认物权请求权的独立权，而纯债权说又把物权请求权完全看作债权，这与物权请求权的性质是不相符的，均不足取。至于其他诸说，都是从物权请求权的不同方面观察得出的结论，只是各自的着重点不同而已。例如准债权说、非纯粹债权说着重于物权请求权准用债权的规定，而物权效力所生请求权说、物权派生之请求权说则是从物权请求权附属于物权予以观察得出的结论。

因此，综合言之，物权请求权是以物权为基础的一种独立请求权。一是物权请求权是请求权。物权请求权在物权受到妨害时发生，它是物权人请求特定的人（妨害物权的人）为特定行为（除去妨害）之权利，为行为请求权。它不以对物权标的物的支配为内容，故不是物权的本体，而是独立于物权的一种请求权。二是物权请求权是物权的效用。物权作为一种法律上的权利，受到法律的保护，受到妨害时，物权人即有除去该等妨害的请求权。因此，物权请求权是物权的效用，它以恢复物权的支配状态为目的，在物权存续期间因有对物权的妨害而不断地发生。三是物权请求权附属于物权。这是物权请求权作为物权的效用的必然结果。物权请求权派生于物权效力，其命运与物权相同，即其发生、移转与消灭均从属于物权。因而物权请求权不同于债权等请求权，它不能与物权分离而单独被移转。至于让与物权请求权可以作为动产物权的交付方法，这是因为已经有了物权移转的合意，仅依此方法而发生物权移转的效力，并不是与物权分离而单独让与物权请求权。

三、物权请求权与相关请求权的关系

（一）物权请求权与侵权行为损害赔偿请求权

物权请求权与侵权行为损害赔偿请求权，为近现代民法的两项重要请求权。物权请求权，因目的在于排除现实或将来权利人以外之人对于物权圆满状态的侵害，故只要有侵害发生或可能发生的事实，无论侵害者是否违法，有无故意过失、行为能力，以及是否有实际损害的发生等，权利人均可行使此项权利。而侵权行为损害赔偿请求权，其行使则以加害人之行为具有违法性，并有故意过失（当然特殊侵权行为之成立，则不以加害人之有故意过失为必要）、行为能力以及受有实际损害为前提。侵权行为的损害赔偿虽以回复原状为原则，但因其目的主要在于填补已发生的损害，故于不能回复原状或回复原状显有困难时，即应进行金钱赔偿。此外，侵权行为损害赔偿请求权，为债权的请求权，其行使权利的期限，法律多有明文规定，此点亦与物权请求权存有差异。[①]

值得注意的是，当物权受到侵害而同时发生物权请求权与侵权行为损害赔偿请求权时，受害人除可行使物权请求权外，还可行使侵权行为损害赔偿请求权。如张某所有的房屋被李某无权占有，并致房屋损害时，受害人张某除可请求李某返还其房屋外，还可请求李某赔偿因此所遭受的损害。

（二）物权请求权与不当得利请求权

实务中，所有物返还请求权（物权请求权）与不当得利返还请求权发生竞合的现象时有发生。例如，在偷窃他人的汽车，占有他人的房屋，租赁关系消灭后拒不返还租赁物，以及买受人于买卖契约无效或被撤销后仍占有买卖标的物等场合，即发生二者竞合的现象。这些场合，相对人虽未取得标的物的所有权，但已取得标的物之占有，取得占有者即取得一种法律上的地位。相对人以所有人之损害，无法律上的原因受有占有利益，故此时所有人除享有所有物返还请求权外，还可依不当得利制度请求相对人返还占有。[②]

四、物权请求权的行使

1. 物权请求权的行使方式。我国民法学者对物权的保护，尤其是物权请求权的行使，仅只是或主要是从公力救济这一角度出发的。例如，对所有权的返还财产、恢复原状、排除妨害、消除危险等各项请求权的内容大都表述为“财产所有权人有权请求人民法院责令……”[③]物权请求权的行使，不必非得以诉讼的方式进行，也可以意思表示为之，即物权人在其权利受到妨害后，可以直接向侵害人请求为一定行为，以除去其妨害。同时，由于物权大都是以对标的物的占有为内容的。基于物权的这种直接支配性质，物权人可以用一定的意思

---

① 参见梁慧星、陈华彬：《物权法》（第6版），法律出版社2019年版，第54页。

② 陈华彬：《物权法原理》，国家行政学院出版社1998年版，第101～102页。关于物权请求权与侵权请求权的区别，读者可详细阅读王利明：《物权法研究》，中国人民大学出版社2002年版，第106～109页；王利明主编：《中国民法案例与学理研究》（物权篇），法律出版社2003年版，第14～17页；王利明：《民法疑难案例研究》，中国法制出版社2002年版，第499～503页。

③ 郑立、王作堂主编：《民法学》，北京大学出版社1995年版，第197～198页。

表示更强有力的方式来行使其物权的请求权，例如自力取回被非法侵占的物，驱逐非法侵入自己的土地、房屋的人，搬走妨碍通行的物件，堵绝排注于自己土地的污水，等等。

物权人在其权利受到妨害后也可以直接向法院提起诉讼，请求法院责令侵害人履行特定的行为（除去妨害）。实践中一般都是物权人在直接向侵害人提出请求未得结果，仍不能实现和保护其权利时，其即依法请求法院裁判，责令侵害人返还原物、排除妨害、停止侵害、消除危险。

2. 物权请求权行使的费用负担。物权请求权的行使所产生的费用应当以相对人负担为原则。这是因为物权请求权，无论是返还请求权还是保全请求权（排除妨害、防止妨害的请求权），都是以相对人负有应为返还原物或排除妨害、防止妨害的义务为内容的。既然负有义务，当然亦应负担费用。但是，还应当看到，这种费用负担与以恢复物权的支配状态的物权请求权在性质上是不同的。它是因物权请求权的行使而产生的债权，因而还应当参照侵权行为的民事责任的原理来确定其债务负担。否则，如绝对贯彻由相对人负担费用这一原则，必然损害相对人的正当权益，有违法律的公平原则。

因此，在物权请求权的行使费用由相对人承担这一原则以外，还应当有以下例外：（1）引起物权请求权发生的事由是由物权人自己的行为造成的，应当由物权人自己承担行使请求权所发生的费用。（2）引起物权请求权发生的事由是因第三人的行为造成的，应当由第三人承担行使请求权所发生的费用。物权人应当以自己的费用行使请求权，再向第三人追偿。（3）引起物权请求权发生的事由是由不可抗力、意外事件造成的，按照"谁受利益、谁担费用"的原则，应当由物权人承担行使请求权所发生的费用。

五、物权请求权不适用诉讼时效

物权请求权，亦称物上请求权，有狭义和广义之分。狭义的物权请求权是指基于物权而产生的请求权，即当物权人在其物被侵害或有可能遭受侵害时，有权请求恢复物权的圆满状态或防止侵害；广义的物权请求权除了基于物权而产生的请求权以外，还包括占有人的占有保护请求权。[①] 物权请求权包括：确

---

① 王利明：《物权法研究》，中国人民大学出版社2002年版，第101页；又见王泽鉴：《民法物权：通则·所有权》（第1卷），中国政法大学出版社2001年版，第63页。

认物权、返还原物、消除危险和排除妨碍、恢复原状、损害赔偿的请求权。[①]物权请求权是否适用诉讼时效，在国外和我国台湾地区有适用余地：（1）德国一般地规定请求权因消灭时效（30年）而终止其效力，但依登记而生的请求权除外。物上请求权也是请求权的一种，因此除登记物权的物上请求权以外，皆应适用消灭时效。（2）我国台湾地区在此问题上争议颇多，因为我国台湾地区"民法"对物上请求权没有明确，而仅在第一百二十五条规定"请求权因15年间不行使而消灭。但法律所定期间较短者，依其规定"。对其进行解释的判例认为，"民法第一百二十五条所称之请求权，包括所有物返还请求权在内，此项请求权之消灭时效完成后，虽占有人之取得时效尚未完成，占有人亦可拒绝返还"。

对于物上请求权能否适用诉讼时效，我国大陆民法学者主要有三种观点。第一种观点以王利明先生为代表，认为物上请求权不应适用诉讼时效。他认为：（1）物上请求权与物权不可分离，它与物权同命运，既然物权不适用诉讼时效，则物上请求权亦不能适用之。否则物权将变成空虚的物权无存在之价值。（2）由于物权请求权通常适用于各种持续性的侵害行为，对这些侵害行为难以确定其时效的起算点，因此物权请求权难以适用诉讼时效。（3）物权请求权不适用诉讼时效，但由于取得时效可适用之，依然可以发挥防止权利上的睡眠，推动财产流转及维护经济秩序的作用。[②]第二种观点以梁慧星先生为代表，认为应将不同之物上请求权区别对待：只有返还财产请求权与恢复原状请求权这两种物上请求权适用诉讼时效，其他的物上请求权皆不适用。至于何以做此种区别，梁先生未作说明。[③]第三种观点以陈华彬先生为代表，主张已登记的不动产物权所生的物上请求权不宜因诉讼时效而消灭，但未登记的不动产物权所生的物上请求权及由动产物权所生的物上请求权则适用之。[④]上述学说，以第一种观点为目前的通说。

此外，在司法实务中还存在物权请求权等请求权是否适用诉讼时效的问题。在讨论过程中，关于确认物权、排除妨碍、消除危险请求权不适用诉讼时

---

① 参见《民法典》第二百三十四条至第二百三十八条对物权请求权的规定。

② 参见王利明：《民法总则研究》，中国人民大学出版社2003年版，第720页。

③ 参见梁慧星：《民法总论》，法律出版社2001年版，第272页。

④ 陈华彬：《物权法原理》，国家行政学院出版社1998年版，第102页。

效的规定并无异议，争议主要集中在返还原物请求权是否适用诉讼时效的规定这一问题上。由于争议较大，《诉讼时效规定》对物权请求权是否适用诉讼时效未作规定。①

依据《民法典》第一百九十六条的规定，不动产物权和登记的动产物权的权利人请求返还财产的，不适用诉讼时效的规定。《民法典》第二百三十五条明确规定了返还原物请求权，这一请求权属于物权请求权中最主要的内容。如果允许已登记不动产所有权人的返还原物请求权因时效届满而消灭，将动摇不动产登记制度的效力，因此已登记不动产所有权人的返还原物请求权，不适用诉讼时效。②或者从诉讼时效的功能出发，认为已登记的物权不会使不特定第三人产生合理信赖，因而不适用诉讼时效。③同时，对于动产物权的返还原物请求权要求是已经登记的动产物权，如登记的船舶、车辆、航空器的物权返还原物请求权，亦不适用诉讼时效的规定。

当然，从物权保护的角度，其实质是从物权请求权的角度作了规定。物权请求权的实质在于保障物权恢复其圆满状态。学理上认为物权请求权是物权效力的具体内容，只要物权存在，物权请求权就应该存在。④因此，作为物权的一部分的停止侵害、排除妨碍、消除危险的物权请求权，不应因时效届满而消灭。同时，从侵权责任角度来说，侵害、妨碍、危险处于持续状态，诉讼时效也无从起算。

六、对案例 16 的简要评析

在本案中，主要涉及下列问题：

1. 牛某能否以相邻关系提出请求。相邻一方给相邻另一方造成妨碍或者损失的，应当停止侵害、排除妨碍、赔偿损失。那么，牛某能否以相邻关系提出请求？笔者认为，相邻权并不是一种独立的物权，而是对所有权的限制或延伸，属于所有权的内容，即使相邻权受到侵害，在性质上仍然属于侵害不动产所有权的问题。因此，牛某请求法院判令被告停止侵害，恢复原状，并赔偿损失，

---

① 宋晓明、刘竹梅、张雪楳：《〈最高人民法院关于审理民事案件适用诉讼时效制度若干问题的规定〉的理解与适用》，载《法律适用》2008 年第 11 期。

② 参见梁慧星：《民法总论》，法律出版社 2011 年版，第 253 页。

③ 参见王轶：《物权请求权与诉讼时效制度的适用》，载《当代法学》2006 年第 1 期。

④ 杜万华主编：《中华人民共和国民法总则实务指南》，中国法制出版社 2017 年版，第 749 页。

是根据其物权受到侵害而行使的请求权。

2. 牛某行使物权请求权还是行使侵权请求权。牛某的平房受到了侵害，他享有两项请求权，即物权请求权和基于侵害所产生的侵权请求权，两种请求权发生了竞合，这就需要原告牛某选择一项请求权行使。物权请求权对于牛某来说最为有利，因为，一是牛某须证明其物权受到侵害，而无须举证证明杨某是否有过错。二是诉讼时效对牛某有利，杨某的侵害行为是持续状态，对此种侵害行为很难确定诉讼时效的起始点。当然，本案中牛某的请求是不超过诉讼时效的。

第二节 物权请求权的具体类型

一、问题的提出

物权请求权是物权保护的有效法律手段，在《民法典》物权编中是一项非常重要的权利。我国《民法典》第二百三十三条至第二百三十九条对物权请求权作了具体明确的规定，为现实生活和司法实践提供了准确的依据。

在研究物权请求权的具体类型之前，先看两则案例。

案例 17：张某元因所有权确认纠纷案①

最高人民法院认为，应当对张某元是否享有请求确认其为系争房屋所有权人的事实和理由进行审理。

其一，根据一、二审查明的情况，有初步证据证明张某元是案涉 2500 万元债权的实际债权人。2011 年 5 月 23 日的《债权转让协议》中，明确约定许某征将对博豪公司享有的 2500 万元债权转让给张某元，债权转让生效后由博豪公司直接向张某元清偿。次日，许某征向博豪公司发出债权转让通知，通知博豪公司直接向张某元清偿 2500 万元借款。

其二，诉争房屋由博豪公司抵偿给许某征。许某征因以物抵债裁定成为所有权人。但这并不因此排除其他可能存在的权利主体对此提出异议。本案中，

---

① 详见最高人民法院（2019）最高法民再 118 号民事裁定书。

张某元提交的相应证据可初步证明其系案涉2500万元的债权人，而系争房屋用于抵偿的债权正是此2500万元。根据《物权法》第三十三条关于“因物权的归属、内容发生争议的，利害关系人可以请求确认权利”的规定，张某元有权对许某征就系争房屋提出确权之诉。结合本案初步证据表明的事实，许某征承认债权已转回给张某元。张某元在请求变更执行申请人未得到支持的情况下，作为债权受让人提起确权之诉，请求将房屋确认到自己名下，符合《民事诉讼法》第一百一十九条规定的起诉条件，亦不违反“一事不再理”原则。二审裁定以系争房屋尚未登记在许某征名下为由，认定张某元提起确权诉讼不具备物权变动的事实和法律要件，适用法律错误，并导致权利人的权利无法得到救济，应予纠正。本案依法应由上海一中院立案受理。

案例18：保工支行与新华园酒店、杨某、李某华返还原物纠纷案①

最高人民法院再审认为：本案的焦点问题为案涉房屋的权利归属。各方当事人对于案涉房屋现登记产权人为保工支行的事实均无异议。《物权法》第九条第一款规定：“不动产物权的设立、变更、转让和消灭，经依法登记，发生效力；未经登记，不发生效力，但法律另有规定的除外。”因此，保工支行具有案涉房屋的所有权法定要件。《物权法》第三十四条规定：“无权占有不动产或者动产的，权利人可以请求返还原物。”返还原物的请求权是物权保护的一项基本权能，所有权人可以依据权利基础要求无权占有人返还原物。保工支行即依据上述法律规定，以案涉房屋所有权人的身份，向实际占有人新华园酒店、杨某主张返还不动产。新华园酒店、杨某以其与李某华签订承包合同，李某华等是案涉房屋合法权利人作为抗辩理由。因此，李某华是否为案涉房屋合法权利人是审查该问题的关键。

李某华与保工支行于2011年9月26日签订了《房屋买卖框架协议》，该协议对于房屋买卖价格并未明确约定“应于2011年11月30日前签订正式房屋转让合同，如2011年11月30日前甲方（保工支行）上级总行未批准此次房屋转让事宜，则本框架协议自动失效。如框架协议失效，则双方互不向对方承担责任，前期为履行本框架协议，订立正式房屋转让合同前所产生的费用，由乙方（李某华）承担”。《房屋买卖框架协议》对于案涉房屋价款这一合同基

① 详见最高人民法院（2019）最高法民再283号民事判决书。

本条款并未明确约定，并载明以上级银行审批通过后方能签署正式房屋买卖合同，故《房屋买卖框架协议》仅为预约合同，并不能产生影响案涉房屋物权变动的合同效力，亦不具有强制缔约的效力。因此，《房屋买卖框架协议》并非李某华成为案涉房屋所有权人的有效依据。双方并未订立正式的房屋买卖合同，李某华亦无证据证明盛京银行保工支行已明确出卖案涉房屋给李某华，以及出卖的具体价款。因此，李某华主张其是案涉房屋的合法权利人，并无事实及法律依据。

因李某华与保工支行之间的《房屋买卖框架协议》已经生效，且双方并未形成正式的买卖合同，李某华继续占有案涉房屋，已经没有明确的合同依据，仅是在保工支行长期不主张返还的默许下仍继续占用案涉房屋。保工支行作为案涉房屋所有权人提出的返还请求，应予以支持。李某华关于其为案涉房屋使用权人的主张不能成立，新华园酒店、杨某主张与李某华签订《承包经营合同》，取得案涉房屋合法占有的基础并不存在；新华园酒店、杨某知道也应当知道案涉房屋的权属状况与占用来源，且在本案诉讼中新华园酒店、杨某主张与李某华第二次签订的《承包经营合同》约定的承包经营期限也已经届满，新华园酒店、杨某作为实际占有人，应在生效判决明确后，向保工支行返还案涉房屋。二审法院不予支持保工支行的返还请求，适用法律错误，予以纠正。

在上述案例中，案例 17 涉及物权确认问题，案例 18 涉及物权人请求返还原物问题。试问：物权请求权的具体类型有哪些？如何理解适用？

二、确认物权请求权

我国《民法典》第二百三十四条规定："因物权的归属、内容发生争议的，利害关系人可以请求确认权利。"这就是确认物权请求权的法律依据。该条的规定，实质上是物权确认的程序性权利。[①]

物权确认是指在物权的归属和内容不明或者发生争议时，利害关系人请求有关权力机关或法律授权的专门机构确认物权的归属和内容，从而解决物权争议的行为。物权确认请求权由对特定的物有利害关系的人行使，利害关系人不

---

① 最高人民法院民法典贯彻实施工作领导小组主编：《中华人民共和国民法典物权编理解与适用（上）》，人民法院出版社 2020 年版，第 186 页。

一定是物权人，在物权的归属和内容不清或发生争议时，利害关系人可以是任何与特定的物就物权的归属和内容有物权法律关系的自然人、法人和其他组织，他们都可以向有关机关或机构提出物权确认的请求。

在现实生活中，当物权的归属和内容发生争议，利害关系人必须向法定机关提出请求，予以确认。对权利的确认，是物权法保护财产的重要功能的体现，也是物权法保护财产的起点。确认物权请求权，常常是其他物权请求权行使的前提条件，或者是其他物权请求权提起的前提条件，因此在实践中，在提起其他物权请求权时，可能会同时提起确认物权请求权。确认物权请求权并不是诉讼法中的权利，而是实体法中的权利，因此，《民法典》物权编明确规定了此项权利。

物权确认请求权不仅可以向人民法院提出，还可以向法律法规授权的行政机关以及当事人依法约定的仲裁机构提出。由于国家对不动产实行统一登记制度，统一规范登记的范围、登记机构和登记办法。因此，不动产物权的设立、变更、转让和消灭应当依法由国家权力机关确认；动产物权的设立和转让，虽以交付为法定条件而无需登记，但就动产物权的归属和内容发生争议，当事人双方虽然可以通过协商的方式解决纠纷，但任何一方都不能单独确定物权归属，因为作为普通民事主体，当事人既不拥有行政裁决权，也不拥有司法裁判权或者仲裁裁决权，无权对物权归属作出权威性判定，私力的救济和判断不能从根本上解决争议。根据我国现行法律、法规的规定，物权确认的确权主体可以是行政机关、人民法院或者仲裁机构。行政机关拥有行政裁决权，对有关企业产权界定和土地权属等争议，依法对部分物权的归属和内容行使裁决权。人民法院是国家司法机关，对平等主体之间的物权归属和内容的争议，以及涉及物权确认的具体行政行为，可以分别依据《民事诉讼法》或者《行政诉讼法》进行审理并作出裁判。仲裁机构能否作为确认物权归属和内容的主体，学界有不同认识。根据《仲裁法》第二条的规定，平等主体的公民、法人和其他组织之间发生合同纠纷和其他财产权益纠纷，可以仲裁。物权权属争议虽不属于“合同争议”，但我们倾向于可以将部分物权的争议归类为“其他财产权益纠纷”的认识。例如，多个投资公司共同出资兴建商贸大厦，发生楼层产权分配的确权争议，如果当事人之间在订立合同时，就大厦权益纠纷的解决约定了仲裁条款，且将其纠纷提交仲裁机构裁决，仲裁机构应当受理并作出裁决，当事人得以仲裁裁决作为确认物权（设立、变更、转让或者消灭）的依据。特别是《民法典》第二百三十三条规定:"物权受到侵害的，权利人可以通过和解、调解、仲裁、诉讼等途径解决。"其中就包括仲裁程序。因此，没有理由对仲裁确认物权的救济途径作出特别限制。

审判实践中，存在许多因涉及不动产登记而产生民事与行政交叉的情形，如一方当事人认为登记的不动产权属错误，以登记行为违法为由提起行政诉讼；另一方当事人则针对导致不动产物权变动的原因行为的效力提起民事诉讼等。各地法院对于这些纠纷的审判程序、适用法律和裁判结果均存在许多差异。那么，在因确认房屋等不动产物权归属或就买卖房屋等法律关系发生争议，涉及对房屋等不动产登记的异议时，究竟应当通过民事诉讼还是行政诉讼程序解决呢？对此，《民法典物权编解释（一）》第一条规定:"因不动产物权的归属，以及作为不动产物权登记基础的买卖、赠与、抵押等产生争议，当事人提起民事诉讼的，应当依法受理。当事人已经在行政诉讼中申请一并解决上述民事争议，且人民法院一并审理的除外。"实践中，相当大一部分涉及不动产登记的案件中，当事人主要争议的是登记所涉及的民事法律关系，由于不动产物权基于登记而生效，导致登记行为被卷入诉讼，从而呈现出民事纠纷与行政纠纷交织的表象。

首先，应当正确地认识我国不动产登记性质的复合性。一方面，不动产登记是不动产物权的公示方式，是当事人不动产物权发生变动的意思表示推动的结果，不能把不动产物权登记理解为国家对不动产物权关系进行的干预，解释为行政权力对不动产物权的授权或确认。另一方面，根据《不动产登记暂行条例》的规定，我国承担不动产登记的机构在性质上是国家行政机关，就其履行不动产登记的法定职责及所遵循的程序而言，不动产登记又具有行政行为的特点。其次，不动产登记的复合性导致由此引发的诉讼应当根据诉讼标的而区分民事或行政诉讼程序。涉不动产登记民事诉讼的标的应当是针对不动产物权的归属或原因行为（基础法律关系）；涉不动产登记行政诉讼的标的针对的是登记行为本身，亦即在行政诉讼中人民法院审查的是登记行为的合法性。也就是说，当事人之间或第三人对被登记的不动产物权或原因行为等民事法律关系产生争议，此争议实质上存在于当事人之间，当事人与登记机构之间并无实质争议，故应当通过民事诉讼程序加以解决。因登记机构违反法律规定拒绝登记或登记程序不合法导致错误登记等违反法定程序，而在当事人与登记机构之间产生的纠纷，如果登记机构对应予登记的事项不予登记或对于错误的登记不予更正，当事人可以提起行政诉讼。当然，根据《行政诉讼法》第六十一条的规定，在涉及登记的行政诉讼中，当事人申请一并解决相关民事争议的，人民法院可以一并审理。这一规定的目的是完善民事争议和行政争议交叉时的处理机制，便于纠纷的一次性解决，方便当事人诉讼，并未改变相关争议的民事纠纷性质。因此，民事诉讼与行政诉讼在关涉不动产物权权属及原因行为、不动产登记的争议中各行其道，各司其职，一定要准确把握《民法典物权编解释（一）》第一条所规定的精神实质。

三、返还原物请求权

返还原物请求权，又称为所有物返还请求权，是指所有人以及其他物权人依法享有的要求无权占有其物或侵夺其物的人返还该物的请求权。我国《民法典》第一百七十九条第一款第四项将返还原物称为"返还财产"。罗马法中有一句法谚"物在呼叫主人"，就是所有人有权随时收回所有物的意思。我国《民法典》第二百三十五条明确规定了返还原物请求权，即无权占有不动产或者动产的，权利人可以请求返还原物。

返还原物请求权的产生，须有他人无权占有不动产或者动产的事实。[①] 物权人行使返还原物请求权的对象，是无权占有其物的任何人。所谓无权占有，是指没有法律根据、没有合法原因的占有。没有法律根据占有他人之物的情形有二：一是占有人从占有之始就没有法律根据。如占有人所占有的物是他人的遗失物。二是占有之始本来有法律根据，但是后来该法律根据消失。如借用、租赁他人的物，已经超过了约定的期限，或者为他人修理、修缮、定作等届期应当返还的情形等。

物权人行使返还原物请求权，可以采取直接向无根据占有人提出返还要求的方式。当以此方式不能实现返还的目的时，权利人可以向人民法院提出依国家的强制力实现返还的目的。

返还原物请求权，在实践中应当注意下列问题：

一是原物返还。世界各国法律公认的占有返还的一般原则为原物返还。返还原物，就意味着以物的原本形态和原来使用状态返还。因此，现时占有人向物权人、合法占有人返还原物时，应恢复原物的状态。但现时占有人已尽善良

---

① 黄薇主编：《中华人民共和国民法典释义（上）》，法律出版社2020年版，第444页。

管理人的注意义务而对物有正常的损耗的除外。

二是孳息返还。在坚持返还原物的前提下，还应考虑到物脱离物权人、合法占有人可能会产生孳息的情形。孳息，分为天然孳息和法定孳息，占有人在返还时应当与原物一并返还。但是，现时占有人在返还原物及孳息时，就在其占有期间为维护物的价值而支出的必要费用，可以要求物权人、合法占有人予以补偿。在物权人、合法占有人未给予补偿前，现时占有人可以暂时保留原物及其孳息。当然，现时占有人的占有为恶意的，则不能要求适当补偿。

三是应当返还的原物上存留有现时占有人的自有物时，如果此物可以与应当返还的物分离，则占有人可以取走自己的物。如果不能分离，则应将其一并交还给物权人或者合法占有人，由物权人或者合法占有人给予适当补偿。

四是无权占有他人之物的返还，还应根据无权占有的性质，适用相关的法律。对于无权占有，权利人可以通过民事诉讼的返还之诉请求返还原物，也可以通过其他途径得到救济，如通过私力救济、行政救济、申请仲裁以及刑事附带民事诉讼等多种途径达到返还原物的目的。

五是无权占有的认定与举证责任分配。通过返还之诉，转移物的占有，只能向无权占有人提起，而不能要求有权占有人返还原物，有权占有人在其占有的本权依据存续期间，可以依据其合法占有权抗辩权利人的请求。如甲的客车被乙盗走后卖给丙，能否判决丙返还甲客车，首先要判定丙是否依法取得（或占有客车），如果丙明知是赃物而购得客车，或以明显低于市场价格收购客车，且不履行机动车的登记手续留作已用，此时，丙对该机动车的占有属于没有本权的占有，得判定丙为无权占有客车而应返还给甲；如果丙以市场价格取得客车，并在旧机动车交易市场依法办理过户登记手续，应判定丙是合法取得，并以本权占有客车，不能判决返还甲，甲可以向乙和销售旧机动车的代理公司追偿损失。此外，在举证责任的分配方面，甲应当证明对丙所占有的客车享有所有权（或他物权），甲如果不能提出证据证明，则不论乙或丙是否就无权占有或盗窃之事实提出抗辩，甲均应承受败诉的结果。对于甲是否应当证明丙的占有为无权占有，笔者认为，无权占有属于消极的事实，是否为有权占有，只有占有人自己知道，权利人对此难以举证。依举证责任分配一般原则，乙或丙若主张其占有为有权占有，应负举证责任，甲不应负举证之责任。通常情况下，权利人请求相对人返还财产、消除危险或排除妨害，不需要证明相对人具有过错。判断乙或丙的占有是否为无权占有，应以其占有有无本权作为依据。

四、排除妨害、消除危险请求权

我国《民法典》第二百三十六条规定了排除妨害、消除危险请求权，即妨害物权或者可能妨害物权的，权利人可以请求排除妨害或者消除危险。

所谓排除妨害请求权，是指物权人、占有人针对占有妨害而享有的权利。占有妨害是剥夺占有之外的另一种物权侵害和占有侵害。物权人、合法占有人虽然没有失去其占有，但是其权利却受到占有妨害的干扰而不能正常行使。这种妨害的表现形式有两种：一是一次性进行的妨害。二是持续不断的妨害。

所谓消除危险请求权，是指物权人、占有人对有可能造成自己的占有物损害的设施的物权人或者占有人，要求其消除对自己的危险的请求权。在消除危险请求权行使的要件中，最重要的是判断什么是危险。危险是指他人的行为或者设施可能对物权人占有物造成损害，是危险之虞。其判断标准：一是危险必须是合理预见的，而不是主观臆测的；二是危险必须是确实存在的且有对他人财产、人身造成损害的可能。

权利人因享有的物权内容不同，在行使排除妨害请求权和消除危险请求权时，请求权的行使有一定的区别。当特定的物上没有设定他物权的情况下，请求权由所有人行使。当特定的物设有他物权的情况下，如果特定的物移交给他物权人占有时，一般由他物权人行使请求权，如果不需要实际移交特定的物，则由所有权人行使请求权。当特定的物的现时占有人怠于行使请求权时，相关权利人可以根据实际权益遭受的妨害或存在的危险行使请求权。这是因妨害特定的物对占有人的权益影响最直接，关系也最密切，可能最先知道物权被妨害的情况。但是，这不等于说，权利人在行使请求权时有先后顺序的差别，或者只允许一方行使而不允许他方行使。所不同的是，由于物权的权利内容不同，行使请求权的条件也有差别。以抵押物权为例，抵押物权人所关注的不是抵押物的使用价值，而是保障债权实现的经济价值，因而，当抵押物的使用权能遭受妨害时，抵押物权人不必请求排除妨害，如有人长期将报废的汽车停放在被抵押的房屋门前妨害抵押人出行，但没有使房屋的价值受损，这种情况下，抵押物权人不必请求排除妨害，而由抵押人决定是否请求排除妨害。但是，当抵押物的价值遭受减少的危险时，抵押物权人则须行使消除危险请求权，以恢复抵押物的价值。如甲以自己所有的房屋抵押给乙，并办理了抵押登记手续，在抵押期间，第三人丙在日光照射强烈的房基处堆放易燃易爆品危及房屋安全，此时，除所有人（抵押人）甲外，抵押物权人乙为避免房屋价值受损或者灭失也可以行使消除危险请求权。特别是，当甲自己在房基处堆放大量易燃易爆品危及房屋安全，乙可以抵押物权人的身份以甲为相对人提出消除危险的请求。另外，在共有物受到共有人以外的相对人妨害时，任一共有人都可以行使自己的请求权；如果部分共有人妨害物权时，其他共有人同样享有妨害排除请求权。

在审判实践中，要注意以下问题：一是举证责任问题。权利人请求消除危险或排除妨害，不需要证明相对人具有过错，只需要证明其享有物权的特定的物被他人妨害或遭受危险即可。危险或妨害不是实际损害的结果，两者也可能是竞合的，例如在他人的房屋边上挖洞，既造成对他人财产权行使的危险或妨害，也因此使他人房地基受损而造成实际的损害，而是某种行为或事实状态，权利人必须举证证明这种事实和行为达到一定的程度，使权利人难以忍受且阻碍了权利的正当行使，而无需就相对人的过错和是否造成损害举证。二是相关的其他问题。在认定了危险或妨害的事实基础上，应当判定由危险或妨害的相对人承担消除危险或排除妨害的责任，由此而产生的费用也应当由形成危险或妨害的相对人承担。另外，关于请求权的时效问题，由于危险和妨害可能随时发生并处于持续存在的状态，对没有发生或已经消除的危险和妨害规定时效没有实际意义，而对于持续存在的危险和妨害，权利人当然有随时请求消除或排除的权利。因此，消除危险和排除妨害请求权的行使，不受一般民事诉讼时效的限制。

五、恢复原状请求权

我国《民法典》第二百三十七条规定了权利人的恢复原状请求权，即造成不动产或者动产毁损的，权利人可以依法请求修理、重作、更换或者恢复原状。

恢复原状有广义和狭义之分。广义的恢复原状是指恢复权利被侵犯前的原有的状态。包括通过返还财产使财产关系恢复到合同订立以前的状态。狭义的恢复原状是指将损害的财产修复。如甲要求乙将损坏的电视机修复。在侵权责任中适用的恢复原状，主要是指狭义上的恢复原状，恢复原状与修理、重作、更换的责任形式的联系十分密切。采纳广义的恢复原状的概念，修理、重作、更换不过是恢复原状的手段。采纳狭义的恢复原状的概念，则修理、重作、更换不是恢复原状的手段，它们主要是违反合同应承担的民事责任，是违反合同后所采取的补救措施。例如，修建的房屋不合要求，即应无偿地进行修理；加工制作的定作物不合约定标准，虽经修理也不能使用的，即应重作。修理、重作、更换或者恢复原状对权利人具有特殊意义。许多时候，权利人不愿意轻易放弃特定的物，在这种情况下，只有通过修理、重作、更换或者恢复原状的方式才能最大限度地使权利人得到救济。

《民法典》物权编将修理、重作、更换或者恢复原状确定为保护物权的责任方式，为权利人在保护方式上提供更加充分的选择：一是当特定的物遭受侵害后，权利人可以选择修理、重作、更换或者恢复原状保障特定的物的精神价值，同时保障特定的物在不能获得完全赔偿的情况下而使其恢复原来状态的权利；二是避免侵权人强行以赔偿来要求权利人让与其特定的物的权利，使物的处分权牢牢地掌握在权利人手中；三是利于物尽其用，引导人们树立创建节约型社会的法律意识，是对《民法通则》第一百三十四条第一款第五项、第六项“恢复原状”及“修理、重作、更换”属于侵害物权的责任方法的进一步明确。

不动产或动产的毁损，包括损坏和灭失两种情况。在损坏的情况下，权利人可以请求修理、重作、更换特定的物或者请求恢复原状，这是适用本条责任形式的前提条件；而在灭失的情况下，则不能适用本条，而应当适用本法第三十七条关于损害赔偿的规定。适用修理、重作、更换请求权应当视具体情况的不同而选择恰当的方式。就修理而言，一般要判断是否有修复的可能和有无修复的必要，如果有形财产已被毁损，无法修复，或者虽可修复，但权利人已不需要，抑或修理的费用远远大于重作或者更换的费用，则不宜采取修理的方法。当然，有些情况下，修理的费用虽然很高，如对部分古玩字画等的修复，可能修好后已经贬损甚至一文不值，但对权利人具有特殊意义，加害人不得以费用过高而拒绝修理。适用重作这种责任形式，主要针对已经无法修复，且在市场上无法购买到的不可替代物所采取的补救方法，用这种方式解决争议，要判断特定物是否能够重作，因为材料、技术和专业人员的支持是不可或缺的条件。此外，还要考虑是否有重作的必要，如果不是工作生活所必需或具有特殊意义的特定物，则不宜适用重作这种责任形式。适用更换的条件是，被毁损的有形物属于能够被替换的种类物，侵害人可以用自己的或者从市场购买的相同产品替换被毁损的物品。当然，权利人也可以通过赔偿的方式，在获得一定数额的金钱后，自己在市场上购买替代物品。可见，更换的责任形式已经接近于损害赔偿的责任形式。

造成不动产或者动产毁损的，权利人可以请求修理、重作、更换或者请求恢复原状，从文义上看，本条不含有加害人在主观上须有故意或者过失的意思，因而，承担修理、重作、更换责任的归责原则应当是无过错责任原则。所谓无过错责任原则，是指不问行为人主观上是否有过错，只要其行为与损害后果间存在因果关系，就应承担民事责任的归责原则。适用无过错责任原则不以行为人主观上有过错为构成要件，无论行为人主观上有无过错，都要承担责任。在无过错责任中，因果关系是决定行为人责任的基本要件，只要行为人的行为与损害结果之间具有因果关系，行为人就要承担责任。受害人不必通过举证证明行为人主观上有过错来支持自己的主张，行为人也不能以自己主观上没有过错来抗辩，在处理案件时，一般也不必考虑行为人主观上的过错问题。但是，这并不意味着无过错责任原则完全不考虑受害人的过错和第三人的过错，特殊情况下，公平责任原则作为过错原则的补充，在判定责任时，应当予以适用，受害人或者第三人的过错，可以成为行为人减免责任的事由。

在审判实践中，适用本条要注意以下问题：一是当修理、重作、更换或者恢复原状不能完全弥补特定物的损害，权利人可同时提起赔偿损失。受害人的不动产或动产遭受他人毁损，虽经修理，在客观上仍然可能确认有瑕疵存在。有人认为，在此情况下可以采用以新替旧的方式，如毁损他人的衣服赔偿相同质量的新衣服，这种做法虽不无道理，但也存在明显缺陷。首先，这种方法是以赔偿代替恢复原状，如果被毁损之物并不是新物，而采用以新替旧的赔偿方式，实际上加重了加害人的赔偿责任，受害人则可能因此获得不当得利。其次，加害人赔偿损害以后所取得的旧物可能对其毫无用处，这实际上也会造成财产的损失和浪费。[①] 所以笔者认为，在所有人的财产遭受毁损后，如果经过修理仍不足以弥补受害人的损失，受害人可以额外要求补偿，法院也可以同时判令赔偿损失。二是在判令加害人承担修理、重作、更换或者恢复原状责任时，应同时兼顾判决的可执行性。在执行程序中，执行修理、重作、更换的判决，属于强制执行完成特定行为的案件，在执行措施上，只能督促被执行人履行判决确定的行为。当被执行人不履行判决确定的行为时，不能变通要求被执行人给付金钱，更不能对被执行人的人身采取强制措施，使其履行判决义务。为了便于执行，笔者认为，在判决时，可以判令由权利人（受害人）负责修理、重作、

---

① 屈茂辉：《物权法·总则》，中国法制出版社2004年版，第251页。

更换，这样，一方面，受害人最清楚毁损物的情况及其与原物之间的差别，可以保障达到恢复原物的状态，即便达不到预期效果，也可避免因修复而产生新的纷争；另一方面，可以避免加害人拒绝、拖延或者敷衍履行义务而无法强制执行的情况。至于费用，应当一并判由加害人承担。在执行程序中，如果当事人之间因修理、重作、更换费用产生争议，不能强制执行给付金钱，可以主持执行和解，或告知当事人另行起诉判明给付金额。

六、损害赔偿请求权

我国《民法典》第二百三十八条规定了损害赔偿请求权，即侵害物权，造成权利人损害的，权利人可以依法请求损害赔偿，也可以依法请求承担其他民事责任。

物权法上的损害赔偿请求权，是指在无法恢复物的原状的情况下，由物权人、占有人向侵害人所提出的以货币的方式赔偿损害的请求权。损害赔偿是侵权行为的主要民事责任方式，其适用范围极其广泛。几乎所有的民事权利，包括债权、人身权、婚姻家庭、继承权、知识产权等都可以适用损害赔偿这种侵权责任形式，因此，不仅在《民法典》总则编的民事责任部分作出规定，而且在调整上述权利（义务）关系的分编和部门法中，根据各种权利需要保护的内容和特点加以明确，损害赔偿是实践中运用最广泛、最频繁的民事责任形式。在传统民法理论中，损害赔偿的侵权请求权一直都被归入债权的范畴，因物被侵害而造成的损失，物权人应当依侵权行为法向行为人主张侵权损害赔偿，而不能根据物权请求权寻求救济，这种理论也被各国立法所普遍采纳。《民法典》第二百三十八条规定的赔偿损失特指侵害物权的责任形式，对侵害物权，造成权利人损害的行为，权利人享有损害赔偿的请求权，侵害人当以自己的财产对所造成的损害予以赔偿。本条规定的损害赔偿请求权内容与《民法通则》第一百一十七条第三款规定的内容大致相同，是对纯粹经济损失赔偿适用于侵害物权责任形式的进一步明确。此外，本条还对可能出现的请求权聚合问题作出选择性规定，即当物权遭受侵害后，权利人可以选择请求损害赔偿以外的其他民事责任。

在司法实践中，应当注意以下问题：

第一，对侵害物权，造成权利人损害的，应当适用全部赔偿原则。全部赔偿原则，要求侵权行为人以自己的财产赔偿物权人遭受的全部经济损失，包括直接损失和间接损失。直接损失是侵权行为人对权利人特定的物直接造成损坏、灭失而失去的经济价值。毫无疑问，侵权行为人应当对直接损失予以全部赔偿。间接损失是正常情况下能够得到的可期待利益由于特定的物及物权遭受侵害而无法获得的损失。在适用本条责任方式时，我们赞同实践中对间接损失给予适当赔偿的做法，当然，这里赔偿是前提，赔偿多少，可以根据个案的具体情况协商调整。但是，如果权利人能够以确切的证据证明自己的间接损失，就应当予以全部赔偿。讲事实，重证据，正是合理赔偿应当遵循的规则。此外，在适用过错原则的条件下，还应当注意权利人和侵权人发生混合过错的情况。所谓混合过错，是指对特定的物及物权的损害，权利人有过错，侵权人也有过错。在出现混合过错的情况下，应当酌情减轻侵权人的赔偿责任。此外，在裁判时，还应适当顾及生效法律文书的可执行性，综合考虑责任方式与被执行人的实际经济状况和执行能力，维护裁判的权威性。

第二，损害赔偿的方法，大致有折价赔偿和实物赔偿两种。折价赔偿是将物权人所遭受的损害折合成金钱予以赔偿的方式；实物赔偿是以同种类、同质量的物替代受到损害的物的方式。赔偿直接损失，既可以折价赔偿，也可以实物赔偿；赔偿间接损失，只能折价赔偿。在折价赔偿的计算上，如下计算方法和公式值得借鉴。直接损失的计算公式为：直接损失 =（原物价格 – 原物价格 × 可用时间 ÷ 已用时间）– 残存价值。间接损失的计算公式为：间接损失 = 单位时间增值效益 × 影响效益发挥的时间。计算间接损失时，关键是确定“单位时间增值效益”，通常考虑如下因素：一是计算出损害发生前该动产或不动产单位时间内所产生的收益；二是参照同类动产或不动产在相同条件下和时间内所产生的收益；三是综合考量前两种因素，以使计算的结果更趋准确。

七、对案例 17、案例 18 的简要评析

在案例 17 中，首先需要明确的是涉案债权人是许某征还是张某元。本案的债务人博豪公司原来拖欠许某征的 2500 万元的债权，已经明确转让给张某元，由许某征发出了债权转让通知，因此张某元是涉案的债权人。其次是涉案房屋由人民法院裁定以物抵债给许某征，根据《民法典》第二百二十九条关于“因人民法院、仲裁机构的法律文书或者人民政府的征收决定等，导致物权设立、变更、转让或者消灭的，自法律文书或者征收决定等生效时发生效力”的规定和《民法典物权编解释（一）》第七条关于“人民法院、仲裁机构在分割

共有不动产或者动产等案件中作出并依法生效的改变原有物权关系的判决书、裁决书、调解书，以及人民法院在执行程序中作出的拍卖成交裁定书、变卖成交裁定书、以物抵债裁定书，应当认定为民法典第二百二十九条所称导致物权设立、变更、转让或者消灭的人民法院、仲裁机构的法律文书”的规定，许某征为涉案房屋的所有权人。但是，从涉案债权转让来看，涉案房屋应当确权给张某元。因此，最高人民法院指令一审法院立案审理是正确的。

在案例 18 中，根据《物权法》第九条第一款（《民法典》第二百零九条第一款）“不动产物权的设立、变更、转让和消灭，经依法登记，发生效力；未经登记，不发生效力，但法律另有规定的除外”的规定，案涉房屋登记产权人为保工支行的事实均无异议。因此，保工支行具有案涉房屋的所有权法定要件。《物权法》第三十四条（《民法典》第二百三十五条）规定：“无权占有不动产或者动产的，权利人可以请求返还原物。”返还原物请求权是物权请求权的一项基本权能，所有权人可以依据权利基础要求无权占有人返还原物。保工支行即依据上述法律规定，以案涉房屋所有权人的身份，向实际占有人新华园酒店、杨某主张返还不动产，应当予以支持。李某华与保工支行《房屋买卖框架协议》对于案涉房屋价款并未明确约定，且载明以上级银行审批通过后方能签署正式房屋买卖合同，故《房屋买卖框架协议》仅为预约合同，并不能产生影响案涉房屋物权变动的合同效力，亦不具有强制缔约的效力，即李某华并没有取得房屋的所有权。而新华园酒店、杨某以其与李某华签订承包合同，占有、使用房屋，应当属于无权占有，应当向保工支行返还案涉房屋。

第二编
所有权

本编概要

所有权是所有权人对自己的不动产或者动产，依照法律规定享有占有、使用、收益和处分的权利。所有权是物权制度的基本形态，是其他各种物权的基础，所有权以外的物权均从所有权中派生而来。

法律保护公民的财产权不受侵犯，非经权利人同意不得被强制转让，这是现代法治的一条基本原则，法学上称之为“物权的绝对性原则”。征收和征用制度是物权绝对性原则的例外规则。为了公共利益的需要，依照法律规定的权限和程序可以征收集体所有的土地和组织、个人的房屋以及其他不动产。征收集体所有的土地，应当依法及时足额支付土地补偿费、安置补助费以及农村村民住宅、其他地上附着物和青苗等的补偿费用，并安排被征地农民的社会保障费用，保障被征地农民的生活，维护被征地农民的合法权益。征收组织、个人的房屋以及其他不动产，应当依法给予征收补偿，维护被征收人的合法权益；征收个人住宅的，还应当保障被征收人的居住条件。因抢险、救灾等紧急需要，依照法律规定的权限和程序可以征用组织、个人的不动产或者动产。被征用的不动产或者动产使用后，应当返还被征用人。组织、个人的不动产或者动产被征用或者征用后毁损、灭失的，应当给予补偿。

财产所有权包括国家、集体、个人所有权三种形态，《民法典》物权编对三种所有权形态表述为国家所有权和集体所有权、私人所有权并作出明确、详细的规定，体现了不同主体的所有权一律平等保护，必将使“有恒产者有恒心”。

业主的建筑物区分所有权，即数人区分一建筑物而各专有其一部分，就专有部分有单独所有权，并就该建筑物及其附属物的共同部分，除另有约定外，按其专有部分比例共有建筑物所有权。业主对其建筑物专有部分享有占有、使用、收益和处分的权利，但不得危及建筑物的安全，不得损害其他业主的合法权益。业主对建筑物专有部分以外的共有部分，享有权利，承担义务；不得以放弃权利为由不履行义务。业主转让建筑物内的住宅、经营性用房，其对建筑物共有部分享有的共有和共同管理的权利一并转让。建筑区划内，规划用于停放汽车的车位、车库的归属，由当事人通过出售、附赠或者出租等方式约定。占用业主共有的道路或者其他场地用于停放汽车的车位，属于业主共有。建筑区划内，规划用于停放汽车的车位、车库应当首先满足业主的需要。业主大会由全体业主组成，是小区业主的议事机构。业主委员会是业主大会事务的执行机构，受业主大会的委托管理全体业主的共有部分和共同事务。

不动产相邻关系，简称相邻关系，是罗马法以来近现代民法一项重要制度。民法为权利法，学说由此又称相邻关系为“相邻权”。不动产的相邻权利人应当按照有利生产、方便生活、团结互助、公平合理的原则，正确处理相邻关系。法律、法规对处理相邻关系有规定的，依照规定；法律、法规没有规定的，可以按照当地习惯。

在现实生活中，一人享有一物所有权，称为单独所有，此为常态；两人以上同时共同享有一物所有权，称为共有所有。共有所有分为按份共有和共同所有。按份共有人对共有的不动产或者动产按照其份额享有所有权。共有人对共有的不动产或者动产没有约定为按份共有或者共同共有，或者约定不明确的，除共有人具有家庭关系等外，视为按份共有。共同共有人对共有的不动产或者动产共同享有所有权。

善意取得制度是物权法中一项重要的法律制度。无处分权人将不动产或者动产转让给受让人的，所有权人有权追回；除法律另有规定外，符合下列情形的，受让人取得该不动产或者动产的所有权：（1）受让人受让该财产时是善意的；（2）以合理的价格有偿转让；（3）转让的不动产或者动产依照法律规定应当登记的已经登记，不需要登记的已经交付给受让人。受让人依照前款规定取得不动产或者动产的所有权的，原所有权人有权向无处分权人请求赔偿损失。

第一章　所有权的一般规定

第一节　所有权概说

一、问题的提出

所有权，在法学界、经济学界中，学者们从不同角度来理解其含义，提出了双重所有权、相对所有权、部分所有权、最终所有权、实物形态所有权、价值形态所有权等概念，虽各有一定道理，但引起了所有权概念的混乱。从法律角度看，所有权是民法物权中的重中之重，我国《民法典》物权编从第二百四十条至第三百二十二条共计 83 个条文对所有权作了规定，可见一斑。《民法典》第二百四十条对所有权进行了规定，即“所有权人对自己的不动产或者动产，依法享有占有、使用、收益和处分的权利”。据此，所有权是指权利人在法律规定的范围内自由支配标的物并排除他人干涉的权利。所有权是权利人对自己的财产所享有的权利，因而按物权的分类所有权为自物权，与他物权相对应。

在研究所有权概说之前，先看两则案例。

案例 19：海泉公司与韦某租赁合同纠纷案[①]

江苏高院再审认为：所有权人对自己的不动产或者动产，依法享有占有、使用、收益和处分的权利；因物权的归属、内容发生争议的，利害关系人可以请求确认权利。本案中，韦某在人民法院执行过程中通过竞拍的方式取得案涉房屋所有权及土地使用权后，以所有人的身份主张对案涉房屋和土地享有法律规定的占有、收益等权益，但海泉公司认为其才是实际所有人并为此提起了所有权确认之诉，虽该案的一、二审民事判决驳回了海泉公司诉讼请求，但本院

---

① 详见江苏省高级人民法院（2019）苏民再 199 号民事判决书。

对该案再审后，认定韦某系受海泉公司委托参与竞拍及代持资产，遂撤销该案一、二审民事判决，并判决韦某协助将案涉房屋与土地过户至海泉公司名下，因此，一、二审法院据以作出本案判决的法律文书已经被撤销，韦某虽对该案再审判决有异议，但其提供的执行裁定书在（2018）苏民再40号案件中已作为证据提交，该案对此已有考虑，另案庭审笔录的相关内容系韦某的陈述，故韦某的陈述及其提供的该两份证据不足以推翻本院（2018）苏民再40号民事判决所认定的事实，韦某还辩称其一年之前即已对本院（2018）苏民再40号民事判决申请抗诉，但并未提供证据证明其申请已被检察机关受理，更未提供证据证明检察机关已经作出抗诉决定，故其抗辩理由不能成立。综上，一、二审法院据以作出本案判决的法律文书已经被撤销，且根据生效再审判决的认定，韦某系受海泉公司委托参与竞拍及代持资产，即韦某仅系案涉房屋与土地的持有人，海泉公司才是实际所有人，现韦某作为案涉房地产的代持人，要求实际所有人海泉公司迁出所涉房屋、土地，并支付占用费，其主张缺乏事实及法律依据，应予驳回，海泉公司的再审请求成立，本案一、二审判决应予撤销。

案例20：夏某与张某、张某某民间借贷纠纷案[①]

二审法院认为，本案争议的焦点为夏某对张某某的涉案房屋是否享有优先受偿权。夏某认为该房屋抵押有效，其对该房屋享有优先受偿权；张某、张某某（张某系张某某的母亲，借款时张某某为在校高中生，系未成年人，抵押的房屋产权证书在张某某名下）认为抵押无效，夏某对该房屋不应享有优先受偿权。对此，法院认为，首先，张某某主张涉案房屋抵押无效，仅举证证实《民间个人借贷及抵押合同书》上“张某某”的签字不属实，并未举证证实其未参与抵押登记的办理和房地产管理局受理、制作的《各类房地产抵押权设立登记申请书》、询问表等抵押登记资料不属实，其主张缺乏事实依据。其次，涉案房屋抵押登记系房地产管理局依职权按照法定程序办理的，并颁发了房屋抵押权证，依据《物权法》第九条“不动产物权的设立、变更、转让和消灭，经依法登记，发生效力”和第十四条“不动产物权的设立、变更、转让和消灭，依照法律规定应当登记的，自记载于不动产登记簿时发生效力”的规定，涉案房屋的抵押登记已发生法律效力，且具有公示效力。张某某在本案中主张涉案房

① 详见湖北省黄冈市中级人民法院（2019）鄂11民终2424号民事判决书。

屋抵押无效，缺乏法律依据。最后，《物权法》第一百七十九条第一款规定："为担保债务的履行，债务人或者第三人不转移财产的占有，将该财产抵押给债权人的，债务人不履行到期债务或者发生当事人约定的实现抵押权的情形，债权人有权就该财产优先受偿。"因本案借款人张某未按约向债权人夏某偿还到期借款，夏某主张对抵押的涉案房屋进行优先受偿，符合法律规定。

在上述案例中，案例19涉及不动产房屋的所有权人的确定问题，案例20涉及物权的所有权人是否有效地设定了抵押权问题。试问：如何界定所有权？如何理解所有权的法律特征？如何理解所有权的权能？所有权权能的行使有何限制？

二、所有权的界定

在罗马法中，所有权的基本含义是所有人对物的"统治""管辖""控制""支配"，[①] 在法律上则是指对物的完全的权利，后来，罗马法学家又赋予所有权"财产"的含义。关于所有权的定义，自罗马以来存在两种不同的定义方式，即抽象概括主义与具体列举主义的定义方式，兹概述如下：

1. 抽象概括主义的定义方式。抽象概括主义不具体列举出所有权的各项权能，而是通过规定所有权抽象的作用给所有权下定义。这种方式为古罗马法所创，按照罗马法，所有权为所有人在事实和法律的可能范围内，对所有物可行使的最完全、最绝对的权利。后世《德国民法典》承袭了罗马法这一立法例，该法典第903条规定，所有权是指所有人在不违反法律或第三人权利之范围内，得自由处分其物，并得排除他人对物的一切干涉。

2. 具体列举主义的定义方式。该方式具体列举出所有权所包括的各项权能或作用，以此来给所有权下定义。《法国民法典》第544条规定："所有权是对于所有物有绝对无限制地使用、收益及处分的权利。"《日本民法典》及我国台湾地区"民法"第七百六十五条也都采取了具体列举主义的定义方式。我国《民法典》第二百四十一条给所有权下的定义，也属于典型的具体列举主义的定义方式。

3. 两种不同的定义方式的比较。具体列举主义具体规定了所有权关系中权

---

① 参见梁慧星、陈华彬：《物权法》（第6版），法律出版社2019年版，第103页。

利与义务的内容，容易为人们所理解和认识。其不足之处在于：其一，混淆了所有权本身与所有权之作用。占有、使用、收益、处分是所有权作用的结果，这些权能之总和并非所有权本身。其二，依具体列举主义，占有、使用、收益、处分系所有权成立的必要要素，这就意味着欠缺其中任一要素都将使所有权不成其为所有权，所有人不成其为所有人。然而，这一结论不能恰如其分地解释所有人之所有权与占有权、使用权、收益权相分离时，所有人并不丧失其所有权的问题。例如，在财产出租的场合，租赁物之所有人并不因承租人就租赁物享有占有权和使用权而丧失其所有权。因此，欲科学合理地解释上述现象，必须引入所有权抽象概括主义的定义模式。

抽象概括主义虽很难为初涉法律的人们所理解，但是在逻辑上更为严谨，并且能更好地解释所有权的各项权能相分离的现象。笔者认为，所有权绝对不是占有、使用、收益及处分等权能的简单相加，而是一种一般的支配权。这种支配权是法律为保护所有人对特定财产的利益而赋予所有人特定的法律上之力[①]。所有人依此法律上之力，不仅具有直接支配标的物的排他性权利，而且也可享受所有物的特定利益。其实占有、使用、收益及处分系由所有权所派生，并非所有权之本体，所有权的中心为单一的支配权，所有人对所有物的独占性支配权才是所有权最本质的属性，是所有权的核心和灵魂，所有人就所有物予以占有、使用、收益和处分，仅为所有人行使其支配权的表现。

4. 作者对所有权的界定。所有权究竟为何物？笔者认为：

（1）所有权是全面的支配权，即所有人概括地对物进行支配并排除他人的干涉的权利。所有人对物的支配可通过占有、使用、收益、处分的形式予以实现。占有、使用、收益和处分为所有权的积极权能，排除他人干涉，为所有权的消极权能，这一权能可向任何人主张，排除方法包括债权请求权和物权请求权的行使，所谓干涉，指对所有权的不正当的侵夺、妨害或干扰。而他物权，如用益物权或担保物权等，仅能在某方面或一定范围内对物进行支配。

（2）所有权受法律的限制。所有权并不是一种毫无限制的绝对的权利，它的行使不得超出法律许可的范围。法律对所有权的限制包括私法的限制和公法的限制。私法的限制又可分为两种：一是权利行使的限制；二是相邻关系的限制。权利行使的限制包括，权利滥用的禁止、诚信原则、私力救济和其他限制

---

① 陈华彬：《物权法原理》，国家行政学院出版社 1998 年版，第 187 页。

权利的方式。禁止权利滥用是民法的基本原则之一。所有权滥用最著名的例子是所谓的嫉妒建筑，即故意建筑高墙，以阻挡他人的日照和眺望。诚信原则也是民法的基本原则，该原则不仅适用于合同的订立、履行和解释，也是所有权人行使其权利所应遵从的原则。私力救济，包括自助行为、正当防卫和紧急避险，它们也是对所有权的限制。在所有权人的物上设有他物权，如建设用地使用权或抵押权时，该所有权中的使用、收益或处分权就能受到他物权的限制。公法的限制源于保护社会公益的目的，例如《土地管理法》《城乡规划法》中的一些规定会使房屋所有权受到某些限制等。

三、所有权的法律特征

所有权是物权制度的基本形态，是其他各种物权的基础，所有权以外的物权均从所有权中派生而来。因此，应当全面理解所有权的法律特征，[①] 具体而言：

1. 所有权是绝对权，亦称为对世权。绝对权是相对于相对权（亦称为对人权）而言的。绝对权的权利主体是特定的人，而义务主体则是权利人之外的任何不特定的人，相对权的权利主体和义务主体都是特定的人。

所有权与债权不同，债权的实现，必须依靠债务人的行为——主要是作为；而所有权通常不需要他人的积极行为，只要他人消极地不作为，权利人便能自己实现其所有权。所有权的义务主体包括所有权人以外的一切人，其所负的义务是不得非法干涉所有权人行使自己的所有权，这是一种特定的不作为义务。基于所有权与债权的这种区别，法学理论上将所有权称为绝对权，把债权称为相对权。

所有权也不同于知识产权。虽然著作权、专利权、商标权等知识产权也是绝对权，但知识产权的客体是由创造性智力成果或标识性智力成果构成的无形财产，而所有权的客体是物。以著作权客体之一的美术作品为例，尽管美术作品需要通过一定的载体获得表现，但美术作品不等于美术作品的载体。现实生

---

① 所有权的法律特征可谓大同小异，谢在全先生认为：所有权是对标的物全面支配之物权、所有权为整体内容之物权、所有权为具有弹力性之物权、所有权为永久支配标的物之物权、所有权为法令限制范围内支配标的物之物权。参见谢在全：《民法物权论》，中国政法大学出版社 1999 年版，第 120 ~ 122 页。史尚宽先生认为：所有权具有完全性、恒久性、单一性、弹力性、社会性。参见史尚宽：《物权法论》，中国政法大学出版社 2000 年版，第 61 ~ 62 页。

活中，人们经常说某幅画是某人的作品，这么说固然没错，但必须将作为“物”的这幅画与作为作品的这幅画区分开来，根据《著作权法》第十八条的规定，对作为“物”的这幅画享有所有权，不等于对该作品享有著作权。例如，某画家将自己所画的一幅画赠给一位朋友，如果他们未约定该作品的著作权，那么，该作品的著作权仍归该画家享有，而其朋友则享有作品原件的所有权和展览权。因此，从本质上说，美术作品是以作为“物”的这幅画为载体的智力成果，是著作权的客体，而不是作为“物”的这幅画本身。作为“物”的这幅画是作品的载体，是所有权的客体。

2. 所有权具有排他性。所有权是典型的物权，具有排他性。所谓排他性，是指所有权人有权排除他人对于所有物的干涉，并且同一物上只能有一个所有权存在，而不能同时并存两个或两个以上的所有权。当然，所有权的排他性并不是绝对的，为了社会公共利益的需要，对集体和个人所有权予以适度的限制，也是必要的。但是，作为与其他财产权尤其是债权的区别，所有权的排他性质仍然很明显，在同一物上可有数个不相同的债权存在，在同一客体之上可以成立两个以上内容相同的债权。在此情形之下，虽然只有一个债权可能得以实现，但其他债权并不因此无效，只不过转变为损害赔偿请求权。

所有权的排他性具有不同于知识产权排他性的特点。知识产权也具有排他性，但知识产权的排他性严格地受地域制约。例如，某人就其发明向中国知识产权局申请并获得发明专利权，他将在中国主权管辖范围内对其发明享有排他性的权利，但是，除非他在其他国家也申请并获得专利权，否则他在国外不享有专利权。而所有权的排他性一般不受地域制约，例如，某人在中国购买了一只手表，他不仅在中国享有该手表的所有权，在国外也享有该手表的所有权。

3. 所有权是最全面的物权。所有权的全面性，是指在法律的范围内所有人对于所有物，可为全面的占有、使用、收益及处分。同时所有权为一切定限物权的基础。定限物权，如建设用地使用权、典权、邻地利用权等用益物权，与抵押权、质权及留置权等担保物权仅限于某一方面或数方面支配标的物，而所有权却是对所有物全面的支配。故所有权称为全面的支配权，其他定限物权是对某一方面的支配权，也就是说，所有权是所有人对标的物的使用价值与交换价值的全部予以全面性的支配权利，定限物权为所有权所派生，无所有权也就无定限物权。

4. 所有权具有整体性。这是指所有权系所有人对标的物有统一的支配力，而非仅为占有、使用、收益及处分等各种权能的量的总和。换言之，所有权乃是一个整体性的权利，不能简单地将所有权理解为占有、使用、收益和处分四项权能之和。它包含两层意思：其一，所有权是对标的物全面支配的权利，并非占有、使用、收益和处分权能的简单相加，即使其中个别权能根据权利人的意思由他人行使，或受到限制，所有权的性质并不因此受到影响。其二，所有权不能在内容或时间上加以分割。例如，在所有权上设定用益物权或者担保物权，不是让与所有权的一部分，而是创设一个新的、独立的物权。①

所有权的整体性特征决定了所有权本身不得在内容或时间上加以分割。例如，在所有权保留的买卖合同中，如果双方约定价金全部清偿前，出卖人仍保留所有权，那么，该标的物的所有权就不会随每期价款的支付而发生移转，买受人纵然已支付了绝大部分的价款，标的物所有权此时仍归属于出卖人，买受人所取得的，仅为对于所有权的期待权。值得注意的是，在所有权上设定用益物权或担保物权并不属于让与所有权之一部，而是创设一个新的独立的物权。至于所有权权能的分离，那只是所有权人行使其权利的具体表现形式，而不是对所有权的分割。

5. 所有权具有弹力性。所有权虽然具有整体性，但其内容仍可自由伸缩。例如，所有人若在其土地上为他人设定建设用地使用权或抵押权，所有人即受该建设用地使用权或抵押权的束缚，所有权人不能随意处分标的物，但该建设用地使用权或抵押权一旦消失，则所有权随即恢复其圆满状态，分离出去的权能仍然回归于所有人。

6. 所有权具有永久性。与同为绝对权的知识产权不同，所有权没有法定的时间性，当事人也不得预定其存续期间。所有权除因标的物灭失、取得时效、所有人抛弃及其他事由而消灭外，可永久存续。因此，当事人不得协议限定所有权的存续期间，有关永久禁止所有物处分的约定无效。

虽然知识产权中的部分权利，如商业秘密权以及著作权中的署名权、修改权和保护作品完整权也没有法定的时间性，但从总体上说，知识产权具有法定的时间性，例如，著作权中的发表权以及复制权、发行权等财产权的保护期为作者终生加死后 50 年。

---

① 最高人民法院民法典贯彻实施工作领导小组主编：《中华人民共和国民法典物权编理解与适用（上）》，人民法院出版社 2020 年版，第 208 页。

四、所有权的积极权能

所有权的权能，有称之为所有权的作用，[①] 有称之为所有权的内容，[②] 名称虽异，实质则同，[③] 是指所有物的权利人对其物的支配的具体表现形式。所有权的不同权能表现为所有权的不同作用，其表现有积极的与消极的两方面。根据我国《民法典》第二百四十条规定，占有、使用、收益和处分是所有权积极方面的权能。而当所有权受到他人侵夺、妨害或干扰时，所有人排除他人干涉的权能，则为所有权消极权能。此为民法之通说。[④]

（一）占有权能

占有权能是所有人对于所有物的实际上的占领、控制。行使物的占有权能是行使物的使用权能的基础和前提条件。占有权能作为所有权的一项权能，通常由所有人行使。在该权能属于所有人时，所有人可依据其占有权能合法地占有所有物。当所有人对于所有物的占有被侵夺时，所有人可基于其占有权能向占有的侵夺者提起返还原物之诉。

占有权能也可与所有人相分离，由非所有人行使。非所有人的占有，是指由他人对于财产实际上的控制。当占有权能与所有权分离而属于非所有人，由非所有人合法享有占有权能时，非所有人的占有权能同样受法律的保护，所有人不能随意请求返还原物。例如，甲与乙以合法有效的合同约定，甲将其享有所有权的一套住房出租给乙居住，乙依合同合法地占有该住房，则在合同约定的期限内，甲不能随意请求返还该住房。

非所有人占有可分为合法占有与非法占有两种情况。非所有人的合法占有是指根据法律规定或所有人的意思而占有他人的财产，如承租人根据承租合同

---

① 史尚宽：《物权法论》，中国政法大学出版社 2000 年版，第 62 页。名称虽异，实质则同。

② 王利明：《物权法论》，中国政法大学出版社 1998 年版，第 252 页；又见钱明星：《物权法原理》，北京大学出版社 1994 年版，第 150 页。

③ 谢在全：《民法物权论》，中国政法大学出版社 1999 年版，第 122 页。

④ 参见史尚宽：《物权法论》，中国政法大学出版社 2000 年版，第 62～66 页；王泽鉴：《民法物权：通则·所有权》（第 1 卷），中国政法大学出版社 2001 年版，第 154～156 页；谢在全：《民法物权论》，中国政法大学出版社 1999 年版，第 123～125 页；梁慧星：《民法物权论》，中国政法大学出版社 1998 年版，第 258～265 页。

占有出租人的财产，借用人依照借用合同占有出借人的财产。当非所有人的合法占有被他人侵夺时，非所有人同样可以向侵夺人主张返还原物。

非所有人未经所有人许可，并且没有法律上的依据而占有他人的财产，是非法占有，如贪污犯占有赃物等。非法占有又可分为善意占有与恶意占有。占有人不知道或不应当知道其占有是非法的为善意占有；占有人知道或应当知道其占有是非法的为恶意占有。善意占有是诚实的占有，受占有制度的特别保护，在一定条件下甚至可以对抗所有人的物上请求权，如第三人善意占有他人的财产，如果具备了善意取得的构成条件，即取得了该财产的所有权，原物的所有人便不能依据物的追及效力，要求第三人返还该财产。

（二）使用权能

使用权能是依照物的性能和用途对物加以利用，以满足生产和生活的需要的权能。行使使用权能，对物进行使用，是实现物的使用价值的手段。例如，使用电饭锅做饭，利用电视机收看节目，居住房屋，等等。对物的使用是以对物的占有为前提，因此享有物的使用权能，必定同时享有物的占有权能。但是，我们不能反过来得出享有物之占有权能一定就享有使用权能的结论，如质权人、留置权人在一般情况下，只能对标的物进行占有而不能进行使用。

使用权能既可以由所有人行使，也可以与所有权相分离而由非所有人行使，非所有权人根据法律规定或者与所有人的约定而使用他人之物，为合法使用，例如，承租人依租赁合同使用租赁物，典权人使用出典物等。非所有人使用他人之物可以是有偿的也可以是无偿的，但是无论是有偿还是无偿的，使用人都应当按照法律的规定或与所有人约定的方式使用财产。非所有人无法律依据或所有人的许可而使用他人的财产为非法使用。如擅自使用他人的电器，未经批准在国家所有的土地上建筑房屋等，即为非法使用。

在我国，尚有作为用益物权的“建设用地使用权”等“使用权”概念，与作为用益物权的“使用权”不同，使用权能只是财产权利的内容，并非财产权利本身，而作为用益物权的“使用权”则是一项独立的财产权利，权利人除对标的物享有使用权能之外，还有占有、收益以及一定程度上处分的权能。所有权为全面支配标的物的财产权利，所有人自然对标的物享有使用的权能。①

---

① 参见孙宪忠、朱广新主编：《民法典评注·物权编》（第1卷），中国法制出版社2020年版，第285页。

（三）收益权能

收益权能就是收取由原物产生的新增经济价值的权能，新增经济价值包括孳息和利润。孳息又分为法定孳息和天然孳息。法定孳息是指依法律关系而取得的利益，如利息、红利、租金等；天然孳息是指依原物的自然原因而产生的收益，如树木的果实，奶牛所产的牛奶等。收益还包括收取物的利润，即把物投入社会生产过程、流通过程收取的利益。

收益权能是所有权中一项最重要的权能。在现实经济生活中，人们往往愿意让渡财产的占有权、使用权乃至处分权中的一部分，却牢固地控制财产的收益权，从而实现其物上的利益甚至使其财产得以不断地增值，这种现象在现代经济生活中表现得越来越显著。由于收益权能与使用权能紧密联系，常常表现为运用物质资料进行生产经营活动的结果，因此人们往往将收益权能与使用权能相混淆。有人认为应从广义上理解使用权能，该种权能除含有对物的利用之意之外，还有在物上获取经济利益的含义，因而使用权能可以涵盖收益权能的全部意义。其实，收益权能与使用权能分属于两个不同的范畴，有时仅是因使用而收益，例如，使用物而获取天然孳息；有时既使用又收益，如典权关系中典权人的权利；还可以只收益而不使用或只使用而不收益，如股东对股票的权利与承租人对租赁物的权利。并且，在现代社会条件下，收益权能与使用权能也可以彼此分离而属于不同的主体。例如，股东出资后，其出资财产由公司占有和使用，股东凭其股权而取得其出资财产的收益。

收益权能也不同于用益物权。前者是寓于所有权以及部分他物权中的一项权能，而后者为他物权。但两者又有联系，收益权能也是用益物权的一项权能。

（四）处分权能

所谓处分权能，是指决定财产事实上和法律上的命运的权能。处分包括事实上的处分和法律上的处分两种形式。事实上的处分，是指以引起物的形态变更或消灭的方式对物进行消费，包括生产消费和生活消费，如在生产中消费原材料，在生活中消费日用消费品。因此，事实上的处分是对财产的实物形态进行的处分，它直接导致物的形态的变更或消灭。一般来说，生活消费，不仅变更或消灭财产的实物形态，而且也消灭其价值；而生产消费只是变更或消灭财产的实物形态，其价值并不消灭，由于在生产过程中凝结了活的劳动，反而以扩大的形态转移到新的产品上。事实上的处分与使用都是利用物的使用价值的手段，但是两者有明显的不同，使用只是引起物的磨损，并不引起物的形态的变更、消灭，而事实上的处分则必然引起物的形态的变更、消灭。

法律上的处分，是指依照所有人的意志，通过某种法律行为对财产进行处置。例如，将物的所有权转让给他人，在物上设定他物权，等等。

同时，应当注意的是，法律上的处分与事实上的处分的区别：第一，法律上的处分行为是法律行为，事实上的处分行为是事实行为；第二，法律上的处分行为引起物权的各种变动，如所有权从一个主体转移到另一个主体，在某物上设定了担保物权或用益物权等限制物权的负担，而事实上的处分则引起物的形态的变更或消灭，如面包被吃掉或房屋被拆除；第三，法律上的处分行为一般是对物的价值进行利用的行为，处分的目的则往往在于获得一定的货币价值，而事实上的处分行为则主要是对物的使用价值进行利用的行为，处分的目的主要是满足生产和生活对物质资料的需要。

由于处分权能能够决定财产事实上和法律上的命运，因此该项权能是所有权中的一项最基本的权能。未经所有权人许可，非所有人不能随意处分他人所有的财产，如质权人、留置权人不能出卖或出借出质物、留置物，承租人不能损毁租赁物。质权人、留置权、承租人若随意处分，则是对所有人的侵权行为，应当承担相应的责任。处分权能的性质决定了该权能通常由所有人行使。当然，作为所有权的一项权能，处分权能也可以基于所有人的意思或者基于法律的规定，部分地与所有权相分离，从而由非所有人行使，例如，作为非所有人的国有企业可以依法在一定限度内处分属于国家的财产。让渡部分处分权能是所有权人行使所有权的一种具体表现形式，所有权人让渡部分处分权能对于物尽其用具有重要意义。在我国，全民所有制经济（即国家所有制经济）在整个国民经济中占有较大的比重，全民所有的财产事实上不可能由全体人民来经营，并且在市场经济条件下也不可能直接由国家来具体经营，因此，所有权人让渡部分处分权能在我国具有特别重要的现实意义。

尚需说明的是，除非转移或放弃财产所有权，所有权人不可能让渡全部处分权能，这是因为处分权能能够决定财产事实上和法律上的命运，让渡全部处分权能也就意味着所有权的转移或放弃。

占有、使用、收益和处分四项权能一起构成所有权的积极权能，一般来说，所有权人总是从这四个方面出发来行使所有权。但是，在现实生活中，占有权能、使用权能和收益权能以及部分处分权能经常与所有人分离，而所有人并不丧失所有权，只是使其财产更好地发挥作用或实现所有人的目的，例如，所有人将所有物交给保管人保管，由保管人行使占有权；再如，所有人按照租赁合同将租赁物交给承租人占有、使用，甚至收益；又如，房屋所有人允许承租人在不影响房屋的安全和破坏房屋整体结构的前提下，依承租人自己的意愿装修该房屋，便是对处分权能的部分让渡。所有权是对财产统一、概括的支配权，而非占有、使用、收益和处分权能的简单相加。根据所有权的弹力性这一本质属性，各种权能与所有权的分离无论时间长短，都不是永久性的，各种权能最终都要回归所有权，因此，所有权的各项权能与所有权的分离并不意味着所有人丧失所有权，而恰恰相反，这正说明财产所有人在行使所有权。一般而言，市场经济越发达和完善，所有权的各项权能与所有权分离的现象也就越常见。

五、所有权的消极权能

所谓所有权的消极权能，是指所有人在法律限度范围内或在社会一般的认知和习惯的限度内，排除他人干涉的权利。我们之所以将其称为消极权能，主要的原因在于，占有、使用、收益和处分四项权能，往往是权利人为了实现自己的权利而主动追求的，权利人不是由于他人的原因才行使这四项权能。而排除他人干涉、妨害权利的行使，则须有他人非法干涉、妨害所有权的行为存在，权利人行使这项权能完全是被迫的，该种权能究其实质是一种救济权能。

我国《民法典》物权编虽然没有列举所有权的消极权能，但是所有权是一种排他的支配权，当无疑问。因此，当他人的行为对所有权本身或者对所有权的行使造成侵害或妨害时，所有权人只有行使排他的权利才能使所有权的其他权能得以圆满实现。因此，所有权的消极权能也是所有人必不可少的权能。

所有权的消极权能主要包括所有权返还请求权、所有权妨害除去请求权以及所有权妨害防止请求权。

需要特别注意的是，占有、使用、收益、处分权能以及排除他人干涉的权能只是所有权的主要权能而非全部权能。尽管我们不能在前述五项权能之外具体列举所有权的其他权能，但可以断言，所有权人具有以法律不予禁止的一切方式利用其所有物的权利。占有、使用、收益、处分以及排除他人干涉，只是所有权人利用其所有物的主要方式而非全部方式。

六、所有权权能行使的限制

所有权权能的行使，既要体现权利人的意志与自由，又要根据社会发展的需要受到一定的限制，此为罗马法以来所遵循的一项法定原则。在所有人不违背法律规定所限制的情况下，不受其他人的干涉，可自由地行使权能的同时，一是通过公法领域限制所有人行使所有权，如规定所有权的征收、征用制度；二是通过私法领域限制所有人行使所有权，民法中的诚信、公序良俗、禁止滥用权利就是这种限制的依据。

我国民法一方面充分保护国家、集体和公民个人财产所有权；另一方面规定所有人在行使和享有所有权时不得超出法律规定的范围，不得有悖于社会公德、公益。所有权行使中限制的内容大致如下：

1. 客体上的限制。根据公共利益需要，因财产的不同种类和用途作不同限制，如国家禁止买卖土地，对土地、自然资源的使用、管理和转让等需经特殊程序；国家可以依法对土地等不动产实行征用或收归国有；与国家利益或社会公益密切相关的财产，只能属于国有或由国家参与管理、转让；公民个人不得私自买卖法律限制流通物等。

2. 权利义务上的限制。所有权人应充分发挥财产的效用，占有、使用、收益和处分财产不得违反法律、社会公共利益和社会公德。如所有人在其财产为他人非法占有时不及时行使请求权的，可因诉讼时效届满而丧失财产返还请求权；所有人使用财产时破坏了自然资源、名胜古迹等，为滥用所有权，应承担相应法律责任。

3. 限制方式。通过相邻权及特殊侵权责任等加以规范。如所有权人应当为相邻方提供通行、通风、排水、采光等便利；行使所有权不得以高音、噪声、震动等妨碍邻人的工作、生活、休息；行使所有权不能给他人造成妨害或带来危险，所有者因从事危险作业、污染环境、道路施工、建筑物的悬挂物脱落或饲养动物等致人损害需承担无过错赔偿责任等。

我国法律对行使财产所有权的限制属强制性规范，当事人不得通过约定加以改变。所有权人一旦违背限制规范，当受法律制裁。

七、对案例19、案例20的简要评析

在案例19中，争议焦点是不动产房屋及土地使用权的名义物权人与实际

物权人不一致时，如何认定真实物权人的问题。我们知道，不动产权属证书是权利人享有该不动产物权的证明。该证书是权利的外在表现形式，只具有推定的证据效力，与实际权利状况并不一定完全吻合。人民法院的生效判决已经认定韦某系受海泉公司委托参与竞拍及代持资产，韦某成为不动产房屋及土地使用权的名义物权人，而实际物权人则是海泉公司。因此，再审判决是正确的。

在案例 20 中，涉案房屋的所有权人对其抵押的效力问题，进而影响到抵押权人夏某能否享有抵押权，即对抵押物是否享有优先受偿权。作为涉案房屋的登记所有权人张某某，系未成年人，其法定代理人张某以其名义将其享有所有权的房屋设定抵押，且为张某某的法定代理人张某的利益设置抵押，应当认定抵押合同是有效的。张某某以抵押合同书的签名不是自己所签为由抗辩抵押合同无效，其实，抵押合同是否是张某某所签并不重要，只要是其法定代理人张某所签即可，因为张某完全可以代理张某某实施民事法律行为。因此，抵押合同有效，夏某依法对抵押物享有优先受偿权。

第二节　不动产、动产的征收与征用

一、问题的提出

法律保护公民的财产权不受侵犯，非经权利人同意不得被强制转让，这是现代法治的一条基本原则，法学上称之为“物权的绝对性原则”。物权的绝对性原则与契约自由原则、过错责任（自己责任）原则，被称为现代民法的三大基本原则。侵犯公民的财产权的行为，重者可以构成刑事犯罪，轻者可以构成侵权责任。正像强制缔约制度是合同自由原则的例外、无过错责任制度是过错责任原则的例外一样，征收和征用制度是物权绝对性原则的例外。[①] 对此，我国《民法典》第二百四十三条规定：“为了公共利益的需要，依照法律规定的权限和程序可以征收集体所有的土地和组织、个人的房屋以及其他不动产。征

① 例如，《法国民法典》第 545 条规定：“任何人不得被强制转让其所有权，但因公用并在事前受公正补偿时，不在此限。”《德国基本法》第 14 条第 3 款规定：“剥夺所有权只有为公共福利的目的才能被允许。”这就是关于征收制度的规定。

收集体所有的土地，应当依法及时足额支付土地补偿费、安置补助费以及农村村民住宅、其他地上附着物和青苗等的补偿费用，并安排被征地农民的社会保障费用，保障被征地农民的生活，维护被征地农民的合法权益。征收组织、个人的房屋以及其他不动产，应当依法给予征收补偿，维护被征收人的合法权益；征收个人住宅的，还应当保障被征收人的居住条件。任何组织或者个人不得贪污、挪用、私分、截留、拖欠征收补偿费等费用。”第二百四十五条规定：“因抢险救灾、疫情防控等紧急需要，依照法律规定的权限和程序可以征用组织、个人的不动产或者动产。被征用的不动产或者动产使用后，应当返还被征用人。组织、个人的不动产或者动产被征用或者征用后毁损、灭失的，应当给予补偿。”《民法典》物权编的规定与《宪法》第十条第三款“国家为了公共利益的需要，可以依照法律规定对土地实行征收或者征用并给予补偿”的规定精神相一致，符合现代法治的精神和原则。

因公共利益的需要而涉及征收征用的纠纷，并不鲜见，且大多是涉及群体性的纠纷，当然也是利益冲突的体现，容易引发不稳定因素。先看下列两则案例。

案例 21：安业公司诉太原市政府收回国有土地使用权决定案[①]

最高人民法院认为：有征收必有补偿，无补偿则无征收。为了保障国家安全、促进国民经济和社会发展等公共利益的需要，国家可以依法收回国有土地使用权，也可以征收国有土地上单位、个人的房屋，但必须对土地使用权人和房屋所有权人给予补偿，而不能只征收不补偿，也不能将补偿问题进行不合理的拖延。因公共利益需要使用城市市区的土地和房屋的，市、县级人民政府一般应当按照《国有土地上房屋征收与补偿条例》规定的程序和方式进行，并应根据《国有土地上房屋征收评估办法》和《城镇土地估价规程》等规定精神，由专业的房地产价格评估机构在实地查勘的基础上，根据被征收不动产的区位、用途等影响被征收不动产价值的因素和当地房地产市场状况，综合选择市场法、收益法、成本法、假设开发法等评估方法对被征收不动产价值进行评估，合理确定评估结果，并在此基础上对被征收人的房屋所有权和土地使用权进行补偿。本案中，太原市政府因实施道路建设改造工程可以依法收回国有土地使

① 详见最高人民法院（2015）行监字第 2102 号行政裁定书。

用权，且应当遵循法定的程序并依法解决补偿问题；但太原市政府收回安业公司拥有使用权的749.5平方米国有土地时，既未按照《国有土地上房屋征收与补偿条例》规定的程序和方式进行，又未听取安业公司的陈述申辩，也未对涉案土地的四至范围作出认定，尤其是至今尚未对安业公司进行任何补偿，不符合相关法律规定。依照《行政诉讼法》第九十二条规定，裁定如下：一、本案由本院提审；二、再审期间，中止原判决的执行。

案例22：华云公司与三联公司合同纠纷案①

最高人民法院认为：一、案涉土地使用权及诉争土地补偿款的权利归属。首先，根据华云公司与三联公司签订的《合作开发贵阳山花卫星城的合同书》《关于设立春满园度假村项目公司的协议书》约定内容以及《贵阳乌当春满园饮食服务有限公司章程》载明内容，华云公司与三联公司共同出资成立春满园公司，开发和经营春满园度假村项目；华云公司以货币的方式进行出资，三联公司以土地使用权或货币的方式进行出资，并负责提供合作项目用地的土地使用权。结合项目公司春满园公司已依法成立的事实，可以证明华云公司与三联公司之间系股东关系，双方对案涉土地使用权作出的约定系围绕春满园公司的成立和经营而进行。其次，从案涉土地使用权的来源和双方合作的过程来看，三联公司以诉争的两宗土地使用权出资系双方当事人的真实意思表示，三联公司对此予以确认。自2004年5月11日春满园公司取得营业执照成立以来，案涉土地使用权即依法应属于春满园公司的财产，三联公司亦将土地实际交付春满园公司。虽然三联公司未按约将土地使用权变更至春满园公司名下，而后又因客观原因导致过户不能，但并未影响春满园公司对案涉土地的占有、使用、收益。二审法院对此焦点问题的认定和处理符合法律规定。最后，华云公司未提供证据证明华云公司与三联公司之间就案涉土地使用权及诉争土地补偿款的权利归属，作出了有别于属于春满园公司财产以外的其他约定。因此，二审法院认定因国家基础建设征用案涉土地获得的土地补偿款归春满园公司所有，具有事实依据，本院予以支持。二、关于华云公司是否有权在本案参与分配诉争土地补偿款的问题。如前所述，诉争土地补偿款归第三人春满园公司所有。华云公司作为春满园公司股东，提出的关于对春满园公司财产进行分配的主张，

① 详见最高人民法院（2019）最高法民申3409号民事裁定书。

不属于本案的审理范围。二审法院认定双方对春满园公司的财产收益分配，应依照公司法相关规定另案予以解决，并无不当。

综上，驳回华云公司的再审申请。

在上述案例中，案例 21 涉及当事人通过行政诉讼来解决征收问题，案例 22 涉及当事人通过民事诉讼来解决征收补偿费分配问题。试问：何谓公共利益？何谓征收、征用？两者的区别是什么？被征收、征用人应当如何得到补偿？

二、公共利益的界定

无论是宪法的规定还是民法物权，都回避了对“公共利益”概念的正面界定。立法机构认为：在不同领域内，在不同情形下，公共利益是不同的，情况相当复杂。物权编难以对公共利益作出统一的具体规定，还是分别由土地管理法、城市房地产管理法等单行法律规定较为切合实际。《民法典》延续了《物权法》的规定，未对“公共利益”作出具体界定，[①] 因此引发了不少议论。许多学者认为，完善征收征用制度关键在于法律上对“公共利益”的概念进行准确的界定。因为公共利益是公权和私权的连结点，是对公民财产权作出限制的主要理由。从实践来看，正是因为“公共利益”的内容缺乏明确界定，导致其经常被滥用。

公共利益是各个法律部门所追求的一种价值目标，即便是私法也应当实现公共利益的最大化。所谓“公共利益”，是指公共道路交通、公共卫生、灾害防治、科学文化及文化教育事业、环境保护、文物古迹及风景名胜区的保护、公共水源及饮水排水用地区域的保护、森林保护事业，以及国家法律规定的其他公共利益。[②] 实践中，征收中出现的损害群众利益的根源就在于征收补偿的标准不同。因基于公共利益征收的补偿标准低，商业征收的补偿标准高，导致许多商业征收借公共利益的幌子，谋求高额商业利润，损害群众利益，为遏制和防止滥用公共利益名义进行征收，损害群众利益现象的发生，人民法院在审

---

① 黄薇主编：《中华人民共和国民法典物权编释义》，法律出版社 2020 年版，第 63 页。

② 最高人民法院物权法研究小组编著：《〈中华人民共和国物权法〉条文理解与适用》，人民法院出版社 2007 年版，第 167 页。

理涉及公共利益征收的案件时，要综合各种因素，严格审查判断征收是否基于公共利益目的。

《最高人民法院公报》登载的宣某成等18人诉衢州市国土资源局收回土地使用权行政争议案中，法院认为，《土地管理法》（1998年修订）第五十八条规定，有下列情形之一的，由有关人民政府土地行政主管部门报经原批准用地的人民政府或者有批准权的人民政府批准，可以收回国有土地使用权：（1）为公共利益需要使用土地的；（2）为实施城市规划进行旧城区改建，需要调整使用土地的；（3）土地出让等有偿使用合同约定的使用期限届满，土地使用者未申请续期或者申请续用未获批准的；（4）因单位撤销、迁移等原因，停止使用原划拨的国有土地的；（5）公路、铁路、机场、矿场等经核准报废的。本案各原告均系衢州市府山中学教工住宅楼的住户，是该楼用地的合法使用者。被告国土局因建设银行衢州分行需要扩大营业用房，决定收回各原告住宅楼的国有土地使用权，国土局在有关该决定的书面通知中，仅说明该决定是依照土地管理法及浙江省的有关规定作出的，但却没有说明决定收回各原告住宅国有土地使用权的具体法律依据。国土局依照土地管理法对辖区内国有土地的使用权进行管理和调整，属于其行政职权的范围。但在决定收回各原告住宅国有土地使用权时，对所依据的法律条款应当予以具体说明而没有说明，属于适用法律错误。在本案的诉讼中提供的衢州市发展计划委员会〔2002〕35号《关于同意扩建营业用房项目建设计划的批复》《建设项目选址意见书审批表》《第三人扩建营业用房建设用地规划红线图》等有关证据，难以说明该决定是由于“公共利益需要使用土地”或“实施城市规划进行旧城区改造，需要调整使用土地”的需要，故原告主张被告的具体行为主要证据不足，理由成立，应予支持；被告主张其作出的收回各原告国有土地的具体行政行为符合土地管理法规定的辩解，不能成立。[①]

三、征收与征用的概念及其异同

《民法典》第二百四十三条对征收作了规定，即为了公共利益的需要，依照法律规定的权限和程序可以征收集体所有的土地和组织、个人的房屋及其他不动产。该法第二百四十五条对征用作了规定，即因抢险救灾、疫情防控等紧

---

① 《最高人民法院公报》2004年第4期（总第90期）。

急需要，依照法律规定的权限和程序可以征用组织、个人的不动产或者动产。

何谓征收？简单地说，就是财产所有权的变更，财产由原权利人变更为国家所有；何谓征用？简单地说，就是财产使用权的一时变更，国家在必要使用后，该财产会物归原主。在特定情况下征用也会转化为征收。如在抗洪抢险中，国家征用民用船只运送抗洪抢险物资，这是征用；在堤防出现缺口时，国家动用包括民用船只在内的船舶沉船堵险，这里就从征用转变为征收。何谓公益征收、征用？就是国家为了公共利益的需要，强制取得个人和集体的财产（包括所有权和使用权），并给予相应补偿的行为。过去我们对征收和征用这两个概念有时混淆使用，如我国《宪法》（1999 年修正）第十条第三款规定："国家为了公共利益的需要，可以依照法律规定对土地实行征用。"这里的"征用"对象，明显是指农村和城市郊区农民集体所有的土地：这里的"征用"，究其本义，应是以征收为主，包括征用。因为虽然不能排除国家为了公共利益的需要一时占有农民集体所有土地的情况，但就一般情况而言，是将土地所有权由农民集体所有变更为国家所有。

征收和征用都是通过运用国家强制力而对公民的私有财产权进行限制的形式。虽然征收和征用都是政府通过法定权限和程序对单位和个人财产所有权的一种限制，但二者还是存在很大的差异，主要表现在以下几个方面：①

1. 适用情况不同。征收是基于公共利益的需要，所谓"公共利益"，是指公共道路交通、公共卫生、灾害防治、科学及文化教育事业、环境保护、文物古迹及风景名胜区的保护，公共水源及引水排水用地区域的保护，森林保护事业，以及国家法律规定的其他公共利益；征用则是基于抢险、救灾等紧急需要。

2. 法律效果不同。征收的结果是国家取得财产的所有权。根据《民法典》第二百二十九条的规定，所有权自人民政府的征收决定生效时发生效力。征用的目的是取得使用权，而非所有权，发生转移的是所有权中的占有权。因此，在紧急情况消失后，政府应当将财产返还单位或者个人，并补偿被征收人所受到的损失，不能返还原物的，应当补偿。

3. 适用对象不同。征收的对象仅限于不动产，动产不适用征收是因为动产一般有很多替代物；征用的对象不仅包括不动产，也包括动产。

---

① 参见最高人民法院民法典贯彻实施工作领导小组主编：《中华人民共和国民法典物权编理解与适用（上）》，人民法院出版社 2020 年版，第 232 页。

4. 补偿标准不同。征收应按照标的物的价值进行合理补偿；征用补偿则主要考虑被征用人所受到的损失，只有在标的物灭失或损坏时，才基于标的物的价值给予合理补偿。

虽然征用不同于征收，它不以取得所有权为目的，对权利人的影响不如征收那么严重，但由于征用也是对单位或者个人所有权的一种限制，因此，为防止政府滥用征用的权力损害所有权人的利益，现代各国对政府的征用行为进行严格控制。主要表现在：（1）必须基于"抢险、救灾等紧急需要"；（2）必须严格按照法定权限进行征用；（3）必须严格按照法定程序进行征用；（4）对被征用人给予合理的补偿。我国法律虽然规定政府有征用的权力，但未严格区分征收和征用，如《宪法》第十三条第三款规定："国家为了公共利益的需要，可以依照法律规定对公民的私有财产实行征收或者征用并给予补偿。"《土地管理法》第二条第四款规定："国家为了公共利益的需要，可以依法对土地实行征收或者征用并给予补偿。"《民法典》物权编区分征收和征用，并分别立法，具有合理性。但是也应看到，与征收一样，征用是政府代表国家实施的一种具体行政行为，因此，应通过专门法律对政府的征用行为进行规范，以切实维护单位或者个人的利益。当事人不服政府的征用决定，或者对补偿的标准有异议，可以提起行政复议或者行政诉讼加以解决，而不应通过民事诉讼解决政府征用引起的纠纷。

四、征收和征用的补偿

征收、征用的补偿应取何种基本原则，我国《民法典》物权编作了原则性的规定，该法第二百四十三条第二款、第三款对征收的补偿作了规定：征收集体所有的土地，应当支付土地补偿费、安置补助费以及农村村民住宅、其他地上附着物和青苗等的补偿费用，并安排被征地农民的社会保障费用，保障被征地农民的生活，维护被征地农民的合法权益。征收组织、个人的房屋以及其他不动产，应当依法给予征收补偿，维护被征收人的合法权益；征收个人住宅的，还应当保障被征收人的居住条件。该法第二百四十五条对征用的补偿作了规定：被征用的不动产或者动产使用后，应当返还被征用人。组织、个人的不动产或者动产被征用或者征用后毁损、灭失的，应当给予补偿。

在征收征用过程中，国家对被征收征用人的补偿虽作出了原则性的规定，但仍然需要进一步明确标准。在没有明确的补偿标准出台之前，笔者建议：应分别情况主要采取下述标准：

一是完全补偿标准。完全补偿，又叫等值补偿，充足补偿，即按照被征收征用的物的市场价格予以补偿。“完全补偿”标准应该适用于：（1）征收私人的用于物质生活的生活资料；（2）征收私人自己直接用于生产经营活动的生产资料。

二是适当补偿标准。适当补偿是一个弹性很大的概念，但有一个基本点，补偿标准在征收物的市场价格之下，而不是等于征收物的市场价格。主要是基于：（1）国家对私有财产的征收征用，可分为平时征收和紧急状况下的征收征用。在紧急状况下的征收不可能实行完全补偿，其不言自明。（2）私有财产，可以是有形资产，如房屋、机械、车辆等，也可以是无形资产，如专利、技术等知识产权。对于前者的市场价格一般来说尚有一个客观标准；对于后者，由于专利技术等知识产权本身具有独占性的特点，如果完全按照市场规律，在求大于供时，市场价格就会畸高。这种现象在征收有形资产时也会发生。因此，按市场价格征收也未必合理和可行。适当补偿标准应该适用于：（1）对无形资产的征收。这里主要是出于无形资产的独占性会在国家征收时产生市场价格失真和对国家财力支撑的考虑。（2）对非国有企业财产的征收特别是私营企业主财产的征收。

三是超值补偿标准。所谓超值补偿标准，就是为保障被征收人基本生活需要所给予的补偿超过了征收物的市场价格的标准。保障被征收人基本生活需要的补偿，在实际生活中就很可能是超值补偿。如某大城市，政府在一个比较中心的地段搞旧城改造，当地居民住房需要拆迁。他们的住房是一两层楼的旧房，住房面积多为二三十平方米，使用公共厨房和公共厕所。按照等值补偿标准，拆迁每平方米旧房补偿六七千元钱就“等值”了，附近房子就是这个价格。甚至也可以说“超值”了，因为被拆迁的是旧房，其价格应该低于新房。这就陷入一个两难境地：实行等值补偿，拆迁户没有了“家”；给拆迁户一个起码的“家”，补偿额又会超过征收物的价值。两难之下，如何取舍？对此，《民法典》第二百四十三条就明确规定“征收个人住宅的，还应当保障被征收人的居住条件”。换言之，当国家为了公共利益征收相对人的某一基本生活资料时，其补偿应能保障被征收人对该生活资料的最基本的需要。这里有两个限制要件：（1）实施此类补偿标准的范围必须是征收公民基本生活资料。（2）其补偿标准是在等值之上，但在保障被征收人基本生活需要的前提之下，最大可能接近于等值。

关于集体土地征收补偿的问题。我国《宪法》虽然没有规定征收补偿的标准，但《土地管理法》第四十七条就征收集体土地的补偿标准进行了明确的规定。考虑到实践中存在的问题，《民法典》物权编一方面从形式上重申征收集体土地的补偿内容，具体包括土地补偿费、安置补助费、地上附着物和青苗等的补偿费等费用；另一方面从实质上规定，“应当依法及时足额支付”，并要求征收单位必须“安排被征地农民的社会保障费用，保障被征地农民的生活，维护被征地农民的合法权益”。最高人民法院在北沙坡村村委会诉西安市高新技术产业开发区东区管委会等拖欠征地款纠纷案中认为：碑林科技园经有批准权的人民政府批准，依法取得征用北沙坡村委会农村集体所有土地的资格之后，与北沙坡村委会于 1998 年 4 月 27 日签订的《征地协议》，是双方在平等自愿的基础上，经协商达成的协议，意思表示真实。该《征地协议》第三条约定碑林科技园负责将规划范围内生活区的土地统一征为国有土地后，除去城市绿化和道路用地外，全部返还给北沙坡村委会，把土地证过户到北沙坡村委会所属的双环公司第二分公司名下，改变了陕西省有关人民政府征地批文中的征地用途，违反了我国《土地管理法》中有关国有土地用途的强制性规定，并且在没有约定取得对价的情况下，把农村集体所有的土地征为国有土地后又返还给北沙坡村委会，损害了国家和社会公共利益，一审法院认定该条款无效、其他条款有效，适用法律正确。无效的合同条款，对当事人自始就没有法律约束力，且该条款约定的内容尚未实际履行，双方无需相互返还，北沙坡村委会自行开发经营该部分土地所需支出的费用也应由其自行承担。北沙坡村委会主张碑林科技园继续履行该《征地协议》第三条约定的义务或者承担其自行开发经营该部分土地所需支出的土地出让金等相关费用 530 万元，没有合同依据和法律依据，不予支持。①

关于房屋拆迁中的补偿问题。我国《宪法》虽然规定征收个人私有财产应当进行补偿，但我国现行法律并没有就单位或者个人房屋的征收问题进行具体规定。为解决实践中存在的拆迁补偿不到位，被拆迁居民的居住条件不能得到有效保障的问题，《民法典》物权编第二百四十三条第三款就房屋征收及拆迁补偿问题规定如下：“征收组织、个人的房屋及其他不动产，应当依法给予征收补

① 详见《最高人民法院公报》2005 年第 1 期（总第 99 期）。

偿，维护被征收人的合法权益；征收个人住宅的，还应当保障被征收人的居住条件。”

关于征收补偿款的落实问题。尽管《土地管理法》第四十九条规定：“被征地的农村集体经济组织应当将征收土地的补偿费用的收支状况向本集体经济组织的成员公布，接受监督。禁止侵占、挪用被征收土地单位的征地补偿费用和其他有关费用”，但考虑到实践中存在的问题，《民法典》物权编第二百四十三条第四款重申“任何组织或者个人不得贪污、挪用、私分、截留、拖欠征收补偿费等费用”。

五、与征收相关诉讼的处理

人民法院在审查被征收人对政府征收行为提起的相关诉讼时，首先要明确对被征收人提起相关诉讼的性质以及是否属于人民法院受理案件范围，对于不属于人民法院受理案件范围的请求，人民法院不予受理并告知被征收人权利救济渠道。

1. 人民法院对于被征收人不服政府的征收决定提起的诉讼，应当告知被征收人提起行政复议或者行政诉讼，不能通过民事诉讼对政府的具体行政行为进行审查。①

2. 对于被征收人基于房屋拆迁中的安置补偿等纠纷提起的诉讼，应区分两种情形：根据《最高人民法院关于当事人之间达成了拆迁补偿安置协议仅就协议内容发生争议的，人民法院应予受理问题的复函》，如果当事人之间已经达成了拆迁补偿安置协议，仅就协议内容发生争议的，其起诉符合《民事诉讼法》第一百一十九条规定的属于人民法院受理民事诉讼范围条件，人民法院应予受理。② 根据《国有土地上房屋征收与补偿条例》，如果拆迁人与被拆迁人或者拆迁人、被拆迁人与房屋承租人达不成拆迁补偿安置协议，就安置补偿争议向人民法院提起民事诉讼的，人民法院则不应予以受理，并告知

---

① 最高人民法院物权法研究小组编著：《〈中华人民共和国物权法〉条文理解与适用》，人民法院出版社 2007 年版，第 164 页。

② 参见《最高人民法院关于当事人之间达成了拆迁补偿安置协议仅就协议内容发生争议的，人民法院应予受理问题的复函》（〔2007〕民立他字第 54 号），即最高人民法院对《辽宁省高级人民法院关于沈阳金法石油化工制品有限公司和平分公司与沈阳市和平区长白地区管理委员会、沈阳土地储备中心长白分中心拆迁安置土地补偿费纠纷是否受理的请示》的复函。

当事人可以按照《国有土地上房屋征收与补偿条例》第二十六条的规定向有关部门申请裁决。①

3. 征收的土地为承包地时征收补偿费用的归属。根据《农村土地承包纠纷解释》第二十条、第二十一条、第二十二条的规定，承包地被依法征收的，承包方有权请求发包方给付已经收到的地上附着物和青苗的补偿费，起诉到法院的，法院应予支持。承包方已将土地经营权以出租、入股或者其他方式流转给第三人的，除当事人另有约定外，青苗补偿费归实际投入人所有，地上附着物补偿费归附着物所有人所有。承包地被依法征收，放弃统一安置的家庭承包方，有权请求发包方给付已经收到的安置补偿费，起诉到法院的，法院应予支持。农村集体经济组织或者村民委员会、村民小组，可以依照法律规定的民主议定程序，决定在本集体经济组织内部分配已经收到的土地补偿费。征地补偿安置方案确定时已经具有本集体经济组织成员资格的人，有权请求支付相应份额。但已报全国人大常委会、国务院备案的地方性法规、自治条例和单行条例、地方性规章对土地补偿费在农村集体经济组织内部的分配办法另有规定的除外。

六、对案例 21、案例 22 的简要评析

在案例 21 中，最高人民法院经审查认为应当再审，并中止原判决的执行。正如“有征收必有补偿，无补偿则无征收”。为了公共利益的需要，国家可以依法征收不动产，但必须给予征收补偿。案涉安业公司拥有的土地使用权 749.5 平方米，政府没有给予征收补偿，显然不当，最高人民法院提审并无不当。

在案例 22 中，争议焦点是土地补偿款的权利归属问题。春满园公司是华云公司与三联公司共同出资设立，涉案土地使用权归春满园公司，其征收土地的补偿款亦应当属于春满园公司所有，并非华云公司或三联公司单个公司所有。既然是春满园公司所有的土地补偿款，则出资人华云公司、三联公司可以依据合同约定或者出资比例对春满园公司的土地补偿款在清偿债务后进行分配。

---

① 《国有土地上房屋征收与补偿条例》第二十六条规定：“房屋征收部门与被征收人在征收补偿方案确定的签约期限内达不成补偿协议，或者被征收房屋所有权人不明确的，由房屋征收部门报请作出房屋征收决定的市、县级人民政府依照本条例的规定，按照征收补偿方案作出补偿决定，并在房屋征收范围内予以公告。补偿决定应当公平，包括本条例第二十五条第一款规定的有关补偿协议的事项。被征收人对补偿决定不服的，可以依法申请行政复议，也可以依法提起行政诉讼。”

第二章　国家所有权和集体所有权、私人所有权

第一节　国家所有权

在我国，一般认为财产所有权包括国家、集体、个人所有权三种形态。三种所有权形态的划分是有宪法依据的。《宪法》第七条规定：国有经济，即社会主义全民所有制经济，是国民经济中的主导力量。第八条规定：农村中的生产、供销、信用、消费等各种形式的合作经济，是社会主义劳动群众集体所有制经济。城镇中的手工业、工业、建筑业、运输业、商业、服务业等行业各种形式的合作经济，都是社会主义劳动群众集体所有制经济。第十一条规定：在法律规定范围内的个体经济、私营经济等非公有制经济，是社会主义市场经济的重要组成部分。由此看出，三种所有权形态的划分是宪法的定位。《民法典》物权编将三种所有权形态表述为国家所有权和集体所有权、私人所有权并作出明确详细的规定，体现了不同主体的所有权一律平等保护，必将使“有恒产者有恒心”。

一、国家所有权的法律意义

所谓国家所有权，是指国家以民事主体的身份对依法归其所有的物享有的所有权。[①] 其主要内容包括占有、使用、收益和处分全民所有的财产以及排除他人干涉的权利。《民法典》第二百四十六条规定：“法律规定属于国家所有的财产，属于国家所有即全民所有。国有财产由国务院代表国家行使所有权。法律另有规定的，依照其规定。”该法第二百五十八条规定：“国家所有的财产受法律保护，禁止任何组织或者个人侵占、哄抢、私分、截留、破坏。”由此可见，我国社会主义国家的财产实质上是全民所有，并且对全民所有的财产实行强有力的保护政策。

---

① 参见梁慧星、陈华彬:《物权法》(第6版)，法律出版社2019年版，第115页。

国家所有权也是一种所有权法律关系，具有所有权法律关系的一般特征，但与其他所有权形式相比较，国家所有权具有自己独有的一些特征。这些特征是：

1. 在国家所有权主体方面，国家所有权具有统一性和唯一性的特征。这是指只有代表全体人民意志和利益的国家才享有国家财产所有权，国家机关、企事业单位、其他组织或个人虽占有国家的财产，但并非国家财产所有权的主体。这些单位或个人只能以使用人或管理人的身份来行使财产权利，而真正的所有权主体是代表全体人民意志和利益的国家。因此，在我国，国家所有权统一的和唯一的主体，就是中华人民共和国。这是国家所有权最基本的特征。国家所有并不等于政府所有，但离开了政府，国家就成了不可捉摸的抽象存在，因此国家所有又需要政府代表国家行使所有权。对此，《民法典》第二百四十六条第二款规定："国有财产由国务院代表国家行使所有权。法律另有规定的，依照其规定。"该法第二百五十七条规定："国家出资的企业，由国务院、地方人民政府依照法律、行政法规规定分别代表国家履行出资人职责，享有出资人权益。"

国家是国家所有权唯一的主体，并不意味着全体财产只能由国家占有。恰恰相反，为了充分发挥全民财产的经济效益，最大限度为全体人民谋福利，同时也为了保障各国家机关、企事业单位实现国家职能的需要，将国家所有的财产赋予国家机关、企事业单位、其他组织或个人占有和使用，而国家则以对这些财产掌握最终的控制权和处分权来行使所有权，是完全必要的。因此，《民法典》第二百五十五条规定："国家机关对其直接支配的不动产和动产，享有占有、使用以及依照法律和国务院的有关规定处分的权利。"该法第二百五十六条规定："国家举办的事业单位对其直接支配的不动产或者动产，享有占有、使用以及依照法律和国务院的有关规定收益、处分的权利。"所以，在国家所有权的结构中，所有权主体的唯一性和占有主体的多元性是紧密结合在一起的。这正是社会主义市场经济对国家财产所有权的最基本要求。

2. 国家所有权客体的广泛性。这是指任何财产都可以成为国家所有权的客体，而不受任何限制①。国家所有权的客体包括：（1）国有的土地、矿藏、森林、草原、水流、水面等自然资源；（2）国家所有的公共设施，如道路、桥梁、航空、港口、水利工程、海洋运输、邮电通信、广播电视及供电、供水供气的管线设施等；（3）国家机关和国有企事业单位占有的国家财产；（4）国家所有的文

① 《民法典》第二百四十七条至第二百五十四条对国家所有权的客体作了规定。

化教育、科学技术研究、体育卫生设施以及文物古迹、风景旅游区、自然保护区等;(5)国家的货币发行基金、外币储备及股票等有价证券;(6)军事设施;(7)国家在国外的财产;(8)国家所有的其他财产，例如，根据《野生动物保护法》的规定，野生动物属于国家所有。根据宪法和法律的规定，有的财产如矿藏、水流、军事设施与物资等只能属于国家所有，其他任何单位和个人都不能成为这些财产的主体。此外，国家还可以根据国家建设的需要，依法对不属于国家所有的财产，如农村集体经济组织所有的土地等实行征用。

应当指出的是，国家所有权的广泛性，是指任何财产都可成为国家所有权的客体。并不是说任何财产都是国家财产所有权的客体。并且国家在征用个人和集体的财产时，不能随心所欲，应当符合《民法典》第二百四十三条规定的精神，并给予补偿。随着社会主义法制的不断完善，国家取得新的财产所有权的行为也会得到进一步的规范。

二、国家所有权的权能及行使

国家所有权的权能，即国家所有权的具体内容，主要包括国家对其财产所享有的占有、使用、收益和处分的权能以及排除他人干涉的权能。我国《民法典》第二百五十五条规定:“国家机关对其直接支配的不动产和动产，享有占有、使用以及依照法律和国务院的有关规定处分的权利。”第二百五十六条规定:“国家举办的事业单位对其直接支配的不动产和动产，享有占有、使用以及依照法律和国务院的有关规定收益、处分的权利。”第二百五十七条规定:“国家出资的企业，由国务院、地方人民政府依照法律、行政法规规定分别代表国家履行出资人职责，享有出资人权益。”

虽然国家是国家财产所有权统一的和唯一的主体，但并不是所有的国有财产都由国家来直接行使所有权，这既不现实，也不可能。一般而言，国家并不直接行使占有、使用、收益、处分的权能，而是根据“统一领导，分级管理”的原则，对国有财产进行间接占有的方式行使所有权。所谓统一领导，是指国家通过制定国有财产占有、使用、收益及处分的法律法规，建立国有财产的使用收益制度，监督各国家机关、企事业单位的经营管理制度及财务制度，明确各占有人的权利与义务，确保占有人能依法行使权利。禁止将国有企业或者国有控股企业的财产无偿或者以明显不合理的低价转让给个人。国家委派出资人代表，通过企业章程规定出资人的权利，通过股东会、监事会、董事会行使权利，对企业的经营活动进行监督管理。对此，我国《民法典》第二百五十九条作了明确规定，即“履行国有财产管理、监督职责的机构及其工作人员，应当依法加强对国有财产的管理、监督，促进国有财产保值增值，防止国有财产损失；滥用职权，玩忽职守，造成国有财产损失的，应当依法承担法律责任。违反国有财产管理规定，在企业改制、合并分立、关联交易等过程中，低价转让、合谋私分、擅自担保或者以其他方式造成国有财产损失的，应当依法承担法律责任”。同时，中央在全局性和长远性的问题上，制定国民经济发展计划，确定国民经济的发展方向、速度、规模等重大问题。根据国家财产收支情况及调整产业结构的要求，决定增加或减少国家的预算拨款，新项目的投资建设等。

由于我国幅员辽阔，经济领域广泛，国有财产数量巨大，种类繁多，因而，在对国有财产进行统一管理的同时，必须对国有财产实行分级管理。所谓分级管理，是按财产的性质和用途，把财产分别交给相应的机关、企事业单位，由这些单位在国家授权的范围内行使所有权的权能，国家对国有财产实行间接占有，但是财产所有权始终属于国家，对其所有物保留返还原物或原物价值的请求权。因此，国家财产的管理原则和权限对于国家财产所有权的行使，具有十分重要的意义。

三、保护国家财产所有权的禁止性规定

《民法典》第二百五十八条规定：“国家所有的财产受法律保护，禁止任何组织或者个人侵占、哄抢、私分、截留、破坏。”本条是关于保护国家财产所有权的禁止性规定。本条的立法依据是《宪法》关于保护公共财产的规定。我国《宪法》第十二条明确规定：“社会主义的公共财产神圣不可侵犯。国家保护社会主义的公共财产。禁止任何组织和个人用任何手段侵占或者破坏国家的和集体的财产。”

《民法典》物权编明确国家所有的财产受法律保护。我国是社会主义国家，国家的性质决定了国家财产属于全民所有。国家所有的财产不容侵犯。对国家财产的保护有多种形式，例如：通过刑事立法，对侵犯国有财产的行为规定为犯罪行为，通过一定的刑罚给予制裁；通过行政立法，规定国有财产的管理、使用权限，通过对造成国有财产流失、浪费等失职行为进行行政处罚，以保护国家财产。在物权法中规定国家所有的财产受法律保护的意义在于，对国有财产采取民法的保护方式，即国家作为所有权的主体，与其他民事主体一样，对其所有的财产享

有所有权。其财产受到侵害时，国家也可以像其他民事主体一样，通过提起民事诉讼的方式，维护其民事权益。《民法典》物权编明确禁止任何组织和个人侵占、哄抢、私分、截留、破坏国有财产。其中，所谓侵占，是指非经国家的授权或者有权单位的同意而占有国家财产。例如：未经批准擅自使用国有土地，擅自开采国家的矿产资源，以权谋私、侵吞国有财产等。所谓哄抢，是指故意以非法手段抢占国有财产。例如，趁国有企业搬迁时哄抢财物、趁自然灾害发生时哄抢国有财产等。所谓私分，是指未经有权部门的批准而将国有财产分配给个人或者组织所有。例如，利用权力私分国家机关或者国有企业的财物、巧立名目、滥发奖金等。所谓截留，是指将本应上交国家的利税和其他财物以各种借口少交或者不交。例如，截留税款等。所谓破坏，是指以非法手段直接损害国有财产。例如，盗挖古墓、滥伐林木、捕杀珍稀野生动物、毁坏文物等。

国家通过民事立法规定国家所有的财产受法律保护，表明国家所有的财产一旦受到侵害，作为所有权人的国家除了运用刑罚、行政手段追究侵权者的责任外，还可以依据《民法典》物权编等民事法律，提起民事诉讼，维护其所有权。国家作为所有权主体，与其他民事主体一样，其财产受法律保护。这种保护是平等保护而不是特殊保护。任何单位和个人侵占、哄抢、私分、截留、破坏国家财产的行为都是法律所明令禁止的。

在司法实践中，应当注意以下问题：一是当国家所有的财产受到侵害时，有权直接支配该财产的机关、事业单位、企业、国有资产监督管理机构代表国家提起民事诉讼，维护国有财产所有权的，人民法院应当依法受理并运用停止侵害、返还财产、恢复原状、赔偿损失等民事责任方式，保护国有财产。二是人民法院在审理民事案件中，发现以侵占、私分、破坏国家所有的财产为内容的合同，应当认定为无效合同。

第二节　集体所有权

一、问题的提出

集体所有权，分为农村集体所有权和城镇集体所有权，是我国社会主义公有制经济的重要组成部分。在研究集体所有权之前，先看两则案例。

案例 23：银盆岭村委会与石岭塘村委会合同纠纷案[①]

最高人民法院经审查认为：一、关于银盆岭村委会与石岭塘村委会签订的《土地划拨补偿协议》的效力问题。从原审查明的事实看，该协议是政府为安置银盆岭村民进行的协调安排，双方意见一致且意思表示真实，系经多方见证签订的协议。案涉的土地并不是银盆岭村委会自有的集体土地，本案不是集体土地被征收征用产生的补偿问题，该情形与《村民委员会组织法》第二十四条规定的内容并不一致，故《土地划拨补偿协议》不违反法律的强制性规定，应认定为合法有效，当事人应严格依照合同履行。因此，银盆岭村委会提出的关于案涉协议无效的再审申请理由并不成立。二、关于银盆岭村委会应否给石岭塘村委会分配利润的问题。银盆岭村委会与石岭塘村委会签订的《土地划拨补偿协议》第二条约定："补偿价格：双方从大局出发，同意价格为 17 万元 / 亩，按认定的土地面积计算总补偿额。"第三条约定："如甲方改变用地性质或转让，所得利润双方各分配 50%。"本案中，银盆岭村委会将包括案涉土地在内的 36515.92 平方米的划拨土地通过挂牌出让的方式进行商业开发，并通过与晟利隆公司签订《合作开发协议》进行房地产开发。可见，原有土地的性质已经从原来的划拨用地变成了商业用地，故石岭塘村民委员会有权按照约定获得银盆岭村委会因房地产开发所获利润的 50%。银盆岭村委会向石岭塘村委会按照每亩 17 万元支付的基础补偿并不影响双方对该宗土地商业开发后利润分配的约定。三、关于如何确定石岭塘村委会获得的利润及计算方法的问题。原审查明，银盆岭村委会获得货币资金 4260 万元。根据长沙市岳麓区审计局审计报告，银盆岭村委会共计支付土地出让金和税费 2700 万元，银盆岭村委会主张其还支付了其他费用，但其并未提交相关证据，故原审认定其获得的利润是 1560 万元并无不当。综上，银盆岭村委会的再审申请不符合《民事诉讼法》第二百条规定的情形。据此裁定：驳回银盆岭村委会的再审申请。

① 详见最高人民法院（2017）最高法民申 3823 号民事裁定书。

案例 24：田某与杉树组侵害集体经济组织成员权益纠纷案[①]

原告出生于渌口区，父母均为田家湾村杉树组村民，原告的户籍一直在田家湾村杉树组，且在田家湾村杉树组享有农村土地承包经营权。2019 年，因南山公园项目土地征收，政府部门与被告杉树组签订征地补偿协议，政府部门向被告杉树组支付土地征收补偿款 800 多万元。2019 年 11 月被告杉树组在制定征收款分配方案时，以原告是"外嫁女"为由，不承认原告集体经济组织成员身份，将原告排除在分配名单外，拒绝向原告分配集体经济收益。

法院认为：本案系侵害集体经济组织成员权益纠纷。本案的审查重点是：原告是否具有田家湾村杉树组集体经济组织成员资格；原告起诉要求被告支付土地征收款是否有事实和法律依据。认定原告田某是否具有杉树组集体经济组织成员资格，要根据原告田某的户籍情况、实际生产、生活情况以及是否以集体组织的土地作为基本生活保障等因素综合认定。本案中，原告田某自出生起户籍一直在被告杉树组，在被告杉树组一直享有土地承包经营权，以被告杉树组的土地为其基本生活保障。原告田某于 2008 年结婚，但其户口未外迁，且在夫家未分配土地，未在夫家享受集体经济组织成员相关待遇。因此原告田某依法具有杉树组集体经济组织成员资格。故原告田某起诉请求确认具有被告杉树组集体经济组织成员资格的理由成立，依法应予支持。经查，被告杉树组村民人均分得的征收补偿款为 71458.64 元，故原告田某应分得的征收补偿款为 71458.64 元。

在上述案例中，案例 23 涉及农村集体所有权问题，案例 24 涉及农村成员资格的认定问题。试问：何谓集体所有权？应当如何行使？集体组织成员的诉讼主体资格如何？农村土地补偿和集体收益分配的受理及诉讼主体如何认定？土地征收补偿费分配及被拆迁人安置补偿权利如何处理？

二、集体所有权的法律意义

集体所有权是集体全体成员或集体组织对集体所有的不动产和动产享有占

① 详见湖南省株洲市渌口区人民法院（2020）湘 0221 民初 105 号民事判决书。

有、使用、收益和处分集体所有的财产并排除他人干涉的权能。[①]我国《民法典》第二百六十五条规定："集体所有的财产受法律保护，禁止任何组织或者个人侵占、哄抢、私分、破坏。农村集体经济组织、村民委员会或者其负责人作出的决定侵害集体成员合法权益的，受侵害的集体成员可以请求人民法院予以撤销。"可见，集体所有权也是我国所有权中一种独立类型，是集体所有制在法律上的反映。

集体所有权与国家所有权不同，有其显著的法律特征：一是集体所有权的主体是各个集体组织。各个集体组织的财产分别属于各该集体组织。这一特征既不同于国家所有权，也不同于个人所有权。二是集体所有的财产归全体成员所有，但并非由每个集体组织的成员分别来行使所有权，而是由集体组织代表全体成员行使财产权利。当集体组织对外负有债务时，由该集体组织的财产承担责任，各成员无需用各自所有的财产承担连带责任。这与合伙相区别。三是集体所有权的客体的财产范围也是非常广泛的，除了法律规定专属于国家的以外，都可以成为集体财产所有权的客体。如《民法典》第二百六十条规定："集体所有的不动产和动产包括：（一）法律规定属于集体所有的土地和森林、山岭、草原、荒地、滩涂；（二）集体所有的建筑物、生产设施、农田水利设施；（三）集体所有的教育、科学、文化、卫生、体育等设施；（四）集体所有的其他不动产和动产。"四是集体组织的财产既有占有与所有分立之情形，也有占有与所有相统一之情形。而国家所有权一般是占有与所有相分立。

近年来，关于集体所有权纠纷的案件类型主要是在农村征地补偿、土地使用权流转方面违反法定程序、民主议事程序，出售出租集体财产、发包集体土地、侵吞土地补偿费，甚至借集体决议、民主议定之名损害集体成员的合法利益等涉及侵害集体经济组织成员权益的纠纷。最高人民法院审理该类案件的司法政策精神指出：人民法院审理涉及农民土地承包经营权和宅基地使用权案件时，一定要站在维护社会稳定、政治稳定的角度，充分认识"三农"问题的核心是农民问题，农民问题的核心是土地问题，要牢牢把握住土地这个核心，妥善处理好涉农民事案件。第一，要切实维护好农民土地承包经营权和宅基地使用权。"两地"是实现"耕者有其田、居者有其屋"的重要载体，是关系农村社会稳定和国家长治久安的重要基础。加大对农民土地权益的保护力度，是涉

① 参见梁慧星、陈华彬：《物权法》（第6版），法律出版社2019年版，第117页。

农民事审判工作中必须始终坚持的基本原则。第二，要站在稳定农村社会和保障农民生存权的高度，依法坚决制裁侵害土地承包经营权和宅基地使用权的违法行为，充分发挥好“两地”作为经济发展、社会稳定“储水器”和“解压阀”的重要作用。第三，要注意统筹协调土地承包经营权维护与流转之间的关系，促进土地承包经营权有序流转和规范流转。

三、集体所有权的权能及行使

集体所有权是所有权的一种类型，其权能主要包括占有、使用、收益和处分四项积极权能以及排除他人干涉的消极权能。其中，城镇集体组织的财产多由集体组织代表集体组织成员行使，所有权与占有权一般不发生分立；农村集体组织主要有乡、村两种集体组织形式，这种集体组织是我国最为典型、最为普遍的集体所有权主体。

在实践中，根据《民法典》物权编的有关规定，土地和森林、山岭、草原、荒地、滩涂等集体所有权的行使，应当遵循下列原则：

1.根据《民法典》第二百六十一条的规定，农民集体所有的不动产和动产，属于本集体成员集体所有。下列事项应当依照法定程序经本集体成员决定：（1）土地承包方案以及将土地发包给本集体以外的组织或者个人承包；（2）个别土地承包经营权人之间承包地的调整；（3）土地补偿费等费用的使用、分配办法；（4）集体出资的企业的所有权变动等事项；（5）法律规定的其他事项。本条第二款分五项针对需要本集体成员经法定程序决定事项的范围作出了规定。综合来看，这些都是与集体成员切身利益息息相关，关系到本集体重大事务的事项。

第一，民主议定程序。对应当依照法定程序经本集体成员决定的事项范围问题是否有必要在《民法典》物权编中作出规定，有不同意见。许多人认为《民法典》物权编是实体法，不应当规定程序性问题。《民法典》物权编之所以对此作出规定，主要是考虑：规定应当依照法定程序经本集体成员决定的事项范围，实际上就是对农民集体所有权行使的程序进行规定，这对农民集体所有权的正确行使尤其是本集体成员合法权利的保障至关重要，当然属于《民法典》物权编的规定范围。本条第二款规定的“法定程序”，就是我们通常所指的民主议定程序。民主议定程序是实现村民自治、发展农村基层民主的制度形式。现行法律中有关民主议定程序的规定主要有《村民委员会组织法》《土地管理法》《农村土地承包法》《草原法》等。后三部法律中的民主议定程序主要针对承包土地调整、承包方案的确定以及以其他方式将本集体农村土地发包给本组织以外的单位或者个人等事项。只有《村民委员会组织法》中规定的民主议定程序是适用于所有集体重大事项的。从具体内容看，后三部法律中的民主议定程序较之《村民委员会组织法》的规定更为严格，即应达到三分之二多数，而不是简单多数（过半数）。[①]

第二，应经民主议决的主要事项。（1）土地承包方案以及将土地发包给本集体以外的单位或者个人承包。（2）个别土地承包经营权人之间承包地的调整。（3）土地补偿费等费用的使用、分配办法。征地补偿费用主要包括青苗和地上附着物的补偿、安置补助费和土地补偿费。土地补偿费是对集体土地所有权灭失的补偿，在整个征地补偿费用中占有较大比重。围绕土地补偿费的使用和分配产生的纠纷，是涉农纠纷中的难点、焦点和热点。为杜绝因使用、分配不公而损害广大农民权益的情况发生，有必要对土地补偿费使用、分配办法的确定，设置一个民主议决程序。但由该项文义可知，本条中应经民主议定程序决定使用、分配办法的费用，不仅仅是土地补偿费。必须正确、全面地理解“土地补偿费等费用”中“等费用”的内涵。除非青苗和地上附着物属于农民集体所有，否则该“等费用”中并不包括地上附着物和青苗的补偿，原因在于作为对权利人财产损失的补偿，不涉及在集体组织内进行分配的问题；安置补助费是对权利人丧失土地承包经营权的补偿，如果承包土地被征收的农户成员放弃统一安置，该笔费用应支付给他们。若其仍需集体组织统一安置，则该笔费用就应当纳入集体管理范畴。该笔费用的使用、分配办法也应当经过民主议定，否则就会把这一部分费用的管理和使用、分配权完全交与少数人，在没有民主议定程序监督制约的情况下，极有可能产生滥用权力损害集体成员利益的后果。[②]

2. 根据《民法典》第二百六十二条的规定，集体所有的土地和森林、山岭、草原、荒地、滩涂等，依照下列规定行使所有权：（1）属于村农民集体所有的，由村集体经济组织或者村民委员会依法代表集体行使所有权；（2）分别属于村

---

① 参见最高人民法院民法典贯彻实施工作领导小组主编：《中华人民共和国民法典物权编理解与适用（上）》，人民法院出版社 2020 年版，第 292 页。

② 参见最高人民法院民法典贯彻实施工作领导小组主编：《中华人民共和国民法典物权编理解与适用（上）》，人民法院出版社 2020 年版，第 291 页。

内两个以上农民集体所有的，由村内各该集体经济组织或者村民小组依法代表集体行使所有权；（3）属于乡镇农民集体所有的，由乡镇集体经济组织代表集体行使所有权。

3. 根据《民法典》第二百六十三条的规定，城镇集体所有的不动产和动产，依照法律、行政法规的规定由本集体享有占有、使用、收益和处分的权利。

4. 根据《民法典》第二百六十五条的规定，集体所有的财产受法律保护，禁止任何组织或者个人侵占、哄抢、私分、破坏。农村集体经济组织、村民委员会或者其负责人作出的决定侵害集体成员合法权益的，受侵害的集体成员可以请求人民法院予以撤销。

5. 根据《民法典》第二百六十四条的规定，农村集体经济组织或者村民委员会、村民小组应当依照法律、行政法规以及章程、村规民约向本集体成员公布集体财产的状况。集体成员有权查阅、复制相关资料。集体所有权是宪法和法律规定的社会主义公有财产权形式，是《民法典》物权编予以确认和平等保护的重要所有权类型。《宪法》第八条规定，农村中的生产、供销、信用、消费等各种形式的合作经济，城镇中的手工业、工业、建筑业、运输业、商业、服务业等行业的各种形式的合作经济，都是社会主义劳动群众集体所有制经济。国家保护城乡集体经济组织的合法的权利和利益，鼓励、指导和帮助集体经济的发展。这是对集体所有权确认与保护的宪法依据。《城镇集体所有制企业条例》第六条规定："集体企业依法取得法人资格，以其全部财产独立承担民事责任……"《乡村集体所有制企业条例》第五条规定："国家保护乡村集体所有制企业的合法权益，禁止任何组织和个人侵犯其财产。"所有这些规定都表明，集体企业的财产及其合法权益受国家法律、法规的保护，不受侵犯。《民法典》第二百六十五条"集体所有的财产受法律保护，禁止任何组织或者个人侵占、哄抢、私分、破坏"这一规定，是针对所有法律主体的要求。它的法律内涵，既要求集体经济组织以外的任何单位和个人都不得侵犯集体所有的财产权利，包括国家在征收、征用集体所有的财产时也应当依法进行，不得侵犯集体所有的财产权利。同时，又要求集体经济组织成员以及集体财产实际管理者、经营者不得侵犯集体所有的财产权利及其他成员的合法权益，上述人员行使集体所有权也应当依照法律、法规、集体经济组织章程以及村规民约进行。集体经济组织或者村民委员会有关财产权行使的重大问题，应当通过集体组织章程或村规民约加以确定，集体组织章程或村规民约的内容应当反映本集体成员的共同意志，而且不得违反法律的强制性规定。[①]

同时，应当注意的是，集体经济组织的管理人员应当依照法律和集体经济组织章程的规定，由集体经济组织的成员选举产生。集体经济组织的重大经营决策依照法律、章程等有关规定由集体经济组织成员决定。禁止将集体所有的财产无偿或者以明显不合理的低价转让给他人。集体经济组织的管理人员作出的决定违反法律、章程等有关规定，侵害集体经济组织成员权益的，该集体经济组织的成员可通过诉讼等方式维护集体所有权以及成员的权益。

四、集体组织成员的诉讼主体资格的确认

对诉讼主体资格的确认，涉及对集体组织成员资格，尤其是对农村集体组织成员资格的判断。应当依据现有法律、法规和不违背法律规定和法律原则的企业章程、村规民约以及公序良俗，结合现实生活实际来判断集体组织成员的成员资格，真正落实集体成员的诉权。同时也应当看到，对代表不同领域和利益层次的当事人，尤其在城镇、乡村集体经济组织涉及的各类利益纠纷，可以充分利用现有的各种制度条件，妥善解决实践中的问题。党和政府有关政策、民事、行政的法律规范、地方性规范，甚至乡土社会的习惯都可以作为化解此类纠纷的着眼点。司法救济在构建和谐社会的使命中不是解决纠纷的唯一途径，而应当是最后的途径。[②]

确认集体组织成员诉讼主体资格的裁判标准。最高人民法院审理该类案件的司法政策精神指出，确定农村集体经济组织成员资格宜采取以下标准：出生时，父母双方或者一方是本集体经济组织成员或者因为婚姻、收养以及国防建设或者其他政策迁入等原因，在集体经济组织所在地生产、生活并依法登记了常住户口的人，应当认定其具有该集体经济组织成员资格。因死亡或者取得其他经济组织成员资格、设区的市的非农业户口、非设区的市的城镇非农业户口，且纳入国家公务员序列或者城镇企业职工社会保障体系，被注销或者迁出本集体经济组织所在地常住人口的人，应当认定其丧失该集体经济组织成员资

---

① 参见最高人民法院民法典贯彻实施工作领导小组主编：《中华人民共和国民法典物权编理解与适用（上）》，人民法院出版社 2020 年版，第 306～307 页。

② 参见最高人民法院物权法研究小组编著：《〈中华人民共和国物权法〉条文理解与适用》，人民法院出版社 2007 年版，第 207 页。

格。因外出经商、务工等原因，脱离常住户口所在地集体经济组织生产生活的人，在丧失集体经济组织成员资格之前，应当认定其仍然具有成员资格。因学习、服义务兵或初级士官兵役等原因注销、迁出常住户口的人，在丧失集体经济组织成员资格之前，应当认定其仍然具有成员资格。除基于前述的出生等三种情况取得集体经济组织成员资格的人以外，自登记常住户口时起，未在户口所在地生产、生活或者不以承包经营该集体经济组织农村土地为基本生活保障的人，应当认定其不具有成员资格。如果婚姻关系发生在持农业户口和非农业户口人员之间的，在丧失集体经济组织成员资格之前，应当认定持农业户口一方具有农业户口所在地集体经济组织成员资格。至于农嫁农人员成员资格的确定，如果已进入本集体经济组织的农户实际生产、生活，即使常住户口尚未迁入本集体经济组织所在地，也应当认定其具有本集体经济组织成员资格。从进入本集体经济组织的农户时起，其原集体经济组织成员资格丧失。总之，合理界定农村集体经济组织成员资格对广大农民基本权利的保护至关重要，如果要认定资格丧失，应当慎之又慎。[①]

五、农村土地补偿和集体收益分配纠纷的受理及诉讼主体范围[②]

关于农村土地补偿和集体收益分配纠纷案件的受理和诉讼主体，《土地承包纠纷解释》第一条第一款规定："下列涉及农村土地承包民事纠纷，人民法院应当依法受理：（一）承包合同纠纷；（二）承包经营权侵权纠纷；（三）土地经营权侵权纠纷；（四）承包经营权互换、转让纠纷；（五）土地经营权流转纠纷；（六）承包地征收补偿费用分配纠纷；（七）承包经营权继承纠纷；（八）土地经营权继承纠纷。"第三条规定："承包合同纠纷，以发包方和承包方为当事人。前款所称承包方是指以家庭承包方式承包本集体经济组织农村土地的农户，以及以其他方式承包农村土地的组织或者个人。"第四条规定："农户成员为多人的，由其代表人进行诉讼。农户代表人按照下列情形确定：（一）土地承包经营权证等证书上记载的人；（二）未依法登记取得土地承包经营权证等

---

① 纪敏：《公正司法　一心为民　廉洁自律　一生平安——最高人民法院民一庭庭长纪敏在全国民事审判工作座谈会上的总结讲话》（2007 年 4 月 10 日），载最高人民法院民事审判第一庭编：《民事审判指导与参考》2007 年第 2 辑（总第 30 辑），法律出版社 2007 年版，第 67～71 页。

② 参见杜豫苏主编：《物权纠纷裁判依据新释新解》，人民法院出版社 2014 年版，第 104～107 页。

证书的，为在承包合同上签名的人；（三）前两项规定的人死亡、丧失民事行为能力或者因其他原因无法进行诉讼的，为农户成员推选的人。”

《土地承包纠纷解释》将土地补偿费分配纠纷纳入民事案件受理范围的考虑，主要有以下几点：（1）不动产征收行为是公法性质的行为，具有明显的强制性。围绕征收行为的合法性或者征收补偿标准产生的争议，不属于民事诉讼范畴，自不待言。但在判断土地补偿费分配纠纷是否可以纳入民事诉讼范畴的问题上，尚需考察争议主体之间是否是处于平等地位的民事主体。不能因此类纠纷可追根溯源至征收行为，就简单认定其不属于民事纠纷。（2）土地补偿费的补偿客体是经征收而消灭的集体土地所有权。根据法律规定，集体土地所有权属于农民集体。集体土地所有权经过征收而归于消灭后，必然要求土地补偿费的受益主体是丧失集体土地所有权的农民集体。只要承认集体土地所有权是一种所有形式较为特殊的私权利，就不能否定作为所有权主体的农民集体的受偿主体地位。农民集体是由集体经济组织成员所组成，可以认为土地补偿费的受益主体是该集体组织内所有的集体经济组织成员。（3）集体土地所有权经由征收消灭之后，农民集体对该土地使用收益的权利亦一并消灭。集体经济组织成员与作为集体土地经营管理者的农村集体经济组织或者村民委员会、村民小组之间的“土地补偿费分配”，牵涉的无非是为数众多但各自独立的私权。由此引发的争议亦系私权益碰撞所致。当事人之间虽然具有外在的某种不平等性，究其实质仍属平等民事主体。农民集体所有的集体土地所有形式决定了这种分配纠纷必然应由私法调整。对相关争议，人民法院应当作为民事案件受理。否则当事人的合法权益再无救济途径。因为农村集体经济组织或者村民委员会、村民小组的“分配”行为，无论如何也不属于可诉的行政行为。离开民事诉讼制度的保障，作为集体土地所有权权利主体的农民集体的私利益就无法实现，作为集体组织成员的农民个体的权益必然沦于无从救济的危殆境地。

关于集体经济组织成员因未实际取得土地承包经营权提起的民事诉讼，人民法院应否受理的问题，《土地承包纠纷解释》作出第一条第二款规定的理由是：（1）从民事诉讼层面说，诉权是以民事诉讼法和民事实体法为依据，并以根据民事诉讼法和民事实体法的规定可以某种方式纳入民事诉讼救济轨道的具体纠纷的存在为前提。（2）本集体经济组织成员依法平等地行使承包土地权利的保护目的，是通过切实落实《农村土地承包法》第十八条和第十九条确定的家庭承包原则和程序来实现的。集体经济组织成员就用于分配的土地补偿费数额提起民事诉讼的，《土地承包纠纷解释》第一条第三款规定，人民法院不予受理。土地补偿费作为集体土地所有权经由国家征收行为而归于消灭的补偿，应属农民集体所有。经法律规定的民主议定程序讨论决定用于分配的土地补偿费数额，属于村民自治范畴。将其排除于民事诉讼范围，符合技术事项例外原则。在农户代表人诉讼模式中，需要明确的问题有两个：（1）农户代表人并非诉讼当事人。其与所代表的农户是不同的民事主体，在农户是当事人的诉讼程序中，农户代表人不具有诉讼当事人的地位。（2）农户代表人与《民事诉讼法》第五十四条和第五十五条（代表人诉讼）规定的共同诉讼的诉讼代表人并非同一含义。在农户与相对方的诉讼中，农户一方只有一个当事人，即其自身。农户代表人在诉讼中则不具备当事人地位。《土地承包纠纷解释》第四条确立的农户代表人诉讼是在民事诉讼法规定和民事诉讼理论基础上，充分关注农村土地承包纠纷实际情况的产物。①

关于农村集体经济组织成员与农村集体经济组织因土地补偿费、安置补助费分配发生的纠纷的处理问题和业主委员会的诉讼主体资格，2006 年 11 月 21 日，时任最高人民法院副院长苏泽林在全国立案审判实务座谈会上的讲话中指出，要全面落实《最高人民法院关于人民法院为建设社会主义新农村提供司法保障的意见》，对符合受理条件的各类涉农纠纷案件，要依法及时受理。要正确把握法律界限，对经过民主议事程序确认的村民资格、收益分配方案或分配决议提起的诉讼，应当告知其向有关行政主管部门申请解决，对行政主管部门的处理决定不服的，当事人可以提起行政诉讼。对 1999 年 1 月 1 日新修订的《土地管理法》实施前，农村集体经济组织成员与农村集体经济组织因土地补偿费、安置补助费分配发生的纠纷，人民法院不予受理。农村集体经济组织成员因违反计划生育政策而产生的收益分配纠纷，应告知当事人向当地政府部门申请解决。②

---

① 辛正郁：《解读〈关于审理涉及农村土地承包纠纷案件适用法律若干问题的解释〉》，载《解读最高人民法院司法解释之民事卷》，人民法院出版社 2011 年版，第 375 ~ 376 页。

② 苏泽林：《在党的十六届六中全会精神指引下开创人民法院立案审判工作新局面——最高人民法院副院长苏泽林在全国立案审判实务座谈会上的讲话》（2006 年 11 月 21 日），载《立案工作指导》2006 年第 2 辑（总第 13 辑），第 1 ~ 17 页。

六、土地征收补偿费用分配权利和被拆迁人安置补偿权利保护[①]

承包地征收补偿费用分配纠纷是一个较为突出和复杂的问题，此类纠纷主要集中在城镇边缘建设用地需求较大、征地较为频繁的地区。实践中，涉及土地补偿费分配的纠纷主要有两种形态：一是因当事人认为其具有该集体经济组织成员资格，却被排除于分配范围之外而产生的纠纷；二是因分配方案实行差别待遇而产生的纠纷。与其他涉农纠纷相比，承包地征收补偿费用分配纠纷往往涉及农民的根本利益，具有矛盾激烈、难以化解的特点。土地征收补偿费用包括三个部分：地上附着物和青苗的补偿、安置补助费以及土地补偿费。《土地承包纠纷解释》第二十条规定："承包地被依法征收，承包方请求发包方给付已经收到的地上附着物和青苗的补偿费的，应予支持。承包方已将土地经营权以出租、入股或者其他方式流转给第三人的，除当事人另有约定外，青苗补偿费归实际投入人所有，地上附着物补偿费归附着物所有人所有。"第二十一条规定："承包地被依法征收，放弃统一安置的家庭承包方，请求发包方给付已经收到的安置补助费的，应予支持。"第二十二条规定："农村集体经济组织或者村民委员会、村民小组，可以依照法律规定的民主议定程序，决定在本集体经济组织内部分配已经收到的土地补偿费。征地补偿安置方案确定时已经具有本集体经济组织成员资格的人，请求支付相应份额的，应予支持。但已报全国人大常委会、国务院备案的地方性法规、自治条例和单行条例、地方政府规章对土地补偿费在农村集体经济组织内部的分配办法另有规定的除外。"

《土地承包纠纷解释》对于土地征收补偿费用的基本立场是：地上附着物和青苗的补偿费是对财产所有人财产损失的补偿，安置补助费是对需安置人员丧失具有生活保障功能的土地承包经营权的补偿，而土地补偿费则是对集体土地所有权消灭的补偿。其中，土地补偿费分配纠纷是涉农纠纷中的热点、焦点，更是审判实务中的难点。土地补偿费是对农民集体所有的集体土地所有权消灭的补偿；土地补偿费的受益主体不是承包地被征收的农户，更不是作为集体土地经营管理者的农村集体经济组织或者村委会、村民小组，而是该集体经济组织内部所有具有成员资格的人。否定这一点，就等于否定了由集体经济组织成

---

① 参见杜豫苏主编：《物权纠纷裁判依据新释新解》，人民法院出版社 2014 年版，第 107～109 页。

员组成的集体在“农民集体所有”制度中的应有地位。对“征地补偿安置方案确定时”的理解，应当注意这既不是土地补偿费分配方案确定时或者征收土地方案批准时，也不是征收补偿费用实际支付时。有观点认为，征地补偿安置方案确定时与集体经济组织内部通过民主议定程序确定土地补偿费分配方案时客观地存在一个时间差。如以前者为基准，则会导致在该时间差内取得并具有该集体经济组织成员资格的人，无法获得相应的土地补偿费分配权。此种结果与土地补偿费受益主体应为该集体经济组织内部全体成员的理念不符。这里需要区分两个概念：受益主体与受分配主体。受益主体体现的是土地补偿费利益所及的终极性，而受分配主体范围的确定只能以某一时间点集体经济组织成员数为参照依据。否则，在集体经济组织成员数量因生死婚嫁等原因随时处于变化状态以及集体经济组织（自然共同体）具有长久延续性的情况下，将视角过分关注于某种“不确定”因素的结果，就永远无法把土地补偿费分配至集体经济组织成员手中。因为任何一个时间点的确定，都不能解决前述观点的担心。受分配主体范围的确定，不可能也无法考虑其后新增成员。至于征收补偿方案确定后新增集体经济组织成员之利益，可以通过自然人民事主体间财产的民法延续方式解决（如共同财产制以及继承等）。在这个基础上，土地补偿费的受益主体是该集体经济组织内部全体成员的价值，才得以彰显。所以，将土地补偿费受益主体与受分配主体混同的观点是不正确的。在这个前提下，界定土地补偿费受分配主体范围的时间点时，应当考虑三个方面的问题：一是确定性要强；二是公信度要高；三是消极后果要小。从这三个方面比较看，征地补偿安置方案确定时无疑是最适当的选择。[①]

从另一个角度讲，《土地承包纠纷解释》第二十二条至第二十四条规定的基本内容和考虑是：（1）地上附着物和青苗补偿费是对被征地农户财产损失的补偿，理应支付给承包方；（2）安置补助费是对被征地农户丧失土地承包经营权的补偿，只要该农户放弃统一安置，该笔费用亦应支付给他；（3）土地补偿费系对集体土地所有权丧失的补偿，其分配主体应当是征地补偿安置方案确定时所有具有本集体经济组织成员资格的人，这也是成员自益权的体现。国发〔2004〕28号《国务院关于深化改革严格土地管理的决定》规定，省、自治区、

---

① 辛正郁：《解读〈关于审理涉及农村土地承包纠纷案件适用法律若干问题的解释〉》，载《解读最高人民法院司法解释之民事卷》，人民法院出版社2011年版，第385～386页。

直辖市人民政府应当根据土地补偿费主要用于被征地农户的原则，制定土地补偿费在集体经济组织内部的分配办法。考虑到土地补偿费分配机制的改革趋势，为使《土地承包纠纷解释》的规定能够与日后新出台的相关规范性文件衔接，《土地承包纠纷解释》第二十四条后段另作了特别规定，即已报全国人大常委会、国务院备案的地方性法规、自治条例和单行条例、地方政府规章对土地补偿费在农村集体经济组织内部的分配办法另有规定的除外。[①]

七、对案例 23、案例 24 的简要评析

在案例 23 中，首先要认定银盆岭村委会与石岭塘村委会签订的《土地划拨补偿协议》的效力问题。该协议是双方当事人的真实意思表示，并不违反法律、行政法规的强制性规定，合法有效。其次要尊重《土地划拨补偿协议》中“如甲方改变用地性质或转让，所得利润双方各分配 50%”的约定。涉及被划拨的土地性质改变，用于商业开发，该增值部分显然属于集体所有性质，依据双方约定，石岭塘村委会应当分得利润的一半。

在案例 24 中，涉及“外嫁女”利益的保护问题。认定原告田某是否具有杉树组集体经济组织成员资格，要根据原告田某的户籍情况、实际生产、生活情况以及是否以集体组织的土地作为基本生活保障等因素综合认定。田某外嫁他村，户口并没有迁出，土地也没有减少，在“婆家”并没有享有集体成员权益。因此，“娘家”所在的村组应当给予集体成员资格待遇，享有土地补偿费分配权益。

第三节 私人所有权

一、问题的提出

改革开放以来，随着经济发展，人民生活水平不断提高，私有财产日益增加，迫切要求切实保护他们通过辛勤劳动积累的合法财产。《民法典》物权编

---

① 参见《最高人民法院有关负责人就〈关于审理涉及农村土地承包纠纷案件适用法律若干问题的解释〉答记者问》，载《解读最高人民法院司法解释之民事卷》，人民法院出版社 2011 年版，第 399～400 页。

第二分编第五章将国家所有权、集体所有权、私人所有权并列规定，强调三者同等重要，平等保护。[①] 为了完善保护私人财产的法律制度，我国民法物权对私人所有权作出了专门的规定，有关民法物权的基础原则和物权保护等规定，对公民财产以及非公有制企业的财产都是适用的。

在研究私人所有权之前，先看一则案例。

案例 25："红帽子"当否摘掉？

某乡农民王某、张某、李某三人于1986年共同投资10万元，成立了冶炼厂，由王某任厂长，挂靠在乡政府企业办，领取了集体性质的非法人营业执照。1991年6月，冶炼厂变更为集体性质的法人营业执照，主管单位仍然是乡政府企业办。自"十五大"以来，鼓励发展私营经济，王某、张某、李某三人便向人民法院提起诉讼，请求确认冶炼厂的产权归其三人共有。乡政府坚持认为冶炼厂是乡政府所开办的集体性质的法人企业（工商登记情况足以为证)，其产权归乡政府集体所有。

上述案例，涉及私人所有权的保护问题。试问：何谓私人所有权？如何行使？本案中冶炼厂的所有权是私人所有还是集体所有？

二、私人所有权的法律意义

私人所有权是指私人对其所有的财产依法享有的全面的支配权，主要包括占有、使用、收益和处分其财产的权能以及排除他人干涉的权能。"私人"与国家、集体相对应的物权主体，不但包括自然人，也包括个人独资企业、个人合伙等非公有制企业。[②]《民法典》第二百六十七条规定："私人的合法财产受法律保护，禁止任何组织或者个人侵占、哄抢、破坏。"私人合法收入、房屋、储蓄、投资及收益、生活用品、文物、图书资料、林木、牲畜、法律允许私人所有的生产资料以及其他合法财产。言外之意，非法获取的财产，不但不能受到法律保护，而且行为人要依法承担没收、返还原物、赔偿损失等法律责任，构成犯罪的，还要依法追究刑事责任。[③]

---

① 参见梁慧星、陈华彬：《物权法》（第6版），法律出版社2019年版，第117页。

② 参见黄薇主编：《中华人民共和国民法典释义（上）》，法律出版社2020年版，第491页。

③ 参见黄薇主编：《中华人民共和国民法典释义（上）》，法律出版社2020年版，第493页。

以自然人为例，作简要说明：

1. 合法收入。这是指自然人在法律许可的范围内，用自己的劳动或其他方式所取得的货币或实物。它主要包括公民从事脑力劳动或体力劳动所取得的工资、奖金、报酬、稿酬、退休金、离休金等；农民承包土地、森林、山岭、草原、荒地、滩涂、水面，以及经营自留地、自留山和家庭副业的收入；个体劳动者从事个体经营所得的收入。还包括公民合法取得的其他收入，如通过买卖、赠与、继承所取得的收入；出租房屋所取得的租金；等等。这些收入可以是货币，也可以是法律不禁止个人所有的其他财物。

2. 房屋。公民自然人所有的房屋，不论是自住、出租还是用作店铺从事个体经营，其所有权都受法律保护，任何个人或单位都不得非法占用、毁坏、查封。如果因国家建设需要，必须占用或拆除公民所有的房屋时，应按照国家有关政策，对房屋的所有人给予妥善的安排和补偿。

3. 生活用品。这是指自然人所有的直接用于本人及家庭成员的衣、食、住、行以及文化娱乐的消费性财产，如公民的衣服、食物、家具、电器、家庭日用品、交通工具等。

4. 文物、图书资料。文物是具有特殊历史、艺术、科学价值的物品，我国法律对于文物规定了特殊的法律制度。自然人个人可以拥有如古建筑物、传世文物以及国家非重点保护文物等的所有权。图书资料主要是指自然人个人所有的书籍、图片、卡片、录音录像资料、动植物标本等。

5. 林木。这主要指自然人在房前屋后以及农民在宅基地、自留地等地种植的林木。林地的承包人可以对承包林地栽种的林木拥有所有权。

6. 牲畜。这里主要是指自然人所有的家禽、家畜，也包括公民饲养的其他动物。

7. 法律允许私人所有的生产资料。这里主要指农民从事家庭副业、个体工商户从事个体经营、个人合伙企业以及私人独资企业从事生产所需要的生产资料等。目前自然人个人拥有生产资料的范围和种类有不断扩大的趋势。

三、以划拨方式取得土地上建造的私有房屋亦可依法流转

以划拨方式取得的土地上建造的私有房屋，所有权人在取得当地有批准权的人民政府的允许，办理土地使用权出让手续后，有权转让该土地上的房产。这一规则，体现在《最高人民法院公报》登载的于某库诉董某斌、董某珍房屋

买卖纠纷案中。二审法院经审理认为,《合同法解释（一）》第九条中规定:“依照合同法第四十四条第二款的规定，法律、行政法规规定合同应当办理批准手续，或者办理批准、登记等手续才生效，在一审法庭辩论终结前当事人仍未办理批准手续的，或者仍未办理批准、登记等手续的，人民法院应当认定该合同未生效；法律、行政法规规定合同应当办理登记手续，但未规定登记后生效的，当事人未办理登记手续不影响合同的效力，合同标的物所有权及其他物权不能转移。”参照这一规定，上诉人于某库在一审提起诉讼之前，早已分别办理了涉案房屋的产权证和土地使用权证，成为该房屋的合法产权人。于某库以合法产权人的身份与被上诉人董某斌、董某珍签订的房屋买卖协议，依法成立。根据“地随房走”的原则，于某库在出售自己的房产时，其以划拨方式取得的土地使用权，在依法补办相应手续后，也是可以转让的，故于某库的上诉理由不能成立，应予驳回。原审认定事实清楚，证据充分，适用法律正确，判处恰当，审判程序合法，应予维持。[①] 本案例作为最高人民法院公报案例的价值在于，人民法院不仅通过本案确立了以划拨方式取得的土地上建造的私有房屋，所有权人在取得当地有批准权的人民政府允许办理了土地使用权出让手续后，有权转让该土地上的房产的裁判规则；更重要的是，确立了违反法律规定的合同并非一律无效的裁判规则。

《商品房买卖合同解释》对于商品房买卖合同效力的认定，正式采取了不轻易确认无效的观点。“应尽量尊重双方当事人的意思表示，不轻易确认合同无效。同时要求法官应当注意区分司法审判权与行政管理权的不同职能，正确行使审判权。因此，人民法院对于出卖人预售资格的审查，主要是看是否取得商品房预售许可证明，对其他预售条件的审查主要是行政管理部门的权限。对商品房买卖合同的备案问题，笔者认为这应当属于行政管理部门的一种合同管理措施，不是确认合同效力的必要条件”[②]，否认了《房地产管理法》第四十四条中除预售许可证以外的其他强制性规定在合同效力上的适用。

---

① 《最高人民法院公报》2001 年第 4 期（总第 72 期）。

② 参见《最高人民法院有关负责人就〈关于审理商品房买卖合同纠纷案件适用法律若干问题的解释〉答记者问》，载《解读最高人民法院司法解释之民事卷》，人民法院出版社 2011 年版，第 493 页。

四、对案例 25 的简要评析

本案中的情形，反映了我国在特殊的历史时期出现的特殊经济现象，亦给我国法律在实务中的应用提出了挑战，可以说，目前的法律、行政法规在涉及企业产权确认方面十分匮乏，以致在司法实践中的处理也不尽一致。

在 20 世纪 80 年代，由于各种原因，不少投资者自己投资，而以集体企业的名义登记注册，或是成立企业之后挂靠在集体、国有企业、行政事业单位名下，以此掩盖自己私营经济的性质，这样，既可免除国家政策不稳带来的风险，又可享受国家对集体、国有企业的优惠政策，这些企业被形象地称为戴“红帽子”的企业。自党的十五大鼓励非公有制经济发展以来，要求摘“红帽子”的纠纷越来越多，前述案例即为典型。

在本案实体处理时，应当遵循“谁投资谁拥有产权”的原则。虽张某等三人是冶炼厂的投资人，但应当查明冶炼厂在享受各种优惠政策时形成的财产，从而正确界定张某等三人和乡政府在冶炼厂中所拥有的产权。因此，对于张某等三人的诉讼请求应当慎重处理，不可轻易驳回，亦不可轻易全部支持。

第三章　业主的建筑物区分所有权

第一节　业主的建筑物区分所有权概说

随着高层建筑的出现，众多人同时居住在一个建筑物之中，因而，建筑物区分所有的问题一直是热点、难点之一。《民法典》第二百七十一条至第二百八十七条对业主的建筑物区分所有权作了明确规定，为现实生活和司法实务提供了法律依据。2009 年 10 月 1 日实施的《区分所有权解释》和《物业服务解释》（随着《民法典》的实施，两个司法解释在 2020 年进行了修正），统一了该类纠纷案件的裁判尺度。

一、业主的建筑物区分所有权的法律意义

依据《民法典》第二百七十一条“业主对建筑物内的住宅、经营性用房等专有部分享有所有权，对专有部分以外的共有部分享有共有和共同管理的权利”的规定，业主的建筑物区分所有权，是指数人区分一建筑物而各专有其一部分，就专有部分有单独所有权，并就该建筑物及其附属物的共同部分，除另有约定外，按其专有部分比例共有的建筑物所有权。①

建筑物区分所有权，德国法称之为“住宅所有权”，法国法称之为“住宅分层所有权”，瑞士法称之为“楼层所有权”，英美法称之为“公寓所有权”，日本和我国台湾地区称之为“建筑物区分所有权”。② 不同的国家和地区，对建筑物区分所有权的名称不一，但无本质区别。

---

① 随着住宅商品化，建筑物向多层、高层发展，一栋高楼通常为众多住户所有，这种现象就是建筑物区分所有。建筑物区分所有权包括住户就高层建筑物中对其住宅等专有部分等享有的所有权，对电梯、过道等共有部分享有的共有和共同管理的权利。参见中国人大网。

② 参见梁慧星、陈华彬：《物权法》（第 6 版），法律出版社 2019 年版，第 144 页。

业主是指享有建筑物专有部分所有权的人。[①]《区分所有权解释》第一条规定："依法登记取得或者依据民法典第二百二十九条至第二百三十一条规定取得建筑物专有部分所有权的人，应当认定为民法典第二编第六章所称的业主。基于与建设单位之间的商品房买卖民事法律行为，已经合法占有建筑物专有部分，但尚未依法办理所有权登记的人，可以认定为民法典第二编第六章所称的业主。"业主的建筑物区分所有的法律特征表现为：

1. 业主的建筑物区分所有是建筑物所有权的共有。建筑物区分所有指的是建筑物的所有权形式，因而与一般的动产所有权和其他不动产所有权不同。这种建筑物首先是指居民住宅，包括高层住宅和一般住宅；其次是指写字楼、办公楼，及法人、合伙和其他组织购买部分空间而构成区分所有；最后还包括可以区分所有的生产用建筑物。当这样的建筑物被其共有人按应有份所有时，就形成了建筑物区分所有。因此，业主的建筑物区分所有是建筑物所有权的共有形式。

2. 业主的建筑物区分所有包含专有和共有。任何一个建筑物区分所有人，对于该建筑物都有部分空间的专有权和某些空间的共用设施的共有。专有部分由自己独自占有、使用、收益、处分，任何人不得干预。共有部分，如共有的墙壁、屋顶、门窗、阶梯、楼道等，共同使用，共同所有，但又与共同共有不同，须永久维持其共有关系，永远不准分割。业主的建筑物区分所有是由专有和共有两部分构成的建筑物所有权的共有形式。

3. 业主的建筑物区分所有是按份共有和共同共有相结合的复合共有。在建筑物区分所有的权利人中，既按份享有所有权，又共同享有某些设施、空间的共有权，即在一个共有权中，既包括按份共有，又包括共同共有。因而，业主的建筑物区分所有是按份共有与共同共有相结合的特殊共有，是复合共有。

4. 业主的建筑物区分所有虽然为专有与共有的复合，但专有权具有主导性。在建筑物区分所有权的结构中，专有权是主导的权利，区分所有权人拥有专有权，就必然拥有共有权，在不动产登记上，只登记专有权即设立了区分所有权，共有权随此而发生，不单独进行登记。此外，专有权标的物的大小还决定共有权的应有份额，处分专有权的效力必然包括共有权在内的整个区分所有权。因而，业主的建筑物区分所有是专有与共有的复合，以专有为主导的共有权。

---

① 黄薇主编：《中华人民共和国民法典释义（上）》，法律出版社2020年版，第504页。

5. 业主为建筑物区分所有权的权利主体，其身份具有多重性。在建筑物区分所有权制度中，强调通俗易懂的“业主”概念，易于实践操作，亦有利于对建筑物区分所有权人的保护。基于建筑物区分所有权的三要素特征，与一般不动产所有权权利主体的单一性特征相比较，业主身份具有多重性，其既是专有所有权人，亦是共有所有权人，同时还是成员权主体。业主的主体范围亦应作广义解释，既可以是国家、国有企事业单位、集体所有制单位、各种社团及其他组织，也可以是中外合资、合作企业和独资企业，还可以是私营企业和公民。

二、业主的专有所有权的认定

专有所有权，又称“专有权”或“特别所有权”，既是建筑物区分所有权的“单独性灵魂”，又是建筑物区分所有权结构中的单独所有权要素。① 其含义依据《民法典》第二百七十二条的规定，即“业主对其建筑物专有部分享有占有、使用、收益和处分的权利。业主行使权利不得危及建筑物的安全，不得损害其他业主的合法权益”。

业主的建筑物的专有部分所有权必须满足三个要件：（1）各被区分部分在建筑物中有独立性，能够被明确区分；（2）须可供单独使用，即各被区分部分（独立单元）有其独立出入的门户，业主不必经邻室出入自己的单元，即可使用该独立单元，例如供住家、店铺、办公室、仓库等；（3）各区分所有权的专有部分具有排他性，即所有权人拥有排除他人非法进入、侵占、毁坏的权利。

建筑物区分使用权的专有部分除“住宅和经营性用房”之外，最高人民法院根据审判实践经验，在《区分所有权解释》第二条规定：“建筑区划内符合下列条件的房屋，以及车位、摊位等特定空间，应当认定为民法典第二编第六章所称的专有部分：（一）具有构造上的独立性，能够明确区分；（二）具有利用上的独立性，可以排他使用；（三）能够登记成为特定业主所有权的客体。规划上专属于特定房屋，且建设单位销售时已经根据规划列入该特定房屋买卖合同中的露台等，应当认定为前款所称的专有部分的组成部分。”

“住宅”依文义解释为“住家的房屋”，是指专供家庭、个人日常生活居住使用的房屋。“经营性用房”，是指用于商业、工业、旅游、写字楼等经营性活动的房屋。此类“住宅”“经营性用房”等专有部分的形态通常表现为建筑物

---

① 参见梁慧星、陈华彬：《物权法》（第6版），法律出版社2019年版，第150页。

区分使用权种类中的纵横分个区分所有建筑物，即通常所称的“单元”。这种可独立使用的权属单元以房屋的门牌号、栋、套（间）以及有具体权属权限的部分进行登记后，即具备了经济上与法律上的独立意义，可单独作为区分所有权客体，归属于业主单独所有。

三、业主的共有所有权的认定

共有所有权，又称“共有部分持分权”或“持分共有所有权部分”，是建筑物区分所有权结构中重要的“物法性”要素，其与另一“物法性”要素——专有所有权共同构成建筑物区分所有权制度的“两个灵魂”——共同性灵魂与单独性灵魂。[①] 共有所有权是指建筑物区分所有权人依照合同或管理规约的规定，在区分所有建筑物之共有部分所享有的占有、使用和收益的权利。

关于共有所有权，我国《民法典》第二百七十三条作了规定：“业主对建筑物专有部分以外的共有部分，享有权利，承担义务；不得以放弃权利为由不履行义务。业主转让建筑物内的住宅、经营性用房，其对共有部分享有的共有和共同管理的权利一并转让。”《区分所有权解释》第三条规定：“除法律、行政法规规定的共有部分外，建筑区划内的以下部分，也应当认定为民法典第二编第六章所称的共有部分：（一）建筑物的基础、承重结构、外墙、屋顶等基本结构部分，通道、楼梯、大堂等公共通行部分，消防、公共照明等附属设施、设备，避难层、设备层或者设备间等结构部分；（二）其他不属于业主专有部分，也不属于市政公用部分或者其他权利人所有的场所及设施等。建筑区划内的土地，依法由业主共同享有建设用地使用权，但属于业主专有的整栋建筑物的规划占地或者城镇公共道路、绿地占地除外。”

确定的共有部分。根据《民法典》第二百七十四条的规定，建筑区划内的道路，属于业主共有，但是属于城镇公共道路的除外。建筑区划内的绿地，属于业主共有，但是属于城镇公共绿地或者明示属于个人的除外。建筑区划内的其他公共场所、公用设施和物业服务用房，属于业主共有。在实践中，物业管理用房是归开发商还是全体业主存在争议。因为大多数开发商的做法是在开发楼盘的同时，自己就组建了物业公司，房子建完后就交给自己的物业公司进行管理，所以物业管理用房是开发商的，跟业主没有关系。这种做法是不对的，

---

① 参见梁慧星、陈华彬：《物权法》（第 6 版），法律出版社 2019 年版，第 158 页。

因为建筑都是业主掏的钱，当然应该是全体业主共有的。

楼顶空间是否归全体业主所有？现在高层建筑中，最高的下一层房间价格卖得最高，而最高层的房间价格就低多了。这时候开发商又想办法了，把顶层空间卖给顶层的业主，业主可以做成一个空中花园，买一个200平方米的房子，送你一个200平方米的楼顶做空中花园，又是一个“双赢”的局面，但楼顶空间是全体业主共有的。就是按照“壁心说”，[①]顶层的业主的专有部分，楼顶到壁心以下都是他的，壁心以上的就是共有的，按照“最后粉刷表层说”（该说认为专有部分应包括壁、柱等的表层所粉刷部分），除了粉刷的部分，顶层的楼板都是共有的。因此，开发商把楼顶空间卖给顶层业主，就侵犯了其他业主的合法权益。

住宅小区外墙面的所有权如何认定？《民法典》第二百七十一条规定：“业主对建筑物内的住宅、经营性用房等专有部分享有所有权，对专有部分以外的共有部分享有共有和共同管理的权利。”由此可见，居民住宅小区的外墙面不属于专有部分，单个居民对与其专有部分紧密相连的外墙面不拥有所有权，居民住宅小区的外墙面属于小区全体业主共同所有。对此，《区分所有权解释》第三条第一款将外墙面确定为法定共有部分。如业主购房时开发商以特别约定的方式保留外墙面的权利，则属于开发商未经全体业主同意的情况下，擅自对外墙面的所有权进行处分，属于无权处分行为，当需“双过半”同意方可有效，否则该条款是无效的。同时，亦可从格式条款方面认定限制了业主的权利，认定为无效条款。

四、绿地权属关系的认定

《民法典》第二百七十四条规定，建筑区划内的绿地，属于业主共有，但

---

① “壁心说”，该学说认为，区分所有建筑物专有部分的范围达到墙壁、柱、地板、天花板等境界部分厚度的中心。由于专有部分的范围包含境界中心线以上部分，不排除各专有部分的所有权人对该以上部分无所顾忌地行使所有权，以致会损害到埋设于墙壁内的各种管线乃至整个楼房的安全。如黄宏和巩汉林表演的小品《砸墙》，邻居两家共有一堵墙，这一家想着把墙打到壁心，做成一个壁橱，对面那家也这么想，这么一砸，都到壁心了，可是墙就通了，成了一个“门”。所以，“壁心说”有一定的道理，但是有缺点，即共同的墙应当是共有的，如果一家一半，自己的那一半可以自由处分，都拆掉了，房子就塌了。所以“壁心说”的最大缺点就在这里，它把共有的部分也给分了。

属于城镇公共绿地或者明示属于个人的除外。该规定说明，建筑规划的绿地，原则上属于业主共有，但也有专属于个人使用的例外情形。现实生活中，经常有开发商与买受人签订商品房买卖合同或补充协议规定，位于底层商品房窗前，建有合围设施，由买受人专有使用院落（绿地），该绿地连同底层商品房一起向买受人出售。然而，按照《民法典》物权编的规定，要使绿地专属于个人，需要符合相关条件，即立法条文所表述的“明示属于个人”。而要达到“明示”这一条件，必须符合下列要素：一是窗前绿地规划必须经过规划部门事先批准。如果商品房规划已经有关部门批准而窗前绿地没有报批，或者报批后未经批准，或者开发商与一层业主私下达成窗前绿地专有使用权买卖协议后补办了规划批准手续的，都不能认定窗前绿地买卖合同有效。二是开发商或销售商在出售商品房时，必须通过广告、合同或者其他有效方式向其他业主明示窗前绿地属于一层住宅业主专有（独占）使用。申言之，开发商或者销售商必须有证据证明，在销售商品房时，其他业主知道或者应当知道窗前绿地按照规划和合同约定属于底层住宅业主专有使用。需要注意的是：第一，窗前绿地一般与底层住宅一同取得，一同移转让与。实践中业主之间转让窗前绿地的，只要该绿地符合上述条件，且转让手续合法，则该绿地转让行为应当认定为有效。第二，底层业主取得的窗前绿地权利，仅仅是使用权，而不是所有权，因为城市土地归国家所有，业主对建筑物所依附的土地以及所取得的绿地只享有使用权而不具有所有权，业主只对绿地上的植物享有所有权。第三，窗前绿地不得妨碍建筑区内公共道路、公共场所、共用设施及物业服务用房等有关共用事业的建设和使用。第四，窗前绿地的土地专有使用权费用及绿地维护费用应单独计算，由享有绿地的一层业主承担，其他区分所有权人不承担此项费用。①

庭院绿地使用权的归属必须根据房屋买卖双方的协议内容及物权登记情况加以确定。对于与业主所购房屋毗邻庭院绿地的权属问题，不能仅仅依据房地产开发商的售楼人员曾向业主口头承诺“买一楼房屋送花园”，以及该庭院绿地实际为业主占有、使用的事实，即认定业主对该庭院绿地享有独占使用权。该庭院绿地作为不动产，其使用权的归属必须根据房屋买卖双方正式签订的商

---

① 最高人民法院民事审判第一庭编：《民事审判指导与参考》2008 年第 2 辑（总第 34 辑），法律出版社 2008 年版，第 183～184 页。

品房买卖协议及物权登记情况加以确定。[①]

《最高人民法院公报》刊载的青岛中南物业管理有限公司南京分公司诉徐某太、陆某侠物业管理合同纠纷案中，确立了审理业主与物业公司物业服务合同纠纷以及绿地权属纠纷的三项裁判规则：（1）业主与所在小区的物业管理公司签订物业管理服务协议后，即与物业管理公司之间建立了物业管理服务合同关系。物业管理公司作为提供物业管理服务的合同一方当事人，有义务依约进行物业管理，要求业主遵守业主公约及小区物业管理规定，有权对于违反业主公约及物业管理规定的行为加以纠正，以维护小区正常的物业管理秩序，维护小区全体业主的共同利益。当业主不按照整改要求纠正违反业主公约和物业管理规定的行为时，物业管理公司作为合同一方当事人，有权依法提起诉讼。（2）对于与业主所购房屋毗邻庭院绿地的权属问题，不能仅仅依据房地产开发商的售楼人员曾向业主口头承诺"买一楼房屋送花园"，以及该庭院绿地实际为业主占有、使用的事实，即认定业主对该庭院绿地享有独占使用权。该庭院绿地作为不动产，其使用权的归属必须根据房屋买卖双方正式签订的商品房买卖协议及物权登记情况加以确定。（3）业主不得违反业主公约及物业管理规定，基于个人利益擅自破坏、改造与其房屋毗邻的庭院绿地。即使业主对于该庭院绿地具有独占使用权，如果该庭院绿地属于小区绿地的组成部分，业主在使用该庭院绿地时亦应遵守业主公约、物业管理规定等关于小区绿地的管理规定，不得擅自破坏该庭院绿地，损害小区其他业主的合法权益。[②]

五、建筑物专有部分和共有部分的界定标准

按照建筑物区分所有权理论通说认为，界定专有部分的标准是"具有构造和利用上的独立性"。此外，专有部分属于不动产，而不动产所有权的取得一般须经登记。因此，有必要把登记作为界定专有部分的标准之一。尽管目前还存在一些本应属于专有部分却无法登记的情况，但并不意味着以后不能办理登记。所以，《区分所有权解释》将"登记"表述为"能够登记"。除了建筑物内住宅、经营性用房等房屋外，《区分所有权解释》从现实生活出发，规定专有

---

① 刘德权主编：《最高人民法院裁判意见精选（上）》，人民法院出版社2011年版，第107页。

② 详见《最高人民法院公报》2007年第9期（总第131期）。

部分的范围还包括整栋建筑物、特定空间及露台等。[①]

在审判实践中，认定建筑物区分使用权的专有部分，应立足最高人民法院《区分所有权解释》第二条确立的三个要件：一是构造上的独立性，指此专有部分与彼专有部分在建筑构造上能客观地区分其范围。二是使用上的独立性，指各专有部分须与一般独立的建筑物相同，能满足一般生活需要。三是通过登记予以公示并表现出法律上的独立性，通过登记使被分割的各个部分在法律上成为各个所有权的客体。具体可以从两个方面来掌握：第一，专有部分必须能够与外界隔离而能独立使用。凡是开放式的建筑空间或不能独立使用的部分，如某一单元中的一个居室或一个阳台，为多个区分所有人共同使用的楼梯，都不能构成专有部分。第二，关于专有部分的法律性质，通说认为是一种空间所有权。业主对建筑物专有部分所有权的权利范围原则上以由四周的墙壁、地板以及天花板所组成的空间为限，但是不及于作为整栋建筑物主体结构的柱、梁、墙，以及两个或多个相邻建筑物区分所有权人共用的墙壁。[②]

实践中很多建筑物区分所有权纠纷都是围绕共有部分产生的。综合实践中有关共有部分界定争议的实际情况并经反复研究，《区分所有权解释》采用了列举、排除加兜底的方法，明确了共有部分的含义，以便于解决审判实践中的问题。为了条文文字的简洁，司法解释对法定共有部分不再重复。法定共有部分包括建筑区划内的道路（属于城镇公共道路的除外）、绿地（属于城镇公共绿地以及明示属于个人的除外）、其他公共场所、公用设施和物业服务用房、占有业主共有的道路或者其他场所用于停放汽车的车位及电梯、水箱等。此外，司法解释也就天然共有部分作出了明确规定。天然共有部分，即法律没有规定，合同也没有约定，而且一般也不具备登记条件，但从其属性上天然属于共有的部分，包括建筑物的基本结构部分、公共通行部分、公共设施设备部分和公共空间等，其中明确列举外墙面、屋顶、通道等属于共有部分，是为了便于解决审判实践中的纠纷。因共有部分很难通过列举的方法予以穷尽，按照"非特定

---

① 最高人民法院民事审判第一庭负责人：《解读〈最高人民法院关于审理建筑物区分所有权纠纷案件具体应用法律若干问题的解释〉、〈最高人民法院关于审理物业服务纠纷案件具体应用法律若干问题的解释〉》，载《民事法律文件解读》2009年第6辑（总第54辑），人民法院出版社2009年版，第19页。

② 最高人民法院物权法研究小组编著：《〈中华人民共和国物权法〉条文理解与适用》，人民法院出版社2007年版，第226页。

权利人所有即为业主共有”的思路，司法解释还专门作出了兜底性规定。满足下列两个条件的应当认定为共有部分：（1）不属于业主专有部分；（2）不属于市政公用部分或者其他权利人所有。

第二节 业主的权利和义务

一、问题的提出

业主为建筑物区分所有权的权利主体，其身份具有多重性。在我国，商品房的所有人习惯上称为“业主”，作为“业主”财产的房屋称为“物业”。《物业管理条例》将“业主”界定为物业的所有权人或者房屋的所有权人。《民法典》物权编的建筑物区分所有权制度中，强调通俗易懂的“业主”概念，易于实践操作，亦有利于对建筑物区分所有权人的保护。

在研究业主的权利和义务之前，先看一则案例。

案例 26：久乐业主大会诉环亚公司业主共有权纠纷案[①]

2004 年 3 月，被告环亚公司取得上海市虹口区久乐大厦底层、二层房屋的产权，底层建筑面积 691.36 平方米、二层建筑面积 910.39 平方米。环亚公司未支付过上述房屋的专项维修资金。2010 年 9 月，原告久乐业主大会经征求业主表决意见，决定由久乐业主大会代表业主提起追讨维修资金的诉讼。久乐业主大会向法院起诉，要求环亚公司就其所有的久乐大厦底层、二层的房屋向原告缴纳专项维修资金 57566.9 元。被告环亚公司辩称，其于 2004 年获得房地产权证，至本案诉讼有 6 年之久，原告从未主张过维修资金，该请求已超过诉讼时效，不同意原告之诉请。

上海市虹口区人民法院于 2011 年 7 月 21 日作出（2011）虹民三（民）初字第 833 号民事判决：被告环亚公司应向原告久乐业主大会缴纳久乐大厦底层、

① 详见最高人民法院指导案例 65 号。该案裁判要点：专项维修资金是专门用于物业共用部位、共用设施设备保修期满后的维修和更新、改造的资金，属于全体业主共有。缴纳专项维修资金是业主为维护建筑物的长期安全使用而应承担的一项法定义务。业主拒绝缴纳专项维修资金，并以诉讼时效提出抗辩的，人民法院不予支持。

二层房屋的维修资金57566.9元。宣判后，环亚公司向上海市第二中级人民法院提起上诉。上海市第二中级人民法院于2011年9月21日作出（2011）沪二中民二（民）终字第1908号民事判决：驳回上诉，维持原判。

在上述案例中，涉及业主共有权问题。试问：如何界定业主？业主的主要权利义务有哪些？业主的成员权有哪些？

二、业主身份的界定标准

"业主"在建筑物区分所有权理论中被称为建筑物区分所有权人。明确业主身份的界定标准，是确定业主权利义务的前提。《区分所有权解释》第一条规定："依法登记取得或者依据民法典第二百二十九条至第二百三十一条规定取得建筑物专有部分所有权的人，应当认定为民法典第二编第六章所称的业主。基于与建设单位之间的商品房买卖民事法律行为，已经合法占有建筑物专有部分，但尚未依法办理所有权登记的人，可以认定为民法典第二编第六章所称的业主。"依法登记取得专有部分所有权的人、依据生效法律文书取得专有部分所有权的人、继承或者受遗赠取得专有部分所有权的人、合法建造房屋行为取得专有部分所有权的人，这四类人应当认定为业主。这是界定业主身份的一般规则。

但在现实生活中，基于商品房买受人与房地产开发企业之间的商品房买卖民事法律行为，房屋买受人在已经合法占有使用专有部分的情况下，但尚未依法办理所有权登记的情形大量存在。在此情况下，如果仅以是否已经依法登记取得所有权作为界定业主身份的标准，将与现实生活产生冲突，并可能对前述人群应当享有的权利造成损害。这部分人对共有部分的利用以及共同管理权的行使需求更为强烈，与其他业主之间的联系程度也更为直接和密切，因此，有必要对其"业主身份"问题进行特别规定。为了更好地维护业主自治秩序和建筑物区分所有权法律关系的和谐稳定，根据物权法等法律规定精神，《区分所有权解释》及《物业服务解释》对这种情形下的业主身份认定问题作出特别规定，即可以认定其为业主。这样的规定既可以有效地统一司法评价标准，也符合民法物权的规定精神，适应现实生活。同时，还可以引导这部分人及时办理物权登记。①

最高人民法院的观点是，正确界定业主身份，应综合采用四项标准：(1) 是否具有业主身份，应当以登记为准；(2) 判断是否具有业主身份，不能仅看登记，只要是符合所有权取得方式，都应认定为业主；(3) 在认定当事人是否具有业主地位的时候，必须考虑到当前的登记实践，不能忽视现实生活中大量存在的事实物权，只要是根据买卖、赠与等旨在转移专有部分所有权的民事法律行为，已经合法转移该专有部分，尽管尚未依法办理所有权登记，但也可以认定其业主身份；(4) 必须对扩大认定业主的范围进行必要限制，在依法取得专有部分使用权的大原则下，例外情形的设置要有一个度，最好只对一手房买卖的业主身份作出相应规定，至于二手房买卖情况下业主身份的认定问题，可以比照一般原则加上对一手房买卖的特别规定的精神，结合案件具体事实来认定。②

《最高人民法院关于审理房屋登记案件若干问题的规定》(法释〔2010〕14 号) 第五条规定："同一房屋多次转移登记，原房屋权利人、原利害关系人对首次转移登记行为提起行政诉讼的，人民法院应当依法受理。原房屋权利人、原利害关系人对首次转移登记行为及后续转移登记行为一并提起行政诉讼的，人民法院应当依法受理；人民法院判决驳回原告就在先转移登记行为提出的诉讼请求，或者因保护善意第三人确认在先房屋登记行为违法的，应当裁定驳回原告对后续转移登记行为的起诉。原房屋权利人、原利害关系人未就首次转移登记行为提起行政诉讼，对后续转移登记行为提起行政诉讼的，人民法院不予受理。"《买卖合同解释》第六条规定："出卖人就同一普通动产订立多重买卖合同，在买卖合同均有效的情况下，买受人均要求实际履行合同的，应当按照以下情形分别处理：(一) 先行受领交付的买受人请求确认所有权已经转移的，人民法院应予支持；(二) 均未受领交付，先行支付价款的买受人请求出卖人履行交付标的物等合同义务的，人民法院应予支持；(三) 均未受领交付，也未支付价款，依法成立在先合同的买受人请求出卖人履行交付标的物等合同义

---

① 最高人民法院民事审判第一庭负责人：《解读〈最高人民法院关于审理建筑物区分所有权纠纷案件具体应用法律若干问题的解释〉、〈最高人民法院关于审理物业服务纠纷案件具体应用法律若干问题的解释〉》，载《民事法律文件解读》2009 年第 6 辑（总第 54 辑），人民法院出版社 2009 年版，第 19～25 页。

② 参见最高人民法院民事审判第一庭编：《最高人民法院建筑物区分所有权、物业服务司法解释理解与运用》，人民法院出版社 2009 年版，第 22～23 页。

务的，人民法院应予支持。”

三、业主作为所有权人的主要权利和义务

（一）业主的主要权利

业主作为所有权人的权利主要有：

1. 业主对其专用部分享有占有、使用、收益和处分的权利。根据《民法典》第二百七十二条的规定，业主对其建筑物专有部分享有占有、使用、收益和处分的权利。按照此规定，业主对建筑物内属于自己所有的住宅、经营性用房等专有部分可以直接享有占有、使用、收益、处分的权利。[①]业主行使权利不得危及建筑物的安全，不得损害其他业主的合法权益。业主在不违背区分所有建筑物本身用途的前提下，可以自由用益和处分其专用部分。如业主可以自己居住，也可以出租、出借、出典、设定抵押、出卖等。为增加专用部分的使用价值，在不损坏区分所有建筑物结构的情况下，可以任意装饰其专用部分。这些装饰物即使固定在建筑物上而无法分离，仍归其业主所有。

2. 业主在行使区分所有权时，有权排除他人干涉和限制。区分所有权作为所有权的特殊形态，亦具有排他性。业主有权拒绝他人对其专用部分的不合理要求。

3. 业主在必要限度内，有权使用其他业主的专用部分或不属于自己共有的共用部分。所谓必要限度，限于为使用、保存或改良专用部分或共用部分所必需的范围内。如在郑州二建公司诉王某公有住房出售违约纠纷一案中，法院认为，建筑物区分所有权人只能在该建筑物中自己专有的部位行使所有权四项权能，未经该建筑物的其他区分所有权人和物业经营管理者、维修者许可，不得对该建筑物共有部位行使权利。[②]

4. 业主享有参与重大事务的权利。《民法典》第二百七十八条规定：“下列事项由业主共同决定：（一）制定和修改业主大会议事规则；（二）制定和修改管理规约；（三）选举业主委员会或者更换业主委员会成员；（四）选聘和解聘物业服务企业或者其他管理人；（五）使用建筑物及其附属设施的维修资金；（六）筹集建筑物及其附属设施的维修资金；（七）改建、重建建筑物及其附属

---

① 黄薇主编：《中华人民共和国民法典释义（上）》，法律出版社2020年版，第506页。

② 参见《最高人民法院公报》（2006年卷）。

设施；（八）改变共有部分的用途或者利用共有部分从事经营活动；（九）有关共有和共同管理权利的其他重大事项。业主共同决定事项，应当由专有部分面积占比三分之二以上的业主且人数占比三分之二以上的业主参与表决。决定前款第六项至第八项规定的事项，应当经参与表决专有部分面积四分之三以上的业主且参与表决人数四分之三以上的业主同意。决定前款其他事项，应当经参与表决专有部分面积过半数的业主且参与表决人数过半数的业主同意。”该条规定在《物权法》第七十六条基础上作了修改完善：一是将使用建筑物及其附属设施的维修资金单列一项，并降低通过这一事项的表决要求。二是增加规定“改变共有部分的用途或者利用共有部分从事经营活动”为业主共同决定的重大事项。三是适当降低业主作出决议的门槛。①

在审判实践中，为维护业主共同权益提起诉讼是否应当经过业主共同决定？主要表现为两种情况：一是占有共有部分的行为；二是解除物业服务合同。占有共有部分行为，往往是考虑到业主之间对于共有权存在不同意见。此类事项首先应交业主大会讨论，充分发挥业主自治的协调功能，也可以通过业主大会的形式在内部对持反对意见的业主进行安抚并与其沟通，为有关共同权益生效判决既判力及于全体业主奠定基础。如果业主提起诉讼，人民法院受理后应当对起诉的业主多做说明和解释工作，以求案件的处理达到最佳效果。解除物业服务合同书关乎全体业主利益的重大事项，如果未经业主大会讨论即可诉请解除物业服务合同，势必严重损害业主的权利，也将导致物业服务秩序的混乱。因此，决定解除物业服务合同应当由业主共同决定。②

（二）业主的主要义务

业主作为所有权人的义务主要有：

1. 业主使用其专用部分不得违反区分所有建筑物的使用目的。业主的使用行为如有不当，其他业主有权加以制止，如在仅供居住用的区分所有建筑物中开设工厂、歌舞厅、餐馆等，均属不当使用行为。这些行为不仅带来噪声、震动，影响他人生活安宁，而且也影响他人生活安全。

---

① 黄薇主编：《中华人民共和国民法典释义（上）》，法律出版社2020年版，第522页。

② 参见最高人民法院例分担贯彻实施工作领导小组主编：《中华人民共和国民法典物权编理解与适用（上）》，人民法院出版社2020年版，第380～381页。

2. 业主使用其专用部分不得妨害和损害其他业主的利益。如在自己的专用部分存放影响建筑物安全的危险品、圈养动物、大声喧哗等，他人有权加以禁止。业主大会和业主委员会，对任意弃置垃圾、侵占通道、排放大气污染物、施放噪声、违反规定饲养动物、违章搭建、拒付物业费等损害他人合法权益的行为，有权依照法律、法规以及管理规约，要求行为人停止侵害、消除危险、排除妨害、赔偿损失。业主对侵害自己合法权益的行为，可以依法向人民法院提起诉讼。

3. 业主不得损害或随意改变区分所有建筑物的结构。如随意改变处于其专用部分内的水、电、暖等供给系统，随意拆除影响建筑物牢固与完整的墙壁、梁柱等，其他业主有权禁止。如果业主违反上述义务，则应当承担相应的民事责任，如排除妨碍、消除危险、恢复原状、赔偿损失等。对此，《民法典》第二百七十九条规定，业主不得违反法律、法规以及管理规约，将住宅改变为经营性用房。业主将住宅改变为经营性用房的，除遵守法律、法规以及管理规约外，应当经有利害关系的业主一致同意。同时，《区分所有权解释》第四条规定："业主基于对住宅、经营性用房等专有部分特定使用功能的合理需要，无偿利用屋顶以及与其专有部分相对应的外墙面等共有部分的，不应认定为侵权。但违反法律、法规、管理规约，损害他人合法权益的除外。"据此，业主不得随意改变住宅的居住用途，是业主应当遵守的最基本的准则，也是业主必须承担的一项基本义务。①

4. 守法和规约义务。一是业主必须服从业主大会、业主委员会的决定，这也是构筑和谐家园的要求。对业主具有约束力的业主大会或者业主委员会的决定，必须是依法设立的业主大会、业主委员会作出的，必须是业主大会、业主委员会依据法定程序作出的，必须是符合法律、法规及规章，不违背公序良俗，不损害国家、公共和他人利益的决定。因此，《民法典》第二百八十条规定："业主大会或者业主委员会的决定，对业主具有法律约束力。业主大会或者业主委员会作出的决定侵害业主合法权益的，受侵害的业主可以请求人民法院予以撤销。"二是业主不得违法和违反规约。《民法典》第二百八十六条第一款规定："业主应当遵守法律、法规以及管理规约，相关行为应当符合节约资源、保护生态环境的要求。对于物业服务企业或者其他管理人执行政府依法实施的应急处置措施和其他管理措施，业主应当依法予以配合。"

---

① 黄薇主编：《中华人民共和国民法典释义（上）》，法律出版社2020年版，第533页。

四、业主作为共有权人的主要权利和义务

（一）业主作为共有权人的权利

业主作为共有权人的权利主要有：

1. 业主有权按共用部分的用途加以使用。日本关于建筑物区分所有的法律规定：各共有人对共用部分，得按其用法进行使用。即按照共用部分的种类、性质、构造使用共用部分，其他业主无权限制和干涉。如果业主按区分所有建筑物的非本来用法使用，则须由多数业主决定，或按规约的规定处理。如在屋顶开设娱乐场等。

2. 业主有权分享共用部分的收益。如果业主将共用部分用于营利性使用，则其收益应由业主分享。例如将共用的庭院开设停车场、在屋顶开设歌舞厅、出租外墙壁用作广告宣传等。对共用部分的收益，业主应按共有份额的比例分享。如法院在审理无锡市春江花园业主委员会诉上海陆家嘴物业管理有限公司等物业管理纠纷案认为：本案中争讼收益之产生，一方面得益于被告物业公司、无锡分公司的管理行为，另一方面也应注意到物管企业管理的物业属于全体业主共有。共有人对共有物享有收益权，这是一项法定权利。对该部分的收益分配，全体业主和物管企业可以通过合同约定进行分配，在没有约定的情形下，应当依法分配。本案中双方对该部分收益的分配没有合同根据，故应当按照法律规定进行分配。由于我国法律对此没有具体规定，故法院认为应当在不违反法律原则的前提下，公平合理分配共有部分物业的管理收益。物业管理有其特殊性，物管企业在实施物业管理期间其服务的对象为小区业主，而其对共有部分进行管理时业主并不给予报酬。如物管企业付出管理成本后不能获得经济回报，这对物管企业是不公平的。同时，小区共有部分作为小区全体业主的共有物，全体业主才是该物的所有权人，如果在收益分配上排除业主的权利，显而易见，这有悖法律原则。据此，在存有小区共有部分管理收益的情形下，该收益应主要归属于全体业主享有，同时物管企业付出了管理成本，也应享有合理的回报。法院认为本案对共有部分收益分配的比例，确定为原告业委会分得70%、物业公司分得30%较为合理。[①]

---

① 详见《最高人民法院公报》2010年第5期（总第163期）。

（二）业主作为共有权人的义务

业主作为共有权人的义务主要有：

1. 业主应维护共用部分的正常使用状态。不得随意改动共用部分的设置和结构，不得侵占共用部分，应保持共用部分的清洁。例如，业主不得在公用走廊堆放杂物，不得随意倒放垃圾，不得损坏消防、水电等设施，不得随意在公用庭院搭棚建屋，等等。

2. 业主应负担共用部分的正常费用。对于为使用、维修，管理共用部分所支出的费用，业主有分摊的义务。为全体共用部分所支出的费用，应由全体业主按其共有份额的比例分担；为部分共用部分所支出的费用，应由受益的业主按共有份额比例分担。共用部分的正常费用一般包括日常维修共用部分的费用、管理共用部分的费用、设置和更新共用设施的费用及建筑基地的负担（如土地使用费）等。

业主不履行上述义务的，其他业主有权请求排除妨碍、消除危险、恢复原状、赔偿损失。

五、业主的成员权

1. 业主的成员权概念。业主的成员权，是指业主基于同一栋建筑物的构造、权利归属及使用上的密切关系而形成的，作为建筑物管理团体中成员所享有的权利和承担的义务。[①] 成员权与上述两项权利明显不同的是，专有部分所有权与共有权是财产权，而成员权是业主基于共同的财产利益而形成的身份权，是各区分所有人就共同关系事务如何做出决定，以及该决定应如何被执行而享有的权利。成员权主要涉及如何从整体上管理、维护、使用、收益或处分建筑物的事宜。《民法典》第二百七十八条即对此作了详细规定。

2. 成员权的主要权利和义务。成员权的内容是成员权人所享有的具体权利。一般来说，同一建筑物内的区分所有人享有参与订立共同规则的权利、对有关建筑物的重大事项享有表决权；对物业管理人有选任和解任的权利。在现实生活中，各区分所有人的成员权主要是通过表决的方式予以实现的。除业主另有约定外，各业主的表决权与业主所拥有的份额成正比。

---

① 参见梁慧星、陈华彬:《物权法》(第 6 版)，法律出版社 2019 年版，第 166 页。

各业主在行使其成员权时，有遵守共同决议和规则的义务；接受管理者依约管理的义务。

六、对案例 26 的简要评析

《物权法》第七十九条[①]规定："建筑物及其附属设施的维修资金，属于业主共有。经业主共同决定，可以用于电梯、水箱等共有部分的维修。"《物业管理条例》第五十三条第二款规定："专项维修资金属于业主所有，专项用于物业保修期满后物业共用部位、共用设施设备的维修和更新、改造，不得挪作他用。"《住宅专项维修资金管理办法》第二条第二款规定："本办法所称住宅专项维修资金，是指专项用于住宅共用部位、共用设施设备保修期满后的维修和更新、改造的资金。"依据上述规定，维修资金性质上属于专项基金，系为特定目的，即为住宅共用部位、共用设施设备保修期满后的维修和更新、改造而专设的资金。它在购房款、税费、物业费之外，单独筹集、专户存储、单独核算。由其专用性所决定，专项维修资金的缴纳并非源于特别的交易或法律关系，而是为了准备应急性地维修、更新或改造区分所有建筑物的共有部分。由于共有部分的维护关乎全体业主的共同或公共利益，所以维修资金具有公共性、公益性。

《物业管理条例》第七条第四项规定，业主在物业管理活动中，应当履行按照国家有关规定交纳专项维修资金的义务。第五十三条第一款规定："住宅物业、住宅小区内的非住宅物业或者与单幢住宅楼结构相连的非住宅物业的业主，应当按照国家有关规定交纳专项维修资金。"依据上述规定，缴纳专项维修资金是为了特定范围的公共利益，即建筑物的全体业主共同利益而特别确立的一项法定义务，这种义务的产生与存在仅仅取决于义务人是否属于区分所有建筑物范围内的住宅或非住宅所有权人。因此，缴纳专项维修资金是一种旨在维护共同或公共利益的法定义务，其只存在补缴问题，不存在因时间经过而可以不缴的问题。

---

① 《民法典》第二百八十一条规定："建筑物及其附属设施的维修资金，属于业主共有。经业主共同决定，可以用于电梯、屋顶、外墙、无障碍设施等共有部分的维修、更新和改造。建筑物及其附属设施的维修资金的筹集、使用情况应当定期公布。紧急情况下需要维修建筑物及其附属设施的，业主大会或者业主委员会可以依法申请使用建筑物及其附属设施的维修资金。"

业主大会要求补缴维修资金的权利，是业主大会代表全体业主行使维护小区共同或公共利益之职责的管理权。如果允许某些业主不缴纳维修资金就可享有以其他业主的维修资金维护共有部分而带来的利益，其他业主就有可能在维护共有部分上支付超出自己份额的金钱，这违背了公平原则，并将对建筑物的长期安全使用，对全体业主的共有或公共利益造成损害。

在本案中，基于专项维修资金的性质和业主缴纳专项维修资金义务的性质，被告环亚公司作为久乐大厦的业主，不依法自觉缴纳专项维修资金，并以业主大会起诉追讨专项维修资金已超过诉讼时效进行抗辩，该抗辩理由不能成立。原告根据被告所有的物业面积，按照同期其他业主缴纳专项维修资金的计算标准算出的被告应缴纳的数额合理，据此判决被告应当按照原告诉请支付专项维修资金。

第三节 “住改商”与车库、车位

一、问题的提出

在业主的建筑物区分所有权纠纷案件中，“住改商”、车库与车位纠纷多见，且矛盾加剧。

案例 27：农行郧阳支行与郝某等排除妨害纠纷案[①]

二审法院认为，郝某等对房屋改造加装大门行为是为了对外进行出租获利，并不是为了出行方便。而且该大门进出于农行郧阳支行的行政院内，应与农行郧阳支行充分协商，并服从农行郧阳支行的统一管理和整体规划。依照《物权法》第七十七条“业主不得违反法律、法规以及管理规约，将住宅改变为经营性用房。业主将住宅改变为经营性用房的，除遵守法律、法规以及管理规约外，应当经有利害关系的业主同意”的规定，郝某等改造加装大门的行为没有得到利害关系业主农行郧阳支行的同意，农行郧阳支行起诉要求郝某等排除妨害、恢复原状的诉请符合法律规定，应予采纳。

① 详见湖北省十堰市中级人民法院（2018）鄂 03 民终 1367 号民事判决书。

案例 28：张某、耿某与碧桂园物业公司物业服务合同纠纷案[①]

二审法院认为，因本案讼争车位是初始规划车位，不属于在规划之外占用共有道路、配建绿地或者共有场地增设的车位，故依法不属于业主共有。按照《物权法》第七十四条第二款规定，规划车位的归属，由当事人通过出售、附赠或者出租等方式约定。因此，当事人的规划车位使用权归属，是基于相关合同约定产生，并不以是否登记取得车位产权证为前提。张某、耿某与碧桂园房地产公司签订的《商品房买卖合同》附件六“合同补充协议”第八条“关于其他设施的归属”第四项约定：“武夷山碧桂园”内经规划批准建设的车库、车位的所有权及相应的土地使用权归属出卖人，出卖人有权通过出售或出租等约定的方式处分，但应当首先满足业主的需要。该约定的车位使用权归属是双方真实意思表示，合法有效，对双方都具有法律约束力。依据约定张某和耿某并没有取得车位使用共有权，其上诉主张讼争车位属于业主共有，缺乏事实依据和法律依据，不予支持。一审法院对讼争车位权利归属认定事实不清，适用法律错误，予以纠正。

初始规划的讼争车位使用权依法依约归属于碧桂园房地产公司，该公司有权委托碧桂园物业公司对车位进行管理与出租，相关管理服务费和车位使用费可以由双方当事人依法平等自愿协商确定。张某、耿某与碧桂园物业公司双方签订的《武夷山碧桂园前期物业服务协议》第八条约定，使用本园区的车位，应遵守《武夷山碧桂园临时管理规约》及停车管理制度，并向场地所有权人交纳车位场地使用费；第二项约定，车位使用人应向碧桂园物业公司交纳车位物业服务费，标准为地面车位每月每个 50 元。碧桂园物业公司在相关场地公告栏公告了经物价部门核准的车位物业服务费每月每个 50 元，同时公告车位场地使用费每月每个 150 元、每次每个 5 元（非过夜车辆）或 10 元（过夜车辆）的标准。该第八条协议约定的收费标准和公告栏公告的收费标准，实质上属于针对张某、耿某等碧桂园业主或物业使用人的要约，并没有产生合同成立的效力，但该要约一经张某、耿某等受要约人承诺，合同即告成立。当张某、耿某拥有小汽车并同意使用规划车位，按照要约内容向碧桂园物业公司交纳车位场地使用费和车位物业服务费时，即构成承诺，双方关于车位场地有偿使用和车

---

① 福建省南平市中级人民法院（2019）闽 07 民终 1196 号民事判决书。

位物业服务的合同即告成立并发生法律效力，双方应当遵守履行。张某、耿某应当按照车位有偿使用和物业服务合同约定的标准支付合同价款，碧桂园物业公司应当提供指定的规划车位供其使用并履行物业服务义务。现双方车位场地有偿使用和物业服务的合同成立并合法有效，且没有证据证明碧桂园物业公司存在违约行为，张某、耿某以车位属于业主共有、没有业主授权或同意收取车位使用费违法等为由，上诉请求判决碧桂园物业公司停止收取车位使用费，没有事实依据和法律依据。碧桂园物业公司上诉主张，理由成立，予以采纳。一审判决驳回张某、耿某返还车位物业服务费的诉讼请求正确，但判决碧桂园物业公司返还张某、耿某车位使用费错误，予以纠正。

在上述案例中，案例 27 涉及“住改商”，案例 28 涉及车库、车位。试问：如何处理“住改商”纠纷？如何处理车库、车位问题？

二、“住改商”纠纷的司法处理

所谓“住改商”，《民法典》物权编表述为将住宅改变为经营性用房。《民法典》第二百七十九条规定：“业主不得违反法律、法规以及管理规约，将住宅改变为经营性用房。业主将住宅改变为经营性用房的，除遵守法律、法规以及管理规约外，应当经有利害关系的业主一致同意。”在这里，“住宅”依文义解释为“住家的房屋”，指专供个人、家庭日常生活居住使用的房屋。“经营性用房”，是指用于商业、工业、旅游、办公等经营性活动的房屋。

在我国，房屋的特定用途由规划方面的法律所确定，其对房屋所占土地的用途分类具有决定意义，一经确定不得随意更改。“住改商”行为有损区分所有人享受健康、安全、舒适的居住生活环境，对维持和确保区分所有人共同利益弊端明显，为保障受“住改商”行为侵害的区分所有人合法权益，《区分所有权解释》第十条规定：“业主将住宅改变为经营性用房，未依据民法典第二百七十九条的规定经有利害关系的业主一致同意，有利害关系的业主请求排除妨害、消除危险、恢复原状或者赔偿损失的，人民法院应予支持。将住宅改变为经营性用房的业主以多数有利害关系的业主同意其行为进行抗辩的，人民法院不予支持。”第十一条规定：“业主将住宅改变为经营性用房，本栋建筑物内的其他业主，应当认定为民法典第二百七十九条所称‘有利害关系的业主’。建筑区划内，本栋建筑物之外的业主，主张与自己有利害关系的，应证明其房屋价值、生活质量受到或者可能受到不利影响。”

根据《民法典》第二百七十九条以及《区分所有权解释》第十条、第十一条的规定，业主实施“住改商”行为，需满足两个条件：第一，必须遵守相关法律、法规以及管理性规约的规定，不得危及建筑物之安全以及区分所有人个体及全体之正常使用。这里所规定的“法律”不包括《民法典》第二百七十九条本身，“法规”包括地方性法规和自治条例、单行条例。第二，必须经有利害关系的业主一致同意。如何确定有利害关系的业主，不问相邻或者不相邻的业主，凡是因住宅改变为经营性用房受到影响的业主，均是有利害关系的业主。① 这里应当明确，根据《民法典》第二百七十九条规定主张“住改商”业主承担民事责任的主体，只能是有利害关系的业主。在欠缺“不得违反法律、法规以及管理规约”条件下，有权要求“住改商”业主承担相应民事责任的主体则不限于有利害关系的业主。

《民法典》第二百七十九条是规定业主改变其专有部分住宅用途应遵守义务的条文。但实践中业主将住宅出租、出借后，承租人、借用人改变住宅用途为经营性用房的情形时有发生。故对《民法典》第二百七十九条规定的“住改商”行为主体不能做封闭性理解，不能理解为仅有业主“住改商”时才应适用本条规定。此外，住宅专有部分的承租人、借用人属于业主使用人范围之内，按照建筑物区分所有理论，建筑物区分所有权法律、法规、管理规约之效力当然扩及于其，对此，《区分所有权解释》第十六条也规定：“建筑物区分所有权纠纷涉及专有部分的承租人、借用人等物业使用人的，参照本解释处理。”据此，非业主的物业使用人亦应遵守《民法典》第二百七十九条规定。与此同理，在“住改商”行为害及非业主的物业使用人的情况下，亦应做同等理解。②

实践中，有些业主因下岗无收入来源、生活困难等，利用其住宅开办小卖部、早点铺、理发店等，尽管此类行为较用于经营生产性企业、规模较大的餐饮、娱乐、洗浴或者作为公司办公用房等情形为轻，但在实质上，仍然属于将住宅改变为经营性用房。《民法典》第二百七十九条并没有规定此类行为可以不适用本条规定的意思。所以，对于此类行为，也应认定为“住改商”行为，

① 黄薇主编：《中华人民共和国民法典释义（上）》，法律出版社2020年版，第534页。

② 最高人民法院民法典贯彻实施工作领导小组主编：《中华人民共和国民法典物权编理解与适用（上）》，人民法院出版社2020年版，第384页。

并对基于此类行为引发的纠纷按照《民法典》第二百七十九条及《区分所有权解释》第十条、第十一条规定处理。

从《民法典》第二百七十九条规定来看，有利害关系业主同意是作为“住改商”合法性要件之一而存在的，《民法典》物权编的立法导向是不主张“住改商”。在此前提下，由于“住改商”行为是对既有秩序的一种破坏和冲击，所以在有利害关系业主于特定期间内未明确表态的情况下，应当从更有利于实现《民法典》第二百七十九条立法目的的角度进行解释和认定。有利害关系业主未以明示的方式表示同意的，应当推定为其本意是不愿意投赞成票。至于明示的具体方式，同意属于当事人意思表示范畴，其具体表现方式可以有两种，一种是书面，另一种是明确无误的口头表示。因此，《民法典》第二百七十九条进一步明确为“应当经利害关系的业主一致同意”。

三、车位、车库归属的司法处理

《民法典》第二百七十五条规定：“建筑区划内，规划用于停放汽车的车位、车库的归属，由当事人通过出售、附赠或者出租等方式约定。占用业主共有的道路或者其他场地用于停放汽车的车位，属于业主共有。”第二百七十六条规定：“建筑区划内，规划用于停放汽车的车位、车库应当首先满足业主的需要。”这是关于建筑区划内，规划用于停放汽车的车位、车库约定归属的规定。

《民法典》物权编关于车位、车库的规定，第一，遵循私法自治的原则。只有当事人才是自身利益的最佳判断者，法律不能越俎代庖地替当事人进行选择。物权法作为财产归属与利用的基本法，应遵循自治的私法原理。第二，符合市场经济的内在要求。通过约定解决归属，实质上是通过市场机制解决纠纷。在市场经济条件下，将此问题交给市场来解决，通过交易，在车位、车库的归属上实现各方利益的最大化。当然其中也存在一定的风险。第三，有利于对车位、车库有效利用和管理。多年来，我国过快的经济发展速度及对于车位、车库建设的忽略，造成了目前城市车位紧张、停车难的问题非常突出。因此，加强对车位、车库的利用管理，采用市场机制来鼓励开发商为业主提供必要的合理的车位、车库，对于缓解目前的紧张局面有着积极意义。若将车位、车库规定为业主的共有财产，则一方面公平划分的标准难以确定且共同管理所需的协调与效率亦难以保证，另一方面开发商缺乏投资刺激，则车位、车库问题会日趋紧张，最终损害的是业主的利益。[①]

车位、车库的本质是小区整体环境内容的组成部分，为服务于整个小区业主居住便利而建造，故其利用应该服从于业主购买专有部分的需要；同时，车位、车库问题亦属于业主成员权范畴内容，其使用和转让应当服从于整个小区建筑物的使用和全体业主利益。对此，可从两方面来理解：一是区分所有建筑物的建设，必须保障设置规定数量的停车设施，禁止开发商将区分所有建筑物的停车设施建设纳入自己的所有权范围单独开发；二是建设单位按规划要求配置的机动车停放设施，应当提供给小区业主使用，在保证小区业主使用的前提下，方许可小区业主以外的人使用。

建筑区划内车位、车库的归属属于当事人约定范围，在处理相关权属争议时，应首先审查当事人之间是否存在关于车位、车库权属的约定。关于约定方式，《民法典》第二百七十五条规定为出售、附赠或出租等方式。对此应作广义理解，此种约定不仅限于商品房买卖合同的约定，也包括当事人之间的其他协议形式。其中，出售，主要是指开发商将车位、车库交付业主所有，由业主支付约定价款的方式。车位、车库的所有权在业主支付价金之后，由开发商转移给业主，是出售方式的主要法律后果，也是业主作为建筑物区分所有权主体取得车位、车库的重要法律手段。附赠，系指开发商把属其所有的车位、车库无偿地送给业主，业主同意接受的方式。附赠一般发生在商品房买卖过程中，其性质多为开发商为促进商品房销售而附加提供给买受人的一种优惠措施。出租，系指开发商作为出租人把出租财产——车位、车库交给业主使用，业主支付租金，并在租赁关系终止时将车位、车库返还给开发商的方式。通过出租方式，业主可以从开发商处取得对车位、车库的暂时占有权和使用权，但处分权仍属于开发商。关于约定的形式应当为要式合同，即车位、车库所有权的归属为与房屋所有权密切相关的不动产的归属，故依法应当采取书面合同方式。需要注意的是，此种情况下，在商品房销售过程中，实际存在两个法律关系，即商品房买卖法律关系和车位、车库使用权转让、附赠或出租的法律关系，两者相互独立，并不存在必然的牵连关系。[②]

---

① 参见最高人民法院民法典贯彻实施工作领导小组主编：《中华人民共和国民法典物权编理解与适用（上）》，人民法院出版社2020年版，第360页。

② 参见最高人民法院民法典贯彻实施工作领导小组主编：《中华人民共和国民法典物权编理解与适用（上）》，人民法院出版社2020年版，第361～362页。

《民法典》第二百七十六条规定:“建筑区划内,规划用于停放汽车的车位、车库应当首先满足业主的需要。”该条规定对建筑区划内规划用于停放汽车的车位、车库的归属予以明确。对于不属于整个小区的地下停车场、地面有偿车位及违反规划要求所建的车位、车库均不属于该条调整范围。[①]《区分所有权解释》第五条规定:“建设单位按照配置比例将车位、车库,以出售、附赠或者出租等方式处分给业主的,应当认定其行为符合民法典第二百七十六条有关‘应当首先满足业主的需要’的规定。前款所称配置比例是指规划确定的建筑区划内规划用于停放汽车的车位、车库与房屋套数的比例。”该条着重解决如何认定建设单位已经履行法律有关“首先满足业主的需要”问题。如果建设单位已经按照规划确定的建筑区划内用于停放汽车的车位、车库与专有部分的比例,将车位、车库以出售、附赠或者出租等方式处分给业主的,应当认定其行为已符合“应当首先满足业主的需要”的规定。其原因在于,规划确定的配置比例具有法定性和确定性,业主在购买专有部分的时候对此也是明知的。只要业主已经按照配置比例购置或者租赁到车位、车库,就应当认为其需要已经得到了“首先满足”。否则,将有可能出现特定业主对车位、车库提出过度主张。车位、车库纠纷的处理是一个极其复杂的问题,司法解释的规定还有些原则,但思路是明确的。在审判实践中,各级法院和法官可以在司法解释确定的大原则下,结合纠纷具体情况妥善处理相关案件。[②]

四、对案例 27、案例 28 的简要评析

在案例 27 中,“住改商”,必须经有利害关系的业主一致同意,否则不得擅自改变住宅的结构、用途。但是,作为业主的郝某等人擅自对房屋改造加装大门对外出租获利,利了自己,损了他人的合法权益。作为利害关系人农行郧阳支行的合法权益受到损害,请求人民法院判令被告郝某等人排除妨害、恢复原状的理由正当,依法予以保护。

在案例 28 中,根据《物权法》第七十四条(《民法典》第二百七十五条、

① 最高人民法院民法典贯彻实施工作领导小组主编:《中华人民共和国民法典物权编理解与适用(上)》,人民法院出版社 2020 年版,第 365 页。

② 最高人民法院民法典贯彻实施工作领导小组主编:《中华人民共和国民法典物权编理解与适用(上)》,人民法院出版社 2020 年版,第 367～369 页。

第二百七十六条）规定：建筑区划内，规划用于停放汽车的车位、车库应当首先满足业主的需要；建筑区划内，规划用于停放汽车的车位、车库的归属，由当事人通过出售、附赠或者出租等方式约定；占用业主共有的道路或者其他场地用于停放汽车的车位，属于业主共有。《区分所有权解释》第六条规定："建筑区划内在规划用于停放汽车的车位之外，占用业主共有道路或者其他场地增设的车位，应当认定为民法典第二百七十五条第二款所称的车位。"据此，因本案讼争车位是初始规划车位，不属于在规划之外占用共有道路、配建绿地或者共有场地增设的车位，故依法不属于业主共有。按照《物权法》第七十四条第二款（《民法典》第二百七十五条第二款）规定，规划车位的归属，由当事人通过出售、附赠或者出租等方式约定。因此，当事人的规划车位使用权归属，是基于相关合同约定产生，并不以是否登记取得车位产权证为前提。在本案中，双方当事人形成了有偿使用车位的物业服务合同关系，张某、耿某应当按照约定支付车位使用费用。

第四节　业主大会与业主委员会

一、问题的提出

业主大会由全体业主组成，是小区业主的议事机构，是管理建筑区划内建筑物及其附属设施的共有部分和共同事务的自治组织，代表和维护物业管理区域内全体业主在物业管理活动中的合法权益。[①] 业主委员会是业主大会事务的执行机构，受业主大会的委托管理全体业主的共有部分和共同事务。

在研究业主大会与业主委员会之前，先看一则案例。

案例 29：徐某等与新青年公馆业委会业主撤销权纠纷案[②]

法院认为：业主大会或者业主委员会的决定，对业主具有约束力，业主大会或者业主委员会作出的决定侵害业主合法权益的，受侵害的业主可以请求人

① 参见梁慧星、陈华彬：《物权法》（第 6 版），法律出版社 2019 年版，第 172 页。

② 浙江省金华市婺城区人民法院（2019）浙 0702 民初 10422 号民事判决书。

民法院予以撤销。本案争议焦点：一、被告有无侵害原告的知情权和选举权？法院认为，被告与金华市永翔物业管理有限公司签订《补充协议》后，在小区楼道口张贴了公示，原告均居住、工作、生活在小区内，现其以知情权、表决权受到侵害的主张，本院不予支持。二、被告与金华市永翔物业管理有限公司签订的《补充协议》是否有效？法院认为，根据《物权法》第七十六条规定：选聘和解聘物业服务企业，应当经专有部分占建筑总面积过半数的业主且占总人数过半数的业主同意。《金华市新青年公馆小区业主大会议事规则》具有业主团体根本自治规则的性质，内容上不违反公序良俗和法律、法规的禁止性规定，对包括原告在内的全体业主产生法律约束力。业主拒付物业服务费，属于损害业主共同权益的行为，按约应不计入总人数和面积，金华市新青年公馆小区尚有172户业主未缴纳物业费。被告于2019年10月10日通过书面方式向业主征求意见，约定未提交反对意见即视为同意的计票方式符合《金华市新青年公馆小区业主大会议事规则》规定，本院予以支持，故在意见征求表中未明确表示同意或反对意见的7户业主，应视为同意票。此次补充协议的征求意见中，同意与视为同意票有效票数为254户，占有效总人数369户的68.83%，同意票与视为同意票有效专有面积数23357.2平方米占有效专有面积33876.72平方米的68.95%，表决结果过半数，业主委员会虽未经业主大会授权或者同意，与金华市永翔物业管理有限公司签订补充协议，但在一审法庭辩论终结前经过业主追认，该行为应视为有效，故被告作出的上述决定对原告具有约束力。综上，原告的诉请于法无据，不予支持。依照《物权法》第七十八条，《民事诉讼法》第六十四条之规定，判决如下：驳回原告徐某等的诉讼请求。

在上述案例中，涉及业主大会或者业主委员会决议是否违法的问题。试问：如何理解业主大会、业主委员会的职能定位？业主委员会的法律地位如何？业主如何行使撤销权？

二、业主大会、业主委员会的职能定位

《民法典》第二百七十七条规定："业主可以设立业主大会，选举业主委员会。业主大会、业主委员会成立的具体条件和程序，依照法律、法规的规定。地方人民政府有关部门、居民委员会应当对设立业主大会和选举业主委员会给予指导和协助。"据此，房屋的所有权人为业主，业主是建筑区划内的主人。

业主大会是业主的自治组织，是基于业主的建筑物区分所有权的行使产生的，由全体业主组成，是建筑区划内建筑物及其附属设施的管理机构。①

每一个特定的物业管理区域内全体业主组成业主大会。业主大会是代表和维护物业管理区域内全体业主在物业管理活动中合法权益的自治组织。物业管理区域内全体业主组成业主大会。一个物业管理区域成立一个业主大会，且只能设立一个业主大会。业主大会的决定对物业管理区域内的全体业主具有约束力。业主大会的职责包括：（1）制定、修改业主公约和业主大会议事规则；（2）选举、更换业主委员会委员，监督业主委员会的工作；（3）选聘、解聘物业管理企业；（4）决定专项维修资金使用、续筹方案，并监督实施；（5）制定、修改物业管理区域内物业共用部位和共用设施设备的使用、公共秩序和环境卫生的维护等方面的规章制度；（6）法律、法规或者业主大会议事规则规定的其他有关物业管理的职责。

同一个物业管理区域内的业主，应当在物业所在地的区、县人民政府房地产行政主管部门的指导和协助下成立业主大会，并选举产生业主委员会。在完成上述工作中，若遇到一些问题和困难，当地房地产行政主管部门都有责任和义务予以指导和协助解决。根据有关行政法规的规定，业主大会、业主委员会应当配合公安机关，与居民委员会相互协作，共同做好维护物业管理区域内的社会治安等相关工作。在物业管理区域内，业主大会、业主委员会应当积极配合相关居民委员会依法履行自治管理职责，支持居民委员会开展工作，并接受其指导和监督。

根据《物业管理条例》第十五条规定，业主委员会是业主大会的执行机构，履行下列职责：（1）召集业主大会会议，报告物业管理实施情况；（2）代表业主与业主大会选聘的物业管理企业签订物业服务合同；（3）及时了解业主、物业使用人的意见和建议，监督和协助物业管理企业履行物业服务合同；（4）监督业主管理规约的实施；（5）业主大会赋予的其他职责。

值得注意的是，业主大会和业主委员会选举中的纠纷不属于人民法院民事案件受理审理范围。审判实践中，有的当事人以业主的身份起诉业主大会，要求撤销业主大会并成立业主委员会决议。撤销业主大会和业主委员会违反法律、法规的决定，是政府相关部门的职权，法律没有赋予人民法院相应的权力。因此，业主大会和业主委员会选举中的纠纷不属于人民法院民事案件受理审理

① 黄薇主编：《中华人民共和国民法典释义（上）》，法律出版社2020年版，第518页。

范围，业主不享有诉权，若其对业主大会和业主委员会选举中的事宜有异议，应当向有关行政主管部门申请解决。若其坚持向人民法院提起诉讼的，应当以不符合起诉与受理的规定为据，裁定驳回起诉。①

三、业主委员会的法律地位当属非法人组织（其他组织）

物业纠纷的案件类型包括业主或业主委员会与物业管理企业之间的纠纷、业主与业主委员会之间因物业权益发生的纠纷，这类案件受理中存在的突出问题主要有：业主委员会的诉讼主体资格，业主委员会的起诉条件，业主对业主委员会的成立、业主委员会的决议效力有异议提起的民事诉讼是否受理等。这些问题集中到一点，就是业主委员会是否具有诉讼意义上的当事人能力。

《民事诉讼法》第四十八条规定："公民、法人和其他组织可以作为民事诉讼的当事人。"《民事诉讼法解释》第五十二条规定："民事诉讼法第四十八条规定的其他组织是指合法成立、有一定的组织机构和财产，但又不具备法人资格的组织。"由此可见，我国法律规定的能参与民事活动的主体有三类：自然人、法人和其他组织。依据《民法典》的规定，平等民事主体包括自然人、法人和非法人组织。显然，程序法上的"其他组织"等同于实体法上的"非法人组织"。社会组织要成为民事主体，要么具备法人资格，要么属于其他组织，否则其行为无法得到法律的认可和保护。法人和其他组织的差别主要表现为能否独立承担民事责任，法人能够自己独立承担民事责任，与其成员的责任是严格分离的，如公司的责任与股东的责任相互独立；其他组织则不能独立承担民事责任，其责任与成员的责任虽然在一定限度范围内分离，但是成员必须承担最终责任，如合伙企业超出合伙财产范围的责任由合伙人承担无限连带责任。

笔者认为，业主委员会并不具备成为法人的条件，当属于"其他组织"②

---

① 参见最高人民法院民法典贯彻实施工作领导小组主编：《中华人民共和国民法典物权编理解与适用（上）》，人民法院出版社2020年版，第375页。

② 2003年8月20日，最高人民法院批复安徽省高级人民法院《关于金湖新村业主委员会是否具备民事诉讼主体资格请示一案的复函》（〔2002〕民立他字第46号）中认为，根据民事诉讼法第四十九条、最高人民法院《关于适用〈中华人民共和国民事诉讼法〉若干问题的意见》第四十条的规定，金湖新村业主委员会符合"其他组织"条件，对房地产开发单位未向业主委员会移交住宅区规划图等资料、未提供配套公用设施、公用设施专项费、公共部位维护费及物业管理用房、商业用房的，可以自己名义提起诉讼。

范畴。主要原因有三点：其一，业主委员会由全体业主组成的业主大会选举产生，并由业主担任成员，是业主大会的执行机构，从属于业主大会，它所作出的意思表示和法律行为是依据业主大会的决议，所以也是全体业主最终意志的代表机构，从而具有授权的性质，其与物业管理公司订立合同并不与法理相悖，由此产生的法律后果及于全体业主，因此不能独立承担民事责任，不具备成为法人的最显著法律特征。其二，法人必须有可独立支配的财产，而业主委员会要成为法人，财产从何处来？如上所述，受业主委员会成立的区域、职责和组成人员特定性的制约和现代企业制度的要求，只有业主出资这一个途径，并且必须是全体业主而不能只是被选举的业主委员会成员共同出资，否则业主委员会的代表性就是残缺的，且对其他业主可能不利，此外它的设立也使得业主大会失去了存在的价值，从而导致法律与现实的冲突。其三，即使业主委员会具备成为法人的条件，但由于法人人格与业主（股东）人格的分离，业主委员会的所有行为和后果都和业主没有了直接关系，对于业主意志的表达而言，反而会更麻烦。例如，业主想与物业管理公司签订一份物业服务合同，如果要由业主委员会代表全体业主签订该合同，那么业主和业主委员会之间需要办理委托手续，否则只在业主委员会这个法人与物业管理公司之间成立物业服务合同，合同的法律效力并不及于业主个人。所以，业主委员会不是也不宜成为法人。

笔者认为，业主委员会应属于物业管理区域内全体业主的自治性组织，其依法在物业所在地的区、县人民政府房地产行政主管部门备案后即告成立，并且依法能够独立为一定的民事法律行为，具备一定的民事权利能力和行为能力，与一般的法人分支机构或内设部门的性质是不同的，应当属于《民事诉讼法》第四十八条规定的“其他组织”，在因物业管理服务合同等涉及全体业主共同利益的问题产生纠纷时，业主委员会在职责范围内应当可作为诉讼当事人。对此，业主委员会依照《民法典》第二百七十七条第一款规定成立，具有一定目的、名称、组织机构与场所，管理相应财产，是《民事诉讼法》第四十八条第一款规定的“其他组织”。业主委员会依据业主共同或业主大会决议，在授权范围内，以业主委员会名义从事法律行为，具备诉讼主体资格。①

业主委员会作为我国市场经济发展到一定阶段的客观存在，反映了社会现实生活的客观需求，而法律理当顺应潮流，体现出对这种社会需求的回应。因

① 详见《最高人民法院公报》2014年第6期（总第212期）。

此，赋予业主委员会相应的民事主体资格也是十分必要的。同时，承认业主委员会一般地具有独立的民事主体资格，至少有如下现实意义：一是业主委员会可以自己的名义对外为一定的法律行为，将使其在取得权利及订立合同方面具有更大的便利性。二是业主委员会具有独立的民事主体资格，其自身便成了权利和义务的归属点，与其相关的法律关系也就随之变得更加明确，第三人在与其进行民事交往时，也就更加便捷和安全。三是赋予业主委员会相应的民事主体资格，在法律和制度上，可对其参与民事活动的范围进行限定和规制。四是业主委员会具有一定的民事主体资格，在对个别业主拖欠物业管理费用、请求停止违反义务行为及其他相关请求的损害赔偿等方面，也将拥有较为明显的便利性，一旦涉讼，即可以其自身的名义直接起诉或应诉。

四、业主撤销权的行使

业主的撤销权直接来源于法律的规定，是法定权利。《民法典》第二百八十条第二款规定："业主大会或者业主委员会作出的决定侵害业主合法权益的，受侵害的业主可以请求人民法院予以撤销。"业主大会或者业主委员会的决定，对业主具有约束力，在业主大会或者业主委员会作出的决定侵害业主合法权益的情况下，应当为权利因此受到侵害的业主设定救济的途径，《民法典》物权编对业主撤销权的设定，即是为了保护业主合法权益不受业主大会或者业主委员会不当决定的侵害。《区分所有权解释》第十二条规定："业主以业主大会或者业主委员会作出的决定侵害其合法权益或者违反了法律规定的程序为由，依据民法典第二百八十条第二款的规定请求人民法院撤销该决定的，应当在知道或者应当知道业主大会或者业主委员会作出决定之日起一年内行使。"

最高人民法院民事审判第一庭负责人在答记者问中，就司法解释对业主撤销权行使问题有何具体规定的提问，明确答复，民法物权对业主撤销权作出了规定，但业主撤销权的行使还涉及一些具体问题需要明确。比如，业主大会、业主委员会违反法定程序作出的决定，业主能否申请撤销，以及业主撤销权的行使应否有一个时间限制等。《物业服务解释》将"业主合法权益"解释为：不仅包括侵害业主的实体权利，也包括作出决定的程序违反法律规定。业主撤销权作为一种形成权，应当受到除斥期间的限制，本条参照合同法有关债权人撤销权的规定，将其确定为自知道或者应当知道业主大会或者业主委员会作出决定之日起一年之内。如此规定，既可以督促受侵害的业主及时行使权利，也有利于尽量维护业主共同生活秩序的稳定。因该除斥期间的起算点为“在知道或者应当知道业主大会或者业主委员会作出决定之日起”，所以不会对业主合法权益保护带来不利影响。[①]

最高人民法院专家法官对于业主撤销权问题撰文指出，尊重团体利益并不意味着可以无限制地抹杀业主个人权利，维系共同关系的基石就是个体权利得到应有的尊重。其中谈到，要协调业主个体权利与业主共同利益的冲突，如何权衡，关键取决于怎样确定共同（多数）意志对个体权利的强加是否冲破了私权行使自由的底线。在学理上，通说认为共同意志不得非法干预业主对专有部分的正常使用，故共同决议如对专有权正当行使造成特别影响的，应经该业主同意。[②]

业主行使撤销权的条件，包括：一是业主撤销权的行使期限。业主对业主大会或业主委员会限制或剥夺业主合法权益的决议，应当自知道或者应当知道业主大会或者业主委员会作出决定之日起一年之内行使。二是业主行使撤销权的正当理由。业主请求撤销的事项为业主大会或者业主委员会的决定，涉及全体业主的共同利益，所以业主行使撤销权应当有正当的理由。对于决定是否侵害业主合法权益，需要审查决定作出的程序是否符合法律规定、决定内容有无侵害业主合法权益。

实践中，经常发生业主不参加业主大会、怠于行使共同管理权的情况。这类业主对业主大会决定的事项以没有其参加业主大会为由，提出与业主大会或业主委员会决定事项相反的意见，提起诉讼。根据有关法律和行政法规的规定，只要有符合法定人数或具有投票权的业主参加，所作出的涉及小区事项的决定，对全体业主均具有约束力。单个业主或部分业主以其未参加会议为由提出的主张不能得到支持。在业主委员会通过合理方式召集业主就物业服务合同的签订事宜召开业主大会，而业主怠于行使共同管理权，未积极参与业主大会，导致有关事项无法形成业主大会决议的，业主委员会为维护小区的正常生活秩序，善意履行职责，与物业公司签订物业服务合同，合同条款符合相关规定且

---

① 《最高人民法院民事审判第一庭负责人就建筑物区分所有权、物业服务司法解释答记者问》，载人民法院出版社法规编辑中心编：《解读最高人民法院司法解释（2009年卷）》，人民法院出版社2010年版，第105页。

② 参见辛正郁：《业主个体权利与业主共同利益的冲突与协调——以业主大会决议对业主的约束力为视角》，载《人民司法·应用》2010年第21期。

合同内容为大多数业主实际接受的，则对于那些怠于行使共同管理权的业主无权提起诉讼要求撤销该决定。

五、司法实践中应当注意的几个问题

在司法实践中，应当注意下列问题：

1. 业主委员会的法律责任。业主委员会履行代表业主与业主大会选聘的物业管理企业签订物业服务合同的职责；同时《物业管理条例》明确规定，业主对业主委员会根据业主大会或业主代表大会决定签订的合同承担责任。这说明，合同的签订方业主委员会并非合同当事人。对此，《物业管理条例》第六十四条规定："违反物业服务合同约定，业主逾期不交纳物业服务费用的，业主委员会应当督促其限期交纳；逾期仍不交纳的，物业服务企业可以向人民法院起诉。"此条清楚地表明，业主委员会执行业主大会的决议，虽然作为业主代表与物业管理企业签订《物业管理服务合同》，但在物业公司依《物业管理服务合同》追收物业服务费提起诉讼时，欠费的业主成为被诉主体，而非合同签订方业主委员会。

业主委员会为业主较多的物业管理区域所成立的业主大会的执行机构，在业主较少的物业管理区内可不设业主委员会。理论及实践中，业主作为物业管理纠纷案件的适格主体，具有《民事诉讼法》规定的诉讼主体资格没有任何法律障碍，而设立业主委员会的根本意义，就是为了使构成群体的业主实施民事活动更加有序化、制度化及效率化，使作为个体的业主合法权益得到有效保障。业主委员会可以作为诉讼代表人参与诉讼，但其必须有该小区业主的书面明确授权或业主大会的决议，以出具业主授权委托书或业主大会决议为案件受理的必备形式要件。如该业主委员会不能提交，受案法院应当裁定驳回起诉。也就是说，民事诉讼中的诉讼权利本身并不归于业主委员会，业主委员会必须得到业主的明确授权，其诉讼活动的结果也直接归于全体业主。

业主委员会依业主公约履行职责，执行业主大会的决定，不得作出并从事与物业管理无关的决定及活动；业主委员会履行业主大会赋予的职责，非经业主大会决定，业主委员会没有独立的决定权利和执行权利。那么，如果业主委员会游离于业主大会之外实施侵权行为，应由谁成为被告并承担相应民事责任？笔者认为，应由业主委员会相关责任人员承担由此产生的法律责任。

2. 部分业主对业主大会或者业主委员会决定事项不服提起的诉讼如何处理

问题。实践中，经常发生一些业主以其没有参加业主大会或者业主委员会的会议为由，提出与业主大会或者业主委员会的决定事项相反的意见，要求人民法院支持其诉讼请求。根据有关法律和行政法规的规定，业主大会或者业主委员会的决定，只要有符合法定人数或者具有投票权的业主参加，所作出的涉及小区事项的决定，对该小区所有业主都发生效力，具有约束力，所产生的权利和义务都必须享有和承担。单个业主或者部分业主以其未参加会议为由提出的主张不能得到支持。[①]

3. 业主大会或者业主委员会的决定效力及于小区内物业实际使用人。业主大会或者业主委员会的决定对全体业主具有约束力，包括该业主的继受人和物业的承租人等实际使用人。当业主将房屋出租或者借给他人使用时，业主大会或者业主委员会的决定涉及业主的权利和义务的，也同样适用于这些房屋实际使用人。当业主基于赠与等方式将房屋赠给他人时，也同样适用继受人。当发生继承事由时，作为该物业的继承人无权以其未参加有关会议而不履行因业主大会或者业主委员会决定所产生的义务和责任，当然也同样享有相应的权利。[②]

六、对案例29的简要评析

在本案中，选聘的物业服务企业的决定是否符合“双过半”，即“经专有部分占建筑物总面积过半数的业主且占总人数过半数的业主同意”的法定条件的问题。对此，《物权法》第七十六条规定：“下列事项由业主共同决定：（一）制定和修改业主大会议事规则；……（四）选聘和解聘物业服务企业或者其他管理人；……决定前款第五项和第六项规定的事项，应当经专有部分占建筑物总面积三分之二以上的业主且占总人数三分之二以上的业主同意。决定前款其他事项，应当经专有部分占建筑物总面积过半数的业主且占总人数过半数的业主同意。”[③]2009年《区分所有权解释》第八条规定：“物权法第七十六条第二款和第八十条规定的专有部分面积和建筑物总面积，可以按照下列方法认定：（一）专有部分面积，按照不动产登记簿记载的面积计算；尚未进行物权登记

① 参见最高人民法院民法典贯彻实施工作领导小组主编：《中华人民共和国民法典物权编理解与适用（上）》，人民法院出版社2020年版，第393页。

② 参见最高人民法院民法典贯彻实施工作领导小组主编：《中华人民共和国民法典物权编理解与适用（上）》，人民法院出版社2020年版，第393页。

③ 对应《民法典》第二百七十八条。

的，暂按测绘机构的实测面积计算；尚未进行实测的，暂按房屋买卖合同记载的面积计算；（二）建筑物总面积，按照前项的统计总和计算。”第九条规定：“物权法第七十六条第二款规定的业主人数和总人数，可以按照下列方法认定：（一）业主人数，按照专有部分的数量计算，一个专有部分按一人计算。但建设单位尚未出售和虽已出售但尚未交付的部分，以及同一买受人拥有一个以上专有部分的，按一人计算；（二）总人数，按照前项的统计总和计算。”[①] 本案应依据上述规定予以审查，且业主大会会议可以采用集体讨论的形式，也可以采用书面征求意见的形式，只要是“过双半数”（有物业管理区域内专有部分占建筑物总面积过半数的业主且占总人数过半数的业主参加）即可，该次业主大会会议的决定同样有效。

① 2020 年修正的《区分所有权解释》第八条、第九条沿用上述规定。

第四章　不动产相邻关系

一、问题的提出

不动产相邻关系，简称相邻关系，是罗马法以来近现代民法的一项重要制度。民法为权利法，学说由此又称相邻关系为“相邻权”。我国《民法典》第二百八十八条至第二百九十六条对不动产相邻关系作了具体规定。

在研究不动产相邻关系之前，先看三则案例，并思考之。

案例 30：相邻用水，顺其自然

某乡村民李某与张某是同村的邻居。他们所承包的责任田是在同一条小河的上下游。起初，双方相互兼顾，充分尊重水流的自然走向，基本各自能满足浇灌农田之需。后来，张某打算在上游将这条小河截断蓄积成小水库来养鱼，遭到李某的反对。张某不听劝告，在上游把小水库建成，致使这条小河的水根本无法到达李某的农田，盛夏季节，造成李某的农田干涸。李某与张某协商，张某认为，此河是自然形成的河流，自己有权随便使用。无奈之下，李某将张某诉至当地人民法院，请求排除妨碍，并赔偿因此所造成的经济损失 1500 元。

法院受理案件后，审理认为，张某为了自身利益，擅自改变水路，截断水流，直接侵害了李某应有的合法权利。经评估给李某造成 1300 元损失。判决张某拆除私建的小水库，保证河水畅通，并赔偿李某农田所遭受的全部损失 1300 元。

案例 31：相邻建房，应当防险

白某理与财政局毗邻而居。该财政局经城建部门批准建综合楼。新建综合楼的位置在白某理家三间正房后面的一块空地上。施工前，白某理曾找到某市财政局，告知财政局在施工过程中应采取措施保证其房屋的安全，并告知财政局如综合楼施工造成其房屋损坏，应承担赔偿责任。后某市财政局在对白某理房屋的安全未采取任何措施的情况下进行施工，因施工地与白某理的房屋毗连，在打桩过程中造成白某理房屋倾斜及后墙断裂。白某理要求某市财政局修复被损坏的房屋，被某市财政局拒绝。白某理自己请工修复了被损坏的房屋，共花费人民币9000元。白某理要求某市财政局赔偿修复房屋的费用遭拒绝后，向人民法院起诉，要求某市财政局赔偿损失。

法院受理后，经城建部门鉴定，白某理房屋受损是某市财政局施工所致；另外，对房屋损坏也进行了实际估测。遂判决由某市财政局赔偿白某理房屋损坏修理费9000元。

案例32：该案通风采光权能否保护？

某市市民正名与力学系前后邻居，均为各自居住房屋的产权人。某年8月，力学在其房屋的辅助用房（该辅助用房用于厨房灶间使用）的平台上搭建了面积为1平方米的小间，同年9月，正名以力学为被告，认为其所搭建的小间影响其通风采光为由向法院提起诉讼，要求被告力学拆除，以排除妨碍。

经查明，被告力学在搭建小间时，未征得规划行政部门的许可。同时还查明，正名与力学的房屋在某市旧城区，此处房屋大都建成时间较早，房屋之间间距很小，被告力学现有房屋距离原告正名的房屋不到2米。诉争的小间在辅助用房平台上，距离原告正名的房屋有6米，并未严重影响原告正名的通风采光。

针对原告正名的诉讼请求，审理中出现了两种不同的意见。第一种意见认为，原告的诉讼请求于法有据，应当予以支持。由于被告未经城市规划行政部门许可，私自在自家辅助用房上搭建小间，其行为已属违法，搭建后确实给原告的通风采光带来一定的影响，因而法院应当根据民法中有关相邻关系纠纷的规定，支持原告要求被告排除妨碍的诉讼请求。第二种意见认为，被告未取得规划行政部门许可私自搭建小间，其行为确属违法，但被告违反的是行政法律规范，从实地查看的情况来看，影响原告通风采光的主要是被告的辅助用房，但这种状况是由于历史原因造成的，被告新搭建的小间距离原告房屋有6米，并未对原告的通风采光造成实质性的影响，因而应当由法院建议原告通过向规划行政部门反映，由行政部门作出处理决定，以解决双方的纠纷。

上述案例，均涉及相邻关系问题。试问：何谓不动产相邻关系？有何法律特征？处理不动产相邻关系应当遵循哪些原则？不动产相邻关系的种类有哪些？

二、不动产相邻关系的法律意义

（一）不动产相邻关系的意义

不动产相邻关系（以下与“相邻关系”通用），是指相邻的不动产所有人或使用人，在行使所有权或使用权时，因相互间依法给予方便或接受限制而发生的权利与义务关系。相邻接之不动产的相互关系至为密切，其权利之行使，易生抵触，为谋公益，自须予以调和，故所有权有为相邻不动产之利益而受限制之义务。如就他方观察，则为所有权之扩张，为一种权利，通称相邻权。但基于相邻关系而受限制，系所有权内容所受法律上限制，并非受限制者之相对人因此而取得一种独立之限制物权。①

因此，不动产相邻关系，从本质上讲是不动产所有人或使用人的财产权利的延伸，同时又是对他方所有人或使用人的财产权利限制，反之亦然。这是在不动产相邻双方之间所产生的法定权利与义务。例如，甲、乙都为农村集体所有的土地承包权人，甲承包的土地为乙承包的土地所包围，非通过乙的承包地无法到达公用通道或虽有其他通道但非常不便，甲就有权通过乙的土地到达自己的土地或公用通道。这样一来，在甲、乙两个土地承包人之间便发生了相邻关系。这种相邻关系对于乙而言，是其土地使用权的必要限制，而对于甲而言，则是对其土地使用权的合理延伸。

不动产相邻关系，发端于罗马法，是近代民法中一项重要的法律制度。民法中的物权，尤其是所有权，是权利人直接支配标的物并享受其利益的排他性的权利。权利主体原则上均可以对权利客体为自由的占有、使用、收益和处分并排除他人的干涉。然而，当不动产相邻时，如果不动产所有人或使用人皆绝对自由地使用其权利，相邻各方极有可能发生纠纷和冲突，其结果不仅使不动产本身不能发挥最大的经济效益，而且也会因相邻各方的纷争而损害不动产的财产秩序。有鉴于此，立法者通过建立有关不动产相邻关系的法律制度，对相邻的不动产各方的利益加以调整，使不动产得以充分发挥其作用，进而维护社会财产秩序，并促进整个国民经济的健康发展。作为一项法律制度，不动产相邻关系的功效在于扩张一方的所有权或使用权，令相邻他方承担作为或不作为

---

① 杨与龄编著:《民法概要》，中国政法大学出版社 2002 年版，第 270 页。

的义务，以限制该方的排除请求权，扩张权利的一方在造成相邻他方的损失时，应给予其适当的补偿，以实现当事人双方利益的平衡。

（二）相邻关系的法律特征

1. 相邻关系发生在两个或两个以上的不动产相互毗邻的所有人或使用人之间。相邻人既可以是法人，也可以是公民个人，还可以是其他经济组织。既可以是财产的所有权人，又可以是财产的使用权人，如土地承包经营权人、房屋的承租人等。

2. 相邻关系的客体并不是不动产本身，而是由权利人行使不动产的所有权或使用权时所引起的与邻人有关的经济利益或其他利益。相邻各方在行使权利时，既要实现自己的合法利益，又要为邻人提供方便，尊重他人的合法权益。所以，相邻关系的客体主要是行使不动产所体现的利益。至于对不动产本身的争议则不属于相邻关系调整的范围。

3. 相邻关系是因不同的主体享有所有权或使用权的不动产相邻而产生的。例如，房屋相邻而产生通风采光的相邻关系，动产则不构成民法上的相邻关系。相邻关系产生的基础是不动产所有权与使用权，其实质是所有权和使用权的限制和扩张。在绝大多数情况下，相邻关系的发生与不动产的自然条件有关，即两个或两个以上的所有人和使用人的不动产是相互毗邻的。如上例土地承包人甲不通过乙的土地就无法到达公共通道或自己的土地，如果甲、乙的土地相隔遥远，自然就不可能发生相邻关系。

4. 相邻关系中的相邻权是一种法定物权，但并不是一种独立的物权，而仍属于所有权的范畴。相邻权是否是一种独立物权，对此看法不一，有学者认为，相邻权属于不动产物权。它是用益物权的一种，是依法律规定直接发生的。[①]而大多数学者认为传统民法中的地役权是指依照相邻土地所有人或使用人之间的约定而产生的一种独立物权；相邻权则是由法律直接规定产生的，其实质是对所有权的限制和延伸。从这个意义上说，相邻权并不是一种独立的物权，而是所有权的内容。[②]因此，相邻权虽类似地役权，但基于相邻关系而受限制，系所有权内容所受之法律上限制，并非受限制者之相对人因此而取得一种独立

① 张浩俊主编：《民法学原理》，中国政法大学出版社1991年版，第476页。

② 参见余能斌、马俊驹主编：《现代民法学》，武汉大学出版社1995年版，第645页。

之限制物权。[①]

三、处理相邻关系的基本原则

在现实生活中，相邻各方在行使自己权利的过程中，难免会发生这样或那样的关系，如果处理不好，就会发生矛盾或纠纷，影响正常的社会秩序。相邻关系与其他民事法律关系一样，受我国民法的基本原则指导，在处理相邻关系时必须遵守民法的基本原则。我国民法的一些基本原则，如公平原则、公民的合法权益受法律保护的原则、民事活动应尊重社会公德的原则，等等，在调整相邻关系中同样起着重要的作用。与此同时，针对相邻关系的特点，我国《民法典》第二百八十八条规定："不动产的相邻权利人应当按照有利生产、方便生活、团结互助、公平合理的原则，正确处理相邻关系。"第二百八十九条规定："法律、法规对处理相邻关系有规定的，依照其规定；法律、法规没有规定的，可以按照当地习惯。"最高人民法院认为，相邻各方行使不动产所有权或者使用权时因给予便利或者接受限制而产生的相邻关系纠纷，应从营造良好的邻里氛围、保持健康稳定的相邻关系的目标出发，按照有利于生产、方便生活、团结互助、公平合理的精神妥善协调解决，故相邻纠纷的处理与一般侵权损害赔偿相比有其自身特点。[②] 据此，处理相邻关系应遵循以下四项原则：

1. 有利生产，方便生活。相邻关系是人们在生产和生活中，对于相互毗邻的不动产占有、使用、收益和处分而发生的权利和义务关系，直接关系到人们的生产和生活的正常运转。因此，处理相邻关系应以有利生产、方便生活为原则。例如，甲、乙两人各自承包了两块相互毗邻的土地，其土地主要依靠临近的一条小溪灌溉，甲承包的土地位于小溪的上游，乙承包的土地位于小溪的下游。由于久未下雨发生了旱情，小溪的水源不能满足甲、乙承包土地的灌溉用水。这时，甲不能截断溪流仅供自己的土地灌溉，而是要正确处理相邻的用水关系，把有限的水用于两人最需要、经济效益最大的地块，以减少不必要的损失，发挥最大的经济效益，促进生产的发展。

2. 团结互助。在社会大家庭中，人们在诸多关系方面都是相互依赖的，过分强调某一方面的利益，就会损害到其他方面的利益，最终的结果是致使社会

---

① 王泽鉴：《民法物权：通则 · 所有权》（第 1 卷），中国政法大学出版社 2001 年版，第 211 页。

② 详见最高人民法院（2019）最高法民申 3209 号民事裁定书。

的共同利益无法实现。因此，我们必须以团结互助的原则来处理相邻关系，才会使人们的关系团结协调，和睦相处。第一，坚持与邻为善，以邻为伴，互利共赢，反对损人利己，以邻为壑。常言道，团结是胜利的保证，“远亲不如近邻”，“和气生财”，相邻各方“低头不见抬头见”，需要互相关心和照顾。处理好相邻关系，有利于各方的生产生活，也有利于社会的和谐稳定。第二，相互替对方着想，为相邻权利人提供力所能及的帮助。相邻关系反映了相邻权利人之间的利害关系，彼此要进行换位思考，想对方之所想，急对方之所急，尊重相邻权利人的权利，相互为对方提供便利。这样有助于形成“你敬我一尺，我敬你一丈”的良好氛围。第三，保持忍让和克制。俗话说，“谁家灶火不冒烟”，相邻权利人之间发生一些磕磕碰碰是常有的事，关键是要有团结的愿望和正确的处理方法。小事一定要忍让，忍一忍风平浪静，让一分海阔天空。即使对相邻权利人生活产生实质性影响，也要采取妥善办法来处理，以德报怨，不要你不仁我也不义，人为地激化矛盾，但不要把相邻权利人的忍让当作软弱可欺。第四，遇事要通过友好协商解决，不要先斩后奏，更不要以强凌弱。譬如，甲在乙院里有通行权，乙想把甲通行的过道改为住房，让甲从旁边另开一个通道通行，必须事先进行协商，达成一致意见后再改道。不能认为别人在自己院里通行由我说了算。

3. 公平合理。公平原则是我国民法的基本原则，与其他的民事法律关系一样，在调整相邻关系时也同样适用这一原则。相邻关系本质上是立法者根据一方权利的需要，从社会的整体利益考虑作出的规定。在处理相邻关系时，只有坚持公平合理的原则，才能使相邻各方的利益得到平衡。一方权利的延伸和另一方权利的限制都必须在合理的限度内，并且要求享受利益的一方造成他方的损失时，应给予合理的补偿。例如，相邻的一方在架设电线、埋设管道必须使用相邻他方的土地时，他方应当允许，但使用一方应当选择对他方损害最小的地点和方式设计施工，并对因使用他人的土地而给他人造成的损失予以合理的补偿。

4. 法律、法规有规定按规定，无规定按当地习惯。有利生产，方便生活；团结互助和公平合理是处理相邻关系的三项原则。这三项原则的适用，不能违背法律、法规的明确规定，若法律、法规没有规定，亦不能违背当地的习惯。此处的“习惯”应当是当地人所皆知、公认的习惯。作为审案依据的“习惯”必须是当地多年实施且为当地多数人所遵从和认可的习惯，这种习惯已经具有

"习惯法"的作用，在当地具有类似于法律一样的约束力。同时，这种习惯以不违背公序良俗为限。[①] 众所周知，法律在很大程度上即从习惯演变而来，从人们共同认可的规则而演进成国家立法意志。在相邻关系的立法中，对于习惯的效力，各国一般均予以认定，或者说承认其对于法律从补充效力。如《德国民法典》第 919 条第 2 款规定："界石的种类及程序按各邦（州）法律规定之，各邦（州）法律未有规定时，按当地惯用的方法确定之。"因此，在处理相邻关系纠纷时，在法无明文规定时，应当按照当地习惯处理。

"习惯"具有普遍性和认同性，是调整社会关系的行为规范。习惯一经国家认可适用，即具有法律效力。根据本条规定，在有法可依的情况下，有关相邻关系的习惯并不具有强制力。一旦习惯成为调整相邻关系的准则，其效力就像法律、法规一样，依习惯作出的生效裁判，相邻关系纠纷的当事人也必须执行。譬如，本法对公民在家的眺望权未作规定，一旦发生此类纠纷诉诸法律，法院"可以按照当地习惯"处理。将当地习惯作为调整相邻关系的依据之一，是为取得良好的社会效果而作出的合理规定。俗话说，"三里地改规矩"，各地的习惯存在很大差异，用外地的习惯解决当地的相邻关系，在当地不一定能够被接受。法条中的"可以"给了法官一定的自由裁量权和灵活性，不能理解为"可以按照当地习惯"，也可以按照外地习惯。如果按照"当地习惯"处理纠纷显失公平，也可以不按"当地习惯"处理。

人民法院处理相邻关系纠纷时，应注意适用规范的方法：（1）法律、法规、司法解释有规定的，适用其规定。（2）法律没有规定，但法规有规定的，适用法规的规定。（3）法律、法规没有规定，但司法解释有规定的，可以单独适用司法解释。（4）有效的行政规章可作为裁判的参考依据，但在法律文书中不得引用。（5）法律、法规、司法解释均无规定的，才可以适用"当地习惯"。《民法典》第十条规定："处理民事纠纷，应当依照法律；法律没有规定的，可以适用习惯，但是不得违背公序良俗。"如果找不到"当地习惯"或者不宜适用"当地习惯"，应当依据相邻关系的其他原则进行处理。

四、相邻关系的基本种类

相邻关系产生的原因甚多，涉及面广，因而种类繁多。根据民法通则和有

① 黄薇主编：《中华人民共和国民法典释义（上）》，法律出版社 2020 年版，第 566 页。

关法律规定，并结合司法实践，相邻关系的基本种类主要是：

1. 相邻土地通行关系。相邻的建筑物或土地，处于邻人的土地包围之中，非经过邻人的土地不能到达公用通道，或虽有其他通道但耗资过大或极为不便，可以通过邻人的土地以达公用通道或自己的建筑物或土地。但通行人在选择道路时，应选择对相邻人损失最少的方式或路线。同时，为平衡通行权人与邻地所有人或使用人的利益，贯彻民法公平正义的观念，通行权人因通行或开设道路致邻地使用人或所有人有损害时，应给予合理的补偿。《民法典》第二百九十一条规定："不动产权利人对相邻权利人因通行等必须利用其土地的，应当提供必要的便利。"该法第二百九十二规定："不动产权利人因建造、修缮建筑物以及铺设电线、电缆、水管、暖气和燃气管线等必须利用相邻土地、建筑物的，该土地、建筑物的权利人应当提供必要的便利。"

对于历史上形成的通道，土地所有人或使用人无权任意堵塞或改道，以免影响邻人的通行。如果确实需要改道，应取得邻人的同意。

2. 相邻用水、排水关系。当相邻各方共同面临同一水源时，须保持水的自然流向，按照处理相邻关系的基本原则，公平合理地处理相邻各方的用水、排水关系。对此，《民法典》第二百九十条规定："不动产权利人应当为相邻权利人用水、排水提供必要的便利。对自然流水的利用，应当在不动产的相邻权利人之间合理分配。对自然流水的排放，应当尊重自然流向。"

在用水的相邻关系上，水流地的使用人或所有人虽可以自由地使用水源，但不能因此影响相邻地的用水。土地使用人或所有人不得因生产和生活的需要，擅自钻井、挖掘地下水，或随意拦截自然流水，使相邻人用水减少，或者无水可用。当水源有余时，高地的人需向低地排水，低地的相邻人不得擅自筑坝堵截自然流水，使水倒流，影响高地的排水。但是排水一方应采取必要的保护措施，造成损失的，应负责赔偿。相邻一方可以采取合理的保护措施而未采取，向他方土地排水毁损财产或可能发生毁损之事实，他方有权要求停止侵害、消除危险、恢复原状、赔偿损失。相邻一方在为房屋设置管、槽以及其他装置时，不得使房屋雨水直接流注到邻人的建筑物上，以防雨水长期侵蚀而致相邻人的建筑物损毁。

3. 相邻管线埋设关系。相邻人因埋设管道，如水管、煤气管、油管；架设线路，如输电线路、通信线路等，需要通过或使用他人的土地时，他人应当允许。但是管线埋设人应当选择对他人损失最小的方案；在施工完成后，应及时清理现场，恢复原状，如果因施工造成邻人损失的，应给予适当的补偿。对此，《民法典》第二百九十二条规定：“不动产权利人因建造、修缮建筑物以及铺设电线、电缆、水管、暖气和燃气管线等必须利用相邻土地、建筑物的，该土地、建筑物的权利人应当提供必要的便利。”

4. 相邻防险关系。相邻的一方在自己的土地上施工，挖掘沟渠、水池、地窖、水井或建房的地基时，应注意对方房屋、地基以及其他建筑物的安全，当所挖工程项目已经或将要动摇邻人的地基时，应停止该工程或通过采取保护措施后再进行施工。一方的建筑物有倒塌的危险，严重威胁对方的人身、财产安全时，对方有权请求采取措施排除危险。放置或使用易燃、易爆、剧毒性物品时，必须严格按照有关规定办理，并应与邻人的建筑物保持适当的距离，或采取必要的防范措施，以免邻人的人身和财产遭受不必要的损失。如因此给邻人造成损失，应予以赔偿。对此，《民法典》第二百九十五条规定：“不动产权利人挖掘土地、建造建筑物、铺设管线以及安装设备等，不得危及相邻不动产的安全。”

5. 相邻环保关系。相邻的一方在修建厕所、粪池、污水池，堆放腐朽物、有毒物、垃圾时，应与邻人生活居住的建筑物保持一定的距离，或采取相应的措施，防止空气污染影响邻人的生活和工作。相邻双方不得制造噪声、喧嚣、震动等，以免妨碍邻人的生活和工作，如音响或震动已足以损害邻人的生活和工作时，应及时予以处理，消除对邻人的损害。但是对一些微量的音响、震动，相邻的他方应给予谅解。有关企业在排放废气、废渣、废水时，必须按照国家规定的排放标准排放。如果邻人因企业排放废气、废水、废渣受到不当影响的，邻人有权要求停止侵害、消除影响；受到损失的，有权要求赔偿。对此，《民法典》第二百九十四条规定：“不动产权利人不得违反国家规定弃置固体废物，排放大气污染物、水污染物、土壤污染物、噪声、光辐射、电磁辐射等有害物质。”

6. 区分所有建筑物相邻关系。居住在同一建筑物上的区分所有人在行使各自的区分所有权时，因其专有部分——建筑物内的独立单元，左右相接，上下叠加，故相邻的区分所有人除发生前后的平面的相邻关系之外，还同时发生立体的相邻关系，相邻关系相对复杂。区分所有人为保存或改良专有部分或共有部分，在一定的限度内可请求使用邻人的专有部分或非为自己占有使用的其他共有部分，被请求方不得拒绝。例如，业主甲的厨房漏水，必须利用居住在上一层的业主乙家中的排水设施才能进行维修时，业主乙有容忍业主甲利用自己的专有部分进行建筑物的维修的义务。因使用邻人的专有部分而致其受损失时，应予以相应的赔偿。同时，相邻的区分所有人应按照建筑物的性质和用途，合理使用其专有部分，不得在改建或增建自己的专有部分时，对建筑物有不当的毁损行为。此外，建筑物的区分所有人也不能随意改变建筑物本来用途或使用目的使用专有部分，以免给相邻的他方造成损害。

尚需说明的是，对于建筑物中的共用部分，各业主、承租人及其来访的客人都有权使用，但这种使用权源于业主对共用部分的共有所有权，而不是源于相邻关系，这是因为相邻关系是特指在他人享有专有权或专用权的物上利用他人的物。当然，业主在使用共用部分时，不得妨碍其他业主，例如，对于建筑物内的公用楼道或通道，各区分所有人在使用公用楼道或通道时，应对其他业主及其来访的客人给予通行便利，不能以任何理由堵塞楼道或通道，妨碍其他业主的通行。

7. 相邻通风、采光关系。相邻各方修建房屋或其他建筑物，必须与邻居保持适当的距离，不得妨碍邻居的通风、采光。相邻各方对生长在自己使用的土地上的竹木或根枝，伸长到邻人的土地上或建筑物旁，影响到邻人的采光和通风的，应当及时剪除，不得影响邻人的利益。对此，《民法典》第二百九十三条规定："建造建筑物，不得违反国家有关工程建设标准，不得妨碍相邻建筑物的通风、采光和日照。"

五、对案例 30、案例 31、案例 32 的简要评析

（一）对案例 30 的简要评析

本案涉及因用水、排水产生的相邻关系。李某与张某共用同一水源，均可以自由使用水源，但不得因此而影响邻地的用水。相邻各方对各自使用的自然流水，应当尊重自然形成的流向，任何土地使用人都不得为自身利益而随意改变水路、截断水流。水流不足时，高地段的相邻人张某独自控制水源，断绝低地段的用水，并且造成李某农田大面积受损。相邻关系的用水、排水应按照"由近到远、由高至低"的原则依次灌溉、使用。一方擅自堵截或独占自然流水影响他方正常生产、生活的，他方有权请求排除妨碍；造成他方损失的，应负赔偿责任。相邻一方必须利用另一方的土地排水时，他方应当允许，但使用的一

方应采取必要的保护措施；造成损失的，应由受益人合理补偿。相邻一方可以采取其他合理措施排水而不采取，以致毁损或者可能毁损他方财产的，他方有权要求加害人停止侵害、消除危险、恢复原状、赔偿损失。对于共同使用和受益的渡口、桥梁、堤坝，相邻各方应共同承担养护、维修的义务。

（二）对案例 31 的简要评析

本案涉及相邻关系的问题。相邻关系要解决的问题是，对相邻不动产的所有人或使用人的权利的限制或延伸如何平衡。不动产的所有人或使用人各自在行使权利时，相邻各方相互间应给予对方必要的便利和自己接受行使权利的限制。邻地的所有人或使用人在行使各自的权利时，应体现公平、合理的精神。在本案中，某市财政局怠于注意白某理的告知，不履行相邻关系中应承担的义务，造成邻地使用人白某理房屋的损坏，当损坏发生后，某市财政局又拒绝承担赔偿责任。根据城建部门的鉴定结论，某市财政局的施工与白某理房屋的损坏之间有因果关系。某市财政局对白某理房屋的损坏应承担赔偿责任。法院的处理是正确的。

（三）对案例 32 的简要评析

本案争议的产生，原因在于相邻关系引发的纠纷中，当事人一般往往要求通过排除妨碍以保护自己的权利。我国《民法典》并未规定排除妨碍的具体形式，因而在司法实践中，有人往往误认为小到搬走占用过道的堆积物，大到认为影响通风采光的房屋请求拆除，都属于相邻关系中的排除妨碍的表现形式。实际并不尽然，由于司法机关和行政机关的职权划分不同，使得类似本案所涉及的纠纷在处理方式上也有所不同。就本案的具体情况来看，笔者同意后一种意见。理由在于：

1. 先由相关行政机关处理当事人双方因被告私自搭建的小间引起的相邻纠纷，是行政机关与司法机关主管职权划分的实际体现。民法调整的相邻关系是为了对相邻不动产所有权或使用权进行适当限制或扩展，以谋取相邻各方利益满足的必要。本案中原告请求法院作出拆除被告新搭建的小间的诉讼请求超出了法院的职能范围。那么，属于谁主管呢？依我国的法律，应属于规划行政部门管理，由规划行政部门对被告擅自违章搭建的行为进行处理正是其行使职权的体现。

2. 由行政部门先行处理的做法，是保证当事人诉权实现的需要。搭建是否属于违章，从程序上来看，关键在于行为人有没有取得规划行政部门的许可。虽然本案已经查明被告的搭建属私自搭建，未取得规划部门的许可，但根据法治的原则，只有规划行政部门确认被告行为违法并作出有关决定后，才能按照法律规定进行处理。这不仅是行政机关职权行使的体现，也是出于保证当事人诉讼权利的需要。因为应先由行政机关依职权作出处理决定，行政相对人若不服可就该行政行为提出行政复议，进而提出行政诉讼，由司法机关审查行政行为的合法性，以此保护自身合法权益；如果直接由法院作出裁决的话，当事人根本无法通过行政复议和诉讼来保护自己的合法权利。

第五章 共 有

第一节 共有概说

一、共有的法律意义

在现实生活中，一人享有一物所有权，称为单独所有，此为常态；两人以上同时共同享有一物所有权，称为共有所有，亦不鲜见。共有是指多个权利主体对一物共同享有所有权。共有的主体称为共有人，客体称为共有财产或共有物。各共有人之间因财产共有形成的权利义务关系，称为共有关系。[①]因此，共有，不但是物权法的一项重要法律制度，而且也是物权法理论中的一个重要问题。共同所有虽然在同一物上有两个或两个以上的主体，但这并不意味着在同一项财产上有两个或两个以上的所有权，而是各共有人按照一定的份额或不分份额地享有同一项所有权。究其根源，共有是一项对所有权进行“量”的分割的法律制度。[②]《民法典》第二百九十七条至第三百一十条为我国共有制度的基本法律渊源。根据我国的共有立法和传统民法理论，共有的法律特征表现为：

1. 共有主体的非单一性。同一不动产或者动产可由两个以上权利主体共同所有。《民法典》第二条规定，民法调整平等主体的自然人、法人和非法人组织之间的人身关系和财产关系。不同的民事主体之间均可以形成共有关系。如夫妻共同拥有一座房屋，合伙人共同拥有合伙企业的财产。共有主体的多元性是共有制度区别于单独所有制度的一项重要特征。

2. 共有客体的特定性。在共有关系中，客体仍然是特定的。在客体方面，与单独所有并没有任何区别。它既可以是独立物，也可以是集合物。这些共有

---

① 黄薇主编:《中华人民共和国民法典释义（上）》，法律出版社 2020 年版，第 578 页。

② 参见史尚宽:《物权法论》，中国政法大学出版社 2000 年版，第 152 页。

物在共有关系存续期间，原则上不能分割为各个部分，例外情况是，我国《民法典》第三百零三条规定，共同共有人在共有的基础丧失或者有重大理由需要分割时可以请求分割。据此，在共同共有关系存续期间，当存在法律规定的原因时，也可以请求分割。由各个共有人分别享有所有权，而只能是各共有人对共有物共同享有所有权，每个共有人的权利及于整个共有物。这是由一物一权原则决定的。根据这一原则，一物之上不得存在多个所有权。换言之，数人不得对同一物各自享有完整的所有权。由于共有只是数人对于同一物享有同一所有权而非数人对同一物分别享有所有权，共有只是所有权的一种形态，因此仍然要适用所有权的一般规则，如一物一权等规则。

3. 共有内容的双重性。其双重性表现在对内、对外双重权利义务关系。（1）在共有的内部关系中，共有人对共有物按照份额享有权利和承担义务，或不分份额，平等地分享权利、分担义务。在占有、使用、收益和处分共有财产时，各共有人应依法或按照约定的条件，共同协商确定，一旦有人违背其他共有人的意志独自处分共有物的，属于侵权行为。（2）在共有的外部关系上，共有人可以作为单一的权利主体，同共有人以外的其他权利主体发生财产所有和财产流转关系，由此产生的权利义务，归共有人共同享有和分担。共有人无论对内或对外行使权利时，并非完全独立，要受其他共有人利益的制约，须体现全体共有人的意志。

需要注意的是，共有与公有是两个不同的概念，分属两个不同的范畴。共有则属于法律上的所有权范畴。公有是公共所有，日本民法又将公有称为总有，如村民对本村所属的山林原野有共同使用收益的权利，在我国现阶段，全民所有即指国有或公有，集体所有就是公有，如属于集体的山林、土地、滩涂、草原、牧场等由全体村民共同使用收益。公有与共有分属不同范畴，其根本区别在于：（1）共有财产的权利主体是各个所有人，包括公民与法人，而公有财产的权利主体则具有单一性，只能是集体组织或社会团体。（2）公有财产是脱离个人而存在的，即在法律上，任何个人都不能成为公有财产的所有权主体，其成员只对公有财产共同使用、收益。共有财产的存在一般并未脱离共有人个人，每个共有人都对共有财产享有所有权。所以，公有财产的完整性不受单个公民退出或加入该公有组织的影响，而在同一条件下，却会对共有财产产生较大的影响。（3）共有关系一般是基于共有人的某种共同目的建立起来的财产关系，它可以因共有人的需要或外界变化，根据其意愿解除或消灭，而公有财产关系则因生产资料的公有制而产生，通常不得由它的成员任意变更或终止。[①]

二、共有的原因及分类

（一）共有的原因

共有所有权是各个共有人依照法律的规定或约定而成立的。具体来说，共有所有权由以下原因产生：

1. 基于当事人约定产生的共有。两个或两个以上的主体，依约定而成立的共有关系，便是基于当事人的意思而产生的共有。如甲、乙共同出资购买一辆货车，在甲、乙之间便形成对货车的共有关系，两人对该货车共同享有所有权。

2. 基于法律规定产生的共有。这类共有不是基于当事人的约定产生的，而是根据法律规定产生的，依照这种方式产生共有的原因主要有：（1）两个或两个以上的主体的财产发生附和、混合且不能区分主物与从物时，由当事人对混合物和附和物共有；（2）两个或两个以上的主体对无主物先占、拾得遗失物、发现埋藏物或隐藏物而发生的共有；（3）继承人在遗产分割以前对遗产的共有；（4）婚姻关系存续期间夫妻间的财产共有；（5）未分家析产前家庭成员对家庭财产的共有等。

（二）共有的分类

在共有的分类的问题上，近现代民法也有不同的规定，德国民法和日本民法只承认按份共有、准共有，而无共同共有的规定。我国台湾地区“民法”将共有区分为按份共有、公同共有（共同共有）和准共有三种。我国《民法典》第三百一十条规定了准共有，即两个以上组织、个人共同享有用益物权、担保物权的，参照适用本章的有关规定。我国台湾地区“民法”所规定的按份共有与共同共有与我国《民法典》物权编中所规定的两种共有并无区别。

所谓准共有，是指数人按份共有或者共同共有数人共同共有所有权以外的财产权。[②] 所有权以外的财产权利主要包括用益物权、担保物权、知识产权、债权等，在现实生活中，两个或两个以上的主体拥有所有权以外的财产权利大

---

① 参见江平主编：《民法学》，中国政法大学出版社 2000 年版，第 385 页。

② 黄薇主编：《中华人民共和国民法典释义（上）》，法律出版社 2020 年版，第 597 页。

量存在，因而，现代各国物权法除规定了所有权的共有制度之外，大都设有所有权以外的财产权利准用共有的有关规定。至于准共有是按份共有还是共同共有应视情况而定，如果数人对于财产权以外的权利是基于某种共同关系而产生的，准用共同共有的有关规定，其他准用按份共有的有关规定。如我国台湾地区“民法”第八百三十一条规定：于所有权以外之财产权，由数人共有或公同共有者准用之。此条即有关准共有适用法律关于所有权共同共有、按份共有的规定。

三、共同共有与按份共有的区别

在传统理论至少是在大陆学者的著述中，按份共有和共同共有为两种不同性质的共有，因此区分是明显的，而且是巨大的。有学者总结出以下区别：

1. 成立的原因不同。共同共有之成立，须以存在共同关系为前提，按份共有则无此限制。因此之故，共同共有人间存在人的结合关系，而按份共有人则不存在。

2. 权利的享有不同。在按份共有中，共有人系依应有部分享有所有权，即按其应有部分对共有物为使用、收益。而在共同共有中，共有人之权利，及于共有物之全部，而非按应有部分享有所有权，故原则上应得共有人全体同意后，始得就共有物为使用、收益。

3. 处分应有部分的不同。在按份共有中，共有人得自由处分其应有部分（只是其他共有人享有先买权）；而在共同共有中，则无应有部分处分可言。

4. 分割限制的不同。在共同共有关系中，各共有人不得请求分割共有物，而按份共有关系中，共有人除因共有物之使用目的不能分割或契约定有不可分割的限制，得随时请求分割。

5. 共有物管理的不同。在按份共有中，除契约另有约定外，一般而言，共有物之简易修缮和保存行为，共有人得单独为之，改良行为则在获得共有人过半数或应有部分合计过半数之同意后，始得为之。而在共同共有中，除法律或契约另有约定外，共有物之管理，皆应获得全体共有人的同意后，方可为之。

6. 存续期间的不同。共同共有之存在通常有其共同的目的，故一般而言，共同共有关系之存续期间通常较长；而按份共有关系，就其本质而言，则具有暂时性。

7. 对第三人行使的权利不同。按份共有人对于第三人，得就共有物之全部为本于所有权之请求，唯在恢复共有物之请求，需为共有人全体之利益为之而已。在共同共有中，此项权利之行使，应得共同共有人全体之同意。

8. 标的物的不同。共同共有之标的物通常为多数，除物以外，常有以权利为标的物的情形，故通常以共同共有财产或公同财产称之。而按份共有之标的物通常均为单一或少数。①

第二节　按份共有

一、问题的提出

按份共有，又称分别共有，是共有的基本类型。在研究按份共有之前，先看一则案例，并思考之。

案例 33：梁某、张某船舶权属纠纷再审审查案②

最高人民法院认为：本案系当事人申请再审案件，应当围绕梁某申请再审的理由是否成立进行审查。根据梁某的再审申请理由，本案应审查原判决认定张某对案涉船舶享有 50% 的所有权份额是否具有事实依据以及梁某提供的证据能否证明原判决认定的事实或者裁判结果错误。

关于张某对案涉船舶是否享有 50% 的所有权份额。根据张某一审期间提交的张某与冯某的微信沟通记录，冯某于 2017 年 8 月 14 日确认张某“总共已付 120 万元”。张某于同年 9 月 8 日又向励某东支付 20 万元。张某一审期间还提交了其与梁某的通话录音，梁某先后认可张某的投资款金额为 120 万元和 142.4 万元。梁某的通话录音与冯某的微信沟通记录基本相符。梁某二审期间主张其在通话中确认的款项中包含双方在其他渔船上的合伙投资款，但其提供的证据不足以证明其主张。案涉船舶造价为 574.4 万元，扣除以该船舶抵押

---

① 参见谢在全：《民法物权论》，中国政法大学出版社 1999 年版，第 341～342 页。亦有学者从成立原因不同、权利范围不同、对共有动产或不动产的权利行使规则不同、共有动产或不动产分割的限制不同、共有关系的稳定程度不同等方面进行类型区分。详见孙宪忠、朱广新主编：《民法典评注·物权编》（第 2 卷），中国法制出版社 2020 年版，第 336 页。

② 详见最高人民法院（2019）最高法民申 6287 号民事裁定书。

贷款投入的 245 万元以及尚欠的造船款 40 万元，梁某与张某实际共出资 289.4 万元。原判决认定张某实际出资 142.4 万元，占双方共同出资的 49.2%。有相应证据支持。

案涉船舶登记在陈某明名下，2018 年 1 月 4 日，陈某明与其配偶邵某花向宁波象山银行贷款 245 万元，以案涉船舶为抵押物并办理了抵押登记。根据梁某与励某东签署的《船舶交接协议》，并经张某同意，该笔贷款用于向励某东支付造船款。张某作为船舶共有人承担了相应的担保责任。该笔银行抵押贷款应作为梁某与张某的共同出资。梁某关于张某出资 106 万元，占合伙的份额为 16.55% 的主张不能成立。

梁某与张某均认可对案涉船舶形成按份共有。《物权法》第一百零四条规定，按份共有人对共有的不动产或者动产享有的份额，没有约定或者约定不明确的，按照出资额确定；不能确定出资额的，视为等额享有。梁某与张某未以书面协议形式明确双方对案涉船舶的所有权份额。2018 年 4 月 11 日，一审法院向第三人励某东调查。根据励某东的陈述，张某与梁某在励某东处签订《渔业船舶建造合同》时，两人口头约定各占该船 50% 股份。梁某提交了张某另案起诉梁某的民事起诉状，该证据仅能证明张某起诉梁某解除合伙关系，并不能否定原判决认定的上述基本事实。原审判决结合张某实际出资 142.4 万元，占双方共同出资的 49.2% 的事实以及励某东的陈述认定张某对案涉船舶享有 50% 的所有权份额适用法律并无不当。

综上，梁某的再审申请理由不能成立，裁定驳回梁某的再审申请。

上述案例涉及按份共有问题。试问：如何理解按份共有？按份共有的内部、外部关系如何？共有物如何分割？

二、按份共有的法律意义

按份共有，是指两个或两个以上的共有人对同一项财产按照确定的各自份额享有权利和承担义务的一种共有形式。按份共有中的“份”，不是具体的份额，不能与共有物特定部分一一对应，而是所有权的抽象份额。[①] 我国《民法

① 最高人民法院民法典贯彻实施工作领导小组主编：《中华人民共和国民法典物权编理解与适用（上）》，人民法院出版社 2020 年版，第 488 页。

典》第二百九十八条规定："按份共有人对共有的不动产或者动产按照其份额享有所有权。"按份共有是最常见的共有关系，按份共有可以发生在自然人之间、法人之间、非法人组织之间、自然人与法人之间、自然人与非法人组织之间、非法人组织与法人之间。按份共有最早产生于罗马法，现代各国民法无不对之设有明文规定。作为一项独立的财产制度，按份共有除具有共有的一般特性，如主体为两人以上、客体为特定物之外，还具有以下法律特征：

1. 各共有人对于共有物享有不同的份额。这是按份共有区别于共同共有的最基本特征，如果共有人对共有财产按照一定的份额享有权利，为按份共有；根据《民法典》第三百零八条的规定，共有人对共有的不动产或者动产没有约定为按份共有或者共同共有，或者约定不明确的，除共有人具有家庭关系等外，视为按份共有。

各个共有人的份额又称为应有份，应有份是对所有权"量"的分割的结果，这种"量"并非是对共有物在量上的分割，也不是具体划分共有物的使用部分，而是各共有人按照一定的份额对整个共有物享有权利承担义务。应有份额的多少由共有人全体共同商定，共有人对共有财产份额有明确规定的，各共有人按照确定的份额享有权利或承担义务，如果共有人对共有的份额不明的，应推定各共有人的应有份额均等。对此，《民法典》第三百零九条作了明确规定："按份共有人对共有的不动产或者动产享有的份额，没有约定或者约定不明确的，按照出资额确定；不能确定出资额的，视为等额享有。"该条规定，不仅易于操作，而且能简化当事人之间的法律关系，符合社会生活中最基本的公平正义。[①]

应有份的性质如何？存在五种不同学说：实在部分说、理想部分说、内容部分说、计算部分说、权利部分说。[②]笔者认为，应有份在性质上是所有权的量的分割，并非所有权的质的分割，除其行使应受其他共有人应有份的限制外，其内容、性质及效力与所有权没有区别，共有人按其应有份享有所有权的各项权能，我国《民法典》物权编的规定便表明了应有份的性质。

2. 各按份共有人对其应有份享有相当于所有权的权利。相对于共同共有而言，各共有人对共有物行使权利的自由度更大些，共有人所受的团体性制约也更少，共有关系较为松散。在共有关系存续期间，各共有人可以随时要求分出

---

① 黄薇主编：《中华人民共和国民法典释义（上）》，法律出版社2020年版，第598页。

② 各种学说详见钱明星：《物权法原理》，北京大学出版社1994年版，第243～244页。

或转让自己的份额，解散共有关系，其他共有人除依法享有优先购买权之外，无权对共有人的上述处分行为限制或干涉。共有人死亡时，其继承人有权继承其应有份额。

三、按份共有的内部关系

按份共有的内部关系，即按份共有人的权利和义务问题，可分为共有物的使用收益、共有物的处分、共有物应有份的处分、共有物的管理、共有物的费用负担。

（一）共有物的使用收益权

按份共有人对同一物享有所有权，共有人可依其应有份对共有物行使使用收益的权利。所谓使用，是指在不毁损共有物的前提下，对共有物加以利用；所谓收益，是指收取共有物的天然孳息和法定孳息，如采摘共有的果树所生的果实，收取出租共有物的租金等。对此，《民法典》第二百九十八条作了规定：“按份共有人对共有的不动产或者动产按照其份额享有所有权。”既然享有所有权，就享有占有、使用、收益、处分的权利。由于各共有人都是与他人共享一个所有权，因此按份共有人的使用收益权与单独的所有权的使用收益权相比，有其特殊性，主要表现在以下三个方面：

1. 按份共有人对共有物的使用权。在按份关系中，各共有人对共有物的全部均有使用权，即无论其应有部分在共有物所占比例的多寡，各共有人均可对整个共有物行使权利。如甲、乙、丙各出 5 万元购买一部轿车，则他们均有权使用该轿车。

2. 按份共有人对同一物共同享有所有权，则各共有人基于所有权的权能，对共有物的全部享有收益权。然而，按份共有与单独的所有权毕竟有所不同，按份共有人在行使其使用收益权时，须受其他共有人的限制，并不得损害其他共有人的权利。如甲、乙、丙分别出资 5 万元、3 万元、2 万元，购买一门面房，若将共有物——门面房对外出租，因出租而收取的租金为收益，甲、乙、丙三人均有收取租金的权利，但收取租金的分配，应当遵循有约定按约定，无约定按出资额比例分配的原则进行。

3. 按份共有人的使用收益权未经协议或其他共有人的同意而对共有物的全部或一部加以使用、收益时，视为对其他共有人的侵权行为。受到侵害的其他共有人可以通过行使以下请求权救济自己的权利：（1）可依物上请求权请求该共有人除去妨害或返还占有的共有物；（2）可依照侵权行为的规定请求损害赔偿；（3）在该共有人因该行为而获取利益时，其他共有人可依据不当得利的规定请求返还其所受的不当利益。

（二）共有物的处分

对共有物的处分，包括事实上的处分和法律上的处分，广义上也应包括在共有物上设定负担及变更用途的行为。《民法典》第三百零一条规定："处分共有的不动产或者动产以及对共有的不动产或者动产作重大修缮、变更性质或者用途的，应当经占份额三分之二以上的按份共有人或者全体共同共有人同意，但是共有人之间另有约定的除外。"对共有物的处分因为关系到全体共有人的利益，因此，应得到全体共有人的同意方为有效。但是，如果全体共有人协议，委托共有人中的一人或数人为处分行为的，则一人或数人的处分行为也为有效。如《瑞士民法典》第648条第2项规定："除以全体之一致另定方法外，物之让与或设定负担或变更用途时，应有全体共有人之一致。"我国台湾地区"民法"也有相同的规定。未经全体共有人同意的法律上的处分行为，如出卖、设定负担的行为；以及未经全体共有人同意的事实上的处分行为，如共有人擅自变更共有物的用途的行为，应为无效。

但是，共有物如为动产，占有共有物的共有人即使未经其他共有人的同意而出让共有物，或者在其共有物上设定质权，并且受让人或质权人又是善意受让占有时，则该行为并不因为未得到其他共有人的同意而无效，受让人或质权人善意取得相应的权利。在此情形下，其他共有人则可依照侵权行为或不当得利的规定，救济自己的权利。对于未经其他共有人的同意而为的事实上的处分行为，如毁损共有房屋，其他共有人有权提起侵权之诉，请求损害赔偿。

（三）共有物应有份的处分

按份共有关系中各共有人按照全体共有的约定或法律的规定，对共有物享有一定的份额，在法律没有规定或共有人没有约定或约定不明时，按照出资额确定份额，出资额不能确定的，视为等额共有。[①] 在共有关系存续期间，共有

① 参见《民法典》第三百零九条的规定。

人在法律的限度内，对各自的份额可以自由地处分。处分行为通常包括应有份的分出、转让、设定负担及抛弃。

1. 应有份的分出。在共有关系存续期间，各按份共有人随时有要求分出自己的份额的权利。所谓要求分出，是指共有人在退出共有关系时，将自己的应有份额从共有财产中分割出来。在法律没有特别规定分出限制或当事人没有约定共有期限的，其他共有人不得拒绝其分出的要求，并且应协助其分割共有财产。在分割共有财产时，如果实物分割不改变共有物的性质和用途，则进行实物分割。反之，则由其他共有人作价补偿以达分割共有财产的目的。自共有人的应有份从共有财产分出，该共有人便从共有关系中退出。当然，各共有人为了实现一定的目的，可以约定在一定的期限内限制分出，如果共有人约定有限制分出的，各共有人应当遵守，否则因违约分出，给其他共有人造成损失的，应当承担赔偿责任。①

2. 应有份的转让。所谓应有份的转让，是指共有人将其份额转让给他人。在共有关系存续期间，各按份共有人无须其他共有人同意，得直接出让自己的应有份的权利。受让人可以是第三人，也可以是共有关系中的其他共有人。在同等条件下，其他共有人享有优先购买权。

所谓优先购买权，是指其他共有人与共有人之外的第三人都要求以同等条件购买出卖人的应有份时，其他共有人所享有的优先购买该份额的权利。如果几个共有人都想购买这一份额，各共有人并不存在优先购买权，而是由转让人决定将其份额转让给哪一个共有人。现代各国的法律大多对共有人的优先购买权作出了明确规定。《民法典》第三百零五条对共有人的优先购买权作了明确规定："按份共有人可以转让其享有的共有的不动产或者动产份额。其他共有人在同等条件下享有优先购买的权利。"第三百零六条规定："按份共有人转让其享有的共有的不动产或者动产份额的，应当将转让条件及时通知其他共有人。其他共有人应当在合理期限内行使优先购买权。两个以上其他共有人主张行使优先购买权的，协商确定各自的购买比例；协商不成的，按照转让时各自

---

① 《民法典》第三百零三条规定："共有人约定不得分割共有的不动产或者动产，以维持共有关系的，应当按照约定，但是共有人有重大理由需要分割的，可以请求分割；没有约定或者约定不明确的，按份共有人可以随时请求分割，共同共有人在共有的基础丧失或者有重大理由需要分割时可以请求分割。因分割造成其他共有人损害的，应当给予补偿。"

的共有份额比例行使优先购买权。”

法律之所以对共有人的优先购买权明确规定，主要是由于共有关系一般是建立在相互信任的基础上，为了维护这种信任关系，防止因某一共有人将其份额转让给其他共有人所不了解或不信任的人，给其他共有人带来损害。为保证其他共有人行使优先购买权，一般要求出卖应有份的共有人在出卖之前，应将出卖的意思通知其他共有人。其他共有人的优先购买权，应当在一定的期限内行使，以保护转让人的权益，如果其他共有人对其是否购买的该份额意思表示作无限期的拖延，那么，共有人转让自己的份额的权利便无法实现。如果法律明确规定了优先购买权的期限，依照法律规定；如果法律没有规定优先购买权的期限，可以由出让人与其他共有人通过协商确定一个合理的期限。在法律规定的期限或共有人约定的合理期限内，其他共有人不为购买的意思，或所给的条件不能达到其他非共有人所给的条件时，共有人便可将应有份出让与共有关系之外的人。将出卖应有份的意思通知其他共有人，是出卖应有份的共有人应尽的义务。如果该共有人违反通知义务致使其他共有人无法行使优先购买权的，应承担损害赔偿责任。对此，《民法典物权编解释（一）》第十二条规定："按份共有人向共有人之外的人转让其份额，其他按份共有人根据法律、司法解释规定，请求按照同等条件优先购买该共有份额的，应予支持。其他按份共有人的请求具有下列情形之一的，不予支持：（一）未在本解释第十一条规定的期间内主张优先购买，或者虽主张优先购买，但提出减少转让价款、增加转让人负担等实质性变更要求；（二）以其优先购买权受到侵害为由，仅请求撤销共有份额转让合同或者认定该合同无效。”所谓“同等条件”，是指应综合共有份额的转让价格、价款履行方式及期限等因素确定。[①]

为了防止优先购买权的持续存在，阻碍共有人转让其份额，对其他共有人的该项权利的行使必须限制。对此，《民法典物权编解释（一）》第十一条规定：“优先购买权的行使期间，按份共有人之间有约定的，按照约定处理；没有约定或者约定不明的，按照下列情形确定：（一）转让人向其他按份共有人发出的包含同等条件内容的通知中载明行使期间的，以该期间为准；（二）通知中未载明行使期间，或者载明的期间短于通知送达之日起十五日的，为十五日；

---

① 参见《民法典物权编解释（一）》第十条规定：“民法典第三百零五条所称的‘同等条件’，应当综合共有份额的转让价格、价款履行方式及期限等因素确定。”

（三）转让人未通知的，为其他按份共有人知道或者应当知道最终确定的同等条件之日起十五日；（四）转让人未通知，且无法确定其他按份共有人知道或者应当知道最终确定的同等条件的，为共有份额权属转移之日起六个月。”

3. 在应有份上设定负担。所谓设定负担，是指权利人在其物上设定限制物权，如设定质权和抵押权等。在应有份上设定负担，实际上是共有人对其应有份的处分行为。按份共有人对其应有份要求分出、转让，而于其应有份上设定质权或抵押权所产生的最终的法律效果其实与应有份的分出和转让的法律效果无异。所以，毫无疑问，按份共有人可以对其共有物的应有份设定负担。由于质权是以质权人占有标的物为成立要件，因而质权人必须与其他共有人共同占有共有物。

4. 应有份的抛弃。按照按份共有的性质，共有人在共有关系存续期间，各按份共有人可以为自由的处分行为，共有人抛弃其应有份是共有人对应有份事实上的处分行为。值得注意的是，共有人抛弃其应有份时，由何人取得抛弃部分的所有权历来有不同的观点，一种观点认为，按照按份共有中的应有份与所有权一样具有弹力性，某一应有部分消灭，此前该应有部分对共有物的其他应有份的限制也就当然解除，其他应有份也随之扩张。因此，共有人所抛弃的应有份不能认定为无主财产而适用先占制度，也不得将其直接归属于国家，而是由其他共有人享有。《日本民法典》采纳这种学说，该法典第 255 条规定："共有人之一人，抛弃其应有部分时，或无继承人而死亡时，其应有部分归属于其他共有人。"我国部分学者也赞成这种观点。[①]另一种观点则认为，所有权的弹力性，是指所有权上有他物权时，他物权消灭，所有权即回复圆满状态。而应有部分是共有物所有权的比例，它既不是他物权对于应有部分所加的限制，也非应有部分相互之间所加的限制，因而按份共有人抛弃其应有部分时，其他按份共有人的应有部分并不产生回复原来的圆满状态的问题。目前在我国的民法实务中，主要采取了后一种观点，将按份共有人抛弃的应有部分收归国家所有。[②]

笔者认为，在按份关系中，各按份共有人对共有物的保值或增值都有贡献，人们普遍认同将某一共有人抛弃的应有份归属于其他的共有人，并且由其他共有人取得抛弃的应有份使共有关系变得简单，有利于对共有物的管理和利用。

---

① 梁慧星:《物权法建议稿》，社会科学文献出版社 2000 年版，第 424 页。

② 参见彭万林主编:《民法学》，中国政法大学出版社 1994 年版，第 254 页。

此外，如果规定由国家取得共有人抛弃的应有份，操作起来非常困难，国家既无法准确知道在众多的按份共有关系中谁抛弃了自己的应有部分，即使知道了也难以行使权利，在这种情况下，如果仍然坚持将共有人抛弃的应有部分归属于国家，便会因严重脱离实际而难以实行。

（四）共有物的管理

共有物的管理，是共有物保值和增值的必要措施，既是共有人的权利，又是共有人的义务。民法通说认为，共有物的管理主要包括：共有物的保存行为、改良行为、共有物的利用。[①] 笔者认为，根据《民法典》第三百零二条“共有人对共有物的管理费用以及其他负担，有约定的，按照其约定；没有约定或者约定不明确的，按份共有人按照其份额负担，共同共有人共同负担”的规定，共有物的管理应当遵循下列原则：

1.“有约定按约定”的私法自治原则。约定是尊重当事人意思自治的体现。共有人只要存在有效的关于费用承担的约定，就应优先适用，无论该约定在何时、何地、以何种方式达成。[②] 共有人对共有物的管理有契约约定的，各共有人应当严格按照契约约定履行其义务，若有违反而造成损害的，应负损害赔偿责任。

2.“无约定按法定”的法治原则。也就是说，各共有人对共有物的管理无约定的，各共有人都负有管理的义务，这是义不容辞的法律责任。如果在按份共有中部分按份共有人不负担或者对其他按份共有人垫付的额外费用不予偿还的，则构成对其他按份共有人权利的侵害，这构成按份共有的内部侵权行为。

（五）共有物的费用负担

共有物的费用，主要包括共有物的管理费用与此外的其他费用。其中，凡因保存、改良及利用共有物而生的费用，皆属于共有物的管理费用；其他费用，主要指因共有物的存在而产生的私法和公法上的费用。

---

① 详细内容请参阅谢在全：《民法物权论》，中国政法大学出版社 1999 年版，第 293～295 页；梁慧星主编：《中国物权法研究》，中国政法大学出版社 1998 年版，第 571～574 页。

② 孙宪忠、朱广新主编：《民法典评注 · 物权编》（第 2 卷），中国法制出版社 2020 年版，第 373 页。

共有物的费用负担，现代各国民法多采分担原则，即各共有人按其应有部分之大小分别负担其应负的费用。按份共有人既然按其应有部分就共有物享有权利，因而也须当然依其应有部分对共有物负担义务，其中包括分担共有物费用之义务。我国《民法典》第三百零一条也作了专门规定："处分共有的不动产或者动产以及对共有的不动产或者动产作重大修缮、变更性质或者用途的，应当经占份额三分之二以上的按份共有人或者全体共同共有人同意，但是共有人之间另有约定的除外。"

四、按份共有的外部关系

按份共有的外部关系，是指共有人与第三人间的法律关系，包括两个方面，即共有人对第三人的权利和义务。对此，《民法典》第三百零七条明确规定："因共有的不动产或者动产产生的债权债务，在对外关系上，共有人享有连带债权、承担连带债务，但是法律另有规定或者第三人知道共有人不具有连带债权债务关系的除外；在共有人内部关系上，除共有人另有约定外，按份共有人按照份额享有债权、承担债务，共同共有人共同享有债权、承担债务。偿还债务超过自己应当承担份额的按份共有人，有权向其他共有人追偿。"

（一）对第三人的权利

共有人基于应有份得向第三人提起各种请求权，包括：

1. 第三人对自己所享有的应有部分主张权利时，得提起应有部分权确认之诉，请求确认自己对应有部分之权利，称为应有部分权（持分权）的确认请求权。

2. 第三人对共有物为妨害时，得请求排除对于共有物的全部妨害，称为应有部分权（持分权）的妨害排除请求权。

3. 共有物有被妨害之虞时，得提起妨害预防请求权。

4. 共有物被他人非法侵夺时，共有人基于其应有部分权，得为全体共有人的利益提起共有物返还请求权。

5. 各共有人基于自己的应有部分权，有权提起旨在中断消灭时效与取得时效之完成的请求，称为基于应有部分权的时效中断请求权。[①]

---

① 参见梁慧星：《中国物权法研究》，中国政法大学出版社 1998 年版，第 575～576 页。

（二）共有人的对外义务

在对共同的债权人的对外关系上，按份共有人通常分别承担两种责任；按份责任与连带责任：依法律规定或当事人之约定，各按份共有人须就全部债务对共同债权人负清偿责任者，是所谓连带责任。此外，按份共有人仅就自己的份额部分对共同债权人负清偿责任者，是所谓按份责任。例如，按份共有人对外签订契约，共有人约定为连带责任的，从其约定，否则为按份责任。但共有建筑物倒塌、共有动物致伤他人者，按份共有人须承担连带责任。[①]

五、共有物的分割

（一）分割自由原则和分割请求权

民法对共有物采分割自由原则。[②]从《民法典》第三百零三条的规定来看，体现了共有物的分割自由原则：一是各个共有人之间对共有物的分割有约定的按约定的原则。二是共有人之间没有约定或者约定不明的，可随时请求对共有物分割，这更体现了分割自由原则。

但是，若共有人明确约定在共有关系存续期间不得分割共有物的，应当尊重当事人的意思自治原则，除非按份共有人有重大理由需要分割共有物的例外。何谓“重大理由”，应当结合当时的环境和实际情形就个案而定。

分割请求权在性质上属于形成权，而非请求权。其之所以采形成权，是因为分割请求权不罹于时效，或在贯彻分割自由原则。[③]

（二）分割方法

1. 协议分割。即共有人间基于达成的协议而分割共有物。其分割方法，主要包括实物分割、变价分割及价格补偿。对此，《民法典》第三百零四条第一款作了规定：“共有人可以协商确定分割方式。达不成协议，共有的不动产或者动产可以分割且不会因分割减损价值的，应当对实物予以分割；难以分割或

---

① 参见杨立新：《民法判解研究与适用》（第2集），中国检察出版社1996年版，第100页。

② 王泽鉴：《民法概要》，中国政法大学出版社2003年版，第525页。

③ 王泽鉴：《民法物权：通则·所有权》（第1卷），中国政法大学出版社2001年版，第357页。

者因分割会减损价值的，应当对折价或者拍卖、变卖取得的价款予以分割。”所谓变价分割，即出卖共有物而分配价金。所谓价格补偿，即使共有物归属于共有人中之一人，由其单独享有所有权，然后由该人向其他共有人“补偿”其应有部分的“价格”。

2. 裁判分割。共有人不能就共有物之分割达成协议时，可以诉请法院分割（《日本民法典》第258条第1项、《瑞士民法典》第651条第2项），称为裁判分割或“审判分割”①。此种请求法院分割共有物的诉讼，性质上属于形成之诉。法院可不受当事人申请裁判事项之拘束广而自由决定分割之方法，但通常以“实物分割”为基本的分割方法。在不能进行“实物分割”或采“实物分割”将显有损害共有物的价值之虞时，法院可命其拍卖而分割价金。

（三）共有物分割的效力的发生时间

分割共有物，系将共有关系消灭，使各共有人成为单独所有人。关于此种效力自何时发生，从来有不同的立法主义。法国民法，采宣示主义或称“权利认定主义”，认为因分割而成为单独所有的效力，溯及共有关系成立之始发生，分割不过是将原来自始属于各人独有的事实宣示，或就此种单独所有的权利加以认定而已，与一般由他人移转权利的情形不同；德国民法，采移转主义或称“付与主义”，认为因分割而成为单独所有的效力，不溯及既往。各共有人因分割成为单独所有人，系因彼此相互移转、让与部分权利所致。可见，分割与一般经由让与而移转权利的情形并不相同。

六、对案例33的简要评析

在本案中，梁某与张某形成了按份共有关系。主要是基于案涉船舶造价574.4万元，扣除该船舶抵押贷款245万元及建造船舶欠款40万元之后，梁某与张某实际出资289.4万元。其中，张某出资142.4万元，占双方共同出资比例的49.2%，接近一半，同时结合相关证人证言证明双方约定为各占50%。因此，本案双方形成了按份共有。

---

① 史尚宽：《物权法论》，中国政法大学出版社2000年版，第168页。

第三节 共同共有

一、问题的提出

共同共有，我国台湾地区“民法”称之为公同共有[①]，为现实生活中常见的一种所有权共有形式。在研究共同共有之前，先看一则案例，并思考之。

案例 34：民生小额贷公司与张某、孙某执行异议纠纷案[②]

最高人民法院审查认为，关于案涉房屋是否为张某、孙某的共有财产的问题。依照《物权法》第九条的规定，不动产物权登记是不动产物权设立的生效要件，但法律另有规定的除外。本案中，案涉房屋于 1990 年 3 月 30 日由孙某之父折建，使用土地性质为集体土地，原始户主为孙某之父，1991 年经分家析产确定房屋归孙某所有。孙某与张某于 1991 年 3 月 5 日结婚，1991 年 11 月 15 日孙某申请对该房屋进行所有权登记，该房屋及集体土地使用证随后均被登记在孙某名下。鉴于案涉房屋所使用土地为集体土地中的宅基地，依照《物权法》第一百五十三条、第一百五十五条之规定，宅基地使用权不以登记为生效要件，对于宅基地上因合法建造、拆除房屋等事实行为设立和消灭物权的，应自该事实行为成就时发生效力，故原审判决根据案涉房屋于 1991 年 11 月 15 日初始登记的情况即认定该房产初始所有人为孙某欠妥，案涉房屋作为农村宅基地上建造的房屋，自建造完成之日完成物权设立。后该房屋因分家析产于 1991 年 11 月 15 日登记于孙某个人名下，但因在析产时孙某已与张某成婚，根据宅基地使用权的福利性质和“一户一宅”的农村宅基地政策，该房屋及拆迁后的补偿款，应认定为孙某、张某共同共有。民生小额贷公司主张案涉房屋为孙某之父对孙某个人的赠与，并援引《婚姻法解释（二）》第二十二条关于“当事人结婚前，父母为双方购置房屋出资的，该出资应当认定为对自己子女的个人赠与”的规定，与本案作为农村房屋的实际情况不符，该规定不适用于本案。

---

① 详见我国台湾地区“民法”第八百二十七条的规定。

② 最高人民法院（2019）最高法民申 5205 号民事裁定书。

上述案例中，涉及共同共有的认定问题。试问：共同共有的法律意义如何？共同共有的权利义务关系如何？共同共有的基本类型有哪些？共同共有物的分割是如何进行的？

二、共同共有的法律意义

共同共有，是指两个或两人以上的人基于共同关系，对同一物不分份额地享有权利和承担义务。《民法典》第二百九十九条规定："共同共有人对共有的不动产或者动产共同享有所有权。"既然享有所有权，就共同享有占有、使用、收益和处分的权利。

共同共有与按份共有相比较，共同共有具有如下法律特征：

1. 共同共有是不分份额的共有。在共同共有关系存续期间，共同共有人不能对共同共有财产确定份额，只有在共同共有终止，共有的财产分割后，才能确定各共有人的份额。因此在共同共有关系中，各共有人的份额只是一种潜在的份额，部分共有人在共同共有存续期间，擅自划分份额处分共有财产，一般应认定为无效。

2. 共同共有以一定的共同关系为前提。这种共同关系，通常由法律直接规定，主要是婚姻关系、血缘关系，如夫妻关系、家庭关系，但共同关系也可因当事人的合同约定而产生，如合伙合同。没有共同关系这一前提条件，共同共有便无产生的基础，如果共同关系丧失，则共同共有必然解体，如夫妻离异便须对共同共有的财产进行分割。

3. 共同共有的共有人平等地享有权利和承担义务。各个共有人对共有物平等地享有占有、使用、收益、处分的权利，并平等地承担义务。在合伙关系中，依法律的规定或当事人的约定，合伙人可以按照一定的份额享有表决权，但在这样的合伙关系存续期间，不能要求分割共有财产。

三、共同共有的权利义务关系

共同共有的权利义务关系，又称为共同共有的效力，其意义在于共同共有一经产生，即在共有人之间发生权利义务关系的效力。共同共有的权利义务关系亦分为共有的内部关系和外部关系。

（一）共同共有人享有的权利

1. 共同用益权。共同共有人对于共有财产享有平等的用益权，可以共同或单独使用共有物，共同享用共有物产生的收益，而不是按份额分配。共同共有物往往是集合物，由全体共有人占有，对具体的物的占有，可以由个别共有人为之。在使用和收益中尽管可以有某共有人对某物的单独使用或将某一收益分给某共有人，但这与共同使用和共同收益的原则并不冲突。

2. 共有财产的处分权。在共同共有关系存续期间，对于全部共有财产不能全部处分，只能处分部分共有财产。共同共有人享有的共有财产处分权，只及于部分共有财产，不能及于全部共有财产。这种共有财产处分权属于全体共有人，处分共有财产必须经全体共有人一致同意，否则为无效。但部分共有人擅自处分共有财产，其他共有人明知而不提出异议的，视为同意，发生处分的效力。

3. 代表权。共同共有人中推举一个共有人作为代表，其行为代表全体共有人的意志，为代表权。传统民法认为，该代表权既可依法定而发生，也可依约定而发生。前者如家长权、夫对妻的代表权，均为某些法律所承认，因而家长对家庭共有财产、丈夫对夫妻共有财产，均有权作出处理的决定。依据我国法律，不承认依法发生的共同共有关系中部分共有人的代表权，但对依据共有人之间协议约定某共有人享有代表权的，则未作明文禁止，应承认该约定有效力。约定推举产生的共有代表权人，有权代表全体共有人处分共同共有物，有权代表全体共有人与他人实施民事法律行为，就共有物设定民事法律关系。

4. 优先购买权。《民法典》物权编、《民法典物权编解释（一）》只规定按份共有人享有优先购买权，未规定共同共有人的优先购买权。而 1988 年《民法通则意见》第 92 条规定："共同共有财产分割后，一个或者数个原共有人出卖自己分得的财产时，如果出卖的财产与其他原共有人分得的财产属于一个整体或者配套使用，其他原共有人主张优先购买权的，应当予以支持。"这一规定承认共同共有财产分割后原共有人的优先购买权，其条件除共同共有财产分割后外，还须具备部分原共有人出卖所分得的财产与其他原共有人分得的财产属于一个整体或者配套使用的条件。这种优先购买权较之按份共有权人的优先购买权，一是在共同共有关系终止之后方为产生；二是处分的物与主张优先购买权的人所分得物存在某种联系方为构成，因而是不相同的。该司法解释已经废止，仅供审判实践参考。

5. 物上追及权。当共同共有物受到不法侵夺时，任何共同共有人均享有物上追及权，得独自行使这一权利，以保全共有物。此点与用益权、处分权不同，非为共同行使，所有的共同共有人均可单独行使，亦可共同行使，皆因其享有连带权利使然。

（二）共同共有人承担的义务

1. 对共有物进行维修、保管、改良义务。此项义务为全体共同共有人的义务，均应承担。具体履行，可由部分共有人负责，所支出的费用由共同收益中支出。在共同共有关系中，所得财产为共同所有，很多共同共有人自己并无任何财产，不能平均分担，也无平均负担的必要。此种负担应作为共同财产的支出即可。对此，《民法典》第三百零二条规定："共有人对共有物的管理费用以及其他负担，有约定的，按照其约定；没有约定或者约定不明确的，按份共有人按照其份额负担，共同共有人共同负担。"

2. 对所欠债务的连带清偿责任。共同共有关系在日常生活、经营活动中所欠债务，须负连带清偿责任，各共有人为连带债务人。连带的方法，首先，债权人可以向任何一个共有人要求清偿，应从共有财产中支付；其次，共同财产不足以清偿的，共有人有其他财产的，亦应清偿。因此，此种义务亦为无限义务。

3. 共有物造成他人损害及各共有人造成他人损害的赔偿义务。共有物因管理不善造成他人损害，为连带的侵权赔偿责任，应由全体共有人承担赔偿责任。如饲养的动物致人损害，共同共有的房屋坍塌致人损害，等等。共有人致人损害，应区分不同情况，在家庭共有和夫妻共有关系下，任何共有人侵害他人权利造成损害，均须由共同共有财产承担赔偿责任，即从共有财产中支付赔偿金；在合伙、共同继承的场合，只有在执行合伙事务或管理遗产活动中致人损害的，方由共同财产承担赔偿责任；在总有的情况下，因管理总有财产及处理总有关系事务中致人损害，由总有财产承担赔偿费用。

4. 为部分共同共有人擅自处分共有财产的后果承担义务。共同共有人擅自处分共有财产，为无权处分，但第三人善意、有偿取得的，为善意取得，即时取得该财产的所有权，其他共有人不享有物上追及权，其后果由共有人承担，擅自处分财产的人有赔偿义务，受损害的共有人不得追夺共有财产，只能向处分财产的共有人要求赔偿损失。

四、共同共有的基本形式

（一）夫妻共有财产

夫妻共有是我国财产共同共有的最基本的类型。1980 年《婚姻法》第十三条规定："夫妻在婚姻关系存续期间所得的财产，归夫妻共同所有，双方另有约定的除外。夫妻对共同所有的财产，有平等的处理权。"这是夫妻共有财产的法律依据。为了更好地规范夫妻共有财产，2001年，全国人民代表大会对《婚姻法》进行了修改，对夫妻共有财产作了更具体的规定。《民法典》第一千零六十二条规定："夫妻在婚姻关系存续期间所得的下列财产，为夫妻的共同财产，归夫妻共同所有：（一）工资、奖金、劳务报酬；（二）生产、经营、投资的收益；（三）知识产权的收益；（四）继承或者受赠的财产，但是本法第一千零六十三条第三项规定的除外；（五）其他应当归共同所有的财产。夫妻对共同财产，有平等的处理权。"当然，并非在婚姻关系存续期间所得的上述财产必然是夫妻共有财产。《民法典》第一千零六十五条规定，男女双方可以约定婚姻关系存续期间所得的财产以及婚前财产归各自所有、共同所有或者部分各自所有、部分共同所有。由此可见，我国承认夫妻财产约定制，并且夫妻关于财产的约定，在不违反法律禁止性规定的前提下，其法律效力高于夫妻法定财产制。只有在夫妻之间没有关于财产的约定，或其约定无效的情况下，在婚姻关系存续期间所得的财产才属于夫妻共有财产。夫妻婚前的财产，是夫妻各自所有的财产，不属于夫妻共有财产。除当事人另有约定的以外，夫妻婚前各自的财产，并不因婚姻关系的延续而转化为夫妻共有财产。但夫妻双方对婚前一方的财产上的"添附"，应认定为夫妻共有财产。例如，婚后夫妻双方对婚前一方所有的房屋进行过重大修缮、装修、改建扩建的，该房屋新增加的价值或扩建部分，应属于夫妻共有财产。

此外，被宣告无效或被撤销的婚姻，当事人同居期间所得的财产，依照我国有关司法解释，也按共同共有处理。但有证据证明为当事人一方所有的除外。

夫妻双方对夫妻共有财产，都有占有、使用、收益、处分的权利。夫妻双方在处理夫妻共有财产上的权利是平等的。一般而言，对于因日常生活需要而处理夫妻共有财产的，任何一方都可独立决定，对于这类事务的处理，并不需要夫妻双方协商一致才有效。而对于非因日常生活需要对夫妻共有财产做重要的处理决定，夫妻双方应当平等协商，取得一致意见。在共同关系存续期间部分共有人擅自处分共有财产的，第三人善意、有偿取得该项财产的，应当维护第三人的合法权益；对其他共有人的损失，由擅自处分共有财产的人赔偿。

（二）家庭共有财产

家庭共有财产，是指家庭成员在家庭共同生活关系存续期间共同创造、共同劳动所得的财产。[①] 我国《民法典》并未以专条专款的形式对家庭共有作出明确规定，但家庭共有这种形式确实存在，并且，事实上我国现行法律中也承认了家庭共有这种形式。在我国，家庭关系除夫妻关系外，还包括父母子女、祖父母、外祖父母、孙子女、外孙子女、兄弟姐妹等之间的关系。当然，这些家庭成员并非都是家庭共有财产的主体，只有对家庭共有财产的形成作出贡献的家庭成员，才是家庭共有财产的共有人。家庭共有财产的来源主要包括：家庭成员在共同生活期间的共同劳动收入，家庭成员交给家庭的财产，以及家庭成员共同积累、购置、受赠的财产。家庭共有财产是维持家庭成员共同生活或生产的财产。如果某个家庭成员以其劳动收入购买个人生活用品，不属于家庭共有财产。

家庭共有与夫妻共有是两个不相同的概念。在不同的家庭结构中，两者在内容上可能是相同的，也可能是完全不同的。例如，在由夫妻与未成年子女的家庭中，未成年子女都没有独立的经济收入，也没有其他与其父母形成家庭共有财产的事实（接受赠与、遗赠等），未成年子女对父母的财产不享有共有权。在这样的家庭里，夫妻共有财产与家庭共有财产是相同的。如果未成年子女有独立的经济收入，或接受了较大价值的财产，这些财产交给家庭后，就产生了父母与未成年子女对家庭财产的共有权。特别是当家庭中有成年子女，或者有其他家庭成员时，则家庭共有财产的范围就超过了夫妻共有财产的范围，包括夫妻、子女、兄弟姐妹、祖父母、孙子女等的财产。在这样的家庭中，家庭共有财产与夫妻共有财产是不相同的，夫妻离婚时，除分割夫妻共有财产以外，还要确定并分得家庭共有财产中夫妻应有的份额，以保护其合法权益。

家庭共有财产与个人财产也应严格区分。在一个家庭中，家庭财产与个人财产同时存在，家庭成员的个人财产是某一家庭成员基于一定的法律事实而取得的，这些财产并未形成家庭共有财产，即使家庭成员仍然共同生活，家庭成员的个人财产也不能视为家庭共有财产。如子女因履行赡养义务而支付给父母的赡养费，属于父母的个人财产；共同生活的兄弟以个人的名义从事经营活动

---

① 参见梁慧星、陈华彬：《物权法》（第6版），法律出版社2019年版，第221页。

所获得的收入，除按照家庭成员之间的约定或自愿交给家庭的以外，自己保存的收入，属于个人财产。

每个家庭成员对于家庭共有财产都享有平等的权利，对于家庭共有财产的占有、使用、收益、处分，家庭成员应当协商一致进行，但法律另有规定或家庭成员另有约定的除外，对于家庭共有财产的使用、处分或分割等应当取得全体家庭成员的同意，任何家庭成员不得擅自处分属于家庭所有的共有财产，否则，该处分行为无效。当然，如果第三人是善意的，其他家庭成员不能以该处分行为没有取得其同意为由而主张无效。

家庭共有财产是在家庭成员共同创造、共同劳动所得，家庭共有财产一般只在分家析产时才予以分割。

（三）共同继承的财产

共同继承的财产，是指继承开始以后，遗产分割以前，由两个或两个以上的继承人继承了共同的被继承人的财产。在遗产分割以前由全体继承人或遗嘱执行人对遗产进行管理，部分继承人不能擅自使用、处分遗产。在分割遗产时，共同继承人按照法律的规定或按被继承人所留合法遗嘱的规定确定各自应获取的份额。遗产分割后共有关系解除。

（四）其他共有财产

其他共有财产，如家族共有的祠堂、学馆、学田、族产。例如，在福建永安的土楼中，一个家族八户家庭，共同拥有这座土楼的所有权，不分份额、不得分割、永远保存。族产在南方很多农村普遍存在。①

还需要说明的是，关于合伙财产的性质，有的认为是按份共有，有的认为是共同共有。我国台湾地区“民法”第六百六十八条明确规定合伙为共同共有。我们倾向于认为，传统合伙为按份共有②，但也具有某些共同共有的特征，如原则上不得随意要求退伙。其他类型的合伙，由于有特别法《合伙企业法》对其进行调整，所以应该依照该法的规定确定其性质。此外，建筑物区分所有中也存在共有关系，建筑物区分所有中的道路（属于城镇公共道路的除外）、建

---

① 杨立新:《共有权研究》，高等教育出版社 2003 年版，第 141～142 页。

② 黄薇主编:《中华人民共和国民法典释义（上）》，法律出版社 2020 年版，第 581 页。

筑区划内的绿地（属于城镇公共绿地或者明示归个人的除外）以及建筑区划内的物业服务用房，属于业主共有，其性质为按份共有。但该共有财产不得单独转让，且不发生优先购买权的问题。

共同共有人对共有的不动产或者动产共同享有所有权，是指共同共有人对共有财产平等地、不分份额地享有占有、使用、收益和处分的权利。任何一个共同共有人对共有财产都不享有超过其他共同共有人的权利。

五、共同共有财产的分割

共同共有是基于一定的身份关系而产生的，只有在共有关系解除后，才能分割共有财产。此与按份共有有着质的不同。

共同共有财产分割时，应本着团结互助、互助互让的精神，以充分发挥物的效用为出发点，在协商一致的基础上进行。能够实物分割的，对实物进行分割；不能实物分割的，采取变价和作价补偿等方式分割共有财产。如果协商不成，共有人可以通过诉讼程序要求人民法院处理。人民法院应以促进家庭和睦团结、有利于生产和方便生活出发，并适当考虑各个共有人对共有财产的形成、积累和增值所作的贡献，公平合理分割共有财产。财产分割后，各共有人对分割后的财产，承担物之瑕疵担保责任与权利瑕疵担保责任。

人民法院审理分割共有财产的案件时，首先要进行调解工作，希望共有人之间对分割方式达成协议。在达不成协议的情况下，首先要考虑是否具备进行实物分割的条件。具备实物分割的，进行实物分割。只有在不具备实物分割条件的情况下，才能考虑采取变价或者折价的方式进行分割。在采取折价分割方式时，还应当考虑共有人中的一人或者数人是否愿意接受共有财产等具体情况。如果没有人愿意接受共有物，或者虽愿意接受共有物，但对折价数额有异议，各共有人又达不成协议的，最好不要采取折价分割方式，而是采取变价分割的方式更有利于案结事了。总体来说，采取折价分割方式时要慎重。

六、对案例 34 的简要评析

在本案中，争议焦点是涉案房屋是孙某个人所有还是孙某与张某二人共同所有的问题。从该案的情况来看，涉案房屋为孙某之父，在孙某与张某结婚之后，经分家析产将涉案房屋分给了孙某和张某，虽然房产证登记在孙某个人名下，但不能视为孙某个人所有。众所周知，农村集体所有的宅基地使用权具有福利性质，也是农户的安身之本，且不是按人分配宅基地，而是按农户分配宅基地。因此，应当认定为孙某和张某共同所有。当涉案房屋被拆迁时，其补偿款也应当属于孙某和张某共同所有。债权人民生小额贷款公司主张补偿款为孙某个人所有的理由不能成立，法院予以驳回再审申请是正确的。

第六章 所有权取得的特别规定

第一节 善意取得制度

一、问题的提出

善意取得制度是物权法中一项重要的法律制度。所谓善意取得制度，是指无权处分他人财产的占有人非法将其占有的财产转让给第三人，如果受让人（即第三人）在取得该财产时系出于善意，即依法取得该财产的所有权，原财产所有人不得要求受让人（即第三人）返还财产的一项法律制度。《民法典》第三百一十一条确立了善意取得制度，即“无处分权人将不动产或者动产转让给受让人的，所有权人有权追回；除法律另有规定外，符合下列情形的，受让人取得该不动产或者动产的所有权：（一）受让人受让该不动产或者动产时是善意；（二）以合理的价格转让；（三）转让的不动产或者动产依照法律规定应当登记的已经登记，不需要登记的已经交付给受让人。受让人依照前款规定取得不动产或者动产的所有权的，原所有权人有权向无处分权人请求损害赔偿。当事人善意取得其他物权的，参照适用前两款规定。”

在研究善意取得制度之前，先看一则案例，并思考之。

案例35：刘某诉卢某财产权属纠纷案[①]

2004年上半年，原告刘某通过二手车交易市场以33000元购得面包车一辆，从2005年8月31日开始，刘某将车出租给案外人樊某使用。2006年9月份后，原告无法与樊某本人取得联系。2005年10月18日，被告卢某从案外人陈某处以28000元购得该车，案外人陈某承诺办好车辆过户手续。后被告对该车进行了投保，并交纳了保费。2007年被告在案外人陈某的陪同下对该

① 详见《最高人民法院公报》2008年第2期（总第136期）。

车进行了年检，但始终未办理过户手续。2006 年 11 月 23 日，原告发现该车被被告占有、使用，于是报案，公安机关依法扣押了涉案车辆。公安机关经查，认为不属于盗、抢机动车案件，未予受理。该车于 2006 年 11 月 28 日由被告之子领走。原告起诉请求被告返还机动车，赔偿损失。

本案争议焦点是：卢某的购车行为是否构成善意取得。一审法院认为被告支付了合理的价格，事后办理车辆保险及车辆年检，说明被告是善意取得涉案车辆。机动车为动产，交付即转移。认定被告卢某行为属于善意取得，驳回原告诉讼请求。二审法院认为，卢某的行为不属于善意取得。理由如下：第一，卢某取得该车时不是基于善意。卢某没有按《二手车流通管理办法》规定的方式进行二手车交易，且在车辆转让时已明知车辆行驶登记证所登记的车主并非让与人，在此情况下，卢某没有进一步查明车辆的来源，甚至连让与人的身份情况也一概不知，在明知让与人不具有车辆处分权的情况下进行交易，显然不属于善意取得。第二，卢某没有充分证据证明其在受让车辆时，付出了合理的价格。对此卢某负有举证义务。第三，善意取得要求转让的财产依照法律规定应当登记的已经登记，不需要登记的已经交付受让人。卢某无法办理车辆过户登记的事实，也说明其明知让与人不具有车辆处分权。遂判决支持了原告的诉讼请求。

上述案例中，涉及善意取得的认定问题。试问：善意取得制度历史发展如何？善意取得制度的理论基础如何？善意取得制度的构成要件如何？善意取得制度的法律效力如何？

二、善意取得制度的历史发展

按照通说，善意取得制度起源于日耳曼法中的“以手护手”原则。根据这一原则，权利人将自己的财产让与他人占有的，只能向占有人请求返还占有权，如果占有人将财产转让给第三人，权利人不得请求第三人返还，而只能要求占有人（转让人）赔偿损失。“以手护手”原则与我国民间人们常说的“隔手不至物”相类似。“以手护手”原则逐渐演化成为现代民法中的善意取得制度。

随着资本主义商品经济的发展，保障交易安全的需要日益突出，需要在法律上建立善意取得制度。《法国民法典》第 2279 条规定：“对于动产，占有具有与权利证书相等的效力。”同时，法国的判例反对罗马法关于“任何人不得以大于其所有权的权利给予他人”的原则，采取了完全相反的立场，确认“公开市场”原则。根据“公开市场”原则，如果受到第三人的追夺，原所有人只有按照公平等价给买受人以补偿费，才能要求返还财产，否则不得追夺。同时，《法国民法典》第1630条规定：“如出卖人向买受人承诺担保或对此并无任何规定时，买卖标的物如被追夺，买受人对于出卖人有下列请求权：（1）返还价金；（2）如买受人返还标的所生的果实于行使追夺权的所有权人时，此项果实返还；（3）买受人请求出卖人履行担保的诉讼费用和所有权人请求追夺的诉讼费用；（4）最后，损害赔偿以及契约的费用和正当手续的费用。”根据该条规定，不论出卖有无明确的规定，卖方都有义务担保买受人的所有权。如果有第三人向买方追夺所买之物，只能说明该物为该人所有，买方应放弃所买之物，但卖方必须退还买方所支付的价金并赔偿买方的一切损失。可见，法国所采取的这一制度，并不是典型的善意取得制度，但该制度也从立法角度注重保护善意第三人的利益。

1990年《德国民法典》完全继承了日耳曼法的传统，确认了最具典型意义的善意取得制度。该法第932条规定：“依第929条所为之出让，其物虽非属于出让人，而取得人仍取得其所有权；但取得人在依本条规定取得所有权当时非善意者，不在此限。……受让人明知或因重大过失而不知物不属于让与人的，视为非善意者。”《德国民法典》的这一规定，从立法上确认了善意取得制度，并明确了善意取得的标准。这一立法体例被多数国家的民事立法所仿效。如《日本民法典》也对善意占有作出了明确规定，该法第186条规定：“对占有人，推定其以所有的意思，善意、平稳而公然实行占有。”第192条规定：“平稳而公然地开始占有动产者，如系善意且无过失，则即时取得行使于该动产上的权利。”

在英美法系中，原则上坚持“没有人可以转让不属于他所有的商品”这一古老的传统原则，任何人仅能出卖自己拥有所有权的商品，而不能出卖他人的商品，否则买卖无效。这一法则影响了交易安全，不利于维护善意取得人的利益。1952年《美国统一商法典》改变了传统原则，把立法的重点转移到保护善意买受人的角度上。该法典第2403条规定：“购货人可取得让货人所具有的或有权转让的一切所有权，但购买部分财产权的购买人只取得他所购买的那部分所有权。具有可撤销的所有权的人有权向按价购货的善意第三人转让所有权。当货物是以买卖交易的形式交付时，购货人有权取得该物所有权。”根据该条规定，只要购买人是善意购买，即拥有对货物的所有权，至于货物的来源如何，在所不问。现代英国法基本上采取了与美国法相同的规则，承认买受人基于善意可即时取得所有权。但英国法认为，赃物不能构成善意取得。

由上可见，在大陆法系和英美法系中的多数国家立法中均设立了善意取得制度。

三、善意取得制度的确立

在我国民法中，先有司法解释认可善意取得制度。1988 年《民法通则意见》第 89 条规定："共同共有人对共有财产享有共同的权利，承担共同义务。在共同共有关系存续期间，部分共有人擅自处分共有财产的，一般认定无效。但第三人善意、有偿取得该财产的，应当维护第三人的合法权益；对其他共有人的损失，由擅自处分共有财产的人赔偿。"该条司法解释仅规定了对共同财产中的部分共有人擅自处分共有财产的，可以适用善意取得制度。这些不像国外善意取得制度所规定的，在整个物权转让中，转让的主体为无处分权人，善意取得的方式为有偿取得。该条司法解释适用共同共有财产，而共同共有财产是动产还是不动产也未作明确规定，国外的善意取得制度是不适用不动产的，有学者认为该条司法解释"其实质仍然是指共同共有的不动产，主要是共同共有的房屋"。[①]2000 年《担保法解释》第八十四条规定了动产质权的善意取得制度。我国《拍卖法》第五十八条规定："委托人违反本法第六条的规定，委托拍卖其没有所有权或者依法不得处分的物品或者财产权利的，应当依法承担责任。拍卖人明知委托人对拍卖的物品或者财产权利没有所有权或者依法不得处分的，应当承担连带责任。"该条规定体现了《拍卖法》对善意取得制度的肯定态度。1995 年《担保法》第四十三条第二款规定"当事人未办理抵押物登记的，不得对抗第三人"，这里的"第三人"应当是指善意的第三人，这也说明《担保法》并不否认善意取得制度。虽我国司法实践中承认善意取得制度，但尚未从立法角度确认善意取得制度，也未对善意取得制度作出完善的系统的规定。善意取得在实践中大量涌现，也迫切需要我国从立法上确认善意取得制度。

2007 年《物权法》顺历史之潮流，维护交易的安全，在该法第一百零六条确立了善意取得制度，填补了所有权取得的"空白点"。《民法典》第

---

① 参见杨立新：《共同共有不动产交易中的善意取得》，载《法学研究》第 19 卷第 4 期。

三百一十一条亦作了同样的规定，只不过将“财产”变更为“不动产或者动产”。

四、善意取得制度的理论基础

善意取得制度意味着财产原所有人的所有权通过占有人（也即转让人）的非法行为发生向受让人的转移，其本质特征恰恰在于这种所有权的转移违背了原物所有人的主观意愿。根据民法的一般原理，物的所有权的消灭或转移不以物的所有人的意志为转移的情形有下列三种：一是所有权的客体意外消灭；二是所有权的主体消灭，即自然人死亡或法人终止；三是国家机构依法采取强制措施，如国家对财产的征收，法院拍卖当事人的财产等。除此之外，物的所有权的消灭或转移均在物的所有人的支配下发生。而善意取得制度在民法上产生如下冲突：一是善意取得制度与民事法律行为理论相抵触。因为善意取得是建立在占有人（转让人）非法转让行为基础之上的，也即善意取得的前提是违法的，转让人对让与物的处分，不符合法律行为的有效要件，原则不生效力。善意取得制度的确立，产生了原来无效的民事行为，与合法的民事法律行为相一致的结果。这样，善意取得制度的确立，给民事法律行为理论带来了冲击。二是善意取得制度与物的所有权人的恢复请求权相矛盾。因为善意取得制度的确立，排除了物的所有人对其所有物的恢复请求权与追及权，影响了对所有权人权利的充分保护，致使物的所有权人行使权利时，不得抵抗善意取得人，不得向善意取得人主张“物归原主”的请求，而只能向非法转让人主张损害赔偿的请求。所以善意取得制度与物的所有权的回复请求权是冲突的。

虽善意取得制度与民法法理有些冲突，但已被大陆法系和英美法系的国家法律普遍认可。探究善意取得制度的依据，学者有四种不同的观点：一是即时时效说，认为在善意取得的情况下，适用即时时效或瞬间时效；二是权利外像说，认为善意取得的根据在于对权利外像的保护；三是法律赋权说，认为在善意取得权利的情况下，是法律赋予占有人以处分他人所有权的权能；四是占有保护说，认为根据公示主义，占有人应推定其为法律上的所有人。尽管上述主张不同，但学者普遍认为，法律规定善意取得制度，是为了保护交易安全。[①]

笔者认为，在我国民法物权上确立善意取得制度有如下理论根据：

1. 从侧重保护善意取得人角度出发，善意取得人取得所有权的效力，从根

---

① 参见杨立新：《民法判例研究与适用》，中国检察出版社 1994 年版，第 462 页。

本上说不是依赖于转让人的非法民事行为，也不是依赖于转让人与善意取得人之间那种关于标的物转让和取得的无效协议，而是依赖于善意取得人业已完成的有偿的从转让人手中取得标的物的民事法律行为。正如德国著名法学家萨维尼把通常认为导致物权产生、变更或者消灭的一个行为的两个阶段看成两个不同的独立行为，一个叫作原因行为，即确认权利即主张转让标的物至交付义务的行为，也就是契约或合同；另一个叫作物权行为或合意，即当事人完成物权的各种变动的行为。而这两个行为各自有其独立的意思表示或成立方式，是两个不同的、各自独立的法律事实，后者并不因前者的无效或被撤销而当然地无效。以萨维尼的理论分析善意取得，则善意取得人在不知转让人无权转让的前提下与转让人而为关于标的物转让和取得的协议，是确定两者之间债权债务关系的原因行为，应由债法来调整。而受让人向转让人支付价金或物并从手中取得标的物的行为已经履行，是物权行为，属于物权法的调整范围。至于转让人非法转让原所有人财产的行为，只能被看作一个事件，是上述原因行为和物权行为得以发生的一个条件。由于转让人违背了原所有人的真实意思，他与受让人之间关于标的物转让和取得的协议无效，但受让人对标的物的所有权是基于受让人业已履行完毕的，给转让人支付价金或物并从手中取得标的物的物权行为的获得，并不因前者无效而必然地无效，只要它符合一定的条件，就应当得到法律的承认。

2. 确立善意取得制度，符合我国民法的公平原则的要求。公平原则是我国民事立法的一项基本原则，它要求法律平等地保护民事主体各方的合法权益。善意取得必然涉及原所有人、转让人、受让人等三方当事人，由于转让人违背原所有人的意愿而转让其不拥有合法所有权的财产，其行为必然被确认为非法而构成侵权行为或不当得利，因而无论怎样确认善意取得的效力，他都将被追究民事责任。因此，承认或不承认善意取得的法律效力，对转让人而言都是符合公平原则要求的。原所有人所有权的丧失，不是出于自己的真实意思，国家必须给予法律救济，承认善意取得的法律效力的同时，赋予原所有人获得向转让人要求返还不当得利或承担民事侵权损害赔偿责任的请求权。从法律上讲，对原所有人也是符合公平原则的要求。

3. 确立善意取得制度，符合我国承担民事责任的过错原则。自罗马法以来，各国立法多规定“过错责任原则”为民事责任的一般原则。我国民法也把“过错责任原则”作为一般原则之一。它是以行为人主观上的过错为承担民事责任的基本条件的认定责任原则。按照过错责任原则，行为人仅在有过错的情况下才承担民事责任。没有过错，就不承担民事责任，在善意取得中，一般涉及原所有人、转让人、受让人三方当事人，转让人非经原所有人同意，将财产有偿转让给受让人，此时转让人无权处分而擅自处分，实属违反诚信原则，在主观上是一种故意过错，转让人应当对原所有人承担民事责任。作为受让人是在不知情的情况下，通过有偿的、善意的取得财产的，此时，受让人无过错，则不应承担民事责任。若受让人是恶意取得财产，则在主观上处于故意过错状态，应当承担民事责任。因此，善意取得制度的确立，符合民法上的民事责任承担的过错责任原则。

4. 确立善意取得制度，是保护交易安全、稳定社会经济秩序的需要。随着我国社会主义市场经济的日益繁荣和发展，市场交易活动秩序日趋复杂化，因此，迫切需要建立善意取得制度，以建立良好的交易秩序，维护交易安全。在实践中，通过交换而取得财产的当事人往往并不知道其前者是如何取得该财产的，也不可能对自己将要购买或换取的全部商品进行逐一调查，法律也无必要设定当事人在每次商品交易中检查其前手财产是如何取得的，因此，为了保护善意取得人的利益，也迫切需要建立善意取得制度。

五、善意取得制度的构成要件

善意取得制度的确立，必然导致对物的原所有人权益保护的相对削弱，善意取得人则取得物的所有权或在物上设定的其他权利，因而各国民事立法或司法实践对其构成要件进行了严格界定。根据《民法典》物权编、《民法典物权编解释（一）》的相关规定，同时具备下列要件，方能构成善意取得制度：

1. 转让人的主体资格受到限制，且必是无处分权人。所有权的善意取得只有在“无处分权人将不动产或者动产转让给受让人”的情形下，才能够得以适用，既是《民法典》第三百一十一条的本意，也是学理的共识。[①] 作为善意取得中不可缺少的主体之一的转让人，必须是同时具有民事权利能力和民事行为能力的人，这是对转让人主体资格的限制。因为，在善意取得中，转让人通常实施了对原物所有人的民事侵权行为，或者构成不当得利，在善意取得效力得以确认之后，转让人必须依法承担对原物所有人履行侵权之债或者不当得利之

① 孙宪忠、朱广新主编：《民法典评注·物权编》（第 2 卷），中国法制出版社 2020 年版，第 449 页。

债，若他不具有民事行为能力，则原物所有人无法追究其民事责任，这样，对原物所有人是不利的。而受让人从无民事行为能力的转让人手中取得财产，应当推定他知道对方无处分标的物的权利而根本不能言之“善意”，当然也就不能构成善意取得。此外，善意取得制度对原物所有人的主体资格无须作出特别规定，只要求其具有民事权利能力即可，有无民事行为能力并不影响善意取得的成立。作为受让人的主体资格，也应当同时具备民事权利能力和民事行为能力。

善意取得一般都发生在无权处分的场合。所谓无权处分，是指无处分权人处分他人的财产权利。处分财产只能由享有处分权的人行使，无处分权人处分他人财产则构成对他人财产的侵害。无处分权人处分包括如下情形：（1）转让人本来就无处分财产的权利，如转让人仅是财产的承租人、借用人、受寄人等。（2）转让人虽拥有所有权，但处分权受到限制。如被人民法院查封扣押的财产，此时，财产所有人虽拥有所有权，但已失去处分权，所有人仍不能转让该财产。（3）共有人中的一人或数人未经其他共同共有人的同意擅自处分共有财产。由于无权处分人非法处分他人的财产，物的原所有权人基于其所有权而追回其物，善意受让人便可基于善意取得制度而取得该物的所有权，即使无权处分的行为因真正的权利人拒绝承认而宣告无效，也不影响受让人根据善意取得制度所取得的权利。

如最高人民法院在审理朱某 1 与孟某、孟某江、朱某 2 返还原物纠纷案[①]时认为：朱某 1 是否善意取得案涉船舶所有权。据原判决查明的事实，案涉船舶为孟某个人所有，为取得水路运输经营资质而挂靠到航运公司，其船舶所有人亦登记为该航运公司。孟某为办理船舶年检手续，将船舶证书、船舶交给航运公司业务人员周某。后朱某 2 将案涉船舶开走并以自己名义转卖给朱某 1。船舶买卖过程中，朱某 2 交付的船舶证书显示船舶登记所有权人为航运公司，亦未向朱某 1 出示可证明其本人为船舶实际所有权人的挂靠协议等证据。由此可见，朱某 2 并非基于所有人的委托而占有案涉船舶，且朱某 2 并非案涉船舶的实际所有人亦非登记权利人，朱某 1 在本案交易过程中并不具有合理的理由信赖朱某 2 为案涉船舶所有权人，故自难谓朱某 1 受让案涉船舶具有善意。原判决据此认定朱某 1 从朱某 2 处购买案涉船舶，具有重大过失，不能善意取得案涉船舶所有权，并无不当。退一步来讲，即使如朱某 1 所述，朱某 2 系航运

① 详见最高人民法院（2019）最高法民申 5487 号民事裁定书。

公司实际经营人，因朱某 2 系作为甲方以自己名义与朱某 1 签订案涉合同，而非代表航运公司与朱某 1 签约，故朱某 1 亦无理由相信朱某 2 的行为代表航运公司，其不能通过与朱某 2 的交易行为取得案涉船舶所有权。朱某 1 就其购船款等财产损失可另寻救济。

2. 受让人取得财产必须是出于善意。所谓善意，就是不知情，即受让人在受让财产时，不知转让人为非财产所有人或无转让权人。善意取得制度中的“善意”包含两方面的含义：（1）受让人取得财产的主观上不知道，或不可能知道转让人为无处分行为人，受让人与转让人之间的转移占有是自主的、公开的、和平进行的。（2）受让人取得财产时是有偿的，并支付了相应的对价。关于这一点，日本民法有不同规定，认为有偿或无偿无须限制，只要主观无故意或过失即可。但《苏联民法典》第 152 条规定：“善意取得制度的财产，必须是有偿的。无偿取得不适用于占有。”我国在司法实践中也要求善意受让人必须是有偿取得的，第三人是善意无偿取得该财产的，则不能构成善意取得。是否善意是受让人能否合法取得财产所有权的一项重要标准。由于善意是受让人取得财产时的一种心理状态，很难为他人所知，在审判实践中较难以把握。因此，认定是善意应当考虑当事人转让交易时的客观情况。在一般情况下，可从如下几方面综合考虑：（1）受让人有无法定了解的义务。（2）交易时财产的价金是否合理。（3）受让人与转让人是否有利害关系。（4）交易时的场所。（5）受让人是有偿取得还是无偿取得。（6）当时的情势是否是受让人无须怀疑转让人是否有权利或资格，等等。

善意取得中受让人善意如何认定？《民法典物权编解释（一）》第十四条规定：“受让人受让不动产或者动产时，不知道转让人无处分权，且无重大过失的，应当认定受让人为善意。真实权利人主张受让人不构成善意的，应当承担举证证明责任。”据此，善意与否的判断，应以受让人对不知且不应知无权处分无重大过失以上过错为标准。善意取得制度的主要目的在于维护交易安全。权利外观系通过登记或者占有表彰，依表彰效果的存在即可推定受让人为善意。特殊动产物权变动以登记为对抗要件，不能仅凭占有而赋予公信力。在先行占有、指示交付中，受让人需就其善意信赖转让人的间接占有表彰其处分权举证，真实权利人应就其反对主张承担举证证明责任。①

① 参见杜万华主编、最高人民法院民事审判第一庭编著：《最高人民法院物权法司法解释（一）理解与适用》，人民法院出版社 2016 年版，第 350 页。

不动产物权以登记方式公示时，应围绕登记表彰的物权状态判断其是否为善意。《民法典物权编解释（一）》第十五条规定：“具有下列情形之一的，应当认定不动产受让人知道转让人无处分权：（一）登记簿上存在有效的异议登记；（二）预告登记有效期内，未经预告登记的权利人同意；（三）登记簿上已经记载司法机关或者行政机关依法裁定、决定查封或者以其他形式限制不动产权利的有关事项；（四）受让人知道登记簿上记载的权利主体错误；（五）受让人知道他人已经依法享有不动产物权。真实权利人有证据证明不动产受让人应当知道转让人无处分权的，应当认定受让人具有重大过失。”该条司法解释给我们指明了不动产善意取得中受让人非善意的认定标准，对于认定不动产受让人“是否知道转让人无处分权”确定了司法识别标准，即当存在上述情形时，可以推定不动产受让人知道转让人无处分权，从而否定了受让人善意取得的权利。本条的实践意义在于，真实权利人如主张受让人无权善意取得不动产物权时，可以按照本条列举的情形进行举证；反之，如果受让人主张善意取得不动产物权时，应当避免出现本条所规定的各种情形。

动产善意取得中受让人重大过失的认定问题，依据《民法典物权编解释（一）》第十六条“受让人受让动产时，交易的对象、场所或者时机等不符合交易习惯的，应当认定受让人具有重大过失”的标准进行认定。对一般动产，可从标的物种类、来源，交易对象、过程、场所、时机等方面着手。对特殊动产，则应当重视登记的重要意义。若不符合同类交易人对正常交易的判断，即可认定受让人具有重大过失。①

如何判断是否属于善意？可以从善意取得中善意判断时点着手。对此，《民法典物权编解释（一）》第十七条规定“受让人受让该不动产或者动产时”，是指依法完成不动产物权转移登记或者动产交付之时。当事人以《民法典》第二百二十六条规定的方式交付动产的，转让动产民事法律行为生效时为动产交付之时；当事人以《民法典》第二百二十七条规定的方式交付动产的，转让人与受让人之间有关转让返还原物请求权的协议生效时为动产交付之时。法律对不动产、动产物权的设立另有规定的，应当按照法律规定的时间认定权利人是否为善意。

---

① 参见杜万华主编、最高人民法院民事审判第一庭编著：《最高人民法院物权法司法解释（一）理解与适用》，人民法院出版社2016年版，第393页。

3. 善意取得的财产必须为法律允许流转的不动产、动产。善意取得的财产必须是法律允许流转的不动产、动产，法律禁止或限制流转的物，因不能在市场上交换，当然不得适用善意取得制度。不动产设有登记制度，其权利主张应登记而定，一般不适用善意取得制度。建有登记制度的动产，一般也不适用善意取得制度。笔者认为，在司法实践中，下列动产一般不得适用善意取得制度：

（1）法律规定禁止流通或限制流通的动产。如毒品、爆炸物、枪支弹药、珍稀动物等物品国家禁止流通或限制流通，如果进行转让交易，其行为本身违反了法律规定，触犯了国家的刑律，因此，不得适用善意取得制度。

（2）赃物和遗失物。我国司法机关在刑事诉讼中，对赃物一贯采取“留在哪里追到哪里，一追到底”的态度，因此，对赃物原本可能是国家允许流通的物，但是一旦被犯罪嫌疑人非法占有，就成为被法律严格禁止流通的物，自然就不能成为善意取得的客体。但例外的情形是：赃物是在合法场所（如拍卖行）出售的，买受人确以善意方式购买；赃物是金钱或无记名证券，应允许适用善意取得的。因金钱和无记名证券作为一般等价物，其信用不容置疑，人们在商品交易过程中，不可能去核实其是否为赃物，且流通频繁，如果要求返还，便会涉及众多的经济关系。同时，遗失物也不得适用善意取得制度，因为遗失物的占有人构成民法上的不当得利，尽管赃物和遗失物不适用善意取得，但对善意的有偿的占有人应予以保护，即应允许善意占有人请求不法出让人返还价金或赔偿损失。对此，《民法典》第三百一十二条规定：“所有权人或者其他权利人有权追回遗失物。该遗失物通过转让被他人占有的，权利人有权向无处分权人请求损害赔偿，或者自知道或者应当知道受让人之日起二年内向受让人请求返还原物；但是，受让人通过拍卖或者向具有经营资格的经营者购得该遗失物的，权利人请求返还原物时应当支付受让人所付的费用。权利人向受让人支付所付费用后，有权向无处分权人追偿。”

（3）依法查封、扣押的动产。动产被依法查封、扣押后，当事人处分权便受到限制，如将财产转让，应属无权转让，此时，受让人即便是善意取得，也不应当取得财产的所有权。

（4）善意取得人无偿取得的不动产、动产，不得适用善意取得制度。

4. 受让人必须以合理的价格有偿转让。善意取得须以有偿为前提，且以合理的价格为限。判断价格是否合理，需要遵循立法目的与价值取向，立足个别交易具体情况，深刻体察社会一般交易认知感受。对此，《民法典物权编解释

(一)》第十八条规定，善意取得所称“合理的价格”，应当根据转让标的物的性质、数量以及付款方式等具体情况，参考转让时交易市场价格及交易习惯等因素综合认定。此处的“价格”，应当解释为当事人约定的价格，但在当事人已经实际付清全部价款时，考虑到当事人实际支付的价款与约定的价款未必一致，此时应就其实际支付的价款是否合理来进行判断。[①]此处的“合理”，应当以客观标准进行判断，即应以当事人约定的价格（未付清价款时）或者已实际支付的全部价款与标的物市场价值是否大体相当为判断标准。[②]

5. 受让人必须通过交换而实际占有已取得的财产，即不动产或者动产依照法律规定应当登记的已经登记，不需要登记的已经交付给受让人。受让人为了实现移转占有财产并取得该项财产所有权的目的，必须与转让人达成移转占有物的合意，并基于这一合意交付移转占有物。《瑞士民法典》第 714 条规定，善意取得的前提是“占有的转移”，应“善意将动产移转为自己所有，并受占有规定保护”。《日本民法典》第 192 条明确规定，“平稳而公然地开始占有动产”是构成即时取得的必要条件。由此可见，尽管移转占有的合意是引导移转占有行为的主观动机和前提，但构成善意取得的直接原因则是移转占有物的行为。

受让人移转占有财产的方式必须通过交换实现。这种交换方式是通过买卖、互易、债务清偿、出资等具有交换性质的行为。前面已述，交换必须是有偿的，无偿的交换则不构成善意取得。未通过交换而移转占有的财产，即使受让人已经实际占有该财产，也不发生善意取得的效力。如继承和遗赠，没通过交换性质则不构成善意取得。

六、善意取得的法律效力

善意取得涉及三方当事人，即财产原权利人、让与人和受让人，产生三方面的法律关系：(1) 原权利人与受让人之间的法律关系。在善意取得情况下，原权利人与受让人之间将发生物权变动。受让人因善意而即时取得标的物的所有权，原权利人的所有权将因此而消灭。善意取得是财产所有权取得的一种方

---

① 孙宪忠、朱广新主编：《民法典评注 · 物权编》(第 2 卷)，中国法制出版社 2020 年版，第 453 页。

② 孙宪忠、朱广新主编：《民法典评注 · 物权编》(第 2 卷)，中国法制出版社 2020 年版，第 453 页。

式。原权利人不得向善意受让人主张返还原物。换言之，如果原权利人向受让人请求返还原物，则受让人可以善意取得为由对原权利人的请求权进行有效抗辩。（2）让与人与受让人之间的法律关系。让与人与受让人基于法律行为而产生债权债务关系，受让人因善意而取得让与人移转其占有的财产所有权，受让人应向让与人支付财产的价款，如果受让人没有按照与让与人之间的约定支付价款，则应向让与人承担违约责任。（3）原权利人与让与人之间的法律关系。由于原权利人因受让人的善意取得使其标的物的所有权发生消灭，而又不能请求受让人返还财产，法律上对原权利人提供了一种债权上的救济，即原权利人可以基于债权上的请求权要求让与人承担违约、侵权责任或不当得利的返还责任。[①]

只要符合前面所述善意取得的构成要件，即发生善意取得的法律效力，受让人即时取得受让财产的所有权，原物所有权人即丧失对该财产的所有权，并不得向善意受让人请求返还原物。对此，《民法典》第三百一十三条明确规定，善意受让人取得动产后，该动产上的原有权利消灭。但是，善意受让人在受让时知道或者应当知道该权利的除外。

原权利人基于债权上请求权要求转让人承担合同责任、侵权责任或不当得利返还责任。具体而言：（1）合同责任。如果原权利人与转让人之间事先存在租赁、保管等合同关系，而转让人擅自处分原权利人的财产，则原权利人可以违约为由，请求其承担违约责任。（2）侵权责任。转让人对原权利人的标的物不享有处分权，而仍然将该标的物转让给他人，在此情况下，将构成对原权利人财产所有权的侵害，应当承担侵权责任。如果转让人和原权利人之间事先存在合同关系，在此情况下，转让人的行为将发生责任的竞合，即其无权处分行为既构成其与原权利人之间合同的违反，又构成侵权行为。原权利人可以选择一种对其最为有利的请求权提出主张或提起诉讼。（3）不当得利返还责任。如果转让人与受让人之间发生的是一种有偿的合同关系，转让人作出的是一种有偿的处分行为，并因此而获得一定的利益，则原权利人有权请求转让人返还不当得利。但这种不当得利的请求权与侵权责任的请求权也可能发生一种竞合现

---

① 参见最高人民法院民法典贯彻实施工作领导小组主编：《中华人民共和国民法典物权编理解与适用（上）》，人民法院出版社2020年版，第532页。

象，原权利人可以选择一种对其最为有利的请求权对其提出主张或提起诉讼。[①]

不构成善意取得的移转占有，不发生善意取得的效力，原所有权人以物的请求，向受让人请求返还，受让人负返还义务。如果原物已经灭失或已经毁损，则可以向受让人请求赔偿转让的价金，受让人负返还义务后，可以向无权转让人请求返还价金。

七、对案例 35 的简要评析

在本案中，机动车属于特殊动产，卢某从他人处购买机动车的行为之所以不能认定为善意取得，关键是卢某在购车时不属于“善意”。根据《物权法解释（一）》第十八条[②]规定“受让人受让该不动产或者动产时”，是指依法完成不动产物权转移登记或者动产交付之时；第十七条[③]规定“受让人受让动产时，交易的对象、场所或者时机等不符合交易习惯的，应当认定受让人具有重大过失”的标准进行认定。对一般动产，可从标的物种类、来源，交易对象、过程、场所、时机等方面着手。对特殊动产，则应当重视登记的重要意义。若不符合同类交易人对正常交易的判断，即可认定受让人具有重大过失。综合本案，卢某在购买车辆时应当注意机动车行驶证上载明的机动车所有人是否是出卖人，若不是出卖人而与之交易，可谓存在重大过失，则不能构成善意取得。因此，法院判决卢某返还机动车是正确的。至于卢某所遭受的财产损失，可以向出卖人主张损害赔偿。

第二节　拾得遗失物

一、问题的提出

拾得遗失物，在过去的法律规定中很少，仅 1986 年《民法通则》第七十九条第二款规定：“拾得遗失物、漂流物或者失散的饲养动物，应当归还

① 参见最高人民法院民法典贯彻实施工作领导小组主编：《中华人民共和国民法典物权编理解与适用（上）》，人民法院出版社 2020 年版，第 532 页。

② 对应《民法典物权编解释（一）》第十七条。

③ 对应《民法典物权编解释（一）》第十六条。

失主，因此而支出的费用由失主偿还。”1988 年《民法通则意见》第 94 条规定：“拾得物灭失、毁损，拾得人没有故意的，不承担民事责任。拾得人将拾得物据为己有，拒不返还而引起诉讼的，按照侵权之诉处理。”可见，上述规定也很粗浅，而现实生活和司法实务中的问题很多，而《民法典》物权编第三百一十四条至第三百一十八条对拾得遗失物作出明确具体的规定，从而做到有法可依，有法必依。

在研究拾得遗失物之前，先看一则案例，并思考之。

案例 36：张某诉苏某遗失物返还纠纷案 ①

生效裁判认为，《物权法》第一百零九条规定，拾得遗失物，应当返还权利人。拾得人应当及时通知权利人领取，或者送交公安等有关部门。第一百一十二条规定，权利人领取遗失物时，应当向拾得人或者有关部门支付保管遗失物等支出的必要费用。本案中，苏某丢失两条细狗，同村张某在同一时间内拾得两条细狗，后苏某将公狗领回，并实际支付张某 100 元饲养费，上述事实结合苏某因丢失狗报警以及公安机关的询问笔录等内容能够证实张某饲养的两条细狗即为苏某丢失的狗，双方法律关系符合上述遗失物返还的法律规定。对于丢失的母狗，张某应否向苏某赔偿损失问题。《物权法》第一百一十一条规定，拾得人在遗失物送交有关部门前，有关部门在遗失物被领取前，应当妥善保管遗失物。因故意或者重大过失致使遗失物毁损、灭失的，应当承担民事责任。在张某将母狗返还权利人或者移交相关机关前，张某负有妥善保管的义务，若因其故意或重大过失导致母狗丢失，则张某应承担相应民事责任。但 2018 年 10 月 19 日在苏某、张某均在现场的情况下，张某将院落大门打开将两只狗放出，母狗跑丢。苏某并未提交证据证实张某在此过程中存在故意或者重大过失，故其要求张某赔偿母狗价值损失的诉讼请求，于法无据，不予支持。对于母狗生育的小狗，关于张某应否向苏某赔偿损失问题。《物权法》第一百零七条规定，所有权人或者其他权利人有权追回遗失物。该遗失物通过转让被他人占有的，权利人有权向无处分权人请求损害赔偿。第一百一十六条规定，天然孳息，由所有权人取得。母狗所生的小狗属天然孳息，所有权属于苏某，张某无权处分，应向苏某返还。但张某在将大狗返还苏某后，

① 山东省滨州市中级人民法院（2019）鲁 16 民终 1925 号民事判决书。

故意隐瞒母狗所生育小狗的事实，且将小狗赠与他人，依据上述法律规定，苏某有权向张某主张损害赔偿。苏某主张母狗生育七只小狗，仅为主观猜测，并无确切证据证实，不予采信，一审法院按照张某自认的母狗生育三只小狗的数量予以认定。苏某陈述2015年春天花费300元购买母狗，该陈述与公安机关对时某华的询问笔录内容一致，予以采信。对于赔偿数额，参照每只小狗300元予以计算，张某向苏某赔偿900元。

上述案例，颇具典型。试问：何谓拾得遗失物？其法律性质如何？拾得遗失物的构成要件有哪些？拾得遗失物的法律效力如何？

二、拾得遗失物的法律意义

（一）拾得遗失物的意义

遗失物，是指所有人和合法占有人因不慎丢失、遗忘而丧失占有之物。因此，遗失物只能是动产，不动产不存在遗失问题。所谓拾得遗失物，是指发现他人的遗失物而予以占有的法律事实。[①]

自罗马法以来，遗失物的拾得成为动产所有权的取得，在罗马法和日耳曼法中有不同的规定。罗马法上，拾得人不能取得所有权，只要遗失人不超过诉讼时效期间，都可以对拾得人提起拾得物返还之诉。拾得人必须返还原物，其只能依无因管理要求遗失人赔偿费用，无权向遗失人请求拾得遗失物的报酬。

在日耳曼法上，遗失物的拾得人，应当向有关机关呈报，如不呈报，就构成刑事上的隐匿遗失物罪。有关机关得到呈报后，应当催告遗失人认领，将原物交还遗失人，但遗失人应向拾得人支付一定的报酬；如果遗失人不认领，则遗失物由国库、寺院、拾得人按法律规定的比例分享。

现代各国民法大都承袭了日耳曼法的做法。《德国民法典》第965条规定，拾得人应通知遗失人或所有人或其他收益权人，请其领回。如果不知收益权人或不知其居所，则应当向警察机关提出报告（但物的价值在3马克以下的，即无报告的必要）。拾得人有权向收益权人请求偿还保管、保存拾得物，以及为寻找收益权人支付的必要费用，并得向收益权人请求酬劳金。《日本民法典》

① 参见梁慧星、陈华彬：《物权法》（第6版），法律出版社2019年版，第197页。

则在第240条规定："关于遗失物，依特别法规定进行公告后六个月内，其所有人不明时，拾得人取得其所有权。"至于公告前的程序及公告方法，都由特别法加以规定。

在英美国家，拾得人有优先占有权（prior possession）。在许多情况下，法律关心的不是谁有绝对的占有权，而是在两方中哪一方的权利更充分些。例如，在商店里，顾客甲不小心掉在地上一张1英镑钞票，随后被另一顾客乙发现，无疑地，甲的权利优于乙的或店主的权利。但是如果甲没有意识到丢了钱，乙与店主争执起来，法院多会认为乙的权利更充分些。但拾得人也应向警察机关报告，并提交遗失物。经过一定公告期间失主如不认领，则拾得物交与拾得人[①]，其优先占有权就成为绝对（absolute）权利。这里的例外是国家公职人员在执行公务时发现的可流通证券，应交给国库；雇员在工作时发现的动产，应交给雇主。

英美法中，拾得人有权要求遗失人支付一定的报酬。美国某些州规定这项报酬应是遗失物的10%。但这可以由拾得人与遗失人间协议而增多，而且通常这个比例被解释为报酬的最低限额。拾得人在遗失人拒付报酬时对拾得物有留置的权利。

《民法典》第三百一十四条规定："拾得遗失物，应当返还权利人……"由此观之，在我国无论在任何情况下，遗失物的拾得人都不能取得遗失物的所有权。我国采取的是与现代各国不同的立法，而与罗马法拾得人不能取得遗失物所有权的立法例相似。

（二）拾得遗失物的法律性质

拾得遗失物，属于民法所谓法律事实中的事实行为。拾得人是否具有民事行为能力，在所不问。凡遗失物已为拾得人发现且实在占有者，即构成拾得。至于受他人之指示而为拾得者，则以该他人为拾得人。[②]

通说认为，拾得人之活动，属于无因管理，诚实拾得人以为他人管理之意

---

① ［英］G. D. 詹姆斯：《法律原理》，关贵森等译，中国金融出版社1990年版，第159页。

② 我国台湾地区学者王泽鉴先生认为：遗失物拾得在体系上债之关系，属债法的领域，其之所以在物权编规定，乃偏重遗失物所有权的规定。王泽鉴：《民法物权：通则·所有权》（第1卷），中国政法大学出版社2001年版，第282页。

思为之者，构成无因管理，不诚实之拾得人以为自己之意思为之者，构成准无因管理。唯以为无主物之拾得人，非无因管理人。民法就拾得人之权利义务，特设有规定，而与无因管理多有不同，然关于无因管理之规定，仍应补充适用。故无行为能力之拾得人，亦唯应负侵权行为或不当得利返还之责。[①] 从我国《民法典》第三百一十七条第三款“拾得人侵占遗失物的，无权请求保管遗失物等支出的费用，也无权请求权利人按照承诺履行义务”的规定来看，应按照侵权之诉来处理。

三、拾得遗失物的构成要件

拾得遗失物的构成要件应当包括两个方面：一是须为遗失物；二是须有拾得行为。

（一）须为遗失物

遗失物须满足下列条件：

1. 须为动产。遗失物仅限于动产，不动产有一定的位置，纵经湮灭或为风沙埋没，亦不得为遗失物。

2. 须无人占有。遗失物在拾得前必须不为任何人占有。判断占有是否丧失，应依社会一般观念，根据具体情况，考察原占有人是否具有事实上控制该物的可能性。仅一时丧失对物的占有，并不能构成遗失。而占有丧失必须具有确定性。因此，占有的物品偶然进入他人地内、建筑物内，均不能构成遗失物。在自己房屋遗失的物品，不能视为遗失物。无人占有是一种客观状态，与遗失人的主观认识无关，因此即使失主知悉遗失物的下落，仍不妨碍遗失物之成立。此外，因盗窃、抢劫所得的赃物虽脱离所有人占有，但若仍由犯罪人占有，则不构成遗失物。

3. 须非无主物。在这一点上，应注意区分遗失物与抛弃物。两者的根本区别在于抛弃完全出于所有人的意思，而遗失则非基于所有人之意，一般是因疏忽而丢失，或由直接占有人（包括合法与非法占有人）遗失或抛弃，因此合法占有动产但无权处分之人或盗窃犯将物品遗失或丢弃对所有人而言均构成遗失。此外，由于抛弃系单方法律行为，可因违反生效要件而无效或被撤销。因

① 史尚宽：《物权法论》，中国政法大学出版社2000年版，第131页。

此，物品若由未成年人丢弃，或因重大误解抛弃物品后又加以撤销，该物品皆构成遗失物而非无主物。此外，在遗失物与抛弃物难于区分的情形下，应推定为遗失物。

（二）须有拾得行为

拾得行为是指发现并占有遗失物的行为，是发现与占有两者结合的行为。发现是指认识物之所在，而占有是对物在事实上的支配管领能力。比较而言，占有比发现更为重要。例如，甲先于乙发现遗失物，但乙先占有该物，则乙为拾得人。若甲与乙同时占有遗失物，则为共同拾得人，连带承担或享有拾得人的义务或权利。与先占行为一样，拾得遗失物为事实行为，拾得人有无行为能力在所不问。拾得行为通常为无因管理行为。但法律对遗失物之拾得特设有规定，无因管理多有不同，无因管理的规定只有补充适用之余地。拾得行为以合法为要件，不得违反法律规定。依学说，即使某人为达到抢先占有遗失物的目的，对他人施加暴力，前者仍为拾得人，而后者只能就所受损害请求侵权损害赔偿。拾得人须为占有遗失物之人已如前述。但拾得行为亦可以指示他人为之，而以发出指示的人为拾得人。若拾得行为由占有机关或占有辅助人为之，且在占有辅助关系范畴之内，则应以其所属机关为拾得人。例如，行动不便的老人发现遗失物，可以指使行人拾取，而以自己为拾得人。执勤的警察拾得遗失物应以所属机关为拾得人。但拾得行为若与所属机关的指示无关，则系个人行为，行为人为拾得人。

四、拾得遗失物的法律效力

拾得遗失物具备上述构成要件后，即告成立。因我国《民法典》物权编采用罗马法不取得所有权主义，故拾得人拾得之后无论经过多长时间或为何种行为，均不能取得遗失物的所有权。而当今许多国家规定在满足一定条件或法律规定义务，拾得人便可取得所有权。结合我国《民法典》物权编及世界各国的有关立法规定，拾得遗失物的法律效力主要表现为拾得人的义务和权利（当然，此与遗失人的权利和义务相对应）。

（一）拾得人的义务

1. 通知义务。拾得人拾得遗失物后，应通知遗失人或所有人或其他有受领权的人。在不知所有人或所有人不明时，应发布招领公示或交给有关部门保管。我国《民法典》第三百一十四条中规定："拾得人应当及时通知权利人领取，或者送交公安等有关部门。"同时，第三百一十五条规定了有关部门的通知义务："有关部门收到遗失物，知道权利人的，应当及时通知其领取；不知道的，应当及时发布招领公告。"

2. 保管义务。拾得人拾得遗失物后，应负保管遗失物之义务。拾得人在报告有关部门并交存其物之后，此项义务即行免除。对易于腐败或保管费过多的，依《德国民法典》第966条规定，拾得人应将遗失物公开拍卖，以价金替代遗失物。我国《民法典》第三百一十六条规定："拾得人在遗失物送交有关部门前，有关部门在遗失物被领取前，应当妥善保管遗失物。因故意或者重大过失致使遗失物毁损、灭失的，应当承担民事责任。"据此，保管人因故意或重大过失致使遗失物毁损、灭失的，其应当承担民事赔偿责任。换言之，如果系人力不可抗拒的原因而导致遗失物毁损、灭失，保管人则不应承担民事责任。判定此种情形的民事责任应当注意以下几个问题：一是要考察当事人的过错程度。即必须是"故意或重大过失"。显然，一般的过失或者说疏忽大意的过失以及不可抗力均不属于上述过错的范畴。二是要考察损失额的大小。审判实践中，当事人往往对损失额的认定有异议。如何准确地认定损失额，对于保护当事人的权益至关重要。笔者认为，对于遗失物毁损、灭失的价值或损失额，应当参考当时当地的市场价格，必要时，可以请物价、市场监管部门予以鉴定或提供参考意见。在综合各方面情况后，公平、公正、公开、合情、合理地予以认定。三是对拾得人和有关部门都有"故意或重大过失"情况下民事责任的判定问题。如果拾得人和有关部门都有重大过错，即可依据共同过错原则由双方共同承担民事责任。应当指出的是，为了减少诉累，也可以根据拾得人和有关部门的过错程度，直接判令其承担按份责任。

3. 返还义务。即拾得人对所拾得的遗失物在一定期间内须负返还义务。关于一定期间，各国规定不一。德国民法规定为6个月，瑞士民法及我国台湾地区"民法"规定为5年，日本遗失物法规定为1年。我国《民法典》第三百一十四条规定，拾得遗失物，应当返还权利人。

拾得人取得所有权是在无人认领的前提下通过一定的程序获得的，如不经公告招领即私自侵吞他人财产，则不发生取得所有权效果；同样，拾得人在已知失主或失主认领时，拾得人拒不交出，也可能带来不利于拾得人的法律后果。

在原所有权人得知遗失物下落，而拾得人拒不交出拾得物时，可能的法律后果有：构成侵占财产罪，成立侵权行为或不当得利或其他违法行为。拾得人有时将拾得物占为己有而加以处置，如拾得人将遗失物予以转让或出质等。于此情形，拾得人虽应负第一种情形的责任，但对受让人或质权人则应依善意或恶意而定，以保护善意受让人或质权人的利益。

在我国，1997 年修改后的《刑法》确立了侵占罪，据此，捡拾他人之物拒不交出即可判处侵占罪。

（二）拾得人的权利

1. 费用偿还请求权。拾得人对于揭示或保管遗失物之费用，有向认领人求偿之权。所谓费用，依《德国民法典》第 970 条规定，是指拾得人出于保管或保存拾得物之目的，或出于查明有权受领人的目的而所作的支出，以及拾得人依当时的情况认为有必要支付的费用等。另依我国台湾地区学者解释，此费用还包括公开招领，如登报费及保管费。保管费中包括维持费。如遗失物为动物时，其饲料费也包括在内。在认领人不支出这些费用时，依德国民法及解释，拾得人可留置该遗失物，以资担保。我国《民法典》第三百一十七条第一款规定："权利人领取遗失物时，应当向拾得人或者有关部门支付保管遗失物等支出的必要费用。"同时，依据该条第三款规定，拾得人侵占遗失物的，无权请求保管遗失物等支出的费用，也无权请求权利人按照承诺履行义务。

2. 报酬请求权。《德国民法典》第 971 条规定，拾得人有权向受领人请求支付报酬。拾得物之价值在 1000 马克以下者，其报酬为 5%；超过者为价值的 3%，关于动物也为价值的 3%。如拾得物仅对受领人有价值者，拾得人的报酬应依公平原则衡量确定。我国台湾地区"民法"第八百零五条也规定，遗失人应以遗失物价值的 3%向拾得人支付报酬。从我国《民法典》第三百一十七条第二款"权利人悬赏寻找遗失物的，领取遗失物时应当按照承诺履行义务"的规定来看，拾得人的报酬请求权应当限于悬赏寻找遗失物的情形。同时，依据该条第三款的规定，拾得人侵占遗失物的，无权请求报酬。

3. 拾得人取得遗失物所有权。前文已经提到，在采日耳曼法取得所有权主义的近现代各国民法上，遗失物在被拾得后的一定期限内未被认领时，官署或有关机关得将遗失物或其拍卖所得的价金，交与拾得人归其所有。我国《民法典》第三百一十八条规定："遗失物自发布招领公告之日起一年内无人认领的，归国家所有。”

五、对案例 36 的简要评析

在本案中，张某诉请苏某返还遗失物，因张某的公狗已经返还，母狗系张某、苏某共同在场的情况下丢失，其过错不能归于苏某，只能归于张某没有看护好狗狗，因此该母狗丢失的责任由张某自行承担。母狗生产的狗崽有几只？张某主张生产 7 只，苏某自认 3 只，则根据“谁主张谁举证”的原则，张某负有举证证明其母狗生产 7 只的证据，若举证不能，则应当认定苏某认可的 3 只。关于狗崽的价格问题，双方说法不一，参照张某购买母狗 300 元的价格处理也是适当的。拾金不昧的优良风尚应当传承，希望尽量不看到因遗失物的诉争。

第三节　添附

一、问题的提出

添附，是附合、混合和加工的统称，是动产所有权取得或丧失的原因，具有结合关系。其中，附合和混合是物与物相结合，加工是劳力与他人的物相结合。添附，在现实生活中大量存在，而我国并未从立法上确立添附制度，应当说是一项重要缺漏。2007 年《物权法》也对此未作规定，不能不说更是遗憾。《民法典》第三百二十二条对此作了规定：“因加工、附合、混合而产生的物的归属，有约定的，按照约定；没有约定或者约定不明确的，依照法律规定；法律没有规定的，按照充分发挥物的效用以及保护无过错当事人的原则确定。因一方当事人的过错或者确定物的归属造成另一方当事人损害的，应当给予赔偿或者补偿。”

在研究添附之前，先看一则案例，并思考之。

案例 37：该案添附物应当如何处理？

某市化工厂于 2018 年在临街处建造综合楼，封顶后，因缺乏资金而被迫停工。2019 年春，化工厂与某装饰公司签订合同，主要约定：综合楼全部由装饰公司投资装修，该综合楼租赁给装饰公司，租赁期限 10 年，每年由装饰公司在当年7月1日前支付给化工厂租赁费100万元。若装饰公司不能按期支付租赁费，化工厂可解除合同。

装饰公司在未按期交付2020年的租赁费情况下，化工厂于7月16日通知装饰公司在10日内交付租赁费，否则解除租赁合同。装饰公司在接到通知后仍未见行动。无奈，化工厂于2020年9月9日将装饰公司诉至法院，请求确认双方解除租赁合同，化工厂返还综合楼。装饰公司辩称，返还综合楼之前，应当由化工厂将装修费用予以支付，否则，不予交付综合楼。

上述案例，涉及现实生活中常见的添附问题。试问：何谓添附？其有何法律特征？添附的种类有哪些？

二、添附的法律意义

所谓添附，是指不同所有人的物结合在一起而形成不可分离的物或具有新质的物。基于添附的方法而生成的新物，其所有权的归属首先要看原所有人是否就其归属有约定，有约定的，优先适用约定；没有约定的，则直接适用法律的规定。关于新物归属的法律规定，大致有三种情况，其一，恢复原状；其二，由原各所有人共同拥有新物，从而形成共有关系；其三，由其中一人取得添附物的所有权。第一种方式，即恢复原状，在实践中存在较大的限制。在多数情况下，添附物要么事实上不可能分离；要么虽能分离，但会造成较大的经济损失，不利于发挥物的效用。因此，现代各国大多视具体情况，规定由原所有权人中的一人取得添附物的所有权（如《德国民法典》第946条、《意大利民法典》第939条第2款的规定），或者由原所有人共有合成物（如《德国民法典》第947条第1款、《意大利民法典》第939条第1款的规定）。当然，法律规定添附物归于一人所有，主要是出于充分发挥物的经济效用考虑。显而易见，由一方取得添附的所有权，对其他财产所有人明显不利，所以，为了平衡当事人各方的利益，法律赋予因添附丧失所有权的原所有人，可以依据不当得利的有关规定，请求得添附物所有权人给予相应的补偿（如《德国民法典》第951条、《意大利民法典》第938～940条的规定）。

添附是一种重要的取得财产的方式，性质上为原始取得。1988年《民法通则意见》第86条就对添附作出了规定："非产权人在使用他人的财产上增添附属物，财产所有人同意增添，并就财产返还时附属物如何处理有约定的，按约定办理；没有约定又协商不成，能够拆除的，可以责令拆除；不能拆除的，也可以折价归财产所有人；造成财产所有人损失的，应当负赔偿责任。”该解释是司法实践中关于添附的主要规定。值得庆幸的是，《民法典》第三百二十二条对此作了规定。

添附的法律特征表现为：一是不同所有人的物结合在一起而形成不可分离的物。如果不同所有人的物能够分开，就不存在某人取得他人动产所有权的问题。所有人可以通过行使物权请求权而请求恢复原状。添附包括三种形式，即附合、混合和加工，这三种情况都会发生不同的所有人的动产相互结合的状态。在添附的情况下，由于财产密切结合在一起，要恢复原状在事实上已不可能或者在经济上不合理，才有必要运用添附的规则加以解决。要使添附物在形态上继续存在，而不能对添附物恢复原状或加以分离。二是添附必须是基于数个物的结合形成了单独的所有权。添附必须是不同的所有人之间的物的结合，这些物既可能是动产，也可能是不动产。但因为我国法律历来不以添附的规则处理房屋与土地之间的关系，所以，不动产与不动产之间不可能发生添附，而一般只限于动产与不动产或动产之间发生添附。当不同的所有人所拥有的数个物已经在法律上结合为一物，且以单一的所有权的形式而存在时，则在法律上将构成添附。如果不同的所有人之间的物发生添附，形成了数个物的结合状态，可以形成多个所有权，这样实际上就发生了数项添附。三是添附在法律上的效果，主要是一方取得他人的所有权，或一方取得加工改造后的新的财产所有权。在发生添附的情况下，法律上必须确定添附物所有权的归属，添附物既可以归一人所有，也可以为各个不同的所有人共有。法律上关于确定添附物归属的规则在性质上属于任意性规范，当事人可以依据合同自由原则加以变更，自行约定所有权的归属。

三、附合

附合是指两个或两个以上不同所有人的物结合为一合成物，人们能直观地识别该合成物，但通常难以将该合成物分离，如一定要将该合成物分离，则会损坏该合成物或耗资过大。附合致使原有的各项财产失去了独立性，尽管原有的各项财产仍然能够识别，但却在法律上不能独立地作为所有权的客体了。例如，用他人的涂料粉刷房屋、将他人的铁钉钉在自己的家具上。附合的原因是多方面的，有可能是人为因素所引起，也有可能是自然的因素所引起；当附合是人为因素所引起时，有可能是所有人自己的行为，也可能是第三人的行为；这些人在为附合行为时，可能是善意，也可能是恶意。但这些原因的差异对附合的构成并不产生影响，当然，当行为人为恶意时，将承担不利的法律后果。附合有动产与动产的附合、动产与不动产的附合两种形式。

（一）动产与不动产的附合

动产与不动产的附合，简称不动产附合，是指动产与他人的不动产结合，动产成为不动产的组成部分。如在他人的土地上施肥、在他人的房屋上粉刷涂料，便属于动产与不动产的附合。上述例证中，动产在与不动产结合后已丧失其独立性，肥料、涂料分别成为土地和房屋的组成部分，不能分离。在我国司法实践中，动产与不动产的附合而生的财产，一般由不动产所有人取得新的附合物的所有权，如果当事人恶意将他人财产附合在自己财产之上，例如，用偷来的建筑材料维修自己的房屋，为充分发挥物的经济效用，房屋所有权人仍然可以取得附合物的所有权，但要责令其承担侵权责任，如果情节严重的话，司法机关还将追究其刑事责任。

（二）动产与动产的附合

动产与动产的附合，简称动产附合，是指不同所有人的动产互相结合，非毁损不能分离或分离的费用较大。例如，将他人的油漆粉刷于自己的家具上，若将油漆与家具分离，油漆便丧失其原有的经济价值。但如果不同所有人的动产虽结合在一起，非常容易分离，则不能构成附合，如他人的钮扣缝制于自己的衣服上，因为钮扣非常容易与衣服分离，就不能产生附合的效果。从动产与动产的法律效果上分析，动产与动产的附合应当由原所有人按照其动产的价值，按份共有合成物。如果可以区分主物和从物，或者一方的动产价值明显高于他方的动产，则应当由主物或价值较高动产的原所有人取得合成物的所有权，并给予对方补偿。油漆与家具的附合，无论从物的效还是或物的价值上看，家具应当是主物，应由家具的所有人取得油漆后的家具的所有权，而后给予油漆所有人合理的补偿。

附合作为所有权取得的原因，同样不能违反法律的规定。我国实行的是社会主义公有制，当国有财产与个人财产结合在一起，不能因适用附合有关归属的原则而损害国家的利益。另外，依照法律规定，对于禁止流通物，或在民事流通范围和程度上受到不同限制的限制流通物，也不能适用附合合成物的归属原则，以防假借附合变相流通这些财产，对严重违反法律规定或明显侵害国家利益的，应没收行为人的非法所得，归国家所有。[①]

四、混合

混合，是指两个或两个以上不同所有人的动产相互混杂，不能识别，或者识别起来耗费较多的人力物力。例如，将他人的粟米油与自己的花生油混合在一起或者将他人的东北大米与自己的原阳大米混杂，便是混合的具体表现形式。混合只能发生在动产之间。混合与附合（指动产之间的附合）主要的区别在于：动产之间的附合在形体上能够识别、分割，只是分割时有可能毁损财产或者减少其经济价值；而混合是数个动产混杂在一起，不仅是不能分离或不易分离，而且是不能识别或识别起来非常不易。对于混合物的归属，各国民事立法大都规定，原则上由各动产所有人按其混合时的价值共有混合物，如果混合后动产有主物与从物之别时（主要是从混合前各动产的数量以及在混合物中的作用来判断），由主物所有人取得混合物的所有权。例如，10 斤东北大米与 1 斤原阳大米混合后，由东北大米所有人取得所有权（根据各动产的数量所作的判断）；属于不同所有人的 10 升酒精与 10 升水混合后，酒精应被视为主物，因此，由酒精的所有人取得混合物的所有权（根据各动产在混合物中的作用来判断）。

五、加工

加工，是指在他人之物上附加自己有价值的劳动，使之成为新的财产从而发生物权变动的法律事实。对于加工物的归属，在罗马法史上曾有过材料主义与加工主义两种相互对立的学派，材料主义从保护原物所有人利益的角度出发，将加工物归属于原物所有权人；而加工主义则注重保护加工人的利益，加工物所有权属于加工人。考察这两种观点，绝对地采用其中任何一种学说都有失偏颇，因此，近现代各国大多采取了折中主义，所不同的是，在坚持折中立场下又各有所偏重。法国、日本及意大利等国民法采取加工物属于原材料所有人的原则，只有在加工行为对原材料价值的增加起着决定性的作用，从而使加

① 参见杨振山主编：《民商法实务研究》（物权卷），山西经济出版社 1994 年版，第 148 页。

工物的价值远远超过原材料价值时，才属于加工人所有。例如，《日本民法典》第246条第1款规定："为他人动产加工时，加工物的所有权属于材料所有人，但是，因加工致其价格显著超过材料价格时，加工人取得该物的所有权。"而德国民法则采取以加工人取得所有权为原则，在加工的价值明显少于材料价值时，由材料所有人取得加工物为例外。例如，《德国民法典》第950条第1款第1项规定："将一项或数项材料加工或改造制成一个新的动产的人，取得对新物的所有权，但以加工或改造的价值不显然少于材料价值者为限。"当出现加工的原材料属于数人共有或为数物时，而且在将加工物分离会致加工物毁损的情形下，也可由各原材料所有人共有，各方应有的份额可以确定为，一方依其所提供的材料价值享有份额，另一方以其所有的材料的价值及加工的工价享有其应有份额。

笔者认为，无论将加工物归于原材料所有人还是归于加工人，都必然有一方处于不利境地。相比较而言，原材料所有人受到不利影响的可能性更大。因为原材料所有人的材料被他人加工后，只能行使损害赔偿请求权，而不能要求恢复原状，或者恢复原状在事实上根本不可能，或者虽有可能，但会造成一定的经济损失。当原材料所有人于其上有特殊利益时，因为不能恢复原状，便无法实现。而加工人虽然付出了劳力，但毕竟是在他人的物上进行加工，尽管加工人有可能出于善意，但多数情况下加工人主观上是有过错的。因而保护原材料所有人的利益就显得更为合理，当然也不能忽略对加工人的保护，特别是在加工行为需要特殊的技巧且其加工物的价值已远远超过原材料时，应强调对加工人的保护。我国应采取法国、日本等的立法例，即加工物原则上归于原材料所有人，当加工物的价值远超过原材料的价值时，由加工人取得加工物的所有权，并规定无论谁取得加工物的所有权，都应当给对方合理的补偿。

另外，除了以上述原则确定加工物的归属之外，加工人的加工行为的善意与恶意也对加工物的归属产生影响。一般认为，加工人应出于善意而为加工行为，如果加工人主观上是恶意的或有重大过失，即使加工物的价值已远高于原材料本身的价值，仍应当将加工物判归原材料所有人，并且还应责令加工人承担侵权责任。

六、对案例37的简要评析

在本案中，化工厂与装饰公司争议焦点的实质是添附物的归属问题，主要涉及下列法律问题：

1. 化工厂能否行使解除合同的权利。在本案中，双方合同约定，装饰公司未在当年 7 月 1 日前支付租赁费 100 万元，化工厂有权解除合同。2020 年的租赁费，装饰公司在逾期未交付的情况下，化工厂通知装饰公司限期缴纳租赁费，而装饰公司仍拒绝缴纳。因此，化工厂请求解除合同的条件成就。根据《合同法》第九十三条第二款之规定，应当依法判决双方解除合同。

2. 装饰物的归属问题。双方在合同中没有约定，那么，本案又属于不动产附合，装饰物若被拆除，则失去任何价值。因此，基于公平原则，应将装饰物折价归化工厂所有，化工厂将折价款支付给装饰公司。从而，使本案得以公平、合法、合理地解决。

第三编

用益物权

本编概要

用益物权是权利人对他人的所有物依法享有占有、使用、收益并排除他人干涉的权利。从《民法典》物权编关于用益物权的规定来看，主要规定的用益物权是：土地承包经营权、建设用地使用权、宅基地使用权、居住权、地役权、海域使用权、探矿权、采矿权、取水权、渔业权。

土地承包经营权在坚持农村土地集体所有的前提下，促使承包权和经营权分离，形成所有权、承包权、经营权“三权”分置，经营权流转的格局。土地承包经营权人依法对其承包经营的耕地、林地、草地等享有占有、使用和收益的权利，有权从事种植业、林业、畜牧业等农业生产。

建设用地使用权人依法对国家所有的土地享有占有、使用和收益的权利，有权利用该土地建造建筑物、构筑物及其附属设施。建设用地使用权可以在土地的地表、地上或者地下分别设立。设立建设用地使用权，可以采取出让或者划拨等方式，并仅登记时设立。

宅基地使用权是宅基地使用权人依法对集体所有的土地享有占有和使

用的权利，有权依法利用该土地建造住宅及其附属设施。宅基地使用权的取得、行使和转让，适用土地管理的法律和国家有关规定。居住权是居住权人有权按照合同约定或者按照遗嘱，对他人的住宅享有占有、使用的用益物权，以满足生活居住的需要。地役权是地役权人有权按照合同约定，利用他人的不动产，以提高自己的不动产的效益。

第一章 用益物权的一般规定

一、问题的提出

传统民法将独立于所有权以外的他物权，按其权利是以追求物之使用价值为基础，还是以追求物之交换价值为基础，分为用益物权和担保物权。据此，所有权制度、用益物权制度、担保物权制度共同构成了物权制度的三大支柱。我国《民法典》第三百二十三条至第三百八十五条对用益物权作了详细规定。其实，对用益物权规范最多的是行政法方面的规定，如《土地管理法》《城市房地产管理法》《农村土地承包法》《草原法》，等等。不过，《民法典》物权编中的用益物权旨在调整平等主体之间的民事法律关系。

在研究用益物权的一般规定之前，先看下列两则案例，并思考之。

案例 38：占用耕地建窑合法吗？

某村村民胡某于某年 3 月 3 日在其所承包的耕地上建窑，占用耕地 5.5 亩，未经任何部门审批，便开始经营。同年 7 月 7 日，自然资源管理部门对胡某下达处罚决定书，责令胡某立即停止经营，恢复耕地，并处罚款 5000 元。胡某想不通，在自己所承包的耕地上建窑，犯了何法？

案例 39：宅基地买卖违法吗？

某城郊乡村民郑某已有宅基地，后村民小组又分一处宅基地，郑某与非本村村民李某签订了宅基地使用权转让合同，郑某将这处宅基地以 10 万元的价格转让给李某，李某当即将款项支付给郑某。当李某开始建房时，被四邻阻拦，致使李某无法建房。李某以侵权为由，将四邻诉至法院，请求停止侵权，排除妨碍。四邻以李某无权取得宅基地使用权为由，请求判令驳回李某的诉讼请求。

根据上述案例，试问：何谓用益物权？有何法律特征？用益物权与担保物权有何区别？用益物权的种类有哪些？用益物权人的主要权利义务有哪些？

二、用益物权的法律意义

所谓用益物权，是指权利人对他人的所有物依法享有占有、使用、收益并排除他人干涉的权利。我国《民法典》第三百二十三条对用益物权作了规定，即“用益物权人对他人所有的不动产或者动产，依法享有占有、使用和收益的权利”。在中外法制史上，用益物权制度是一个古老而又时有更新的物权制度。用益物权的产生表明和记载了经济关系的要求，即初创的动因，是商品社会中经济的迅速发展。在物权中，首先被考虑产生的所有权制度，随着商品经济日益发展，已不能充分适应社会各种财产利益的需求。一方面，社会总体财富有限，满足普遍所有十分困难；另一方面，出现了拥有某项财产的人们并不直接对其财产加以使用，而另一些非财产所有人在没有能力或不必要购买财产时，却急需公然稳定且合法地占有使用某项财产的情事，于是，巨大的经济力量促使所有权权能质的分离，以使用收益为目的的用益物权应运而生，它以物权特有的方式提供了非所有人通过法律行为利用他人财产为自己创造财富的可能性，满足了非所有人的特殊需要。因此，用益物权显示出勃勃生机。用益物权在人类社会实践中，解决了物质所有与需求之间的矛盾，扩展了财产使用价值的需求。作为一项法律制度，它在调整人们财产使用过程中形成的社会关系中，切实起到了充分发挥物质资料的效能，促进资源的有效利用、保障物在使用过程中利益平衡、维护物的利用秩序、维护物的利用安全的作用。[①]

作为物权三大支柱之一的用益物权，自然具有物权的一般法律特征，如对世性、支配性、特定性、排他性、绝对性和公示性等。用益物权作为一种独立的物权形态，与其他物权形态相比较，又具有如下法律特征：

1. 用益物权具有用益性。所谓用益性，是指用益物权是以物的使用和收益为目的而设立的物权。用益性是用益物权的根本属性，是用益物权与担保物权相区别的根本标志。物具有价值和使用价值两种属性，用益物权和担保物权正

---

① 王泽鉴先生认为：用益物权的功能有二，一是用益物权具有调剂土地“所有”与“利用”的机能；二是使物的利用关系物权化，巩固当事人间的法律关系，得对抗第三人，此为用益物权在法律结构上异于债权的特色。王泽鉴：《民法物权：用益物权·占有》（第2卷），中国政法大学出版社2001年版，第10页。

是就这两种属性而设立的权利：用益物权侧重于物的使用价值，担保物权侧重于物的价值或交换价值，正因如此，用益物权又称使用价值权，而担保物权则称价值权。用益物权的目的在于对物的使用和收益，其标的物必须具有使用价值，而且它不可能具有担保物权的变价受偿性和物上代位性等属性。

2. 用益物权具有独立性。所谓独立性，是指用益物权一般是主权利，它一旦产生，即可独立存在，不必依附于所有权以外的其他权利。此点与担保物权的从属性和不可分性不同。在用益物权的独立性上，地役权似有例外。通说认为，地役权具有从属性和不可分性。但地役权的从属性和不可分性是为保证地役权人的用益目的而采取的措施，而非为保证某一债权的实现而设置。

3. 用益物权具有占有性。所谓占有性，又称有形支配性，是指用益物权的行使以他物权人对标的物的占有为条件，标的物价值形态发生变化，直接影响权利人的权利。此点与担保物权不同，用益物权的用益性决定了他物权人以实际占有用益物为必要，否则，其用益目的无从实现；担保物权旨在取得物的交换价值，可以不必对物进行实际占有，而以无形支配就够了。

4. 用益物权是一种他物权。用益物权虽由所有权派生，以所有权为权源，并属于“他物权”“定限物权”，但用益物权一经设立，便具有独立于所有权而存在的特性。[①] 用益物权的他物权性质，是与所有权相比较而言的。所有权是所有人依法对自己的所有物享有的占有、使用、收益、处分的权利，是自物权。用益物权则是对他人所有之物使用、收益的权利，因而其存在必须以他人对该物所有权的存在为前提。所有权是对物的完全的支配权。而用益物权只是所有权权能或内容的一部分，是从所有权中派生出来的权利。

5. 用益物权是限制物权。用益物权是限制物权可以从两方面来理解：（1）用益物权本身是一个有限制的物权。所有权是物权中最完全、最充分的权利。所有权人在法律的范围内，对其所有的物具有完全的支配力。用益物权则是在一定范围内对他人之物享有使用、收益的权利，其不但要受到法律的一般限制，如除法律另有规定和当事人另有约定外，用益物权在权能范围上没有处分权，而且还要受所有权人对其内容的限制，如设立用益物权时对标的物的使用方式的约定，对用益物权人具有约束力。（2）用益物权是对所有权限制的物权。用益物权虽然以所有权为基础，但其一经设立，便对所有权进行限制，所有权的

---

① 黄薇主编：《中华人民共和国民法典释义（上）》，法律出版社 2020 年版，第 620 页。

部分权能甚至大部分权能由用益物权人行使，约束了所有权人对其所有物的支配力。

6. 用益物权的标的物主要为不动产。用益物权主要以不动产为其标的物，原因主要有以下两点：（1）不动产具有不可移动、非消耗特性，适宜设定供他人使用收益的权利。（2）用益物权的权利义务关系复杂，应将其标的物主要限定于采用登记公示方式的不动产上。不动产的公示方式为登记，通过登记可以使设立的用益物权具有公信力，即对抗世人的效力。动产种类繁多，价值多低于不动产，如有用益之需要，可以买为己有或订立租赁或借贷契约，不必依赖用益物权的设定。①

三、用益物权与担保物权的区别

用益物权与担保物权，系近现代民法学就所有权以外所作的最基本的学理分类。两者都属于限制物权范畴，具有支配权、绝对权之性质，但是，基于不同的设立目的，用益物权与担保物权存在明显区别：

1. 对标的物进行支配的内容有所不同。用益物权是以占有和利用标的物的实体为目的的权利，它主要就物的使用价值对标的物进行支配，因此又称为实体物权。而担保物权不以取得对物的实体的利用为目的，而是以取得物所蕴含的交换价值为目的，它无须对物的实体加以直接支配，主要就物的交换价值对物进行支配，是一种价值权。

应当明确的是，用益物权与担保物权的这一区别在现代法制之下，只是相对的而非绝对的。一般而言，担保物权人只能就标的物的价值优先受偿，而不能对标的物进行使用收益。而用益物权则不限于对物的使用收益，有的用益物权，权利主体除可对标的物进行使用收益外，还可将标的物出让或用于信用担保。如我国《城镇国有土地使用权出让和转让暂行条例》规定以出让方式取得的土地使用权，权利人可将其加以转让或设定抵押。

2. 用益物权是独立物权，担保物权是从属物权。用益物权为一种独立物权，它依当事人的约定或法律的直接规定而发生（如我国台湾地区民法上的法定地上权），不以用益物权人对该物享有其他权利为前提。而担保物权的存在是以

---

① 参见王泽鉴：《民法物权：用益物权·占有》（第2卷），中国政法大学出版社2001年版，第6页。

担保物权人对担保物的所有人或其他关系人享有债权为前提，也就是说，首先应存在某债权，然后担保物的所有人对该债权提供担保即在该物上设定担保物权。担保物权为从属物权，债权一旦消灭，担保物权也随之消灭[①]。

3. 权利实现的时间不同。用益物权人取得用益物权之时就可对标的物进行使用、收益，即实现其权利。可见，用益物权的取得与实现同时，二者之间无时间间隔。而担保物权人取得担保物权后，并不能当即实现其权利，只有在该担保物权所担保的债权已届清偿期，而且债务人又不履行债务或债务人在规定的一定期间届满仍不清偿债务时，担保物权人始得行使变价受偿权。可见，担保物权人权利的实现与取得不能同时发生，二者之间有时间间隔。

4. 占有在权利行使中的地位不同。用益物权的行使以占有标的物为前提，如用益物权人不占有标的物即无法对标的物进行使用收益。而担保物权的行使，除留置权、质权依其性质必须占有标的物外，其他担保物权均不以直接占有标的物为前提，担保物权人可直接占有标的物，也可不直接占有标的物，只要从法律上明确主体对标的物享有担保物权即可。

5. 标的物灭失后的法律后果不同。担保物权由其性质所决定，具有物上代位性。担保物权标的物灭失、毁损，因而得受赔偿金时，该赔偿金即为担保物权之代替物，担保物权人从而得就该项赔偿金行使权利[②]。而对于用益物权，无论因何种原因而灭失其标的物，都将使用益物权确定地、根本性地归于消灭，用益物权人不能要求所有人以其他物来替补。

6. 二者的客体范围不同。用益物权的客体即标的只能为物，且大多为不动产，不包括权利。而担保物权不以取得物的实体为目的，而欲取得物或财产中所包含的价值，所以担保物权的客体不限于物，也可以包括权利。比如用益物权、债权、知识产权等都可成为担保物权的客体。[③]

---

① 《民法典》第三百九十三条规定："有下列情形之一的，担保物权消灭：（一）主债权消灭；（二）担保物权实现；（三）债权人放弃担保物权；（四）法律规定担保物权消灭的其他情形。"

② 《民法典》第三百九十条规定："担保期间，担保财产毁损、灭失或者被征收等，担保物权人可以就获得的保险金、赔偿金或者补偿金等优先受偿。被担保债权的履行期限未届满的，也可以提存该保险金、赔偿金或者补偿金等。"

③ 参见于海涌、丁南主编：《民法物权》，中山大学出版社 2002 年版，第 124～125 页。

四、用益物权的种类

用益物权的种类，由古罗马法所创始，尽管当时的商品经济还深受自然经济的束缚，但毕竟有了较大的发展和相当的繁荣。在特定的所有权制度下，罗马法中逐渐产生了地役权、人役权、地上权、永佃权四种用益物权类型。这种制定法上表现出的体系类型，对近现代西方民法体系中用益物权的立法构建产生了重大影响，各国均在各自的民法中规范了大同小异的用益物权制度，如《法国民法典》在“所有权的派生权利”（用益物权）下规定了用益权与使用权、地上权、地役权、相邻关系；[①]《德国民法典》在“不动产用益物权”下规定了地上权、役权（地役权、人役权、用益权、居住权）、实务负担；[②]《日本民法典》规定了土地用益物权，包括地上权、永佃权、地役权、入会权；[③]《瑞士民法典》在其第二部分限制物权中规定了役权（地役权、用益权、居住权、建筑权）和土地负责。[④]

我国古代就有对用益物权的规范，如永佃权制度早在宋代就萌芽，但至清末尚未形成用益物权体系和种类。1911 年清末政府颁行的《大清民律草案》才第一次在我国法制史上确立了用益物权即包括地上权、地役权、永佃权在内的三大独立制度；1925 年民法草案增加了典权；1930 年正式颁行的《中华民国民法》中除再次规范了地上权、地役权和永佃权外，将典权这种源于中国传统的法制和习俗的社会关系也纳入了用益物权的调整范围。新中国成立后的 40 年间，不仅在法理上、立法上否认了用益物权制度，而且在司法实践中也未建立起用益物权的体系与种类。[⑤] 自 1986 年《民法通则》之后，我国正逐步建立和完善物权法律制度。通说认为，我国法律规定的用益物权类型主要包括：城镇国有土地使用权，国有耕地、林地、草原使用权，宅基地使用权，农村土地承包经营权，水资源使用权等。虽有些零散，尚不成体系，但为解决具体问题提供了法律准绳。

《民法典》物权编的出台，标志着用益物权法律制度的建立已成体系。从

---

① 尹田：《法国物权法》第三编，法律出版社 1998 年版。

② 孙宪忠：《德国当代物权法》第六章，法律出版社 1997 年版。

③ 肖贤富主编：《现代日本法论》第三章第二节，法律出版社 1998 年版。

④ 殷生根译：《瑞士民法典》，法律出版社 1987 年版。

⑤ 江平主编：《民法学》，中国政法大学出版社 2000 年版，第 397 页。

《民法典》第三百二十四条的规定来看，国家所有或者国家所有由集体使用以及法律规定属于集体所有的自然资源，组织、个人依法可以占有、使用和收益。从《民法典》物权编关于用益物权的规定来看，主要规定的用益物权是：土地承包经营权、建设用地使用权、宅基地使用权、居住权、地役权、海域使用权、探矿权、采矿权、取水权、渔业权。①

五、用益物权人的主要权利和义务

（一）用益物权人的主要权利

从前面给用益物权所下的定义及《民法典》第三百二十三条“用益物权人对他人所有的不动产或者动产，依法享有占有、使用和收益的权利”、第三百二十四条“国家所有或者国家所有由集体使用以及法律规定属于集体所有的自然资源，组织、个人依法可以占有、使用和收益”、第三百二十六条“用益物权人行使权利，应当遵守法律有关保护和合理开发利用资源、保护生态环境的规定。所有权人不得干涉用益物权人行使权利”的规定来看，用益物权人的主要权利是：

1. 用益物权人享有占有权。用益物权人要使用他人之物（主要是不动产）进行收益，则必须对该物享有占有权，若用益物权人不拥有占有权，那么，用益物权则成为空中楼阁。

2. 用益物权人享有使用权。用益物权人要想在他人之物上取得收益，则必须对该物进行使用，只有合理合法有效地使用，才能达到收益的目的。

3. 用益物权人享有收益权。收益权才是用益物权人占有、使用他人之物的内在动力和目的。因此，对用益物权人的该项权利必须给予保护。

4. 用益物权人享有有限的处分权。一般而言，用益物权人无权处分他人之物，但基于法律的规定或当事人的约定，用益物权人可在一定限度内享有处分权。如《农村土地承包法》第三十六条规定：“承包方可以自主决定依法采取出租（转包）、入股或者其他方式向他人流转土地经营权，并向发包方备案。”

5. 用益物权人享有排除他人侵害的权利。当用益物权人的权益受到他人侵

① 《民法典》第三百二十八条规定：“依法取得的海域使用权受法律保护。”第三百二十九条规定：“依法取得的探矿权、采矿权、取水权和使用水域、滩涂从事养殖、捕捞的权利受法律保护。”

害时，依法享有排除他人侵害的权利。此正是保证用益物权人实现收益的法律手段。如《农村土地承包法》第五十七条规定了发包方的七种侵权行为，侵权人应承担的法律责任。

（二）用益物权人的主要义务

1. 用益物权人负有领取行政许可证的义务。作为用益物权人的自然人、法人取得建设用地使用权、探矿权、采矿权、取水权、渔业权，应当依照法律规定经主管部门许可。若用益物权人未领取许可证，则其建设用地使用行为和其他经营行为均为违法行为。

2. 用益物权人负有合理利用资源的义务。用益物权人应当遵守法律有关保护资源和合理开发利用资源的规定。如《土地管理法》第三十八条规定，禁止任何单位和个人闲置、荒芜耕地。在我国有关自然资源的单项立法中，基本上都设置了保护和合理开发利用资源的规定。例如，《矿产资源法》第三条第二款规定："国家保障矿产资源的合理开发利用。禁止任何组织或者个人用任何手段侵占或者破坏矿产资源。各级人民政府必须加强矿产资源的保护工作。"第二十九条和第三十条具体地规定必须采取合理的开采顺序、开采方法和选矿工艺开采矿产资源。矿山企业的开采回采率、采矿贫化率和选矿回收率应当达到设计要求。在开采主要矿产的同时，对具有工业价值的共生和伴生矿产应当统一规划，综合开采，综合利用，防止浪费；对暂时不能综合开采或者必须同时采出而暂时还不能综合利用的矿产以及含有有用成分的尾矿，应当采取有效的保护措施，防止损失破坏。第四十四条还规定了采取破坏性开采方法开采矿产资源的行为应当承担的法律责任。再如，《渔业法》第一条规定其立法目的就是"加强渔业资源的保护、增殖、开发和合理利用，发展人工养殖，保障渔业生产者的合法权益，促进渔业生产的发展，适应社会主义建设和人民生活的需要"。

3. 用益物权人负有法律上或合同约定上的义务。在物之所有人与用益物权人双方有合同的情况下，用益物权人负有合同约定上的义务。如《农村土地承包法》第五十九条规定："当事人一方不履行合同义务或者履行义务不符合约定的，应当依法承担违约责任。"

4. 用益物权人负有返还原物和附属物的义务。用益终了，用益物权人应当根据法律规定或者合同约定履行此项义务。

六、对案例 38、案例 39 的简要评析

（一）对案例 38 的简要评析

在本案中，主要涉及下列法律问题：

1. 胡某依法享有土地承包经营权。胡某作为某村村民，承包了耕地，就享有了土地承包经营权。根据《农村土地承包法》第十八条之规定，承包人胡某负有维持土地的农业用途的义务，不得用于非农建设，但胡某却擅自建窑，用于非农建设，显然违法。同时，《民法典》第三百三十四条亦明确规定："……未经依法批准，不得将承包地用于非农建设。"因此，无论从《农村土地承包法》还是从《民法典》物权编的规定来看，都禁止将承包地擅自用于非农建设。

2. 胡某应当立即停止经营，恢复耕地，自觉接受土地主管部门的行政处罚。《土地管理法》第三十七条第二款明确规定禁止占用耕地建窑，而胡某却视法律规定而不顾，作为土地主管部门应当履行法定职责，对胡某予以行政处罚。

3. 根据《最高人民法院关于审理破坏土地资源刑事案件具体应用法律若干问题的解释》第三条的规定，违反土地管理法规，非法占用耕地改作他用，数量较大，造成耕地大量毁坏的，依照《刑法》第三百四十二条的规定，以非法占用耕地罪定罪，处五年以下有期徒刑或者拘役，并处或者单处罚金：（1）非法占用耕地"数量较大"，是指非法占用基本农田 5 亩以上或者非法占用基本农田以外的耕地 10 亩以上；（2）非法占用耕地"造成耕地大量毁坏"，是指行为人非法占用耕地建窑、建坟、建房、挖砂、采石、采矿、取土、堆放固体废弃物或者进行其他非农业建设，造成基本农田 5 亩以上或者基本农田以外的耕地 10 亩以上种植条件严重毁坏或者严重污染。据此，胡某还涉嫌刑事犯罪，面临"牢狱之灾"。

（二）对案例 39 的简要评析

在本案中，主要涉及下列法律问题：

1. 郑某能否取得这份宅基地问题。《宪法》第十条明确规定，宅基地属于集体所有，任何组织或个人不得侵占、买卖、出租或者以其他形式非法转让土地。《民法典》第三百六十三条明确规定："宅基地使用权的取得、行使和转让，适用土地管理的法律和国家有关规定。"《土地管理法》第六十二条规定，农村

村民一户只能拥有一处宅基地，其宅基地的面积不得超过省、自治区、直辖市规定的标准。农村村民建住宅，应当符合乡（镇）土地利用总体规划，并尽量使用原有的宅基地和村内空闲地。农村村民住宅用地，经乡（镇）人民政府审核，由县级人民政府批准；其中，涉及占用农用地的，依照本法第四十四条的规定办理审批手续。农村村民出卖、出租、赠与住宅后，再申请宅基地的，不予批准。郑某在已拥有宅基地的情况下，显然不能取得这份宅基地的使用权。

2. 郑某与非本村村民李某的宅基地使用权转让合同的效力。依据《民法总则》第一百五十三条“违反法律、行政法规的强制性规定的民事法律行为无效”的规定，郑某不能取得宅基地的使用权，则宅基地的使用权不能作为合同的标的物，因此，该宅基地使用权转让合同为无效合同。宅基地归农民集体所有，宅基地使用权人对宅基地仅享有占有和使用的权利，原则上只能由宅基地使用权人利用宅基地建造住宅及附属设施供其居住和使用，若允许非本集体经济组织成员通过购买宅基地的方式取得宅基地使用权，将在实质上构成对集体在该宅基地上行使所有权的障碍，导致集体所有权落空。[①]

3. 李某的诉讼请求能否支持问题。因李某与郑某的宅基地使用权转让合同为无效合同，李某不能取得宅基地的使用权，则李某建房的民事法律行为不受法律保护。显然，四邻不构成对李某的侵权。因此，人民法院应当驳回李某的诉讼请求。

---

① 参见杜万华主编：《〈第八次全国法院民商事审判工作会议（民事部分）纪要〉理解与适用》，人民法院出版社2017年版，第343页。

第二章　土地承包经营权[①]

第一节　土地承包经营权概说

一、问题的提出

土地是关系农业发展、农村稳定、农民富裕的基本问题。在这“三农”中，核心问题是土地。2002年8月29日通过、自2003年3月1日实施的《农村土地承包法》，以赋予农民长期而有效保障的土地使用权为核心，将党在农村的以家庭承包经营为基础、统分结合的双层经营体制这一基本政策，以及保护农户在土地承包经营权流转中的主体地位的措施，用法律的形式固定下来，给农民吃了“定心丸”。自党的十八大以来，以习近平同志为核心的党中央对稳定和完善农村基本经营制度、深化农村土地制度改革提出一系列方针政策，主要包括：在坚持农村土地集体所有的前提下，促使承包权和经营权分离，形成所有权、承包权、经营权“三权”分置，经营权流转的格局；维护进城务工落户农民土地承包经营权、宅基地使用权、集体收益分配权，依法规范权益转让；允许承包方以承包土地的经营权入股和发展农业产业化经营，探索承包土地的经营权融资担保；健全工商资本租赁农地的监管和风险防范制度，加强用途管制，严守耕地红线；建立完善土地承包经营权确权登记制度；保障农村妇女的土地承包权益；在农村集体产权制度改革中确认农村集体经济组织成员身份等。党的十九大报告进一步明确指出，“巩固和完善农村基本经营制度，深化农村土地制度改革，完善承包地‘三权’分置制度，保持土地承包关系稳定并长久不变，第二轮土地承包到期后再延长三十年”。2018年12月修改的《农

---

① 说明：由于《民法典》物权编对农村土地承包经营权的规定相对简单，所以本章研究的依据主要是《农村土地承包法》，并结合《民法典》第十一章关于“土地承包经营权”的规定，对土地承包经营权予以论述。

村土地承包法》将“三权分置”、承包期届满后再延长30年、维护进城农户的土地承包经营权益、保护农村妇女土地承包权益等农村土地制度改革要求转变为法律规范。[1]

在研究土地承包经营权的几个原则性问题之前，先看两则案例，并思考之。

案例40：双方各执一词，王某承包权没了

2019年6月6日，是桃花组村民王某一生大喜的日子，她与心中的白马王子杏花组的李某喜结良缘，登记结婚。同年7月7日，桃花组以嫁出的姑娘泼出去的水，“减人减地”为由，将王某家庭由其所享有的2亩承包土地收归小组所有。这时，王某便向婚后所在的杏花组提出要求，请求该组给其分配土地，该组以“增人不增地”为由拒绝给新娘王某分地。王某听了他们的辩解后，觉得是丈二和尚摸不着头脑。思前想后，王某决定拿起法律武器，为自己应该享有的土地承包经营权讨回法律公道。那么，王某应当告谁呢？王某的农村土地承包经营权如何保护呢？

案例41：该承包经营合同是否有效？

某乡林果组在经过村民充分讨论的基础上，大力发展苹果树。几度春秋之后，苹果树长势良好，步入盛产期。2019年3月5日，组长郑某在未经村民同意的情况下，擅自以小组的名义，将20亩苹果地发包给他的姐夫——邻村的李某。激起了众村民的反对，村民们推荐代表人向人民法院提起诉讼，请求法院确认林果组与李某所签订的承包经营合同无效，要求按照《农村土地承包法》的规定，发包给本村村民。

上述案例，涉及土地承包经营权问题。试问：何谓土地承包经营权？其法律特征如何？土地承包经营权的法律性质如何？土地承包经营权如何取得？土地承包过程中应当遵循哪些原则？

---

① 参见黄薇主编：《中华人民共和国民法典释义（上）》，法律出版社2020年版，第635～637页。

二、土地承包经营权的法律意义

农村集体经济组织成员与土地的关系，取决于国家的土地制度，是决定农业发展、农村稳定和农民富裕的最基本和最重要的问题。《农村土地承包法》第三条第一款规定："国家实行农村土地承包经营制度。"《农业法》第十条第一款规定："国家实行农村土地承包经营制度，依法保障农村土地承包关系的长期稳定，保护农民对承包土地的使用权。"根据上述法律规定，农村土地承包经营，已作为国家在农村的基本经营制度被确定下来。实践证明，家庭联产承包责任制的确立和推行、土地承包经营权制度的完善和发展，使农村生产力迅速发展，农民生活得到极大改善和提高。《民法典》第三百三十一条又进一步作出明确规定，即"土地承包经营权人依法对其承包经营的耕地、林地、草地等享有占有、使用和收益的权利，有权从事种植业、林业、畜牧业等农业生产"。土地承包经营权，又称农村土地承包经营权，是指公民和集体经济组织依法对集体所有或者国家所有由集体使用的土地享有占有、使用、收益并排除他人干涉的权利。根据相关法律规定，土地承包经营权的法律特征表现为：

1. 承包经营权主体的特定性。《民法典》第三百三十条第一款规定，农村集体经济组织实行家庭承包经营为基础、统分结合的双层经营体制。"双层经营"包含两个经营层次：家庭分散经营层次和集体统一经营层次。由农村土地集体所有制度的制度内涵所决定，我国农村土地所有权主体具有显著的社区性、分散性和独立性。在经济与法律地位上彼此独立的各个农村社区，其拥有的包括土地在内的一切财产一般由该社区内的所有社员集体所有，并排斥社区外成员对社区内财产的分享。由此决定了集体经济组织在发包土地时，只把土地承包经营权分配于具有本社区成员资格的个人或团体。在多数情况下，拥有社员权是取得集体土地承包经营权的必要条件。可见，承包经营权的主体具有显著的特定性。①

2. 土地承包经营权取得的平均分配性。本来，作为一种基于双方合意产生的民事权利，承包经营权法定效力的产生，需要当事人具备相应的民事行

---

① 《农村土地承包法》第三条规定："国家实行农村土地承包经营制度。农村土地承包采取农村集体经济组织内部的家庭承包方式，不宜采取家庭承包方式的荒山、荒沟、荒丘、荒滩等农村土地，可以采取招标、拍卖、公开协商等方式承包。"

为能力；而且从农业生产的产业特性分析，一般只有具备完全民事行为能力者才能经营土地。大陆法系一些国家或地区的农地使用一般也要求行为人应具备一定的年龄、技术与资金条件。但我国自实行土地承包经营制以来，农地承包经营权的配置大多采取人人有份的均田分配方式，这种方式显然排除了土地承包者在年龄、精神状况、生产能力等方面上的差别，只要具备社区成员身份就毫无例外地享有利用土地的权利。这种被社区成员视为天经地义的权利配置机制，带有明显的准行政分配的性质。而且，从我国农村实际观察来看，土地使用权的公平分配是构成现有农地制度稳定的基础和有效性的重要因素。①

3. 土地承包经营权的客体为农用地。我国《民法典》第三百三十条第二款规定，农民集体所有和国家所有由农民集体使用的耕地、林地、草地以及其他用于农业的土地，依法实行土地承包经营制度。根据土地管理法的规定，国家编制土地利用总体规划，规定土地用途，将土地分为农用地、建设用地和未利用地。所谓农用地，是指直接用于农业生产的土地，包括耕地、林地、草地、农田水利用地、养殖水面等。在我国，农用地主要由农村集体经济组织所有，国有土地原则上主要限于建设用地，在一些地方，因历史原因存在的少数国有农用地，也属承包经营权的客体。

4. 土地承包经营权利、义务的特殊性。它的权利义务关系是以承包经营为内容的，所反映的调整社会经济关系仅限于生产经营领域，承包经营合同贯彻的是国家、集体、个人三者利益相一致的原则，所体现的是土地承包经营权人的劳动报酬与承包经营的效益直接挂钩的原则。

5. 土地承包经营权的期限性。《农村土地承包法》第二十一条规定：耕地的承包期为三十年。草地的承包期为三十年至五十年。林地的承包期为三十年至七十年；特殊林木的林地承包期，经国务院林业行政主管部门批准可以延长。同时，《民法典》第三百三十二条规定："耕地的承包期为三十年。草地的承包期为三十年至五十年。林地的承包期为三十年至七十年。前款规定的承包期限届满，由土地承包经营权人依照农村土地承包的法律规定继续承包。"

---

① 《农村土地承包法》第五条规定："农村集体经济组织成员有权依法承包由本集体经济组织发包的农村土地。任何组织和个人不得剥夺和非法限制农村集体经济组织成员承包土地的权利。"

三、土地承包经营权的法律性质

关于土地承包经营权的法律性质，可谓众说纷纭，见仁见智。① 2018 年 12 月 29 日修改《农村土地承包法》，以解决实践需要为出发点，只原则界定了土地经营权权利，淡化了土地经营权性质。②

从《农村土地承包法》确立的土地承包经营权来看，从本质上说已经实现了物权化，《民法典》物权编就明确规定土地承包经营权为用益物权的一种。也就是说，农民取得的土地承包经营权是一种物权，而非债权性质。正如土地承包经营权作为一种用益物权，属于他物权，这种他物权是针对特定对象而设置的，即农民集体所有和国家所有由农民集体使用的农村土地。③ 其理由如下：

1. 土地承包经营权是法定的用益物权。承包权的产生虽然是由成员和集体通过承包合同产生的。但是，我们可以发现，这个签订合同的过程不能说明承包经营权就是债权。“虽然权利中‘承包’一词来源于合同，但是不能因此就认为该权利具有债权性质，因为此处的承包，是创设物权的行为，或者说是物权变动中的原因行为。”④ 虽然承包合同仍然是合同的一种，遵循意思自治，但是我们可以发现，对于合同中的主要内容，如确定承包人对于承包土地支配使用，由双方自由约定的空间很小，主要部分都是由该法确定的。因此，即使在合同中规定了双方的权利义务，但是这些权利义务在承包法中有明确的规定，承包合同的约定只不过是把法律中规定的权利进行“重述”，本质上是法定的权利义务，而不是约定的权利义务。所以，对于承包经营权来说，这无疑是一个法定的权利，而不是约定的权利。这正是物权法定原则的体现。

---

① 第一种观点认为，土地经营权是用益物权，是承包户将承包地流转给第三方后，第三方主体享有使用、收益、有限处分的一种用益物权，这种权利能够交易、具有使用价值和交换价值。第二种观点认为，土地经营权是依租赁合同而产生的债权。土地承包方与受让方通过合同约定权利义务，其对抗性、转让性、存续期限等符合债权特征。第三种观点认为，物权以长期存续为原则，建立在租赁合同基础上的土地经营权，期限长可视为物权，期限短则可视为债权，不能绝对化。第四种观点认为，土地经营权是实行物权保护的债权。参见《巩固和完善农村基本经营制度——刘振伟谈农村土地承包法修订》，载中国人大网。

② 参见《巩固和完善农村基本经营制度——刘振伟谈农村土地承包法修订》，载中国人大网。

③ 黄薇主编：《中华人民共和国民法典释义（上）》，法律出版社 2020 年版，第 640 页。

④ 孙宪忠：《确定我国物权种类以及内容的难点》，载《法学研究》2001 年第 1 期。

2. 土地承包经营权符合物权的公示原则。根据《农村土地承包法》第二十四条之规定，国家对耕地、林地和草地等实行统一登记，登记机构应当向承包方颁发土地承包经营权证或者林权证等证书，并登记造册，确认土地承包经营权。土地承包经营权证或者林权证等证书应当将具有土地承包经营权的全部家庭成员列入。这是物权的公示。依据《农村土地承包法》第四十一条之规定，在土地承包经营权以转让或者交换的方式进行流转时，当事人要求登记的，应该登记，否则不得对抗善意第三人，[①] 此乃物权变动的公示方式，采登记对抗主义。

3. 土地承包经营权的保护采用物权的保护方法。在《农村土地承包法》第四章“争议的解决和法律责任”部分中，其第五十七条规定：“发包方有下列行为之一的，应当承担停止侵害、排除妨碍、消除危险、返还财产、恢复原状、赔偿损失等民事责任……”这些都是典型的侵犯物权应承担的侵权责任。作为承包合同一方的发包方承担侵权责任而非违约责任，显然，法律是把承包经营权作为物权来保护的。另外，《农村土地承包法》第五十六条规定，“任何组织和个人侵害土地承包经营权、土地经营权的，应当承担民事责任”。这个规定主要针对承包合同发包方以外的其他人而言，显然是侵权责任的规定。可见，该法是把承包权作为一个绝对的权利，用《民法典》侵权责任编来保护。

由于土地承包经营权的标的是集体所有或者国家所有而依法由农民集体使用的土地，并且“农村土地承包后，土地的所有权性质不变”[②]。所以承包经营权是属于他物权的一种。也有人认为，由于承包权有一定的承包期限，所以不是物权[③]。其实，是否有期限并不是物权的决定因素，传统物权法中的地上权或地役权，也是有期限的。物权的根本特征在于是否对标的物有排他的支配权，而非是否长期享有该权利。相反，如果一个对物有排他的支配权，即使有期限，也可以成为一个物权。

---

① 《民法典》第三百三十五条规定：“土地承包经营权互换、转让的，当事人可以向登记机构申请登记；未经登记，不得对抗善意第三人。”

② 《农村土地承包法》第四条之规定。

③ 孙宪忠：《确定我国物权种类以及内容的难点》，载《法学研究》2001 年第 1 期。

四、土地承包经营权的取得

基于物权理论，土地承包经营权通常基于以下两种方式而取得。

（一）基于法律行为而取得

1. 土地承包经营权因设定而取得。土地承包经营权之设定，指当事人双方经由设定契约创设土地承包经营权的法律行为。[①]《民法典》第三百三十三条规定："土地承包经营权自土地承包经营权合同生效时设立。登记机构应当向土地承包经营权人发放土地承包经营权证、林权证等证书，并登记造册，确认土地承包经营权。"土地承包经营权设定的当事人，一方为农业集体经济组织，一方为从事农业活动的农户；客体为集体经济组织所有或国家所有由集体经济组织长期使用的土地；内容为当事人双方的权利与义务。

一般而言，土地承包经营权之设定，根据《农村土地承包法》第二十二条"发包方应当与承包方签订书面承包合同"之规定，须采书面形式，承包方自承包合同生效时取得土地承包经营权。承包合同的生效必须以承包合同的成立为基础，承包合同的成立时间应当是当事人签名、盖章或者按印之时。当然，在实务中，未采用书面形式，而采用口头形式，承包方同样取得土地承包经营权。

2. 土地承包经营权因转包、出租、转让或者其他方式而取得。土地承包经营权为用益物权之一种，具有财产价值，《农村土地承包法》对土地承包经营权的流转作了规定，使土地承包经营权因流转而取得。一般而言，土地承包经营权之流转须以书面为之，并应当报发包方备案。[②]依据《农村土地承包法》第三十五条规定："土地承包经营权互换、转让的，当事人可以向登记机构申请登记。未经登记，不得对抗善意第三人。"《民法典》第三百三十九条规定："土地承包经营权人可以自主决定依法采取出租、入股或者其他方式向他人流转土地经营权。"第三百四十条规定："土地经营权人有权在合同约定的期限内

---

① 《农村土地承包法》第二十三条规定："承包合同自成立之日起生效。承包方自承包合同生效时取得土地承包经营权。"

② 《农村土地承包法》第三十六条规定："承包方可以自主决定依法采取出租（转包）、入股或者其他方式向他人流转土地经营权，并向发包方备案。"

占有农村土地，自主开展农业生产经营并取得收益。”第三百四十一条规定：“流转期限为五年以上的土地经营权，自流转合同生效时设立。当事人可以向登记机构申请土地经营权登记；未经登记，不得对抗善意第三人。”

（二）基于法律行为以外的原因而取得

基于法律行为以外的原因取得土地承包经营权，仅有继承一种。一般而言，于被继承人死亡，继承开始时，继承人即取得被继承人之土地承包经营权，且不以登记为必要。[①]

五、土地承包过程中应当遵循的原则

（一）遵循公开、公平、公正的原则，正确处理国家、集体和个人三者的利益关系

《农村土地承包法》第七条规定，农村土地承包应当坚持公开、公平、公正的原则，正确处理国家、集体、个人三者的利益关系。这是把党的农村土地承包政策真正落到实处，严格依法办事，维护农村土地承包关系稳定，保证集体经济组织成员实现土地承包经营权非常重要的方面。农村土地承包过程中必须坚持上述原则，是贯彻我党的农村政策的需要，也是针对一些地方存在损害农民利益、忽视农村社会稳定，把发包土地视为一种特权的现象。现实中，无故变更、解除承包合同，承包期内随意收回承包地，随意调整承包地，随意高价重新发包承包地等做法，损害了党的政策和法律的严肃性，破坏了党和政府与群众的联系，造成了社会的不稳定，农民群众非常不满。在实际承包过程中依法坚持“公开、公平、公正”的原则，是保证农村土地关系长期稳定的一个重要环节。

农村土地承包坚持“公开、公平、公正”的原则，凡是本集体经济组织成员，不分性别、民族等差异，都一律平等地、不受歧视地享有承包土地的权利，任何组织和个人都不能剥夺和侵害这个权利；实际承包中，必须严格依法定程

---

① 《农村土地承包法》第三十二条规定：“承包人应得的承包收益，依照继承法的规定继承。林地承包的承包人死亡，其继承人可以在承包期内继续承包。”第五十四条规定：“依照本章规定通过招标、拍卖、公开协商等方式取得土地经营权的，该承包人死亡，其应得的承包收益，依照继承法的规定继承；在承包期内，其继承人可以继续承包。”

序承包土地，不能以权压法，以言代法，发包方不能享有法外特权，不能优亲厚友，恃权发包；必须保护集体经济组织成员的知情权和参与权。制定承包方案，必须坚持民主原则，听取集体经济组织成员的意见，尊重他们的意愿。承包方案确定后，要向本集体经济组织的全体成员公布。组织实施承包方案时，具体操作过程必须透明，置于集体经济组织成员的监督之下。

（二）遵循土地承包经营权男女平等的原则

公民在法律面前一律平等，这是宪法的一项重要原则。农村妇女与男子一样，是农业生产经营的主体，在集体经济组织中，享有与男子同样的权利。农村土地承包经营权，作为集体经济组织成员的一项最重要的经济权利，妇女与其他所有集体经济组织成员平等地享有这项权利，依法是该项权利的主体，任何组织和个人都不能剥夺和侵害妇女的这项权利。对此，《农村土地承包法》第六条明确规定："农村土地承包，妇女与男子享有平等的权利。承包中应当保护妇女的合法权益，任何组织和个人不得剥夺、侵害妇女应当享有的土地承包经营权。"

需要指出的是，在农村土地承包的实践过程中，确有一些地方无视宪法和法律的规定，"重男轻女"思想严重，以乡规民约代替党的政策和国家法律，采取各种不正当的手段，剥夺、侵害妇女合法的土地承包经营权，特别是以种种理由剥夺和侵害出嫁妇女、离异妇女和丧偶妇女的土地承包经营权，或利用目前管理体制上的某些不完善，不平等地对待上述妇女的土地承包经营权。妇女的土地承包经营权受到侵害后，告状无门，久拖不决的现象确实也比较严重。《农村土地承包法》第五十七条列举了 7 种发包方侵害承包方土地承包经营权，应承担民事责任的行为，其中就包括剥夺、侵害妇女依法享有的土地承包经营权。这就是说，发包方剥夺、侵害妇女的土地承包经营权，是一种侵权行为，要承担侵权责任。

（三）土地承包方案遵循民主议定原则

根据《农村土地承包法》第十三条之规定，农民集体所有的土地依法属于村农民集体所有的，由村集体经济组织或者村民委员会发包；已经分别属于村内两个以上农村集体经济组织的农民集体所有的，由村内各该农村集体经济组织或者村民小组发包。村集体经济组织或者村民委员会发包的，不得改变村内各集体经济组织农民集体所有土地的所有权。国家所有依法由农民集体使用的农村土地，由使用该土地的农村集体经济组织、村民委员会或者村民小组发包。又据该法第十九条第三项之规定，土地承包方案遵循民主议定原则，即依法经本集体经济组织成员的村民会议三分之二以上成员或者三分之二以上村民代表的同意。

（四）遵循土地承包程序合法原则

依据《农村土地承包法》第二十条之规定，土地承包应当按照以下程序进行：（1）本集体经济组织成员的村民会议选举产生承包工作小组；（2）承包工作小组依照法律、法规的规定拟订并公布承包方案；（3）依法召开本集体经济组织成员的村民会议，讨论通过承包方案；（4）公开组织实施承包方案；（5）签订承包合同。

六、司法实践中应当注意的问题

1. 未实际取得土地承包经营权的集体经济组织成员提起民事诉讼，请求判决其享有土地承包经营权，人民法院应否受理的问题。《农村土地承包法》第五条规定："农村集体经济组织成员有权依法承包由本集体经济组织发包的农村土地。任何组织和个人不得剥夺和非法限制农村集体经济组织成员承包土地的权利。"根据本条法律规定，集体经济组织成员是承包农村土地的主体，有权依法承包由本集体经济组织发包的土地，任何组织和个人都不能以任何方式和任何理由，非法剥夺本集体经济组织成员承包土地的权利，也不能以任何方式和任何理由阻挠、干扰、限制本集体经济组织成员承包土地权利的实现。但是，在现实生活中，屡屡发生集体经济组织成员因各种原因实际未能取得土地承包经营权的情况。在这种情况下，未实际取得土地承包经营权的集体经济组织成员向人民法院提起民事诉讼，请求判决其享有承包集体土地的权利，人民法院应否受理，最高人民法院通过《土地承包纠纷解释》作出了明确规定。该解释第一条第二款规定："农村集体经济组织成员因未实际取得土地承包经营权提起民事诉讼的，人民法院应当告知其向有关行政主管部门申请解决。"其理由主要为：一方面，承包方取得土地承包经营权的前提是该承包人必须是本集体经济组织成员，即应享有本集体经济组织成员权。而在实践中，集体经济组织成员权问题在很多方面涉及农村公共事务管理，如果人民法院将这类纠纷作为民事案件受理，可能会涉及农村公共事务管理方面的问题。另一方面，承包方取得土地承包经营权必须通过签订土地承包合同，如果集体经济组织成员未实际取得土地承包经营权而请求法院判决其享有土地承包经营权，其诉讼请求缺乏充分的理由和依据。因此，对集体经济组织成员因未实际取得土地承包经营权提起民事诉讼的，人民法院不宜将其作为民事案件受理，而应当告知其向有关行政主管部门申请解决。

2. “一地数包”的处理。发包方就同一土地签订两个以上合同，承包方均主张取得土地承包经营权，应如何处理的问题。对此问题，应依据《土地承包纠纷解释》第十九条的规定，发包方就同一土地签订两个以上承包合同，承包方均主张取得土地经营权的，按照下列情形，分别处理：（1）已经依法登记的承包方，取得土地经营权；（2）均未依法登记的，生效在先合同的承包方取得土地经营权；（3）依前两项规定无法确定的，已经根据承包合同合法占有使用承包地的人取得土地经营权，但争议发生后一方强行先占承包地的行为和事实，不得作为确定土地经营权的依据。

七、对案例 40、案例 41 的简要评析

（一）对案例 40 的简要评析

在本案中，王某因喜结良缘而没了土地承包经营权，其实质是剥夺、侵害了王某的基本生活保障权。根据《农村土地承包法》第三十一条“承包期内，妇女结婚，在新居住地未取得承包地的，发包方不得收回其原承包地；妇女离婚或者丧偶，仍在原居住地生活或者不在原居住地生活但在新居住地未取得承包地的，发包方不得收回其原承包地”之规定，王某结婚后，在新居住地杏花组未得到承包地，则原居住地桃花组不应当将其原承包地收回。依据《农村土地承包法》第六条“农村土地承包，妇女与男子享有平等的权利。承包中应当保护妇女的合法权益，任何组织和个人不得剥夺、侵害妇女应当享有的土地承包经营权”之规定，王某完全有权拿起法律的武器，将桃花组诉至法院，法院应当判令桃花组停止侵害王某的土地承包经营权，将承包的土地返还王某。

由此可见，桃花组所说的“减人减地”的理由与《农村土地承包法》第三十一条相抵触，自然站不住脚。杏花组所说的“增人不增地”不为法律所禁止，应当尊重其习惯。

（二）对案例41的简要评析

在本案中，主要涉及下列法律问题：

1. 李某与林果组所签订的承包经营合同的效力问题。双方所签订的承包经营合同违反了《农村土地承包法》第七条“农村土地承包应当坚持公开、公平、公正的原则，正确处理国家、集体、个人三者的利益关系”和第十九条的土地承包应当遵循的原则及第五十二条第一款“发包方将农村土地发包给本集体经济组织以外的单位或者个人承包，应当事先经本集体经济组织成员的村民会议三分之二以上成员或者三分之二以上村民代表的同意，并报乡（镇）人民政府批准”之规定，因此，该承包经营合同为无效合同。

2. 李某能否取得土地承包经营权问题。因桃花组村民提起诉讼，人民法院必将确认该合同为无效合同，则李某因合同无效而不能取得承包经营权，并判决李某将其20亩苹果地予以返还。

第二节　土地承包经营合同的效力

一、问题的提出

土地承包经营权是一种法定的用益物权，它一般是基于法律行为，即通过签订土地承包经营合同的形式而取得土地承包经营权。《农村土地承包法》第二十二条明确规定：发包方应当与承包方签订书面承包合同。承包合同一般包括以下条款：（1）发包方、承包方的名称，发包方负责人和承包方代表的姓名、住所；（2）承包土地的名称、坐落、面积、质量等级；（3）承包期限和起止日期；（4）承包土地的用途；（5）发包方和承包方的权利和义务；（6）违约责任。又据该法第二十三条之规定，承包合同自成立之日起生效。承包方自承包合同生效时取得土地承包经营权。《民法典》第三百三十三条第一款规定：“土地承包经营权自土地承包经营权合同生效时设立。”但是，在现实生活中，诸多土地承包经营合同的条款不完备或约定不明，诸多发包人或者承包人因不履行法定义务而引起纠纷。请看下列案例，并思考之。

案例 42：张某与张某某、北张庄村委会、赵某委托合同纠纷案[①]

张某某、张某均系同组村民，张某系组长。村委会将其村所有的 3 块土地合计 6 亩发包给张某某承包经营，承包期限为 1999 年 10 月 1 日至 2029 年 9 月 30 日。2012 年 7 月 1 日，赵某承包了包括张某 11 亩沙地在内的北张庄村土地，承包费为前两年半每亩 600 斤小麦，后期每亩 900 斤小麦，赵某将承包费交给张某后，张某发放给其他农户，赵某已经将 2015 年至 2017 年间的承包费交付给张某。2015 年 6 月 10 日，张某某取得农村土地承包经营权证。自 2015 年 7 月 1 日起，张某扣减了张某某等人 11 亩土地，每亩土地的承包费为 1000 元。村委会的小麦补贴款由小组统计后报到村委会，再由村委会报到上级，由上级将小麦补贴款发放到各农户。

生效裁判认为，张某某在取得农村土地承包经营权证书后，依法享有对涉案土地的承包经营权，张某自 2015 年 7 月 1 日起擅自收回张某某经营的 1.6 亩土地，每亩土地每年的承包费为 1000 元，张某某少分得两年的土地承包费，共计 3200 元。赵某按期将土地承包费交付给张某后，张某未将该款项给付张某某，应当承担返还责任。

上述案例，土地承包经营权皆因“君子协议”而引起纷争。试问：发包方的权利义务有哪些？承包方的权利义务有哪些？

二、发包方的权利和义务

（一）发包方的权利

农村土地的发包方分别是农民集体经济组织、村民委员会或者村民小组，作为发包方应当享有一定的权利。根据各地的承包实践和稳定承包关系、保护农民的土地承包经营权的需要，依据《农村土地承包法》第十四条之规定，发包方主要享有下列权利，且这些权利是法定的，当事人不得约定排除：

1. 发包土地的权利。这是发包方依法享有的基本权利，就是有权发包属于本集体经济组织农民集体所有的土地或者国家所有依法由本集体经济组织农民使用的农村土地。农村承包地只能由本法规定的发包方发包，其他组织或个人

① 详见山东省济宁市中级人民法院（2020）鲁 08 民终 37 号民事判决书。

没有发包权，而且任何组织和个人不得剥夺、侵害发包方的发包权。

2. 监督承包方履行义务的权利。承包合同签订后，在履行过程中，承包方应当履行自己的义务，例如，按照承包合同约定的用途合理利用承包的土地，并保护土地。对承包方履行义务的情况，发包方有权进行监督。承包合同约定的用途应当是农业用途，主要是指用于种植农作物、林木或者从事畜禽养殖、养鱼、特种养殖等，不是指承包方具体种植哪种作物，发包方不能借行使监督权干涉承包方自主种植不同作物的权利。

3. 制止承包方损害承包地和农业资源的权利。农业资源是指种植业、林业、畜牧业、渔业可以利用的土地、草原、水、生物、气候等自然资源。《农村土地承包法》第十八条规定，承包方的一项义务是，依法保护和合理利用承包地，不得给土地造成永久性损害。《土地管理法》第三十七条也明确规定，不得占用承包的耕地建窑、建坟或者擅自建房、挖砂、采石、采矿、取土等，禁止占用永久基本农田发展林果业和挖塘养鱼。因此，承包方承包土地后，应当合理利用和保护土地，不得以上述任何方式破坏、损害承包地（例如毁坏、污染承包地）以及其他农业资源。承包方一旦发生损害承包地和农业资源的行为，发包方有权直接予以制止，承包方应当停止其违法行为。承包方拒不停止侵害或者拒不改正的，发包方可以请求乡（镇）人民政府或者县级人民政府土地管理部门等，依法给予承包方相应的处罚。

4. 发包方还享有法律、行政法规规定的其他权利。

（二）发包方的义务

根据《农村土地承包法》第十五条之规定，发包方应当承担下列义务，这些义务也是法定的，当事人不得约定排除：

1. 维护承包方的土地承包经营权。承包方通过家庭承包取得的土地承包经营权，是承包方依法享有的一项独立的权利，受到国家法律的保护。任何组织和个人不得侵犯承包方的土地承包经营权，发包方也是一样，并且发包方还有义务维护承包方的土地承包经营权，不得非法变更、解除土地承包合同。这是发包方的首要义务。按照《农村土地承包法》的精神和《民法典》第三百三十三条第一款“土地承包经营权自土地承包经营权合同生效时设立”的规定，承包合同依法签订后，承包方即依法取得土地承包经营权，发包方只有在依照《农村土地承包法》第二十七条第三款的规定收回承包地，或者依照第二十八条第二款的规定个别调整承包地之后，才允许依法解除、变更承包合同。对此，《民法典》第三百三十六条规定："承包期内发包人不得调整承包地。因自然灾害严重毁损承包地等特殊情形，需要适当调整承包的耕地和草地的，应当依照农村土地承包的法律规定办理。"第三百三十七条规定："承包期内发包人不得收回承包地。法律另有规定的，依照其规定。"除此以外，发包方不得以其他任何理由解除、变更承包合同。当然，承包方自愿放弃土地承包经营权，或者因承包人死亡等原因主动申请交回承包地之后，双方当事人可以依法解除、变更承包合同。

2. 尊重承包方的生产经营自主权。承包方依法享有的土地承包经营权，包括有权依法自主组织生产经营活动，不受其他组织和个人的干涉。发包方有义务尊重承包方的生产经营自主权，承包方依法开展正常的生产、经营活动的，发包方不得干涉。发包方随意干涉承包方正常的生产经营活动，属于违法行为，应当承担相应的法律责任。

3. 为承包方提供服务。集体经济组织或者村民委员会具有一定的经济实力，而且，作为发包方有权依照法律规定和承包合同约定，向承包方收取承包费。与此相对应，发包方也有义务依照承包合同的约定，为承包方提供生产、技术、信息等服务。一般来说，发包方应当无偿地为承包方提供这些服务。根据各地的实际情况和服务内容的差别，发包方也可以收取适当的费用，这样做既为承包方提供了服务，又壮大了集体经济实力。但发包方不得强制承包方接受服务。

4. 执行土地利用总体规划，组织农业基础设施建设。（1）土地利用总体规划是根据经济建设的需要和土地的适宜性，在较长的规划时期内对土地资源在各部门的分配和土地开发、利用、整治、保护进行统筹协调，合理安排的战略性规划。土地利用总体规划是土地利用的基本依据，发包方在发包土地、依法调整承包地的过程中，必须认真执行县、乡（镇）土地利用总体规划，不得违反规划占用耕地或者开发利用其他土地资源。（2）农业基础设施主要是指乡村机耕道路、机井和灌溉排水等农田水利设施。农业基础设施建设通常涉及本集体经济组织全体成员的利益，而且依靠个别承包户的力量又很难完成，必须由发包方统一组织进行，这也是双层经营的一项重要内容。

5. 发包方还应当承担法律、行政法规规定的其他义务。例如，《农村土地承包法》第六十七条规定："本法实施前已经预留机动地的，机动地面积不得超过本集体经济组织耕地总面积的百分之五。不足百分之五的，不得再增加机动地。本法实施前未留机动地的，本法实施后不得再留机动地。”

三、承包方的权利和义务

（一）承包方的权利

承包方主要享有下列权利，且这些权利是法定的，当事人不得约定排除：

1. 土地承包经营权。土地承包经营权是承包方享有的最重要的权利，《农村土地承包法》第十七条规定的土地承包经营权内涵包括以下四个方面：

（1）使用土地的权利。承包方有权依法使用承包地，在土地上进行农业生产。这一权利实际上也隐含着占有承包地的权利，因为不占有承包地，就无法在其上从事农业生产。

（2）生产经营自主权。承包方有权自主组织农业生产经营活动，自主决定种植什么作物、种植多少面积，或者安排什么种植、养殖项目，不受其他组织和个人的干涉。只要承包方的生产经营活动不违反法律规定，发包方就不得随意干涉，更不能违背承包方的意愿，强制承包方从事或者不从事某种生产经营活动。

（3）产品处置权。承包方对自己生产的产品，有权自主处置。出售产品的数量、价格等，由承包方与购买人自行协商确定。一些地方为解决农产品卖难问题或者获得较好的价格，发包方通过订单、统一销售合同等出售承包方生产的农产品，则应当充分尊重承包方的意愿，不得强迫。承包方依法自主处置产品，不得违背法律的要求。对个别仍然实行统一收购或者其他形式的国家控制的农产品，承包方应当按照规定出售产品。

（4）收益权。即获得收益的权利，承包地上产生的合法收益归承包方所有，其他组织和个人不得侵占、剥夺。农户在土地上增加投入，改良土壤等增加的土地价值，也应归农户所有。农户在承包期自愿交回承包地或者土地承包经营权流转时，应当获得相应的补偿。

2. 土地承包经营权的流转权。承包方依法享有的土地承包经营权，可以采取转包、出租、互换、转让等方式流转。《农村土地承包法》第十条明确规定：“国家保护承包方依法、自愿、有偿流转土地经营权，保护土地经营权人的合法权益，任何组织和个人不得侵犯。”土地承包经营权流转的权利是法律赋予承包方的权利。因此，流转的主体是承包方，承包方有权依法自主决定土地承包经营权是否流转和流转的形式，流转所得的收益归承包方所有，任何组织和个人不得擅自截留、扣缴。承包方在承包地上投入而提高土地生产能力的，土地承包经营权依法流转时有权获得相应的补偿。

3. 承包地被征用、占用时依法获得补偿的权利。土地征用是国家为了公共利益的需要，通过法定程序，将农民集体所有的土地征为国有土地。土地占用主要是乡村公共设施（包括乡村道路、电力、通信、供水排水、公共厕所等）和公益事业建设（包括乡村学校、文化站、卫生所、幼儿园、敬老院等）需要使用土地的，依照法定程序办理审批手续后占用的土地。一方面，征用、占用农民的承包地应当充分尊重承包方的土地承包经营权，尽量利用荒地、空闲地，不能违法征用、占用或者随意扩大征用、占用的范围；另一方面，在国家建设和集体建设确实需要依法征用、占用承包方的承包地时，承包方也应当从大局出发，服从国家、集体建设的需要，不应故意设置障碍或者提出无理要求。按照土地管理法及其实施条例的规定，国家、集体建设征用、占用承包地的，应当依法给集体经济组织和承包方相应的补偿。

国家建设征用土地的，应当按照被征用土地的用途给予补偿。依据《土地管理法》（2019 年 8 月 26 日修正）第四十八条规定，征收土地应当给予公平、合理的补偿，保障被征地农民原有生活水平不降低、长远生计有保障。征收土地应当依法及时足额支付土地补偿费、安置补助费以及农村村民住宅、其他地上附着物和青苗等的补偿费用，并安排被征地农民的社会保障费用。征收农用地的土地补偿费、安置补助费标准由省、自治区、直辖市通过制定公布区片综合地价确定。制定区片综合地价应当综合考虑土地原用途、土地资源条件、土地产值、土地区位、土地供求关系、人口以及经济社会发展水平等因素，并至少每三年调整或者重新公布一次。征收农用地以外的其他土地、地上附着物和青苗等的补偿标准，由省、自治区、直辖市制定。对其中的农村村民住宅，应当按照先补偿后搬迁、居住条件有改善的原则，尊重农村村民意愿，采取重新安排宅基地建房、提供安置房或者货币补偿等方式给予公平、合理的补偿，并对因征收造成的搬迁、临时安置等费用予以补偿，保障农村村民居住的权利和合法的住房财产权益。县级以上地方人民政府应当将被征地农民纳入相应的养老等社会保障体系。被征地农民的社会保障费用主要用于符合条件的被征地农民的养老保险等社会保险缴费补贴。被征地农民社会保障费用的筹集、管理和使用办法，由省、自治区、直辖市制定。

在实践中，经常发生征地补偿费分配纠纷，这类纠纷所涉及的问题概括起来就是征地补偿费“分不分”“分给谁”的问题。征地补偿费包括土地补偿费、安置补助费、地上附着物和青苗的补偿费等。在征地补偿费用分配中，就安置补助费和地上附着物及青苗的补偿费引发的纠纷较少，发生纠纷最多的是土地补偿费分配。因为根据《土地管理法实施条例》第二十六条规定，土地补偿费归农村集体经济组织所有，村集体认为该土地补偿费“分不分”“分给谁”由其决定；而土地征收虽然是国家对集体土地所有权的征收，但承包人享有该集体所有土地的承包经营权，征收集体土地实际上承包人的土地承包经营权也被征收，因此，承包地被征收的土地承包经营权人有权分到土地补偿费。

对于承包地征收补偿费用分配纠纷，人民法院应否受理的问题，实务界的认识并不统一。最高人民法院 1994 年 12 月 30 日《关于王翠兰等六人与庐山区十里乡黄土岭村六组土地征用费分配纠纷一案的复函》规定：“征用土地的补偿、安置补助费，除被征用土地上属于个人的附着物和青苗的补偿费付给个人外，其余由被征地单位用于发展生产和安排就业等事业。现双方当事人为土地征用费的处理发生争议，不属于法院受理案件的范围，应向有关机关申请解决。”最高人民法院立案庭〔2002〕民立他字第 4 号《关于徐志君等十一人诉龙泉市龙渊镇第八村村委会土地征用补偿费分配纠纷一案的批复》也认为，由于土地补偿费归集体经济组织所有，不能挪用和私分，村民因此与村民委员会发生争议的，不属于民事案件的受案范围。而最高人民法院研究室法研〔2001〕51 号《关于人民法院对农村集体经济组织所得收益分配纠纷是否受理问题的答复》以及〔2001〕116 号《关于村民因土地征用费、安置费问题与村民委员会发生纠纷人民法院是否受理的答复》认为：“农村集体经济组织与其成员之间因收益分配产生的纠纷，属平等民事主体之间的纠纷。当事人就该纠纷起诉到人民法院，只要符合《中华人民共和国民事诉讼法》第一百零八条[①]规定，人民法院应当受理。”

《土地承包纠纷解释》第一条规定：“下列涉及农村土地承包民事纠纷，人民法院应当依法受理：……（六）承包地征收补偿费用分配纠纷……”其理由

---

① 修改后的《民事诉讼法》为第一百一十九条。

主要为：承包地被征收主要涉及两个层次的法律关系，即国家和集体土地所有权人之间的关系以及集体土地所有权人和土地承包经营权人之间的关系。当土地征收发生时，国家和集体土地所有权人之间属于公法上的关系。集体土地所有权人和土地承包经营权人之间属于平等民事主体之间的关系。虽然法律规定土地补偿费归集体经济组织所有，但当承包方的承包地被征收后发生于集体土地所有权人和承包方之间的补偿费用纠纷属于民法调整的范围，因此应作为民事诉讼的受理范围。

应当注意的是，《土地承包纠纷解释》第一条第三款规定："农村集体经济组织成员就用于分配的土地补偿费数额提起民事诉讼的，人民法院不予受理。"因此，当事人就用于分配的土地补偿费数额提起民事诉讼的，人民法院不予受理。当事人因用于分配的土地补偿费数额发生纠纷，其性质与承包地征收补偿费用分配纠纷不同，土地补偿费数额的分配，属于农村村民自治的范围。因此，当事人就用于分配的土地补偿费数额提起民事诉讼的，不属于人民法院管辖范围，不应予以受理。

依照《土地承包纠纷解释》第二十条、第二十一条和第二十二条规定，对承包地征收补偿费用分配纠纷，应根据不同情况分别作出如下处理：（1）承包地被依法征收，承包方请求发包方给付已经收到的地上附着物和青苗的补偿费的，应予支持。承包方已将土地承包经营权以转包、出租等方式流转给第三人的，除当事人另有约定外，青苗补偿费归实际投入人所有，地上附着物补偿费归附着物所有人所有。（2）承包地被依法征收，放弃统一安置的家庭承包方，请求发包方给付已经收到的安置补助费的，应予支持。（3）农村集体经济组织或者村民委员会、村民小组，可以依照法律规定的民主议定程序，决定在本集体经济组织内部分配已经收到的土地补偿费。征地补偿安置方案确定时已经具有本集体经济组织成员资格的人，请求支付相应份额的，应予支持。但已报全国人大常委会、国务院备案的地方性法规、自治条例和单行条例、地方政府规章对土地补偿费在农村集体经济组织内部的分配办法另有规定的除外。

4. 承包方还享有法律、行政法规规定的其他权利。除本条规定外，其他法律、行政法规也可以赋予承包方一定的权利。例如，发包方或者其他组织和个人针对承包地收取法律、法规规定以外的费用，或者违法进行集资、摊派、罚款等，承包方有权拒绝。

（二）承包方的义务

家庭承包是在土地集体所有的基础上进行的承包，土地承包到户后，土地的集体所有制不变，承包方享有土地承包经营权等权利，同时也应当承担相应的义务。根据《农村土地承包法》第十八条之规定，承包方负有下列法定义务：

1. 维持承包地的农业用途。我国是一个土地资源匮乏的国家，人多地少是我国的基本国情，必须十分珍惜和合理利用土地。为此，国家建立了严格的耕地和基本农田保护制度，严格控制农用地转为非农用地，对耕地实行特殊保护，以确保国家的粮食安全。国土资源部提出，为保护我国粮食生产能力，必须保证规划确定的基本农田不减少，保证基本农田不低于18亿亩。因此，必须切实保护现有耕地。承包地是用于农业的土地，承包方必须维持承包地的农业用途，不得擅自将承包地用于非农业建设。

2. 保护和合理利用土地，不得损害土地。保护和合理利用土地，指承包方在承包经营的过程中，应当保护承包地的土地生态及其环境的良好性能和质量，在利用土地、提高土地生产能力的同时，注意采取相应的措施，保护土地的质量和生态环境，防止水土流失和盐渍化等，保护和提高地力。给土地造成永久性损害，是指由于对土地的不合理耕作、掠夺式经营、建造永久性建筑物或者构筑物、取土、采矿以及其他不合理使用土地的行为，造成土地荒漠化、盐渍化、破坏耕作层等严重破坏耕种条件的情况，以一般的人力、物力难以恢复种植条件的损害。这项义务要求，承包方应当严格执行土地管理法等法律、法规的规定，不得擅自在承包地上建房、建窑、采矿、采石、挖砂、取土、造砖、建坟等，不得在承包的基本农田上种植林木和挖塘养鱼，不得毁坏森林、草原开垦耕地，不得围湖造田、侵占江河滩地。承包地是基本农田的，更应当严格保护。基本农田是国家粮食安全的根基，为保护粮食生产能力，必须保证基本农田的面积不减少。承包方不能在基本农田上挖鱼塘、修建畜牧饲养场、建设农副产品加工设施以及其他对土壤耕作层造成永久性破坏的生产经营活动。

3. 承包方的其他义务。法律、行政法规可以规定承包方承担其他义务，承包方应当承担。但是，地方性法规、规章等，则无权给承包方设定新的义务。

四、对案例 42 的简要评析

在本案中，依据《物权法》第一百二十七条[①]的规定，1999 年张某某获得涉案土地承包权，2015 年 6 月取得农村土地承包经营权证，张某某系涉案土地的承包经营权人，张某某依法享有其承包土地的占有、使用、收益的权利。同时，张某作为代表之一与赵某签订的土地承包合同，虽然约定由赵某将承包费交付给张某，而张某应当将代收的承包费支付给实际土地出租人张某某。因此，张某某要求张某返还涉案承包费的请求，应当予以支持。

第三节 土地承包经营权的保护

一、问题的提出

《农村土地承包法》针对当前农村土地承包的实际，赋予了土地家庭承包经营权丰富的内涵和可操作的确定性，并对农村家庭承包实施物权保护，该法第二十七条至第三十二条专门对土地承包经营权的保护作了规定，体现了立法的改革精神，顺应了完善农村土地制度和农业发展进入新阶段的要求。

在研究土地承包经营权的保护之前，先看一则案例，并思考之。

案例 43：卢某与丛某、金家庄村委会农村土地承包经营权纠纷案[②]

二审法院认为，丛某与金家庄村委会于 1999 年签订土地承包合同，是双方当事人的真实意思表示，不违反法律、行政法规的强行性规定，是合法有效的，丛某依据上述合同依法取得对案涉土地的承包经营权。在案证据表明，卢某与金家庄村委会之间的土地承包合同虽然载明的签订时间为 1999 年 1 月 1 日，但该合同的实际形成时间为 2013 年前后，乙方黄某名字上的手印也是卢某于 2017 年领取承包合同及经营权证书时加盖的，联系丛某、卢某均认可丛某于 2017 年就涉案土地向卢某主张权利的事实，足以认定涉案土地承包经营

---

① 对应《民法典》第三百三十三条。

② 详见山东省威海市中级人民法院（2019）鲁 10 民终 3166 号民事判决书。

权纠纷发生于2013年前后，故本案依法应适用《农村土地承包法》及《土地承包纠纷解释》的相关规定。根据《农村土地承包法》的规定，以家庭方式承包的农村土地承包合同，承包期内，发包方不得收回承包地，也不得调整承包地，承包方自愿交回承包地的，则应当提前半年以书面形式通知发包方。因此，在卢某及金家庄村委会均未证实丛某自愿放弃涉案土地承包经营权或存在其他应依法收回涉案土地承包经营权情形的情况下，丛某依据上述承包合同依法享有涉案土地的承包经营权并可依法向卢某主张权利。丛某的诉讼请求是要求确认其与金家庄村委会土地承包合同合法有效及其依法享有涉案土地承包经营权，并要求卢某返还土地、赔偿损失，因此，本案并非发生于发包方与承包方之间的单纯的农村土地承包合同纠纷，而应定性为土地承包经营权纠纷，故一审判决对案件定性不准确，予以纠正。

上述案例，涉及承包地收回问题。试问:《农村土地承包法》对土地承包经营权的保护有哪些具体规定?

二、承包期内，发包方不得收回或调整承包地

（一）承包期内，发包方不得收回承包地

1. 承包期内，发包方不得随意收回承包地，是《农村土地承包法》的一个重要原则,《民法典》第三百三十七条亦明确规定，承包期内不得随意收回、调整承包地，是农村土地承包立法的核心内容。赋予农民长期而有保障的土地使用权，维护农村土地承包关系的长期稳定，是土地承包经营权立法的重要指导思想。[①] 正反两方面经验教训表明，发包方随意收回、调整承包地，是农村土地承包关系不稳定的主要因素，也是农村土地承包立法需要解决的关键问题。承包期内发包方不得随意收回、调整承包地，是本法的关键条款。农村土地承包关系长期不变，保护农民的土地承包经营权，首要的一点就是，在承包期内，发包方原则上不得随意收回、调整承包方的承包地，使广大农民真正感到他们承包的土地和土地承包经营权是受到法律保护的，是有保障的。因此，《农村土地承包法》第二十七条第一款作出了原则性规定，即承包期内发包方

---

① 黄薇主编:《中华人民共和国民法典释义（上）》，法律出版社2020年版，第660页。

不得收回承包地。按照本条规定，除第三款规定的情形以外，在承包期内，发包方不得以其他任何理由收回承包方的承包地。

2. 承包方进镇落户的有权保留承包地。根据《农村土地承包法》第二十七条第二款之规定，承包期内，承包方全家迁入小城镇的，有权按照自己的意愿保留土地承包经营权或者依法进行流转。对此，中共中央、国务院于2000年发布的《关于促进小城镇健康发展的若干意见》明确指出：对进镇落户的农民，可根据本人意愿，保留其承包土地的经营权，也允许依法有偿流转。据此，本条规定，承包期内承包方全家进镇落户的，承包方愿意保留自己的土地承包经营权的，发包方应当予以保留，不得收回其承包地；承包方不能或者不愿意亲自耕种，希望进行土地承包经营权流转的，发包方应当允许承包方对其土地承包经营权进行流转。当然，承包方如果有了稳定的就业和收入来源，愿意将承包地交回的，发包方应当接受，并依法另行安排承包。

3. 保护妇女的土地承包经营权。男女平等是宪法原则，农村妇女是一个弱势群体，需要全社会的关注和保护。农村妇女的土地承包经营权得不到保障，还会影响其子女应当享有的土地承包经营权。对此，《农村土地承包法》第六条规定，农村土地承包，妇女与男子享有平等的权利。承包中应当保护妇女的合法权益，任何组织和个人不得剥夺、侵害妇女应当享有的土地承包经营权。该法第三十一条针对妇女结婚、离婚或者丧偶时土地承包经营权受到侵害的情形作出规定，以确保这些妇女应有的承包地不受侵害。具体分为下面两种情况：

（1）妇女结婚。妇女结婚的，嫁人方所在地应当按照有关规定优先解决妇女的土地承包经营权问题，在没有解决之前，出嫁妇女娘家所在地的发包方不得强行收回其原承包地。

（2）妇女离婚或者丧偶。妇女离婚或者丧偶后仍在原居住地生活的，原居住地应当保证该妇女有一份承包地；妇女离婚或者丧偶后不在原居住地生活而迁到其他地方的，新居住地所在村、村民小组应当为妇女解决一份承包地，在解决之前，妇女原居住地的发包方应当保留妇女的土地承包经营权，不得收回其承包地。

（二）承包期内，发包方不得调整承包地

赋予农民长期而有保障的土地使用权，保持农村土地承包关系的长期稳定，是将土地承包经营权物权化的立法宗旨和指导思想。[①] 根据《农村土地承

---

① 黄薇主编：《中华人民共和国民法典释义（上）》，法律出版社2020年版，第657页。

包法》第二十八条、第二十九条之规定，在承包期内，发包方以不得调整承包地为原则，以调整承包地为例外。

1. 承包期内不得随意调整承包地。一些地方土地承包关系不够稳定，一个重要原因就是，在承包期内，发包方频繁调整承包地，带来了不少问题，造成人心不稳。一是反复调整承包地，使农民群众对中央的承包政策及其贯彻落实情况信心不足，心存疑虑。二是经常调整承包地明显影响农民在土地上投入的积极性，承包方不敢或者不愿对土地进行长期投入，结果将会造成土地肥力下降，甚至使一些农民产生短期行为，进行掠夺式经营，破坏地力。三是经常调整承包地进一步造成每个农户的承包地地块细化，不利于推广使用先进农业技术和机械化作业。四是在调整过程中难免有个别基层干部借机为亲友谋取私利，造成不公平，引发新的矛盾。对此，《农村土地承包法》第二十八条第一款明确规定：承包期内，发包方不得收回承包地。同时，这也正符合中央倡导的“增人不增地、减人不减地”的精神。《民法典》第三百三十六条规定，承包期内发包人不得调整承包地。因自然灾害严重毁损承包地等特殊情形，需要适当调整承包的耕地和草地的，应当依照农村土地承包的法律规定办理。2019年11月，《中共中央、国务院关于保持土地承包关系稳定并长久不变的意见》再次明确要求，“农户承包地要保持稳定，发包方及其他经济组织和个人不得违法调整”。

2. 承包期内，发包方调整承包地的例外情形。根据《农村土地承包法》第二十八条第二款之规定，承包期内，因自然灾害严重毁损承包地等特殊情形，可以对个别农户之间承包的耕地和草地进行适当调整。为切实保障承包方的土地承包经营权，稳定土地承包关系，上述规定对于个别调整施加了严格的限制：

（1）只有出现自然灾害等特殊情况，才允许按照规定进行个别调整；至于什么是特殊情况，必须严格依法解释，发包方不得随意自行解释。

（2）允许进行的调整只限在个别农户之间进行，不得扩大范围，更不能在全村范围内打乱原承包地进行重新分配、承包。

（3）允许个别调整的对象只限于耕地和草地，不包括林地。

（4）个别调整必须遵循法律规定的程序：首先必须经本集体经济组织成员的村民会议三分之二以上成员或者三分之二以上村民代表的同意，其次报乡（镇）人民政府批准后，最后报县级人民政府农业行政主管部门批准。未经这些程序，不能进行调整。

同时，根据《农村土地承包法》第二十九条之规定，下列土地应当用于调整承包土地或者承包给新增人口：集体经济组织依法预留的机动地；通过依法开垦等方式增加的；承包方依法、自愿交回的。

3. 应当注意的问题。依照最高人民法院《土地承包纠纷解释》第六条规定，因发包方违法调整承包地产生的纠纷，按照不同情况，应分别作出如下处理：（1）发包方未将承包地另行发包给他人，承包方请求返还承包地的，应予支持；（2）发包方已将承包地另行发包给第三人，承包方以发包方与第三人为共同被告，请求确认其所签订的承包合同无效、返还承包地并赔偿损失的，应予支持。

三、承包地的收回和交回

（一）承包地的收回

根据《农村土地承包法》第二十七条第三款之规定，承包期内，承包方全家迁入设区的市并转为非农业户口的，应当交回承包的耕地和草地。承包方不交回的，发包方可以收回。这是发包方可以收回承包地的唯一情形，但在实践中必须从严掌握这一规定：

1. 本款规定的两个条件（即承包方全家迁入设区的市，并且转为非农业户口），必须同时得到满足。承包方不是全家迁入的、全家迁入设区的市但未转为非农业户口的、全家迁入小城镇的，都不能收回其承包地。

2. 符合这两个条件的，承包方有义务交回其承包的耕地和草地，但不包括林地。因为林地的收获期比较长，要求承包方交回承包的林地不利于维护其承包收益。

3. 承包方不主动交回的，发包方有权收回。但作为一项权利，发包方当然可以不行使这项权利，不要求收回承包地。

4. 承包方获得补偿的权利。国家鼓励承包方和集体经济组织增加对土地的投入，培肥地力，提高农业生产能力。为体现这一规定的要求，鼓励承包方在承包地上进行长期投入，提高土地的生产能力，在承包期内，承包方在承包地上投入，从而提高土地生产能力的，承包方依照规定交回承包地，或者发包方依法收回承包地时，承包方有权获得相应的补偿。具体补偿数额可由双方协商确定，或者请有关的评估机构进行估价。

（二）承包地的交回

在承包期内，出现下列情况，承包方可以自愿交回承包地：一是承包方家庭成员发生重大变化，没有能力继续耕种，又不愿意进行土地承包经营权流转；二是承包方进入非农产业，并且获得比较稳定的非农业收入，愿意放弃在农村的承包地。从长远来看，城市化和工业化的发展必然要求一部分农民加入工业劳动大军，这是不以人的意志为转移的发展趋势。允许农民自愿交回承包地，不仅有利于促进农村富余劳动力向第二、第三产业和城市转移，加快我国城市化、工业化的步伐，而且有利于农村土地适当集中，发展规模经营，提高我国农业的生产率水平和国际竞争力。因此，《农村土地承包法》第三十条明确规定，承包期内，承包方可以自愿将承包地交回发包方。这里的“承包地”，包括耕地、草地和林地。

在实践中，承包方自愿交回承包地时，应当注意下列问题：

1. 承包方应当提前半年以书面形式通知发包方。承包方自愿交回承包地的，应当提前半年以书面形式通知发包方。具体包括两方面要求：（1）承包方应当提前半年通知发包方。因为土地的耕作有很强的季节性，俗语有“误了庄稼一季子”，因此，为了不误农时，不荒芜土地，承包方决定自愿交回土地时应当给发包方留下一段合理的时间，以便发包方寻找其他承包人，另行承包给他人种植。考虑到我国大部分地区实行每年两季播种的耕作制度，故承包方应当提前半年发出通知。（2）承包方的通知必须采取书面形式。因为承包方将承包地交回发包方是一件非常重大的事情，不能以口头方式作出约定，必须采取书面形式。采取书面形式，主要是为了保护承包方的利益，以防“君子协议”出现纷争时“空口无凭”，故应当立字为据。

2. 承包期内不得再要求承包土地。承包方一旦自愿将承包地交回发包方，在该承包期内，不得再要求承包土地。实践中，在农产品价格低落、种田没有效益时，有的农民提出将承包地交回发包方，进城打工获得一定的非农收入。此时发包方不愿意接受，因为交回的承包地可能无人耕种，地上的税费就无人承担。另外，进城打工的农民一旦在城市遇到困难或者农产品价格高涨时，又向发包方提出要求重新承包土地。但如果原承包地已经交给其他农户耕种，就容易发生纠纷，也会给发包方的工作增加不必要的负担。因此，承包方必须十分慎重对待交回承包地的事情。如果感到自己的非农就业、非农收入尚不稳定，对生活保障尚有疑虑，同时又无力或者不愿意耕种承包地的，可以将承包地的土地承包经营权依法转包、出租给他人耕种，不要轻易交回承包地。

3. 按照《农村土地承包法》第三十条之规定，承包方自愿交回承包地的，承包期内不得再要求承包土地。当承包方交回承包地后，在该轮承包期内不能再要求承包土地，将来在新一轮承包时，还有权依法承包土地。同时，在必要的情况下，发包方可以根据具体情况，主动给承包方另行安排承包地，则无不可。

进城务工落户农民在承包期内的土地承包经营权、宅基地使用权和集体收益分配权，是基于其集体经济组织成员身份享有的财产性权利，在农民落户就业还处于不稳定状态时，不能剥夺其享有的上述权利。对此，在制度设计上把握了三个原则：第一，承包期内，农民进城落户，无论是部分成员还是举家迁入，都不以退出土地承包权为前置条件，稳定是主基调。第二，承包期内，农民全家在城镇落户后，引导支持其依法自愿有偿转让承包地或流转土地经营权。第三，把是否交回承包地的选择权交给进城落户农民和其原所在的集体经济组织，不代替农民和集体经济组织选择。[①]

四、承包收益的继承

家庭承包取得的土地承包经营权不发生继承问题。因为家庭承包是集体经济组织内部的农户进行的承包，以户为生产经营单位，承包过程强调公平，承包地具有社会保障功能。通过家庭承包形式取得的土地承包经营权，家庭的某个或者部分成员死亡的，只要作为承包单位的户还存在，土地承包经营权就不发生继承问题。只有当家庭成员全部死亡，土地承包经营权才消灭，承包地才回归发包方。而且，从理论上说，农村集体经济组织内部人人有份的家庭承包，是农村集体经济组织成员的一项权利，原承包人死亡的，具有承包资格的继承人才能继承土地承包经营权，如果继承人不是集体经济组织的成员，也就不应当享有土地承包经营权的继承权，否则就会损害集体经济组织其他成员的权益。

根据《农村土地承包法》第三十二条“承包人应得的承包收益，依照继承法的规定继承。林地承包的承包人死亡，其继承人可以在承包期内继续承包”

---

① 参见《巩固和完善农村基本经营制度——刘振伟谈农村土地承包法修订》，载中国人大网。

之规定，只有承包人应当取得的收益，才能依法继承。具体而言：

1. 承包人应得的收益可以依法继承。在承包期内，承包人死亡的，其依法应当获得的承包收益，按照继承法的规定继承。《农村土地承包法》第二章规范的是家庭承包，所以，“承包人”应当理解为承包户的家庭成员。具体包括两种情况：一是在承包期内，家庭成员之一死亡的（如户主去世），承包户的土地承包经营权不发生继承问题，承包地由家庭其他成员继续耕种；但该成员依法应得的承包收益属于死者的遗产，应当按照继承法的规定继承。二是在承包期内，承包方的家庭成员全部死亡的，该土地上承包关系的承包方消亡，由发包方收回承包地。承包户的其他成员死亡，可以适用前一种情况进行继承，但承包户的最后一个成员死亡后，其应当获得的承包收益，也可以依法继承。

2. 林地的承包人死亡后可以继续承包。考虑到林地具有一定的特殊性，如投资周期长，见效慢等，因此，《农村土地承包法》将林地与耕地、草地区别对待，这是符合实际的。按照本条规定，林地的承包人死亡的，其继承人在承包期内可以继续承包。承包林地的承包户的某个家庭成员死亡的，由其他成员继续承包。所以，本条主要是指，家庭承包的林地，在家庭成员全部死亡时，最后一个死亡的家庭成员的继承人（可以是本集体经济组织成员，也可以是集体经济组织以外的继承人），在承包期内均可以继续承包，直到承包期满。

五、对案例 43 的简要评析

在本案中，当事人争议的焦点是“一地数包”的处理问题。依据 2005 年《土地承包纠纷解释》第二十条“发包方就同一土地签订两个以上承包合同，承包方均主张取得土地承包经营权的，按照下列情形，分别处理：（一）已经依法登记的承包方，取得土地承包经营权；（二）均未依法登记的，生效在先合同的承包方取得土地承包经营权；（三）依前两项规定无法确定的，已经根据承包合同合法占有使用承包地的人取得土地承包经营权，但争议发生后一方强行先占承包地的行为和事实，不得作为确定土地承包经营权的依据”的规定[①]，丛某、卢某均对涉案的土地主张承包经营权，均没有办理土地承包经营权登记，丛某于 1999 年 1 月 1 日签订土地承包经营权合同，则依法取得了土地承包经营权，而卢某系 2013 年前后取得土地承包经营权，在丛某没有放弃土地承包

① 对应 2020 年《土地承包纠纷解释》第十九条。

经营权的情况下，系对丛某土地承包经营权的侵害。因此，丛某依法享有土地承包经营权，而卢某主张享有土地承包经营权是没有法律依据的。

第四节　土地承包经营权的流转

一、问题的提出

土地作为一种资源和生产要素，必然要求合理流动和优化配置。随着农村土地所有权、承包权、经营权“三权分置”的大力推广，在经发包方同意的情况下，土地承包经营权流转将成为常态化。《农村土地承包法》第三十三条至第四十七条对土地承包经营权的流转作了明确规定，原则上允许土地承包经营权的自由流转，除非转让形式须经发包方同意。由此可见，《农村土地承包法》之规定，规范了土地承包经营权的流转，有利于推动农业产业化经营和农业与农村经济结构的调整，有利于维护农村土地承包关系的长期稳定。

在研究土地承包经营权的流转之前，先看两则案例，并思考之。

案例 44：遭遇不可抗力，承包费怎么办？

2017 年 1 月 1 日，某村一组村民周某将其所承包的 20 亩土地转包给该组村民于某，双方并签订了土地承包经营权转包合同，合同主要约定：转包土地 20 亩，转包期限 5 年，转包土地用途为农业耕作。承包费 16000 元，在每年的 10 月 30 日前由于某支付给周某，若任何一方违约，均应当支付违约金 1000 元。合同签订后，周某将其土地承包经营权转包合同报发包方一组备案。同时，周某将 20 亩土地的承包经营权交付于某，于某便开始承包经营。2017 年度的承包费由于某按期支付。

2019 年夏季，遭遇了百年不遇的天灾，收麦时遭遇冰雹袭击，致使于某颗粒无收。秋季遭遇洪水，致使秋收空空如也。转眼到了交付承包费时间，于某苦于无奈，便将该年的不幸遭遇告知周某，旨在免除承包费。然而，周某不但无同情心，还一并追要承包费和违约金，于某拒付。周某于 2019 年 11 月 11 日将于某诉至法院，请求判令于某支付承包费 16000 元和违约金 1000 元。而于某辩称，遭遇不可抗力，应当全部免责，建议驳回原告周某的诉讼请求。

案例 45：居延公司与圣邦公司合同纠纷案[①]

2014 年 8 月 19 日，圣邦公司与案外人巴某、乌某签订《农村土地承包经营权入股合同》，约定案外人以草场承包经营权入股原告的旅游专业合作社，圣邦公司对整个草牧场进行规划、设计和建设。圣邦公司每年向案外人支付固定金额分红 2 万元。合同期限 30 年，自 2014 年 8 月 26 日至 2044 年 8 月 25 日。合同签订后，圣邦公司即投入资金对案外人的草场进行场地硬化、亮化、水电施工和蒙古包建设等。2015 年 8 月 1 日，圣邦公司、居延公司与案外人巴某、乌某签订《关于解除农村土地承包经营权入股合同的协议》，约定因圣邦公司对案外人草牧场的开发方案未通过政府审批，圣邦公司放弃原有的开发计划，与案外人协商一致解除合同。居延公司支付圣邦公司前期投资补偿款 250 万元，圣邦公司与案外人签订的《农村土地承包经营权入股合同》作废，居延公司可与案外人重新签订合同，圣邦公司不得以任何理由干涉。圣邦公司按照合同约定向居延公司交付了场地，2015 年 9 月 8 日，居延公司分两次向圣邦公司支付款项合计 150 万元。

法院认为，圣邦公司、居延公司之间的协议合法有效，双方当事人应当全面履行合同义务。圣邦公司依约交付了场地、设施，居延公司也已经接收并投入经营，居延公司未能按照合同约定支付补偿款，构成违约，应承担继续履行付款义务以及承担逾期付款的资金占用费的利息损失，自起诉之日起至实际给付之日止按年利率 6% 计算的资金占用费的利息损失请求一并予以支持。

上述案例，均涉及土地承包经营权流转问题。试问：土地承包经营权流转的原则有哪些？土地承包经营权流转合同应当如何签订？土地承包经营权的流转方式有哪些？其效力如何？

二、土地承包经营权流转的原则

通过家庭承包取得的土地承包经营权可以依法采取转包、出租、互换、转让或者其他方式流转。那么，土地承包经营权的流转应当遵循哪些原则？对此，《农村土地承包法》第三十八条作出了规定，即“土地经营权流转应当遵循以

① 内蒙古自治区阿拉善盟中级人民法院（2019）内 29 民终 462 号民事判决书。

下原则：（一）依法、自愿、有偿，任何组织和个人不得强迫或者阻碍土地经营权流转；（二）不得改变土地所有权的性质和土地的农业用途，不得破坏农业综合生产能力和农业生态环境；（三）流转期限不得超过承包期的剩余期限；（四）受让方须有农业经营能力或者资质；（五）在同等条件下，本集体经济组织成员享有优先权"。具体而言：

1. 遵循依法、自愿、有偿的原则。《农村土地承包法》第三十八条第一项规定了此原则，即"依法、自愿、有偿，任何组织和个人不得强迫或者阻碍土地经营权流转"。详言之：（1）依法。土地承包经营权流转的双方当事人是平等的民事主体，双方的地位平等，这是流转的基础和前提，也是市场经济的内在要求。这也就意味着，对于流转的形式、内容、条件和期限等，均符合法律规定。（2）自愿。双方当事人都应是自愿的，不受对方强迫或者胁迫。（3）有偿。土地承包经营权流转应当获得报酬，不是无偿的。报酬的具体数额、支付时间和方式，由双方协商确定。（4）不受强迫和干涉。发包方和乡（镇）人民政府等国家机关及其工作人员，不得强迫承包方进行土地承包经营权流转。

2. 不得改变土地所有权和用途。土地承包经营权流转的对象是承包方依法享有的土地承包经营权，不是土地的所有权。因此，土地承包经营权的流转不得改变承包地的所有权权属关系，不得损害土地所有者的权益。而且，土地承包经营权流转后，不能擅自改变土地的农业用途，将土地用于非农建设。

3. 流转的期限应当限定在承包期内。土地承包经营权流转合同规定的流转期限，不能超过承包合同尚未履行的剩余时间，即流转期限最长到承包期到期为止。例如，承包期为 30 年的承包合同，在履行 10 年之后进行土地承包经营权流转，流转的期限不得超过 20 年。

4. 受让方须有农业经营能力。根据党中央、国务院出台的一系列关于"三权分置"的文件精神，"三权"分别是指集体所有权、农户承包权和土地经营权。将"三权分置"的改革成果法治化，从法律上确认土地承包经营权的法律地位，进一步巩固完善农村的基本经营制度，为实施乡村振兴战略提供法治保障。[①] 作为土地经营权流转的受让方的主体广泛，但必须具有农业经营能力或者资质，特别是工商企业作为土地经营权的受让方，还需要通过相应的资格审查。

---

① 参见黄薇主编：《中华人民共和国民法典物权编释义》，法律出版社 2020 年版，第 346～347 页。

5. 同等条件下本集体经济组织的成员享有优先权。本集体经济组织成员作为土地所有者的一员，对土地享有特殊的权益。土地承包经营权流转，在按照市场原则进行的同时，也要注意照顾本集体经济组织成员的利益。如果有两个以上的受让方同时希望获得土地承包经营权，只要各受让方在流转费、流转时间和内容等方面的条件相同，那么，其中属于本集体经济组织成员的受让方应当享有优先权，这主要是为了保护本集体经济组织成员的土地权利。

三、土地承包经营权流转合同

根据《农村土地承包法》第三十六条之规定，土地承包经营权流转的主体是承包方。承包方有权依法自主决定土地承包经营权是否流转和流转的方式。根据《农村土地承包法》第四十条之规定，土地承包经营权采取转包、出租、互换、转让或者其他方式流转，当事人双方应当签订书面合同。采取转让方式流转的，应当经发包方同意；采取转包、出租、互换或者其他方式流转的，应当报发包方备案。土地承包经营权流转合同一般包括以下条款：

1. 当事人的基本情况。即双方当事人的姓名、住址。包括承包方农户的户主姓名、家庭住址。受让方是承包户的，也应写明户主的姓名、家庭住址；受让方是个人的，应当写明其姓名、住址。

2. 流转的承包地的基本情况。即流转土地的名称、坐落、面积、质量等级。这一点与承包合同基本相同。

3. 流转的期限和起止日期。即土地承包经营权流转多长时间，从何时起、到何时止。流转的期限不能超过原承包合同的剩余期限，流转合同的最长期限不得超过承包合同的承包期扣除承包合同已经履行的时间后所剩的时间。

4. 流转土地的用途。即承包地的具体用途，如用于发展种植业、养殖业、林业、渔业等。土地承包经营权流转后，受让方不能改变承包地的农业用途，一般来说，流转合同也不宜改变承包合同约定的土地用途。

5. 双方当事人的权利和义务。土地承包经营权流转是平等民事主体之间的民事法律行为，双方当事人可以自主协商，约定双方的权利、义务。

6. 流转的价款及支付方式。流转的价款是指受让方应当支付的转包费、租金、转让费等的数额，支付方式是指受让方以什么具体方式支付转包费、租金、转让费等，包括一次性付清、分期付款等。流转的价款以及支付的具体方式，都由双方当事人协商议定。

7. 违约责任。即当事人一方有违反流转合同的行为，应当承担的责任。合同法规定了承担违约责任的方式，《农村土地承包法》第五十六条规定，当事人一方不履行合同义务或者履行义务不符合约定的，应当依照合同法的规定承担违约责任。[①]

四、土地承包经营权的流转方式

（一）土地承包经营权的转包、出租

《农村土地承包法》第三十六条规定："承包方可以自主决定依法采取出租（转包）、入股或者其他方式向他人流转土地经营权，并向发包方备案。"据此，土地承包经营权的转包、出租应当注意下列问题：

1. 转包、出租的意义和特点。从土地承包经营权流转的实际情况看，转包或者出租是目前土地承包经营权流转的主要方式。转包、出租的主要特征包括：（1）承包方在一定期限内，将部分或者全部土地承包经营权让与第三方。从受让对象看，第三方可以是本集体经济组织成员，也可以是本集体经济组织以外的单位和个人。从让与的土地承包经营权范围看，承包方让与的可以是其享有的全部经营权，也可以是部分土地承包经营权。从让与的时间看，与转让相比，转包、出租的期限较短。（2）土地承包经营权转包或者出租后，承包方与发包方的承包关系不变，承包方仍然向发包方履行合同约定的义务，包括依法承担有关税费的义务，但转包、出租合同约定由受让方承担有关税费的，可以依照合同约定由受让方承担。

2. 转包与出租的区别。（1）转包是承包方将土地承包经营权部分或者全部让与本集体经济组织的其他成员，出租则是承包方将土地承包经营权租赁给本集体经济组织以外的第三人。（2）出租更接近市场配置资源的方式，租金更接近市场交易形成的价格，一般高于转包费。转包收取的转包费一般比较低，个别情况下甚至是"倒贴"，即转包方反而要向受让人支付一定的补偿费用。（3）从流转期限看，土地承包经营权转包的期限一般比较短，出租的期限则有长有短。目前，有关部门也是将转包与出租作为两种不同的流转方式进行统计的。

---

① 关于违约责任的承担，详见何志：《合同法原理精要与实务指南》，人民法院出版社2008年版，第392～490页。

3. 代耕可以不签订书面合同。随着农业生产率水平的提高，农村富余劳力增多，进入小城镇和城市打工的农民越来越多，有的农民找到了比较稳定的工作，有稳定的收入来源，可以将土地承包经营权转包、出租甚至转让给他人；有的农民在城市没有稳定的工作，大部分农民打工还是季节性的、不稳定的，他们的承包地大都交给亲友临时经营管理，通常称之为代耕。代耕者基于亲朋好友关系，以口头形式居多，因此，从法律上来看不要求以书面形式为之。

（二）土地承包经营权的互换

根据《农村土地承包法》第三十五条“土地承包经营权互换、转让的，当事人可以向登记机构申请登记。未经登记，不得对抗善意第三人”之规定，为方便耕种或者各自的需要，承包方之间可以对属于同一集体经济组织的土地进行互换。土地承包经营权互换，需要注意下列问题：

1. 作为土地承包经营权流转的一种形式，互换必须坚持双方自愿、协商一致，集体经济组织等可以向承包方建议或者进行协调，但不得强迫任何一方当事人。

2. 土地承包经营权互换限于属于同一集体经济组织的承包地，即双方当事人都应是本集体经济组织的农户。不属于同一集体经济组织的承包地的土地承包经营权进行互换的，应当按照《土地管理法》等有关法律的规定办理。

3. 土地承包经营权互换后，当事人要求登记的，可以向县级人民政府申请登记，分别将互换后的土地承包经营权登记到双方当事人的名下。未经登记的，不能对抗善意第三人。

（三）土地承包经营权的转让

《农村土地承包法》第三十四条规定：“经发包方同意，承包方可以将全部或者部分的土地承包经营权转让给本集体经济组织的其他农户，由该农户同发包方确立新的承包关系，原承包方与发包方在该土地上的承包关系即行终止。”据此，土地承包经营权转让应当注意下列问题：

1. 土地承包经营权转让的条件。土地承包经营权转让是最彻底的土地承包经营权流转，承包方完全地失去了承包地上的土地承包经营权。为防止土地承包经营权转让带来一些不必要的问题，该条对此规定了多项限制条件，符合这些条件的，土地承包经营权才能转让：

（1）承包方必须有稳定的非农职业或者稳定的收入来源。这主要是考虑到，法律允许转让后，实际生活中可能有一些贫困农户，因为迫切需要偿还债务等原因，被迫转让自己赖以生存的土地承包经营权，搞不好就会失去生活保障，造成生活困难等社会问题。因此，承包方只能在有稳定的非农职业（从而能够稳定地取得收入）或者有其他稳定的生活来源的情况下，才能转让其土地承包经营权。

（2）必须经发包方同意。因为土地承包经营权转让后，承包方与发包方就该土地上的承包关系及相应的权利义务随之终止，并同受让方与发包方确立新的承包关系。由此，承包方转让土地承包经营权，必须经发包方同意。承包方未经发包方同意就转让其土地承包经营权，发包方的权利难以得到保障。而且，经发包方同意的，发包方也可以对承包方是否有稳定的非农职业或者稳定的收入进行核实，防止承包方因被债务所迫等原因，轻易转让承包地的土地承包经营权。当然，发包方应当尊重承包方的流转意愿，不得以此为借口阻碍承包方依法转让其土地承包经营权。

（3）受让方应当是从事农业生产经营的农户。这个限制条件有两方面含义：其一，土地承包经营权的受让方必须是从事农业生产经营的，工商企业不能成为土地承包经营权的受让方。其二，受让方还必须是农户，其他单位和个人不能成为受让方。

2. 土地承包经营权转让的登记。依《农村土地承包法》第三十五条的规定，土地承包经营权互换、转让的，当事人可以向登记机构申请登记。未经登记，不得对抗善意第三人。

3. 承包方将土地承包经营权转让给他人的，在承包期内不得再要求重新承包土地。但是，承包方如果仍然是本集体经济组织的成员，就仍享有承包土地的权利（即承包权仍然有效），在新一轮承包中还可以承包土地。

（四）土地承包经营权的入股与融资

党的十八届三中全会决定提出，“允许农民以承包经营权入股发展农业产业化经营”。2014 年 11 月，中央办公厅、国务院办公厅《关于引导农村土地经营权有序流转发展农业适度规模经营的意见》提出，“引导农民以承包地入股组建土地股份合作组织”，“允许农民以承包经营权入股发展农业产业化经营”。对于农村土地承包经营权入股，原土地承包法是将家庭承包方式和“四荒地”招标、拍卖、公开协商承包方式分开处理的。对于家庭承包方式取得的承包地，原土地承包法将入股限定在承包方自愿联合从事农业合作生产的范围。对“四荒地”的土地承包经营权，原农村土地承包法规定可以采取入股方式流转。2018 年 12 月，《农村土地承包法》修改，增加了承包方可以采用入股的方式流转土地经营权的规定，但需向发包方备案。承包方的土地经营权采取入股方式流转，与原法规定的土地承包经营权入股发展农业合作不同，前者宽泛，包括入股法人企业，后者是入股组建土地股份合作社；前者的治理结构可以是公司制，后者是股份合作制，是特殊的法人治理结构；承包地的土地经营权入股法人企业后，能处置的只是承包地的土地经营权，土地承包权仍归承包方，集体土地所有权也不改变。

以承包地的土地经营权作为融资担保标的物，是以承包人对承包地享有的占有、使用、收益和流转权利为基础的，满足用益物权可设定为融资担保标的物的法定条件。随着土地承包经营权确权登记、农村土地流转交易市场完善，将承包地的土地经营权纳入融资担保标的物范围水到渠成。以承包地的土地经营权为标的物设定担保，当债务人不能履行债务，债权人依法定程序处分担保物，只是转移了承包地的土地经营权，实质是使用权和收益权，土地承包权没有转移，承包地的集体所有性质也不因此改变。第三方通过流转取得的土地经营权，经承包方书面同意并向发包方备案，也可以向金融机构融资担保。由于各方面对继受取得的土地经营权是物权还是债权有争议，是作为用益物权设定抵押，还是作为收益权进行权利质押，分歧很大。立法不陷入争论，以服务实践为目的，使用了土地经营权融资担保概念，这是抵押、质押的上位概念，将两种情形都包含进去，既保持与相关民法的一致性，又避免因性质之争影响立法进程。①

五、司法实践中应当注意的问题

在司法实践中，应当注意下列问题：

1. 未经备案的土地承包经营权流转合同效力问题。在审判实践中难免会遇到发包方以承包方采取上述方式流转土地承包经营权未经其备案为由，请求确认该流转合同无效应否支持的问题。承包方通过与发包方签订土地承包经营合

---

① 参见《巩固和完善农村基本经营制度——刘振伟谈农村土地承包法修订》，载中国人大网。

同在集体所有的土地上设立土地承包经营权，并不影响土地所有权归属，土地所有权仍归本集体经济组织的农民集体所有，发包方有权通过承包地备案了解土地承包经营合同的履行情况和土地承包经营权的变动情况。但是，土地承包经营权流转备案制度虽然具有其重要性和必要性，但备案不是土地承包经营权流转合同生效的必要条件。因此，《土地承包纠纷解释》第十四条规定："承包方依法采取出租、入股或者其他方式流转土地经营权，发包方仅以该土地经营权流转合同未报其备案为由，请求确认合同无效的，不予支持。"其理由主要为：（1）当前农村土地承包经营权流转合同的备案制度尚不完备。备案制度以存在书面合同为前提，而实践中仍然存在以口头或证人证明等方式流转土地承包经营权的情况，如果将合同备案设定为合同生效的必要条件，不符合当前我国农村的客观实际，不利于保护广大农民的切身利益，也不利于维护农村土地承包经营权的流转秩序。因此，发包方仅以流转合同未报发包方备案为由请求确认合同无效，其理由不能成立。（2）流转合同的备案制度从公示、公信的角度看类似于登记制度，但又不同于登记制度。既然登记都不是流转合同生效的条件，备案制度更不能成为合同生效的必要条件。

2. 土地承包经营权流转期限纠纷的处理。依照法律规定，土地承包经营权流转的期限不得超过承包期的剩余期限。但是，在现实生活中，普遍存在当事人没有约定土地承包经营权流转期限或者约定不明的情况，也大量出现因此而发生的纠纷案件。对于这类纠纷，应依照《土地承包纠纷解释》第十六条规定处理。即，当事人对出租地流转期限没有约定或者约定不明的，参照《民法典》第七百三十条[①]规定处理。除当事人另有约定或者属于林地承包经营外，承包地交回的时间应当在农作物收获期结束后或者下一耕种期开始前。对提高土地生产能力的投入，对方当事人请求承包方给予相应补偿的，应予支持。

3. 在登记要件主义下，登记是法律强制性要求，只有依法办理登记，物权才能够有效地设立并发生变动，未经登记不能发生物权变动的效果。但是，在登记对抗主义下，登记并不是强制性的要求，当事人可以自由选择是否登记，即使没有办理登记，当事人之间仍然可以发生物权的变动，只不过不能对抗善

---

① 《民法典》第七百三十条规定："当事人对租赁期限没有约定或者约定不明确，依据本法第五百一十条的规定仍不能确定的，视为不定期租赁；当事人可以随时解除合同，但是应当在合理期限之前通知对方。"

意第三人。但是，不管采取登记要件还是登记对抗主义，在审判实践中，我们都会面临如何区分合同效力和登记效力的问题，也就是说，如何判断登记对合同效力的影响。登记是针对民事权利的变动而设定的，它与物权的变动联系在一起，是一种物权变动的公示方法。登记并不是针对合同行为，而是针对物权的变动所采取的公示方法，如果当事人之间对物权的设立和移转达成合意，只要这种合意不违反法律法规的强行性规定和公序良俗，即便没有完成登记手续，也应当认为合同已经成立并生效。公示直接决定着物权设定和变动效力的发生，如果当事人之间仅就物权的变动达成合意，而没有办理登记，合同仍然有效，只不过当事人之间在性质上只是一种债的关系，并没有形成物权关系，此时产生的只是债权，不能产生物权变动的效果。

六、对案例 44、案例 45 的简要评析

（一）对案例 44 的简要评析

在本案中，主要涉及下列法律问题：

1. 土地承包经营权转包合同的效力。周某将其所承包的 20 亩土地转包给同组于某，系双方当事人的真实意思表示，并不违反法律、行政法规的强制性规定，合法有效。因此，于某所取得的土地承包经营权依法受法律保护。

2. 关于土地承包经营权转包合同履行过程中的不可抗力问题。此为本案争议的焦点。综观《农村土地承包法》，对不可抗力问题未作规定，不得不说是立法上的一大缺憾。可以说，不可抗力问题是土地承包经营合同履行中颇为常见的问题，因我国的农业生产大部分是“望天收”。《民法典》第一百八十条规定：“因不可抗力不能履行民事义务的，不承担民事责任。法律另有规定的，依照其规定。不可抗力是不能预见、不能避免且不能克服的客观情况。”《民法典》的有关规定无疑地适用农村土地承包经营权转包合同。因此，结合本案的实际情况，遭遇百年不遇的天灾，当属不可抗力，此为人人皆知的事实，应当免除于某的全部合同责任，即本案的判决当是驳回原告周某的诉讼请求。

（二）对案例 45 的简要评析

在本案中，首先要确认《关于解除农村土地承包经营权入股合同的协议》效力。依据“谁主张、谁举证”的原则，当事人对自己提出的诉讼请求所依据

的事实或者反驳对方诉讼请求所依据的事实，应当提供证据加以证明。本案中，圣邦公司据以主张合同关系成立的证据《关于解除农村土地承包经营权入股合同的协议》，是圣邦公司通过起诉巴某、乌某一案取得的。居延公司抗辩对该合同真实性及证明目的不予认可，但没有足够的证据予以推翻，因此，应对《关于解除农村土地承包经营权入股合同的协议》真实性予以确认。其次是依据《关于解除农村土地承包经营权入股合同的协议》的内容，针对的是 2014 年 8 月 19 日圣邦公司与案外人巴某、乌某签订《农村土地承包经营权入股合同》，居延公司向圣邦公司支付 250 万元，是圣邦公司退出的条件。圣邦公司已将相关资产移交给了居延公司，而且居延公司也已经实际接收，并与案外人巴某、乌某重新签订了合同。因此，《关于解除农村土地承包经营权入股合同的协议》对居延公司具有法律约束力，剩余的 100 万元应当予以支付。

第五节　其他方式的承包

一、问题的提出

《农村土地承包法》第三章第四十八条至第五十四条专门对其他方式的承包作了规定，即不宜采取家庭承包方式的荒山、荒沟、荒丘、荒滩（以下简称“四荒”）等农村土地，通过招标、拍卖、公开协商等方式承包的，为其他方式的承包。以其他方式承包农村土地的，应当签订承包合同。当事人的权利和义务、承包期限等，由双方协商确定。以招标、拍卖方式承包的，承包费通过公开竞标、竞价确定；以公开协商等方式承包的，承包费由双方议定。

在研究其他方式的承包之前，先看一则案例，并思考之。

案例 46：达盛公司与九顶塔公司、华洋置业公司、庞某申请执行人执行异议纠纷案[①]

最高人民法院认为，本案二审争议的焦点问题是：九顶塔公司就涉案土地承包经营权及地上建筑物是否享有足以排除强制执行的民事权益。

---

① 详见最高人民法院（2015）民一终字第 13 号民事判决书。

一、关于土地承包经营权归属问题。九顶塔公司与涉案土地的所有权人秦家庄村委会之间没有签订土地承包合同，亦没有取得土地使用权权属证书。就诉争土地与秦家庄村委会签订《协议书》《济南市农村四荒资源开发合同》的合同相对人是被执行人华洋置业公司。虽然华洋置业公司称与秦家庄村委会签订上述合同的原因是九顶塔公司尚未成立、应秦家庄村委会的要求临时代替九顶塔公司与之签订合同，但在九顶塔公司成立以后，华洋置业公司仍以九顶塔民族风情园项目开发主体身份向行政主管部门旅游局申请立项审批。华洋置业公司关于代签诉争土地承包经营权合同的陈述与其立项申请不相符合，不予采信。华洋置业公司依据与秦家庄村委会签订的《协议书》《济南市农村四荒资源开发合同》，依法取得了涉案土地承包经营权并持有土地使用权证，该用益物权证系法定的权属证明。即使九顶塔公司履行了华洋置业公司与秦家庄村委会签订的《协议书》项下的义务，但在九顶塔公司、华洋置业公司未进行权属证书变更登记的情况下，也不能对抗达盛公司，更不能对抗人民法院的强制执行。九顶塔公司称其享有涉案土地承包经营权的理由不能成立，不予支持。

二、关于地上建筑物的归属问题。九顶塔公司虽主张地上建筑物归其投资所有，但并没有提供相应的物权凭证。而华洋置业公司作为土地承包权人，在合同范围内享有对涉案土地上建筑物的占有、使用、收益和处分的权利。九顶塔公司亦没有提供证据证明该公司财产独立于华洋置业公司财产。

综上所述，九顶塔公司不能证明对本案执行标的——涉案土地承包经营权及地上建筑物享有足以排除强制执行的民事权益。本案是申请执行人执行异议之诉，达盛公司虽提出要求确认案涉土地承包经营权归华洋置业公司所有，但其确权的目的仍是要求许可对山东省高级人民法院（2013）鲁执异字第 2 号执行裁定书确定的执行标的予以执行。根据《民事诉讼法解释》第三百一十三条“对申请执行人提起的执行异议之诉，人民法院经审理，按照下列情形分别处理：（一）案外人就执行标的不享有足以排除强制执行的民事权益的，判决准许执行该执行标的；（二）案外人就执行标的享有足以排除强制执行的民事权益的，判决驳回诉讼请求”的规定，本院仅针对案外人九顶塔公司就案涉土地承包经营权及地上建筑物的财产权属是否享有足以排除强制执行的民事权益予以审理裁判，对达盛公司确权之诉的请求，本院不予支持。

上述案例，涉及土地承包经营权问题。试问：其他方式承包与家庭承包有何区别？“四荒”的承包方法和原则有哪些？“四荒”的承包经营权是如何流转的？

二、其他方式承包与家庭承包的区别

家庭承包是集体经济组织内部人人有份的承包。除家庭承包以外，通过招标、拍卖、公开协商等方式承包的，称为其他方式的承包。家庭承包与其他方式的承包，在承包的主体、方法、原则和承包地的功能等方面，存在重要的区别。因此，《农村土地承包法》第二章专门规范家庭承包，第三章则规范其他方式的承包。具体而言：

1. 承包主体不同。家庭承包以集体经济组织内部的农户家庭为单位承包，不是以联户、专业队（组）或者个人为单位进行承包的。其他方式承包可以联户、专业队（组）、个人为单位进行承包，也可以家庭为单位进行承包，对承包单位没有特殊限制。但这里所说的“以家庭为单位进行承包”，不是本法所称的家庭承包。

2. 承包方法不同。家庭承包凡是本集体经济组织成员人人有份，体现公平原则。在具体承包土地时，采取按人口、劳动力平均分配的方法，确定每个农户的承包地数量。其他方式承包的承包方主要是本集体经济组织内部的农户和成员个人，但集体经济组织以外的单位和个人，经过本集体经济组织大部分成员同意后，也可以承包。

3. 承包原则不同。家庭承包双方当事人不是平等的民事主体之间的关系，承包方是集体经济组织内部的农户，发包方不能随便选择承包方，而必须按照人口、劳动力数量等将土地承包给本集体经济组织的农户，不得剥夺、非法限制集体经济组织成员或者农户的承包权。其他方式承包不是人人有份的平均承包，而是实行招标、拍卖或者公开协商等方法进行承包，由最有经营能力（即出价最高或者经营条件最适宜）的人承包，发包方按照“效率优先，兼顾公平”的原则，选择承包人。

4. 承包功能不同。家庭承包的土地主要是耕地、林地和草地，承包地具有强烈的社会保障和福利功能。其他方式承包的土地主要是“四荒”以及果园、茶园、桑园、养殖水面等不适宜家庭承包的土地，承包地一般不具有社会保障功能。

三、其他方式承包的形式和遵循原则

（一）其他方式承包的形式

根据《农村土地承包法》第五十条规定，“四荒”，既可以直接承包，也可以先将土地承包经营权折股分给本集体经济组织成员，然后再实行承包经营或者股份合作经营。

1. 直接通过招标、拍卖、公开协商的方式承包。“四荒”承包的常见办法是，直接实行招标、拍卖、公开协商等承包，将“四荒”承包给有经营能力的承包人，不管是集体经济组织成员还是其他单位和个人。实行招标、拍卖、公开协商的方式进行承包的，都必须做到公开、公平、公正，承包的方法、程序和承包过程，都要向群众公开，特别要向本集体经济组织成员公开，决不能在大部分集体经济组织成员都不知道的情况下进行承包，更不能将招标、拍卖、公开协商变相搞成私自承包。“四荒”招标、拍卖、公开协商的具体方法，目前还没有全国性的规定，主要适用各地方的有关规定。

2. 将“四荒”土地承包经营权折股分配后承包。“四荒”可以由本集体经济组织内部的农户和个人承包，也可以由其他单位和个人承包经营。允许集体经济组织以外的单位和个人承包经营“四荒”等土地，并且实行招标、拍卖等方式进行承包，按照效率优先的原则，通常只能由最有经济实力的人承包。结果，本集体经济组织成员暂时没有足够的资金、技术和劳动力的，就不能承包，只能“望地兴叹”。这种注重效率的承包方式，在一定程度上忽视了本集体经济组织成员的权利，无疑影响了他们的利益。大家都知道，土地是农民的命根子，是广大农民特别是贫困地区农民最基本的生产资料和最可行的生活保障。“四荒”承包的期限长，直接关系农民的长远利益和今后的生活保障。因此，“四荒”等土地应当尽可能使本集体经济组织成员承包，即使由于种种原因不能承包的，也应当以某种形式给他们一定的补偿。

因此，“四荒”的承包，也可以先将“四荒”的土地承包经营权折股分给本集体经济组织成员，然后再实行承包经营或者股份合作经营。其中，实行承包经营的，本集体经济组织成员以其土地承包经营权的折股，分享承包费等收益；实行股份合作制经营的，本集体经济组织成员从经营收益中获得股份分红。这样，不管集体经济组织成员是否承包“四荒”等土地，都能够以股份分红的形式获得一定的利益，应当说这是一个比较好的办法，既有利于保护集体经济组织成员，特别是没有承包能力的成员的利益，也可以避免集体经济组织以外的承包人与集体经济组织成员之间产生一些不必要的纠纷，影响“四荒”的治理。

（二）其他方式承包应当遵循的原则

根据《农村土地承包法》的有关规定，其他方式承包应当遵循下列原则：

1. 本集体经济组织成员优先承包的原则。《农村土地承包法》第五十一条规定，以其他方式承包农村土地，在同等条件下，本集体经济组织成员享有优先承包权。

2. 遵循民主协商，并报批准的原则。由本集体经济组织以外的单位和个人承包，在一定意义上说挤占了本集体经济组织农民的生存空间，而且，由于“四荒”的承包期限一般都比较长，这部分土地资源一旦承包给本集体经济组织以外的单位和个人，本集体经济组织成员在很长时间里就无法利用这些土地。为保障本集体经济组织成员的利益，避免承包以后产生纠纷，发包方在发包之前，应当取得本集体经济组织成员的同意，并经乡（镇）人民政府批准。即《农村土地承包法》第五十二条规定，发包方将农村土地发包给本集体经济组织以外的单位或者个人承包，应当事先经本集体经济组织成员的村民会议三分之二以上成员或者三分之二以上村民代表的同意，并报乡（镇）人民政府批准。这是发包方将“四荒”等土地发包给本集体经济组织以外的单位和个人之前，必须履行的法定程序。

3. 遵循其他法律规定的原则。根据《农村土地承包法》第五十条第二款的规定，承包“四荒”的，应当遵守有关法律、行政法规的规定，防止水土流失，保护生态环境。

按照1999年国务院办公厅发布的《关于进一步做好治理开发农村“四荒”资源工作的通知》的要求，承包“四荒”进行开发治理，应当以保护和改善生态环境、防止水土流失和土地荒漠化为主要目标，以植树种草为重点，按照土地利用总体规划合理安排农、林、牧、副、渔各业生产。承包“四荒”涉及农业资源的各个方面，必须遵守有关法律、行政法规的规定。例如，按照《水土保持法》的规定，不得在25度以上陡坡地开垦种植农作物。在25度以上陡坡地整地造林、抚育幼林、种植中药材等，必须采取水土保持措施，防止水土流失。按照《土地管理法》第四十条的规定，开垦“四荒”的，禁止毁坏森林、草原开垦耕地，禁止围湖造田和侵占江河滩地。按照《水法》第四十条的规定，不得围湖造地，不得围垦河道。按照《农业法》第六十二条的规定，禁止毁林开荒、烧山开荒以及开垦国家禁止开垦的陡坡地。按照《森林法》第三十九条的规定，禁止毁林开垦、采石、采砂、采土以及其他毁林行为。这些都是承包“四荒”必须遵守的规定。

四、其他方式承包经营权的流转

（一）依法取得土地承包经营权证书的可以流转

通过招标、拍卖、公开协商等方式承包“四荒”以及果园、茶园、桑园、鱼塘等其他农村土地的，一般不需要取得土地承包经营权证、林权证等证书，承包方与发包方是平等的民事主体关系，双方通过协商一致签订承包合同，约定双方当事人的权利和义务，并按照承包合同的约定享受权利，履行义务。但是，为了更好地调动广大农民群众和社会各方面治理开发的积极性，切实保障承包人的合法权益，按照国务院办公厅1999年发布的《关于进一步做好治理开发农村“四荒”资源工作的通知》的要求，“四荒”承包完成初步治理后，根据其主导经营内容，依法分别由县级以上人民政府发放土地承包经营权证、林权证等证书，确认承包方的土地承包经营权或者有些地方直接称为“四荒”使用权。承包方依法取得土地承包经营权证、林权证等证书的，即享有物权性质的土地承包经营权或使用权。

按照物权法原理和《农村土地承包法》第二章第五节关于土地承包经营权流转的规定，承包“四荒”进行开发治理的，承包方已经依法取得土地承包经营权证、林权证等证书后，应当允许其土地承包经营权依法流转。因此，以其他方式承包农村土地（目前主要是“四荒”）的，承包方只要依法取得了土地承包经营权证、林权证等证书，其土地承包经营权就可以依法采取转让、出租、入股、抵押或者其他方式流转。

（二）其他方式承包与家庭承包的土地承包经营权流转的区别

以其他方式承包“四荒”等土地取得的土地承包经营权，在流转方式上，与家庭承包取得的土地承包经营权存在的区别如下：

1. 没有规定转包的流转方式。这主要是因为，其他方式承包取得的土地承包经营权的流转，承包方和受让方都可以是本集体经济组织以外的单位和个人，不必区分是不是本集体经济组织成员。转包、出租都可以归纳为“出租”的流转方式。

2. 增加规定了抵押的流转方式。以其他方式承包“四荒”等取得的土地承包经营权可以依法抵押，这样规定主要是考虑到，以其他方式承包的主要是“四荒”等土地，对大部分农民来说，这些土地不像耕地、林地和草地那样具有很强的社会保障功能，不必担心抵押后承包人不能按期偿还贷款就会失去生活保障。而且，这些土地是按照“效率优先、兼顾公平”的原则，采取招标、拍卖和公开协商等市场化的方式承包的，承包人支付的价格基本上是按照市场原则确定的，承包人依法取得的土地承包经营权应当允许按照市场原则和物权原理流转。

3. 入股的方式可以更多。《农村土地承包法》第五十三条规定的入股，主要适用于家庭承包取得的土地承包经营权。虽然从文字上看都是“入股”，但是，根据一些地方“四荒”承包的实践，通过招标、拍卖或者公开协商等方式承包“四荒”取得的土地承包经营权，以入股的方式流转的，具体的入股方式可以更灵活一些。例如，入股的对象可不限于承包人之间，其他单位和个人也可以入股；入股的目的不一定局限于从事农业合作生产，也可以参股联营，从事农产品加工、运销等。对此，1999 年国务院办公厅发布的《关于进一步做好治理开发农村“四荒”资源工作的通知》指出：“四荒”使用权（土地承包经营权）受法律保护，依法享有继承、转让（出租）、抵押或者参股联营的权利。当然，承包“四荒”等土地，必须依法取得土地承包经营权，才能按照上述方式依法流转。

五、对案例 46 的简要评析

2009 年《农村土地承包法》第三十八条规定：“土地承包经营权采取互换、转让方式流转，当事人要求登记的，应当向县级以上地方人民政府申请登记。未经登记，不得对抗善意第三人。”①2007 年《物权法》第九条第一款规定：“不动产物权的设立、变更、转让和消灭，经依法登记，发生效力；未经登记，不发生效力，但法律另有规定的除外。”② 据此，在本案中，涉案土地上建筑物的设立、变更等应依法登记。

---

① 对应 2018 年修正后的《农村土地承包法》第三十五条。

② 对应《民法典》第二百零九条。

第三章　建设用地使用权

第一节　建设用地使用权概说

土地使用权是我国特有的法律概念。从理论上讲，土地使用权有广义与狭义之分。广义的土地使用权是指土地使用权人利用国有土地和集体土地的权利，包括私有房屋的宅基地使用权、农村土地的承包权和以国有土地开发为目的的土地使用权。狭义的土地使用权仅指以国有土地开发为目的的土地使用权。从我国法律的规定来看，土地使用权是从狭义上讲的，是指土地使用权人为建造建筑物或其他工作物而使用国有土地的权利。《民法典》物权编第十二章用了 18 个条文主要规定了当事人如何通过出让和划拨方式取得建设用地使用权，以及取得建设用地使用权后的权利和义务，也对集体土地作为建设用地作出了原则性的规定。①

一、建设用地使用权的法律意义

根据《民法典》第三百四十四条规定，所谓建设用地使用权，是指建设用地使用权人依法对国家所有的土地享有占有、使用和收益的权利，有权利用该土地建造建筑物、构筑物及其附属设施。我国学者主张以地上权涵括目前除土地承包经营权以外的各种土地使用权，并以“基地使用权”的名称替代“地上权”概念。②

① 黄薇主编:《中华人民共和国民法典释义（上）》，法律出版社 2020 年版，第 676 页。

② 梁慧星主编:《中国物权法研究》，中国政法大学出版社 1998 年版，第 644 页。地上权为用益物权的一种，起源于罗马法。在大陆法系设有地上权制度的国家和地区的民法中，对地上权的概念有法律上的界定。《日本民法典》第 265 条规定为：“地上权人，因于他人土地上有工作物或竹木，有使用他人土地的权利。”《德国民法典》第 1012 条规定为：“土地得以此种方式设定其他权利，使因设定权利而享有利益的人，享有在土地上或土地下设置工作物的可转让的或可继承的权利。”我国台湾地区“民法”第八百三十二条规定为：“称地上权者，谓以在他人土地上有建筑，或其他工作物，或竹木为目的而使用其土地之权。”

从《民法典》物权编的规定来看，我国并没有采纳地上权的概念。《民法典》第三百四十五条规定："建设用地使用权可以在土地的地表、地上或者地下分别设立。"由此看来，建设用地使用权得以扩张，延伸至地下和地上。

建设用地使用权作为一项重要的用益物权制度，其法律特征表现为：

1. 建设用地使用权具有物权性。物权是指直接支配某特定物而享受其利益的权利，建设用地使用权人依法取得使用权能，享有使用所创造的利益，所以建设用地使用权本质上符合物权特性。建设用地使用权的价值需设定在他人所有权之上而实现，属于民法中他物权性质；使用人取得该项权能的目的乃体现土地的使用、收益内容，此为用益物权性质。故使用人合法取得土地占有、使用、收益权能，并受法律保护，任何单位或个人不得妨碍或侵犯，此乃具有排他性。

2. 建设用地使用权的权利派生性。建设用地使用权是从土地所有权中派生出来的他物权。从国家土地所有权中分离出来的建设用地使用权，是一种独立的建设用地使用权。依据《民法典》第三百六十一条"集体所有的土地作为建设用地的，应当依照土地管理的法律规定办理"的规定，允许集体经营性建设用地在符合法定条件和程序的前提下交由单位和个人使用。

3. 建设用地使用权的客体有限性。建设用地使用权的客体一般限于地上。当然，建设用地使用权人有权在地上或者地下修建地铁、轻轨、车库、铺设管线、空中走廊等设施，但不得妨碍其他建设用地使用权人行使其权利。对此，《民法典》第三百四十五条规定："建设用地使用权可以在土地的地表、地上或者地下分别设立。"建设用地使用权的客体不及于地下资源、埋藏物。土地使用者一旦发现地下有矿藏、文物、埋藏物、隐藏物时，必须向国家有关部门报告，由国家开发或发掘。土地使用权人如要开发地下矿藏，必须依法向国家取得采矿权。

4. 建设用地使用权的目的特殊性。取得国有土地使有权的目的，在于在该土地上建造并经营建筑物、构筑物以及其他附着物。[①] 这是建设用地使用权与农村土地承包经营权的一个重要区别，因为后者是以从事农牧业商品经济活动为目的。

5. 建设用地使用权的取得法定性。建设用地使用权的取得必须经过法定程

---

① 参见黄薇主编：《中华人民共和国民法典释义（上）》，法律出版社2020年版，第676页。

序。通过有偿出让、转让取得建设用地使用权，除必须依法签订建设用地使用权出让或转让合同外，还必须依法向县级以上地方人民政府房地产管理部门登记，领取土地使用证。划拨建设用地使用权亦必须依法进行，并办理登记手续。《民法典》第三百四十九条规定，设立建设用地使用权的，应当向登记机构申请建设用地使用权登记。建设用地使用权自登记时设立。登记机构应当向建设用地使用权人发放权属证书。

6. 建设用地使用权的期限性。建设用地使用权是有期限的，即法律通常规定建设用地使用权的一定有效期限。在我国，建设用地使用权的年限采取法定主义，这有利于权利的稳定、交易的安全和房地产市场的发展。

二、建设用地使用权的取得

建设用地使用权的取得，即建设用地使用权的发生。建设用地使用权的取得原因，可以是法律行为，也可以是法律行为以外的事实。基于法律行为而取得建设用地使用权，包括建设用地使用权的设定和让与两种行为。

（一）建设用地使用权的设定

根据《民法典》第三百四十七条第一款“设立建设用地使用权，可以采取出让或者划拨等方式”的规定，建设用地使用权的设定主要包括两种方式：一是出让，二是划拨。

1. 建设用地使用权的出让。所谓以出让方式设立建设用地使用权，是指建设用地使用权人通过向国家支付建设用地使用权出让金的方式，由国家以土地所有者的身份将土地使用权在一定期限内让与土地使用者，用以建造建筑物、构筑物及其附属设施。出让国有土地使用权是国有土地使用权有偿使用的主要方式。以出让方式设立建设用地使用权的主要特点是建设用地使用权人对土地的使用是有偿的、有期限的，且土地使用权的出让主要是通过协商、招标或投标的方式，并通过签订建设用地使用权出让合同来确立权利义务的主要内容。根据《城镇国有土地使用权出让和转让暂行条例》的规定，通过出让方式取得土地使用权的，出让方和受让方应当签订土地使用权出让合同。同时，《民法典》第三百四十七条第二款规定：“工业、商业、旅游、娱乐和商品住宅等经营性用地以及同一土地有两个以上意向用地者的，应当采取招标、拍卖等公开竞价的方式出让。”

建设用地使用权出让合同，是指国家以土地所有人的身份将建设用地使用权在一定年限内让与建设用地使用权人，由建设用地使用权人向国家支付建设用地使用权出让金的协议。《民法典》第三百四十八条规定，“通过招标、拍卖、协议等出让方式设立建设用地使用权的，当事人应当采用书面形式订立建设用地使用权出让合同。建设用地使用权出让合同一般包括下列条款：（一）当事人的名称和住所；（二）土地界址、面积等；（三）建筑物、构筑物及其附属设施占用的空间；（四）土地用途、规划条件；（五）建设用地使用权期限；（六）出让金等费用及其支付方式；（七）解决争议的方法”。在建设用地使用权出让合同中，出让方是代表国家行使权利的县级以上人民政府的土地管理部门，受让方除法律另有规定外，可以是中国境内外的公司、企业、其他经济组织或公民个人。建设用地使用权出让合同可以采取拍卖、招标或双方协议的方式订立，其形式必须采取书面合同形式。受让方按照土地使用权合同支付全部出让金后，即可依法办理登记手续，领取土地使用证，取得建设用地使用权。

根据《城市房地产管理法》第十三条规定，土地使用权的出让可以采取拍卖、招标或双方协议三种方式。这三种方式中，拍卖和招标的公开性、透明性更优于协议的方式，可以防止土地使用权出让中因人为因素干涉导致腐败现象的产生等。因此，在这三种出让方式的运用上，国家对以经营性用途的土地，始终倡导采取拍卖、招标等公开竞价方式出让。《城市房地产管理法》第十三条规定，对商业、旅游、娱乐和豪华住宅用地，有条件的必须采取拍卖和招标方式，只有在没有条件采取拍卖和招标方式的，才可以采取协议方式出让。但是，由于上述规定弹性较大，在实践中没有达到尽量采取公开竞价方式进行出让的立法目的。随着多年的实践，因土地出让所产生的问题不断出现。主要集中在代表国家出让土地的有关政府部门过多使用协议出让的方式，而且也发生了个别人员在土地出让时存在权钱交易的犯罪行为等现象，严重损害了国家的形象，导致土地资源的流失。为保障土地使用权出让行为的透明度和公开性，国土资源部依据现行法律、行政法规制定了《招标拍卖挂牌出让国有土地使用权规定》，明令商业、旅游、娱乐和商品住宅等各类经营性用地，以及有两个以上意向用地者时，必须以招标、拍卖或者挂牌方式出让土地。该规定出台后，在实践中取得了较好的成效。因此，在《民法典》物权编立法中，将上述有关经营性用地及同一土地上有两个以上用地意向者应当采取拍卖、变卖等公开竞价的方式出让，上升为《民法典》物权编的规定，使之具有更强的法律效力。

2. 建设用地使用权的划拨。以划拨方式设立建设用地使用权，是指经县级以上人民政府依法批准，在建设用地使用权人缴纳了补偿、安置等费用后取得该幅土地的使用权，或者由国家将某块建设用地的使用权无偿交付给建设用地使用权人使用。以划拨方式设立的建设用地使用权，其主要特点是权利取得的无偿性和无期限性。[①]所谓无偿性并不是说对该土地的使用不需要支付任何费用。这种无偿性是相对土地有偿使用而言的，即不需要支付土地对价来获取建设用地使用权。但是，为使用该土地所必须支付的相关费用，比如对原土地使用权人的安置补偿所必须支付的费用，则应依法缴纳后，才可取得建设用地使用权。同样，建设用地使用权的无期限性，并不是说建设用地使用权人获得永久使用权，而应理解为对建设用地使用权人的使用期限没有作任何限定。对无期限的权利，从理论上讲，所有权人在法律上享有随时根据需要将土地使用权收回的主动性。以划拨方式设立建设用地使用权，通常是由国家基于用地人的申请，通过行政决定的方式将土地交付给申请人使用，该权利的设立带有浓厚的行政色彩，不是通过签订合同的方式设立。但是，建设用地使用权一经划拨设立，则同样具有物权属性。只不过由于取得的方式不同于出让等有偿方式，设立条件及权利的行使受到更多的限制。根据我国《城市房地产管理法》第二十四条的规定，下列建设用地的建设用地使用权，确属必要的，可以由县级以上人民政府依法批准划拨：（1）国家机关用地和军事用地；（2）城市基础设施用地和公益事业用地；（3）国家重点扶持的能源、交通、水利等项目用地；（4）法律、行政法规规定的其他用地。《民法典》第三百四十七条第三款规定："严格限制以划拨方式设立建设用地使用权。"

3. 应当注意的问题。以何种方式设立建设用地使用权，是有权代表国家进行出让或划拨土地的市、县人民政府的职责。由于设立方式的不同，人民法院对建设用地使用权的设立行为的干预，也应遵循不同的诉讼程序。以出让方式设立的建设用地使用权，由于系当事人在平等、自愿、协商的基础上，通过签订出让合同的方式设立。因此发生纠纷的，人民法院应作为民事案件受理，通过适用《民法典》总则编和合同编、《城市房地产管理法》、《招标投标法》等，对出让合同效力作出认定，以确定建设用地使用权设立行为的效力。以划拨方式设立的建设用地使用权，由于是经用地人申请，由有关人民政府通过审查批

---

① 参见黄薇主编：《中华人民共和国民法典释义（上）》，法律出版社2020年版，第680页。

准的方式设立，属于通过政府行政行为产生的权利。因此，在因设立行为是否合法发生纠纷时，不能通过民事诉讼的方式解决，而应通过行政诉讼的方式，确定政府的划拨决定或拒绝划拨用地的决定是否合法。

在审理建设用地使用权出让合同纠纷时，应根据《民法典》总则编关于合同效力的有关规定，并结合《城市房地产管理法》等相关法律的规定，确定合同效力。比如，根据《城市房地产管理法》的规定，建设用地使用权出让合同的出让方为市、县人民政府土地管理部门。如果签订出让合同的主体不是土地管理部门，而是比如开发区管理委员会，或者签订出让合同的市、县人民政府土地管理部门不具有出让该幅土地的权利，则因出让主体没有处分权而影响合同效力。另外，还应注意有时合同中有些条款虽然违反了有关法律规定，但并不因此导致合同无效。比如以协议出让方式设立建设用地使用权，双方在合同中约定的出让金数额低于国家规定的最低价时，应认定该出让金条款为无效条款，不因此影响合同效力。

合同中有关条款约定不明确或没有约定时的处理。应根据《民法典》第五百一十条①、第五百一十一条②规定的原则处理。即可以由双方补充约定；不能达成补充约定的，应根据合同其他条款或土地利用特点等作出推定。比如双方在土地之地表上设立的建设用地使用权，如果合同中对建设用地使用权的空间利用范围约定不明确，或没有约定，也无法根据合同其他条款作出推定的，在处理时可以推定建设用地使用权的权利范围应以建造的建筑物、构筑物及其

---

① 《民法典》第五百一十条规定："合同生效后，当事人就质量、价款或者报酬、履行地点等内容没有约定或者约定不明确的，可以协议补充；不能达成补充协议的，按照合同相关条款或者交易习惯确定。"

② 《民法典》第五百一十一条规定："当事人就有关合同内容约定不明确，依据前条规定仍不能确定的，适用下列规定：（一）质量要求不明确的，按照强制性国家标准履行；没有强制性国家标准的，按照推荐性国家标准履行；没有推荐性国家标准的，按照行业标准履行；没有国家标准、行业标准的，按照通常标准或者符合合同目的的特定标准履行。（二）价款或者报酬不明确的，按照订立合同时履行地的市场价格履行；依法应当执行政府定价或者政府指导价的，依照规定履行。（三）履行地点不明确，给付货币的，在接受货币一方所在地履行；交付不动产的，在不动产所在地履行；其他标的，在履行义务一方所在地履行。（四）履行期限不明确的，债务人可以随时履行，债权人也可以随时请求履行，但是应当给对方必要的准备时间。（五）履行方式不明确的，按照有利于实现合同目的的方式履行。（六）履行费用的负担不明确的，由履行义务一方负担；因债权人原因增加的履行费用，由债权人负担。"

附属设施正常使用所必需的范围为限。

（二）建设用地使用权的让与

建设用地使用权具有可让与性，建设用地使用权人有权将建设用地使用权转让给他人，该他人即因让与而取得建设用地使用权。同时，根据法律的规定，建设用地使用权人可以依法将建设用地使用权投资，例如建设用地使用权人以建设用地使用权作价入股，合资、合作开发房地产，以建设用地使用权投资合办合资企业等。

三、建设用地使用权的存续期间

我国的法律、法规对建设用地使用权的存续期间分为两种情形：

1. 无期限性。根据《城市房地产管理法》第二十三条第二款之规定，划拨的建设用地使用权一般没有期限的限制。如乡镇建设用地即为无期限。《民法典》第三百五十九条第一款第一句规定："住宅建设用地使用权期限届满的，自动续期。"

2. 有期限性。以出让等有偿方式设立的建设用地使用权的特点之一为权利的有期限性，即建设用地使用权人仅获得在一定期限内使用该土地的权利。在合同约定的使用期间届满时，建设用地使用权人则丧失继续使用该土地的依据，国家作为所有权人有权收回其出让的建设用地使用权。但是，由于建设用地使用权系以建造建筑物、构筑物及附属设施为目的使用土地，对土地的利用离不开地上建筑物、构筑物及附属设施。按照现行法律的规定，建设用地使用权的最长使用期限为 70 年。因此，在建设用地使用权期限届满时，地上建筑物、构筑物及附属设施的使用价值可能依然存在。国家将建设用地使用权到期后收回无可非议，但是对地上建筑物、构筑物及附属设施的处理，则是比较复杂的问题。现行《城镇国有土地使用权出让和转让暂行条例》第四十条规定："土地使用权期满，土地使用权及其地上建筑物、其他附着物所有权由国家无偿取得……"第四十一条规定："土地使用权期满，土地使用者可以申请续期。需要续期的，应当依照本条例第二章的规定重新签订合同，支付土地使用权出让金，并办理登记。"《城市房地产管理法》第二十二条规定："土地使用权出让合同约定的使用年限届满，土地使用者需要继续使用土地的，应当至迟于届满前一年申请续期，除根据社会公共利益需要收回该幅土地的，应当予以批准……”由此可见，现行法律法规确立的土地使用权期间届满的处理原则是：出让土地使用权期间届满，土地使用权及地上建筑物等所有权由国家无偿收回，但土地使用权人享有法定的申请续期的权利，且非因公共利益的需要，其申请不得被否决。《城镇国有土地使用权出让和转让暂行条例》第十二条规定，出让建设用地使用权的存续期间因土地用途的不同而有所不同：（1）居住用地为70年；（2）工业用地为50年；（3）教育、科技、文化、卫生、体育用地为50年；（4）商业、旅游、娱乐用地为40年；（5）综合或其他用地为50年。这些期限为建设用地使用权的最高年限，由出让方和受让方双方商定。《民法典》第三百五十九条第二款规定：“非住宅建设用地使用权期限届满后的续期，依照法律规定办理。该土地上的房屋以及其他不动产的归属，有约定的，按照约定；没有约定或者约定不明确的，依照法律、行政法规的规定办理。”

第二节 建设用地使用权的效力

一、问题的提出

建设用地使用权的效力，又称为建设用地使用权的内容，是指建设用地使用权人的权利和义务。

在研究建设用地使用权的效力之前，先看两则案例，并思考之：

案例47：青岛市崂山区国土局与南太公司国有土地使用权出让合同纠纷案[①]

最高人民法院经审理认为，当事人在订立合同时，将法定的审批权或者批准权作为合同生效条件的，视为没有附条件，所附的“条件”不产生限制合同效力的法律效果。本案中，双方关于合同项下宗地出让方案需经山东省人民政府批准生效的约定，对本案所涉《国有土地使用权出让合同》不产生限制合同

① 最高人民法院（2004）民一终字第106号民事判决书，载《最高人民法院公报》2007年第3期（总第125期）。

效力的法律效果。作为市、县一级土地行政主管部门的崂山区国土局与作为土地使用者的南太公司签订《国有土地使用权出让合同》之前，虽然没有颁发建设用地批准书，但这属于崂山区国土局在办理有关供地手续过程中程序的简化或者遗漏，不属于合同无效的情形。因双方签订的《国有土地使用权出让合同》事实上无法继续履行，南太公司要求判令继续履行该合同的诉讼请求难以支持。

案例48：桂馨源公司诉全威公司等土地使用权转让合同纠纷案①

最高人民法院经审理认为，本案合同签订前，柳州市国土资源局已同意全威公司以出让方式取得讼争土地的使用权，双方订有《国有土地使用权出让合同》。本案一审起诉前全威公司办理了国有土地使用权证，讼争土地具备进入市场进行依法转让的条件。而土地出让金的交纳问题，属土地出让合同当事人即柳州市国土资源局和全威公司之间的权利义务内容，其是否得到完全履行不影响对本案土地使用权转让合同效力的认定，故超凡公司提出的因《土地开发合同》签订时未取得国有土地使用权证及土地出让金未全部交清违反了法律强制性规定，应认定该合同无效的上诉主张，不予支持。关于投资开发的问题，《城市房地产管理法》第三十九条关于土地转让时投资应达到开发投资总额25%的规定，是对土地使用权转让合同标的物设定的于物权变动时的限制性条件，转让的土地未达到25%以上的投资，属合同标的物的瑕疵，并不直接影响土地使用权转让合同的效力，《城市房地产管理法》第三十八条中的该项规定，不是认定土地使用权转让合同效力的法律强制性规定。一审判决认定事实清楚，适用法律正确，判决：驳回上诉，维持原判。

上述案例，均涉及建设用地使用权合同的效力问题，进而影响到建设用地使用权能否有效设立的问题。试问：如何认定建设用地使用权出让合同的效力？建设用地使用权人享有哪些权利？建设用地使用权人负有哪些义务？

---

① 桂馨源公司诉全威公司等土地使用权转让合同纠纷案［最高人民法院（2004）民一终字第46号民事判决书］，载《最高人民法院公报》2005年第7期（总第105期）。

二、建设用地使用权出让合同效力的司法认定

1. 当事人在建设用地使用权出让合同中约定将政府机关对土地出让方案的审批作为土地出让合同生效的条件的合同效力。

根据《民法典》第一百五十八条"民事法律行为可以附条件，但是根据其性质不得附条件的除外。附生效条件的民事法律行为，自条件成就时生效。附解除条件的民事法律行为，自条件成就时失效"的精神，当事人对合同的效力约定所附条件，是指当事人在合同中特别约定一定的条件，以条件是否成就作为合同效力发生的根据。该条件必须是将来发生的、不确定的事实，是当事人约定的而不是法定的，同时还必须是合法的，而政府机关对有关事项或者合同审批或者批准的权限和职责，源于法律和行政法规的规定，而不属于当事人约定的范围。当事人将法律和行政法规规定的政府机关对有关事项或者合同的审批或者批准权约定为附条件合同中的条件，不符合《民法典》有关附条件合同的规定。根据《民法典》第一百五十八条规定，当事人对合同的效力约定所附条件，是指在合同中特别约定一定的条件，以条件成就与否作为合同效力发生的根据。该条件必须是将来发生的、不确定的、约定的、合法的事实。政府机关对有关事项，合同审批或者批准的权限和职责，源于法律和行政法规的规定，不属于当事人约定的范畴。当事人将上述权限和职责约定为合同所附条件，不符合《民法典》有关附条件合同的规定。

2. 关于未经招标、拍卖、挂牌签订的建设用地使用权出让合同的效力问题。

2002 年 7 月 1 日前未经市、县政府前置审批或者签订书面项目开发协议而在此后协议出让经营性用地的，应当按照有关规定改为以招标拍卖挂牌方式出让。如果因此而导致无法继续履行国有土地使用权出让合同，属于对相关合同的变更或者解除，影响到相关合同能否实际履行以及是否解除的问题。考虑到法院判决要与国家规范整顿出让土地市场政策不相冲突的思路是可行的，即认定合同有效，但是在国家政策不允许自 2002 年 7 月 1 日后协议出让国有土地使用权的情况下，受让方提出继续履行原来签订的国有土地使用权出让合同的请求，在客观上是无法支持的。法院的判决必须考虑到法律效果与社会效果，与国家政策精神不吻合的判决，肯定不是两个效果有机统一的判决。因此对于受让人要求继续履行合同的请求，不予支持，该类合同权利义务终止及其法律责任承担问题，由当事人另寻法律途径解决。应当说从目

前的有关法律、行政法规和国家政策等方面综合考虑，这是一条实事求是的妥善处理此类问题的途径。[①]

3. 未达到投资开发条件订立的土地转让合同效力问题。

《城市房地产管理法》第三十九条规定："以出让方式取得土地使用权的，转让房地产时，应当符合下列条件：（一）按照出让合同约定已经支付全部土地使用权出让金，并取得土地使用权证书；（二）按照出让合同约定进行投资开发，属于房屋建设工程的，完成开发投资总额的百分之二十五以上，属于成片开发土地的，形成工业用地或者其他建设用地条件。转让房地产时房屋已经建成的，还应当持有房屋所有权证书。"《国有土地使用权合同解释》第八条规定："土地使用权人作为转让方与受让方订立土地使用权转让合同后，当事人一方以双方之间未办理土地使用权变更登记手续为由，请求确认合同无效的，不予支持。"第十条规定："土地使用权人与受让方订立合同转让划拨土地使用权，起诉前经有批准权的人民政府同意转让，并由受让方办理土地使用权出让手续的，土地使用权人与受让方订立的合同可以按照补偿性质的合同处理。"第十一条规定："土地使用权人与受让方订立合同转让划拨土地使用权，起诉前经有批准权的人民政府决定不办理土地使用权出让手续，并将该划拨土地使用权直接划拨给受让方使用的，土地使用权人与受让方订立的合同可以按照补偿性质的合同处理。"《最高人民法院关于已经取得国有土地使用权证，但未交清土地使用权出让金的当事人所订立的房地产合同是否有效的答复》（〔2004〕民一他字第18号）指出："土地受让人虽未全部缴纳土地出让金，但已取得国有土地使用权证书的，其与他人签订的房地产转让合同可以确定为有效。"合同效力的认定不仅关系到土地交易关系的稳定和当事人合法权益的保护，而且关系到房地产市场的有序发展。因此，司法解释根据《合同法》的规定，结合社会现状和审判实际，在对欠缺生效条件合同的效力认定处理上，采取了补救措施，即当事人只要在向人民法院起诉前，符合法律、行政法规规定的条件，不存在无效的情形，就应当认定合同的有效，尽量尊重当事人双方的意思表示，

① 参见程新文：《国有土地使用权出让合同效力的认定条件以及国家政策在此类合同履行中的具体体现——青岛市崂山区国土资源局与青岛南太置业有限公司土地使用权出让合同纠纷上诉案》，载最高人民法院民事审判第一庭编：《民事审判指导与参考》2006年第1辑（总第25辑），法律出版社2006年版，第194～197页。

不轻易认定合同无效，以促进合同加速履行和社会资源的有效利用。[①] 最高人民法院印发《关于当前形势下进一步做好房地产纠纷案件审判工作的指导意见》的通知（法发〔2009〕42号）就做好房地产纠纷案件的审判工作提出的指导意见进一步指出："一、切实依法维护国有土地使用权出让市场。要依照物权法、合同法、城市房地产管理法等法律及最高人民法院《关于审理涉及国有土地使用权合同纠纷案件适用法律问题的解释》的规定，尽可能维持土地使用权出让合同效力，依法保护守约方的合法权益，促进土地使用权出让市场的平稳发展。二、切实依法维护国有土地使用权转让市场。要正确理解城市房地产管理法等法律、行政法规关于土地使用权转让条件的规定，准确把握物权效力与合同效力的区分原则，尽可能维持合同效力，促进土地使用权的正常流转。"

4."一地数转"的处理原则。

根据《国有土地使用权合同解释》第九条的规定，土地使用权人作为转让方就同一出让土地使用权订立数个转让合同，在转让合同有效的情况下，受让方均要求履行合同的，按照以下情形分别处理：（1）已经办理土地使用权变更登记手续的受让方，请求转让方履行交付土地等合同义务的，应予支持；（2）均未办理土地使用权变更登记手续，已先行合法占有投资开发土地的受让方请求转让方履行土地使用权变更登记等合同义务的，应予支持；（3）均未办理土地使用权变更登记手续，又未合法占有投资开发土地，先行支付土地转让款的受让方请求转让方履行交付土地和办理土地使用权变更登记等合同义务的，应予支持；（4）合同均未履行，依法成立在先的合同受让方请求履行合同的，应予支持。未能取得土地使用权的受让方请求解除合同、赔偿损失的，依照《民法典》的有关规定处理。

三、建设用地使用权人享有的权利

建设用地使用权作为一项独立的不动产物权，其权利人享有下列权利：

1. 建设用地使用权人依法享有对土地的占有权。我国民法规定的所有权人

---

① 《保障土地交易市场健康有序——最高人民法院负责人就国有土地使用权合同纠纷司法解释答新华记者问》，载《解读最高人民法院司法解释·民商事卷》（新编本），人民法院出版社2006年版，第190页。

对所有物的占有权与享有“土地使用权”的建设用地使用权人对土地的占有权实质上并无不同。房屋所有权人对房屋行使的是一种财产权；而拥有“土地使用权”的建设用地使用权人对依法获得批准的“土地”行使的也是一种财产权。建设用地使用权人不占有土地，就难以依法开发、利用土地，更无法享有法律许可的转让、抵押、出租等权利。但是，建设用地使用权人依法享有的对土地的占有权与主权国家对土地的占有权的法律依据是不同的。国家对土地的占有权是以国家作为土地所有权主体的身份出现的；而建设用地使用权人对土地的占有权是以依法取得“土地使用权”为前提，以享有“土地使用权”这种财产权的所有人的身份在法定期限内行使对土地的占有权，两者在对土地的所有权属性上存在根本的区别。

2. 建设用地使用权人依法享有对土地的使用权。建设用地使用权人在行使对土地的使用权时，必须在批准的范围内行使，应当合理利用土地，不得改变土地所有权的性质以及土地用途。因此，建设用地使用权人在行使使用权时，不像动产所有权人对一般的动产物权那样可以自由地行使其权利，而是受到法律的限制，即必须在法律规定的范围内行使其权利。

建设用地使用权人经批准后，有权在所使用的土地上建造并经营建筑物、构筑物以及其他附着物。建设用地使用权人有权在地上或者地下修建地铁、轻轨、车库、铺设管线、空中走廊等设施，但不得妨害其他建设用地使用权人行使其权利。

3. 建设用地使用权人依法享有对土地的收益权。建设用地使用权人依法享有的对土地的收益权，主要表现为两个方面：其一是直接收益权，即建设用地使用权人通过对土地进行房地产开发获得利益，或者通过转让、出租土地获得利润；其二是间接收益权，即建设用地使用权人通过将“土地使用权”进行抵押，以所得贷款开展生产、经营活动，从而获得的间接收益。收益权对建设用地使用权人来说是一项十分重要的权能。建设用地使用权人企望获得对某一土地的使用权，其看重的往往就是这一土地可能产生的经济利益。

4. 建设用地使用权人依法对土地的使用权享有处分权。建设用地使用权人享有的处分权是对“土地使用权”的处分权，而非对土地的处分权。这种处分权是建设用地使用权人对“土地使用权”这种财产权所拥有的依法处分的权利。《城镇国有土地使用权出让和转让暂行条例》第四条规定：“依照本条例的规定取得土地使用权的土地使用者，其使用权在使用年限内可以转让、出租、抵押或者用于其他经济活动，合法权益受国家法律保护。”《民法典》第三百五十三条规定：“建设用地使用权人有权将建设用地使用权转让、互换、出资、赠与或者抵押，但法律另有规定的除外。”第三百五十四条规定：“建设用地使用权转让、互换、出资、赠与或者抵押的，当事人应当采用书面形式订立相应的合同。使用期限由当事人约定，但不得超过建设用地使用权的剩余期限。”

在司法实践中，我们应当注意的是，对建设用地使用权处分或地上建筑物处分时应当遵循如下原则：一是“物随地走”。《民法典》第三百五十六条明确规定：“建设用地使用权转让、互换、出资或者赠与的，附着于该土地上的建筑物、构筑物及其附属设施一并处分。”二是“地随物走”。《民法典》第三百五十七条明确规定：“建筑物、构筑物及其附属设施转让、互换、出资或者赠与的，该建筑物、构筑物及其附属设施占用范围内的建设用地使用权一并处分。”

现行《城市房地产管理法》等法律法规中关于房地产转让、抵押时，地上房屋所有权或房屋所占用范围内的土地使用权一并转让的规定，属于倡导性法律条款，还是强制性法律条款，理论界和司法实践中对此存在不同认识。笔者认为，由于物权法定不仅体现为物权类型的法定，还包括权利义务内容的法定。且从不动产的自然属性考虑，赋予建设用地使用权和地上建筑物等一并处分的规定强制性效力，更利于物权关系的简单明确，减少纠纷的发生。因此，我们倾向认为，建设用地使用权和地上建筑物等一并处分的规定具有一定强制性约束力。在审判实践中，对建设用地使用权或地上建筑物等转让、互换、赠与或出资的，双方当事人在合同中约定分别处分的，应根据具体情况处理。比如，建设用地使用权转让时，转让人愿意拆除地上建筑物后转让的，系自愿行为，不应干涉。《城镇国有土地使用权出让和转让暂行条例》第二十四条第二款也规定：“土地使用者转让地上建筑物、其他附着物所有权时，其使用范围内的土地使用权随之转让，但地上建筑物、其他附着物作为动产转让的除外。”如果当事人在进行建设用地使用权转让等处分时，无法就地上房屋等一并处分达成一致，或者双方在合同中没有就地上房屋等不动产的处分作出约定的，一方请求地上房屋等不动产一并处分的，应予支持。反之亦然。审判实践中必须防止出现判决确认建设用地使用权人享有建设用地使用权，但同时判决确认地上建筑物、构筑物及其附属物的所有权由他人享有，并因此发生建设用地使用权人和地上建筑物、构筑物及其附属设施所有权人权利主体不一致的情形。[①]

5. 建设用地使用权人享有对土地的邻地利用权。即建设用地使用权人为自己使用土地的方便和利益而利用相邻地的权利。邻地利用权本为调整相邻土地所有人为其土地的便利而利用邻地的权利义务关系而设，但在相邻之土地上设定用益物权时，因用益物权人对土地有独立使用收益的权利，亦可因用益物权的拥有和行使之便利而对其相邻土地产生利用的需要与可能，法律有关土地所有人的邻地利用权的有关规定，亦可适用于用益物权人。特别是建设用地使用权人是为建造并所有建筑物或其他附着物而设立，在其权利实现过程中利用他人邻地的需要与可能更大。在建设用地使用权设立以后，对于土地所有人已拥有的邻地利用权，建设用地使用权人自当继续行使。建设用地使用权设立后，建设用地使用权人亦可新设邻地利用权。

6. 建设用地使用权人享有物上请求权。建设用地使用权人对于标的物土地，有直接占有、使用、收益的权利，为实现其权利有排除他人妨害的权利。因基地使用权为物权，基地使用权人为排除他人妨害可行使物上请求权，包括停止侵害、排除妨碍、消除危险、返还占有、恢复原状等。建设用地使用权人的物上请求权既可对第三人行使，亦可对所有人行使。

四、建设用地使用权人负有的义务

（一）建设用地使用权人负有按照土地用途进行使用的义务

根据《民法典》第三百五十条“建设用地使用权人应当合理利用土地，不得改变土地用途；需要改变土地用途的，应当依法经有关行政主管部门批准”的规定，建设用地使用权人应当按照土地用途为使用收益。首先，建设用地使用权人在使用收益过程中，不能违反土地的登记用途，比如将公用事业用地改为住宅用地。如要改变土地的登记用途，应事先向土地管理部门申请审批。其次，如果在设立建设用地使用权时，对建设用地的用途有特别约定，建设用地使用权人应按照约定用途为使用收益。如要变更土地的约定用途，应事先取得土地所有人的同意。但是，按照土地用途使用收益的义务，并不意味着建设用

① 参见最高人民法院民法典贯彻实施工作领导小组主编：《中华人民共和国民法典物权编理解与适用（下）》，人民法院出版社 2020 年版，第 809 页。

地使用权人不得自主决定在土地上的具体经营项目。只要建设用地使用权人不变更土地的用途，就可自主决定其土地经营项目，如在商业用地上，将建商业中心的项目改变为建商业性公寓。当然，建设用地使用权人在变更其土地经营项目时，应遵守规划、环保等有关法律，自不待言。

在司法实践中，应注意以下问题：一是建设用地使用权人擅自改变出让合同约定的土地用途的，属于根本性违约行为，出让人依法有权解除合同。二是建设用地使用权人擅自改变土地用途后，可能导致相关民事行为无效。比如建设用地使用权人未经批准，在通过划拨取得的用以建立公立医院的土地上建造商品房出售，因建设用地用途的限定以及商品房预售手续的欠缺，可能导致商品房买卖行为无效。

（二）建设用地使用权人负有履行合同约定的义务

《城镇国有土地使用权出让和转让暂行条例》第十七条规定："土地使用者应当按照土地使用权出让合同的规定和城市规划的要求，开发、利用、经营土地。未按合同规定的期限和条件开发、利用土地的，市、县人民政府土地管理部门应当予以纠正，并根据情节可以给予警告、罚款直至无偿收回土地使用权的处罚。"据此规定，建设用地使用权人在其权利存续期间内，应当履行土地使用权出让合同中规定的义务，特别是如期进行土地开发的义务。

（三）建设用地使用权人负有支付土地使用费的义务

根据《民法典》第三百五十一条"建设用地使用权人应当依照法律规定以及合同约定支付出让金等费用"的规定，建设用地使用权人应当向土地所有人支付土地使用费。这种土地使用费的多少因土地的位置、建筑物的种类、使用目的等不同而不同，一般来说，城市土地使用费高于农村，城市中繁华地带土地使用费高于其他地段，商业、工业用土地使用费高于民用，等等。土地使用费一般应以金钱为限，但如果当事人约定以金钱以外的物为给付，也无不可。

土地使用费的支付，可以分为一次支付和分期支付。一次支付实际上是建设用地使用权的买卖，一次付清，如我国《城镇国有土地使用权出让和转让暂行条例》规定的国有土地使用权出让就属于这种情况。而分期支付则必须在建设用地使用权的存续期间内，定期陆续支付。

土地使用费金额的多寡，应当由当事人在法律规定的范围内协商确定。分期支付的土地使用费，由于建设用地使用权的期限较长，其间如果经济情形发生重大变更，可以按情事变更原则[①]斟酌予以增加或减少。但建设用地使用权人不得以不可抗力妨碍其土地的使用为理由，请求减免土地使用费。

在因出让金支付方面发生纠纷时，应注意以下两个方面的问题：一是根据现行法律规定，建设用地使用权人没有按合同约定或法律规定的期限支付出让金的，出让方有权解除出让合同，并要求赔偿损失。人民法院在处理此类纠纷时，对是否准许解除合同，还应注意结合实际履行情况决定。比如，虽然建设用地使用权人没有按约定或规定支付土地出让金，但土地已经交付给建设用地使用权人并已经用于开发建设，或者建设用地使用权人通过设立登记已经取得物权，在此情形下，出让方申请解除出让合同的，一般不应予以准许。可责令建设用地使用权人限期支付土地出让金，并根据合同或法律规定承担违约或赔偿责任。二是经有关主管部门批准，改变土地出让合同约定的土地用途的，双方当事人均有权要求按照同种用途的土地出让金标准调整土地出让金数额。因双方对出让金数额调整不能达成一致而起诉到人民法院的，人民法院应予受理，并依法作出裁决。

五、对案例 47、案例 48 的简要评析

根据《民法典》第一百五十八条“民事法律行为可以附条件，但是根据其性质不得附条件的除外。附生效条件的民事法律行为，自条件成就时生效。附解除条件的民事法律行为，自条件成就时失效”的规定，附生效条件的合同，自条件成就时生效。合同所附条件，必须是将来发生的、不确定的事实，是当事人约定的而不是法定的，同时还必须是合法的。政府机关对有关事项或者合同审批或者批准的权限和职责，源于法律和行政法规规定，而不属于当事人约定范围。本案当事人将法律和行政法规规定的政府机关对有关事项或者合同的审批权或者批准权约定为附条件的合同中的条件，不符合有关附条件的合同的规定。当事人将法律和行政法规没有规定的政府机关对有关事项或者合同的审

① 《民法典》第五百三十三条规定：“合同成立后，合同的基础条件发生了当事人在订立合同时无法预见的、不属于商业风险的重大变化，继续履行合同对于当事人一方明显不公平的，受不利影响的当事人可以与对方重新协商；在合理期限内协商不成的，当事人可以请求人民法院或者仲裁机构变更或者解除合同。人民法院或者仲裁机构应当结合案件的实际情况，根据公平原则变更或者解除合同。”

批权或者批准权约定为附条件的合同中的条件，同样不符合合同法有关附条件合同的规定。因此，所附的“条件”不产生限制合同效力的法律效果。

在案例 48 中，本案裁判的意义在于签订国有土地使用权转让合同时，转让人虽未取得国有土地使用权证，但在诉讼前已取得该证的，应认定转让合同有效。当事人取得国有土地使用权证后未足额缴纳土地出让金，或对转让的投资开发未达到投资总额 25% 以上的，属于转让标的的瑕疵，不影响转让合同的效力。土地使用权合同的转让方没有完成投资开发总额的 23% 以上，对于成片开发的土地，转让方没有形成工业用地或其他建设用地条件的，不影响土地使用权转让合同的效力。[①] 言外之意，《城市房地产管理法》第三十九条属于房地产行政管理部门管理规范房地产行为的管理性规定，不属于违反法律、行政法规中的效力性的强制性规定，国有土地使用权转让合同是有效的。对此，《第八次全国法院民商事审判工作会议（民事部分）纪要》第十三条规定，《城市房地产管理法》第三十九条第一款第二项规定并非效力性强制性规定，当事人仅以转让国有土地使用权未达到该项规定条件为由，请求确认转让合同无效的，不予支持。正如《民法典》第一百五十三条第一款规定，违反法律、行政法规的强制性规定的民事法律行为无效，但是，该强制性规定不导致该民事法律行为无效的除外。

第三节　建设用地使用权的出让与转让

一、问题的提出

建设用地使用权的原始取得一般是通过出让形式取得。建设用地使用权人在符合法律规定的情况下，有权将建设用地使用权转让、互换、入股、赠与、抵押或者出租，而转让是建设用地使用权流转的常见形式。因此，本节仅对建设用地使用权的出让与转让进行研究，先看一则案例，并思考之：

---

① 杨永清：《没有完成开发投资总额的 25% 以上，是否影响合同的效力》，载最高人民法院民事审判第一庭编：《民事审判指导与参考》2008 年第 2 辑（总第 34 辑），法律出版社 2008 年版，第 93～99 页。

案例49：嘉和泰公司与太重公司土地使用权转让合同纠纷案[①]

最高人民法院认为：关于《协议书》、《补充协议》和《转让合同》的效力及相互关系问题。首先，关于《协议书》《补充协议》是否有效。《协议书》《补充协议》是双方在平等的基础上，自愿协商达成的协议，是双方真实的意思表示。《协议书》不仅详细约定了所转让土地的面积、价格、付款方式、违约责任，还具体约定了双方权利义务及履行程序。《协议书》签订时，嘉和泰公司及太重公司均知道该宗土地属于划拨用地，所以在《协议书》第三条约定：由太重公司负责办理土地出让手续；太重公司土地出让手续办理完毕，即为嘉和泰公司办理土地使用权转让手续。这一缔约行为并没有规避法律、损害国家利益。事实上，太重公司和嘉和泰公司正是按照上述约定完成该宗土地转让的。2002年9月24日太重公司与太原市国土资源局签订《出让合同》，取得该宗土地的使用权，嘉和泰公司支付土地出让金。同年12月太重公司与嘉和泰公司签订《转让合同》，嘉和泰公司依据《协议书》向太原市国土资源局支付土地转让款，随后完成土地使用权变更登记，均是双方履行《协议书》的真实行为。《国有土地使用权合同解释》(2005年)第九条规定："转让方未取得出让土地使用权证书与受让方订立合同转让土地使用权，起诉前转让方已经取得出让土地使用权证书或者有批准权的人民政府同意转让的，应当认定合同有效。"因此，《协议书》合法有效。《补充协议》是对《协议书》约定转让土地使用权的税费承担所作的补充约定，明确了转让土地使用权的税费如何承担及由谁承担的问题。虽然我国税收管理方面的法律法规对于各种税收的征收均明确规定了纳税义务人，但是并未禁止纳税义务人与合同相对人约定由合同相对人或第三人缴纳税款。一审法院关于《协议书》合法有效及《补充协议》与《协议书》具有相同的法律效力的认定是正确的，应予维持。

其次，关于《转让合同》是否有效。太重公司与嘉和泰公司之所以在《协议书》之外又签订《转让合同》，是因为签订《协议书》时，双方当事人均知道所转让的土地属划拨用地，不能直接转让。只有在太重公司办完土地出让手续，取得国有出让土地使用权后，再与嘉和泰公司签订国有出让土地使用权转让合同，并由双方共同到土地管理部门办理登记备案，才能完成该土地使用权

① 详见《最高人民法院公报》2008年第2期(总第136期)。

转让。因此，《转让合同》对于太重公司及嘉和泰公司来讲，就是为了到土地管理部门办理登记备案手续，以完成《协议书》约定的转让土地使用权行为，而并非为了变更《协议书》的约定条款或者构成双方新的权利义务关系。对于土地管理部门来讲，以《转让合同》登记备案，则表明土地管理部门认可《转让合同》中的价格并据此征收转让税费，办理相关手续。虽然《转让合同》中的价格比双方当事人实际约定的价格低，但土地管理部门给予登记备案的事实表明，土地管理部门认可双方当事人可以此最低价格办理土地使用权转让手续，也表明双方当事人这一做法并不违反土地管理部门的相关规定。事实上，土地管理部门也正是依据该《转让合同》办理了土地权属变更手续。由此可以认定，在本案中《转让合同》仅是双方办理登记备案之用，别无他用，其效力仅及于登记备案。

最后，关于《协议书》、《补充协议》与《转让合同》的关系。双方当事人签订《转让合同》的目的是办理土地使用权转让登记备案手续。《转让合同》没有约定变更或取代《协议书》的条款，并未在双方当事人之间成立新的权利义务关系。从双方当事人实际履行合同的情况看，太重公司转让土地使用权收取土地补偿金、出让金、转让金，太重公司与太原市国土资源局签订《出让合同》及其与嘉和泰公司签订《转让合同》到土地管理部门登记等行为都是在履行《协议书》约定的权利义务。而嘉和泰公司支付土地补偿金、出让金、转让金，取得土地使用权等也是在履行《协议书》约定的权利义务。因此，本案中的《转让合同》是双方在土地管理部门办理土地使用权转让手续的备案合同，《协议书》才是双方实际履行的合同。

综上，最高人民法院认为：《协议书》及《补充协议》是合法有效的协议，是确定双方当事人权利义务及违约责任的合同依据。

上述案例，涉及建设用地使用权合同纠纷。试问：建设用地使用权如何进行出让？建设用地使用权如何进行转让？建设用地使用权消灭的情形有哪些？

二、建设用地使用权的出让

建设用地使用权的出让，是指国家以国有土地所有人的身份将土地使用权在一定年限内让与土地使用者，并由土地使用者向国家支付土地使用权出让金的行为。国有土地使用权依法可以出让，而集体所有的土地的使用权能否出让，值得探讨。我国《宪法》第十条第四款规定："……土地的使用权可以依照法律的规定转让。"《民法典》第三百六十一条规定："集体所有的土地作为建设用地的，应当依照土地管理的法律规定办理。"而2019年修正后的《土地管理法》新增了集体经营性建设用地的相关规定，该法第六十三条规定："土地利用总体规划、城乡规划确定为工业、商业等经营性用途，并经依法登记的集体经营性建设用地，土地所有权人可以通过出让、出租等方式交由单位或者个人使用，并应当签订书面合同，载明土地界址、面积、动工期限、使用期限、土地用途、规划条件和双方其他权利义务。前款规定的集体经营性建设用地出让、出租等，应当经本集体经济组织成员的村民会议三分之二以上成员或者三分之二以上村民代表的同意。通过出让等方式取得的集体经营性建设用地使用权可以转让、互换、出资、赠与或者抵押，但法律、行政法规另有规定或者土地所有权人、土地使用权人签订的书面合同另有约定的除外。集体经营性建设用地的出租，集体建设用地使用权的出让及其最高年限、转让、互换、出资、赠与、抵押等，参照同类用途的国有建设用地执行。具体办法由国务院制定。"因此，集体所有的土地使用权出让已经没有了法律障碍。

根据《城镇国有土地使用权出让和转让暂行条例》第八条第二款规定，"土地使用权出让应当签订出让合同"。《城市房地产管理法》第十五条规定，"土地使用权出让，应当签订书面出让合同。土地使用权出让合同由市、县人民政府土地管理部门与土地使用者签订"。由此可见，国有土地使用权出让合同就是指作为土地所有人代表的国家土地管理部门与土地使用者之间订立的，由一方向另一方转移一定期限的土地使用权，另一方交付土地使用权出让金的协议。因此，采取拍卖、招标和协议方式设立建设用地使用权的，当事人应当采取书面形式订立建设用地使用权出让合同。对此《民法典》第三百四十八条明确规定："通过招标、拍卖、协议等出让方式设立建设用地使用权的，当事人应当采用书面形式订立建设用地使用权出让合同。建设用地使用权出让合同一般包括下列条款：（一）当事人的名称和住所；（二）土地界址、面积等；（三）建筑物、构筑物及其附属设施占用的空间；（四）土地用途、规划条件；（五）建设用地使用权期限；（六）出让金等费用及其支付方式；（七）解决争议的方法。"

同时，依据《民法典》第三百四十九条的规定，建设用地使用权出让合同订立后，应当向登记机构申请建设用地使用权登记。建设用地使用权自登记时设立。登记机构应当向建设用地使用权人发放权属证书。

土地使用权的出让采用合同的形式，改变了在土地管理方面单纯依靠行政管理的僵化模式，作为土地所有者的国家和使用者基于平等自愿、有偿的原则而形成合同法律关系，双方均应当受到合同关系的拘束。此种方法对于有效管理土地和利用土地、保障国家的收益、防止土地的流失具有重要作用。

三、建设用地使用权的转让

（一）建设用地使用权转让的条件

所谓建设用地使用权转让，是指建设用地使用权人将建设用地使用权再转移的行为，包括出售、交换和赠与。根据我国有关法律的规定，土地使用权的转让应当具备如下条件：

1. 须为可转让的建设用地使用权。只有不为法律所禁止，建设用地使用权才得以转让。根据《城市房地产管理法》《城市房地产转让管理规定》的有关规定，下列房地产禁止转让：（1）以出让方式取得土地使用权但不符合法律规定转让条件的；（2）司法机关和行政机关依法裁定、决定查封或者以其他形式限制房地产权利的；（3）依法收回土地使用权的；（4）共有房地产，未经其他共有人书面同意的；（5）权属有争议的；（6）未依法登记领取权属证书的；（7）法律、行政法规规定禁止转让的其他情形。

2. 须取得建设用地使用权证书。按照出让合同约定已经支付全部建设用地使用权出让金，并取得建设用地使用权证书。未支付建设用地出让金，也未取得建设用地使用权证书的，不得转让建设用地使用权。

3. 须符合法律规定的开发条件。按照出让合同约定进行投资开发，属于房屋建设工程的，应完成开发投资总额的25%以上；属于成片开发土地的，依照规划对土地进行开发建设，完成供排水、供电、供热、道路交通、通信等市政基础设施、公用设施的建设，达到场地平整，形成工业用地或者其他建设用地条件。转让房地产时房屋已经建成的，还应当持有房屋所有权证书。

4. 应当签订建设用地使用权转让合同。建设用地使用权转让时，双方应当签订书面转让合同。转让合同应当载明下列主要内容：双方当事人的姓名或者名称、住所；土地使用权属证书名称和编号；土地坐落位置、面积、四至界限；土地宗地号、土地使用权取得的方式及年限；土地的用途或使用性质；成交价格及支付方式；房地产交付使用的时间；违约责任；双方约定的其他事项。

（二）土地使用权转让的程序

我国《民法典》第三百五十五条规定，建设用地使用权转让、互换、出资或者赠与的，应当向登记机构申请变更登记。根据《城市房地产转让管理规定》第七条的规定，建设用地使用权转让，要申请变更登记，应当按照下列程序办理：建设用地使用权转让当事人签订书面转让合同；建设用地使用权转让当事人在转让合同签订后90日内持房地产权属证书、当事人的合法证明、转让合同等有关文件向房地产所在地的房地产管理部门提出申请，并申报成交价格；房地产管理部门对提供的有关文件进行审查，并在7日内作出是否受理申请的书面答复；房地产管理部门核实申报的成交价格，并根据需要对转让的房地产进行现场查勘和评估；房地产转让当事人按照规定缴纳有关税费；房地产管理部门办理房屋权属登记手续，核发房地产权属证书。

（三）建设用地使用权转让的效力

根据《城市房地产管理法》《城市房地产转让管理规定》等有关法律、法规的规定，建设用地使用权转让后，将产生以下效力：

1. 建设用地使用权转让时，建设用地使用权出让合同和登记文件中所载明的权利、义务随之转移，即受让人取代原建设用地使用权人成为建设用地使用权出让合同的当事人，享有权利并承担义务。

2. 建设用地使用权人依转让方式所取得建设用地使用权的使用年限为建设用地使用权出让合同规定的使用年限减去原建设用地使用权人已使用年限后的剩余年限。①

3. 建设用地使用权转让时，其地上建筑、其他附着物所有权随之转让。《民法典》第三百五十六条明确规定："建设用地使用权转让、互换、出资或者赠与的，附着于该土地上的建筑物、构筑物及其附属设施一并处分。"地上建筑物、其他附着物的所有人或共有人，享有该建筑物、附着物使用范围内的建设用地使用权。建设用地使用权人转让地上建筑物、其他附着物所有权时，其使

---

①《民法典》第三百五十四条规定："建设用地使用权转让、互换、出资、赠与或者抵押的，当事人应当采用书面形式订立相应的合同。使用期限由当事人约定，但是不得超过建设用地使用权的剩余期限。"

用范围内的建设用地使用权随之转移，但地上建筑物、其他附着物作为动产转让的除外。对此，《民法典》第三百五十七条规定："建筑物、构筑物及其附属设施转让、互换、出资或者赠与的，该建筑物、构筑物及其附属设施占用范围内的建设用地使用权一并处分。"

4. 建设用地使用权转让后，建设用地使用权人改变原建设用地使用权出让合同约定的土地用途的，必须取得原出让方和市、县人民政府城市规划行政主管部门的同意，签订建设用地使用权出让合同变更协议或重新签订建设用地使用权出让合同，相应调整建设用地使用权出让金。①

四、建设用地使用权的消灭

《民法典》物权编并未对建设用地使用权的消灭事由进行直接规定，根据我国现行相关法律法规的规定，引起建设用地使用权消灭的事由主要有以下几种：

1. 土地灭失。因地震、火山爆发等自然灾害所致正在使用的土地消灭或不能再作为土地使用的，建设用地使用权灭失。《城市房地产管理法》第二十一条规定："土地使用权因土地灭失而终止。"建设用地使用权的设立以土地出让金的清缴为前提，法律没有规定在土地灭失的情况下权利消灭返还土地出让金。

2. 期限届满未续期。《民法典》第三百五十九条规定："住宅建设用地使用权期限届满的，自动续期。续期费用的缴纳或者减免，依照法律、行政法规的规定办理。非住宅建设用地使用权期限届满后的续期，依照法律规定办理。该土地上的房屋以及其他不动产的归属，有约定的，按照约定；没有约定或者约定不明确的，依照法律、行政法规的规定办理。"据此，住宅建设用地使用权期间届满的，是自动续期，从而住宅建设用地使用权一般不存在到期消灭。非住宅建设用地则与住宅建设用地不同，其期间届满后如不依法律规定办理续期手续，即发生消灭。我国法律允许住宅建设用地之外的其他建设用地使用权在期满时，权利人有权申请续期。《城市房地产管理法》第二十二条规定："土地使用权出让合同约定的使用年限届满，土地使用者需要继续使用土地的，应当

---

① 《民法典》第三百五十条规定："建设用地使用权人应当合理利用土地，不得改变土地用途；需要改变土地用途的，应当依法经有关行政主管部门批准。"

至迟于届满前一年申请续期，除根据社会公共利益需要收回该幅土地的，应当予以批准。经批准准予续期的，应当重新签订土地使用权出让合同，依照规定支付土地使用权出让金。土地使用权出让合同约定的使用年限届满，土地使用者未申请续期或者虽申请续期但依照前款规定未获批准的，土地使用权由国家无偿收回。"

3. 提前收回。《民法典》第三百五十八条规定："建设用地使用权期限届满前，因公共利益需要提前收回该土地的，应当依据本法第二百四十三条的规定对该土地上的房屋以及其他不动产给予补偿，并退还相应的出让金。"《城市房地产管理法》第二十二条也规定为社会公共利益需要收回土地使用权。

在审判实践中，因建设土地使用权收回发生纠纷可能主要集中在对"公共利益"的界定和地上房屋等不动产的补偿两个方面。对公共利益的理解问题，因城市公共设施和公益事业的发展要求，为维护国家安全及交通、水利、能源、供电、供暖、供水等公用事业或市政建设用地等为目的使用土地的，应归属于"公共利益"范畴；至于其他情形，比如为城市发展建设需要或城市规划需要等是否属于公共利益的范畴，则需根据各地的具体情况，以及时代发展的背景等情况，加以确定，从严把握。[①]

4. 行政处罚。对于建设用地使用权人违反相关规定闲置土地或违反合同规定开发利用条件的，相关机关可以进行行政处罚，包括无偿收回建设用地使用权。《城市房地产管理法》第二十六条规定："以出让方式取得土地使用权进行房地产开发的，必须按照土地使用权出让合同约定的土地用途、动工开发期限开发土地。超过出让合同约定的动工开发日期满一年未动工开发的，可以征收相当于土地使用权出让金百分之二十以下的土地闲置费；满二年未动工开发的，可以无偿收回土地使用权；但是，因不可抗力或者政府、政府有关部门的行为或者动工开发必需的前期工作造成动工开发迟延的除外。"《城镇国有土地使用权出让和转让暂行条例》第十七条规定："土地使用者应当按照土地使用权出让合同的规定和城市规划的要求，开发、利用、经营土地。未按合同规定的期限和条件开发、利用土地的，市、县人民政府土地管理部门应当予以纠正，并根据情节可以给予警告、罚款直至无偿收回土地使用权的处罚。"《基本农田

① 最高人民法院物权法研究小组编著：《〈中华人民共和国物权法〉条文理解与适用》，人民法院出版社 2007 年版，第 446 页。

保护条例》第十八条规定："……经国务院批准的重点建设项目占用基本农田的……连续 2 年未使用的，经国务院批准，由县级以上人民政府无偿收回用地单位的土地使用权……"

《民法典》第三百六十条规定："建设用地使用权消灭的，出让人应当及时办理注销登记。登记机构应当收回权属证书。"建设用地使用权消灭后，建设用地使用权人应当返还土地，交还土地使用证，并办理注销登记。

五、对案例 49 的简要评析

在本案中，一是《协议书》《补充协议》的效力问题。嘉和泰公司与太重公司对所转让土地的面积、价格、付款方式、违约责任等均作了明确约定，且不违反法律、行政法规的强制性规定。根据 2005 年《国有土地使用权合同解释》第九条"转让方未取得出让土地使用权证书与受让方订立合同转让土地使用权，起诉前转让方已经取得出让土地使用权证书或者有批准权的人民政府同意转让的，应当认定合同有效"的规定，应当认定《协议书》合法有效。同时，《补充协议》是对《协议书》约定转让土地使用权的税费承担所作的补充约定，明确了转让土地使用权的税费如何承担及由谁承担的问题，该约定并不违法，亦应当认定合法有效。

二是《转让合同》的效力问题。嘉和泰公司与太重公司在《协议书》之外又签订了《转让合同》，依据该合同，双方到土地部门办理了土地使用权转让登记备案，使该宗土地使用权发生变动，且土地管理部门亦认可该《转让合同》。因此，《转让合同》当属合法有效。

第四章 宅基地使用权

一、问题的提出

宅基地，是千家万户农民的立足之地。因此，确有必要对宅基地使用权作出规定。宅基地使用权，是我国特有的一种用益物权。《民法典》物权编第十三章第三百六十二条至第三百六十五条对宅基地使用权作了规定，而在现行的《土地管理法》中并没有对宅基地使用权的概念作出规定，仅对宅基地使用权的内容作了规定。

在研究宅基地使用权之前，先看一则案例，并思考之：

案例 50：民生小额贷公司与张某、孙某执行异议纠纷案[①]

最高人民法院经审查认为：关于案涉房屋是否为张某、孙某的共有财产的问题。依照《物权法》第九条的规定，不动产物权登记是不动产物权设立的生效要件，但法律另有规定的除外。本案中，案涉房屋于 1990 年 3 月 30 日由孙某之父拆建，使用土地性质为集体土地，原始户主为孙某之父，1991 年经分家析产确定房屋归孙某所有。孙某与张某于 1991 年 3 月 5 日结婚，1991 年 11 月 15 日孙某申请对该房屋进行所有权登记，该房屋及集体土地使用证随后均被登记在孙某名下。鉴于案涉房屋所使用土地为集体土地中的宅基地，宅基地使用权不以登记为生效要件，对于宅基地上因合法建造、拆除房屋等事实行为设立和消灭物权的，应自该事实行为成就时发生效力，故原审判决根据案涉房屋于 1991 年 11 月 15 日初始登记的情况即认定该房产初始所有人为孙某欠妥，案涉房屋作为农村宅基地上建造的房屋，自建造完成之日物权设立。后该房屋因分家析产于 1991 年 11 月 15 日登记于孙某个人名下，但因在析产时孙某已与张某成婚，根据宅基地使用权的福利性质和“一户一宅”的农村宅基地政策，

① 详见最高人民法院（2019）最高法民申 5205 号民事裁定书。

该房屋及拆迁后的补偿款，应认定为孙某、张某共同共有。民生小额贷公司主张案涉房屋为孙某之父对孙某个人的赠与，并援引《婚姻法解释（二）》第二十二条关于“当事人结婚前，父母为双方购置房屋出资的，该出资应当认定为对自己子女的个人赠与”的规定，与本案作为农村房屋的实际情况不符，因此不适用于本案。

关于人民法院是否应在本案中对张某主张的民事权益进行审查及裁判的问题。人民法院在审理张某所提起的案外人执行异议之诉的过程中，判断张某就案涉房产是否享有足以排除强制执行的民事权益，必然涉及对张某所主张的实体权利进行实体审查，这属于执行异议之诉案件的审理范围。孙某、张某已于2018年1月24日经法院判决离婚，对案涉房屋所涉及的夫妻共同财产份额，根据《民事诉讼法解释》第三百一十二条第二款之规定，张某既可以单独提起分割诉讼，也可以在本案中同时提出确认其权利的诉讼请求，人民法院亦可以就此一并作出裁判，民生小额贷公司主张张某仅能另案主张权利与上述法律规定明显不符，其据此提出的再审理由不能成立。

上述案例，涉及宅基地使用权问题。试问：何谓宅基地使用权？其有何法律特征？宅基地使用权是如何取得的？宅基地使用权的效力如何？宅基地可否允许流转？宅基地使用权消灭的情形有哪些？

二、宅基地使用权的法律意义

所谓宅基地使用权，是指宅基地使用权人依法享有占有、使用集体所有的土地，在该土地上建造房屋、其他附着物，并排除他人干涉的权利。我国《民法典》第三百六十二条规定，宅基地使用权人依法对集体所有的土地享有占有和使用的权利，有权依法利用该土地建造住宅及其附属设施。宅基地使用权具有如下法律特征：

1. 宅基地使用权在性质上为用益物权。在宅基地使用权中，权利人有权在土地上建造房屋、其他附着物，并有权排除他人的干涉。因此，宅基地使用权是一种用益物权。

2. 宅基地使用权的主体是农村集体组织的村民。需要特别注意的是，根据《民法典》物权编和《土地管理法》的规定，宅基地使用权的主体只能是农村村民，其他人不能成为宅基地使用权的主体。宅基地使用权是农民基于集体成员的身份而享有的福利保障，可解决农民的基本居住问题。[①] 虽然现实中有城镇居民购买农村住房的情况，但由于国家法律和有关政策对宅基地使用权主体的限制，城镇购买者不能取得宅基地使用权，这种购房行为当属无效。

3. 宅基地使用权的客体是农村集体所有的土地。宅基地使用权的客体是宅基地，包括建筑物的基地以及附属于建筑物的空白基地。从现行法律规定来看，能够作为宅基地的土地只能是农村集体所有的土地。国有土地只能作为土地使用权的客体，不能作为宅基地的客体。所谓“集体所有的土地”，其范围应当作广义理解，即包括土地的地表、空中和地中，集体经济组织的成员可以在集体所有土地的地表、空中、地中建造住宅及其附属设施。[②]

宅基地与建设用地使用权和土地承包经营权不同，《民法典》物权编规定的宅基地必须是集体所有的土地，宅基地使用权是设定在集体所有的土地上的用益物权。建设用地使用权，是指对国家所有的土地享有占有、使用和收益的权利；土地承包经营权所指向的土地，则是农民集体所有和国家所有由农民集体使用的耕地、林地、草地以及其他用于农业的土地。准确把握宅基地的所有权性质，对处理涉及农村房屋的转让、出租等纠纷，意义重大。

4. 宅基地使用权的行使受到严格限制。由于宅基地使用权是与集体经济组织成员的资格联系在一起的，在一定程度上具有福利和社会保障的功能，因此，宅基地使用权的行使受到了法律的严格限制，如不得单独转让、抵押等。因非本经济组织成员购买宅基地房屋的合同，损害法律、行政法规以及国家政策所维护的社会公共利益而应当认定无效。[③]

宅基地使用权在本质上属于土地使用权，两者存在明显区别：（1）取得方式不同。从现行法律的规定来看，宅基地使用权的取得主要是采取审批的方式，而土地使用权的取得则通过出让或转让方式进行。（2）权利内容不同。如宅基地使用权不能转让、抵押、投资入股，但土地使用权则可以转让、抵押等。（3）权利主体的身份限制不同。土地使用权的主体基本上没有限制，自然人、法人均可，且不受隶属关系的限制；而宅基地使用权的主体只能是自然

① 黄薇主编：《中华人民共和国民法典释义（上）》，法律出版社 2020 年版，第 700 页。

② 参见梁慧星、陈华彬：《物权法》（第 6 版），法律出版社 2019 年版，第 248 页。

③ 参见杜万华主编：《〈第八次全国法院民商事审判工作会议（民事部分）纪要〉理解与适用》，人民法院出版社 2017 年版，第 343 页。

人，且大多与宅基地的所有人有一定的隶属关系。（4）权利客体不同。宅基地使用权的客体是农村集体所有的土地，而土地使用权的客体是城镇国有土地。

三、宅基地使用权的取得

实践中，村民取得宅基地的方式有土地改革分配房屋、继承房屋遗产、合法审批建房、购买房屋以及获取赠与房产等形式，目前各地对宅基地的分配标准也有不同的规定。由于种种原因，相当一部分农户拥有两处以上宅基地，而且宅基地的面积也多少不均。

《民法典》物权编规定，宅基地使用权的取得适用《土地管理法》等法律和国家有关规定。《土地管理法》第六十二条规定："农村村民一户只能拥有一处宅基地，其宅基地的面积不得超过省、自治区、直辖市规定的标准。……农村村民建住宅，应当符合乡（镇）土地利用总体规划、村庄规划，不得占用永久基本农田，并尽量使用原有的宅基地和村内空闲地。编制乡（镇）土地利用总体规划、村庄规划应当统筹并合理安排宅基地用地，改善农村村民居住环境和条件。农村村民住宅用地，由乡（镇）人民政府审核批准；其中，涉及占用农用地的，依照本法第四十四条的规定办理审批手续。农村村民出卖、出租、赠与住宅后，再申请宅基地的，不予批准……"根据《民法典》物权编和《土地管理法》的规定，农村村民主要应当通过申请并获得批准的形式取得宅基地的使用权。一般来说，通过申请审批取得宅基地使用权，应当具备以下五个条件：[①]

1. 取得宅基地的村民资格。符合无宅基地的、家庭人口众多确需分户居住的、因国家或乡（镇）建设需要另行安排宅基地的或者在农村落户需建住宅而无宅基地的情况的村民，才可向所在村民委员会或农村集体经济组织申请划批宅基地。

2. 取得宅基地使用权的方式。历史上虽然宅基地使用权的取得有多种形式，但在现阶段，申请、审批为主要的原始取得方式。申请宅基地的程序：（1）村民首先向所在的农村集体经济组织——村委会提出申请，村委会同意后将申请提交乡（镇）土地管理部门；（2）乡（镇）土地管理部门接到申请后到现场查看；（3）申请人填写"建房用地申请表"，经乡（镇）人民政府审核后报县级人民

① 最高人民法院物权法研究小组编著：《〈中华人民共和国物权法〉条文理解与适用》，人民法院出版社2007年版，第458页。

政府土地管理部门审批。

3. 可以作为宅基地的土地范围。并不是所有农村集体所有的土地都可以作为宅基地使用，村民申请宅基地要符合乡（镇）土地利用总体规划，尽量利用原有的宅基地和村内空闲地。如果只能占用农用地作宅基地，按照《土地管理法》第四十四条的规定，还要报省级人民政府批准，并办理农用地转用批准手续。

4. 申请宅基地应当以户为基本单位，根据家庭成员人数确定宅基地面积，且原则上每户只能拥有一处宅基地。

5. 宅基地的分配标准和面积。关于宅基地的分配标准和面积，国家并无统一规定，而是由各省、自治区、直辖市根据当地土地、人口和经济状况等，自行作出具体规定。各级政府批准使用宅基地，应当严格按照当地制定的分配标准执行，不得超出规定面积数额。

四、宅基地使用权的效力

宅基地使用权是一种用益物权，其效力表现为：

1. 宅基地使用权人经依法申请批准取得宅基地使用权后，便享有对宅基地的独占权，任何组织和个人均不得非法干涉、擅自使用或剥夺其宅基地的使用权。否则，即对宅基地使用权构成侵权。

2. 宅基地使用权人拥有的宅基地使用权是无期限的权利。宅基地使用权没有明确的时间限制，不管宅基地使用的年限长短及其建设情况如何，宅基地使用权非依法定原因不被剥夺。对于宅基地上的建房，与宅基地使用权同时受法律的长期保障，宅基地使用权人得自由行使权利。

3. 宅基地使用权享有在宅基地空闲处修建其他附着物的权利。宅基地使用权人在主要住宅建筑外，可自行在宅基地范围内建设其他生产或生活需要的建筑和设施。

4. 宅基地使用权不得转让和抵押。目前，我国农村社会保障体系尚未全面建立，宅基地使用权是农民基本生活保障和安身立命之本，放开宅基地使用权转让和抵押的条件尚不成熟，特别是农民一户只有一处宅基地，一旦失去住房及其宅基地，就将丧失基本生存条件，影响社会稳定。[①]

---

① 黄薇主编：《中华人民共和国民法典释义（上）》，法律出版社 2020 年版，第 702 页。

五、宅基地使用权的流转

我国法律对于宅基地使用权的流转问题并没有采取明确禁止的态度，而是进行了几方面的限制：（1）转让房屋农民，再申请宅基地方面的限制。农村村民出卖、出租、赠与住宅后，不得再申请宅基地。因为如果农民将房屋转让给他人，那么根据“地随房走”的原则，宅基地使用权也不再属于该农民。为了保证一户一宅制度的实现，转让者不能再申请分配宅基地。（2）转让对象的限制。即农民不得向城镇居民转让宅基地使用权。（3）转让后的用途限制。宅基地使用权不得出让、转让或出租用于非农业建设。

1. 宅基地使用权继承问题。根据我国法律的规定，公民有权处分其个人所有的合法财产，在公民死亡时，其个人的合法财产可以被继承。因此，解决宅基地能否被继承的问题，首先需要确认宅基地是否属于我国公民的个人合法财产。《土地管理法》第九条规定：“宅基地和自留地、自留山，属于农民集体所有”，故公民对宅基地只有使用权，而没有所有权，即宅基地不属于我国公民的个人合法财产，不能继承。但是，在宅基地之上建造的房屋，属于公民的个人合法财产，属于《民法典》第一千一百二十二条规定的遗产范围，房屋是可以继承的，而我国实行“房地一体主义”，凡是房屋产权合法转移的，宅基地使用权也随之转移，因此继承人之所以可以继续使用宅基地是房屋继承的结果，而非宅基地使用权可以继承的体现。根据继承法的法理，不应当对继承人的主体资格进行限制，也就是说，不论继承人是否为本集体经济组织成员，都有权继承。但基于农村宅基地使用权的特殊性质，对于不同的继承人可提出不同的要求：首先，符合《民法典》继承编规定的继承人，都有权继承农村宅基地使用权。其次，继承人均为集体经济组织成员的，其已有宅基地与继承宅基地合计面积超出当地政府规定的面积标准，应当将多出的面积退还集体，并有权要求对地上房屋价值进行补偿。这项规则可称为“超标退还规则”。再次，如果继承人均为非集体经济组织成员的，应当在合理期限内转让房屋及宅基地，原集体经济组织成员有优先购买权。这项规则称为“强制转让规则”。最后，继承人既有本集体经济组织成员又有非集体经济组织成员的，本集体经济组织成员适用“超标退还规则”，非集体经济组织成员适用“强制转让规则”。如果采取上述规则，则可以在允许宅基地使用权继承的情况下化解农村土地资源紧张与一户拥有多处宅基地的矛盾。

2. 宅基地使用权出租问题。《土地管理法》第六十六条规定，不按照批准的用途使用土地的，农村集体在经过法定程序后，可以收回土地使用权，而所谓不按照规定的用途使用土地，就是指单位或者个人取得集体土地使用权后擅自改变依法批准的用途，将土地用于其他建设项目或者达到某种目的。而宅基地使用权是具有一定的福利性质和社会保障性质的用益物权，其与农民自身居住生活密切相关。因此，如果宅基地使用权人将宅基地使用权出租，不得与保障农民自身生存条件相背离。在有限制地允许宅基地使用权转让的前提下，允许宅基地使用权的出租是合理的，也是必要的，但必须以不改变宅基地之用途为前提。

3. 宅基地使用权转让问题。目前关于农村村民之间转让宅基地使用权主要有两种观点：一种是允许自由转让，另一种是有条件地允许转让。第一种观点认为，依照现有的法律和行政法规对农村村民之间的宅基地转让没有禁止性的规定，依据“法无规定不禁止”的原则，农村村民之间转让宅基地不应加以限制。第二种观点认为，农村村民之间转让宅基地使用权需要具备各种前提条件，如转让人拥有二处以上的农村住房（含宅基地）；受让人没有住房和宅基地且符合宅基地使用权分配条件；转让行为须征得本集体经济组织同意；等等。对比以上两种观点，审判实践中应采纳后一种观点：一是因为根据宅基地取得程序，转让行为应经村委会同意，报乡政府土地部门批准备案，进行物权登记；二是因为转让应进行公示，私下转让违反了《土地管理法》“一户只能拥有一处宅基地”的规定，后果是少数人拥有多处宅基地，而其他成员在没有宅基地的情况下只能挤占耕地。

我国现行法律规定禁止农村村民向城镇居民转让宅基地使用权。根据《土地管理法》的规定，农民向城镇居民转让宅基地使用权以及其他变相导致农民丧失宅基地使用权的行为，应当依法确认无效。例如，城镇居民与农村居民签订了购买宅基地或者房屋合同，农村居民不交付宅基地或者房屋，城镇居民向法院起诉，要求农村居民履行合同，此类合同如何处理？目前法律包括《民法典》物权编在内都没有对是否允许城镇居民在农村购买宅基地或者房屋作出明确规定，因此裁判时就需要适用国家政策。考虑到目前我国农村社会保障体系尚未全面建立，宅基地使用权和房屋是农民安身立命之本，现在放开宅基地使用权和房屋转让的条件尚不成熟，因此，国家政策禁止城镇居民在农村购买宅基地或者房屋。人民法院不应支持城镇居民要求在农村购买宅基地或者房屋的诉讼请求。城市居民争相购买“小产权房”“乡产权房”的原因主要有两个：一是城市国有土地上开发建造的房屋价格不断高涨，令广大购房人难以承受；二是在客观存在的二元土地所有结构下，集体建设用地具有明显的成本优势。宣告相关买卖行为无效，能够对可能继发的潜在交易需求予以必要的警示。但妥善解决这一颇具普遍性的问题，的确也给制度设计者提出了不容回避的严峻课题。目前，很多法院是通过判决合同无效并让出卖人对房屋增值部分按照其过错比例对买受人承担赔偿责任来平衡双方当事人的利益关系。司法实践中对于宅基地使用权的转让问题需区别对待：对农村村民之间的转让可以根据情况有条件地允许，但需完善相关的登记、公示制度以保护各方利益。而对于将宅基地使用权转让给城市居民的行为则应严格禁止，认定买卖合同无效，不应受到法律保护。

4. 关于宅基地使用权的抵押问题。根据《民法典》第三百九十九条的规定，宅基地使用权不得抵押。实践中，宅基地使用权的抵押一般都由住房抵押而来，如果允许抵押宅基地，则存在诸多问题。比如，因实现抵押权而丧失宅基地使用权的村民，如不能再次分得宅基地，其居住问题将难以解决；在实现抵押权时，房屋可以查封，但不能卖，也将导致抵押权无法实现。因此法律明确规定宅基地使用权不得抵押。既然法律已明确规定，则无论在集体经济组织外部，还是集体经济组织内部，均不得将宅基地使用权用于抵押。而且，不仅宅基地使用权不能抵押，在宅基地上建造的房屋也不能抵押，否则由于存在宅基地不得抵押的法律规定而使房屋的抵押权人不能实现房屋的抵押权。实践中出现以农村房屋或宅基地使用权作为抵押的，应当认定无效。因此，《民法典》物权编延续了《担保法》《物权法》的相关规定，禁止以宅基地使用权抵押。①

六、宅基地使用权的消灭

宅基地使用权消灭情形，主要有如下几种：

1. 宅基地的收回。因乡村公共设施和公益事业建设的需要，农村集体经济组织经县级人民政府批准，有权收回宅基地，但应当向宅基地使用权人补偿因此受到的损害，并对没有宅基地的村民重新分配宅基地。

2. 宅基地的征收。国家为了社会公共利益的需要，征收宅基地使用权的，

---

① 黄薇主编：《中华人民共和国民法典释义（上）》，法律出版社2020年版，第772页。

该宅基地使用权消灭。在宅基地使用权被征收后，原宅基地使用权人有权向土地所有人重新申请宅基地使用权。

3. 宅基地使用权的抛弃。宅基地使用权虽是经审批取得的，但毕竟属于一种民事权利，因此，权利人有权抛弃宅基地使用权。但为防止权利人利用抛弃宅基地使用权而取得其他更为有利的宅基地使用权，宅基地使用权人抛弃宅基地使用权的，不得再申请新的宅基地使用权。

4. 宅基地的灭失。《民法典》第三百六十四条规定："宅基地因自然灾害等原因灭失的，宅基地使用权消灭。对失去宅基地的村民，应当依法重新分配宅基地。"作为宅基地使用权客体的土地，如果发生灭失，则宅基地使用权丧失了存在的基地，应归于消灭。为保障居民的基本生活需要，在宅基地灭失的情况下，原宅基地使用权人有权重新申请宅基地使用权。但是，如果只是宅基地上的建筑物或其他附属物灭失，则不影响宅基地使用权的效力。宅基地使用权人有权在宅基地上重新建造房屋，以供居住。

七、对案例 50 的简要评析

在本案中，宅基地使用权的取得坚持"一户一宅"的原则，且不以登记为有效设立的前提，因在宅基地使用权上合法建造的事实行为而完成物权设立行为。在涉案房屋建造时，孙某与张某已经结婚，该房屋及宅基地使用权应当认定为夫妻共同所有。若仅仅以该房产初始登记的所有权人为孙某，即认定为孙某个人财产，既与事实不符，亦不利于保护张某的权益，损害了张某作为集体经济组织成员的宅基地使用权的"福利"。虽然涉案房产被拆迁，但该拆迁补偿款仍然视为夫妻共同财产，张某应当享有的部分不得清偿孙某的个人债务。

第五章　居住权

一、问题的提出

居住权是否入法的问题，一直是《物权法》、《民法典》物权编立法中颇具争议的问题。对此，《民法典》物权编设专章规定了“居住权”，可谓“一锤定音”。居住权设置的目的是实现同居者的基本居住保障，保障居住者的居住安全。司法裁判中，在父母子女、夫妻配偶就房屋所有权发生争议的案例中，为平衡利益和社会安定，法官会判决一方没有房子住的时候仍然可以居住原来的房屋。尽管目前该种判决缺乏正当的法律依据，但现实中是可行的，法定居住权“入典”使得该种裁判有法可依。对此，《民法典》第三百六十六条至第三百七十一条对居住权作了详细规定。

在研究居住权之前，先看一则案例：

案例 51：韩某与聂某物权保护纠纷案[①]

生效裁判认为，本案聂某丈夫于某政基于单位分配取得涉案房屋居住权，与所在单位形成事实上的公房承租关系，其居住权应受法律保护。聂某作为于某政的妻子即于某政所分涉案房屋遗产的继承人，亦对涉案房屋享有权利。因在聂某享有房屋使用权期间，韩某将房屋拆除，又根据拍卖公告及韩某出具的《承诺书》，能够表明韩某明知拍卖标的存在权利瑕疵，韩某的拆除行为导致聂某丧失了对涉案房屋的居住权，存在过错，故应对聂某承担侵权责任。因涉案房屋已被韩某拆除，不具备返还原物的条件，因此，韩某应承担损失赔偿责任。现聂某起诉要求韩某赔偿损失，具有事实及法律依据，予以支持。虽然本案评估公司以房产已被拆除等理由予以退卷，但聂某主张按单价人民币 3510 元 / 平方米赔偿标准要求韩某承担赔偿责任，不违反事实及法律规定，故原审

---

① 详见辽宁省沈阳市中级人民法院（2016）辽 01 民终 764 号民事判决书。

法院综合本案实际情况，酌定以该单价标准为参照，由韩某赔偿聂某损失共计人民币 168480 元（48 平方米 ×3510 元 / 平方米）。综上，依照《物权法》第三十七条之规定，法院判决：被告韩某于本判决发生法律效力后 30 日内赔偿原告聂某人民币 168480 元。

上述案例，人民法院虽然援引《物权法》第三十七条“侵害物权，造成权利人损害的，权利人可以请求损害赔偿，也可以请求承担其他民事责任”的规定（损害赔偿请求权），但实际上是适用了居住权法理进行裁判（因为《物权法》没有规定居住权）。试问：如何理解居住权？如何设定居住权？居住权因哪些情形而消灭？

二、居住权的法律意义

何谓居住权？《民法典》第三百六十六条规定：“居住权人有权按照合同约定，对他人的住宅享有占有、使用的用益物权，以满足生活居住的需要。”由此看来，现实生活和司法实践对居住权并不陌生，居住权的司法案例并不鲜见。《婚姻法解释（一）》第二十七条第三款规定：“离婚时，一方以个人财产中的住房对生活困难者进行帮助的形式，可以是房屋的居住权或者房屋的所有权。”据此，在离婚后，为无住处的配偶设定居住权是相当常见的法律现象，如在“仲某诉熊某某离婚后财产分割纠纷案”中，房屋虽认定为被告的个人财产，但原告仲某离婚后没有住处，没有稳定的收入来源，且身体健康状况不好，属于《婚姻法》规定的生活困难，法院判令其可以继续在被告房屋中居住。[①]《民法典》编纂过程中，增加规定居住权制度主要基于：一是加快建立多主体供给、多渠道保障、租购并举的住房制度的需要。二是住房商品化和市场化发展的反映。三是住房在居民财产体系中地位提高的体现。四是更好地满足住宅所有权人意思自由的需求。[②]

在现代社会，住房不仅是自然人基本的财产，也是自然人基本的生活资料，是保障自然人生存权所必需的财产，因为“人有所居”。居住权的法律特征表

---

① 详见江苏省宿迁市中级人民法院（2011）宿中民终字第 1190 号民事判决书。

② 详见黄薇主编：《中华人民共和国民法典释义（上）》，法律出版社 2020 年版，第 707～708 页。

现为：

1. 居住权属于用益物权。居住权是在他人房屋所有权之上设立的物权，是他人房屋所有权上的负担，是一种典型的用益物权，也属于一种他物权（限制物权）。

2. 居住权采登记设立主义。依据《民法典》第三百六十七条的规定，设立居住权，当事人应当采用书面形式订立居住权合同。依据第三百六十八条的规定，设立居住权的，应当向登记机构申请居住权登记。居住权自登记时设立。

3. 居住权以无偿性为原则，以有偿性为例外。居住权的设定是一种恩惠行为，居住权人取得居住权通常都是无偿的，无须支付对价。[①] 依据《民法典》第三百六十八条的规定，居住权无偿设立，但当事人另有约定的除外。据此，居住权设立以无偿为原则，以有偿为例外。由此可见，居住权并非均为无偿的。

4. 居住权以不可转让性为原则，以可转让性为例外。一般来说，居住权是为特定人而设立，只能由特定人享有，不能由他人享有。对此，《民法典》第三百六十九条规定："居住权不得转让、继承。设立居住权的住宅不得出租，但是当事人另有约定的除外。"据此，居住权可否转让，取决于居住权合同的约定。

5. 居住权具有长期性。居住权期限一般具有长期性、终身性的特点。居住权的期限可由当事人在合同或遗嘱中确定或约定，如果没有对期限作出明确规定，则应推定居住权的期限为居住权人的终身。这是因为居住权是用来供没有房屋的人居住的，所以权利人对房屋的居住权如果没有约定的话，应当理解为与其生命共始终。《民法典》第三百七十条规定："居住权期限届满或者居住权人死亡的，居住权消灭。居住权消灭的，应当及时办理注销登记。"

三、居住权的设立

依据《民法典》的规定，居住权既可以基于当事人的约定设立，也可以基于被继承人的遗嘱设立。居住权的设立主要可通过以下几种方式：

1. 因登记而设立居住权。居住权设立的基础原因是订立居住权合同。依据《民法典》第三百六十七条的规定，设立居住权，当事人应当采用书面形式订立居住权合同。居住权合同一般包括下列条款：（1）当事人的姓名或者名称和

---

① 参见王利明主编：《中国民法典学者建议稿及立法理由》，法律出版社 2005 年版，第 301 页。

住所；（2）住宅的位置；（3）居住的条件和要求；（4）居住权期限；（5）解决争议的方法。本条所称的合同应当首先包括涉及婚姻、收养、监护等身份关系的合同。因为居住权制度产生的基础就是对具有特定身份关系人的利益的保护。[①]

2. 直接依法律的规定取得居住权。《民法典》第二百二十九条规定，因人民法院、仲裁机构的法律文书或者人民政府的征收决定等，导致物权设立、变更、转让或者消灭的，自法律文书或者征收决定等生效时发生效力。因此，司法实践中，如离婚判决时，法官可以依法将居住权判给一些有特殊需要的人，这也是依据法律规定设定居住权的一种方式。[②]

3. 因遗嘱等法律行为取得居住权。房屋所有权人可通过设立遗嘱的方式为他人设定居住权。《民法典》第三百七十一条规定了通过遗嘱形式设立居住权，即以遗嘱方式设立居住权的，参照适用居住权一章的有关规定。值得注意的，一是遗嘱设立居住权，不以书面形式为必要条件，应以符合遗嘱法定形式和效力为准。遗嘱的法定形式有自书遗嘱、代书遗嘱、打印遗嘱、公证遗嘱、录音录像遗嘱和口头遗嘱。对于遗嘱设立居住权来说，只要符合遗嘱的法定形式且遗嘱有效，那么以录音录像遗嘱、口头遗嘱这种非书面形式的方式设立居住权也应是合法有效的，这也能充分尊重并还原立遗嘱人的真实意愿。二是遗嘱设立居住权，自继承开始时设立，登记并非生效要件。根据《民法典》第二百三十条、第一千一百二十一条的规定，因继承取得物权的，自继承开始时发生效力。继承从被继承人死亡时开始。那么通过遗嘱设立居住权的，应自继承开始时设立。即通过遗嘱设立居住权不采登记生效主义，若要对抗善意第三人，居住权人可在取得居住权后向登记机构申请居住权登记，以公示自己的居住权，维护自身合法权益。

四、居住权的消灭

由于居住权制度设计的目的是保障居住权人的生活居住的需要，其期限一般具有长期性、终身性。[③] 依据《民法典》第三百七十条的规定，居住权因下

---

① 最高人民法院民法典贯彻实施工作领导小组主编：《中华人民共和国民法典物权编理解与适用（下）》，人民法院出版社 2020 年版，第 862 页。

② 黄薇主编：《中华人民共和国民法典物权编释义》，法律出版社 2020 年版，第 415 页。

③ 黄薇主编：《中华人民共和国民法典释义（上）》，法律出版社 2020 年版，第 714 页。

列情形消灭：

1. 居住权因期限届满而消灭。居住权属于有期限的物权，因使用期限届满而自然归于消灭。

2. 居住权因居住权人死亡而消灭。由于居住权为特定人而设立的权利，不得转让、继承，当居住权人死亡时居住权消灭。

此外，因居住权人滥用权利也会导致居住权合同解除而消灭。在司法实践中，居住权人违反居住权合同约定，擅自将房屋出租、出借、抵押、改变用途如用于生产经营等时，居住权合同解除条件成就，居住权消灭。

五、对案例 51 的简要评析

在本案中，拆除的涉案房屋为聂某丈夫单位分配的公租房，聂某对该房屋拥有居住权，在其丈夫死亡后，聂某又是涉案房屋遗产的继承人。聂某在使用涉案房屋期间，因韩某的侵权行为将涉案房屋拆除，构成了对聂某的侵权。应当承担损害赔偿责任，法院基于侵权的损害事实和市场价格，判定韩某承担民事责任是正确的。

第六章　地役权

第一节　地役权概说

一、问题的提出

在传统民法上，两个不动产所有人的不动产相邻，一方为自己土地的利用方便，须使用他方土地时，有两项制度可供利用：一项是不动产相邻关系制度，在《民法通则》中已有规定；另一项是地役权制度。相邻关系上双方的权利义务，出于法律强制性规定，利用的程度有限。如果是超出此程度的利用，则应当采取协商设立地役权的方式。考虑到现代社会中，地役权制度仍有广泛利用的余地，例如在他人土地上下铺设管线等，故物权法应当规定地役权制度。因此，《民法典》第十五章专门规定了地役权，完善了地役权制度。

在研究地役权的几个原则性问题之前，先看一则案例，并思考之：

案例 52：地役权有哪些特性？

甲地的使用权人张三，与乙地的使用权人李四通过合同的形式设定邻地通行权，试说明下列情形所涉及的法律问题：

1. 张三将甲地使用权让与王五，或为王五设定抵押权。

2. 张三将甲地使用权让与王五，但自己保留通行权。

3. 甲地分割为 A 地、B 地或乙地分割为 C 地、D 地时，如何确定邻地通行权的存续？

根据上述案例，试问：何谓地役权？其有何法律特征？地役权与不动产相邻权有何区别？地役权有哪些种类？地役权是如何取得的？

二、地役权的法律意义

所谓地役权，是指地役权人因通行、取水、排水、通风、采光、铺设管线等需要，有权利用他人土地，以提高自己土地的便利与效益。地役权人，可以是土地所有权人，也可以是土地承包经营权、建设用地使用权、宅基地使用权等权利人。我国《民法典》第三百七十二条规定："地役权人有权按照合同约定，利用他人的不动产，以提高自己的不动产的效益。前款所称他人的不动产为供役地，自己的不动产为需役地。"地役权人所利用的他人土地，不限于为他人所有的土地，也包括为他人所享有的农村土地承包经营权、建设用地使用权、宅基地使用权的土地。

地役权作为一种用益物权，具有如下法律特征：

1. 地役权的存在以权属不同的两块土地相邻为条件。地役权以自己土地的方便和利益而利用他人的土地，因此，地役权的存在必须具备以下条件：（1）须有两块土地存在。此两块土地不是土地自然形态上的两块土地，而是法律意义上的两块土地。简单的判断标准，就是在不动产登记证上登记的两块土地。（2）这两块土地上已设定的物权（包括所有权、建设用地使用权和土地承包经营权），分别归属不同的法律主体。（3）这两块土地必须是相邻的土地。因其土地相邻，才有互为便利和利用的必要和可能。这里"相邻土地"的含义，不仅是指两块土地相互邻接或毗连，也包括两块土地相邻近的意义在内，在特殊情况下，可设立地役权的两块土地甚至相隔很远。（4）根据空间权的理论，在设立了空间所有权或空间基地使用权的相邻空间之间，亦可设立地役权。因而对"邻地"，不必限于平面上的理解。（5）在这相邻的两块土地之间，为一块土地的方便与利益，有利用另一块土地的必要与可能。

2. 地役权是为需役地的方便与利益而设立的。地役权的设立，必须以增加需役地的方便与利益为目的。需役地的方便与利益，包括物质上或财产价值上的方便与利益，如为需役地通行之方便而在供役地上设立的通行权，为需役地管线架设通过之方便而在供役地上设立的通过权，为需役地用水的利益而在供役地上设立的取水权等；也包括精神上或感情上的方便与利益，如为需役地的视野广阔而在供役地上设立的眺望权等。从地役权的内容来看，需役地从供役地所获得的方便与利益包括：（1）使用供役地，如从供役地通行；（2）由供役地取得孳息，如在供役地伐薪；（3）限制供役地为某种使用，如要求供役地权利人在一定范围内不得修建建筑物；（4）排除供役地依相邻关系所产生的某些权利的行使，如允许需役地人向供役地排放一定量的烟气等。

地役权是为需役地的方便与利益而使用供役地，因此，地役权的设立在给予需役地人利益的同时，即给供役地权利人施加了负担。供役地权利人因此而要承担的负担包括：允许需役地人使用其土地，容忍需役地人对其土地的某种程度的损害，放弃对自己土地的部分使用权利，放弃部分相邻权（如允许需役地人向其土地排烟等）等。地役权是对供役地权利人施加的额外负担，因此，该项权利只为需役地的存在而设立，而不是为需役地人的其他需要而设立。

3. 地役权不以占有为要件。与用益物权中的建设用地使用权和农村土地承包经营权不同，地役权不以对供役地的占有为要件。占有是指对物在实际上的控制，而行使地役权则不必对供役地进行控制。比如，地役权种类中的眺望权、采光权等行使，无须地役权人占有供役地，而只需供役地权利人承受一定的负担或一定程度的忍受即可实现。

4. 地役权有偿或无偿、存续期间依当事人约定。有偿利用邻地的，地役权人应当按照约定支付费用。地役权的期限，由当事人约定，但不得超过土地承包经营权、建设用地使用权等用益物权的剩余期限。

5. 地役权具有从属性和不可分性。地役权的从属性，指地役权从属于需役地，与需役地同命运，地役权从属于需役地的处分。《民法典》第三百七十八条规定："土地所有权人享有地役权或者负担地役权的，设立土地承包经营权、宅基地使用权等用益物权时，该用益物权人继续享有或者负担已经设立的地役权。"第三百八十条规定："地役权不得单独转让。土地承包经营权、建设用地使用权等转让的，地役权一并转让，但是合同另有约定的除外。"地役权虽然为一种独立的权利，而不是需役地所有权内容的扩张，但是它又与需役地所有权的命运紧密联系在一起，因此它具有从属性。具体而言表现为，一是地役权必须与需役地所有权或使用权一同移转，不能与需役地分离而让与。地役权的这种从属性主要表现是：（1）需役地所有人不能自己保留需役地所有权而仅将地役权让与他人；（2）需役地所有人不能自己保留地役权而将需役地所有权让与他人；（3）需役地所有人不能将需役地所有权和地役权分别让与不同的人。二是地役权不得与需役地分离而成为其他权利的标的。地役权不同于其他财产权的是，地役权不能单独作为其他权利的标的，如不能单独以地役权抵押、出租等。地役权只能随同需役地而成为其他权利的标的。

地役权的不可分性，是指地役权为不可分的权利，即地役权不得被分割为两个以上的权利，也不得使其一部分消灭。需役地被分割时，各分割部分仍享有原地役权；供役地被分割时，需役地仍对各分割部分享有地役权。地役权为需役地的便利而存在，为实现这种便利，地役权只能为需役地的全部而存在，也只能存在于供役地的全部之上。

三、地役权与相邻权的区别

地役权与不动产相邻权是两类既有共性又有个性的民事权利。由于地役权与不动产相邻关系很相似，致使有些人将地役权与不动产相邻关系混为一谈。其共性表现在它们都是以邻人的不动产为自己不动产提供便利的权利，正是基于这一共性，《法国民法典》把相邻权规定为法定地役权。然而地役权与不动产相邻权实质上是不同性质的民事权利，其区别是：

1. 不动产相邻权是法定权利，是基于法律的规定而产生，而地役权是约定权利，由双方当事人合意创设。

2. 不动产相邻权在性质上是对相邻不动产所有权或使用权的延伸或限制，不是一种独立的物权。而地役权虽然具有从属性，但它不是需役地所有权或使用权内容的扩张，而是一种独立的物权。

3. 不动产相邻权依法发生在相互毗邻的不动产合法占有人之间。而地役权则不受土地是否毗邻的限制。

4. 不动产相邻权的内容包括自然流水的利用、排水、危害和危险的防治和排除、道路或桥梁的通行、采光、通风、噪声和震动的防止及减低等多方面。而地役权的内容单一，只是为自己土地的利益而使用他人的土地。

5. 不动产相邻关系和地役权都是对所有权内容的一种限制，但二者的限制程度不同。不动产相邻关系是对不动产所有权内容最低程度的限制；地役权对不动产的限制程度则依当事人的约定而定，其限制程度一般大于不动产相邻关系。

6. 不动产相邻权一般是无偿、无固定期限的，除非不动产相邻权的行使损害了相邻方的合法权益，否则不得要求偿付费用。而地役权一般是有偿、有固定期限的，供役地所有人，除享有对价请求权外，在不妨碍地役权行使的范围内，可以使用地役权人所设置的工作物。

正是由于地役权与不动产相邻权的区别，德、日民法和我国台湾地区“民法”，把不动产相邻权放在不动产所有权部分作规定，而将地役权规定在他物权的章节中。

四、地役权的种类

（一）根据地役权行使的不同而分类

1. 积极地役权与消极地役权。这是以地役权人是以作为还是不作为的方式实现其地役权来划分的，因此，亦称之为作为的地役权和不作为的地役权。积极地役权，是指以地役权人在供役地为一定行为为内容，它要求供役地的所有人或使用人承担容忍地役权人为一定行为的义务，如通行地役权、汲水地役权等。在积极地役权中，供役地所有人负有容忍的义务，而不得禁止、干涉。消极地役权，是指以供役地所有人或使用人不为一定行为为内容的地役权，它要求供役地所有人或使用人承担不为一定行为的义务，如不建筑一定高度的楼房。

2. 继续地役权与非继续地役权。这是以地役权行使方法为标准进行的分类。继续地役权，是指继续无间断地行使于供役地上的地役权，如眺望地役权、铺设管道引水地役权等。该类地役权的行使，不需要每次有权利人的行为，而能够无间断地享有。一般来说，消极地役权属于继续地役权；非继续地役权是指地役权的行使，以地役权人每次行为为必要，如汲水地役权、放牧权。这种地役权大都没有固定的设施，因而需要地役权人的每次行为才能行使地役权。

3. 表现地役权与不表现地役权。这是以地役权的行使状态为标准所作的分类。表现地役权是指地役权的行使可以由外部设施查知，如铺设道路的通行地役权、地面水管汲水地役权，这种地役权因有外形标识而能自外部加以认识；不表现地役权是指地役权的实现是不能由外部设施查知的，如无道路的通行地役权、地下污水排除地役权。消极地役权一般属于不表现地役权。

（二）根据地役权内容的不同所作的分类[①]

1. 通行权。这是需役地人在供役地上通行的权利。地役权通行的方式可以是步行，亦可为行车，或者两种均有。在设立通行权时，如有必要，应特别约

---

① 参见中国物权法研究课题组：《中国物权法草案建议稿：条文、说明、理由与参考立法例》，社会科学文献出版社2000年版，第556～557页。

定通行的方式，因为这涉及为通行所修筑道路的性质与范围，以及供役地权利人负容忍义务的程度。

2. 通过权。这是需役地人将某些管线设施通过供役地的地表、上空或地下的权利。如管道通过权、架线通过权等。

3. 流水权。或叫排水权，这是将需役地的自然流水或生产、生活用水通过供役地而排泄的权利。流水的方式可以在地面，亦可在地下。排水的方式，可以是自然流水的方式，亦可是通过人工排水设施的方式。

4. 通风权。这是需役地人要求供役地权利人在一定范围内不得修建建筑物或其他障碍物，以保证需役地人的土地或建筑物通风的权利。

5. 采光权。这是需役地人要求供役地权利人在一定范围内不得修建建筑物或其他障碍物，以保证需役地人的土地或建筑物采光需要的权利。

6. 取水权。这是需役地人在供役地上的水源取水的权利。取水的目的可以是日常生活需要，亦可是需役地上的生产需要。取水的方式，可以是地役权人在需要时，每次到供役地的水源汲取，此又称汲水权；也可以是地役权人通过人工设施（如渠道、水管）引水，此又称引水权。如有必要，在设立取水权时，应约定取水的时间和取水量等；如果在供役地上同一水源上为多个地役权人设立取水权，必要时，可约定取水的顺序。

7. 眺望权。这是需役地人要求供役地权利人不得在一定范围内修建建筑物或其他障碍物，以保证需役地上的土地或建筑物的视野的权利。

五、地役权的取得

地役权的取得，即地役权的发生。地役权的取得原因可以是法律行为，也可以是法律行为以外的其他原因。

（一）基于法律行为而取得

基于法律行为而取得的地役权，主要有地役权的设定和让与两种。

1. 地役权的设定。地役权的设定主要通过两种方式，一是通过合同行为设定。《民法典》第三百七十三条规定："设立地役权，当事人应当采用书面形式订立地役权合同。地役权合同一般包括下列条款：（一）当事人的姓名或者名称和住所；（二）供役地和需役地的位置；（三）利用目的和方法；（四）地役权期限；（五）费用及其支付方式；（六）解决争议的方法。"地役权自地役权合同生效时取得。当事人要求登记的，地役权人应当向县级以上登记机构申请登记。未经登记，不得对抗善意第三人[①]。二是以单独行为设定，如遗嘱设定地役权。设定地役权，可以是有偿的，也可以是无偿的；可以是有期限的，也可以是无期限的。如定为永久无限存续的地役权，按其性质，并不因此减少供役地所有权的效用。

地役权设立合同不仅需要采用书面形式，还应包括一定的内容或者主要条款。合同的主要条款是指有关法律规定或者交易方式要求等事项在有名合同中的具体体现。这些事项一般是作为特定合同中的当事人必须遵守的义务条款而存在。合同的主要条款体现了当事人交易的实质、核心内容，决定着合同的基本类型，如果有所欠缺，可能导致合同的不成立。合同的主要条款来源于法律、法规的明确规定，或者当事人之间彼此承认的商业惯例。根据《民法典》第三百七十三条第二款的规定，地役权合同应该包括以下主要条款：（1）地役权合同双方当事人的姓名或者名称和住所。有互相负有义务和享有权利的当事人，是合同成立的必要条件。合同具有相应的当事人，才能构成一个完整的法律关系。因此，在地役权合同中，首先应该明确合同当事人的有关情况。这一条款的意义在于确认双方当事人在合同中的地位。《民法典》物权编对地役权人当事人的范围一般不作限制，可以是任何法人和自然人。对于当事人一方或者双方是自然人的，应当写明其姓名，而对于当事人一方或者双方是公司或者单位的应该写明其名称。（2）供役地和需役地的位置。明确供役地和需役地的位置，是为了使双方供役地和需役地特定化。供役地和需役地是当事人双方通过订立地役权合同实现合同目的的物质载体。这一条款确定产生双方权利义务的物质基础。（3）利用目的和方法。当事人设定地役权，对需役地使用权人而言，能使自己的土地充分利用或者增值，对于供役地使用权人而言，也可以以闲置的不动产通过供役获得补偿，实现土地的收益，这是地役权设立的根本目的。但在这里所说的利用目的，是指当事人通过订立地役权合同所要达到的具体目的。（4）利用期限。这是当事人实现权利、履行义务的时间范围。当事人

---

① 王泽鉴先生认为，地役权的内容须为登记，其未登记者，仅具债权的效力。王泽鉴：《民法物权：用益物权 · 占有》（第 2 卷），中国政法大学出版社 2001 年版，第 84 页。此观点与我国《民法典》第三百七十四条“地役权自地役权合同生效时设立。当事人要求登记的，可以向登记机构申请地役权登记；未经登记，不得对抗善意第三人”的规定是不同的。

双方可以约定地役权的期限，但如果法律法规对某类地役权的最长期限有规定，约定期限不得超过该法定最长期限。当事人双方订立地役权合同，从需役地的角度来看，地役是一种权利，而从供役地的角度讲，就是一种义务和负担。这种权利和义务一般具有一定的期限，因为，需役地的使用权人是为了达到一定的目的而使用供役地使用权人的土地，一旦目的达到，再役使他人的土地就可能没有必要，或者要付出更大的代价，从而使自己的土地利用价值得不到应有的提高或者增值。而对于供役地使用权人来讲，其土地也不可能永远闲置不用而供他人利用。故约定一定的期限是十分必要的。这种约定的期限一旦到期，双方的地役权合同就履行完毕。该款第三项、第四项是对双方当事人义务履行状态的具体要求。（5）费用及其支付方式。地役权合同既可以是有偿的，也可以是无偿的。但一般来讲，地役权合同多为有偿合同。地役权合同为有偿时，必然要涉及费用的数额和支付方式的问题。这是地役权合同的重要条款，对于双方当事人的权利和义务具有直接的利害关系。在这里，费用是指需役地使用权人应该支付给供役地使用权人的补偿金。该费用系由当事人双方自愿协商约定的，费用如何支付也由双方当事人约定。但不得违反《民法典》物权编和特别法的有关规定。（6）解决争议的方法。这是确定当事人解决纠纷、保障权利实现的途径。地役权合同的双方当事人在履行合同的过程中，难免会产生争议。在合同中约定解决争议的方法，有利于当事人继续履行合同。一旦产生纠纷，也便于纠纷的解决。

2. 地役权的让与。地役权具有从属性，不得与需役地所有权分离而单独让与。需役地所有人将需役地连同地役权一同让与时，受让人即因此而取得地役权。让与取得地役权的，须登记后才发生法律效力。土地承包经营权等各种用益物权类型，虽然基于所有权而派生，但是其一经设定就具有独立性，不依附于其他权利而存在。但是地役权基于其特定的设立目的，其存在就是为了便于需役地所有权人或者使用权人利用需役地，故而其具有从属性。地役权与土地承包经营权、建设用地使用权等同属于用益物权。但地役权的设定，必须依托一定的土地，在我国，这种权利多半是在土地承包经营权、建设用地使用权已存在的情况下设立的。故地役权虽然是一种独立的用益物权，但必须从属于需役地而存在。地役权的从属性具体表现在：（1）地役权的设定，以需役地的存在为前提。不能脱离特定的需役地而设定地役权。（2）地役权不得单独处分，只能与需役地上的使用权、收益权一并处分。即对需役地上的使用权、收益权的转让，如无特别约定，基于地役权的从属性，地役权也被一并转让。需役地所有人或者使用人不能自己保留需役地的所有权或者使用权而单独将地役权让与他人；不能自己保留地役权而将需役地的所有权或者使用权让与他人；也不能将需役地的使用权与地役权分别让与不同的人。如果需役地的所有人和使用人同时从事这些转让行为，则因违反了地役权的从属性而应被宣告无效。

（二）基于法律行为以外的原因而取得

依各国的立法例，地役权还可基于时效、继承等法律、行为以外的原因而取得。

1. 时效取得。地役权是一种财产权，因此，可发生因时效而取得地役权的情况。因时效而取得地役权仅以继续并表现的地役权为限。① 如仅继续而非表现的地役权，或仅表现而非继续的地役权均不能因时效取得。

2. 继承取得。地役权为财产权，当然可因继承而取得。需役地所有人或其他取得地役权的地役权人死亡时，则其地役权由其继承人继承。一般认为，继承开始时，继承人即取得被继承人的地役权。

六、对案例 52 的简要评析

在本案中，甲地的使用权人张三，与乙地的使用权人李四通过合同的形式设定邻地通行权，这是地役权人张三以邻地利用合同的形式取得地役权。

1. 张三将甲地使用权让与王五，在双方未作出特殊约定的情况下，张三的地役权一并转让给王五；或为王五设定抵押权，则王五实现抵押权时，地役权同时转让。

2. 张三将甲地使用权让与王五，但自己保留通行权。在该种情形中，因张三保留了地役权，故王五不能取得地役权，此正是民法所倡导的意思自治原则的体现。

3. 甲地分割为 A 地、B 地或乙地分割为 C 地、D 地时，如何确定邻地通行权的存续。需役地甲地经分割为 A 地、B 地，其地役权为各部分之利益仍继续存续。供役地乙地经分割为 C 地、D 地，地役权就其各部分仍继续存续。

---

① 《日本民法典》第 283 条规定："地役权，以继续且表现者为限，因时效而取得。"我国台湾地区"民法"第八百五十二条的规定与此相同。

第二节　地役权的效力

一、问题的提出

地役权的效力，亦称地役权的内容，表现为地役权人的权利义务和供役地权利人的权利义务。在研究地役权的效力之前，先看一则案例，并思考之：

案例 53：该笔维护费用由谁负担？

稻花香村民郑某与李某所承包的土地相邻，郑某为了浇水灌溉，经与李某协商，双方与 3 月签订了地役权合同，主要约定：郑某经过李某的承包地修筑一条水渠，李某亦可利用水渠进行灌溉，双方均不需要支付费用。利用期限为 10 年。合同签订后，郑某便投资 3000 元修筑了水渠。时逢百年不遇的干旱，郑某修筑的水渠使得郑某和李某受益匪浅，两人笑口常开。

转眼到了次年，遭遇百年不遇的洪涝灾害，把郑某所修筑的水渠冲坏。为了来年的丰收，郑某花了 1200 元将水渠修好。此时，郑某认为李某也是水渠受益人，李某亦应当负担一部分费用，便找到李某，而李某以地役权合同中未作约定而予以拒绝。双方为此产生纠纷，郑某将李某诉至法院，请求判令李某承担一半费用，即 600 元。

根据上述案例，试问：地役权人的权利义务有哪些？供役地权利人的权利义务有哪些？

二、地役权人的权利义务

（一）地役权人的权利

1. 地役权人需要使用供役地的权利。地役权是权利人为使用其土地的方便和利益而利用他人土地的权利，因此地役权的实现须以使用供役地为条件。地役权人应当按照地役权设定时约定的使用目的、范围和方法，行使其使用供役地的权利。

按照地役权的使用目的使用，如约定的是通行权、取水权、排水权等，则地役权人只能为通行、取水、排水。按照地役权的使用范围使用，如为通行而修建道路的性质、位置、宽窄等，应符合地役权设立时的约定。按照地役权的使用方式使用，如按时按量取水等。

地役权人与供役地权利人之间，可以在同一供役地上，设定多个地役权，比如既为通行，又为取水，还为采光等。地役权人可以根据这些权利的性质与约定，采取同时使用或依次使用等方法。

2. 地役权人享有为附属行为的权利。地役权人为实现其权利，可以在供役地上为必要的附属行为，比如，地役权人为实现其取水权，须得从供役地上通行，对于此种通行，供役地权利人应当允许。判断地役权人之所为是否为附属行为，应当符合以下标准：（1）必须是只为实现既存的地役权而为的，即目的从属性。（2）非为此种行为则不能实现其地役权，即手段必要性。

3. 地役权人享有为附属设施的权利。地役权人为了实现其权利，可以在供役地上修建一些附属设施，比如，为取水而在供役地上修建水泵等设施；为通行而在供役地上修建道路等。对于供役地上的附属设施，可以由地役权人自行修建，亦可由地役权人与供役地权利人合伙修建。合伙修建的，双方应当协商出资比例与管理方式。

（二）地役权人的义务

1. 地役权人负有合理使用的义务。地役权人必须按照地役权的内容使用供役地，不得随意扩大其使用范围。因地役权是供役地为需役地承受的负担，因此，地役权人应当采取对供役地损害最小的使用方法。地役权是为需役地的方便与利益而设立的，因此，地役权人在使用供役地时，不能脱离需役地的需要而使用。比如，地役权人为开发利用其土地，可以在供役地上设立通行权而在其上修建道路，以提高其土地的利用效益而获取经济利益，但是，地役权人不能利用此道路而向其他通过道路的人进行收费。

2. 地役权人负有维护附属设施的义务。地役权人在供役地上修建有附属设施的，应当注意维护其设施的完好，以免供役地权利人因这些设施的失修等而受到损害。对于附属设施维护费用的分担、维护义务的分担有约定的，地役权应按约定履行其义务。供役地权利人对这些设施的使用，只要不妨碍地役权的行使，地役权人应当允许，如需役地人在供役地上修筑道路以行使通行权，供役地权利人亦可在此道路上通行。

3. 地役权人负有支付费用的义务。地役权设立时，如果约定了费用，地役权人应当按照邻地利用合同的约定支付费用，否则，即构成违约，应当承担违约责任。

三、供役地权利人的权利义务

（一）供役地权利人的权利

1. 供役地权利人享有使用权。在不妨碍地役权行使的范围内，供役地权利人有使用地役权人设置工作物的权利。当然，供役地权利人使用该工作物时，应当按其受益程度，分担维持工作物的费用。

2. 供役地权利人享有对价请求权。有偿的地役权，供役地权利人有对价请求权。

3. 供役地使用场所及方法的变更请求权。德国、法国及瑞士等国的法律规定，当事人在设定地役权时，设定有权利行使场所及方法的，如变更该场所及方法对供役地权利人有利益而对地役权人并无不利的，供役地权利人有请求变更场所及方法的权利。如《德国民法典》第 1023 条第 1 项第 1 段规定，地役权的行使限于供役地一部分者，在原处所行使对供役地所有人有特殊困难时，供役地所有人得请求移转到另一同样适合于地役权人的处所行使地役权，移转的费用应由供役地所有人负担；移转的权利不得以法律行为予以排除或限制。

（二）供役地权利人的义务

1. 供役地权利人负有容忍及不作为的义务。供役地权利人对于地役权人在供役地行使地役权所为的行为有容忍的义务。《民法典》第三百七十五条规定："供役地权利人应当按照合同约定，允许地役权人利用其不动产，不得妨害地役权人行使权利。"

2. 供役地权利人负有维护设施费用的分担义务。在地役权关系中，供役地权利人有时与地役权人共同利用供役地。此时，供役地权利人有权使用地役权人的设施。但供役地权利人应按其受益程度，分担维持设施的费用，以示公平。如《瑞士民法典》第 741 条规定，地役权人所为的设施供役地权利人亦受益的，双方应以其受益程度分担费用。

四、司法实践中应当注意的问题

在司法实践中，应当注意以下问题：

1. 正确认定地役权合同生效的条件，保护依法成立的地役权合同。在司法实践中，应该注意，根据我国的法律规定，不动产物权一般是以登记作为其生效的条件，如果当事人未进行登记，则不能产生物权变动的法律效力。但地役权则不同，它采取的是对抗主义，设立地役权的双方当事人可以自愿选择登记或者不登记，当事人不登记不影响合同的成立和生效，地役权的设立应该与合同的成立相一致，当事人如没有关于合同生效的特别约定，则合同一经成立就开始生效，意味着合同对当事人具有约束力。不能由于当事人未申请地役权登记就认定当事人的合同无效。

2. 在地役权当事人没有进行地役权登记的情况下，依法认定其地役权不得对抗善意第三人。在司法实践中，要注意保护善意第三人的合法权益。设立地役权的双方当事人未对设立的地役权进行登记的，依法认定其地役权不能对抗善意第三人。如甲与乙签订了一份地役权合同，甲为地役权人，乙为地役人。双方在履行合同过程中，乙又与丙签订合同，将供役地的使用权转让给丙，丙事先并不知道该转让的土地使用权具有地役权负担。在此情况下，如果甲将丙起诉至法院，并要求丙承担地役负担，如果认定丙为善意第三人，则法院应该根据法律的规定，依法认定甲与乙设定的地役权因为没有进行地役权的登记而不具有对抗善意第三人的法律效力，依法驳回甲的诉讼请求。

3. 在履行地役权合同的过程中，如发生地役权人不适当使用供役地，供役地权利人要求保护自己合法权益时，应依法保护其合法权益。地役权是权利人为使用其土地的方便和利益而利用他人土地的权利，因此地役权的实现须以使用供役地为条件。但是地役权人在享有广泛的权利的同时，必须承担相应的义务。地役权人应当按照地役权设定时约定的使用目的、范围和方法，行使其使用供役地的权利。如约定的是通行权、取水权、排水权等，则地役权人只能为通行、取水、排水。按照地役权的使用范围使用，如为通行而修建道路的性质、位置、宽窄等，应符合地役权设立时双方当事人的约定。按照地役权的使用方式使用，如按时按量取水等。

地役权的使用范围能否依需役地的需要而调整，应该根据实际情况分别认定，当事人明确约定地役权使用范围的，应该依照双方所约定的范围行使地役权。未明确约定地役权使用范围的，需役地的需要自然增加时，地役权的范围亦随之扩大。如甲与乙设定地役权，地役权内容为甲到乙的供役地取水。后因为人口增加，甲可以对乙主张增加其引水量。如果乙不允许，甲起诉到法院，甲的请求应当被支持。但如果甲将其住家改为经营旅馆，则不得要求增加引水量。这种情况下，法院就应该驳回甲的请求。

4. 认定地役权人进行附随行为的条件。地役权人为实现其订立合同的目的和权利，可以在供役地上为必要的附属行为，例如，地役权人为实现其取水权，须从供役地上通行，对于这种通行，供役地权利人应当允许。又如，引水地役权人，可以在供役地上设置工作物（管线）；通行地役权人，可以开辟必要的道路。判断地役权人的行为是否附属行为，应当符合以下标准：（1）附属性。必须是为实现既存的地役权而为的行为，而不是为了别的目的。（2）必要性。不实行此种行为就不能实现其地役权。如引水地役权，不修建管道则无法引水，修建管道就是必要的。地役权人实施附属行为时，应选择对供役地损害最小的方法实施，就引水地役权来说，可以埋设暗管的，就不应开设明沟，必须开设明沟时，亦须注意尽量减少对供役地的损害。

5. 当事人设定地役权的期限如果超过其他用益物权的剩余年限，则会对地役权合同的效力产生影响。当事人约定地役权的期限不得超过建设用地使用权、土地承包经营权等用益物权的剩余期限的属于强制性的法律规定。当事人约定的期限如果超过了前述用益物权的剩余年限，则该约定应该认定无效。但问题是关于地役权的全部期限无效还是超过的期限无效？笔者认为，超过用益物权剩余年限的部分应该认定无效，其余部分可以认定有效。在设立地役权合同时，当事人对地役权的存续期间按法律规定是可以约定的，只是不得超越一定的上限，超越的部分因为违反法律规定而无效，但这种约定超越的期限，并不会当然影响整个期限。认定合同部分无效有利于保护当事人合法权益。

6. 土地所有权人与用益物权人的利益发生冲突时，应依法保护用益物权人的合法权益。当土地所有权人的土地上已经设立了建设用地使用权等用益物权时，土地所有权人如果要在自己所有的土地上再设立地役权，必须得到用益物权人的同意，否则，其无权设立地役权，坚持设立的，用益物权人可起诉到法院保护自己的合法权益，法院应该根据这一规定，认定土地所有权人与第三人设立的合同因为违反法律的规定而无效。土地所有权人应当承担合同无效的主要责任。在第三人要求土地所有权人对其造成的损失承担责任的，应该根据土地使用权人的过错判令其负担第三人的损失。

五、对案例 53 的简要评析

在本案中，主要涉及下列法律问题：

1. 地役权的取得方式。郑某、李某所承包的土地相邻，且为不动产，才为郑某利用李某的土地使用权提供了可能，郑某与李某通过签订邻地利用合同的形式，由郑某取得地役权。该权利并不违法，应当受到法律保护。

2. 维修费用的负担。郑某与李某在邻地利用合同中对水渠的维修费用并未约定，才使得纠纷产生。根据“谁投资谁受益谁负担”的原则，郑某进行了投资，应当由郑某负担，但是本案的特殊情况是郑某投资，由郑某、李某共同受益，既然李某受益，则李某亦应当承担一定的费用。因此，根据公平原则，郑某为水渠花了 1200 元的维修费用，应当由李某承担 600 元费用，方显适当。

第三节　地役权的消灭

一、问题的提出

地役权是一种不动产物权，则不动产物权的一般消灭原因，当然适用于地役权。地役权人消灭的特殊原因主要有土地灭失、抛弃、期间届满、法院宣告等。

在研究地役权消灭之前，先看下列案例，并思考之：

案例 54：试析下列地役权消灭的原因

1. 张三在李四的房顶上架设天线，后因李四的房屋倒塌，架设的天线无法使用。

2. 郑某通过李某的承包地修筑水渠，因无水源，该水渠常年未用。

3. 王五与赵六签订邻地利用合同，合同约定的利用期间届满。

4. 张三为了抽水灌溉，在李四的承包地里挖井一口。后李四的承包地转让给张三。

根据上述案例，试问：地役权消灭的原因有哪些？地役权消灭的法律效果如何？

二、地役权消灭的原因

1. 地役权合同解除。《民法典》第三百八十四条规定："地役权人有下列情形之一的，供役地权利人有权解除地役权合同，地役权消灭：（一）违反法律规定或者合同约定，滥用地役权；（二）有偿利用供役地，约定的付款期限届满后在合理期限内经两次催告未支付费用。"

2. 土地的灭失。地役权以供役地和需役地的存在为其成立与存续的条件，所以地役权不但因为作为标的物的土地（供役地）灭失时消灭，而且地役权人自己的土地（需役地）灭失时，地役权亦消灭。此外，供役地虽非全部灭失，但事实上已不能再供地役权人使用时，地役权亦消灭。

3. 目的之事实不能实现。设定地役权的目的事实上不能实现，即供役地事实上不能再供需役地便利时，地役权消灭。如汲水权因供役地水源枯竭而消灭。

4. 约定消灭事由的发生。设定地役权时，如当事人订有特定消灭事由，则该事由一旦发生，地役权即归消灭。

5. 抛弃。无偿地役权，不论是否有期限，地役权人都可随时抛弃地役权。但对于有偿地役权，通说认为，如有期限，则应支付对价后方可抛弃；如无期或永久期限，则应在期限以前通知供役地权利人或支付一定时期的对价后方可抛弃，以兼顾双方的利益。①

6. 混同。当需役地和供役地归属于一人时，地役权因混同而消灭。

7. 法院宣告。地役权设定后，因情事变更，无使地役权存续之必要时，供役地权利人可申请法院宣告地役权消灭。如我国台湾地区"民法"第八百五十九条规定，地役权无存续的必要时，法院因供役地所有人的申请，得宣告地役权消灭。

8. 国家征收。国家对需役地或供役地的征收，并不必然导致地役权消灭。但如果国家同时征收需役地和供役地，或者因国家征收发生了混同，或者因国家征收后使需役地或供役地的用途变更而行使地役权没有必要，或目的不能实现时，（比如国家把作为农地的需役地征收后，将农地改为建设用地，为农业

① 参见谢在全：《民法物权论》，中国政法大学出版社1999年版，第448页。

目的的取水权即消灭），地役权归于消灭。

三、地役权消灭的法律效果

地役权消灭时，地役权人若占有供役地，应当恢复原状，并交付土地使用权。若不占有供役地，而在其上设置物时，亦应恢复原状。而物如何处置，有约定则按约定，未约定则由地役权人取回。若地役权经过登记，则应当申请注销登记。对此，《民法典》第三百八十五条规定："已经登记的地役权变更、转让或者消灭的，应当及时办理变更登记或者注销登记。"

四、对案例 54 的简要评析

1. 张三在李四的房顶上架设天线，后因李四的房屋倒塌，架设的天线无法使用。此地役权有些特殊，但仍属于地役权的范畴。该权利的消灭当归于土地灭失。

2. 郑某通过李某的承包地修筑水渠，因无水源，该水渠常年未用。郑某所修筑的水渠因无水源，致使设定地役权的目的落空，该权利的消灭，当归属于目的不能实现。

3. 王五与赵六签订邻地利用合同，合同约定的利用期间届满。此为地役权因期间届满而消灭。

4. 张三为了抽水灌溉，在李四的承包地里挖井一口。后李四的承包地转让给张三。此因混同而消灭地役权。

第四编

担保物权

本编概要

担保物权作为我国物权制度的重要组成部分，与所有权、用益物权构成了《民法典》物权编的三大支柱。担保物权人在债务人不履行到期债务或者发生当事人约定的实现担保物权的情形，依法享有就担保财产优先受偿的权利，但是法律另有规定的除外。债权人在借贷、买卖等民事活动中，为保障实现其债权，需要担保的，可以依照本法和其他法律的规定设立担保物权。

设立担保物权，应当依照本法和其他法律的规定订立担保合同。担保合同是主债权债务合同的从合同。主债权债务合同无效，担保合同无效，但是法律另有规定的除外。担保合同被确认无效后，债务人、担保人、债权人有过错的，应当根据其过错各自承担相应的民事责任。担保物权的担保范围包括主债权及其利息、违约金、损害赔偿金、保管担保财产和实现担保物权的费用。当事人另有约定的，按照其约定。担保期间，担保财产毁损、灭失或者被征收等，担保物权人可以就获得的保险金、赔偿金或者补偿金等优先受偿。被担保债权的履行期未届满的，也可以提存该保险金、赔偿金或者补偿金等。第三人提供担保，未经其书面同意，债权人允许债务人转移全部或者部分债务的，担保人不再承担相应的担保责任。

被担保的债权既有物的担保又有人的担保的，债务人不履行到期债务或者发生当事人约定的实现担保物权的情形，债权人应当按照约定实现债权；没有约定或者约定不明确，债务人自己提供物的担保的，债权人应当先就该物的担保实现债权；第三人提供物的担保的，债权人可以就物的担保实现债权，也可以请求保证人承担保证责任。提供担保的第三人承担担保责任后，有权向债务人追偿。

抵押权是为担保债务的履行，债务人或者第三人不转移财产的占有，将该财产抵押给债权人的，债务人不履行到期债务或者发生当事人约定的实现抵押权的情形，债权人有权就该财产优先受偿。在法无禁止即规定的情形下，债务人或者第三人有权处分的财产均可抵押。以建筑物抵押的，该建筑物占用范围内的建设用地使用权一并抵押。以建设用地使用权抵押的，该土地上的建筑物一并抵押。以不动产抵押的，抵押权自登记时设立。以动产抵押的，抵押权自抵押合同生效时设立；未经登记，不得对抗善意第三人。抵押权人应当在主债权诉讼时效期间行使抵押权，否则，人民法院不予保护。债务人不履行到期债务或者发生当事人约定的实现抵押权的情形，抵押权人可以与抵押人协议以抵押财产折价或者以拍卖、变卖该抵押财产所得的价款优先受偿。协议损害其他债权人利益的，其他债权人可以请求人民法院撤销该协议。抵押权人与抵押人未就抵押权实现方式达成协议的，抵押权人可以请求人民法院拍卖、变卖抵押财产。抵押财产折价或者变卖的，应当参照市场价格。同一财产向两个以上债权人抵押的，拍卖、变卖抵押财产所得的价款依照下列规定清偿：抵押权已登记的，按照登记的时间先后确定清偿顺序；抵押权已登记的先于未登记的受偿；抵押权未登记的，按照债权比例清偿。

质权，分为动产质权和权利质权。动产质权是为担保债务的履行，债务人或者第三人将其动产出质给债权人占有的，债务人不履行到期债务或者发生当事人约定的实现质权的情形，债权人有权就该动产优先受偿。动产质权在出质人交付质押财产时设立。质权人在质权存续期间，不得擅自使用、处分质押财产，负有妥善保管质押财产的义务。债务人履行债务或者出质人提前清偿所担保的债权的，质权人应当返还质押财产。债务人不履行到期债务或者发生当事人约定的实现质权的情形，质权人可以与出质人协议以质押财产折价，也可以就拍卖、变卖质押财产所得的价款优先受偿。质押财产折价或者变卖的，应当参照市场价格。权利质权自出质人交付权利凭证于质权人时设立或者质权自办理出质登记时设立。

留置权是债务人不履行到期债务，债权人可以留置已经合法占有的债务人的动产，并有权就该动产优先受偿。债权人留置的动产，应当与债权属于同一法律关系，但是企业之间留置的除外。法律规定或者当事人约定不得留置的动产，不得留置。留置财产为可分物的，留置财产的价值应当相当于债务的金额。留置权人与债务人应当约定留置财产后的债务履行期间；没有约定或者约定不明确的，留置权人应当给债务人两个月以上履行债务的期间，但是鲜活易腐等不易保管的动产除外。债务人逾期未履行的，留置权人可以与债务人协议以留置财产折价，也可以就拍卖、变卖留置财产所得的价款优先受偿。留置财产折价或者变卖的，应当参照市场价格。

第一章　担保物权的一般规定

第一节　担保物权概说

担保物权作为我国物权制度的重要组成部分，与所有权、用益物权等构成了我国较为完整的物权体系，调整其权利、义务关系的法律制度。随着《民法典》物权编的实施且日臻完善，形成了以《民法典》物权编为核心，《海商法》《票据法》等其他法律为补充的基本物权法律制度，为加快物权流转、促进经济发展提供了规则保障。

一、债与债权担保

（一）债

债是民法上的一个基本概念，源于罗马法。优士丁尼大帝之《法学纲要》称："债是依国法使他人为一定给付的法锁（Suris vincucum）。"故亦将债（obligotio）称为"法锁"，即指债权债务关系[①]。因此，债是特定人与特定人之间得请求为特定行为的法律关系[②]。《民法通则》第八十四条规定："债是按照合同的约定或者依照法律的规定，在当事人之间产生的特定的权利和义务关系。享有权利的人是债权人，负有义务的人是债务人。债权人有权要求债务人按照合同的约定或者依照法律的规定履行义务。"《民法总则》第一百一十八条第二款规定："债权是因合同、侵权行为、无因管理、不当得利以及法律的其他规定，权利人请求特定义务人为或者不为一定行为的权利。"《民法典》第一百一十八条第二款保留了此规定。

债作为一种民事法律关系，应当由主体、客体和内容三个基本要素组成：（1）债的主体。即指参与债的法律关系的当事人，包括债权人和债务人。债

---

① 周枏：《罗马法原理》，商务印书馆 1994 年版，第 542 页。

② 王家福主编：《中国民法学 · 民法债权》，法律出版社 1991 年版，第 1 页。

的主体必须特定化，以此决定债权债务关系为特定当事人之间的法律关系。（2）债的客体。债的客体又称为债的标的，是指债权债务关系所指向的对象，一般认为包括物、行为、精神成果、权利等。（3）债的内容。即指在当事人之间存在的权利和义务，即债权和债务。债权和债务互相对立，二者相互依存而不得彼此单独存在。

债因为一定的法律事实而发生。能够引起债的发生的法律事实，为债的发生原因；实际上，债的发生原因亦为债权的发生原因。立法例一般规定，债因为契约、侵权行为、不当得利、无因管理而发生。我国民法规定债的发生原因有如下五类：（1）合同之债，又称为契约之债。即指依据有效合同所产生的债。（2）侵权行为之债。一般认为，因侵权行为受到损害的人有请求加害人赔偿损害的权利，加害人有赔偿的义务，这种因侵权行为而产生的权利义务关系即为侵权行为之债。（3）不当得利之债。即指因债务人的不当得利而引起的债权债务关系。（4）无因管理之债。即指没有法律规定或约定的义务而为他人管理事务的行为所支出的必要费用而引起的债权债务关系。（5）因缔约过失所生之债。即指当事人缔结合同过程中具有过失，从而导致相对人遭受损害而产生的债权债务关系。

（二）债权担保

债权担保，既为了保证债权人实现债权，又为了促使债务人履行债务。根据民商法理论，债权担保分为一般担保和特别担保。①

所谓一般担保，是指按照债的法律效力，债务人以其信用和全部财产担保债务履行。一般担保的财产限于债务人的财产，债务人的全部财产为债权人的责任财产。一般担保的标的不是特定债权，而是所有的债权。债的一般担保分为民事责任制度和债的保全制度。民事责任制度，是指民事主体违反民事义务而应承担的法律后果。国家通过民事责任制度的法律强制力，威慑债务人积极履行义务，从而保障债权的实现。债的保全制度，是指债务人或者第三人不当处分财产的行为损害了债权人的利益时，法律允许债权人对债务人或者第三人

① 《担保法》所规定的保证、抵押、质押、留置、定金称为特别担保，又称为典型担保。与之相对应的有非典型担保，即《担保法》之外的担保形式。非典型担保分为有物的担保内容的非典型担保（包括：按揭、所有权保留、附让与担保内容的证券回购、进口押汇、账户质押和其他）和无物的担保内容的合同型非典型担保（包括：有追索权的应收账款转让、附买回条款的买卖、收费权担保）。参见曹士兵：《对非典型担保的司法态度》，载《人民法院报》2005年8月31日。

的行为行使一定的权利，以排除其对债权的危害。

债权的一般担保并非特别针对某一项债权，债务人完全可以不断参与新的债的关系，负有数个并存的债务，其财产对所有债权人都为一般担保，当债务人无力偿债或破产时，各债权只能公平清偿，其结果必然导致部分债权人的债权不能实现。为了保障特定债权优先于普通债权清偿，便产生了债权的特别担保。

所谓特别担保，是指债务人或者第三人以特定财产（包括第三人的信誉）担保债的履行，保障债权实现的法律制度。根据《民法典》的规定，特别担保的方式分为：保证、抵押、质押、留置、定金。

二、担保的性质

担保的性质，又称为担保的特征，是指担保所具有的不同于其他民事权利制度的属性。根据传统民法理论，担保具有如下性质：

1. 担保的从属性。所谓担保的从属性，是指债权担保的成立和存在必须以一定的债权关系的存在为前提。债的担保不能离开一定的债权而独立存在。因而从债权方面来说，担保是一种从权利；从债务方面来说，担保是一种从义务。债权担保的从属性表现在以下三个方面：一是指成立上的从属性，二是指消灭上的从属性，三是指处分上的从属性。成立上的从属性，是指债权担保的成立应以相应的债权的发生和存在为前提，不能脱离债权债务关系而单独成立。即使是为将来的范围和内容不十分确定的债权设定的最高额抵押，也不能脱离相应的债权关系。消灭上的从属性，是指债权担保因债权的消灭而解除。债权担保的消灭应以债权的消灭为前提，不能在债权尚存在的情形下，自动解除担保关系。处分上的从属性，是指债权担保的转移必须随同债权一起转移，不能与债权分离而单独转移，除非当事人另有特别的约定。亦有学者认为：尽管《民法典》第三百八十八条①、第六百八十二条②是对担保从属性最为直接的规定，

① 《民法典》第三百八十八条规定："设立担保物权，应当依照本法和其他法律的规定订立担保合同。担保合同包括抵押合同、质押合同和其他具有担保功能的合同。担保合同是主债权债务合同的从合同。主债权债务合同无效的，担保合同无效，但是法律另有规定的除外。担保合同被确认无效后，债务人、担保人、债权人有过错的，应当根据其过错各自承担相应的民事责任。"

② 《民法典》第六百八十二条规定："保证合同是主债权债务合同的从合同。主债权债务合同无效的，保证合同无效，但是法律另有规定的除外。保证合同被确认无效后，债务人、保证人、债权人有过错的，应当根据其过错各自承担相应的民事责任。"

但一般认为，担保的从属性可以概括为以下四个方面：一是发生上的从属性，担保债务随着主债务的发生而发生；二是消灭上的从属性，主债务无效，担保债务无效；三是特定性上的从属性，担保债务的范围不能超过主债务的范围；四是抗辩权上的从属性，担保人享有主债务人的一切抗辩权。①

《民法典担保解释》考虑到民法典已对担保在变更、转让以及消灭上的从属性等作出规定，该解释仅对效力、范围上的从属性作出规定，具体包括以下两个方面的内容：一是关于效力上的从属性。实践中，当事人往往会在担保合同中约定：即便主合同无效，担保人也应承担相当于担保合同有效的责任，或者即便担保合同无效，担保人也应对合同无效的后果提供担保。《民法典担保解释》第二条第一款规定："当事人在担保合同中约定担保合同的效力独立于主合同，或者约定担保人对主合同无效的法律后果承担担保责任，该有关担保独立性的约定无效。主合同有效的，有关担保独立性的约定无效不影响担保合同的效力；主合同无效的，人民法院应当认定担保合同无效，但是法律另有规定的除外。"因此，此类有关排除担保从属性的约定无效，但其无效并不当然导致整个担保合同无效。担保合同的效力还要看主合同是否有效：主合同有效，则有关担保独立性的约定无效不影响担保合同的效力；主合同无效，则当然导致担保合同无效，担保人依法承担缔约过失责任。二是关于担保范围的从属性。担保责任本质上系担保人替债务人承担责任，担保人承担担保责任后可以向债务人追偿。如果担保人承担的责任范围大于债务人所应承担责任的范围，或者针对担保责任约定专门的违约责任，那么担保人承担责任后，超出部分将无法向债务人追偿，从而违反担保的从属性。基于此，《民法典担保解释》第三条规定："当事人对担保责任的承担约定专门的违约责任，或者约定的担保责任范围超出债务人应当承担的责任范围，担保人主张仅在债务人应当承担的责任范围内承担责任的，人民法院应予支持。担保人承担的责任超出债务人应当承担的责任范围，担保人向债务人追偿，债务人主张仅在其应当承担的责任范围内承担责任的，人民法院应予支持；担保人请求债权人返还超出部分的，人民法院依法予以支持。"

---

① 刘贵祥：《民法典关于担保制度的几个问题》，载《法律适用》2021年第1期。该文作者对特定性上的从属性、抗辩权上的从属性、效力上的从属性等问题作了深入的阐释，请读者参阅此文。

2. 担保的财产性。担保权本质上是一种财产权，反映的是财产关系，而财产权分物权和债权，因此债权担保的财产性可分别表现为债权性和物权性两个方面。如担保中，保证具有债权性，债权人只能请求保证人承担保证责任，而不能直接支配保证人的财产。抵押、质押、留置为担保物权。

3. 担保的补充性。担保人在履行担保责任时，只有在债务人不能履行或没有履行合同义务，并且发生其应当承担的责任时，才发生要求履行担保责任，因此，担保具有补充性。如依照《民法典》第六百八十七条第二款的规定，一般保证的保证人在就债务人的财产依法强制执行仍不能履行债务前，有权拒绝承担保证责任。在连带责任保证、抵押、质押、定金的担保人在债务履行期届满，债权人没有得到清偿时，担保人才承担担保责任。

4. 担保的变价性。担保的变价性，又称为价值性、换价性，是就其对担保物的利益要求而言，也是担保之财产性的必然逻辑延伸。物的价值为担保所追求，物的使用价值则不为担保所关注。如在保证中债权人所获得的不过是一种债权性的特殊担保，只有在债务人不履行债务时，才可请求保证人履行担保责任，而不能对保证人的一般财产享有实体上的处分权。在担保物权中，担保物必须为可交易之物，同时，在担保物灭失时，因灭失所得的赔偿金仍可作为担保物，即担保物权的代位性。

5. 担保的不可分性。债权人在全部债权清偿之前，债权债务的部分变化或者担保物的部分变化，不能影响担保债权的整体性。债权的部分因清偿、抵销、混同、转让等原因消灭时，债权人仍然可以担保物的全部主张担保债权。担保物部分消灭时，其余部分仍然可以担保债权的全部。

三、担保的分类

根据不同的标准，可将担保作出不同的分类。常见的分类方法如下：

1. 根据担保的方式不同，可将担保分为保证、抵押、质押、留置和定金。

2. 根据担保的设定方式不同，可将担保分为约定担保和法定担保。所谓约定担保，是指完全由当事人双方自行约定的担保。约定担保对担保的方式、担保的条件以及担保的范围及担保权的行使等均可由当事人自行约定。担保原则上应由当事人自愿约定，所以约定担保是担保的主要形态。保证担保、抵押担保、质押担保、定金担保等担保方式，均为约定担保。所谓法定担保，是指由法律直接规定而不是由当事人约定的担保。典型的法定担保为留置权。留置权是完全由法律直接规定的担保物权，这种担保成立的条件、担保当事人和担保的范围等均由法律规定。

3. 根据担保的标的不同，可将担保分为人的担保和物的担保。所谓人的担保，是指债务人以外的第三人以其财产和信用为债务人提供的担保。人的担保以保证担保为基本形式，在性质上属于债的担保方式，即在债务人不能或没有履行债务时，由担保人代为履行债务或者承担连带清偿责任的担保方式。人的担保既包括法人提供的保证担保，又包括自然人、其他组织所提供的保证担保。所谓物的担保，是指债务人或者第三人以特定的财产为自己或他人债务提供的担保。抵押、质押、留置等担保方式均为物的担保，定金担保亦属特殊的物的担保，即货币（或称为金钱）担保。

4. 根据担保的范围不同，可将担保分为部分担保、全额担保和最高额担保。所谓部分担保，是指担保人仅为债务人的部分债务提供的担保。部分担保，在司法实践中，需担保人与债权人在合同中对担保的债权数额作出明确的约定，若担保人未明确约定为部分担保，则推定担保人为全额担保。所谓全额担保，是指担保人为债务人的全部债务所提供的担保。只要担保人未约定对部分债务提供担保，即为全额担保，担保人明确约定对债务人全部债务提供担保，即按约定。所谓最高额担保，是指担保人为债权人与债务人在一定期间内连续发生的债务在一定限额内所提供的担保。如最高限额保证、最高额抵押，均为最高额担保。

值得特别注意的是，担保人承担的担保责任范围不应当大于主债务，这是担保从属性的必然要求。当事人约定的担保责任范围大于主债务的，如针对担保责任约定专门的违约责任、担保责任的数额高于主债务、担保责任约定的利息高于主债务利息、担保责任的履行期先于主债务履行期届满，等等，均应当认定大于主债务部分的约定无效，从而使担保责任缩减至主债务的范围。①

5. 根据担保的人数不同，可将担保分为一人担保和共同担保。所谓一人担保，是指仅有一个人（法人、非法人组织或自然人均可）为债务人提供的担保。一人担保中的“一人”既可以是债务人本人，如抵押人、质押人与债务人为同一人，又可以是债务人以外的第三人为担保人。所谓共同担保，是指两人或两人以上为债务人的同一笔债务提供的担保，如共同保证、共同抵押。

---

① 详见《全国法院民商事审判工作会议纪要》（法〔2019〕254号）第五十五条。

四、担保法律关系

担保法律关系有广义和狭义之分。广义的担保法律关系涉及三方当事人、三个合同和三个法律关系。三方当事人是债权人、债务人和担保人，债权人是主合同的权利人和担保合同的受益人，债务人是担保合同的委托人并对主合同承担责任，担保人是对担保合同承担责任。三个合同是主合同、担保合同、委托合同。三个法律关系，即债权人与债务人之间的债权债务关系，债务人与担保人之间的委托关系，担保人与债权人之间的担保关系。《民法典》只调整主合同和担保合同的法律关系，不调整委托合同的法律关系。狭义的担保法律关系仅指担保合同法律关系的债权人与担保人两方当事人，是《民法典》调整的重点。担保法律关系既然是一种民事法律关系，同样由主体、内容和客体三部分构成。

（一）担保法律关系的主体

担保法律关系的主体，是指在担保法律关系中享有担保权利，承担担保义务的人，包括债权人、债务人和担保人。其关键是需要对担保人的资格认定，进而影响到担保合同的效力。《民法典》第六百八十三条规定："机关法人不得为保证人，但是经国务院批准为使用外国政府或者国际经济组织贷款进行转贷的除外。以公益为目的的非营利法人、非法人组织不得为保证人。"但是，《民法典》并未对不具有保证资格的主体能否提供物保作出规定。此类主体之所以不具有保证资格，是因为其只能从事与法定职责相关的活动，不得从事民商事经营活动，因而不能为他人债务提供担保，当然也包括不能为他人债务提供物保。因此，《民法典担保解释》规定不具有保证资格的主体也不能提供物保。[①]

《民法典》也没有对其他非营利法人或者特别法人能否提供保证作出规定。

---

① 《民法典担保解释》第五条第一款规定："机关法人提供担保的，人民法院应当认定担保合同无效，但是经国务院批准为使用外国政府或者国际经济组织贷款进行转贷的除外。"第六条规定："以公益为目的的非营利性学校、幼儿园、医疗机构、养老机构等提供担保的，人民法院应当认定担保合同无效，但是有下列情形之一的除外：（一）在购入或者以融资租赁方式承租教育设施、医疗卫生设施、养老服务设施和其他公益设施时，出卖人、出租人为担保价款或者租金实现而在该公益设施上保留所有权；（二）以教育设施、医疗卫生设施、养老服务设施和其他公益设施以外的不动产、动产或者财产权利设立担保物权。登记为营利法人的学校、幼儿园、医疗机构、养老机构等提供担保，当事人以其不具有担保资格为由主张担保合同无效的，人民法院不予支持。"

实践中常常就村民委员会、居民委员会等民事主体是否具有担保资格发生争议,《民法典担保解释》第五条第二款规定，居民委员会、村民委员会提供担保的，人民法院应当认定担保合同无效，但是依法代行村集体经济组织职能的村民委员会，依照村民委员会组织法规定的讨论决定程序对外提供担保的除外。之所以如此规定，是因为村民委员会、居民委员会作为基层群众自治组织，只有办公经费而无收入来源，应参照同样作为特别法人的机关法人处理，但村集体经济组织有自己的财产，也有提供担保的现实需求，应有担保资格，因此代行村集体经济组织职能的村民委员会亦应作相同处理。需要注意的是，村民委员会自治法对村民委员会处分集体所有财产的民主决策程序做了明确规定，村民委员会代行村集体经济组织职能对外提供担保属于对集体所有财产的重大处分行为，应严格依照该法规定的讨论决定程序进行民主决策。[①] 关于学校、幼儿园、医疗机构、养老机构等提供担保的效力问题一直是争议较大的问题。实践中，此类机构既有公办的，也有民办的。即便是民办机构，多数也是以公益为目的的非营利法人、非法人组织，故原则上不具有担保资格，不能对外提供担保，但登记为营利法人的民办学校、幼儿园、医疗机构、养老机构等，性质上就是企业法人，当然具有担保资格，其提供的担保应当认定有效。需要注意的是,《民法典》第三百九十九条第三项规定学校、幼儿园、医疗机构等为公益目的成立的非营利法人的教育设施、医疗卫生设施和其他公益设施不能设定抵押，这意味着上述机构的公益设施也不能用于为自身债务提供担保。考虑到此类主体也有融资需求,《民法典担保解释》第六条规定了两种例外情形：一是在购入或者以融资租赁方式承租教育设施、医疗卫生设施、养老服务设施和其他公益设施时，出卖人、出租人为担保价款或者租金实现而在该公益设施上保留所有权；二是以教育设施、医疗卫生设施、养老服务设施和其他公益设施以外的不动产、动产或者财产权利设定的担保物权。

（二）担保法律关系的内容

担保法律关系的内容，是指担保法律关系的主体所享有的权利或者承担的义务即担保合同的主要条款，是确定担保合同当事人享有民事权利、承担民事

---

① 参见刘贵祥、林文学等:《民法典担保制度司法解释系列解读之二："关于一般规定"部分重点条文解读》，载"一法决诉疑"微信公众号。

义务的民事责任的依据。

在司法实践中，我们应当明确的是，合同如果欠缺主要条款不能成立，而担保合同的从属性决定欠缺主要条款，不会导致担保合同不成立的法律后果，可以通过下列渠道予以确定：一是当事人协议补正。补正须双方当事人协商一致才能成立。二是根据主合同的内容确定。如担保合同欠缺主债权的种类、数额，可依主合同而确定。三是根据法律规定推定。如保证人李四以保证人身份在一借款合同上签字，则推定李四承担一般保证责任[①]，并可推定李四对全部债务承担责任[②]，还可以推定李四承担责任的保证期间为 6 个月[③]。

（三）担保法律关系的客体

担保法律关系的客体，是指担保权利和担保义务所共同指向的对象。详言之：一是保证法律关系的客体为保证行为，保证行为的实质是保证以其全部财产作担保。二是抵押法律关系的客体为担保物权的标的物，必须是法律允许转让的，法律禁止转让的财产，无法实现其交换价值，也无法实现担保的目的，抵押标的物必须具有独立的交换价值并能依法变现。三是质押法律关系的客体为动产和权利。四是留置法律关系的客体为动产。五是定金法律关系的客体为货币。

第二节　担保合同的效力

一、问题的提出

人民法院审理涉及担保合同纠纷案件时，为了正确确定担保人的民事责任，因此必须正确确认担保合同的效力。

---

① 《民法典》第六百八十六条第二款规定："当事人在保证合同中对保证方式没有约定或者约定不明确的，按照一般保证承担保证责任。"

② 《民法典》第六百九十一条规定："保证的范围包括主债权及其利息、违约金、损害赔偿金和实现债权的费用。当事人另有约定的，按照其约定。"

③ 《民法典》第六百九十二条第二款规定："债权人与保证人可以约定保证期间，但是约定的保证期间早于主债务履行期限或者与主债务履行期限同时届满的，视为没有约定；没有约定或者约定不明确的，保证期间为主债务履行期限届满之日起六个月。"

案例55：外商独资企业提供的对外担保未经登记应认定无效[①]

最高人民法院认为，本案所涉担保是景轩公司为万轩置业向汇丰上海分行的借款提供抵押担保，该担保属于《境内机构对外担保管理办法》第二条规定的对外担保。由于景轩公司系外商独资企业，根据国家外汇管理局颁布的《境内机构对外担保管理办法实施细则》第八条第二款规定，外商独资企业可以自行提供对外担保，无须得到外汇局逐笔批准。但《境内机构对外担保管理办法》第十四条第一款明确规定："担保人提供对外担保后，应当到所在地的外汇局办理担保登记手续。"《担保法解释》第六条第一项明确规定，未经国家有关主管部门批准或者登记对外担保的，对外担保合同无效。按照上述规定，外商独资企业提供的对外担保虽然不需要逐笔审批，但仍然需要进行登记。未经登记的，根据《担保法解释》的相关规定，担保合同仍应认定无效。故上海高院关于"对外担保合同是以批准为生效前提的，而是否办理登记不影响对外担保合同的效力"的观点缺乏法律依据。

本案抵押担保合同系当事人真实意思表示，相关抵押物在深圳市规划国土局福田分局办理了抵押登记，根据国家外汇管理局颁布的《境内机构对外担保管理办法实施细则》第八条第二款的规定，景轩公司作为外商独资企业可以自行提供对外担保，无须得到外汇局逐笔批准。根据本院查明的事实，景轩公司亦就该对外担保合同在国家外汇管理局深圳市分局补办了登记手续。由于汇丰银行改制，原汇丰深圳分行的授信及担保业务转至上海汇丰银行，对外担保登记表中抵押权人一栏写明为"香港上海汇丰银行有限公司上海分行（原上海汇丰银行有限公司深圳分行）"。上述事实充分表明景轩公司对于债权人变更为汇丰上海分行是明知并同意的。本案抵押担保合同不存在依法应认定无效的情形，上海高院关于案涉抵押担保合同合法有效的结论是正确的。同时，上海高院关于"景轩公司在贷款代偿催收函回函上的确认应视为对抵押担保责任范围的确认。故景轩公司在本案中应承担的抵押担保范围包括主债权及利息、违约金（即违约利息）和实现抵押权的费用，即万轩置业所欠的贷款本金港币118354000元及相应利息和上述律师费损失"的意见亦是正确的，根据《担保法》的相关规定，景轩公司应当对万轩置业所欠主债务承担抵押担保责任。景轩公司关于本案对外担保无效的上诉理由不能成立。

---

① 详见《最高人民法院公报》2014年第6期（总第212期）。

案例 56：招行东港支行与振邦股份公司、振邦集团公司借款合同纠纷案[①]

2006年4月30日，招行东港支行与振邦集团公司签订借款合同，约定借款金额为1496.5万元。同日，招行东港支行与振邦股份公司签订了两份《抵押合同》，分别以振邦股份公司所有的国有土地使用权和房产作抵押担保，双方办理了抵押权登记，招行东港支行在中国银行之后为第二抵押权人。2006年6月8日，振邦股份公司出具了《不可撤销担保书》，承诺对上述贷款承担连带保证责任，保证范围包括借款本金、利息、罚息、违约金及其他一切相关费用。2006年6月8日，招行东港支行按照合同约定将1496.5万元贷款如数转入振邦集团公司账户内。贷款到期后，振邦集团公司未能偿还借款本息。振邦股份公司也没有履行担保义务。振邦股份公司的股东共有8个。再审申请人招行东港支行向法院提交一份新证据，即振邦股份公司股东会成员名单及签字样本，证明振邦股份公司提供给招行东港支行的股东会决议上的签字及印章与其提供给招行东港支行的签字及印章样本一致。

2008年6月18日，招行东港支行以振邦集团公司和振邦股份公司为被告，向大连市中级人民法院提起诉讼，请求判令振邦集团公司偿还贷款本金1496.5万元及至给付之日的利息（包括逾期利息）；要求振邦股份公司对上述债务承担连带责任；要求两被告承担诉讼费、保全费等。

最高人民法院认为，本案各方争议的焦点是担保人振邦股份公司承担责任的界定。鉴于案涉借款合同已为一、二审法院判定有效，申请再审人对此亦无异议，故本院对案涉借款合同的效力直接予以确认。案涉《抵押合同》及《不可撤销担保书》系担保人振邦股份公司为其股东振邦集团公司的负债向债权人招行东港支行作出的担保行为。作为公司组织及公司行为当受《公司法》调整，同时其以合同形式对外担保行为亦受《合同法》及《担保法》的制约。案涉公司担保合同效力的认定，因其并未超出平等商事主体之间的合同行为的范畴，故应首先从合同法相关规定出发展开评判。关于合同效力，法律及相关司法解释均已明确了将违反法律或行政法规中效力性强制性规范作为合同效力的认定

---

① 详见最高人民法院（2012）民提字第156号民事判决书，载《最高人民法院公报》2015年第2期（总第220期）。

标准之一。公司作为不同于自然人的法人主体，其合同行为在接受合同法规制的同时，也当受作为公司特别规范的公司法的制约。本案一、二审法院以案涉《股东会担保决议》的决议事项并未经过振邦股份公司股东会的同意，振邦股份公司也未就此事召开过股东大会为由，根据《公司法》第十六条规定，作出案涉不可撤销担保书及抵押合同无效的认定，属于适用法律错误，本院予以纠正。在案事实和证据表明，案涉《股东会担保决议》确实存在部分股东印章虚假、使用变更前的公司印章等瑕疵，以及被担保股东振邦集团公司出现在《股东会担保决议》中等违背公司法规定的情形。振邦股份公司法定代表人周某良超越权限订立抵押合同及不可撤销担保书，是否构成表见代表，招行东港支行是否善意，亦是本案担保主体责任认定的关键。振邦股份公司向招行东港支行提供担保时使用的公司印章真实，亦有其法人代表真实签名。且案涉抵押担保在经过行政机关审查后也已经办理了登记。至此，招行东港支行在接受担保人担保行为过程中的审查义务已经完成，其有理由相信作为担保公司法定代表人的周某良本人代表行为的真实性。因此，招行东港支行在接受作为非上市公司的振邦股份公司为其股东提供担保过程中，已尽到合理的审查义务，主观上构成善意。本案周某良的行为构成表见代表，振邦股份公司对案涉保证合同应承担担保责任。

上述案例，涉及担保合同的效力及担保人的民事责任问题。下文就担保合同的效力及无效担保合同的处理予以研究。

二、担保合同的生效

在审判实践中，经常存在将合同成立、有效、生效等相互混淆的问题，其根源是对这些概念的联系与区别认识不清。其实，合同有三对概念：（1）合同的成立与未成立——是以当事人的意思表示是否一致为判断标准。（2）合同的生效与未生效——是以合同是否具备生效要件为判断标准。（3）合同的有效与无效——是司法机关对合同法律价值的判断。合同的生效和有效，皆以合同成立为前提，若合同根本不成立，则谈不上生效或无效的问题。合同成立和生效属于事实判断，合同有效则属于法律价值判断。在合同因所附条件、期限未成就，或者批准、登记等手续未完成的场合，人民法院应尽量促使当事人完成生效条件。在因未办理批准或登记手续等导致合同未生效的场合，诸如违约责任、解决争议的方式等条款，应当认定已经生效。

《民法典》第一百三十六条规定："民事法律行为自成立时生效，但是法律另有规定或者当事人另有约定的除外。行为人非依法律规定或者未经对方同意，不得擅自变更或者解除民事法律行为。"该规定承继了《民法通则》第五十七条："民事法律行为从成立时起具有法律约束力。行为人非依法律规定或者取得对方同意，不得擅自变更或者解除。"该规定亦承继了《合同法》第四十四条："依法成立的合同，自成立时生效。法律、行政法规规定应当办理批准、登记等手续生效的，依照其规定。"但该条的规定从立法严谨性以及立法操作技术性上进行了完善与提升。《民法典》第五百零二条"依法成立的合同，自成立时生效，但是法律另有规定或者当事人另有约定的除外。依照法律、行政法规的规定，合同应当办理批准等手续的，依照其规定。未办理批准等手续影响合同生效的，不影响合同中履行报批等义务条款以及相关条款的效力。应当办理申请批准等手续的当事人未履行义务的，对方可以请求其承担违反该义务的责任。依照法律、行政法规的规定，合同的变更、转让、解除等情形应当办理批准等手续的，适用前款规定"的规定，与《民法典》第一百三十六条的规定遥相呼应。

民事法律行为的生效以民事法律行为的成立为前提，但民事法律行为成立并不一定生效，还存在未生效、无效、效力待定、可撤销等情形。民事法律行为生效的效力表现为：一是在民事主体之间产生法律拘束力，各方民事主体均应按照其法律行为本着诚信原则执行。二是在民事主体之间以外的第三人产生法律拘束力，即第三人不得侵害该法律行为中法定或约定的权利。三是民事法律行为生效的法律后果是行为人非依法律规定或者未经对方同意，不得擅自变更或者解除民事法律行为。依据《民法典》第一百四十三条"具备下列条件的民事法律行为有效：（一）行为人具有相应的民事行为能力；（二）意思表示真实；（三）不违反法律、行政法规的强制性规定，不违背公序良俗"的规定，担保合同生效须同时具备上述条件。

担保合同的生效，根据其生效要件不同，可分为担保合同生效的一般要件和担保合同生效的特殊要件。

担保合同生效的一般要件，是指欲使已成立的担保合同发生完备的法律效力而应当具备的法律条件。合同生效的要件是判断合同是否具备法律效力的标准。我国《民法典》第一百四十三条规定了民事法律行为应当具备下列条件：行为人具有相应的民事行为能力；意思表示真实；不违反法律、行政法规的强制性规定，不违背公序良俗。担保合同作为一种典型的民事法律行为，也应当具备《民法典》所规定的民事行为有效的条件。

担保合同生效的特殊要件，是指由《民法典》物权编、《公司法》、《民法典担保解释》规定的担保合同发生效力的特殊条件。如为使用外国政府或者国际经济组织贷款进行转贷，由国家机关作为保证人的保证合同，应当报国务院批准。否则，该保证合同无效。同时，保证合同、抵押合同与质押合同均为要式合同，即担保人与债权人必须签订书面的担保协议。至于“书面”的意义在于作为证据使用还是作为合同成立生效的要件，学界虽有不同认识，但笔者认为，合同的书面形式具有证据的效力。合同的书面形式的主要作用在于证明当事人之间的权利义务关系。如果当事人能够证明其相互之间权利义务关系，即使合同没有采用法律规定的形式，其合同的效力也不受影响。如果当事人没有采用法律规定的书面形式，双方就合同的内容发生争议时，在诉讼上应当贯彻“谁主张谁举证”的原则，不能证明自己主张的当事人可能承担败诉的后果。当然，对于法律特别规定的应该进行登记的合同，如果不进行登记将不产生法律特别规定的效力，应该属于合同形式效力的特殊情况。就口头合同而言，一是当事人以口头形式订立的合同，当事人一方已经履行了全部义务或主要义务，另一方已经接受了履行，应当确认口头合同成立并同时生效。二是口头合同有人证或者其他方式证明当事人对合同内容协商一致的，应认定合同成立。三是以口头形式订立的合同，双方当事人对合同的某项条款未协商一致或发生争议时，若该条款是合同的必要条款，当事人对此有异议且尚未履行的，说明双方当事人没有取得意思一致，应当认定合同未成立和未生效；若该条款是合同的非必要条款，当事人对此发生争议，不影响合同的成立。

《民法典》第五百八十六条规定：“当事人可以约定一方向对方给付定金作为债权的担保。定金合同自实际交付定金时成立。”《全国法院民商事审判工作会议纪要》规定，法律、行政法规规定某类合同应当办理批准手续生效的，如《商业银行法》《证券法》《保险法》等法律规定购买商业银行、证券公司、保险公司5%以上股权须经相关主管部门批准，依据《合同法》第四十四条第二款[①]

---

① 《合同法》第四十四条第二款规定：“法律、行政法规规定应当办理批准、登记等手续生效的，依照其规定。”《民法典》第五百零二条第二款规定：“依照法律、行政法规的规定，合同应当办理批准等手续的，依照其规定。未办理批准等手续影响合同生效的，不影响合同中履行报批等义务条款以及相关条款的效力。应当办理申请批准等手续的当事人未履行义务的，对方可以请求其承担违反该义务的责任。”

规定，批准是合同的法定生效条件，未经批准的合同因欠缺法律规定的特别生效条件而未生效。实践中的一个突出问题是，把未生效合同认定为无效合同，或者虽认定为未生效，却按无效合同处理。无效合同从本质上来说是欠缺合同的有效要件，或者具有合同无效的法定事由，自始不发生法律效力。而未生效合同已具备合同的有效要件，对双方具有一定的拘束力，任何一方不得擅自撤回、解除、变更，但因欠缺法律、行政法规规定或当事人约定的特别生效条件，在该生效条件成就前，不能产生请求对方履行合同主要权利义务的法律效力。①

三、主合同无效，担保合同无效的确认

担保合同的无效，是指担保合同因欠缺法律规定的生效要件而不能发生当事人预期法律后果的情形。担保合同的无效与担保合同的有效存在实质性的不同。因为前者从本质上讲，是当事人一方或双方所作出的意思表示不真实或违法或者欠缺合法性基础，故不能产生担保债权实现的后果，而有效担保合同则是担保人承担担保责任的依据，实现债权担保目的的手段和途径。

我国《民法典》第三百八十八条规定："设立担保物权，应当依照本法和其他法律的规定订立担保合同。担保合同包括抵押合同、质押合同和其他具有担保功能的合同。担保合同是主债权债务合同的从合同。主债权债务合同无效的，担保合同无效，但是法律另有规定的除外。担保合同被确认无效后，债务人、担保人、债权人有过错的，应当根据其过错各自承担相应的民事责任。"担保合同以担保主合同债权为目的，如果主合同债权因主合同无效而不存在，担保合同也就失去了担保的对象，因而担保合同应随主合同无效而无效。

依据《民法典》第一百四十四条"无民事行为能力人实施的民事法律行为无效"的规定，对于无民事行为能力人所为的民事法律行为，一律规定为无效。《民法典》第一百四十六条规定："行为人与相对人以虚假的意思表示实施的民事法律行为无效。以虚假的意思表示隐藏的民事法律行为的效力，依照有关法律规定处理。"第一百五十三条规定："违反法律、行政法规的强制性规定的民事法律行为无效，但是，该强制性规定不导致该民事法律行为无效的除外。违背公序良俗的民事法律行为无效。"第一百五十四条规定："行为人与相对人恶意串通，损害他人合法权益的民事法律行为无效。"恶意串通，损害他人合法

① 《全国法院民商事审判工作会议纪要》（法〔2019〕254号）第三十七条。

权益的民事法律行为被认定为无效行为，是我国民法立法的一贯立场。

四、主合同有效，担保合同无效的确认

担保合同作为一种民事合同，《民法典》中关于民事法律行为无效原因而不发生法律效力的规定，同样适用于担保合同。主合同有效，担保合同无效的情形主要有如下几种：

1. 担保人主体资格不合格而导致担保合同无效。担保人主体资格不合格导致担保合同无效的情形主要有：一是国家机关不得为担保人。否则，担保合同无效。但应当明确的是，国家机关既包括各级党委机关、政府机关、人大机关、政协机关，又包括各级人民法院、人民检察院。对此，《民法典担保解释》第五条规定："机关法人提供担保的，人民法院应当认定担保合同无效，但是经国务院批准为使用外国政府或者国际经济组织贷款进行转贷的除外。居民委员会、村民委员会提供担保的，人民法院应当认定担保合同无效，但是依法代行村集体经济组织职能的村民委员会，依照村民委员会组织法规定的讨论决定程序对外提供担保的除外。"二是学校、幼儿园、医院等以公益为目的的事业单位不得为担保人。《民法典》第六百八十三条规定："机关法人不得为保证人，但是经国务院批准为使用外国政府或者国际经济组织贷款进行转贷的除外。以公益为目的的非营利法人、非法人组织不得为保证人。"同理，亦不得为他人债务提供抵押担保、质押担保。当然，《民法典担保解释》第六条作出了明确规定，即"以公益为目的的非营利性学校、幼儿园、医疗机构、养老机构等提供担保的，人民法院应当认定担保合同无效，但是有下列情形之一的除外：（一）在购入或者以融资租赁方式承租教育设施、医疗卫生设施、养老服务设施和其他公益设施时，出卖人、出租人为担保价款或者租金实现而在该公益设施上保留所有权；（二）以教育设施、医疗卫生设施、养老服务设施和其他公益设施以外的不动产、动产或者财产权利设立担保物权。登记为营利法人的学校、幼儿园、医疗机构、养老机构等提供担保，当事人以其不具有担保资格为由主张担保合同无效的，人民法院不予支持"。三是企业法人的分支机构、职能部门未经法人授权不得为担保人，否则，担保合同无效。对此，《民法典担保解释》第十一条规定："公司的分支机构未经公司股东（大）会或者董事会决议以自己的名义对外提供担保，相对人请求公司或者其分支机构承担担保责任的，人民法院不予支持，但是相对人不知道且不应当知道分支机构对外提供

担保未经公司决议程序的除外。金融机构的分支机构在其营业执照记载的经营范围内开立保函，或者经有权从事担保业务的上级机构授权开立保函，金融机构或者其分支机构以违反公司法关于公司对外担保决议程序的规定为由主张不承担担保责任的，人民法院不予支持。金融机构的分支机构未经金融机构授权提供保函之外的担保，金融机构或者其分支机构主张不承担担保责任的，人民法院应予支持，但是相对人不知道且不应当知道分支机构对外提供担保未经金融机构授权的除外。担保公司的分支机构未经担保公司授权对外提供担保，担保公司或者其分支机构主张不承担担保责任的，人民法院应予支持，但是相对人不知道且不应当知道分支机构对外提供担保未经担保公司授权的除外。公司的分支机构对外提供担保，相对人非善意，请求公司承担赔偿责任的，参照本解释第十七条[①]的有关规定处理。"四是无民事行为能力人不得为担保人。五是限制民事行为能力人所提供的担保，非为其法定代理人同意或事后追认，则担保不发生效力。六是法人的法定代表人或其他组织的负责人超越权限订立的担保合同，若相对人知道或者应当知道其超越权限，则担保合同无效。否则，担保合同有效。[②]

2. 关于公司为他人提供担保的合同效力问题。为防止法定代表人随意代表公司为他人提供担保给公司造成损失，损害中小股东利益，《公司法》第十六条对法定代表人的代表权进行了限制。最高人民法院于2019年11月发布的《全

---

① 《民法典担保解释》第十七条规定："主合同有效而第三人提供的担保合同无效，人民法院应当区分不同情形确定担保人的赔偿责任：（一）债权人与担保人均有过错的，担保人承担的赔偿责任不应超过债务人不能清偿部分的二分之一；（二）担保人有过错而债权人无过错的，担保人对债务人不能清偿的部分承担赔偿责任；（三）债权人有过错而担保人无过错的，担保人不承担赔偿责任。主合同无效导致第三人提供的担保合同无效，担保人无过错的，不承担赔偿责任；担保人有过错的，其承担的赔偿责任不应超过债务人不能清偿部分的三分之一。"

② 参见《民法典担保解释》第七条规定："公司的法定代表人违反公司法关于公司对外担保决议程序的规定，超越权限代表公司与相对人订立担保合同，人民法院应当依照民法典第六十一条和第五百零四条等规定处理：（一）相对人善意的，担保合同对公司发生效力；相对人请求公司承担担保责任的，人民法院应予支持。（二）相对人非善意的，担保合同对公司不发生效力；相对人请求公司承担赔偿责任的，参照适用本解释第十七条的有关规定。法定代表人超越权限提供担保造成公司损失，公司请求法定代表人承担赔偿责任的，人民法院应予支持。第一款所称善意，是指相对人在订立担保合同时不知道且不应当知道法定代表人超越权限。相对人有证据证明已对公司决议进行了合理审查，人民法院应当认定其构成善意，但是公司有证据证明相对人知道或者应当知道决议系伪造、变造的除外。"

国法院民商事审判工作会议纪要》就长期以来困扰审判实践的公司对外担保问题作了全面规定。在《全国法院民商事审判工作会议纪要》确定的裁判思路基础上，《民法典担保解释》进一步完善了相关规定，主要体现在：①

一是关于越权担保的效力与责任。法定代表人未经法律规定的决议程序，超越代表权限以公司名义提供担保，要根据《民法典》第六十一条、第五百零四条等规定确定越权担保的效力与责任：相对人善意的，构成表见代表，担保合同对公司发生效力，公司承担担保责任；相对人非善意的，不构成表见代表，担保合同对公司不发生效力，公司不承担担保责任。问题是，在相对人非善意时，公司是否仍须对相对人的损失承担缔约过失责任，实践中存在较大争议。一种观点认为，法定代表人越权代表的后果亦应参照《民法典》关于无权代理的规定处理，在不构成表见代表的情形下，法定代表人的代表行为虽然对公司不发生效力，但对法定代表人发生效力，应由法定代表人对相对人的损失承担相应的责任。《民法典担保解释》认为，《民法典》关于越权代表和表见代表的规定不同于《民法典》关于无权代理和表见代理的规定，参照《民法典》关于无权代理的规定认定公司不承担责任，仅由法定代表人承担责任的依据不足；考虑到公司也存在过错，此时公司对合同无效给相对人造成的损失也应当承担一定的赔偿责任。当然，在法定代表人越权担保的情形下，无论公司是因承担担保责任还是赔偿责任而受到损失，都有权向有过错的法定代表人追偿。

二是关于无须决议的例外情形。在我国现阶段，基于公司治理的现状，法定代表人未经公司决议径行对外提供担保的情况仍普遍存在。为避免裁判思路的变化给社会经济生活产生过大的冲击，《全国法院民商事审判工作会议纪要》第十九条规定："存在下列情形的，即便债权人知道或者应当知道没有公司机关决议，也应当认定担保合同符合公司的真实意思表示，合同有效：（1）公司是以为他人提供担保为主营业务的担保公司，或者是开展保函业务的银行或者非银行金融机构；（2）公司为其直接或者间接控制的公司开展经营活动向债权人提供担保；（3）公司与主债务人之间存在相互担保等商业合作关系；（4）担保合同系由单独或者共同持有公司三分之二以上有表决权的股东签字同意。"经过一年多的实践，《全国法院民商事审判工作会议纪要》中关于无须公司决

① 参见刘贵祥、林文学等：《民法典担保制度司法解释系列解读之二："关于一般规定"部分重点条文解读》，载"一法决诉疑"微信公众号。

议的规定确有必要，但也存在因范围过大而影响到公司的运营安全，实践中甚至出现一些公司尤其是上市公司的法定代表人利用公司对外提供担保输送利益的现象。为此，《民法典担保解释》[①] 修改了上述《全国法院民商事审判工作会议纪要》关于无须公司决议的规定，主要表现在以下三个方面：删除了《全国法院民商事审判工作会议纪要》第十九条第三项有关"公司与主债务人之间存在相互担保等商业合作关系"的规定；将该条第二项"公司为其直接或者间接控制的公司开展经营活动向债权人提供担保"修改为"公司为其全资子公司开展经营活动向债权人提供担保"；明确规定上市公司对外提供担保，不适用本解释关于"公司为其全资子公司开展经营活动提供担保"和"担保合同系由单独或者共同持有公司三分之二以上对担保事项有表决权的股东签字同意"均无须公司决议的规定。

三是关于上市公司对外提供担保。上市公司属于公众公司，涉及众多中小投资者利益。法律为保护投资者的利益，明确规定上市公司有信息披露的义务，其中担保事项也是必须披露的内容。为全面落实法律关于上市公司信息披露的规定，《民法典担保解释》[②] 对于上市公司对外提供担保进行了特别规定：一方面，上市公司对外提供担保，不仅须依据《公司法》第十六条规定由董事会或股东大会决议，而且还要对决议公开披露，但如果债权人仅仅是根据披露的信息与上市公司签订担保合同，人民法院也认定担保有效，上市公司应承担担保责任；另一方面，即使上市公司已根据《公司法》第十六条由董事会或股东大会对担保事项进行决议，但如果债权人不是根据上市

---

① 《民法典担保解释》第八条规定："有下列情形之一，公司以其未依照公司法关于公司对外担保的规定作出决议为由主张不承担担保责任的，人民法院不予支持：（一）金融机构开立保函或者担保公司提供担保；（二）公司为其全资子公司开展经营活动提供担保；（三）担保合同系由单独或者共同持有公司三分之二以上对担保事项有表决权的股东签字同意。上市公司对外提供担保，不适用前款第二项、第三项的规定。"

② 《民法典担保解释》第九条规定："相对人根据上市公司公开披露的关于担保事项已经董事会或者股东大会决议通过的信息，与上市公司订立担保合同，相对人主张担保合同对上市公司发生效力，并由上市公司承担担保责任的，人民法院应予支持。相对人未根据上市公司公开披露的关于担保事项已经董事会或者股东大会决议通过的信息，与上市公司订立担保合同，上市公司主张担保合同对其不发生效力，且不承担担保责任或者赔偿责任的，人民法院应予支持。相对人与上市公司已公开披露的控股子公司订立的担保合同，或者相对人与股票在国务院批准的其他全国性证券交易场所交易的公司订立的担保合同，适用前两款规定。"

公司公开披露的对外担保的信息签订担保合同，人民法院也应认为担保合同对上市公司不发生效力，此时公司既不承担担保责任，也不承担其他赔偿责任。由此可以看出，上市公司对外提供担保，不仅在效力认定上比一般封闭性公司要严格得多，在责任承担方面也有所不同：一般公司在担保合同对公司不发生效力的情况下，虽不承担担保责任，但要承担一定的赔偿责任；而上市公司在担保合同对其不发生效力的情况下，不承担任何责任。需要指出的是，《全国法院民商事审判工作会议纪要》第二十二条规定：“债权人根据上市公司公开披露的关于担保事项已经董事会或者股东大会决议通过的信息订立的担保合同，人民法院应当认定有效。”根据反面解释规则，债权人没有根据上市公司公开披露的信息与上市公司订立的担保合同，应当认定无效。在无效的后果上，上市公司与一般公司承担的责任没有区别。在起草《民法典担保解释》的过程中，经过反复研究，我们更进一步地认识到，上市公司的所有担保事项都必须披露，如果相对人没有根据上市公司公开披露的信息与上市公司订立担保合同，就会损害证券市场上广大股民的权利，该合同应当认定对上市公司不发生效力，上市公司不应承担任何民事责任。该司法解释的这一规定，与《全国法院民商事审判工作会议纪要》第二十二条规定的无效后果不同，根据《民法典时间效力解释》第二条的规定，这一规定不具有溯及力。换言之，《民法典》施行之前债权人与上市公司订立的担保合同被认定无效的，上市公司应当视情况承担不超过二分之一或者三分之一的民事责任。《民法典》施行之后债权人与上市公司订立的担保合同被认定对上市公司不发生效力的，上市公司不承担任何民事责任。[①]

3. 当事人恶意串通签订的损害国家、集体或第三人利益的担保合同，应为无效合同。《民法典担保解释》第十六条规定：“主合同当事人协议以新贷偿还旧贷，债权人请求旧贷的担保人承担担保责任的，人民法院不予支持；债权人请求新贷的担保人承担担保责任的，按照下列情形处理：（一）新贷与旧贷的担保人相同的，人民法院应予支持；（二）新贷与旧贷的担保人不同，或者旧贷无担保新贷有担保的，人民法院不予支持，但是债权人有证据证明新贷的担保人提供担保时对以新贷偿还旧贷的事实知道或者应当知道的除外。主合同

---

① 参见刘贵祥、林文学等：《民法典担保制度司法解释系列解读之二：“关于一般规定”部分重点条文解读》，载“一法决诉疑”微信公众号。

当事人协议以新贷偿还旧贷，旧贷的物的担保人在登记尚未注销的情形下同意继续为新贷提供担保，在订立新的贷款合同前又以该担保财产为其他债权人设立担保物权，其他债权人主张其担保物权顺位优先于新贷债权人的，人民法院不予支持。”该规定的法律依据即恶意串通损害第三人利益的合同无效。贷款到期后，借款人与贷款人订立新的借款合同，将新贷用于偿还旧贷，旧贷因清偿而消灭，为旧贷设立的担保物权也随之消灭。贷款人以旧贷上的担保物权尚未进行注销登记为由，主张对新贷行使担保物权的，人民法院不予支持，但当事人约定继续为新贷提供担保的除外。[①]

4. 一方或者第三方以欺诈、胁迫手段，使对方或者一方在违背真实意思的情况下提供担保合同的，受欺诈方或者受胁迫方有权请求人民法院或者仲裁机构予以撤销。对此，《民法典》第一百四十八条规定：“一方以欺诈手段，使对方在违背真实意思的情况下实施的民事法律行为，受欺诈方有权请求人民法院或者仲裁机构予以撤销。”第一百四十九条规定：“第三人实施欺诈行为，使一方在违背真实意思的情况下实施的民事法律行为，对方知道或者应当知道该欺诈行为的，受欺诈方有权请求人民法院或者仲裁机构予以撤销。”第一百五十条规定：“一方或者第三人以胁迫手段，使对方在违背真实意思的情况下实施的民事法律行为，受胁迫方有权请求人民法院或者仲裁机构予以撤销。”受欺诈、胁迫为他人提供担保，但担保合同被撤销的，则担保人是否承担民事责任需要根据其是否有过错而定。

5. 担保合同内容违反法律、行政法规强制性规定和社会公共利益的，应为无效担保合同。最高人民法院在再审申请人名车广场因与被申请人东方资产公司、一审被告卡福来公司等金融借款合同纠纷案[②]中认为：案涉借款合同、抵押合同以及担保合同的法律效力问题。关键看是否存在《合同法》第五十二条规定的应认定合同无效的法定情形，具体应从以下几个方面来考量：（1）银行的审查责任是否影响合同效力。名车广场认为，大连银行沈阳分行违反了《大连银行流动资金贷款管理暂行办法》关于贷款审查、审批的规定，违规发放贷款的行为影响了合同的效力。对此，本院认为，前款规定系大连银行内部管理性质的规定，大连银行沈阳分行违规贷款系权利人疏于防范风险的行为，属于

① 《全国法院民商事审判工作会议纪要》（法〔2019〕254号）第五十七条。

② 最高人民法院（2019）最高法民申4121号民事裁定书。

银行内部行政处罚的范畴，同时，借款资金的流向问题也是属于银行内部的行政管理和处罚的范畴，均不属于《合同法》第五十二条有关合同无效的法定情形，不影响借款合同的效力。（2）关于大连银行沈阳分行与卡福来公司是否存在恶意串通，隐瞒借款用途，骗取担保人签订合同的问题。名车广场主张，大连银行沈阳分行违反了《商业银行法》第五十二条“违反规定徇私向亲属、朋友发放贷款或者提供担保”的规定及《担保法》第三十条“有下列情形之一的，保证人不承担民事责任：（一）主合同当事人双方串通，骗取保证人提供保证的；……”的规定。但名车广场提供的现有证据仅证明陶某军与大连银行熟识，并不足以认定大连银行沈阳分行与卡福来公司存在恶意串通，骗取其签订担保合同。即使属于受欺诈的情形，根据《合同法》第五十四条第二款、第五十五条的规定，一方以欺诈、胁迫的手段使对方在违背真实意思的情况下订立的合同，受损害方有权请求人民法院或者仲裁机构变更或者撤销。具有撤销权的当事人自知道或者应当知道撤销事由之日起一年内没有行使撤销权的，撤销权消灭。名车广场、刘某平等保证人自认于2013年9月2日知道大连银行沈阳分行与卡福来公司在订立合同时有欺诈行为，但并未在法定期限内行使撤销权，即使《抵押合同》《无限责任担保承诺书》存在可撤销事由，其撤销权也已经消灭。因此，原审认定合同有效，名车广场应承担保证责任有事实和法律依据。

6. 自己代理与双方代理的禁止。根据《民法典》第一百六十八条“代理人不得以被代理人的名义与自己实施民事法律行为，但是被代理人同意或者追认的除外。代理人不得以被代理人的名义与自己同时代理的其他人实施民事法律行为，但是被代理的双方同意或者追认的除外”的规定，代理人以被代理人的名义与自己或者自己代理的其他人签订担保合同，被代理人不予追认的，对被代理人不发生效力，由行为人承担责任。

五、担保合同无效时担保人的法律责任

（一）无效担保合同的归责原则

《民法典》第三百八十八条第二款规定：“担保合同被确认无效后，债务人、担保人、债权人有过错的，应当根据其过错各自承担相应的民事责任。”该规定表明，无效担保合同的归责原则采取了“过错责任原则”。

所谓过错责任原则，是指以行为人主观上的过错为承担民事责任的基本条件

的认定责任的准则。按照过错责任原则，行为人仅在有过错的情况下，才承担民事责任。没有过错，就不承担民事责任。无效担保合同的民事责任的性质属缔约过失责任，而缔约过失责任也正是以民法上以过错为原则所要承担的民事责任。

（二）无效担保合同担保人的法律责任

担保合同无效时，只能产生缔约过失责任。无效担保合同当事人的缔约过失责任范围的确定取决于债权人因担保合同无效所造成的损失、担保人和债权人对无效合同的过错程度等因素。根据《民法典担保解释》第十七条规定："主合同有效而第三人提供的担保合同无效，人民法院应当区分不同情形确定担保人的赔偿责任：（一）债权人与担保人均有过错的，担保人承担的赔偿责任不应超过债务人不能清偿部分的二分之一；（二）担保人有过错而债权人无过错的，担保人对债务人不能清偿的部分承担赔偿责任；（三）债权人有过错而担保人无过错的，担保人不承担赔偿责任。主合同无效导致第三人提供的担保合同无效，担保人无过错的，不承担赔偿责任；担保人有过错的，其承担的赔偿责任不应超过债务人不能清偿部分的三分之一。"该条规定在原司法解释基础上作了如下修改：一是增加了债权人有过错、担保人无过错时，担保人不承担责任的规定；二是担保人有过错而债权人无过错时，担保人对债务人不能清偿的部分承担赔偿责任，其性质属于补充责任而非原《担保法解释》规定的连带赔偿责任。同时，为了保持既有裁判规则的连续性，同时限制法官的自由裁量权，本解释沿袭了原《担保法解释》对赔偿责任的上限进行控制的做法，规定了担保人承担的责任不超过债务人不能清偿部分的二分之一或者三分之一。[①]具体而言，无效担保合同担保人的法律责任应按如下情形处理：

1. 主合同无效致使担保合同无效时担保人的责任，无论主合同的无效应归责于债权人还是债务人，还是双方都有过错，也无论无效的结果导致的是返还原物，还是赔偿损失，担保人无过错的，担保人都不应承担赔偿责任。

2. 主合同有效而担保合同无效时，债权人无过错的，因担保人的无效担保行为造成主合同债权人损失的，担保人应根据其过错与债务人承担连带赔偿责任。该种担保人承担连带赔偿责任的情形，主要是指债务人与担保人违反法律

---

① 参见刘贵祥、林文学等：《民法典担保制度司法解释系列解读之二："关于一般规定"部分重点条文解读》，载"一法决诉疑"微信公众号。

禁止性或强制性规定以及恶意串通欺骗债权人而缔结担保合同的情形。在司法实践中还应注意的是，担保人对债权人的全部损失承担连带赔偿责任。因此，要严格把握该种情形下连带责任的适用。

3. 主合同无效而担保合同无效时，担保人明知主合同无效而仍然为其提供担保的，因担保人的无效担保行为造成主合同债权人经济损失的，担保人承担民事责任的部分，不应超过主合同债务人不能清偿部分的三分之一。在该种情形下，要把握好担保人过错的内涵。此时担保人的过错，并非指担保人在主合同无效上的过错，而是指担保人明知主合同无效仍为之提供担保以及担保人明知主合同无效仍促使主合同成立或为主合同的签订作中介等缔约过错，这也正是担保人不能完全免责的原因。

4. 主合同有效而担保合同无效时，债权人、担保人有过错的，担保人承担民事责任的部分，不应超过主合同债务人不能清偿部分的二分之一。担保合同被确认无效后，不影响主合同的效力。但是，以提供担保作为主合同生效要件的，担保合同无效时，主合同应确认未生效。担保合同无效或者被撤销后，有过错的一方应当赔偿对方因此所受到的损失，双方都有过错的，应当各自承担相应的民事责任。

（三）无效担保合同的担保人在承担赔偿责任后，担保人是否享有追偿权

作为第三人的担保人承担担保责任后，有权向债务人追偿。而当担保合同被确认无效后，担保人不承担保证责任，而是承担因缔约过失的赔偿责任。为此，担保人承担赔偿责任后，是否享有追偿权问题，在实践中存在分歧。《民法典担保解释》第十八条明确规定："承担了担保责任或者赔偿责任的担保人，在其承担责任的范围内向债务人追偿的，人民法院应予支持。同一债权既有债务人自己提供的物的担保，又有第三人提供的担保，承担了担保责任或者赔偿责任的第三人，主张行使债权人对债务人享有的担保物权的，人民法院应予支持。"

六、"独立担保"的理解与适用[①]

在司法实践中，特别需要注意的是，主合同无效，担保合同一般也无效，

---

① 参见王闯：《规则冲突与制度创新（上）——以物权法与担保法及其解释的比较为中心而展开》，载《人民法院报》2007 年 6 月 20 日。

这是确认担保合同无效的一般原则。但对于独立担保，[①] 在担保实务及审判实践中，虽然独立担保常以“见单即付的担保”“见索即付的担保”“无条件或不可撤销的担保”“放弃一切抗辩权的担保”乃至“备用信用证”等形式出现，但只有依担保权从属性规则考察独立担保，方能准确界定独立担保。独立性担保与从属性担保相对应，实质在于否定担保权的从属性，故独立担保通常被视为对传统担保制度的彻底“颠覆”，独立担保人的责任亦因此而变得异常严厉并呈现出两个特性：一是不能适用传统担保法律中为担保人提供的各种保护措施，诸如未经担保人书面同意而变更被担保合同场合下担保人的免责规定。二是从属性担保人因主债权合同无效、被撤销、诉讼时效或强制执行期限完成而享有的免责抗辩权，以及一般保证人独有的先诉抗辩权等，独立担保人皆不能行使。

由于独立担保颠覆了经典的担保权从属性规则，并由此产生异常严厉的担保责任，因此实务界对其适用范围存在巨大争议：否定观点认为，独立担保仅适用于涉外经济、贸易、金融等国际性商事交易中，不能适用于国内经济活动，否则将会严重影响甚至根本动摇我国担保法律制度体系。肯定观点认为，独立担保已为两大法系的判例和学理所承认，而且与从属性担保制度并列成为现代担保法律制度的两大支柱；基于契约自由原则，应允许在国内市场中适用。考虑到独立担保责任的异常严厉性，以及该制度在适用过程中易产生欺诈和滥用权利等弊端，尤其是为避免动摇我国担保法律制度体系的基础，全国人大法工委和最高人民法院在担保法解释论证过程的态度非常明确：独立担保只能在国际商事交易中适用。但因司法解释最后公布稿并未明确该态度，导致实务中仍然存在争论。为此，最高人民法院通过（1998）经终字第184号“湖南机械进出口公司、海南国际租赁公司与宁波东方投资公司代理进口合同案”的终审判决，第一次表明否定独立保证在国内适用的立场。但该判决仅否定独立保证之效力，并未否定独立物保的效力。《民法典》第三百八十六条秉承物权法定原则，在但书中明确规定“但是法律另有规定的除外”，鲜明地表达了当事人不能通过合同约定独立性担保物权的立法态度。至此，对于独立担保的适用范围，立法和司法态度已非常明朗：独立物保在国内不能适用，禁止当事人通过合同约定独立物保。《民法典担保解释》第二条规定：“当事人在担保合同中约定担

---

① 关于独立担保，请参见曹士兵：《独立担保案件的处理》，载《人民法院报》2005年8月3日。

保合同的效力独立于主合同，或者约定担保人对主合同无效的法律后果承担担保责任，该有关担保独立性的约定无效。主合同有效的，有关担保独立性的约定无效不影响担保合同的效力；主合同无效的，人民法院应当认定担保合同无效，但是法律另有规定的除外。因金融机构开立的独立保函发生的纠纷，适用《最高人民法院关于审理独立保函纠纷案件若干问题的规定》。"

从属性是担保的基本属性，但由银行或者非银行金融机构开立的独立保函除外。独立保函纠纷案件依据《最高人民法院关于审理独立保函纠纷案件若干问题的规定》处理。需要进一步明确的是，凡是由银行或者非银行金融机构开立的符合该司法解释第一条、第三条规定情形的保函，无论是用于国际商事交易还是用于国内商事交易，均不影响保函的效力。银行或者非银行金融机构之外的当事人开立的独立保函，以及当事人有关排除担保从属性的约定，应当认定无效。但是，根据"无效法律行为的转换"原理，在否定其独立担保效力的同时，应当将其认定为从属性担保。此时，如果主合同有效，则担保合同有效，担保人与主债务人承担连带保证责任。主合同无效，则该所谓的独立担保也随之无效，担保人无过错的，不承担责任；担保人有过错的，其承担民事责任的部分，不应超过债务人不能清偿部分的三分之一。[①]

七、对案例 55、案例 56 的简要评析

（一）对案例 55 的简要评析

根据《民法典》第一百四十三条"具备下列条件的民事法律行为有效：（一）行为人具有相应的民事行为能力；（二）意思表示真实；（三）不违反法律、行政法规的强制性规定，不违背公序良俗"的规定，认定民事法律行为有效需要具备民事主体、意思表示、合法性的"三个要素"。在本案中，作为民事主体、意思表示，各方当事人均没有异议。争议的焦点是抵押担保合同是否违反法律、行政法规的强制性规定。由于景轩公司系外商独资企业，根据国家外汇管理局颁布的《境内机构对外担保管理办法实施细则》第八条第二款规定，外商独资企业可以自行提供对外担保，无须得到外汇局逐笔批准。但《境内机构对外担保管理办法》第十四条第一款明确规定："担保人提供对外担保后，应当到所

① 《全国法院民商事审判工作会议纪要》（法〔2019〕254 号）第五十四条。

在地的外汇局办理担保登记手续。”同时，未经国家有关主管部门批准或者登记对外担保的，对外担保合同无效。根据查明的事实，景轩公司亦就该对外担保合同在国家外汇管理局深圳市分局补办了登记手续。因此，本案抵押担保合同系当事人真实意思表示，相关抵押物在深圳市规划国土局福田分局办理了抵押登记，该抵押担保合同应当是合法有效的。

（二）对案例56的简要评析

在案例56中，一、二审法院均认为：振邦股份公司为振邦集团公司的借款提供了连带责任保证和抵押担保，由于该担保行为属于股份公司为其股东提供担保，故对其效力的认定应适用《公司法》的有关规定。《公司法》第十六条第二款规定：“公司为公司股东或者实际控制人提供担保的，必须经股东或者股东大会决议。”第三款规定：“前款规定的股东或者受前款规定的实际控制人支配的股东，不得参加前款规定事项的表决。该项表决由出席会议的其他股东所持表决权的过半数通过。”据此，作为债权人招行东港支行应对借款人提供的借款抵押合同及《股东会担保决议》等相关资料的真实性从程序上、形式上进行审查。《股东会担保决议》中共盖有5枚印章，除振邦集团公司外所盖印章均不是真实的。同时，振邦集团公司是振邦股份公司的股东和实际控制人，在《股东会担保决议》上也加盖公司印章，违背《公司法》的规定，招行东港支行应是明知的。据此，《股东会担保决议》所盖5枚印章均无效，其担保行为无效，招行东港支行应当尽到审查义务，其没有审查出问题，存在过错，应当承担一定的民事责任。

最高人民法院认为，案涉《抵押合同》及《不可撤销担保书》系担保人振邦股份公司为其股东振邦集团公司的负债向债权人招行东港支行作出的担保行为。作为公司组织及公司行为当受《公司法》调整，同时其以合同形式对外担保行为亦受《合同法》及《担保法》的制约。案涉公司担保合同效力的认定，因其并未超出平等商事主体之间的合同行为的范畴，故应首先从合同法相关规定出发展开评判。关于合同效力，《合同法》第五十二条规定：“有下列情形之一的，合同无效：……（五）违反法律、行政法规的强制性规定。”关于前述法律中的“强制性”，《合同法解释（二）》第十四条则作出如下解释规定：“合同法第五十二条第（五）项规定的‘强制性规定’，是指效力性强制性规定。”[①]

---

① 对应《民法典》第一百五十三条。

因此，法律及相关司法解释均已明确将违反法律或行政法规中效力性强制性规范作为合同效力的认定标准之一。公司作为不同于自然人的法人主体，其合同行为在接受合同法规制的同时，当受作为公司特别规范的公司法的制约。《公司法》第一条开宗明义规定："为了规范公司的组织和行为，保护公司、股东和债权人的合法权益，维护社会经济秩序，促进社会主义市场经济的发展，制定本法。"《公司法》第十六条第二款规定："公司为公司股东或者实际控制人提供担保的，必须经股东会或者股东大会决议。"[①] 上述规定明确了其立法本意在于限制公司主体行为，防止公司的实际控制人或者高级管理人员损害公司、小股东或其他债权人的利益，故其实质是内部控制程序，不能以此约束交易相对人。故此上述规定宜理解为管理性强制性规范。对违反该规范的，原则上不宜认定合同无效。另外，如作为效力性规范认定将会降低交易效率和损害交易安全。譬如股东会何时召开，以什么样的形式召开，何人能够代表股东表达真实的意志，均超出交易相对人的判断和控制能力范围，如以违反股东决议程序而判令合同无效，必将降低交易效率，同时也给公司动辄以违反股东决议主张合同无效的不诚信行为留下了制度缺口，最终危害交易安全，不仅有违商事行为的诚信规则，更有违公平正义。故本案一、二审法院以案涉《股东会担保决议》的决议事项并未经过振邦股份公司股东会的同意，振邦股份公司也未就此事召开过股东大会为由，根据《公司法》第十六条规定，作出案涉不可撤销担保书及抵押合同无效的认定，属于适用法律错误，应予以纠正。

在案事实和证据表明，案涉《股东会担保决议》确实存在部分股东印章虚假、使用变更前的公司印章等瑕疵，以及被担保股东振邦集团公司出现在《股东会担保决议》中等违背《公司法》规定的情形。振邦股份公司法定代表人周某良超越权限订立抵押合同及不可撤销担保书，是否构成表见代表，招行东港支行是否善意，亦是本案担保主体责任认定的关键。《合同法》第五十条规定：

---

① 《全国法院民商事审判工作会议纪要》（法〔2019〕254 号）第十七条规定："为防止法定代表人随意代表公司为他人提供担保给公司造成损失，损害中小股东利益，《公司法》第 16 条对法定代表人的代表权进行了限制。根据该条规定，担保行为不是法定代表人所能单独决定的事项，而必须以公司股东（大）会、董事会等公司机关的决议作为授权的基础和来源。法定代表人未经授权擅自为他人提供担保的，构成越权代表，人民法院应当根据《合同法》第 50 条关于法定代表人越权代表的规定，区分订立合同时债权人是否善意分别认定合同效力：债权人善意的，合同有效；反之，合同无效。"

“法人或者其他组织的法定代表人、负责人超越权限订立的合同，除相对人知道或者应当知道其超越权限的以外，该代表行为有效。”[①] 本案再审期间，招行东港支行提交的新证据表明，振邦股份公司提供给招行东港支行的股东会决议上的签字及印章与其为担保行为当时提供给招行东港支行的签字及印章样本一致。而振邦股份公司向招行东港支行提供担保时使用的公司印章真实，亦有其法人代表真实签名。且案涉抵押担保在经过行政机关审查后也已经办理了登记。至此，招行东港支行在接受担保人担保行为过程中的审查义务已经完成，其有理由相信作为担保公司法定代表人的周某良本人代表行为的真实性。《股东会担保决议》中存在的相关瑕疵必须经过鉴定机关的鉴定方能识别，必须经过查询公司工商登记才能知晓、必须谙熟公司法相关规范才能避免因担保公司内部管理不善导致的风险，如若将此全部归属于担保债权人的审查义务范围，未免过于严苛，亦有违《合同法》《担保法》等保护交易安全的立法初衷。担保债权人基于对担保人法定代表人身份、公司法人印章真实性的信赖，基于担保人提供的股东会担保决议盖有担保人公司真实印章的事实，完全有理由相信该《股东会担保决议》的真实性，无须也不可能进一步鉴别担保人提供的《股东会担保决议》的真伪。因此，招行东港支行在接受作为非上市公司的振邦股份公司为其股东提供担保过程中，已尽到合理的审查义务，主观上构成善意。本案周某良的行为构成表见代表，振邦股份公司对案涉保证合同应承担担保责任。[②]

第三节　担保物权合同的生效与担保物权的设立

一、问题的提出

根据《民法典》物权编的有关规定，担保物权合同的生效与担保物权的设立采取了区分原则，即担保物权合同原则上自各方当事人意思表示一致时成立并生效，担保物权自登记时设立或者动产交付时设立或者合同生效时设立。

---

① 对应《民法典》第五百零四条。

② 参见最高人民法院（2012）民提字第156号民事判决书，载《最高人民法院公报》2015年第2期（总第220期）。

在研究担保物权合同的生效与担保物权的设立之前，先看两则案例。

案例57：元亨曦地公司与青岛天一公司及信恒基公司、青岛澳海资产管理有限公司、王某壁、宫某鹏企业借贷纠纷案[①]

最高人民法院认为：

一、关于二审法院认定《借款补充协议》合法有效是否错误问题。该协议是元亨曦地公司当时的法定代表人宫某鹏代表公司签订的，对此，元亨曦地公司并无异议。但其认为签订日期涉嫌造假、宫某鹏涉嫌犯罪行为、双方恶意串通宫某鹏的行为系无权代表行为，故该协议应当认定无效。首先，关于该协议的签订日期涉嫌造假问题。对此，元亨曦地公司并未提供证据予以证明，其应当承担举证不能的法律后果。其次，关于宫某鹏涉嫌犯罪，其签订该协议的行为系犯罪行为问题。虽然宫某鹏因涉嫌伪造印章罪已被公安机关立案侦查，但该案尚未侦查终结，不能认定宫某鹏签订协议的行为系犯罪行为。最后，关于双方恶意串通，宫某鹏的行为系无权代表行为问题。第一，元亨曦地公司未能举证证明出借人青岛天一公司、借款人信恒基公司与公司法定代表人宫某鹏具有恶意串通，损害公司利益的行为。第二，宫某鹏系元亨曦地公司的法定代表人，其在日常经营活动中代表公司对外签订合同的行为属于职务行为，该行为的法律后果应当由公司承担，不能因案涉担保未经公司股东会或者股东大会决议而否定其效力。第三，虽然该协议上只有公司法定代表人宫某鹏的签字，未加盖公司公章，但在元亨曦地公司不能证明宫某鹏无权代表公司对外签订合同提供担保的情况下，不能因案涉担保合同未加盖公司公章而认定出借人青岛天一公司在本案中具有恶意。综上，在元亨曦地公司不能证明宫某鹏无权代表公司对外签订合同提供担保，且出借人青岛天一公司对此系明知的情况下，应当认定宫某鹏代表公司签订案涉担保合同的行为对公司发生法律效力。原审法院认定《借款补充协议》合法有效具有事实和法律依据，并无不当。

二、关于二审法院判决元亨曦地公司承担赔偿责任是否错误问题。《借款补充协议》约定，元亨曦地公司以其名下的三块土地的使用权为信恒基公司向青岛天一公司的借款提供抵押担保。合同签订后，因双方均未办理上述土地使用权的抵押登记手续，故抵押权并未有效设立，在此情况下，青岛天一公司无

① 最高人民法院（2017）最高法民申2340号民事裁定书。

权对上述土地使用权行使优先受偿权。虽然抵押权并未有效设立，青岛天一公司无权对抵押物行使优先受偿权，但在主合同即《借款协议》和从合同即《借款补充协议》均合法有效的情况下，元亨曦地公司对于因此给青岛天一公司造成的损失，应当承担赔偿责任。原审法院根据双方的过错程度，判决元亨曦地公司在其提供的抵押物价值的二分之一范围内对信恒基公司不能清偿的部分承担赔偿责任具有事实和法律依据，并无不当。关于原审法院判决元亨曦地公司承担赔偿责任错误的申请再审理由不能成立。

案例 58：车辆抵押未登记，能否设立抵押权？

乙公司与信用社签订借款抵押担保合同，双方约定：信用社给乙公司贷款 100 万元，乙公司以其自有的三部大型运输车辆作抵押。合同签订后，信用社履行了贷款义务，而借款到期后，乙公司没有偿还贷款。无奈之下，信用社诉至法院，请求判令乙公司偿还贷款及利息，并以抵押的车辆享有优先受偿权。

在上述案例中，案例 57 涉及不动产抵押没有办理抵押权登记，案例 58 涉及动产抵押权问题。试问：如何理解担保物权？如何理解担保物权合同与担保物权设立的区分原则？

二、担保物权的法律意义

担保物权，是以确保特定债权的实现为目的而于债务人或第三人的特定财产上设定的以支配和取得该特定财产的交换价值为内容的定限物权。该定义表明：担保物权是物权的一种，具有物权的性质与效力；担保物权是在他人的财产上成立的物权，是他物权、定限物权；担保物权以确保特定债权的实现为目的；担保物权以支配、取得担保财产的交换价值为内容。对此，《民法典》第三百八十六条规定："担保物权人在债务人不履行到期债务或者发生当事人约定的实现担保物权的情形，依法享有就担保财产优先受偿的权利，但是法律另有规定的除外。"

担保物权因具有物权性而区别于债权；因标的物的特定性、权利的公示性及实现上的优先性而区别于保证、定金等担保方式；因具有在他人财产上设定的特点和内容的定限性而区别于所有权；因具有担保性和价值权性而区别于用益物权。担保物权具有以下法律特征：

1. 价值权性。担保物权的价值权性，又称为变价性或换价性，是指担保物权以支配和取得担保物的变价价值（交换价值）为内容，而不是以对标的物的实体支配为内容。担保物权作为物权的一种，当然也具有支配性，但这种支配性并不体现在支配标的物的实体及其使用价值方面，而体现在对标的物的处分及其变价价值的支配方面，最为典型的情形是抵押权人并不占有抵押物，却仍得支配物之处分及其所得价款。在债务人届期不履行债务时，担保物权人无论是以拍卖、变卖担保物的价款受偿，还是与担保人协议以担保物折价受偿，均是以担保物的变价价值或交换价值受偿债权的方式。这是担保物权与所有权及用益物权的主要区别，也是其担保债权实现的功能之表现。

2. 从属性。凡是为担保债权的实现而附加的权益，均对所担保的债权具有从属性。担保物权既是为确保债权实现而设立的，自然与所担保的债权形成主从关系，被担保的债权为主权利，担保物权为从权利。担保物权的从属性，可以从设立、移转、效力及消灭几个方面来认识：一是设立上的从属性。表现在担保物权的设定或成立，应以债权的存在为前提，担保物权不能脱离债权关系而单独设立。对此从属性，不能仅从其与债权成立的时序上来看，而主要应从其与债权的主从关系上来看。担保物权中的留置权因其发生条件的固有限制，只能对既存债权成立担保，而抵押权与质权，则既可以担保既存的债权，也可以针对将来的债权或附条件的债权而设定，如最高额抵押权。但是在担保物权实行之际，必须有确定的债权存在，因此，纵使是担保将来的债权，担保物权与被担保的债权之间仍有主从关系。二是处分上的从属性。担保物权原则上因所担保的债权的移转而移转。担保物权虽得因特约而脱离所担保的债权，单独归于消灭，却不得脱离债权而单独移转。① 三是效力上的从属性。其是指担保物权的效力取决于所担保的债权，被担保的债权无效的，担保物权原则上也无效。此外，担保物权的效力范围也取决于被担保的债权，担保物权人无权就担保物的变价价值获得大于其债权范围的清偿。四是消灭上的从属性。担保物权因所担保的债权的消灭而消灭。唯在发生债权人与债务人混同等特殊情况下，

---

① 《全国法院民商事审判工作会议纪要》（法〔2019〕254 号）第六十二条规定："【抵押权随主债权转让】抵押权是从属于主合同的从权利，根据'从随主'规则，债权转让的，除法律另有规定或者当事人另有约定外，担保该债权的抵押权一并转让。受让人向抵押人主张行使抵押权，抵押人以受让人不是抵押合同的当事人、未办理变更登记等为由提出抗辩的，人民法院不予支持。"

法律承认抵押权得为所有权人的利益而存在（即成立所有人抵押权），不附随债权的消灭而当然消灭。

3. 优先受偿性。担保物权的优先受偿性，是指当债务人不履行债务或破产时，担保物权人得就担保物之价值优先于其他债权人而受偿。此乃物权的优先效力在担保物权中的体现，各国担保制度中，莫不承认担保物权的这一特性。正是由于担保物权人得就担保物的价值优先受偿，这种担保才成为比人的担保（保证）更可靠、更优越的担保方式。

4. 不可分性。担保物权人于其全部债权受偿之前，得就担保物的全部行使其权利，担保物的价值变化及债权的变化不影响担保物权的整体性。各国民法均规定了担保物权的不可分性，主要目的在于保障债权的实现。《民法典担保解释》第三十八条第一款规定："主债权未受全部清偿，担保物权人主张就担保财产的全部行使担保物权的，人民法院应予支持，但是留置权人行使留置权的，应当依照民法典第四百五十条的规定处理。"该条款明确规定了担保物权的不可分性。一是债权之一部分因为债务人的清偿、抵销、提存、免除等行为消灭时，不产生担保物权部分消灭的效力，即债权人仍可以对担保物的整体主张担保权。主债权的部分消灭，对抵押权的行使不产生影响，这正是担保物权不可分性的典型体现。需要注意的是，债权为分期给付的，其中部分债权已届清偿期而未受清偿时，债权人可就担保物的全部行使拍卖或变卖的权利。如果拍卖部分担保物足以清偿到期债权及债务人应负担费用的，其余部分则应维持原状。如果数项财产从整体上作为担保物，处分其中一项财产便可满足其债权的，其处分行为不得涉及所有财产，这是诚实信用原则的应有之义。[①] 二是担保物的分割或者部分转让或者灭失，对担保物权的行使不产生影响。但担保物权人仍可以就分割或者剩余担保物主张权利。担保物因继承而被分割为几个继承人所有，担保物因合伙解散而被分割为几个合伙人所有，担保物因企业分立而被分割为几个企业所有，担保物因部分转让而归第三人所有，因某种原因分割（如离婚时作为担保物的婚姻共同财产的分割），或者担保同一债权的数项财产中的一项让与他人，在其上设定的担保物权不受影响，担保物权人仍然可以就全部债权，对全部担保物行使权利。担保物部分灭失的，其剩余部分仍可

---

① 参见史尚宽：《物权法论》，中国政法大学出版社 2000 年版，第 263 页。

担保债权的全部。[①] 为此，我国《民法典担保解释》第三十八条第二款规定："担保财产被分割或者部分转让，担保物权人主张就分割或者转让后的担保财产行使担保物权的，人民法院应予支持，但是法律或者司法解释另有规定的除外。"三是担保物权所担保的债权被分割或者部分转让的，各债权人可以就其享有的债权份额对担保物行使担保权。即主债权被分割或者部分转让的，对担保物权的行使不产生影响。为此，《民法典担保解释》第三十九条第一款规定："主债权被分割或者部分转让，各债权人主张就其享有的债权份额行使担保物权的，人民法院应予支持，但是法律另有规定或者当事人另有约定的除外。"四是主债务被分割或者部分转让的，担保人仍以其担保物担保数个债务人履行债务。即债务分割时，其担保物权不因此而受影响；债务有一部分被他人承担时，担保物权不因债务之承担而妨碍其存在。但是在免责的债务承担中，其担保由第三人提供的，债权人许可债务人转让债务未经担保人书面同意的，担保人对未经其同意转让的债务，不再承担担保责任。为此，《民法典担保解释》第三十九条第二款规定："主债务被分割或者部分转移，债务人自己提供物的担保，债权人请求以该担保财产担保全部债务履行的，人民法院应予支持；第三人提供物的担保，主张对未经其书面同意转移的债务不再承担担保责任的，人民法院应予支持。"

5. 物上代位性。当担保物灭失、毁损而得受赔偿时，担保物权的效力及于担保物的代替物（赔偿金），担保物权人得就该代替物行使其权利。法定债权质的构成应能更好地保护担保物权人的利益。《民法典》第三百九十条规定："担保期间，担保财产毁损、灭失或者被征收等，担保物权人可以就获得的保险金、赔偿金或者补偿金等优先受偿。被担保债权的履行期限未届满的，也可以提存该保险金、赔偿金或者补偿金等。"《民法典担保解释》第四十二条规定："抵押权依法设立后，抵押财产毁损、灭失或者被征收等，抵押权人请求按照原抵押权的顺位就保险金、赔偿金或者补偿金等优先受偿的，人民法院应予支持。给付义务人已经向抵押人给付了保险金、赔偿金或者补偿金，抵押权人请求给付义务人向其给付保险金、赔偿金或者补偿金的，人民法院不予支持，但是给付义务人接到抵押权人要求向其给付的通知后仍然向抵押人给付的除外。抵押权人请求给付义务人向其给付保险金、赔偿金或者补偿金的，人民法院可

---

① 参见李国光等：《关于适用〈中华人民共和国担保法若干问题的解释〉理解与适用》，吉林人民出版社2000年版，第265页。

以通知抵押人作为第三人参加诉讼。”该条司法解释对抵押物的物上代位性及诉讼程序作出了明确规定。

6. 特定性。特定性是指担保物及其所担保的债权必须是特定的。担保物可以是动产、不动产或财产权利，但由于担保物权是物权、价值权与换价权、支配权，在符合条件时有就担保物为执行的必要，因此，担保物必须是明确而特定的，应与债务人或物上保证人的其他财产区别开。担保物的特定性原则上要求在担保物权设定时即已特定，传统意义上的不动产抵押权、动产质权、权利质权和留置权等都应该符合此项要求。但近代以来，随着经济的发展，企业融资的需求越发强烈，而以设定担保物权为手段向银行贷款无疑是其融资的最重要的渠道之一。可一个企业现实存在的担保物在数量和价值上总是有限的，如果不允许将来的可以特定的财产加入担保物中，恐怕会大大降低企业的融资效率。而且若严格坚持担保物权客体的特定性和固定化，致使担保权人无法处置已设定担保的货物，必然使得企业的经营自由受到很大限制，阻碍其发展，并对银行等金融机构顺利地回收贷款也较为不利；尤其是在以动产或应收账款担保贷款的情况下，这种弊端更加明显。为了克服这些缺陷，担保物权的特定性有逐渐缓和的趋势，即立法上不再统一要求担保物在担保物权设定时必须具有特定性，而只需在担保物权实行时能够确定即可。

三、担保物权合同生效与担保物权设立的区分原则

物权行为的原因行为与物权变动的区分原则，可谓我国民法物权颇具特色的核心规则。该原则在担保物权上的体现即担保物权合同与担保物权变动的区分，此为民法物权与担保法的重大区别和冲突之一。

原《担保法》第四十一条关于“抵押合同自登记之日起生效”的规定，以及该法第六十四条和第七十六条关于质押合同自交付质物或权利凭证时生效的规定，混淆了担保物权合同等原因行为与登记、交付等物权变动行为，导致担保实务和审判实践面临相当尴尬的局面，也被法学界称为担保法立法最大的“败笔”。[①] 例如，不动产抵押合同签订后，若抵押人违背诚信原则而拒绝履行抵押的登记义务，则因该抵押权尚未登记而导致抵押合同不能生效，致使债

① 参见王闯：《规则冲突与制度创新（上）——以物权法与担保法及其解释的比较为中心而展开》，载《人民法院报》2007 年 6 月 20 日。

权人无法追究抵押人的违约赔偿责任。为解决该实务困境,《担保法解释》第五十六条第二款明确采用原因行为与物权变动的区分原则:“法律规定登记生效的抵押合同签订后,抵押人违背诚实信用原则拒绝办理抵押登记致使债权人受到损失的,抵押人应当承担赔偿责任。”以此规制抵押人的失信行为。

《民法典》第二百一十五条(原《物权法》第十五条)明确规定原因行为与物权变动的区分原则:“当事人之间订立有关设立、变更、转让和消灭不动产物权的合同,除法律另有规定或者当事人另有约定外,自合同成立时生效;未办理物权登记的,不影响合同效力。”同时,《民法典》第二百一十四条(原《物权法》第十四条)规定不动产物权的变动自记载于不动产登记簿时发生效力。《民法典》第二百二十四条(原《物权法》第二十三条)规定除法律另有规定,动产物权的变动自交付时发生效力。据此,物权法上的区分原则强调并宣示:合同归合同,变动归变动。物权合同等原因行为的效力,应受合同法的调整;物权的设立、变更、转让和消灭等物权变动的效力,则受物权法的规制;原因行为的效力不受物权变动要件的影响。《民法典》物权编同样遵循了《物权法》的规定,坚持了担保物权合同生效与担保物权设立的区分原则。

就物权法理论而言,区分原则可谓我国物权法对德国物权行为理论分解并部分吸纳之后所形成的颇具特色的规则。物权行为理论是德国物权法的核心理论,该理论的核心是物权行为独立性和无因性理论。因我国民法受德国民法影响甚巨,故民法学界自 20 世纪 80 年代后期就开始围绕着我国民法是否应采纳物权行为理论而展开长期的争论,并形成反对和赞成两大派系;该争论同样体现在《物权法》的制定过程中。赞成的观点认为,该理论的最大益处在于:物权行为独立性可以使法律关系明晰,物权行为无因性有利于维护交易安全。反对的观点认为,该理论实质上是“对现实生活的凌辱”。虽然就理论的完整性而言,物权行为的独立性和无因性不宜割裂,但为了解决《担保法》第四十一条等规定造成的理论矛盾和实务困境,争论双方最后达成了妥协性共识:物权行为理论的重点在于物权变动与原因行为的区分,以及物权变动应登记和交付为设立或生效要件,而不在于“物权行为”及其“无因性”。这意味着分解了物权行为理论,采纳独立性理论,否定无因性理论,并通过物权公示原则、公信原则和善意取得制度替代物权行为无因性的保障交易安全之功能。与此相应,《物权法》第十五条规定的区分原则体现了对物权行为独立性理论的吸纳,第十四条和第二十三条体现了物权变动的效力规则;同时,第六条规定的物权变动公示原则、第十七条规定的不动产物权变动公信原则，以及第一百零六条规定的动产和不动产的善意取得制度，都体现了对交易安全的保障。这些规定，在《民法典》中均得以体现。

尽管区分原则的规定带有比较浓厚的实用主义色彩，但仍不失为我国物权法上的一次理论创新。区分原则意味着，物权法在理论上并未恪守德国物权法上经典的物权行为理论，而是根据中国国情创设契合现行物权变动法制的物权规则。采纳物权独立性理论的区分原则，不仅能够修正担保法的立法不当，使法律行为和关系更加清晰，而且可以契合现行法制所长期实行的不动产物权登记要件主义，实现保障交易安全之目的。因此，区分原则可谓贯穿物权法中的一条“红线”，对交易安全的保护作用甚巨；除法律另有规定，该原则应是我们理解和适用物权变动效力规则的基本原则。此外，区分原则的确立，为非典型担保的蓬勃发展提供了充分的空间。在德国、日本等大陆法系国家，非典型担保因其适用便捷、成本较低、方式灵活，故极具生命力并在担保交易方式中独占鳌头。

非典型担保是相对于典型担保而言的，典型担保是由法律明确规定的典型化的担保类型，在我国包括保证、定金、抵押权、质押权、留置权五类。《民法典》将定金规定在违约责任一章，似乎有淡化定金的担保功能且不将其作为典型担保的立法倾向。非典型担保是指法律未明确规定，在交易中自发产生的担保形式，或法律虽有规定，但未典型化的担保形式。《民法典》第三百八十八条除了规定抵押合同、质押合同外，还规定了“其他具有担保功能的合同”。结合《民法典》各分编规定，具有担保功能的合同包括保理合同、融资租赁合同、所有权保留买卖合同等。《民法典》虽将这些具有担保功能的合同规定在典型合同分编中，但由于这些合同不是以担保为主要的权利义务关系，故似可视为非典型担保合同。此外在实践中出现的让与担保等担保形式，应当属于非典型担保。根据物权法的区分原则，在当事人通过合同创设新型担保物权时，除司法解释有明确规定外，在合同效力认定方面，应依契约自由原则，只要不存在无效情形，不宜轻易否定非典型担保合同的效力，以满足担保实践的需要。对此，《民法典担保解释》第六十三条规定：“债权人与担保人订立担保合同，约定以法律、行政法规尚未规定可以担保的财产权利设立担保，当事人主张合同无效的，人民法院不予支持。当事人未在法定的登记机构依法进行登记，主张该担保具有物权效力的，人民法院不予支持。”该条规定持开放、包容的司法立场，确保担保功能作用的发挥。同时，《民法典担保解释》第四部分“关于非典型担保”对上述非典型担保方式均作了明确规定，为其提供了司法依据。

四、对案例 57、案例 58 的简要评析

在案例 57 中，元亨曦地公司向最高人民法院申请再审的理由是《借款补充协议》无效，进而抵押合同无效。从本案情况来看，没有影响《借款补充协议》无效的法定理由，则生效判决确认协议有效是正确的。依据《民法典》第四百零二条的规定，不动产抵押，应当办理抵押登记，抵押权自登记时设立。在本案中，基于土地使用权抵押因没有办理抵押权登记，则债权人不能取得抵押权。不动产抵押合同依法成立，但未办理抵押登记手续，债权人请求抵押人办理抵押登记手续的，人民法院依法予以支持。因抵押物灭失以及抵押物转让他人等原因不能办理抵押登记，债权人请求抵押人以抵押物的价值为限承担责任的，人民法院依法予以支持，但其范围不得超过抵押权有效设立时抵押人所应当承担的责任。[①] 则法院根据双方的过错，判令元亨曦地公司在抵押物价值的二分之一范围内对债务人信恒基公司不能清偿部分承担责任，是适当的。

在案例 58 中，乙公司与信用社签订借款抵押担保合同，乙公司以其自有的三部大型运输车辆作抵押。根据担保物权合同的生效与担保物权的设立的区分原则，借款抵押担保合同生效，又无导致无效的因素，故依法有效。乙公司以三部大型运输车辆作抵押，根据《民法典》第四百零三条的规定，以动产抵押的，抵押权自抵押合同生效时设立；未经登记，不得对抗善意第三人。因此，信用社的抵押权自抵押合同生效时取得，由于没有办理抵押权登记，故该抵押权不具有对抗第三人的效力。

第四节　担保物权的担保范围

一、问题的提出

《民法典》第三百八十九条规定：“担保物权的担保范围包括主债权及其利息、违约金、损害赔偿金、保管担保财产和实现担保物权的费用。当事人另有

---

① 《全国法院民商事审判工作会议纪要》（法〔2019〕254 号）第六十条。

约定的，按照其约定。”依此规定，担保物权的担保范围遵循有约定的按约定（约定无效的除外），无约定的按法定的原则处理。法定的担保责任范围包括主债权及其利息、违约金、损害赔偿金、保管担保财产和实现担保物权的费用。但是，在现实生活和司法实践中存在当事人约定的担保责任范围往往超过主债务人所应当承担的责任。对此，存在不同观点：一种意见认为，即便担保人承担的责任范围超过了主债务人所应承担责任的范围，但只要是担保人真实意思的表示，则应当予以认可。另一种意见认为，担保人承担的担保责任范围不能大于主债务，是担保从属性的必然要求，大于主债务部分的约定因违反担保的从属性而无效。[①]

在研究担保物权的担保范围之前，先看一则案例：

案例 59：白乃庙公司与建新公司保证合同纠纷案[②]

最高人民法院二审认为：本案争议的焦点问题是一审判决白乃庙公司承担反担保责任是否正确。2012 年至 2014 年 2 月，冠欣矿业、冠欣投资分别向华融信托等五家金融机构贷款，均约定由建新公司承担连带保证责任。借款发生后，建新公司及其全资子公司代冠欣矿业、冠欣投资向相关金融机构偿还部分借款本金及利息。2014 年 5 月 16 日，建新公司、白乃庙公司签订《反担保合同》，约定鉴于建新公司为冠欣投资、冠欣矿业在相关金融机构约 12.5 亿元借款提供了连带保证责任，建新公司可以向借款人追偿，为确保建新公司追偿权的实现，白乃庙公司以自身全部资产向建新公司提供连带清偿责任的反担保。2015 年 7 月 16 日，白乃庙公司向建新公司出具《确认函》，对截至 2015 年 7 月 15 日建新公司及其全资子公司已履行担保责任 244102474.31 元予以确认。据此，一审判决白乃庙公司承担反担保责任，偿还建新公司代偿款及相应利息，事实及法律依据充分，并无不妥。

关于利息与违约金的问题。白乃庙公司上诉认为违约金约定过高，且违约金与利息同时支持属重复计算。本院认为，担保人承担担保责任范围不应当大于主债务，当事人约定的担保责任范围大于主债务的，应当认定大于主债

① 参见最高人民法院民事审判第二庭编著：《〈全国法院民商事审判工作会议纪要〉理解与适用》，人民法院出版社 2019 年版，第 349 页。

② 详见最高人民法院（2020）最高法民终 156 号民事判决书。

务部分的约定无效。本案系建新公司履行了部分担保责任之后，就其代偿费用起诉请求白乃庙公司承担反担保责任的纠纷，对于建新公司已代偿的费用244102474.31元及相应利息，一审判决已予以支持，虽案涉双方在合同中约定了违约金，但该部分费用如再予以支持，则白乃庙公司反担保责任的范围明显大于建新公司已代偿费用范围，与担保的从属性不符，故一审判决支持建新公司的违约金主张欠妥，本院予以纠正。

在上述案例中，二审法院涉及的争议焦点实质上是担保范围的问题。试问：如何理解担保范围？在司法实践中应当注意哪些问题？

二、主债权

主债权又称本债权、原债权，是指债权人与债务人之间因债的法律关系所发生的原本债权，例如金钱债权、交付货物的债权、提供劳务的债权。[①] 当事人之间之所以设定抵押的权利义务关系，主要是根据他们之间已经形成的主债权债务关系而来的，因此，无论抵押合同中对其是否作出明确约定，都应当认为将主债权作为抵押担保的对象，担保合同中对被担保债权未明确约定时，应推定抵押权及于所有的原债权及对抵押权效力所及的原债权的范围应根据抵押合同的约定来决定，依法进行登记的，主债权应以登记的债权额为准。当事人对债权进行变更时，应进行变更登记，未经登记的，抵押权仅在登记的范围内具有对抗第三人的效力。

关于担保物权的担保范围，当合同约定与登记簿记载不一致时，如何处理？学界存在分歧。对此，以登记作为公示方式的不动产担保物权的担保范围，一般应当以登记的范围为准。但是，我国目前不动产担保物权登记，不同地区的系统设置及登记规则并不一致，人民法院在审理案件时应当充分注意制度设计上的差别，作出符合实际的判断：一是多数省区市的登记系统未设置“担保范围”栏目，仅有“被担保主债权数额（最高债权数额）”的表述，且只能填写固定数字。而当事人在合同中又往往约定担保物权的担保范围包括主债权及其利息、违约金等附属债权，致使合同约定的担保范围与登记不一致。显然，这种不一致是由于该地区登记系统设置及登记规则造成的普遍现象。人民法院

① 黄薇主编：《中华人民共和国民法典物权编释义》，法律出版社2020年版，第460页。

以合同约定认定担保物权的担保范围，是符合实际的妥当选择。二是一些省区市不动产登记系统设置与登记规则比较规范，担保物权登记范围与合同约定一致在该地区是常态或者普遍现象，人民法院在审理案件时，应当以登记的担保范围为准。[①]《民法典担保解释》第四十七条规定："不动产登记簿就抵押财产、被担保的债权范围等所作的记载与抵押合同约定不一致的，人民法院应当根据登记簿的记载确定抵押财产、被担保的债权范围等事项。"该司法解释明确了人民法院在审理此类案件时应当以登记簿记载的抵押财产、被担保的债权范围为依据。

三、利息

所谓利息，是指由债权所生的孳息，亦称为实现担保物权时主债权所应产生的一切收益。[②]究竟是指约定利息，还是指法定利息，按学理上的见解，此利息应为约定利息，因为法定利息一般是作为金钱债权不履行时的损失规则来适用的，而约定利息则主要是债权人与债务人之间因主债权的产生而约定产生的。[③]

关于利息问题，在司法实践中，应当注意下列问题：

1. 利息必须为合法的利息。利息率不得超过法定利息率的最高限额，超出部分无效，不得作为抵押担保的债权，应以法定最高利息限额为准。我们知道，金融机构放贷和民间的借贷利息的规定是不同的，金融机构贷款利息率原则上不允许约定，而必须按照中国人民银行所规定的贷款利率执行，随着金融市场的放开，各商业银行的贷款利率可在中国人民银行所规定的贷款利率限度内浮动，贷款利率也仅能在所规定的限度内约定，人民法院裁判贷款利息的基本标准为全国银行间同业拆借中心公布的贷款市场报价利率。民间的借款利率，依据 2020 年第二次修正的《民间借贷规定》第二十五条规定："出借人请求借款人按照合同约定利率支付利息的，人民法院应予支持，但是双方约定的利率超过合同成立时一年期贷款市场报价利率四倍的除外。前款所称'一年期贷款市场报价利率'，是指中国人民银行授权全国银行间同业拆借中心自 2019 年 8 月

---

① 《全国法院民商事审判工作会议纪要》（法〔2019〕254 号）第五十八条。

② 黄薇主编：《中华人民共和国民法典物权编释义》，法律出版社 2020 年版，第 460 页。

③ 参见孔祥俊主编：《担保法例解与适用》，人民法院出版社 1996 年版，第 365～366 页。

20日起每月发布的一年期贷款市场报价利率。”取代原《民间借贷规定》中“以24%和36%为基准的两线三区”的规定，大幅度降低了民间借贷利率的司法保护上限。

同时，“利息”应作广义解释，除借款债权的利息以外，还应包括其他类似于利息的债权受偿，如租金、使用权及其他定期支付的债权收益。

2. 利息债权必须为所担保的债权所生的利息。利息的金额在抵押权经过登记的情况下，根据登记的利率和计息期计算。未登记的约定利息，抵押权对该约定的利息是否有担保效力，存在不同认识：一种意见认为，被担保债权的范围，应当经过登记而公示；原本债权约定有利息的，应当登记其利率，仅登记原本债权应付利息而未登记利率的，依照法定利率确定利息。抵押担保的债权利息未登记的，该利息仍属于抵押担保的范围，但对第三人不得主张对抵押物的优先权[①]。依照日本民法，该利息仍属于抵押权所担保的范围，但利息不得就抵押物优先受清偿，即不得对第三人行使优先权。另一种意见认为，对原本债权约定的利息没有登记的，其利息仅为对债务人的债务，属于无担保的债务，不得就抵押物清偿其利息债权，仅得对债务人另行求偿[②]。抵押担保的债权利息没有登记的，依照德国民法，其利息属于对债务人的没有担保的债务，不得由抵押物受利息债权的清偿。

3. 迟延利息。所谓迟延利息，是指债务已届清偿期后，债务人不履行义务而致债务的履行迟延，在迟延期间发生的利息。迟延利息在借款合同中通常表现为延期归还借款的利息和罚息。对于迟延利息的计算，若债权人和债务人有约定，依照约定的利率计算，即使约定利率高于法定利率，亦同[③]。债务人和债权人没有约定迟延利息计算方法的，依照法定利率计算。

迟延利息是依照法律规定而发生的利息，与上述基于当事人约定而发生的约定利息不同。对于迟延利息，当事人没有约定，在办理抵押登记时也没有登记的，仍然为抵押权担保的范围[④]。因为依照法律规定而发生的抵押权担保内容，不以登记为生效要件。我国台湾地区的司法实务观点认为，“按除契约另

① 史尚宽:《物权法论》，中国政法大学出版社2000年版，第276页。

② 杨与龄:《民法物权》，我国台湾地区五南图书出版公司1981年版，第167页。

③ 谢在全:《民法物权论（下册）》，中国政法大学出版社1999年版，第46页。

④ 史尚宽:《物权法论》，中国政法大学出版社2000年版，第277页。

有约定外，抵押权所担保者，为原债权，利息，迟延利息及实行抵押权之费用，此为‘民法’第八百六十一条所明定，又金钱债务虽未约定利息，债权人依该法第二百三十三条第一项规定，仍得请求迟延利息，因之，迟延利息无须登记即为抵押权效力所及，抵押权人自得就抵押物行使优先受偿之权利”①。我国《民法典》第六百七十六条亦明确规定："借款人未按照约定的期限返还借款的，应当按照约定或者国家有关规定支付逾期利息。"

4. 变相利息的认定。金融借款合同纠纷中，借款人认为金融机构以服务费、咨询费、顾问费、管理费等为名变相收取利息，金融机构或者由其指定的人收取的相关费用不合理的，人民法院可以根据提供服务的实际情况确定借款人应否支付或者酌减相关费用。②

四、违约金

违约金，是指主债务人不履行或不适当履行主合同时，为违约行为支付的带有惩罚性或者补偿性的金钱，通常亦可区分为约定违约金和法定违约金两种类型。我国《民法典》所规定的违约金具有"以补偿为主、以惩罚为辅"的性质。但无论当事人是否约定该违约金的性质，也无论该违约金是否过高或过低，只要出现不履行或延迟履行主债务之情形，违约金条款即发生法律效力，因此违约金自然成为担保物权所担保的范围。至于违约金是否过高，则属于担保范围具体数额的确定问题。

五、损害赔偿金

所谓损害赔偿金，是指当事人一方不履行合同义务或者履行合同义务不符合约定，给对方造成损失时所应承担的赔偿金额。在债务人届期未履行之债务而给债权人造成损害从而转化为损害赔偿之债时，该损害赔偿之债与原来的主债权在性质上是同一的，只不过为原来主债权的变形。另外在有些情况下，主债权与损害赔偿之债是同时并存的，都构成所担保的债权。

在司法实践中，应注意两点：

1. 当债务人违约后，债权人未采取适当措施而使损失扩大的，就扩大的损

---

① 参见我国台湾地区"最高法院"1988年台抗字第131号裁定。

② 《全国法院民商事审判工作会议纪要》（法〔2019〕254号）第五十一条。

失赔偿金不应列入担保债权范围，且债务人亦不应支付。其法律根据是《民法典》第五百九十一条“当事人一方违约后，对方应采取适当措施防止损失的扩大；没有采取适当措施致使损失扩大的，不得就扩大的损失请求赔偿。当事人因防止损失扩大而支出的合理费用，由违约方负担”之规定。

2. 抵押物为第三人的财产时，债务人故意扩大损失的损害赔偿金不应列入担保债权的范围。因为第三人用自己的财产为债务人提供担保是基于对主债务人的信任，第三人应当预见和愿意承担的风险责任限于债务人正常的违约行为，对其故意造成的扩大损失是不愿意也不应该为其担保的。如果把这部分损害赔偿金也列入担保债权的范围，显然违背了第三人的真实意思，也是显失公正的。但遇到这种情况，第三人具有催告债权人及时行使抵押权的义务。如果第三人不履行催告义务，应视为有共同故意。否则，不利于保护债权人的利益。

六、保管担保财产的费用和实现担保债权的费用

通常而言，保管担保财产的费用仅发生在转移担保物占有之担保场合，诸如质押和留置。《民法典》物权编放弃了《担保法》中“区别对待”的立法方式，转而采用“一般规定”的立法方式，在各担保物权分则中不再另行规定担保物权的被担保债权范围，而是通过概括的方式将各种担保物权的担保范围予以整合规定，统一确立了担保物权的被担保债权范围。

实现担保债权的费用，是指由于实行担保权而为的支出。此项费用，除当事人另行约定不归债务人负担外，当然包含于被担保债权范围之内。执行法院应从拍卖或变卖之金额中，先行扣除此项费用。如果担保权之实现采取拍卖形式，那么实现担保权的费用包括法院收取的执行费用，拍卖之广告费用，拍卖公司收取之费用以及债权人之申请费用。

总而言之，担保人承担的担保责任范围不应当大于主债务，是担保从属性的必然要求。当事人约定的担保责任的范围大于主债务的，如针对担保责任约定专门的违约责任、担保责任的数额高于主债务、担保责任约定的利息高于主债务利息、担保责任的履行期先于主债务履行期届满，等等，均应当认定大于主债务部分的约定无效，从而使担保责任缩减至主债务的范围。[①] 当事人有关

---

① 《全国法院民商事审判工作会议纪要》（法〔2019〕254号）第五十五条。

担保责任大于主债务的约定，可依据《民法典》第一百五十三条第一款关于违法无效的规则，认定超出部分无效，也可以认定过度担保行为违反公序良俗为由认定该约定无效。[①] 同时，《民法典担保解释》第三条明确规定："当事人对担保责任的承担约定专门的违约责任，或者约定的担保责任范围超出债务人应当承担的责任范围，担保人主张仅在债务人应当承担的责任范围内承担责任的，人民法院应予支持。担保人承担的责任超出债务人应当承担的责任范围，担保人向债务人追偿，债务人主张仅在其应当承担的责任范围内承担责任的，人民法院应予支持；担保人请求债权人返还超出部分的，人民法院依法予以支持。"

七、对案例 59 的简要评析

在本案中，关于建新公司要求违约金、利息、公证费用的诉请，《反担保合同》约定白乃庙公司提供的反担保范围包括建新公司为履行保证义务所支付的全部款项，包括贷款本金、利息（含复利）、罚息、违约金以及诉讼或仲裁费、律师费、评估费、差旅费等一切实现债权的费用。《反担保合同》约定因白乃庙公司违约给建新公司造成损失的，应赔偿实际损失。本案中，建新公司代偿款产生的实际损失为因白乃庙公司未履行保证责任而产生的建新公司垫付资金的利息损失。建新公司要求白乃庙公司承担利息的诉请，应当予以支持。同时，根据《反担保合同》的约定，白乃庙公司应于建新公司向金融机构履行保证责任后立即向建新公司偿还其履行保证义务所付出之全部款项。任何一方没有履行或遵守合同中的任何一项义务或规定的，应向相对方支付相当于债务标的金额 20% 的违约金。本案中，白乃庙公司未能按照《反担保合同》的约定向建新公司承担保证责任，其行为已经构成违约，一审法院判决支持了承担违约金的民事责任。最高人民法院认为该违约金责任的约定会导致当事人约定的担保责任的范围大于主债务，因此应当认定大于主债务部分的约定无效。同时，根据《民法典担保解释》第三条第一款"当事人对担保责任的承担约定专门的违约责任，或者约定的担保责任范围超出债务人应当承担的责任范围，担保人主张仅在债务人应当承担的责任范围内承担责任的，人民法院应予支持"的规定，

① 参见最高人民法院民事审判第二庭编著：《〈全国法院民商事审判工作会议纪要〉理解与适用》，人民法院出版社 2019 年版，第 350 页。

该案的二审判决改判是正确的。由此可见，该案的裁判意见与《民法典担保解释》所规定的精神是相一致的。

第五节　担保物权优先受偿权行使的限制

一、问题的提出

《民法典》第三百八十六条规定："担保物权人在债务人不履行到期债务或者发生当事人约定的实现担保物权的情形，依法享有就担保财产优先受偿的权利，但法律另有规定的除外。"从该条的规定来看，担保物权的核心是优先受偿权。在债务人届期不履行债务或者发生约定的实行担保物权情形时，担保物权可以担保财产折价或者从该担保财产变卖、拍卖所得的价款中优先于一般债权人而获得先位清偿。

在"但法律另有规定的除外"情况下，担保物权人是否优先受偿，则应当依法律规定。

案例 60：建设工程优先权与抵押权之争

亨利公司与万利达公司签订建设工程承包合同，约定工程款为 2400 万元（万利达公司先行垫资 300 万元）。某年 7 月 5 日，双方对工程款决算为 2560 万元，亨利公司已付 1560 万元，尚欠 1000 万元，亨利公司承诺在同年 10 月 18 日前付清。同年 11 月 16 日，亨利公司将所承建的办公楼抵押给华兴银行，并办理了抵押权登记，贷款 1500 万元，贷款期限为 6 个月。

一年后，万利达公司申请人民法院对亨利公司的办公楼依法拍卖，并对拍卖的价款优先受偿。拍卖公告贴出后，华兴银行遂提出异议称亨利公司的办公楼已抵押给我行，其抵押权应优先于建设工程承包人的优先权，而形成纷争（垫资部分是否有效？万利达公司能否直接申请人民法院拍卖工程价款而优先受偿？承包人的优先受偿权与抵押权的对抗效力如何？请予思考）。

案例 61：抵押权与租赁权之争

甲公司将其所属的厂房出租给乙公司，并签订了为期 5 年的租赁合同。后甲公司将该厂房抵押给某信用社，取得贷款200万元。在租赁合同期内，信用社为了行使抵押权，而通知乙公司腾出所租赁的厂房。乙公司接到通知后即回复信用社，一是先租赁后抵押，租赁物厂房的权属变动不影响租赁合同关系。二是依据《民法典》第七百二十六条[①]的规定，承租人乙公司依法享有优先购买权（抵押权与租赁权之间有何规定？抵押权与优先购买权的效力如何？请予思考）。

上述案例，其实质涉及担保物权的优先受偿权的效力问题，因此，确有必要予以探讨。

二、担保物权优先受偿权受到税收、职工债权的限制

在担保物权设定人拖欠税收的情况下，国家的税收权优于担保物权。2015年修正的《税收征收管理法》第四十五条规定："……纳税人欠缴的税款发生在纳税人以其财产设定抵押、质押或者纳税人的财产被留置之前的，税收应当先于抵押权、质权、留置权执行……税务机关应当对纳税人欠缴税款的情况定期予以公告"。第四十六条规定："纳税人有欠税情形而以其财产设定抵押、质押的，应当向抵押权人、质权人说明其欠税情况。抵押权人、质权人可以请求税务机关提供有关的欠税情况。"由此可见，该规定的立法宗旨在于防止欠税人以抵押、质押担保为名恶意转移资产，以维护国家税收的权威性和稳定性。同时，也为抵押权人、质权人、留置权人等担保物权人提供了防范风险的必要信息和手段。

特定情形下未清偿职工债权将优于担保物权。《企业破产法》第一百零九条规定："对破产人的特定财产享有担保权的权利人，对该特定财产享有优先受偿的权利。"第一百三十二条规定："本法施行后，破产人在本法公布之日前所欠职工的工资和医疗、伤残补助、抚恤费用，所欠的应当划入职工个人账户的基本养老保险、基本医疗保险费用，以及法律、行政法规规定应当支

① 《民法典》第七百二十六条规定："出租人出卖租赁房屋的，应当在出卖之前的合理期限内通知承租人，承租人享有以同等条件优先购买的权利；但是，房屋按份共有人行使优先购买权或者出租人将房屋出卖给近亲属的除外。出租人履行通知义务后，承租人在十五日内未明确表示购买的，视为承租人放弃优先购买权。"

付给职工的补偿金，依照本法第一百一十三条的规定清偿后不足以清偿的部分，以本法第一百零九条规定的特定财产优先于对该特定财产享有担保权的权利人受偿。”由此可见，在企业破产的情形下，虽然担保物权可以就破产人的特定财产享有优先受偿权，但对于2007年6月1日《企业破产法》施行前形成的未清偿职工债权，在按照正常清偿顺序无法实现时，则以设定担保的特定财产受偿，此时未清偿的职工债权优于担保物权。该规定是从解决目前我国社会矛盾的角度作出的特别规定，这也是新旧《企业破产法》之间的重要区别之一。

三、担保物权受到优先购买权的限制

《民法典》第四百零五条规定：“抵押权设立前，抵押财产已经出租并转移占有的，原租赁关系不受该抵押权的影响。”可见，在同一财产先出租后设抵押权的场合，根据“买卖不破租赁”原则，承租人的租赁权不受抵押权的影响。同时，根据《民法典》第七百二十六条“出租人出卖租赁房屋的，应当在出卖之前的合理期限内通知承租人，承租人享有以同等条件优先购买的权利；但是，房屋按份共有人行使优先购买权或者出租人将房屋出卖给近亲属的除外”之规定，承租人对出租财产享有优先购买权。据此可以认为，在担保财产先租赁后抵押的情形下，承租人的优先购买权优于抵押权等担保物权。理由如下：

1. 虽然抵押权等担保物权就担保财产享有优先受偿权，包括可以凭借担保物权优先购买担保财产，但《民法典》第七百二十六条所规定的承租人的优先购买权具有其独立的功能和保护目的，其立法目的并非保护承租人的租赁权，而是在于保护承租人获得租赁物所有权的一种机会，承租人的这种机会是法律予以保护的权益。由此可见，尊重承租人的优先购买权是出租人必须履行的义务，如出租人变卖、作价、拍卖租赁物以实现担保物权时，若其未在合理期限内通知承租人，则构成对承租人优先购买权的侵害，承租人可以请求人民法院确认出卖租赁物的合同无效。有鉴于此，抵押人等担保物权人若想取得抵押物，也只有在承租人放弃优先购买权的情况下才能取得。

2. 抵押权等担保物权是优先受偿权，其优先的内容在于抵押物的价值，而非取得抵押物的所有权，而承租人的优先购买权恰恰是以取得所有权为优先的内容。

四、担保物权优先受偿权受到工程款优先受偿权的限制

我国《民法典》第八百零七条规定："发包人未按照约定支付价款的，承包人可以催告发包人在合理期限内支付价款。发包人逾期不支付的，除根据建设工程的性质不宜折价、拍卖外，承包人可以与发包人协议将该工程折价，也可以请求人民法院将该工程依法拍卖。建设工程的价款就该工程折价或者拍卖的价款优先受偿。"

该条确立了建设工程承包人在发包人逾期不支付工程款的情况下，享有对该建造工程的优先受偿权。所谓优先受偿权，又称优先权，是指法律规定的特殊债权人就债务人的全部财产或特定财产优先受偿的权利。优先权制度的确立，旨在破除债权平等原则，赋予特殊债权人优先于其他债权人受清偿的权利，以实现债权人之间的实质性平等。优先权是一项极具特殊性的权利，它可以为特定人而设，也可以为特定事而设；可以为债权人的利益而设，也可以为债务人的利益而设。此条承继了《合同法》第二百八十六条的规定，是为特定人建设工程承包人的利益而设定的。当然，该条的规定，并未损害债务人建设工程发包人的利益，公平地保护了当事人双方的合法权益。

最高人民法院于2002年6月20日公布《关于建设工程价款优先受偿权问题的批复》，该司法解释明确规定："人民法院在审理房地产纠纷案件和办理执行案件中，应当依照《中华人民共和国合同法》第二百八十六条的规定，认定建筑工程的承包人的优先受偿权优于抵押权和其他债权。"因此，工程款优先权优先于一般抵押权和其他债权。一并建议，承包人的工程款额实行预先登记制度。虽从优先权的性质来看，此种权利无须登记，因为它本身就是直接依据法律的规定而产生的优先受偿权。但为了保护一般抵押权的利益，使其知悉抵押物状况，建设工程是否拖欠承包人工程款，是否存在法定抵押权。如果其事先知道存在法定抵押权，则一般抵押权人可能不会同意发包人以建设工程作为抵押标的，若一般抵押权人明知而为之，则应认为其自愿承担因法定抵押权优先受偿而使其抵押权不能实现的风险。另外，关于工程的费用，如果预先没有登记，事后也很容易发生纠纷，更何况如果发包人与承包人恶意通谋，故意虚报工程款，从而在承包人的法定抵押权受偿以后，一般抵押权人将会蒙受损害。所以，应将工程款预先予以登记，该登记的工程款也是承包人法定抵押权实现的最高数额。如果实际结算的工程款高于登记数额，则以登记为准。如果低于

登记数额，则以实际结算数额为准。其他一般抵押权人可从登记的工程款中预先了解可能发生的法定抵押权。这样，对一般抵押权人和其他债权人更显公平。

2020 年 12 月 25 日最高人民法院发布的《建设工程施工合同解释（一）》对建设工程价款优先权作出了明确规定，第三十五条规定：“与发包人订立建设工程施工合同的承包人，依据民法典第八百零七条的规定请求其承建工程的价款就工程折价或者拍卖的价款优先受偿的，人民法院应予支持。”第三十六条规定：“承包人根据民法典第八百零七条规定享有的建设工程价款优先受偿权优于抵押权和其他债权。”第三十七条规定：“装饰装修工程具备折价或者拍卖条件，装饰装修工程的承包人请求工程价款就该装饰装修工程折价或者拍卖的价款优先受偿的，人民法院应予支持。”第三十八条规定：“建设工程质量合格，承包人请求其承建工程的价款就工程折价或者拍卖的价款优先受偿的，人民法院应予支持。”第三十九条规定：“未竣工的建设工程质量合格，承包人请求其承建工程的价款就其承建工程部分折价或者拍卖的价款优先受偿的，人民法院应予支持。”第四十条规定：“承包人建设工程价款优先受偿的范围依照国务院有关行政主管部门关于建设工程价款范围的规定确定。承包人就逾期支付建设工程价款的利息、违约金、损害赔偿金等主张优先受偿的，人民法院不予支持。”第四十一条规定：“承包人应当在合理期限内行使建设工程价款优先受偿权，但最长不得超过十八个月，自发包人应当给付建设工程价款之日起算。”第四十二条规定：“发包人与承包人约定放弃或者限制建设工程价款优先受偿权，损害建筑工人利益，发包人根据该约定主张承包人不享有建设工程价款优先受偿权的，人民法院不予支持。”该司法解释对各类情形的建设工程价款的优先权作出了规定，在与以往司法解释不一致时，应当适用该解释的规定。

五、抵押权优先受偿权受到主债权诉讼时效的限制

《民法典》第四百一十九条规定：“抵押权人应当在主债权诉讼时效期间行使抵押权；未行使的，人民法院不予保护。”该条并未明确规定抵押权的存续期间，而只是规定抵押权的行使期间。由此认为，物权法所规定的行使期限就是抵押权的存续期限，而不是抵押权受到公力保护的期限。即抵押权可以因时间的经过而消灭。抵押权对抵押财产具有权能上的限制，对抵押财产的使用和转让均产生影响，规定抵押权的存续期间，便于担保物的流转，并能充分发挥担保物的使用价值。如果允许抵押权人可以在任何时候行使抵押权，对于抵押

人来说未免过于苛刻。因为抵押人在此情形下处于一种不利益的状态，其义务有一种不确定性。抵押权存在而不行使，不仅不利于物的交易价值和担保秩序的稳定，反而可能会助长抵押权人滥用因物之担保而取得的优势地位，损害债务人的利益。若对抵押权人行使抵押权的期限不进行限制，则抵押财产的归属将长期处于不确定状态，不利于保护双方当事人的合法权益，也不利于抵押财产效能的发挥。确立抵押权期限制度，促使抵押权人积极及时行使抵押权，迅速了结债权债务关系，也有利于社会经济秩序的稳定。而且，抵押权人长期怠于行使其权利，法律对之也无特别加以保护的必要，应使抵押权消灭。

抵押权在物上的法定担保权，依据物权法定原则，抵押权的设立、变更和消灭均须由法律规定，任何人包括当事人也不得任意为之。因此，除非有法律明确规定的消灭事由发生，否则抵押权是永续存在的。抵押权即便在一定期限内不行使，也不能发生抵押权消灭的效力。但是，抵押权永续存在而不行使不利于抵押财产的交易价值和担保秩序的稳定，反而可能会助长抵押权人滥用因财产之抵押而取得的优势地位，损害债务人的利益。抵押人可主张对抵押财产清偿债务之多余部分的权利，特别是抵押权设立时不转移对抵押财产的占有，抵押人需为之保管抵押权的实现又往往求助于法院。为排除上述怠于行使抵押权之弊端，在权衡抵押权人、抵押人以及其他利害关系人（如非为抵押人的债务人）的利益的基础上，该条规定若抵押权人在一定期间内可行使而不行使其抵押权，则该权利不受人民法院保护。因此，抵押权人应当在主债权的诉讼时效期间内行使抵押权。抵押权人在主债权诉讼时效届满前未行使抵押权，抵押人在主债权诉讼时效届满后请求涂销抵押权登记的，人民法院依法予以支持。①

六、对案例 60、案例 61 的简要评析

在案例 60 中，亨利公司与万利达公司经过结算，万利达公司享有工程款债权 1000 万元，依据《民法典》第八百零七条“发包人未按照约定支付价款的，承包人可以催告发包人在合理期限内支付价款。发包人逾期不支付的，除根据建设工程的性质不宜折价、拍卖外，承包人可以与发包人协议将该工程折价，也可以请求人民法院将该工程依法拍卖。建设工程的价款就该工程折价或者拍卖的价款优先受偿”的规定，万利达公司对所承建的工程依法享有优先受偿

① 《全国法院民商事审判工作会议纪要》（法〔2019〕254 号）第五十九条。

权。同时，亨利公司将其建设工程又抵押给华兴银行，且办理了抵押权登记，则华兴银行依法对其建设工程享有优先受偿权。那么，万利达公司对其建设工程享有的优先受偿权与华兴银行对其抵押的建设工程享有的优先受偿权产生了竞合，谁更优先？依据批复的规定，显然是万利达公司的优先受偿权更优先。同时，《建设工程施工合同解释（一）》第三十五条规定："与发包人订立建设工程施工合同的承包人，依据民法典第八百零七条的规定请求其承建工程的价款就工程折价或者拍卖的价款优先受偿的，人民法院应予支持。"第三十六条规定："承包人根据民法典第八百零七条规定享有的建设工程价款优先受偿权优于抵押权和其他债权。"上述规定同样明确了建设工程优先权优先于抵押权。

在案例 61 中，甲公司先将厂房出租，乙公司对其厂房享有的是租赁权，取得的是厂房的使用价值。甲公司之后将厂房抵押给某信用社，信用社对其厂房享有抵押权，取得的是厂房的担保价值（实现抵押权时拍卖抵押物取得的是交换价值）。但其厂房上存在一个租赁权和一个抵押权，抵押权系物权，租赁权系债权，根据物权优先于债权的法理，信用社的抵押权优先于乙公司的债权。但是，乙公司与信用社所享有的权利性质不同，应当保护乙公司因租赁权而产生的优先购买权，该优先购买权的实现，并不损害抵押权人信用社的利益。

第六节　人保与物保并存的担保责任

一、问题的提出

担保制度的目的在于保障债权人的债权得以实现，即债务人的债务得以履行。基于更充分地保障债权得以实现的考量，一个债权上可能存在两个以上的担保，即共同担保。共同担保可以是单一担保方式的共同保证、共同抵押、共同质押，也可以是混合担保方式的保证与抵押并存、保证与质押并存、抵押与质押并存，或者是保证、抵押和质押并存等。在共同担保中的人保与物保并存的情况下，债权人如何行使担保权利，值得研究。

在研究人保与物保并存的担保责任之前，先看一则案例。

案例62：建行绿城支行与郑州中贯公司、江苏中贯公司、河南力坚投资公司、河南力坚置业公司、张某中等金融借款合同纠纷案[①]

最高人民法院认为，关于当事人对于保证和抵押权的实现是否进行了明确约定，债权人建行绿城支行是否有权任意选择其一或者全部主张权利的问题。《物权法》第一百七十六条规定："被担保的债权既有物的担保又有人的担保的，债务人不履行到期债务或者发生当事人约定的实现担保物权的情形，债权人应当按照约定实现债权；没有约定或者约定不明确，债务人自己提供物的担保的，债权人应当先就该物的担保实现债权……"该法律明确规定了为确保债务担保效力的实现，赋予债权人、债务人、担保人债权实现方式及顺序的自由选择权，其立法本意是充分尊重民事活动意思自治原则，鼓励自由交易、确保交易安全及市场秩序。因此，当事人对债权担保方式、实现顺序作出明确具体的约定，债权人就有权按照约定方式实现债权，而不必坚持物权优先原则。本案中，建行绿城支行与江苏中贯公司、河南力坚置业公司、河南力坚投资公司、张某中等分别签订的《保证合同》《本金最高额保证合同》，建行绿城支行与郑州中贯公司签订的《抵押合同》《最高额抵押合同》均约定：不论建行绿城支行对主合同项下的债权是否拥有其他担保（包括但不限于保证、抵押、质押、保函、备用信用证等担保方式），不论上述其他担保何时成立、是否有效、建行绿城支行是否向其他担保人提出权利主张，不论是否有第三方同意承担主合同项下的全部或部分债务，也不论其他担保是否由债务人自己提供，担保人在本合同项下的担保责任均不因此减免，建行绿城支行可直接要求担保人依照本合同约定在其担保范围内承担担保责任，担保人将不提出任何异议。按照《物权法》第一百七十六条的规定，该条款关于物的担保和人的担保实现的约定明确而具体，按照通常解释其真实意思表示为建行绿城支行有权要求郑州中贯公司、江苏中贯公司、河南力坚置业公司、河南力坚投资公司、张某中等之一或者任意组合（以单一抵押、担保合同签订主体为一组）承担担保责任，而且在建行绿城支行按照其意愿主张实现债权时，上述保证人、抵押人均放弃要求债权人先向其他担保人主张权利的抗辩。一审法院认为本案当事人对于实现债权物的担保和人的担保约定不明，系对《物权法》第一百七十六条及本案相关合同条款

---

① 最高人民法院（2019）最高法民终103号民事判决书。

的错误理解。建行绿城支行上诉主张该行有权选择抵押权或人保实现其债权，有事实和法律依据，本院予以采信。

根据上述案例，试问：人保和物保并存时应当如何处理？

二、人保和物保并存的法律规定及理解

人保与物保的关系是担保法律制度中的重要问题。关于如何安排人保和物保的关系，基本存在三种模式：（1）保证人绝对优待主义，即人保仅对物保以外的被担保债权余额承担保证责任。该模式凸显立法者偏爱保证人的倾向。（2）保证人相对优待主义，即债权人可在人保和物保之间行使选择权。保证人在承担责任之后，不仅可以向债务人求偿，并且可代位行使债权人的担保物权。若因债权人的原因导致保证人可代位行使的担保物权消灭，保证责任亦相应地消灭。（3）平等主义，即债权人可选择行使担保物权或保证债权，已承担责任的担保人可以向其他担保人追偿其应承担的份额。相较而言，保证人绝对优待主义明显不当地损害了物保人的利益。保证人相对优待主义与平等主义的共同之处在于两者均承认债权人的选择权，区别在于相对优待主义否定相互分担责任，而是保证人代位行使担保物权；平等主义则是相互分担责任，可以相互追偿。

《担保法》第二十八条规定："同一债权既有保证又有物的担保的，保证人对物的担保以外的债权承担保证责任。债权人放弃物的担保的，保证人在债权人放弃权利的范围内免除保证责任。"《担保法解释》第三十八条规定："同一债权既有保证又有第三人提供物的担保的，债权人可以请求保证人或者物的担保人承担担保责任。当事人对保证担保的范围或者物的担保的范围没有约定或者约定不明的，承担了担保责任的担保人，可以向债务人追偿，也可以要求其他担保人清偿其应当分担的份额。同一债权既有保证又有物的担保的，物的担保合同被确认无效或者被撤销，或者担保物因不可抗力的原因灭失而没有代位物的，保证人仍应当按合同的约定或者法律的规定承担保证责任。债权人在主合同履行期届满后怠于行使担保物权，致使担保物的价值减少或者毁损、灭失的，视为债权人放弃部分或者全部物的担保。保证人在债权人放弃权利的范围内减轻或者免除保证责任。"《物权法》第一百七十六条规定："被担保的债权既有物的担保又有人的担保的，债务人不履行到期债务或者发生当事人约定的

实现担保物权的情形，债权人应当按照约定实现债权；没有约定或者约定不明确，债务人自己提供物的担保的，债权人应当先就该物的担保实现债权；第三人提供物的担保的，债权人可以就物的担保实现债权，也可以要求保证人承担保证责任。提供担保的第三人承担担保责任后，有权向债务人追偿。”《民法典》第三百九十二条[①]亦作了同样的规定，只不过把条文中的“要求”改为“请求”，确立了债权人按照约定行使担保权的原则，并就第三人无约定时的自物担保物权先行使规则等作了相应的规定。[②]

从我国的法律规定和司法解释来看，《担保法》第二十八条即采取保证人绝对优待主义。《担保法解释》第三十八条第一款修改了《担保法》第二十八条的模式，明确区分债务人提供物保和第三人提供物保两种情形，并分别采取“保证人绝对优待主义”和“平等主义”模式。（1）在债务人提供物保之场合，采保证人绝对优待主义模式，绝对限制债权人的选择权，既符合社会通行的公平观念，又可避免不必要的追偿诉讼。（2）在第三人提供物保之场合，采平等主义模式，承认债权人选择权，在对担保范围没有约定或者约定不明时，不仅承认担保人对债务人的追偿权，而且肯定各担保人之间的相互追偿权。理由在于：因人保和物保所担保的权利人为同一债权人，存在利益维护的一致性，故两者之间并无权利冲突，没有必要权衡人保和物保，理应赋予债权人以选择权。同时，考虑到物上担保人的追偿权乃各国民法之通行做法，故亦予以承认。

在理解适用《民法典》第三百九十二条时，应当遵循下列原则：（1）在当事人对物的担保和人的担保的关系有约定的情况下，应当尊重当事人的意思，按照约定实现，充分尊重当事人的意思自治；（2）在没有约定或者约定不明确，债务人自己提供担保的情况下，应当先就物的担保实现担保物权；（3）在没有约定或者约定不明确，第三人提供物的担保，又有人的担保的情况下，应当允

① 《民法典》第三百九十二条规定：“被担保的债权既有物的担保又有人的担保的，债务人不履行到期债务或者发生当事人约定的实现担保物权的情形，债权人应当按照约定实现债权；没有约定或者约定不明确，债务人自己提供物的担保的，债权人应当先就该物的担保实现债权；第三人提供物的担保的，债权人可以就物的担保实现债权，也可以请求保证人承担保证责任。提供担保的第三人承担担保责任后，有权向债务人追偿。”

② 孙宪忠、朱广新主编：《民法典评注·物权编》（第1卷），中国法制出版社2020年版，第50页。

许当事人进行选择。[①] 最高人民法院在“中国农业发展银行乾安县支行与江苏索普（集团）有限公司、上海儒仕实业有限公司保证合同纠纷上诉案”中认为：“‘当事人约定的实现担保物权的情形’，即是否对实现担保物权作出明确约定，有此约定的，即应优先按照该类约定进行处理，无论该类关于实现担保物权的约定是就债务人提供的物保所作约定，还是就第三人提供的物保所作约定，均应当按照该明确约定实现债权。”[②] 该案的典型意义在于：本案当事人跨越吉林与江苏两省，系由招商引资而引发的一系列贷款重组及其物权抵押与法人保证并存的现象，其最为核心的争议是物权担保与保证担保，即通常所谓“物保与人保”之间的关系处理问题。《物权法》出台后，人保与物保之间的法律关系把握成为司法实践之难点所在，如何与《担保法》相关规定衔接适用，更是较难把握且理论与实践尚不统一的问题。本案结合具体案情，在《担保法》物保绝对优先精神的基础上，对原《物权法》第一百七十六条规定作了物保相对优先的理解与把握，既很好地体现了意思自治的要求，也维护了诚信原则，据此让债权人对其滥用物保与人保选择权利的行为相应承担了不利后果。本案判决注重案件事实的详尽查明，注重综合理解与把握原《担保法》、原《物权法》、原《合同法》等相关法条精神，更充分展开说理，特别注重情、理、法相融。[③]

《物权法》《民法典》物权编基本沿袭了《担保法解释》第三十八条第一款的模式，并进而形成“私法自治原则 + 保证人绝对优待主义 + 平等主义”的模式。尽管两者模式基本相同，皆承认债权人的选择权，但亦存在区别：第一，物权法尊重契约自由，若当事人就人保和物保的关系有明确约定，应遵其约定。第二，《担保法解释》既承认担保人对债务人的追偿权，也认可担保人之间的相互追偿权；而《物权法》《民法典》物权编却未明确规定担保人的相互追偿权。由此引发一个疑问：《民法典》物权编是否承认各担保人之间的相互追偿权？《物权法》未明确规定相互追偿权，立法机关似乎不认可担保人之间可以相互求偿。担保人承担了担保责任，意味着债权人的债权已经实现，债权债务

---

① 具体理由参见黄薇主编：《中华人民共和国民法典物权编释义》，法律出版社 2020 年版，第 468 页。

② 详见最高人民法院（2016）最高法民终 40 号民事判决书。

③《最高人民法院第二巡回法庭发布关于公正审理跨省重大民商事和行政案件十件典型案例之四：中国农业发展银行乾安县支行与江苏索普（集团）有限公司、上海儒仕实业有限公司保证合同纠纷案》，载《人民法院报》2016 年 11 月 1 日。

关系消灭，其上的担保也随之消灭，承担了担保责任的担保人再向其他担保人求偿也缺乏逻辑依据。[①]

对此，《全国法院民商事审判工作会议纪要》指出，被担保的债权既有保证又有第三人提供的物的担保的，《担保法解释》第三十八条明确规定，承担了担保责任的担保人可以要求其他担保人清偿其应当分担的份额。但《物权法》第一百七十六条并未作出类似规定，根据《物权法》第一百七十八条关于“担保法与本法的规定不一致的，适用本法”的规定，承担了担保责任的担保人向其他担保人追偿的，人民法院不予支持，但担保人在担保合同中约定可以相互追偿的除外。[②] 因此，担保人之间以不能相互追偿为原则，以约定追偿为例外。当然，共同保证亦不例外。[③] 立法机关认为，在当事人没有明确约定承担连带担保责任的情况下，规定各担保人之间相互追偿是不妥的。主要理由：一是理论上讲不通。除非当事人之间另有约定，各担保人提供的担保具有独立性，担保人之间相互没有意思联络，因此没有法律关系的存在，要求各担保人之间相互追偿，实质是法律强行在各担保人之间设定相互担保，违背担保的初衷，也不符合法理。二是程序上费时费力、烦琐。三是履行了担保责任的担保人不能向其他担保人追偿恰恰是公平原则的体现。除非当事人之间另有约定，每个担保人在设定担保时，都明白自己面临的风险，必须由自己承担。四是向其他担保人追偿的可操作性很差。因此，《民法典》第三百九十二条没有规定担保人之间可以相互追偿，只规定了提供担保的第三人承担担保责任后，有权向债务人追偿。[④]

三、第三人提供的物保与人保并存的担保责任

根据《民法典》物权编的规定，当保证担保与第三人提供的物保并存时，债权人可要求保证人或者担保物权人承担担保责任。这虽然解决了担保物权人与保证人的各自责任问题，但在司法实践中应当注意下列问题：

1. 债权人可以一并请求保证人与担保物权人承担担保责任。同一债权既有

---

① 最高人民法院民事审判第二庭编著：《〈全国法院民商事审判工作会议纪要〉理解与适用》，人民法院出版社 2019 年版，第 353 页。

② 《全国法院民商事审判工作会议纪要》（法〔2019〕254 号）第五十六条。

③ 《民法典》第七百条规定：“保证人承担保证责任后，除当事人另有约定外，有权在其承担保证责任的范围内向债务人追偿，享有债权人对债务人的权利，但是不得损害债权人的利益。”

④ 参见黄薇主编：《中华人民共和国民法典物权编释义》，法律出版社 2020 年版，第 469 页。

保证又有第三人提供物的担保，债权人不仅可以请求保证人或者物的担保人承担担保责任，也可以一并请求保证人与物的担保人承担担保责任。因此，同一债权既有保证又有物的担保的，当事人发生纠纷提起诉讼的，债权人与保证人、抵押人或者出质人可以作为共同被告参加诉讼。据此，当保证担保与第三人提供的抵押担保并存时，债权人可一并向保证人与抵押人请求承担担保责任。

2. 同一债权既有保证又有第三人提供物的担保时，保证人与担保物权人的责任应根据下列情形区别对待：

（1）人保与第三人提供的物的担保按份并存时担保人的责任承担。物的担保人与保证人在对同一债务同时或分别提供担保时，并与债权人在合同中明确约定了各自承担的保证责任，则担保物权人与保证人按各自担保份额及担保性质向债权人承担担保责任。值得注意的是，债权人要求担保物权人或保证人承担保证责任的份额不得超过在担保合同中约定的份额。

在实践中，在保证担保与第三人提供的物的担保并存时，主债务人在向债权人履行部分债务后担保人的责任如何承担？笔者认为，对于主债务人来说，整个主债务是不可分割的，其向主债权人履行的部分债务应从总债务中扣除，担保人的担保份额随总债务的减少而按比例减少，从而相应地按比例减轻各担保人的责任，这样对于担保物人与保证人是公平的，但债权人与主债务人、担保物人、保证人全部协商一致的情况除外。

（2）人保与第三人提供的物保并存，但未约定担保份额或约定不明确时的担保人的责任承担。保证人与担保物人对同一债务同时或分别提供担保时，未约定担保范围的，保证人对保证担保范围没有约定或约定不明确的，保证人应当对全部债务承担责任；担保物人与债权人未约定担保份额的，从担保物方角度考虑，应理解为其所提供的担保范围以担保物价值为限。抵押人所担保的债权超出其抵押物价值的，超出的部分不具有优先受偿的效力。此规定意味着抵押在未约定抵押担保范围时是以抵押物价值对全部债务承担担保责任。针对此混合担保，债权人可以请求保证人或者担保物人按其担保性质分别承担全部担保责任，也可以一并请求保证人与担保物人按其担保性质承担全部担保责任，当然，保证人与担保物人共同承担担保责任的额度以被担保债权总额为限。

3. 第三人与债权人签订保证合同与担保物权合同，约定由其对被担保债权承担保证责任与物权担保责任。在此种情形下，债权人可以要求第三人承担保证责任，也可以要求对担保物享有优先受偿权，直到被担保的债权全部清偿完毕。

四、物保与人保并存时，保证人的免责范围

当主债务人提供的物的担保与保证担保并存时，债权人放弃债务人的物的担保的，保证人在债权人放弃权利的范围内免除保证责任。当抵押人系主债务人时，为了确保主债务人自己有效履行债务，债权人应积极向主债务人行使权利，适当保护保证人的利益，债权人怠于行使担保物，致使担保物的价值减少或者毁损、灭失的，应当免除保证人的责任，且担保物价值减少或者毁损、灭失的数额就是保证人免除保证责任的范围。债权人在主合同履行期届满后怠于行使担保物权，致使担保物的价值减少或者毁损、灭失的，视为债权人放弃部分或者全部物的担保，保证人在债权人放弃权利的范围内减轻或者免除保证责任。

特别值得我们注意的是，债权人放弃的抵押权均应当属于债务人所提供的抵押权，这与《民法典》第四百零九条第二款"债务人以自己的财产设定抵押，抵押权人放弃该抵押权、抵押权顺位或者变更抵押权的，其他担保人在抵押权人丧失优先受偿权益的范围内免除担保责任，但其他担保人承诺仍然提供担保的除外"、《民法典》第四百三十五条"质权人可以放弃质权。债务人以自己的财产出质，质权人放弃该质权的，其他担保人在质权人丧失优先受偿权益的范围内免除担保责任，但是其他担保人承诺仍然提供担保的除外"的规定精神是一致的。在第三人提供担保物的情况下，此时人保和物保处于同等地位，债权人有选择行使担保物权还是行使保证债权的权利，如当事人没有特殊约定，两者均负有清偿全部债务的责任，债权人放弃物保对人保并无实际影响。当担保物为债务人所提供时，如果债权人放弃物的担保，使债务人本来可以用来清偿债务的财产而无法清偿，势必加大了其他担保人的担保责任，因此，其他担保人应当在其放弃债务人物保的范围内免责。

五、对案例 62 的简要评析

在本案中，争议焦点是当事人对于保证和抵押权的实现是否进行了明确约定，债权人建行绿城支行是否有权任意选择其一或者全部主张权利。从本案的《保证合同》《本金最高额保证合同》《抵押合同》《最高额抵押合同》的约定来看，建行绿城支行对于债务人郑州中贯公司提供的物保与保证人江苏中贯公司、河南力坚置业公司、河南力坚投资公司、张某中等提供的人保享有同等的

主张担保责任的权利，有权任意选择其一或者全部主张权利。因此，上述约定虽然有点啰唆，但也是反复强调了担保人均负有清偿全部债务的义务，最高人民法院二审改判是正确的。

第七节　担保物权竞合的处理

所谓担保物权的竞合，是指同一财产上存在数项担保物权且其效力相互冲突的现象。这一概念既表明了数项担保物权并存于一物之上的客观现象，又隐喻了数项担保物权之间的效力争优或相斥的冲突关系。担保物权的竞存又称担保物权的竞存、并存等，实际上即为同一财产上存在数个担保物权时的位次排序问题。担保物权的竞存，包括抵押权的竞合、质权的竞合、留置权的竞合及各类担保物权之间的交叉竞合等多种形态，不同权利的竞合其效力关系已有所不同。

一、担保物权竞合效力的认定原则

研究担保物权竞合制度，目的在于解决共存于同一担保标的物上数个不同种类的担保物权优先受偿效力的冲突。通过解决这个冲突，使担保物权顺利实现，维护交易安全。解决担保物权的效力冲突，实质上是解决在同一担保标的物上存在数个不同种类的担保物权，该数个不同种类的担保物权何者为优先受偿的问题。

（一）物权法原理对担保物权竞合效力的影响

担保物权是一种物权，因而具有物权的属性，具有支配权和排他性，担保物权人不仅可以向债务人主张权利，而且可以对抗债务人以外的任何人。但是，担保物权的这种支配权和排他性的程度并不都是等同和一致的，其效力深受物权法基本原理的影响。表现在以下方面：

1. 物权法定原则对担保物权竞合效力的影响。物权的内容基于物权法定主义，但是物权如果是基于当事人的意思而发生的，则称为意定物权或设定物权。如果不是基于当事人的意思而发生，而是由法律规定直接发生的，则称为法定物权。在担保物权中，只有留置权属于法定物权，在与其他担保物权竞合时，留置权的法定物权地位使之较其他担保物权有优先受偿的效力。

2. 物权公示原则对担保物权竞合效力的影响。物权的公示，指物权享有与变动的可取信于社会公众的外部表现方式。近代以来，关于物权的取得、丧失及变更，各国民法无不实行公示原则。不动产物权以登记和登记变更作为权利享有与变更的公示方法，动产物权以占有作为权利享有的公示方法。我国《民法典》物权编对抵押权采取登记对抗主义，未经登记的抵押物权不能产生对抗第三人的效力。

3. 善意取得制度对担保物权竞合效力的影响。善意取得是指无权处分他人动产的让与人，将其占有的他人的动产进行不法处分，受让的第三人出于善意而取得该动产的权利。善意取得制度对在质物上设立留置权和在留置物上设立质权以及在质物、留置物上设定抵押权的效力产生一定的影响。

4. 权利在先原则对担保物权竞合效力的影响。权利在先原则是指成立在先的，位序在前，有优先于后成立物权的效力。先成立的物权压制后成立的物权，后成立的物权若有害于先成立的物权，后物权将在先物权实行时被排斥。在无登记的前提下，成立在先原则对竞合的担保物权的效力产生影响。

（二）担保物权竞合的效力认定的基本原则

担保物权竞合效力的认定，一般都从具体的竞合情况进行分析，这能使担保物权竞合效力认定更具可操作性，但缺少原则性指导，容易出现不统一。因而在讨论担保物权竞合的效力认定问题时，有必要对其原则性作一些统一，从物权法理论的一般原理出发，将担保物权竞合的效力认定抽象和概括出来。按照上文有关物权法原理对担保物权的影响的分析，我们可以得出担保物权竞合的效力认定原则为：法定担保物权较其他担保物权有较强的效力；公示的担保物权较未公示的担保物权有较强的效力；善意取得的担保物权有较强的对抗力；成立在先的担保物权较成立在后的担保物权有位次上的优先效力。

二、抵押权的竞合及其效力

抵押人以同一财产抵押担保两个以上债权的，有两种情况：一是抵押人在抵押物的价值大于所担保债权的情况下就其价值余额部分再设定另一抵押，即所谓的“余额（值）再抵押”，又称“再次抵押”或“复合抵押”。对此，理论上及立法上均一致认可。二是抵押人就抵押物的同一担保价值部分（含部分相同）重复设定另一抵押，即所谓的“重复抵押”。

《民法典》物权编根据抵押财产的性质与种类的不同，规定了依法必须登记的和可自愿登记的两类抵押权，并以登记要件主义为原则，以登记对抗主义为例外。如此，抵押权的竞合，即有登记的抵押权竞合、未登记的抵押权竞合、登记的抵押权与未登记的抵押权竞合三种类型，后两种类型仅可发生于实行登记对抗主义的动产抵押中。

在登记的抵押权竞合时的位次排序问题上，根据《民法典》第四百一十四条第一款第一项的规定，遵循两个基本规则：一是“先登记原则”，即抵押权的顺序依登记的先后确定，先登记的优先于后登记的；二是“同时同序原则”，即同时（一般以日为单位）[①]登记的抵押权，处于同一顺序，抵押物变卖之价款由各抵押权人按债权比例受偿。此外，依照《担保法解释》第五十八条的规定，当事人同一天在不同的法定登记部门办理抵押物登记的，视为顺序相同。若因登记部门的原因致使抵押物进行连续登记的，抵押物第一次登记的日期，视为抵押登记的日期，并依此确定抵押权的顺序。

在贯彻或兼采登记对抗主义的立法上，抵押权的顺序规定还会遇到另外两个问题：一是有的登记有的未登记的，抵押权的顺序如何？二是两个以上的抵押权均未登记的，其顺序如何？对于前者，依非登记不得对抗原则的固有精神，同时考虑与先登记原则保持一致，理论上及立法上通采“登记在先”原则，即登记的抵押权优先于未登记的抵押权，我国《民法典》第四百一十四条第一款第一项采取此原则，即“抵押权已登记的先于未登记的受偿”。对于后者，理论上及立法上则有“成立在先”与“次序同等”两种不同的主张，我国《民法典》第四百一十四条第一款第三项采次序同等说，即“抵押权未登记的，按照债权比例清偿”。我们赞同后者的规定，因为在物权法理论上，仅有抵押合同而未办抵押登记的，真正具有物权意义的抵押权尚未成立。纵依登记对抗主义之立法，其旨趣也排斥了设定在先原则的适用，“既然非经登记不得对抗，那么，未经公示的先存抵押权便无凭借来主张优先于后位抵押权。如果允许先设定的抵押权优先，就与登记制度的精神背道而驰”[②]。同时，采设定在先原则，

① 《担保法解释》第五十八条第一款规定：“当事人同一天在不同的法定登记部门办理抵押物登记的，视为顺序相同。”

② 王闯：《动产抵押制度研究》，载梁慧星主编：《民商法论丛》（第3卷），法律出版社1995年版，第459页以下。

亦无法防止抵押人与某一个抵押权人串通，虚填或变动签约日期，从而使其取得优先地位并以此对抗他人的抵押权的现象。因此，抵押权未登记的，各抵押权人应按照债权比例受偿。

三、质权的竞合及其效力

质权的竞合，可能有动产质权之间的竞合、权利质权之间的竞合、质权与转质权的竞合三种类别。然而在立法及理论上，对质权之间尤其是动产质权之间能否发生竞合问题，争议颇大。笔者认为，对质权的竞合问题，不能一概地肯定或否定，而应区别情况，分别对待。

根据《民法典》物权编的规定，以基金份额、股权、依法可以转让的商标专用权，专利权、著作权中的财产权利和应收账款出质的，质权自办理出质登记时设立（《民法典》第四百四十三条至第四百四十五条）。这类已登记为成立要件的权利质权，在权利性质和设定要件等方面上，与权利抵押权无实质差异，仅是立法上的归类不同而已。由于其以登记为公示方法，故完全可能并应允许数个经登记的权利质权发生竞合。其顺序的排列，应比照抵押登记的规定以登记的先后为准：先登记的权利质权优先于后登记的权利质权；同时登记的，则处于同一顺序，按债权比例受偿。而以汇票、本票、支票、债券、存款单、仓单、提单出质的，质权自权利凭证交付质权人时设立；没有权利凭证的，质权自办理出质登记时设立（《民法典》第四百四十一条）。此类权利质权设定要件中的权利凭证之交付，一般无从为重复交付，故也不能发生质权的并存和顺序问题。

同一动产之上，能否设定两个以上质权并发生质权的竞合，立法及理论上有两种态度。德国、瑞士、日本等国立法上采肯定说，而多数国家立法上对此未作明确规定，唯在解释上有肯定与否定两种意见。肯定一物数质的立法和学说，是以允许依指示交付的方式设定质权为前提和基础的。所谓指示交付，又称返还请求权之让与，是指动产由第三人占有时，出让人将其对于第三人的返还请求权让与受让人，以代交付。相对于现实交付而言，指示交付与简易交付、占有改定等同为观念交付，是为了交易上的便利而采取的变通交付方法。质权设定中的指示交付，是指“处于所有人间接占有的物，得由所有人将间接占有移转于质权人，并将质权的设定通知占有人以代替移交”（《德国民法典》第1205条第2款）。据此，出质人得将已出质之物依指示交付的方式再行出质，设定后位质权；亦得将已出租、出借或交由他人保管之物的返还请求权让与质权人，并将设定质权之情事通知直接占有人，以代替质物的实际交付，且得依同样的方式再设定后位质权。这样，一物之上即能设定数个质权，并发生质权竞合时的顺位问题。根据我国《民法典》物权编的规定，动产质权设立中的交付，原则上是指现实交付，因而无从发生动产质权的重复设立问题。《担保法解释》第八十八条规定，出质人以间接占有的财产出质的，质押合同自书面通知送达占有人时视为移交，明确肯定了以间接占有方式出质的有效性。在以指示交付的发生设定动产质权的情况下，则亦可能会发生动产质权的竞合现象。发生这种情况时，质权的顺位原则上应依设定的先后定之。

四、抵押权与质权的竞合及其效力

抵押权与质权的竞合是指在同一担保标的物上存在抵押权和质权的情形。抵押权以不转移占有为特征，抵押物的所有人在设立抵押权后，仍然可以对抵押物进行使用、收益，这样，就有可能产生抵押权与其他担保物权的冲突。担保人以担保物为一项债权设定抵押担保后，又以该担保物为另一债权设定质押，这时，就出现了抵押权与质权的竞合。我国《民法典》物权编第三百九十五条规定，可以抵押的财产包括债务人或者第三人有权处分的下列财产：（1）建筑物和其他土地附着物；（2）建设用地使用权；（3）海域使用权；（4）生产设备、原材料、半成品、产品；（5）正在建造的建筑物、船舶、航空器；（6）交通运输工具；（7）法律、行政法规未禁止抵押的其他财产。从上述规定来看，抵押权分为不动产抵押权和动产抵押权两类，其抵押标的物是不动产上产生的用益物权和动产物权。而对于质权，我国法律不承认不动产质权，只承认动产质押和权利质押两种情况，因此抵押权与不动产质权、抵押权和权利质权不会发生竞合。据此，抵押权与质权的竞合主要表现为两种情况：（1）在同一动产上先设定抵押权，后设定质权，使先后两个担保物权发生竞合。（2）在同一动产上先设定质权后又设定抵押权。

抵押权与质权竞合，谁为优先？对此有三种不同学说：一为质权优先说。罗马法上有所谓“同等情况下占有人优先”的原则，根据这一原则，在抵押权与质权同时存在的情况下，质权优先于抵押权。二为抵押权优先说。此说认为抵押权若以登记进行公示，则应取得优先于质权的效力。三为抵押权与质权同效力说。此说认为，抵押权与质权同为担保物权，因而具有相同的法律效力，在抵押权与质权发生竞合时，根据抵押权与质权设立的先后来决定，设立在先者，其权利优先，同时设立的，二者效力相同，抵押权人与质权人就其债权比例对抵押物变价进行分配。上述三种学说，都有其合理的一面，趋利避害，对抵押权与质权竞合的效力认定，应作如下区别对待：一是设定质权，又将质物为他人债权设定抵押权的，质权优先于抵押权。究其原因，主要在于质权以对质物的占有为前提，质权人对质物的占有，实质上表明质权已经公示，具有对抗其他人的效力。二是抵押权设定后，又以抵押物为他人债权设立质押，则分别两种情况对待：抵押权未经登记的，若后设质权人为善意，依善意取得制度，善意取得动产的第三人（即质权人）的权利有对抗其他人的效力，质权优先于抵押权；若后设质权人为恶意，则抵押权优先于质权。抵押权已经登记的，依据公示原则，抵押权优先于质权。三是抵押权与质权同时设立的，从在先权利原则引申，一般认为二者效力相同，但法定登记的抵押权优先于质权。

五、抵押权与留置权的竞合及其效力

抵押权和留置权的竞合是指在同一担保标的物上，存在抵押权与留置权的情形。留置是指债权人合法占有债务人的动产，债务人不按照合同约定的期限履行债务的，债权人有权留置该财产，以该财产折价或者以拍卖、变卖该财产的价款优先受偿。从上述规定可知，留置的标的物仅限于动产，不动产不适用留置。即不动产抵押权与留置权不存在发生竞合的问题。但在动产范围内，抵押权与留置权可以发生竞合。主要表现为：（1）先成立抵押，后设定留置。如抵押人在抵押物上设定抵押权后，将抵押物交第三人修理或者运输，因抵押人未能清偿修理费、运费，该第三人依法将修理、运输的财产留置。（2）留置物所有人在其财产被留置后，以该留置物为标的向他人设定抵押，使同一标的物上存在两种担保物权。

抵押权与留置权冲突时，何者优先，有以下两种学说：一为效力相同说。抵押权与留置权竞合时，根据二者的设立或实行的先后来决定。二为留置权优先说。此说认为留置权的效力优于抵押权，在抵押权与留置权发生竞合时留置权人可以就标的物变价优先于抵押权人而获得清偿，而抵押权在留置权发生的前或后设定或实行，在所不问。按成立在先原则，抵押权与留置权同属担保物权，其效力应以发生的先后来确定，而按物权法定原则，法定物权的效力优于意定物权的效力。抵押权和留置权竞合效力如何确定？留置权应优于抵押权。因为：一是留置权是法定物权，应优于其他物权；二是留置物在两权竞合时被留置权人占有，占有作为动产公示的效力可以对抗第三人；三是留置权人占有留置物，如果强行规定抵押权优先，在实践中会造成抵押权行使的诸多困难，引起更多纠纷；四是留置权担保的债权与留置物有直接关联，留置权的债权的发生，使抵押物增加新的价值，留置权的债权只是这一新增价值的代价，并且这一新增价值原本处于抵押物价值之外，抵押权人不应对此享有优先权。

六、留置权与质权的竞合及其效力

留置权与质权的竞合，是指在同一个担保标的物上，既存在留置权，又存在质权的情形。由于留置权的标的物是动产，而权利质权的标的物是权利，因而留置权与权利质权不发生竞合问题，但是以动产为标的物的动产质权，与留置权的竞合却经常发生。留置权与质权的竞合主要有两种情形：（1）留置权人在留置物上再设定质权；（2）质权人在质物上设定留置权。

质权与留置权都是以占有标的物为其成立条件的，质权与留置权的竞合，实质上是质权人或留置权人处分债务人享有所有权的担保标的物的行为引起的，有两种情况：一是留置权人在留置物上设定质权，二是质权人在质物上设定留置权。不论哪种情况，善意取得制度都对二者竞合的成立起着至关重要的作用。如果后设立的担保物权人取得担保物权为恶意，则行为无效，不能发生质权与留置权竞合的问题。如果后设立的担保物权人取得担保物权为善意，则行为有效，能发生质权与留置权竞合的问题。由于后发生的质权或留置权是前发生的质权或留置权人的行为引起的，前留置权人是后质权关系中的出质人，与质权人形成债权债务关系，前质权人是后留置权人的义务人，因而，在留置权与质权竞合时，后发生的质权或留置权应较前成立的留置权或质权具有优先受偿效力。即留置权人在留置物上再设定质权的，质权优先于留置权；质权人在质物上设定留置权的，留置权优先于质权。

七、工程款优先权与抵押权竞合的处理

在工程款优先权与一般抵押权并存的情况下，何者优先，存在分歧。王利明教授认为，如果发包人未按照约定支付工程价款，承包人固然可以请求发包人承担违约责任，但违约责任在许多情况下并不能充分保护承包人的利益，法

律才规定承包人的法定抵押权。如果一般抵押权优先于法定抵押权而实现，那么法定抵押权的设定目的就不复存在了。梁慧星研究员认为，在发生法定抵押权与约定抵押权并存的情形时，无论约定抵押权发生在前还是在后，法定抵押权均应优先于约定抵押权行使。主要理由是：（1）法定权利应当优先于约定权利。（2）从法律政策上考虑，法定抵押权所担保的债权中相当部分是建筑工人的劳动工资，应予优先确保。（3）建设工程是靠承包人付出劳动和垫付资金建造的，如果允许约定抵押权优先行使，则无异于以承包人的资金清偿发包人的债务，等于发包人将自己的欠债转嫁给属于第三人的承包人，违背公平及诚信原则。（4）承包人法定抵押权，是法律保护承包人利益而特别赋予其的权利，具有保护劳动者利益和鼓励建筑、创造社会财富的政策目的。①

笔者赞同梁慧星先生、王利明先生的观点。《建设工程施工合同解释（一）》第三十六条明确规定："承包人根据民法典第八百零七条规定享有的建设工程价款优先受偿权优于抵押权和其他债权。"笔者建议，承包人的工程款额实行预先登记制度。虽从优先权的性质来看，此种权利无须登记，因为它本身就是直接依据法律的规定而产生的优先受偿权。但为了保护一般抵押权的利益，使其知悉抵押物状况，建设工程是否拖欠承包人工程款，是否存在法定抵押权。如果其事先知道存在法定抵押权，则一般抵押权人可能不会同意发包人以建设工程作为抵押标的，若一般抵押权人明知而为之，则应认为自愿承担因法定抵押权优先受偿而使其抵押权不能实现的风险。另外，关于工程的费用如果预先没有登记，事后也很容易发生纠纷，更何况如果发包人与承包人恶意通谋，故意虚报工程款，从而在承包人的法定抵押权受偿以后，一般抵押权人将会蒙受损害。所以，应将工程款预先予以登记，该登记的工程款也是承包人法定抵押权实现的最高数额。如果实际结算的工程款高于登记数额，则以登记为准。如果低于登记数额，则以实际结算数额为准。其他一般抵押权人可从登记的工程款中预先了解可能发生的法定抵押权。这样，对一般抵押权人和其他债权人更显公平。

值得注意的是，在实务中，如果建设工程为商品房，且在竣工之前发包人（开发商）已经分别与消费者订立房屋买卖合同，在发包人拖欠承包费用时，即可能发生承包人的优先受偿权与消费者权利的冲突。《优先受偿权批复》第二条对此作出了规定，即"消费者交付购买商品房的全部或者大部分款项后，

---

① 张国香、孙贤程：《工程款拖欠引发法律思考》，载《人民法院报》2001年8月20日。

承包人就该商品房享有的工程价款优先受偿权不得对抗买受人”。但是,《建设工程施工合同解释（一）》并没有规定，同时《优先受偿权批复》亦被废止，不再适用。在实践中，不乏开发商与消费者恶意串通（指未交付房款就办理产权过户情形），损害承包人的利益，或者为保护承包人的权益不受严重侵害（指交付少部分房款，若保护了消费者，就严重损害了承包人利益），此时，承包人的优先受偿权对抗消费者的请求权，这也正是利益权衡的结果。如《最高人民法院公报》在“宋某与北京盛和发房地产开发有限公司、广东粤财投资控股有限公司、北京城乡建设集团有限责任公司商品房预售合同纠纷案”[①]中查明：2000年，北京盛和发房地产开发有限公司（以下简称开发公司）与北京城乡建设集团有限责任公司签订建设工程施工合同。2001年，开发公司以在建房屋向银行抵押贷款。2004年，法院分别判令开发公司支付银行贷款1800万余元及建筑公司工程款4700万余元。2010年，宋某以其于2001年向开发公司购房并支付全部房款1000万余元且实际入住起诉开发公司要求办理过户，开发公司全部认可。但双方提供证明商品房买卖合同真实的证据存疑。法院认为：宋某虽提供了其与开发公司所签的商品房买卖合同、购房款收据及入住通知书等证据支持其诉讼请求，但宋某在签订合同、支付房款、与投资公司借款合同履行情况等重要事实上所做陈述前后矛盾，其陈述内容涉及大量现金支付且无其他证据予以佐证，亦与常理相悖；宋某所购房屋在房管部门无备案记载，其亦未提供正式购房发票；开发公司销售记录、钥匙移交单、开发公司工作人员有关证言均显示宋某所购房屋未售出。且事实表明开发公司自2005年开始又将诉争房产陆续卖与他人，这些证据进一步证实，宋某与开发公司之间不存在真实有效的商品房买卖关系。本案判决仅否定了宋某与开发公司之间房屋买卖关系的真实性，宋某与开发公司资金往来情况，为另一法律关系，不属本案审理范围，故判决驳回宋某诉讼请求。

---

①　详见《最高人民法院公报》2013年第3期（总第197期）。该案裁判摘要：买受人与开发商均主张双方之间存在真实有效的商品房买卖关系，并依据《最高人民法院关于建设工程价款优先受偿权问题的批复》第二条“消费者交付购买商品房的全部或者大部分款项后，承包人就该商品房享有的工程价款优先受偿权不得对抗买受人”的规定，对抗承包人建设工程价款请求权，但在签订购房合同、支付购房款等重要事实上存在众多疑点，双方多次陈述不一、前后矛盾。据以认定双方之间存在真实的商品房买卖关系的依据明显不足。在此情况下，买受人请求开发商按照商品房买卖合同约定，办理房屋过户登记的，应予驳回。

第二章　抵押权

第一节　抵押权的设定

一、问题的提出

所谓抵押权的设定，是指因一定的事实或行为而获得的抵押权。抵押权的取得方式取决于各国立法的具体规定。法国民法将抵押权行为分为裁判上抵押权和契约上抵押权。裁判上抵押权，因法院作出的判决而发生。契约上抵押权，仅由有处分其不动产能力之人，始而设定之。[①]概括而言，作为担保物权的抵押权，其取得方式大致有两种：一为依法律行为取得；二为基于法律行为以外的原因而取得。[②]

在研究抵押权设定之前，先看一则案例，并思考之。

案例63：南充经开区投资公司与招行金沙支行、四川黄浦投资公司、骆某明、重庆黄浦建设公司借款合同纠纷再审案[③]

最高人民法院经审查认为，本案再审审查的焦点问题为南充经开区投资公司应否承担案涉借款的担保责任。南充经开区投资公司于2014年11月14日与招行金沙支行签订《最高额抵押合同》，约定南充经开区投资公司以其案涉土地使用权向招行金沙支行提供抵押担保，并办理了抵押登记。该《最高额抵押合同》系双方真实意思表示，且不违反法律、行政法规的强制性规定，合法有效。原审法院根据该合同约定，认定南充经开区投资公司承担担保责任并无不当。南充经开区投资公司主张依据土地使用权证记事栏所载内容及南充市政府的批复，该土地仅可用于南充经开区投资公司融资抵押，其抵押担保行为未经市政府批准同

---

① 王家福主编：《民法债权》，法律出版社1991年版，第118页。

② 谢在全：《民法物权论（下册）》，中国政法大学出版社2000年版，第565页。

③ 最高人民法院（2018）最高法民申5813号民事裁定书。

意，案涉抵押权设立无效。法院认为，南充经开区投资公司将案涉土地使用权用于对外抵押担保，属于其商事经营活动，且其在本案中并未举出相应证据证明其担保行为的非营利性，该种担保行为可视为广义上的融资途径，并未违反市政府批复和土地使用权证记事栏所载内容。因此，南充经开区投资公司该再审申请理由不能成立，不予支持。南充经开区投资公司提出骆某明等人涉嫌诈骗犯罪，招行金沙支行与骆某明等人可能存在串通骗保、借新还旧的行为，且招行金沙支行未按约定将案涉贷款发放至共管账户，存在重大过错等主张，因南充经开区投资公司均未提供证据予以证明，且骆某明等人涉嫌犯罪，从目前情况看尚不足以认定本案应当再审，故对南充经开区投资公司所提出的上述理由均不予支持。

上述案例，涉及借款抵押合同的效力问题。试问：设定抵押权的基础是订立抵押合同，如何理解抵押合同？如何设定抵押权？

二、抵押合同

（一）抵押合同的性质

所谓抵押合同，是指债权人与债务人或第三人之间为担保特定债权的实现，而就特定的财产约定在债务人不履行义务时，债权人就该财产进行拍卖或折价、变卖，并从其价款中优先受偿的意思表示一致的行为。抵押合同属于设权合同，目的是设定抵押权，但抵押合同的本质仍然是合同的本质，其成立和生效以及无效均由《民法典》合同编来调整。抵押合同是抵押权设立的原因，没有当事人在抵押合同中就设立抵押权进行协议，抵押权就没有发生来源，但抵押合同并不能直接设立抵押权，抵押权的设立需要履行相关手续，即进行登记公示。登记行为是抵押权的设立行为。因此，在抵押合同和抵押权上，我们需要进行观念上的转换，即区分物权的变动和原因行为，区分抵押合同的生效和抵押权的设立。前者在当事人意思表示达成一致即抵押合同成立时生效，后者在当事人办理登记手续时设立。[①]

---

① 曹士兵：《中国担保诸问题的解决与展望——基于担保法及其司法解释》，中国法制出版社2001年版，第182页；李国光等：《最高人民法院〈关于适用《中华人民共和国担保法》若干问题的解释〉理解与适用》，吉林人民出版社2000年版，第232～233页。后一本书认为：根据物权变动与其原因行为的区分原则，应当区别抵押合同的生效和抵押权的设定。（转下页注）

根据《全国法院民商事审判工作会议纪要》（法〔2019〕254号）第六十条的规定，不动产抵押合同依法成立，但未办理抵押登记手续，债权人请求抵押人办理抵押登记手续的，人民法院依法予以支持。因抵押物灭失以及抵押物转让他人等原因不能办理抵押登记，债权人请求抵押人以抵押物的价值为限承担责任的，人民法院依法予以支持，但其范围不得超过抵押权有效设立时抵押人所应当承担的责任。同时，《民法典担保解释》第四十六条第一款规定："不动产抵押合同生效后未办理抵押登记手续，债权人请求抵押人办理抵押登记手续的，人民法院应予支持。"这种做法符合物权与债权相区分、物权变动与债权变动的法律根据相区分的法理。如果要求抵押人承担责任，就首先要承认抵押合同的约束力，这实际上就是承认了抵押合同作为债权变动根据的效果，即仅仅依据当事人的意思表示一致而产生的效果。《民法典》第二百一十五条规定："当事人之间订立有关设立、变更、转让和消灭不动产物权的合同，除法律另有规定或者当事人另有约定外，自合同成立时生效；未办理物权登记的，不影响合同效力。"该条就体现了合同归合同，受《民法典》合同编的调整；物权归物权，受《民法典》物权编的调整。

（二）抵押合同的当事人

根据《民法典》第三百九十四条第二款"前款规定的债务人或者第三人为抵押人，债权人为抵押权人，提供担保的财产为抵押财产"的规定，抵押合同的当事人包括抵押人和抵押权人，现作简单介绍：

1. 抵押人。所谓抵押人，是指为担保债务的履行和债权实现而提供抵押物的人（法人或公民）。抵押人既可以是债务人本人，也可以是债务人以外的第三人。当抵押人为债务人以外的第三人的，该第三人称为"物上保证人"。

抵押人作为抵押合同的当事人应当具备法律行为主体的一般条件。具体来说：一是抵押人为自然人时，应当具有完全民事行为能力。二是抵押人为非自然人时，应当具备法人资格，但无法人资格的企业的分支机构或职能部门，经

（接上页注）担保合同的订立与担保物权的设定是两个不同的法律事实，抵押合同为债权合同，属于合同法的范畴。抵押权经登记而设定，是合法有效的抵押合同所产生的法律后果，属于担保物权变动的范畴。因此，抵押合同自成立之日起生效，抵押权自登记之日起设定。以设定担保物权为目的的原因行为，自合同成立之日起生效。在未能发生担保物权设定的情况下，不能否定有效成立的担保合同的效力，有过错的合同当事人应当承担违约责任。

法人的特别授权也可签订有效的抵押合同。三是抵押人在设定抵押权时必须对抵押物享有所有权或者经营管理权。一般来说，抵押人享有所有权，就享有处分权；享有处分权，却不一定享有所有权。诸如“四荒”土地使用权，若抵押人虽依法承包，但未经发包方同意，则不得行使抵押权。抵押人依法有权处分国有的土地使用权、房屋和其他地上定着物，抵押人依法有权处分国有的机器、交通运输工具和其他财产，国有企业对上述财产虽不享有所有权，但在法律规定的范围内可对其财产进行处分。

2. 抵押权人。所谓抵押权人，是指因自己享有债权而享有抵押权的人。债务人在债务履行期届满没有履行债务的，抵押权人即债权人可行使抵押权，通过对抵押物的拍卖、变卖或折价获得的价款而使自己的债权得以实现。在我国民法上，不承认抵押权具有无因性和独立性，抵押权具有绝对的从属性。因此，抵押权人和被担保债权的债权人为同一人，即抵押权人等于债权人。

抵押权人作为抵押合同的当事人应当具备法律行为主体的一般条件。具体来说：一是抵押权人为自然人时，应当具有完全民事行为能力。二是抵押权人为非自然人时，应当具备法人资格。若抵押权人系法人的分支机构或职能部门，则需经特别授权方可为之。三是抵押权人在设定抵押权时，须有被担保债权的存在。被担保债权可能是抵押合同成立时确实存在的债权，也可能是将来发生的债权。如最高额抵押所担保的债权是将来的债权，其数额只有在抵押合同约定的决算期或者主债权履行期届满时才能确定。但是在抵押权实现时，被担保债权必须是确实存在的而且数额要确定。

（三）抵押合同的形式与内容

根据《民法典》第四百条的规定，抵押人和抵押权人应当以书面形式订立抵押合同。抵押合同应当具备下列内容：（1）抵押合同当事人的基本情况。（2）被担保的主债权的种类、数额。（3）债务人履行债务的期限。（4）抵押物的名称、数额、质量、状况、所在地、所有权权属或者使用权权属。由于抵押是以特定的财产担保特定债务的履行，抵押人对抵押物应具有所有权或者对抵押物享有使用权。抵押合同除对抵押物特定化外，还应当表明抵押物的所有权或者使用权权属。（5）抵押担保的范围。即抵押物担保的债权的范围，除主债权外，根据《民法典》第三百八十九条的规定，抵押担保的债权范围还包括利息、违约金、损害赔偿金和实现抵押权的费用。但此条仅为一种任意性规定，当事人可以通过约定排除这一规定的适用，在当事人之间无约定的情况下，抵押权人应按照此条规定行使抵押权。(6) 当事人认为需要约定的其他事项。

在现实生活中，当事人签订抵押合同时，存在以下情况：有些条款欠缺，则使合同无法明确其内容，导致抵押合同不成立，如欠缺被担保主债权条款，则必然与抵押的从属性原则相违背，使抵押无所依附，就只能使抵押合同不成立，即使以后当事人之间就主债权条款重新约定，也只能是新的抵押合同的订立，而不是原抵押合同的补正或修改。而有些条款欠缺或不明确，则不一定使抵押合同不成立，仍然可以参照其他条款或情况予以确定，当事人也可以予以补正，如欠缺抵押担保范围条款，则不能使抵押合同当然不成立，只要主债权的条款约定明确，往往可以认为是以抵押物的全部价值就主债权的全部为担保；再如抵押物条款约定不甚明确时，也不一定使抵押合同不成立，当事人对此可以事后予以补正，如果客观情况能确定抵押物时，就没有必要补正。

三、抵押权的原始取得

抵押权的原始取得是因一定的事实或行为而产生或创设的抵押权。抵押权的原始取得主要有如下几种情形。

1. 约定抵押权。所谓约定抵押权，是指依照法律行为而取得的抵押权。这里的法律行为主要表现为当事人订立抵押合同的行为，并使抵押合同生效。民法上的抵押权一般为约定抵押权，依当事人的合意而发生。依照我国《民法典》第四百条“设立抵押权，当事人应当采取书面形式订立抵押合同。抵押合同一般包括下列条款：(一) 被担保债权的种类和数额；(二) 债务人履行债务的期限；(三) 抵押财产的名称、数量等情况；(四) 担保的范围”的规定，可以看出，我国民法上的抵押权，依照当事人订立的抵押合同而设定，且是双方行为，而不是单方行为。

当事人要创设抵押权，应当依法订立抵押合同；但是，抵押合同的订立，并不当然发生抵押权设定的效果。抵押权的设定，仍取决于当事人依照抵押合同的约定履行设定抵押权行为，即办理抵押登记，抵押权自抵押物登记之日起发生效力，但法律另有规定的，不在此限，即法律规定不需要办理抵押登记的，抵押权的取得自抵押合同签订后生效，但不得对抗第三人。

2. 法定抵押权。所谓法定抵押权，是指依照法律规定而取得的抵押权。法定抵押权是法律直接运作的结果，因此，各国民法均对法定抵押权作了严格限制。一般认为，《民法典》第八百零七条“发包人未按照约定支付价款的，承包人可以催告发包人在合理期限内支付价款。发包人逾期不支付的，除根据建设工程的性质不宜折价、拍卖外，承包人可以与发包人协议将该工程折价，也可以请求人民法院将该工程依法拍卖。建设工程的价款就该工程折价或者拍卖的价款优先受偿”的规定，即为工程承包人所享有的法定抵押权[①]。

四、抵押权的继受取得

抵押权的继受取得是指通过继承、承受或受让而获得已经存在的抵押权。抵押权的继受取得主要有如下三种情形。

1. 抵押权的继承。所谓抵押权的继承，是指当抵押权人死亡后，继承人在继承抵押权的债权的同时，可以继承抵押权人的抵押权。抵押权是否可因继承而取得，我国《民法典》物权编未作明文规定，但从法理上看，抵押物依法被继承或者赠与的，抵押权不受影响。[②]因此，继承人享有继承抵押权人的抵押权的权利。当然，继承人抛弃继承抵押权人的抵押权，则是对自己权利的一种处分。

2. 抵押权的承受。所谓抵押权的承受，是指当抵押权人法人发生合并或分立时，由合并后或分立后的法人取得的抵押权。主要根据是《民法典》第六十七条规定：“法人合并的，其权利和义务由合并后的法人享有和承担。法人分立的，其权利和义务由分立后的法人享有连带债权，承担连带债务，但是债权人和债务人另有约定的除外。”据此，应当承认抵押权的承受。

3. 抵押权的受让。所谓抵押权的受让，是指债权发生转让时，抵押权可以附债权一并转让与受让人享有。根据《民法典》第四百零七条“抵押权不得与债权分离而单独转让或者作为其他债权的担保。债权转让的，担保该债权的抵押权一并转让，但法律另有规定或者当事人另有约定的除外”的规定，抵押只有附随于所担保的主债权才能够让与他人或者作为其他债权的担保。该条的规定已为世界多数国家立法所确认，也为理论界多数学者所认同。因此，从该条的立法精神看，是承认抵押权的受让取得的。为此，《全国法院民

---

① 参见王利明:《抵押权若干问题的探讨》，载《法学》2000 年第 11 期。

② 《担保法解释》第六十八条规定：“抵押物依法被继承或者赠与的，抵押权不受影响。”

商事审判工作会议纪要》规定，抵押权是从属于主合同的从权利，根据“从随主”规则，债权转让的，除法律另有规定或者当事人另有约定外，担保该债权的抵押权一并转让。受让人向抵押人主张行使抵押权，抵押人以受让人不是抵押合同的当事人、未办理变更登记等为由提出抗辩的，人民法院不予支持。[①]

抵押权随着主债权转让而一并转让，转让后是否必须重新办理抵押权登记手续或者抵押权人变更手续？由于抵押权随主债权一并转让，债权受让人取得的抵押权系基于法律的明确规定，并非基于新的抵押合同重新设定抵押权，无须办理抵押权登记，债权受让人即取得抵押权。[②]

五、不动产抵押物未进行抵押登记，抵押权未设立，债权人对抵押物不享有优先受偿权[③]

抵押合同有效成立后，抵押权是否有效设立，需具体问题具体分析。一般而言：对于不动产抵押，原则上采登记要件主义，抵押权自登记时设立；对于动产等其他财产来说，采取登记对抗主义，抵押权自抵押合同生效时设立，未经登记不得对抗善意第三人。

根据《民法典》的规定，对于不动产抵押，采登记要件主义，抵押权自登记时设立。因此，不动产抵押物未进行抵押登记，抵押权未设立，债权人未取得抵押权，不享有对抵押物的优先受偿权。

不动产抵押权设立以登记为必要，签订抵押合同但未办理抵押权登记的，抵押权并未设立，债权人如主张享有抵押权的，不应得到支持。但是否登记并不影响抵押合同的效力，抵押合同有效成立后，就对双方具有约束力。如抵押人依约负有办理抵押登记的义务，但因抵押物灭失或转让等原因不能办理抵押登记的，抵押人应承担相应的违约责任，一般以抵押物的价值为限赔偿债权人的损失。

抵押人承担补充责任还是连带责任？对此，存在分歧。依据《民法典》第

---

① 《全国法院民商事审判工作会议纪要》（法〔2019〕254 号）第六十二条。

② 最高人民法院民事审判第二庭编著：《〈全国法院民商事审判工作会议纪要〉理解与适用》，人民法院出版社 2019 年版，第 371 页。

③ 参见最高人民法院民事审判第二庭编著：《〈全国法院民商事审判工作会议纪要〉理解与适用》，人民法院出版社 2019 年版，第 363～364 页。

一百七十八条第三款“连带责任，由法律规定或者当事人约定”的规定，当事人未约定承担连带责任的，认定抵押人承担连带责任显然缺乏法律依据。就此而言，除非抵押合同明确约定抵押权人承担连带责任，否则，其仅在债务人不能清偿时承担补充责任。此种补充责任是以抵押物价值为限，抵押合同约定的担保范围少于抵押物价值的，以约定的担保范围为限，不得超过抵押权有效设立时抵押人所应当承担的责任。

六、对案例63的简要评析

在本案中，南充经开区投资公司申请再审的主要请求是不应该承担担保责任，理由是合同无效。南充经开区投资公司与招行金沙支行签订《最高额抵押合同》，将其涉案的土地使用权抵押，并不违反法律、行政法规的强制性规定，且商事行为更尊重当事人的意思自治。因此，《最高额抵押合同》为有效合同，南充经开区投资公司应当承担合同约定的担保责任。南充经开区投资公司申请再审时提出招行金沙支行存在串通骗保、借新还旧等理由，但没有提供充分的证据予以证明，应当承担举证不能的法律后果。

第二节 抵押财产

一、问题的提出

所谓抵押物，是指由债务人或第三人享有的，用来在其上设置抵押权的标的物。不论抵押物为动产还是不动产，抵押人均不移转对抵押物的占有。这与传统民法是有区别的，在传统民法上的抵押物只限于不转移占有的不动产。当然，作为抵押物应当具有交换价值和让与性、相对稳定性、特定性、不易损耗性、产权明晰性等特点，[①] 便于抵押权人实现抵押权。

在研究抵押财产之前，先看两则案例。

---

① 详见何志：《常见民商事纠纷裁判规范指引》（担保物权卷），法律出版社2020年版，第107～108页。

案例64：金汇信托公司与三联集团公司、三联控股公司、马某生、楼某珍、华源置业公司金融借款合同纠纷案[①]

最高人民法院认为，关于案涉在建工程抵押权是否依法设立及其抵押物范围的问题。本案中，金汇信托公司与三联集团公司签订的《抵押合同》中均明确约定，本合同项下的抵押物是指目标项目下位于金华安地镇安地村地块的土地使用权及其上在建工程，抵押物具体信息见合同附件之“抵押物清单”（分别列明了99套房产和17套房产）。嗣后，双方共同向登记机关申请办理“在建工程抵押”的登记手续，并提交了国有土地使用权证、土地未抵押未查封证明、建设工程规划许可证、建设用地规划许可证、施工许可证等办理在建工程抵押所需要的文件资料。登记机关受理后，为“抵押物清单”上记载的99套房产和17套房产分别颁发了《在建工程抵押登记证明》。《物权法》第一百八十七条规定，以正在建造的建筑物抵押的，应当办理抵押登记，抵押权自登记时设立。由此，登记机关为案涉在建工程抵押权办理的抵押登记手续，是仅限于其已经发放《在建工程抵押登记证明》的“抵押物清单”中所记载的部分，还是包括抵押合同所约定的土地使用权及其上已经建造和尚未建造的部分，成为本案中认定抵押物范围所必须解决的关键问题。

关于在建工程抵押权的登记方法，包括在抵押合同上作记载或者在房屋登记簿上作记载两种方式。关于权属证书与登记簿之间的关系，《物权法》第十六条、第十七条规定，不动产登记簿是物权归属和内容的根据，不动产权属证书是权利人享有该不动产物权的证明，二者不一致的，除有证据证明不动产登记簿确有错误外，以不动产登记簿为准。根据这一法律规定，完成不动产物权公示的是不动产登记，登记机关为案涉116套房产分别颁发《在建工程抵押登记证明》的法律效果，是使金汇信托公司取得证明其权利状况的权属证书，判断本案中金汇信托公司在建工程抵押物的范围，应当以登记机关的不动产登记为依据。原审判决以登记机关向金汇信托公司颁发的《在建工程抵押登记证明》作为判断案涉在建工程抵押办理抵押登记手续的依据，混淆了不动产登记与权属证书之间的关系，本院予以纠正。

案涉在建工程抵押登记办理之时，作为登记机关的浙江省金华市房地产交

---

① 详见最高人民法院（2018）最高法民再19号民事判决书。

易办证中心并未实行房屋登记簿制度，且对在建工程抵押应当采用何种方法在抵押合同上记载亦不明确。本案中，浙江省金华市房地产交易办证中心在受理金汇信托公司和三联集团公司的在建工程抵押登记申请后，采用“抵押物清单”的方式，将在建工程抵押物的范围限定在已完工部分或可售部分，并为在建工程中已完工部分或可售部分的每套房屋单独办理《在建工程抵押登记证明》。但这种登记方法并不能得出登记机关认为在建工程抵押物的范围仅限于已完工部分或可售部分这一结论。从登记机关对案涉179套房屋销售的解押登记手续办理情况来看，无论三联集团公司销售的房屋是否已经列入抵押物清单，登记机关均要求三联集团公司取得金汇信托公司的同意证明。由此可见，本案中登记机关对在建工程抵押权的标的物范围的认识在逻辑上并不能一以贯之，其所理解的抵押物限定为在建工程已完工部分或者可售部分，更多的是出于登记手段或技术的考量，随着工程建设阶段的发展，在建工程抵押权的抵押物范围随着已完工部分或可售部分的增加而得到扩张。

本院认为，《物权法》第五条规定：“物权的种类和内容，由法律规定”，在建工程抵押权作为《物权法》所规定的民事权利，属于《立法法》第八条第八项所规定的法律保留事项，民事权利的内容不因任何他人的不当限制或错误理解而减损。从立法沿革的角度，在《物权法》第一百八十条第一款第五项、第一百八十七条对“正在建造的建筑物”没有作出相反定义的情况下，应当遵从此前规范性文件中对“在建工程抵押”的理解。在《物权法》颁行之前，《担保法解释》第四十七条规定：“以依法获准尚未建造的或者正在建造中的房屋或者其他建筑物抵押的，当事人办理了抵押物登记，人民法院可以认定抵押有效。”《城市房地产抵押管理办法》第三条第五款亦规定：“本办法所称在建工程抵押，是指抵押人为取得在建工程继续建造资金的贷款，以其合法方式取得的土地使用权连同在建工程的投入资产，以不转移占有的方式抵押给贷款银行作为偿还贷款履行担保的行为。”据此，在建工程抵押权作为一种单独的抵押权类型，除当事人在抵押合同中另有约定外，其抵押物范围不仅包括国有建设用地使用权，还包括规划许可范围内已经建造的和尚未建造的建筑物。本案中，《抵押合同》第1.2条约定，本合同项下的抵押物是指目标项目项下位于金华安地镇安地村地块的土地使用权及其上在建工程。第1.5条约定，除法律另有明确规定外，抵押期间抵押物上新增建筑物应列入本合同下抵押物范围。前述抵押合同的约定内容，符合司法解释和行政规章的规定。在登记机关未设立房屋登记簿，亦未明确在抵押合同上记载在建工程抵押登记方法的情况下，因前述抵押合同及相关登记申请材料和登记机关出具的收件单等文件均已载明登记类型为在建工程抵押登记，这些资料是登记机关存档备查的登记资料，利害关系人可通过查询档案资料的内容来获悉抵押物上的权利负担，故应当认定登记机关在收件、审核时将此项业务作为在建工程抵押登记业务加以办理的行为，即完成了“记载”在建工程抵押登记的工作，在建工程抵押权即已依法设立。至于登记机关嗣后是否向抵押权人发放权利证明，以及发放权利证明的时间、方式等事实，均不能成为判断抵押权人的权利是否依法成立的依据。且在本案中，三联集团公司作为抵押人，本身并非不动产物权公示制度的保护对象。不动产登记制度的规范，是为了保护以该不动产为交易客体的第三人的信赖利益和交易安全。三联集团公司破产管理人在接管之后，试图利用登记实务中的不同理解否定三联集团公司此前在自身财产上所设定的权利负担，明显有违诚信原则。

综上，本院认定，本案中金汇信托公司的在建工程抵押权已经依法设立，该抵押权所支配的抵押物范围，应当以抵押合同约定内容作为确定权利范围的依据。申请人金汇信托公司关于其在建工程抵押权的范围除在办理抵押登记前已经出售的房屋和办理抵押登记后经其同意出售的179套房屋及相应的土地使用权外，应当包括金市国用（2014）第103-02695号《国有土地使用权证》项下的其余国有土地使用权及其上在建工程，包括未完工部分的申请理由成立，本院予以支持。被申请人三联集团公司关于案涉在建工程抵押权仅限于办理了《在建工程抵押登记证明》的50套房屋及其相应的土地使用权的诉讼理由，并无相应的事实和法律依据，本院不予支持。

案例65：邓某与屏山农商行、杨某金融借款合同纠纷案[①]

二审法院认为，本案的争议焦点为案涉抵押合同是否有效。结合一、二审查明的事实，案涉抵押合同应属无效。理由如下：一是从案涉房屋用途来看，案涉房屋的产权人虽然登记为邓某，但根据查明的事实来看，在设定抵押权以前，案涉房屋即已经属于小天使幼儿园的办学场所，并经南溪区教育和体育局批准、民政部门备案登记，案涉房屋应当认定为教育设施；二是从相关法律规

① 四川省宜宾市中级人民法院（2019）川15民终1771号民事判决书。

定来看，依照《民办教育促进法》第三条“民办教育事业属于公益性事业”及第五条“民办学校与公办学校具有同等的法律地位”之规定，小天使幼儿园作为依法批准登记设立的民办幼儿园，应认定为公益性事业单位。依照《担保法》第三十七条第三项及《物权法》第一百八十四条“下列财产不得抵押：……（三）学校、幼儿园、医院等以公益为目的的事业单位、社会团体的教育设施、医疗卫生设施和其他社会公益设施”之规定，案涉房屋属于学校教育公益设施，系法律规定不得抵押的设施。以该房屋设定的抵押因违反上述法律的强制性规定，应属无效。

关于邓某应否承担责任及应当承担何种责任的问题。邓某在案涉借款合同签订后，与屏山农商行签订《抵押合同》表明邓某愿意为杨某的案涉借款提供担保，只是因为抵押物系国家法律强制性规定不得抵押的财产，而导致抵押合同无效。依照《担保法解释》第七条规定：“主合同有效而担保合同无效，债权人无过错的，担保人与债务人对主合同债权人的经济损失，承担连带赔偿责任；债权人、担保人有过错的，担保人承担民事责任的部分，不应超过债务人不能清偿部分的二分之一。”本案中，屏山农商行作为银行债权人，在尽职调查过程中对案涉房屋的幼儿园用途应属明知的情况下设立抵押担保，对案涉抵押担保合同因违反强制性法律规定而无效具有一定的过错。邓某作为案涉房屋的产权人、小天使幼儿园的法定代表人，在明知幼儿园办学场所系教育公益设施的情况下仍与屏山农商行签订抵押合同亦存在过错。因此，本案中，邓某应当承担杨某不能清偿屏山农商行债务不超过二分之一的责任。

上述案例，均涉及抵押物的问题。试问：哪些财产可以抵押？哪些财产不得抵押？

二、可以抵押的财产

根据《民法典》第三百九十五条：“债务人或者第三人有权处分的下列财产可以抵押：（一）建筑物和其他土地附着物；（二）建设用地使用权；（三）海域使用权；（四）生产设备、原材料、半成品、产品；（五）正在建造的建筑物、船舶、航空器；（六）交通运输工具；（七）法律、行政法规未禁止抵押的其他财产。抵押人可以将前款所列财产一并抵押”的规定，之所以还要专门规定可抵押物，是因为物权的客体并非全是抵押权的客体。同时对抵押物的客体分类并列举规定，与不同抵押物上的抵押权的设立、公示、优先次序和实现等规则密切相关。[①] 依据该条的规定，财产抵押必须符合两个条件：一是债务人或者第三人对抵押财产有处分权。具体包括债务人或者第三人是抵押财产的所有权人、债务人或者第三人对抵押财产享有用益物权且法律规定可以设置抵押、债务人或者第三人根据法律规定或者经过政府主管部门批准可以将其占有或者使用的财产抵押[②]。二是该条规定的可以抵押的财产。可以抵押的财产表现为：

1. 建筑物和其他土地附着物。"建筑物"，是指定着于土地上或地面以下，具有顶盖、梁柱、墙壁，供人居住或其他使用的构造物，包括房屋、仓库、地下室、空中走廊、立体停车场等。建筑物是典型的地上附着物。除了建筑物外，"其他土地附着物"，是指抵押人依法享有所有权或处分权的附着于土地上的除建筑物以外的不动产，包括林木、地上构筑物、与不动产尚未分离的出产物等。[③] 建筑物与在建工程抵押是我国不动产抵押的核心，这是由我国土地所有权实行国家和集体所有、土地不得作为抵押物的法律制度现实决定的。一般来说，作为抵押财产的建筑物是经合法建造并已经取得所有权的建筑物，违法建筑或者尚未取得所有权的建筑，不能成为抵押合同的标的。[④]《民法典担保解释》第四十九条规定："以违法的建筑物抵押的，抵押合同无效，但是一审法庭辩论终结前已经办理合法手续的除外。抵押合同无效的法律后果，依照本解释第十七条的有关规定处理。当事人以建设用地使用权依法设立抵押，抵押人以土地上存在违法的建筑物为由主张抵押合同无效的，人民法院不予支持。"在建工程抵押，是指抵押人为取得在建工程继续建造资金的贷款，以其合法方式取得的土地使用权，连同在建工程的投入资金，抵押给银行作为偿还贷款的担保。以在建工程抵押，抵押人必须具有土地使用权证、建设用地规划许可证、建设工程规划许可证等。在建工程抵押应当依法办理抵押登记，因所有权人未取得

---

① 孙宪忠、朱广新主编：《民法典评注·物权编》（第1卷），中国法制出版社2020年版，第76页。

② 参见黄薇主编：《中华人民共和国民法典物权编释义》，法律出版社2020年版，第475～476页。

③ 孙宪忠、朱广新主编：《民法典评注·物权编》（第1卷），中国法制出版社2020年版，第77页。

④ 最高人民法院民法典贯彻实施工作领导小组主编：《中华人民共和国民法典物权编理解与适用（下）》，人民法院出版社2020年版，第1041页。

所有权凭证，因此在建工程抵押登记属于预告登记性质，由登记机关在“抵押合同上作记载”[①]的方式进行登记。

2. 建设用地使用权。所谓建设用地使用权，是权利主体在法律允许的范围内依法享有的对国家所有的土地占有、使用和收益的权利，权利主体有权利用该土地建造并经营建筑物、构筑物及其附属设施。设立建设用地使用权的主要方式有出让和划拨两种：出让是国家以所有者的身份将建设用地使用权在一定年限内让与使用者，并由使用者向国家支付建设用地使用权出让金的行为。具体包括协议、招标和拍卖三种具体方式。以出让方式取得土地使用权抵押的，没有地上建筑物的可以单独设定抵押；有地上建筑物的必须与地上建筑物一同设定抵押。而且，以出让方式取得的土地使用权抵押，其抵押期限不能超过出让终止期限。划拨是指国家通过行政审批程序将土地无偿、确定地给使用权人使用，使用权人只需按照一定的程序向主管机关提出申请，经批准即取得建设用地使用权，而不必向国家交付费用和租金。以划拨土地使用权抵押必须符合以下条件：首先，必须与地上建筑物一同抵押。其次，在实现抵押权时，应当从拍卖所得价款中缴纳相当于应缴纳的土地使用权出让金的款额后，抵押权人方可优先受偿。[②]对此，《民法典担保解释》第五十条规定：“抵押人以划拨建设用地上的建筑物抵押，当事人以该建设用地使用权不能抵押或者未办理批准手续为由主张抵押合同无效或者不生效的，人民法院不予支持。抵押权依法实现时，拍卖、变卖建筑物所得的价款，应当优先用于补缴建设用地使用权出让金。当事人以划拨方式取得的建设用地使用权抵押，抵押人以未办理批准手续为由主张抵押合同无效或者不生效的，人民法院不予支持。已经依法办理抵押登记，抵押权人主张行使抵押权的，人民法院应予支持。抵押权依法实现时所得的价款，参照前款有关规定处理。”此外，转让、互换、出资、赠与以及行使抵押权等原则上也可以成为取得建设用地使用权的方式。

集体土地使用权原则上不准抵押，但可随乡村企业的厂房等建筑物一并抵押。《民法典》第三百九十八条规定：“乡镇、村企业的建设用地使用权不得单独抵押。以乡镇、村企业的厂房等建筑物抵押的，其占用范围内的建设用地使用

① 《城市房地产抵押管理办法》第三十四条第二款规定：“以预售商品房或者在建工程抵押的，登记机关应当在抵押合同上作记载。”

② 《城市房地产管理法》第五十一条。

权一并抵押。”其立法目的是增强乡村企业的融资能力，促进乡村企业的发展。

3. 海域使用权。所谓海域使用权，是指民事主体基于县级以上人民政府海洋行政主管部门的批准和颁发的海域使用权证书，依法在一定期限内使用一定海域的权利。因此，海域使用权是通过招标或者拍卖的方式取得，并申请经依法批准，获取海域使用权证书。海域使用权人在使用期限内可依法设置抵押权，让其充分“活跃”起来。

4. 生产设备、原材料、半成品、产品。这是关于一般动产抵押的规定。特别是从农业生产者贷款难的需要以及保障债权安全的需要出发，明确规定了生产设备、原材料、半成品、产品可以抵押，并规定法律、行政法规未禁止抵押的其他财产均可设立抵押。这样，进一步扩大了动产抵押的范围，便于融资。

5. 正在建造的建筑物、船舶、航空器。《担保法解释》第四十七条对此进一步作出规定：“以依法获准尚未建造的或者正在建造中的房屋或其他建筑物抵押的，当事人办理了抵押物登记，人民法院可以认定抵押有效。”《民法典》物权编则把未来财产的范围扩大到正在建造的建筑物、船舶、航空器。《民法典担保解释》第五十一条第二款规定：“当事人以正在建造的建筑物抵押，抵押权的效力范围限于已办理抵押登记的部分。当事人按照担保合同的约定，主张抵押权的效力及于续建部分、新增建筑物以及规划中尚未建造的建筑物的，人民法院不予支持。”从该条款的规定来看，亦认可了正在建造的建筑物抵押的效力。

6. 交通运输工具。在传统民法中，船舶、航空器等交通运输工具被视为准不动产，因此船舶、航空器等的抵押可以视为准不动产抵押，办理抵押登记是船舶、航空器抵押权的对抗要件，而非生效要件。根据《民法典》第四百零三条规定，以动产抵押的，抵押权自抵押合同生效时设立；未经登记，不得对抗善意第三人。

7. 法律、行政法规未禁止抵押的其他财产。只要某项财产符合抵押财产的条件，即抵押人有权处分，具有可让与性，便于管理和实施，就应当承认其属于抵押物的范围。根据私法自治原则，只要法律、行政法规未禁止抵押的财产，皆可设定抵押。

三、不得抵押的财产

《民法典》第三百九十九条规定：“下列财产不得抵押：（一）土地所有权；

（二）宅基地、自留地、自留山等集体所有土地的使用权，但是法律规定可以抵押的除外；（三）学校、幼儿园、医疗机构等为公益目的成立的非营利法人的教育设施、医疗卫生设施和其他公益设施；（四）所有权、使用权不明或者有争议的财产；（五）依法被查封、扣押、监管的财产；（六）法律、行政法规规定不得抵押的其他财产。”该条规定属于抵押物范围的负面清单。具体而言：

1. 土地所有权不得抵押。土地所有权是指土地所有人依法对土地实行占用、使用、收益和依照国家法律规定作出处分并排除他人干涉的权利。根据我国《宪法》和《土地管理法》的规定，城市市区的土地属于全民所有即国家所有，农村和城市郊区的土地，除法律规定属于全民所有以外，其他属于集体所有。国家、集体所有的土地，可以依法确定给全民所有制、集体所有制、单位或其他组织；个人使用的土地，使用人只有使用权，没有所有权。除依照法律的规定对土地使用权抵押外，土地所有权不能抵押。

2. 宅基地、自留地、自留山等集体所有的土地使用权，除依法可以抵押的外，不得抵押。宅基地、自留地、自留山属于集体所有，农民只有使用权，而无权处分，如果不用则由集体收回。因此，除依法承包的荒山、荒沟、荒丘、荒滩等地的使用权经发包人同意可以抵押，乡（镇）、村企业厂房等建筑物抵押时，其占有范围内的土地使用权同时抵押外，宅基地、自留地、自留山等土地使用权不得抵押。

值得注意的是，根据 2018 年 12 月修改后的《农村土地承包法》第四十七条第一款“承包方可以用承包地的土地经营权向金融机构融资担保，并向发包方备案。受让方通过流转取得的土地经营权，经承包方书面同意并向发包方备案，可以向金融机构融资担保”的规定，允许承包土地的经营权向金融机构抵押融资。与此相衔接的《担保法》《物权法》中有关耕地使用权不得抵押的规定，在《民法典》物权编中予以删除。同时，宅基地不得抵押，宅基地上建造的住宅，一般是不允许抵押的，其中既有保障农民基本居住权的考虑，也有稳定土地秩序的考虑。①

3. 学校、幼儿园、医疗机构等为公益目的成立的非营利法人的教育设施、医疗卫生设施和其他公益设施不得抵押。学校，托儿所，幼儿园，医院以及工

---

① 最高人民法院民法典贯彻实施工作领导小组主编：《中华人民共和国民法典物权编理解与适用（下）》，人民法院出版社 2020 年版，第 1058 页。

会、共青团、妇联所管理的休养所、疗养院、文化宫、俱乐部、妇幼保健机构和体育场（馆）等属于公益设施，如果改变用途，将影响公众利益，这些设施的管理部门只有管好、用好的义务，没有随意处分的权利，不得抵押。《民法典担保解释》第六条规定，以公益为目的的非营利性学校、幼儿园、医疗机构、养老机构等提供担保的，人民法院应当认定担保合同无效，但是有下列情形之一的除外：（1）在购入或者以融资租赁方式承租教育设施、医疗卫生设施、养老服务设施和其他公益设施时，出卖人、出租人为担保价款或者租金实现而在该公益设施上保留所有权；（2）以教育设施、医疗卫生设施、养老服务设施和其他公益设施以外的不动产、动产或者财产权利设立担保物权。登记为营利法人的学校、幼儿园、医疗机构、养老机构等提供担保，当事人以其不具有担保资格为由主张担保合同无效的，人民法院不予支持。

4. 所有权、使用权不明或者有争议的财产不得抵押。如正在诉讼中的有争议的财产，所有权、使用权在未确认之前不能抵押。《民法典担保解释》第三十七条第一款规定："当事人以所有权、使用权不明或者有争议的财产抵押，经审查构成无权处分的，人民法院应当依照民法典第三百一十一条[①]的规定处理。"据此，当事人以上述财产设定担保的，如不存在其他无效情形，一般应当认定担保合同有效，因为这些财产只要不是违法财产，就不存在因标的违法而无效的问题，且根据区分原则，《民法典》第三百九十九条规定"不得"抵押的情形，即使构成无权处分，也不应影响抵押合同的效力。值得注意的是，当事人以权属不明或者有争议的财产设立抵押，经人民法院审查后可能有两种结果：一是抵押人有权处分；二是抵押人无权处分。在抵押人有权处分的场合，不仅抵押合同效力不受影响，抵押权的设立也应认定有效；在抵押人无权处分的场合，虽然抵押合同不因抵押人无权处分而受影响，但抵押权的设立则取决于债权人是否满足善意取得的条件：构成善意取得的，债权人可主张行使抵押权；不符合善意取得条件的，债权人无权主张行使抵押权，真正权利人可以请

---

① 《民法典》第三百一十一条规定："无处分权人将不动产或者动产转让给受让人的，所有权人有权追回；除法律另有规定外，符合下列情形的，受让人取得该不动产或者动产的所有权：（一）受让人受让该不动产或者动产时是善意；（二）以合理的价格转让；（三）转让的不动产或者动产依照法律规定应当登记的已经登记，不需要登记的已经交付给受让人。受让人依据前款规定取得不动产或者动产的所有权的，原所有权人有权向无处分权人请求损害赔偿。当事人善意取得其他物权的，参照适用前两款规定。"

求注销抵押登记。至于当事人以被查封、扣押、监管的财产设定抵押，债权人请求行使抵押权时，如果查封、扣押或者监管措施已经解除，人民法院应予支持；抵押人以抵押权设立时财产被查封或者扣押为由主张抵押合同无效的，人民法院不予支持。①

5. 依法被查封、扣押、监管的财产不得抵押。依法被采取查封、扣押或者监管等强制措施的财产，虽然所有权仍然属于财产所有权人，但所有权或处分权的行使受到了法律限制，因此该类财产不得抵押。对此，《民法典担保解释》第三十七条第二款、第三款规定："当事人以依法被查封或者扣押的财产抵押，抵押权人请求行使抵押权，经审查查封或者扣押措施已经解除的，人民法院应予支持。抵押人以抵押权设立时财产被查封或者扣押为由主张抵押合同无效的，人民法院不予支持。以依法被监管的财产抵押的，适用前款规定。"据此，依法被查封、扣押、监管的财产设定抵押，并不影响抵押合同的效力。若不能办理抵押权登记，则抵押人承担违约责任。

6. 违法、违章建筑物不得抵押。《民法典担保解释》第四十九条规定："以违法的建筑物抵押的，抵押合同无效，但是一审法庭辩论终结前已经办理合法手续的除外。抵押合同无效的法律后果，依照本解释第十七条的有关规定处理。当事人以建设用地使用权依法设立抵押，抵押人以土地上存在违法的建筑物为由主张抵押合同无效的，人民法院不予支持。"所谓违法、违章建筑物，是指违反《城市房地产管理法》等法律、法规、规章的规定，未经主管部门发给建筑许可证而擅自动工兴建成的各种建筑物，主要是指房屋。违章建造的房屋，因其违反法律规定，在未经主管部门处理并补办合法手续之前，不能产生房屋所有权之法律效果；经主管部门处理的，如属责令拆除或作没收处理的，建造人也不能对违章建筑之物拥有所有权；如属行政处罚后责令补办手续的，则在补办手续后，可依法取得建筑物的所有权。既然这些违法、违章建筑物都无法进行权属登记，属于法律禁止流通的物，倘以之设定抵押后抵押权人必定无法实现抵押权，因此抵押无效。

7. 依法不得抵押的其他财产。按照我国《宪法》的规定，矿藏、水流、山岭、草原、荒地、滩涂等属于国家所有，不得买卖、抵押或以其他形式非法转让。

---

① 刘贵祥、林文学、杨永清等：《民法典担保制度司法解释系列解读之四："关于担保物权"部分重点条文解读》，载"一法决诉疑"微信公众号。

四、对案例 64、案例 65 的简要评析

在案例 64 中，当事人争议的焦点是在建工程抵押权是否有效设立及抵押物的范围。一是依据《物权法》第一百八十七条的规定，以正在建造的建筑物抵押的，应当办理抵押登记，抵押权自登记时设立。[①] 金汇信托公司与三联集团公司签订《抵押合同》时明确约定了在建工程抵押和列明的房产抵押，并提交了国有土地使用权证、建设用地规划许可证等，并办理了抵押权登记。因此，在建工程抵押权已经有效设立。二是在建工程抵押物的范围问题。《担保法解释》第四十七条规定："以依法获准尚未建造的或者正在建造中的房屋或者其他建筑物抵押的，当事人办理了抵押物登记，人民法院可以认定抵押有效。"《城市房地产抵押管理办法》第三条第五款亦规定："本办法所称在建工程抵押，是指抵押人为取得在建工程继续建造资金的贷款，以其合法方式取得的土地使用权连同在建工程的投入资产，以不转移占有的方式抵押给贷款银行作为偿还贷款履行担保的行为。"因此，从目的扩张解释角度来看，在建工程抵押权作为一种单独的抵押权类型，除当事人在抵押合同中另有约定外，其抵押物范围不仅包括国有建设用地使用权，还包括规划许可范围内已经建造的和尚未建造的建筑物。本案在建工程抵押权对抵押物的效力及于已经登记的建筑物和未经登记的建筑物，旨在保护抵押权人实现债权。

在案例 65 中，涉及抵押合同的效力及邓某应否承担民事责任的问题。一是抵押合同的效力。邓某将具有公益性的民办幼儿园的房屋设定抵押，依据《物权法》第一百八十四条"下列财产不得抵押：……（三）学校、幼儿园、医院等以公益为目的的事业单位、社会团体的教育设施、医疗卫生设施和其他社会公益设施……"的规定[②]，涉案的抵押合同因违反了法律强制性规定，当属于无效合同。二是邓某应否承担民事责任。作为涉案房屋的产权人、小天使幼儿园的法定代表人，邓某应当知道其房屋不能设置抵押而设置抵押，明显存在过错，应当承担一定的民事责任。屏山商行作为债权人不能接受本案的抵押却接受了抵押，亦存在过错，应当承担一定的民事责任。生效判决依据《担保法解释》第七条的规定，判令邓某承担一定的民事责任，并无不当。

---

① 对应《民法典》第四百零二条。

② 对应《民法典》第三百九十九条。

第三节　抵押权的效力

一、抵押权登记的效力

所谓抵押权登记的效力，是指抵押物登记行为所产生的法律效果，即该登记行为在法律上有何效力。抵押权登记的效力表现在两个方面，一是抵押权登记行为对抵押合同效力的影响，即抵押合同的成立和生效是否受登记行为的制约。二是抵押权登记行为是对抵押权公示力的影响。因为抵押权的设立不要求移转抵押物的占有于抵押权人，这样以占有抵押物的方式作为抵押权的公示方式显然是不可能的，就只能借助于登记制度。因此，无论是动产抵押，还是不动产抵押，其公示方式均是登记。

（一）抵押权登记的效力的立法体例

抵押权登记的效力，存在三种不同的立法体例。

1. 登记对抗主义。该种立法体例主张：一是抵押合同在抵押权人与抵押人就抵押事项完成合意后即发生法律效力，登记不是生效要件。二是登记只是将抵押效力及于第三人，只有经过登记，它才能对抗第三人。若不登记，影响的只是对第三人的效力，双方当事人之间的抵押权关系已经成立。《法国民法典》第 2117 条即采取了此种观点。《日本民法典》第 177 条“不动产物权的取得、丧失及变更，非依登记法规定进行登记，不得以之对抗第三人”的规定也采取了此种观点。登记对抗主义在理论上的缺陷有二：其一，抵押合同经双方当事人合意即发生法律效力，债权人已享有抵押权，即一种担保物权，按物权法理论，物权是一种对世权，可以对抗除本人以外的一切人。但已发生法律效力的这种物权又不能对抗第三人，这在理论上是矛盾的。其二，抵押合同经双方当事人协商一致即发生法律效力，而由于抵押物未经登记，主债权的抵押权实际上处于十分不安全的境地，第三人主张权利时，主债权的抵押权就很难发挥作用与之对抗，使主债权人处于不利地位。

2. 登记生效主义。该种立法体例主张，抵押物必须登记，不登记则抵押合同不发生法律效力，抵押权也就未发生，不能对抗第三人。在合同当事人之间也不存在抵押权利义务关系。《瑞士民法典》采纳了该种主张，其中第 199 条规定："（1）不动产担保，经在不动产登记簿上登记后始为成立。但法定的例外情况除外。（2）设定不动产担保契约，须采用公证，始生效力。"我国台湾地区"民法"第七百八十五条规定："不动产物权，依法律行为而取得、设定、丧失及变更者，非经登记，不生效力。"根据一般的解释，抵押权为不动产物权，非经登记，不产生效力，抵押权人只能依据设定登记的内容行使其权利。登记生效主义在理论上也存在严重缺陷。在合同理论上，一般都是主张，只要双方当事人意思表示一致，合同即成立。作为抵押合同也是如此，虽然当事人之间就抵押权的设立事项达成合意，合意却不能生效，既然抵押合同没有依法生效，就没有法律效力。那么，在当事人签订书面的抵押合同后，抵押人若不主动去办理抵押权登记，因抵押合同只有经过登记之后才能产生法律效力，显然，抵押权人在抵押人不办理抵押登记时就无能为力。

3. 混合主义。该种立法体例主张，根据抵押物类别不同而赋予抵押登记不同效力，对某些抵押物设定抵押权采取登记生效主义，而对另一些抵押物设定抵押权则采取登记对抗主义。混合主义的优点在于，可以根据抵押物的不同情况而对抵押登记提出不同的要求，对此重要的财产（通常为不动产及不动产权益）进行抵押时，采取登记生效主义，既可以避免纠纷，又有利于国家对某些关系到社会公共利益的财产处分行为进行监督，维护社会公共利益；对其他非重要的财产，因与社会公共利益关系不大，不以登记作为抵押权的成立要件，则可以简化抵押权设立的程序，有利于抵押制度的普遍实行。混合主义的缺点在于，抵押权既为物权，理应具有对世的效力，而采取混合主义，未登记抵押权就只能在当事人之间发生效力，这与物权的一般本质相矛盾。

关于动产抵押权的设定。我国台湾地区学者王泽鉴先生认为，不占有标的物之动产担保制度因欠缺公示性所产生之困难如何克服，为学者热烈讨论之问题。就各立法例观之，解决方式不外五种：（1）意思成立主义。（2）书面成立主义。（3）登记成立主义。（4）意思成立——登记对抗主义。（5）书面成立——登记对抗主义。[①]

---

① 王泽鉴：《民法学说与判例研究》（第 1 册），中国政法大学出版社 1998 年版，第 239 页。

（二）我国对抵押权登记的效力采用混合主义，即登记生效主义与登记对抗主义相结合的立法原则

我国《民法典》物权编规定对不动产作为抵押物设定抵押权的，采取登记生效主义原则，即抵押权必须登记。对动产作为抵押物设定抵押权的，则采取登记对抗主义原则。

我国动产抵押权的登记模式采用书面模式——登记对抗主义。综观各国立法例，动产抵押的公示方式不外四种：其一，意思成立主义：该主义与个人主义哲学思潮一脉相承，非常注重当事人的意思自治，仅凭当事人合意便发生动产担保交易的效力。但是由于第三人不易辨明动产是否已设定抵押权，因而往往深受其害，不利于商品经济的正常进行，有碍交易安全。所以，手续简便固然为其优点，可是欠缺公示性则是其最大缺点。其二，书面成立主义：当事人设定动产抵押权，除达成合意之外，尚需完成一定书面形式。其主要功能在于使当事人的权利和义务关系趋于明确，在某种程度上，也可以防止欺诈和虚伪，然而上述公示的缺陷，依然存在，未能克服。其三，登记成立主义：依该主义，设定动产抵押权，若不经登记，既不能对抗第三人，也不能在当事人之间发生效力。其对物权变动采取严格公示制度，便于确定物权变动时间，在承认物权行为独立性与无因性理论的国家，该主义因为物权行为与债权行为明确分离而有利于法律关系的明晰和交易安全。缺点在于偏重形式，灵活性不足，而且会增加交易费用和加重登记机关的负担。其四，登记对抗主义：该主义认为，设定动产抵押权，除当事人合意外，尚需履行法定登记手续，才能对抗第三人。其最大优点在于具有公示性，第三人可以在交易上查阅动产抵押登记簿。其缺点在于会暴露当事人的经济状态，而且，假若任何动产抵押交易均须登记才能对抗第三人，则因动产品类繁多，恐怕当事人会不胜其烦。[①]

二、再抵押与重复抵押

（一）再抵押

所谓再抵押，是指抵押人在设定抵押权之后，就抵押物的担保剩余价值再

---

① 王闯：《动产抵押制度研究》，载梁慧星主编：《民商法论丛》（第 3 卷），法律出版社 1995 年版，第 416 页。

设定的抵押。再抵押必须符合下列两个条件：一是再抵押的设定，必须以抵押物价值扣除所有先设抵押权所担保的债权总额尚有余额为前提条件，若不存在余额，则抵押人不得就该抵押物再抵押。二是抵押人设定再抵押时，再抵押担保的债权金额不得超过抵押物总价值扣除先设立抵押权所担保的债权总额后的余额，至于超出抵押物价值余额的债权部分的抵押是否有效，笔者将在重复抵押中论述。再抵押担保符合该条款所包含的两个条件的，应当认定再抵押有效，抵押人仍应以余额部分承担再抵押的担保责任。

为了充分发挥抵押物的担保功能，应当鼓励再抵押。理由在于：一是抵押权本质上是一种价值权、变价权和有限受偿权，抵押权人的最终目的不在于是否可以取得抵押物本身，而在于实现债权，每一次抵押最后都必须实现抵押权，若先设立的抵押权人放弃其担保利益，或因债务得以清偿而导致抵押权消灭，抵押物的价值并未减少，再抵押的抵押人仍可保护自己的债权利益，故无须对再抵押作出限制。二是再抵押的抵押权只能是后一顺序的抵押权，它不会损害前一顺序抵押权人的利益，又可以使抵押物价值的担保作用得到最大限度的发挥。因此，该条款无限制的必要，也没有必要运用司法干涉权去限制抵押法律关系当事人的意思自治。

（二）重复抵押

所谓重复抵押，是指抵押人将同一抵押物设立抵押权后，又向其他抵押权人设立抵押担保的行为。重复抵押致使同一抵押物有数个抵押权人，形成数个抵押权关系。

重复抵押与再抵押的关系。有人认为，“再抵押亦称重复抵押”[①]。笔者认为，虽然重复抵押与再抵押均在同一抵押物上有数个抵押权人，形成数个抵押权关系。但两者有着本质的区别，重复抵押不等于再抵押，即再抵押强调的是抵押物的价值大于所担保债权尚有余额部分，其余额部分方可设定再抵押，若无余额，则不能设定再抵押。而重复抵押不强调是否有余额，均可在同一抵押物上设定数个抵押权。

重复抵押的效力如何认定，在司法实践中存在争议。第一种意见认为，重

---

① 全国法院系统第十届学术讨论会论文评选委员会编选：《当前民事经济审判疑难问题研究》，人民法院出版社 1998 年版，第 492 页。

复抵押无效。理由在于：一是重复抵押不符合财产所有权的原理，违背了抵押担保债权实现的宗旨。因为，“一物不能有二主”，同一抵押物不可能同时产生两个以上所有权。而抵押是具有物权性的权利，重复抵押等于在同一抵押物上设定了几个不同权利主体。二是抵押权的价值性决定了抵押物担保的交换价值是一定的，不可能产生价值重叠，形成价值倍增，也就不能起到数个债权同时重叠担保作用，因此只能对第一次抵押权产生效力，后抵押权无效。三是根据《民法通则意见》第115条第1款的规定，抵押人在抵押期间非经抵押权人同意，抵押人就抵押物价值已设置抵押部分再作抵押的，其行为无效。第二种意见认为，重复抵押是两次以上抵押行为的统称，本身并不当然具有法律效力，其效力必须依赖于每次抵押行为的效力，其认定标准是：如果各次合法有效抵押所担保的债权总额不超出抵押物的价值，则重复抵押行为都有效；如果超出，则以抵押物价值为基准，未超出部分的抵押有效，超出部分的抵押无效[①]。第三种意见认为，重复抵押应当允许，且不能认定为无效，应当适用“设立在先，效力优先”的原则。

笔者认为，在法无明文禁止重复抵押的情形下，应当承认其重复抵押的效力。其理由如下：一是从世界各国立法看，大都允许在同一价值范围内的财产上设立若干个抵押物，不过均对抵押财产辅之以登记或公告制度，以使债权人明白该财产是否已设置抵押，在此情形下，若债权人仍同意将已抵押财产作抵押，法律则对此予以认可。二是前抵押权或后抵押权的设立，只要符合法定的抵押权成立的条件，重复抵押权都产生法律效力，只是在抵押权的实现上，先设立的抵押权依顺序先于后设立的抵押权，而就抵押物的全部进行债权清偿，而后设立的抵押权只有在前位抵押权实行优先受偿后有余额时，或者前位抵押权人明确放弃抵押权时，才能主张优先受偿。三是同一财产向两个以上债权人抵押的，拍卖、变卖抵押物所得的价款，按照抵押物登记或抵押合同生效时间的先后顺序清偿，顺序相同的，按照债权比例清偿。这实质上是对重复抵押权“设立在先，效力优先”原则的法律确认。四是禁止重复抵押不利于抵押人在该财产上权利的行使，不利于充分发挥当事人财产的经济效益。五是通过优先受偿权对重复抵押进行调整。同一财产向两个以上债权人抵押的，顺序在后的抵押权所担保的债权先到期的，抵押权人只能就抵押物价值超出顺序在先的抵

---

① 戴红兵：《论重复抵押》，载《现代法学》2000年第6期。

押担保债权的部分受偿。顺序在先的抵押权所担保的债权先到期的，抵押权实现后的剩余价款应予提存，留待清偿顺序在后的抵押担保债权。

司法实践肯定了重复抵押的效力。第一，同一标的物上设定数个抵押权，充分利用了抵押物的交换价值与使用价值，促进资金融通。抵押人所担保的债权超出其抵押物价值的，不应确认抵押无效，只确认对超出的部分不具有优先受偿的效力，通过优先受偿对超出的部分进行调整。因为抵押权的实质和担保作用在于当债务人不履行债务时，抵押权人可以抵押物折价或者从抵押物的变价中优先清偿自己的债权。第二，抵押物的价值随市场行情的变化而变化，市场行情瞬息万变，无法确定抵押财产是否大于所担保的债权。抵押权设定时和实现时抵押物的价值可能不一致，如果抵押人再次抵押时超出抵押物的价值部分无效，实则损害了债权人的利益。第三，同一标的物上设定数个抵押权，前手的抵押权不受后手的抵押权的影响，抵押物的价值只有在抵押权实现时，即抵押物变现时才能明确。重复抵押，后手抵押权人的债权不一定落空，如果前手的抵押权所担保的债权由于债务人的履行而使抵押权消灭，则后手抵押权人的债权可以得到清偿。第四，根据当事人意思自治的原则，如果债权人预先知道抵押财产已经设定了抵押，存在权利负担，仍然决定接受该财产为抵押物，法律没有禁止的必要。

其实，《民法典》第四百一十四条规定："同一财产向两个以上债权人抵押的，拍卖、变卖抵押财产所得的价款依照下列规定清偿：（一）抵押权已经登记的，按照登记的时间先后确定清偿顺序；（二）抵押权已经登记的先于未登记的受偿；（三）抵押权未登记的，按照债权比例清偿。其他可以登记的担保物权，清偿顺序参照适用前款规定。"该规定肯定了再抵押、重复抵押的效力。

三、绝押合同效力的认定

所谓绝押合同，是指在抵押权设立时，当事人双方在抵押合同中定于主债权已届清偿期而未受清偿时，抵押物的所有权即转移给债权人所有。在学理上又称为流押契约、流抵契约、抵押物代偿条款。

自罗马法以来的多数立法例均规定绝押合同无效。《德国民法典》第 1149 条规定："以债权对所有人尚未到期者为限，所有人不得给予债权人请求移转土地所有权以抵充债权的权利，也不得给予强制执行以外的其他方法让与土地的权利。"《瑞士民法典》第 816 条第 2 款规定："债权人的不动产担保权未受清偿时，其担保物的所有权即归债权人所有的约定，无效。”实务和学理上的通说认为，债务人借债务处于急迫窘困的情形，债权人可以利用债务人的这种不利处境，迫使债务人与其订立流质契约，以价值甚高的抵押物担保小额债权，图谋债务人不能清偿时取得抵押物的所有权，谋取非分的利益，法律为保护债务人的利益，应当对流质契约（即绝押合同，笔者注）加以禁止[①]。

我国《民法典》物权编对于绝押合同条款采取无效的立场。《民法典》第四百零一条明确规定：“抵押权人在债务履行期限届满前，与抵押人约定债务人不履行到期债务时抵押财产归债权人所有的，只能依法就抵押财产优先受偿。”该条即对绝押合同禁止性规定。之所以如此规定，是为了保护债务人的利益，以防止债务人因一时急需获得某种利益而设定此种合同，最终导致抵押人受损失。若法律保护绝押合同，则债务人到期不能清偿债务时，抵押权人可不经任何程序将抵押物据为已有，对抵押人来说是不公平的，也违反了担保活动应当遵循平等、自愿、公平、诚信原则的规定。因此，应认定抵押合同中关于“债务履行期届满，抵押权人未受清偿时，抵押物的所有权为债权人（抵押权人）所有”的内容无效。若部分内容无效不影响抵押合同其他部分内容的效力，抵押合同的其他部分内容有效。因此，当事人在抵押合同中约定，债务履行期届满抵押权人未受清偿时，抵押物的所有权转移为债权人所有的内容无效。该内容的无效不影响抵押合同其他部分内容的效力。换言之，抵押人以抵押物的所有权转移为债权人所有的内容的条款无效，而不是整个抵押无效，抵押人仍要以抵押物的价值承担担保责任，抵押权人仍可按法定程序对抵押物折价、拍卖、变卖，从变卖价款中优先受偿。因此，要正确把握该条的“依法”，包括抵押权须已依法设立；须依照抵押权实现的相关规定实现抵押权，包括折价、拍卖、变卖等方式，作为禁止流押柔化的产物，该条为归属型清算或者处分型清算留下了空间。[②]

司法实践中，经常对某些条款是否属于流质条款难以认定。之所以出现这种情况，一方面是因为当事人不熟悉法律，在合同条款的表述上不规范，从而

---

① 谢在全：《民法物权论（下册）》，中国政法大学出版社 1999 年版，第 675 页。史尚宽把移转抵押物所有权的预先约定称为“流质契约”，参见史尚宽：《物权法论》，中国政法大学出版社 2000 年版，第 305 页。

② 最高人民法院民法典贯彻实施工作领导小组主编：《中华人民共和国民法典物权编理解与适用（下）》，人民法院出版社 2020 年版，第 1071 页。

导致条款性质模糊。另一方面则是因为当事人在订立合同时为避免所立条款因流质而无效，而想方设法通过其他方式来规避流质条款的效力。在司法实践中经常遇到的情况有以下几种：（1）明确约定债权届期未清偿时以债权额作价冲抵债权。双方在抵押合同中明确约定了抵押物的价格，该价格与债权额相等，约定债权届期未清偿时以债权额作价冲抵债权。对于该情形，笔者认为虽然当事人双方在合同中约定了抵押物的价格，但其与合同中没有约定价格而直接约定抵押物归债权人所有，并无本质的区别，这种约定仍然属于流质条款。有疑问的是，如果双方约定的抵押物的价格是经过评估部门评估后确定的，条款的效力如何？对此，笔者认为，该条款不属于流质条款，而属于折价实行抵押权的一种方式。由于抵押物价格的确定是由评估部门已经评估过的，评估价格应当认为是客观、公正的，认定不属于流质条款不会导致损害抵押人的利益。（2）约定债权届期未清偿时债权人可以直接将抵押物变卖。允许抵押权人自行变卖抵押财产与将抵押物归抵押权人所有，应属于同一性质，亦属于流质条款。按照《民法典》第四百一十条的规定，抵押权的实行只能通过两种方式，一是抵押权人可以与抵押人协议以抵押财产折价或者以拍卖、变卖该抵押财产所得的价款优先受偿。二是抵押权人与抵押人未就抵押权实现方式达成协议的，抵押权人可以请求人民法院拍卖、变卖抵押财产。约定债权届期未清偿时债权人可以直接将抵押物变卖与约定抵押物归债权人所有并无实质不同，这种约定也属于流质条款。不过需要注意的是，若当事人在签订抵押合同时即约定，债务履行期届满抵押权未受清偿的，抵押权人有权直接委托拍卖机构拍卖抵押财产。这种约定不是通过私力转移抵押财产的所有权或归属权，不属于流质契约。因为这种方式一般不会损害抵押人的权利，实质上是由第三人对抵押财产进行变价，抵押权人就变价所得款项享有优先受偿权。（3）抵押权人与抵押人另行订立买卖合同，约定债权届期未清偿时债权人以债权抵销买卖价金购买抵押物。在抵押权存续期间，抵押权人与抵押人另行签订买卖合同，约定抵押权人以与债权数额同等的价金购买抵押物，在抵押权人的债权届期未获得清偿时，以其债权抵销买卖合同的价金。对此，有观点认为，该买卖合同是附条件买卖，且买卖合同与抵押合同是两个合同，该合同并不违反法律规定，应属于有效合同。笔者认为，从表现形式上，买卖合同与抵押合同属于两个合同，但是买卖合同签订于抵押权实行之前，且买卖合同的实质仍然是以抵押物冲抵抵押权人的债权，本质上也属于流质契约。

在审判实践中应当注意两个方面的问题：（1）要把绝押合同与协议取得抵

押物区别开来。根据我国《民法典》第四百一十条的规定，债务人不履行到期债务或者发生当事人约定的实现抵押权的情形，抵押权人可以与抵押人协议以抵押财产折价。所谓以抵押财产折价，是指在对抵押物进行评估的基础上，通过双方当事人的协议，以抵押物抵充债权或部分债权。债权人与抵押人之间达成的协议具有代物清偿契约的性质，此时，也发生抵押物所有权转移给债权人的后果。从这个方面来说，协议取得抵押物与绝押合同有类似之处。但两者有着本质的区别：一是协议取得抵押物是在债务已届清偿期之后签订的，而绝押合同是在设定抵押权时签订的，后者的时间差异对契约内容的公平性影响极大。二是协议取得抵押物作为行使抵押权的一种方式，仍然以对债权债务以及抵押物的清算为必要。而绝押合同是在债务履行到期后不必清算的，抵押物即归抵押权人所有。（2）绝押合同与抵押权实行方式的约定不同。当事人在抵押合同中约定在债务人不能履行到期债务时，以抵押物抵充债务，并经清算，此种方式的约定为有效，不属于绝押合同。在当事人对抵押权的实行方式也约定时，若债务人不能履行债务，债权人有权要求抵押人允许按其约定的方式行使抵押，抵押人对债权人也享有同样的权利。只对履行方式的约定仅限于抵押权的履行方式，而不得以约定排除抵押权实行时对债权债务以及抵押财产的清算程序，若抵押人和抵押权人在合同中约定抵押权实现采用以抵押物抵充债务的方式的同时，又约定排除清算程序的，则构成绝押合同。因此，是否有排除清算程序的约定，可以作为区分绝押合同与抵押权实行方式约定的基本标准。因此，《民法典担保解释》第四十五条第一款规定："当事人约定当债务人不履行到期债务或者发生当事人约定的实现担保物权的情形，担保物权人有权将担保财产自行拍卖、变卖并就所得的价款优先受偿的，该约定有效。因担保人的原因导致担保物权人无法自行对担保财产进行拍卖、变卖，担保物权人请求担保人承担因此增加的费用的，人民法院应予支持。"

四、恶意抵押效力的认定

在司法实践中，债务人有多个普通债权人的，在清偿债务时，债务人与其中一个债权人恶意串通，将其全部或者部分财产抵押给该债权人，因此丧失了履行其他债务的能力，损害了其他债权人的合法权益，受损害的其他债权人是请求人民法院撤销该抵押行为，还是请求人民法院确认抵押行为无效？

对于此问题，首先，要厘清恶意抵押的构成要件：（1）债务人存在多个普通债权人；（2）债务人将其全部或者部分财产抵押给其中一个债权人；（3）债务人将其全部或者部分财产抵押给一个债权人发生在清偿债务时，即有多个债权履行期届满，债务人对多个债权均有清偿义务时；（4）债务人与债权人之一有恶意串通行为；（5）债务人因设定抵押丧失了履行其他债务的能力。

其次，认定“债务人与债权人是否有恶意串通”是关键。“恶意串通”是指债权人对债务人有其他债权人并且该债务人已陷入支付危机的状况知悉的情况下，仍然与债务人订立抵押协议的情形。债务人陷入支付危机属于有破产原因出现，依照《企业破产法》的一般规定，债务人不得为他人的一般债权设定抵押担保，而债权人对债务人支付危机为知悉的，该债权人对在债务人财产上设定抵押对其他债权人的影响为明知，因此，构成恶意串通。“恶意串通”的构成有两个要件：一是债务人陷入支付危机，二是债权人知悉债务人陷入支付危机。证明恶意串通的举证责任在于行使撤销权的其他债权人，但在实践中，如果债务人将全部财产为债权人之一设定事后的抵押，可以直接推定债务人与债权人之间存在“恶意串通”，不再需要证据证明。

最后，赋予当事人的自主选择权，既可以请求撤销抵押行为，亦可以请求确认抵押行为无效。

例如，最高人民法院在审理中国光大银行与内蒙古包头华达合资卧具装饰厂、中国农业银行包头市青山区支行、包头市青山区人民政府自由路办事处侵权纠纷案[①]中认为，对于华达装饰厂与农行青山支行的抵押行为系事后抵押事实的认定，是原审法院在（2005）内民二终字第48号民事判决中查明并认定的事实，该判决已经发生法律效力。所谓事后抵押，一般是指债务人有多个普通债权人，在清偿债务时，债务人与其中一个债权人恶意串通，将其全部或者部分财产抵押给该债权人，因此丧失了履行其他债务的能力，损害了其他债权人的合法权益。通常情况下，债务人与其中一个债权人恶意串通设定事后抵押，

① 详见最高人民法院（2008）民二终字第135号民事判决书，载《最高人民法院公报》（2010年卷），第329～335页。该案的裁判要旨：所谓事后抵押，一般是指债务人有多个普通债权人，在清偿债务时，债务人与其中一个债权人恶意串通，将其全部或者部分财产抵押给该债权人，因此丧失了履行其他债务的能力，损害了其他债权人的合法权益。通常情况下，债务人与其中一个债权人恶意串通设定事后抵押，一般均发生在债务人已经陷入支付危机即债务人濒临破产，其财产已经不足以清偿全部债务。在该抵押行为被确认无效后，产生的法律后果是抵押权人就行使抵押权获得的价款没有优先受偿权；已经取得该价款的，应当依法予以返还。

一般均发生在债务人已经陷入支付危机即债务人濒临破产，其财产已经不足以清偿全部债务。在该抵押行为被确认无效后，产生的法律后果是抵押权人就行使抵押权获得的价款没有优先受偿权；已经取得该价款的，应当依法予以返还。根据本案查明的事实，光大银行已就自己债权的保护在原审法院提起了借款合同纠纷与确认抵押合同无效纠纷两起诉讼，原审法院针对查明的事实，已经分别作出判决，华达装饰厂就借款合同承担违约还款责任，确认华达装饰厂与农行青山支行之间的抵押合同无效。故原审法院在本案中认定华达装饰厂已经在该院生效文书中被判决承担合同还款责任，不应再承担侵权责任并无不当。事实上，华达装饰厂与农行青山支行之间的事后抵押行为发生时，华达装饰厂已经彻底停产，处于资不抵债状态，农行青山支行与华达装饰厂签订抵押合同时，对抵押的房产和土地均进行了评估，其价值远低于光大银行所享有的债权，农行青山支行就抵押无效所应承担的法律后果是返还其基于抵押优先受偿获得的款项。故原审法院认定农行青山支行与华达装饰厂的抵押行为，与光大银行借款合同项下的贷款不能得到清偿之间不存在直接的因果关系，该认定并无不当。因此，从最高人民法院的裁判案例来看，恶意抵押既可以认定无效，也可以由受害人申请人民法院撤销其恶意抵押行为。

特别值得注意的是，《民法典》自 2021 年 1 月 1 日起实施以后，依据《民法典》第一百五十四条“行为人与相对人恶意串通，损害他人合法权益的民事法律行为无效”的规定，恶意抵押显然属于无效民事法律行为，不应再纳入可撤销民事法律行为。

第四节　土地使用权和房屋分别抵押的效力[①]

一、问题的提出

房地产是房产和地产的统称，由于房屋和土地是不能移动的，故房地产又称为不动产。根据《城市房地产管理法》第四十七条之规定，房地产抵押，是

① 下文刊载于杨立新、刘德权主编：《物权法实施疑难问题司法对策》，人民法院出版社 2008 年版，亦发表于《法律适用》2006 年第 10 期。结合《民法典》及其相关司法解释进行了修订。

指抵押人以其合法的房地产以不转移占有的方式向抵押权人提供债务履行担保的行为。抵押的房地产属于不动产，设定抵押权时，需履行抵押权登记的法律行为，因此，房地产抵押安全可靠，在现实生活中也极为普遍，随之而来产生的纠纷也就更多。所以，确有探讨之必要。

在研究房地产抵押之前，先看一则案例，并思考之。

案例 66：中行龙珠支行与国托公司、美源公司、粤荣公司金融借款合同纠纷案[①]

最高人民法院认为：关于案涉地上建筑物抵押登记办理部门的确定问题。《物权法》第十条对不动产统一登记作了规定，但对不动产抵押登记机构未作明确规定，即具体由哪个机构负责在建工程抵押登记还有待于其他法律和行政法规规定。依据《担保法解释》第六十条“以担保法第四十二条第（二）项规定的不动产抵押的，县级以上地方人民政府对登记部门未作规定，当事人在土地管理部门或者房产管理部门办理了抵押物登记手续，人民法院可以确认其登记的效力”的规定，在当地县级以上人民政府未明确在建工程抵押登记部门的情况下，海口市国土部门颁发的土地他项权利证明书对案涉土地及地上建筑物抵押登记予以明确记载，可依据上述司法解释的规定认定相关登记部门对土地使用权及地上建筑物办理抵押登记的行为已经完成。即案涉地上建筑物上已设定他项权利，具有公信力，并足以产生公示的法律效果。故本院依法确认其登记效力，即中行龙珠支行可对该地上建筑物享有优先受偿权。

关于中行龙珠支行能否依据《物权法》第一百八十二条之规定对案涉地上建筑物享有优先受偿权的问题。中行龙珠支行还主张即使其未办理地上建筑物抵押登记，但基于其已依法办理了土地抵押登记手续，可依据《物权法》第一百八十二条的规定，将该土地的抵押效力及于地上建筑物。本院认为，在房地产抵押权设立的实践中，如何协调土地使用权抵押和地上建筑物之间的关系，我国物权法施行前的相关法律规定并不明确。为此，《物权法》第一百八十二条第一款规定：“以建筑物抵押的，该建筑物占用范围内的建设用地使用权一并抵押。以建设用地使用权抵押的，该土地上的建筑物一并抵押。”该条第二款进一步明确规定：“抵押人未依照前款规定一并抵押的，未抵押的

---

① 详见最高人民法院（2015）民二终字第 269 号民事判决书。

财产视为一并抵押。”该规定遵循了房地产交易中“房随地走”和“地随房走”的双向统一原则，其立法意旨在于重申房地一体原则，防止引发抵押权实现时的困境，使债权人的利益受到损害。依据该规定，当事人应对土地使用权及其地上建筑物一并抵押，如果当事人未按照该条第一款规定一并抵押时，则法律直接规定“视为一并抵押”。即只要土地使用权或地上建筑物之一项办理抵押登记，即使另外一项没有办理抵押登记，亦依法推定为两者一并抵押。另外，从市场交易的风险防范角度来看，物权法已经确立了房地应一并抵押的原则，并明确规定土地或者地上建筑物未一并抵押的也视为一并抵押，参与或从事房地产抵押实践的市场主体应当知悉该规定。其在设立土地抵押权时，对该土地上的建筑物是否已设定抵押权负有注意义务，并应积极向登记机关进行查询，以避免出现风险，反之亦然。市场主体如果因未尽到上述注意义务而遭受风险，则该损失应由其自行负担。本案中，中行龙珠支行与国托公司已就土地使用权办理了抵押登记，依法设立了抵押权，即便在土地他项权利证明书中未注明抵押物包括地上建筑物，依据《物权法》第一百八十二条第二款之规定，案涉地上建筑物也应视为一并抵押，该土地使用权之抵押权效力及于地上建筑物，中行龙珠支行亦应就本案享有的债权依法对案涉地上建筑物享有优先受偿权。且中行龙珠支行与国托公司在诉讼中均确认该地上建筑物未为其他债权设立抵押担保，案涉地上建筑物抵押权在未来实现时也不存在权利冲突。中行龙珠支行主张案涉地上建筑物随土地使用权一并抵押，其对案涉地上建筑物亦享有优先受偿权，于法有据，本院予以支持。

上述案例，涉及土地所有权与房屋分别抵押的问题。试问；如何理解土地使用权与房屋抵押问题?

二、建设用地使用权与房屋产权的关系

（一）建设用地使用权与房屋产权是相互独立的物权

我国实行土地的公有制度，土地所有权分别属于国家和农村集体经济所有，根据《民法典》物权编的规定，土地所有权不得作为抵押物。但土地所有权可以与其使用权相分离，建设用地使用者享有土地使用权，建设用地使用者（抵押人）可以自己有权处分的建设用地使用权设定抵押权，根据我国现行的

立法规定，可以用于抵押的建设用地使用权主要是根据出让和转让合同取得的建设用地使用权，以及依行政划拨方式取得的建设用地使用权。作为集体所有的土地因必须先由国家征用变为国家所有以后才能够转让，所以集体所有的土地不得用于抵押。建设用地使用权属于物权法上的用益物权。所谓用益物权，是指在他人之物上得以使用收益而设立他物权。用益物权是以物的使用价值之取得为目的的物权。该种物权的特征：其主体不是所有人而是使用人，其客体具有永久的不可移动性，其权利经登记公示具有排他性。

以房产设定抵押物时，抵押人得以自己所有或有权处分的房产进行抵押。房屋产权属于民法上的自物权。所谓自物权，也即所有权，是指所有权人依法对自己所有的物享有占有、使用、收益和处分的权利。该种物权的特征：其主体是房屋所有人，其客体具有不可移动性，其权利经登记公示也具有排他性。

建设用地使用权和房屋产权是两种不同性质、不能相互替代、各具价值的物权。国家把土地和房屋作为两类不同的资源和生产资料、生活资料，设立了不同的部门进行管理。这就决定了房屋抵押和建设用地使用权抵押是两种不同的财产抵押，两者不具有同一性。

（二）建设用地使用权和房屋产权有依附关系

土地是任何房产的基础，是土地上建筑物的本质组成部分，建设用地使用者都是因自己所有或者使用的房屋才利用该土地，如果对土地没有使用的权利，就无权在该土地上建房或使用房屋，因此，离开了土地的建筑物是空中楼阁。房屋产权的取得，必须建立在已经依法取得建设用地使用权的基础上，抵押人对房屋产权或建设用地使用权中的一种权利的处分，往往会涉及另一种权利的变动。

正是基于建设用地使用权和房屋产权的依附关系，我国法律、法规对单独以房屋或建设用地使用权抵押的，一向采取“房随地走”和“地随房走”的双向原则。诸如，《城镇国有土地使用权出让和转让暂行条例》第三十三条规定：“土地使用权抵押时，其地上建筑物，其他附着物随之抵押。地上建筑物、其他附着物抵押时，其使用范围内的土地使用权随之抵押。”《城市房地产管理法》第三十二条规定：“房地产转让、抵押时，房屋的所有权和该房屋占用范围内的土地使用权同时转让、抵押。”第四十八条规定：“依法取得的房屋所有权连同该房屋占用范围内的土地使用权，可以设定抵押权。”《民法典》第三百九十七条规定："以建筑物抵押的，该建筑物占用范围内的建设用地使用权一并抵押。以建设用地使用权抵押的，该土地上的建筑物一并抵押。抵押人未依照前款规定一并抵押的，未抵押的财产视为一并抵押。"

（三）建设用地使用权和房屋产权的权利主体以同一主体为原则，非同一主体为例外

在一般情况下，民事主体只有依法取得建设用地使用权，才能在土地上依法兴建房屋，取得房屋产权，因此，此种情形下，建设用地使用权主体与房屋产权的主体应当是同一的。但是，随着近年来城市住房制度的改革和大规模商品房开发，城市私有房屋的比例呈逐步上升之势，便出现了房屋区分所有。

所谓房屋区分所有，也称建筑物区分所有，是指数人、数十人甚至更多人区分建筑物而各有其部分。[①] 房屋区分所有的主体，是在某一住宅楼、写字楼拥有一套或几套单元住房的自然人或法人。一栋高层商品楼房中可能住有几十户、数百户自然人或法人，这些人都应成为房屋区分所有的主体。在房屋区分所有的情况下，房屋所占用范围内的建设用地使用权则由房屋区分所有的主体按份共有，便出现了由多个共有人共同行使一个建设用地使用权，共有人中的一人非经其他共有人同意，无权处分共有物。有的地方，在房屋区分出售后，建设用地使用权仍登记在原开发商或原单位名上。上述情况便产生了这样的结果，众多的房屋产权主体与房屋占用范围内的建设用地使用权主体并不同一，出现了例外情形。

三、房地产抵押的形式

（一）房屋产权和建设用地使用权的同时抵押

所谓房屋产权和建设用地使用权的同时抵押，是指抵押人以其合法的房屋和该房屋占用的建设用地使用权结合为一个统一的房地产作为抵押物向抵押权人提供债务履行担保的行为。

在房屋产权和建设用地使用权同时抵押的情况下，严格区分房产和地产，抵押物是一个统一的房地产，行使抵押权时将房产和地产作为一个整体拍卖，

---

① 马原主编：《中国民法教程》，中国政法大学出版社 1998 年版，第 279 页。

抵押权人依登记的先后次序受清偿。这种做法的依据是土地和房屋间的不可分性，这种客观上的不可分性是土地和房屋之间最基本的自然属性，即土地是房屋的载体，房屋离开土地就会损害其自身经济价值，只有将两者结合在一起才能发挥其经济价值。若作为财产权利形式考察，则土地和房屋的关系就是建设用地使用权和房屋所有权的关系，建设用地使用权和房屋所有权的关系受到土地和房屋间不可分性的影响而表现为一种结合性。

从房地产经济学的角度来看，地价决定房价，房价中又含有地价，若将建设用地使用权或者房屋单独交易势必造成贬值的不良后果。关于房产和地产同时抵押的立法例当首推英美法和德国民法。英美法中不动产（房地产）的概念有两个层次的含义：一是把土地和房屋、构筑物当作一个整体来看待；二是把土地和房屋、构筑物附带的各种权利合在一起广义地视为一个整体。由于英美法不严格区分房产和地产，所以其房地产抵押只能是房产和地产的同时抵押。德国民法则否认房屋的独立性，认为房屋是土地的成分，土地所有权中包括对其地上房屋的所有，虽然德国后来颁布了《地上权条例》以克服土地所有权对地上房屋的附合，但仍以地上权对其地上房屋的附合而否定房屋的独立性，即房屋不能独立成为所有权的客体。[①] 在德国这种否认房产独立性的立法环境下对土地或者地上权的抵押，其中包括对地上房屋的抵押，因而也可以看作房产和地产的同时抵押。

在我国，前述《城镇国有土地使用权出让和转让暂行条例》第三十三条，《城市房地产管理法》第三十一条、第四十七条规定将房产和地产（即土地使用权）作为一个整体进行抵押。《民法典》第三百九十七条规定："以建筑物抵押的，该建筑物占用范围内的建设用地使用权一并抵押。以建设用地使用权抵押的，该土地上的建筑物一并抵押。抵押人未依据前款规定一并抵押的，未抵押的财产视为一并抵押。"从上述法律规定中不难看出我国是采取了房产和地产同时抵押的方法。《民法典担保解释》同样贯彻了这一立法指导思想，即第五十一条规定："当事人仅以建设用地使用权抵押，债权人主张抵押权的效力及于土地上已有的建筑物以及正在建造的建筑物已完成部分的，人民法院应予支持。债权人主张抵押权的效力及于正在建造的建筑物的续建部分以及新增建筑物的，人民法院不予支持。当事人以正在建造的建筑物抵押，抵押权的效力

---

① 刘德宽：《民法诸问题与新展望》，我国台湾地区三民书局1979年版，第177页。

范围限于已办理抵押登记的部分。当事人按照担保合同的约定，主张抵押权的效力及于续建部分、新增建筑物以及规划中尚未建造的建筑物的，人民法院不予支持。抵押人将建设用地使用权、土地上的建筑物或者正在建造的建筑物分别抵押给不同债权人的，人民法院应当根据抵押登记的时间先后确定清偿顺序。”

（二）房产和地产的单独抵押

房产或者地产的单独抵押是指单独抵押房产或者地产，并且在行使抵押权时单独拍卖房产或者单独拍卖地产的抵押方式。传统的大陆法系民法中所谓单独抵押是指房屋所有权或者土地所有权的单独抵押，并不是指房屋所有权或者地上权的单独抵押。传统民法认为地上权与土地所有权一样是取得房屋所有权的前提（或称作基础权利），这种前提被称为取得房屋所有权的权源，其他权源还有土地租赁权和土地借用权等。[①] 由于单独抵押是指房屋所有权或者土地所有权的单独抵押，所以单独抵押房产的效力并不及于土地所有权，行使抵押权时只能将房屋单独拍卖。而不能连同土地所有权并付拍卖，这时买受人因缺乏权源而无法取得房屋的所有权，为弥补这一缺陷，保护买受人的利益，法律规定买受人同时取得法定地上权。例如《日本民法典》第 388 条规定：“土地及地上存在的建筑物属于同一所有人，而仅以土地或建筑物进行抵押，于拍卖时，视为抵押人设定地上权。但其地租，因当事人请求，由法院予以确定。”单独抵押土地，其效力也不及于房屋所有权，单独拍卖土地时，房屋所有权人同时取得法定地上权。

单独抵押的目的在于保护抵押人的利益，使抵押人在抵押权人行使抵押权后仍能保留其对于土地或房屋的权利，达到了物尽其用的经济效益。如果将地上权单独抵押，那么行使抵押权时单独拍卖地上权，而房屋所有权却因缺乏权源不能继续存在，但这时绝不能再设定法定地上权，因为同一块土地上不能存在两个性质相同的地上权，所以地上权不能单独抵押。单独抵押的实现与法定地上权的作用密切相关，而法定地上权的成立前提亦将是土地所有权进入市场，即可用土地所有权进行交易。根据我国宪法的规定，土地所有权禁止转让、出租和抵押。因此，我国不具有法定地上权成立的条件，也就排除了房屋所有

---

① 史尚宽：《物权法论》，荣泰印书馆 1979 年版，第 130 页。

权或者土地所有权单独抵押的可能性。

（三）房产和地产的分别抵押

所谓房产和地产的分别抵押，是指抵押人以其合法的房户和地产作为各自独立的财产而分别抵押给不同的抵押权人，抵押权人行使抵押权时，可将房产和地产并付拍卖，但仅就抵押物卖得的价金优先受偿。分别抵押与单独抵押的相同之处在于都承认房屋的相对独立性，可将房屋或地产独立抵押；不同之处在于行使抵押权时单独抵押只能单独拍卖房产或地产。

房产和地产分别抵押的前提条件是具有承认房屋独立性的立法环境，大陆法系民法中以日本为代表，其承认房屋的独立性，认为房屋可以独立成为所有权的客体，这一观点与我国相同，我国法律一贯承认房屋可以独立于土地而成为所有权的客体，因为房产和地产各自具有独立的交换价值。

四、《民法典》物权编对土地使用权与房屋分别抵押的视为一并抵押

在以往实践中，存在这样的情形：抵押人在设定房地产抵押时仅对房产或地产办理抵押登记手续，而未将房产与地产一并抵押登记，或者抵押人将房产与地产分别抵押给不同的债权人，并分别办理抵押登记。对于此情形，如何认定抵押物的范围？一时众说纷纭，莫衷一是，大致可归纳为三种观点：一是认为抵押无效，理由是土地使用权与地上房屋应当同时抵押。此为法律法规的强制性规定，故单独设定抵押无效。二是认为抵押有效，且抵押权的效力及于未登记的部分。理由是根据“地随房走，房随地走”的原则，抵押权的效力当然及于另一部分。三是认为抵押有效，但抵押权的效力不及于未登记的部分。抵押权人就抵押合同约定并登记的部分享有抵押权。《物权法》正是关注到了实践中的困惑，在《物权法》第一百八十二条第一款基本重述了《担保法》第三十六条第一款的规定后，于第二款明确规定，抵押人未将土地使用权与地上建筑物一并抵押的，未抵押的财产视为一并抵押。《民法典》第三百九十七条规定：“以建筑物抵押的，该建筑物占用范围内的建设用地使用权一并抵押。以建设用地使用权抵押的，该土地上的建筑物一并抵押。抵押人未依据前款规定一并抵押的，未抵押的财产视为一并抵押。”可谓开宗明义，画龙点睛，使久受《担保法》第三十六条语焉不详之困扰的法官们豁然开朗。这样，土地使用权或地上建筑物抵押，其中一项即使没有约定或登记，亦推定一并抵押。目

前将此情形解释为法定抵押，恐怕不会有太多杂音。当然，关于法定抵押的理解还有助于解决实务中出现的权利冲突问题。例如，如果甲将土地使用权抵押给了乙，将地上建筑物抵押给了丙，并分别办理了抵押登记。这样，乙的土地使用权抵押效力及于地上建筑物，而丙的地上建筑物抵押权效力及于土地使用权，这就在相同的标的物上形成两个抵押权，且因法定抵押部分无须公示，两个抵押权效力则不分伯仲，均具对抗效力，那么，如何解决冲突呢？依据《民法典》第四百一十四条第一款第一项的规定，应“按照登记的先后确定清偿顺序”；登记顺序相同的[①]，按照债权比例清偿。

根据《物权法》第一百八十二条之规定，仅以建筑物设定抵押的，抵押权的效力及于占用范围内的土地；仅以建设用地使用权抵押的，抵押权的效力亦及于其上的建筑物。在房地分别抵押，即建设用地使用权抵押给一个债权人，而其上的建筑物又抵押给另一个人的情况下，可能产生两个抵押权的冲突问题。基于“房地一体”原则，此时应当将建筑物和建设用地使用权视为同一财产，从而依照《物权法》第一百九十九条的规定确定清偿顺序：登记在先的先清偿；同时登记的，按照债权比例清偿。同一天登记的，视为同时登记。应予注意的是，根据《物权法》第二百条的规定，建设用地使用权抵押后，该土地上新增的建筑物不属于抵押财产。[②]由此可见，出现房地分别抵押的情形，两个抵押权均属合法有效，其抵押范围包括建设用地使用权和建筑物。

当然，《民法典》第三百九十七条允许当事人对担保财产作出特别约定，如抵押合同约定仅以建设用地使用权设定抵押，并且明确约定不包括地上建筑物的，应当认为抵押权仅及于建设用地使用权；反之，如抵押合同仅约定地上建筑物设定抵押，并且明确约定不包括建设用地使用权的，应当认为抵押权仅及于地上建筑物。[③]该种情形，属于典型的房地产分别抵押的情形。由于房地一体，实现抵押权时，应当将房地产同时拍卖，分别计价，抵押权人就所抵押

---

① 《担保法解释》第五十八条第一款规定：“当事人同一天在不同的法定登记部门办理抵押物登记的，视为顺序相同。”

② 《全国法院民商事审判工作会议纪要》（法〔2019〕254 号）第六十一条。

③ 参见最高人民法院民事审判第二庭编著：《〈全国法院民商事审判工作会议纪要〉理解与适用》，人民法院出版社 2019 年版，第 368 页。

的建设用地使用权或者地上建筑物卖得价款优先受偿。[①]刘贵祥专委特别强调：关于“当事人明确约定土地使用权抵押不包括其上建筑物，或明确约定建筑物抵押权不包括土地使用权的，是否可以”的问题，回答是肯定的。在实现抵押权时，对土地使用权与建筑物一并拍卖或变卖，既不影响抵押部分的价款分离，也不影响“房地一体”原则。并且，从《民法典》第三百九十七条的规定来看，此条应属于补充性任意规范，应允许当事人以约定排除适用。[②]

五、关于以划拨方式取得的建设用地使用权的房地产抵押

设定房地产抵押的土地使用权是以划拨方式取得的，依法拍卖该房地产后，应当从拍卖所得的价款中缴纳相当于应缴纳的建设用地使用权出让金后，抵押权人方可优先受偿。根据房地产管理法规，作为建设用地使用者，转让划拨建设用地使用权的必须依照国家有关规定缴纳土地出让金。以房屋连同划拨方式取得的建设用地使用权的房地产设定抵押权时，建设用地使用者仅仅是在房地产上设定了担保物权，并未转让划拨土地的使用权，也无须缴纳出让金。当抵押房地产被拍卖时，拍卖房地产的价款中，包含划拨土地使用权人应当缴纳的土地使用权出让金。随着房地产的拍卖，划拨土地使用权人缴纳土地使用权出让金的法定义务也随之转移。抵押权人实现抵押权时，首先从拍卖抵押房地产的价款中缴纳相当于土地使用权出让金的款额后，对于剩下的余款，抵押权人才可以享受优先受偿的权利。所以，设定房地产抵押时，抵押权人要详细了解抵押人提供的房地产的建设用地使用权取得方式。

《物权法》实施前的司法实践中，将国有划拨土地上的建筑物单独设置抵押的，抵押行为的效力如何？最高人民法院在审理中国长城资产管理公司济南办事处与山东省济南医药采购供应站、山东省医药集团有限公司和山东省医药公司借款担保合同纠纷上诉案［最高人民法院（2006）民二终字第153号民事判决书］时认为，根据最高人民法院法释〔2003〕6号《关于破产国有企业划拨土地使用权应否列入破产财产等问题的批复》第三条规定，如果建筑物附着于以划拨方式取得的国有土地使用权之上，将该建筑物与土地一并设定抵押

---

① 最高人民法院民法典贯彻实施工作领导小组主编：《中华人民共和国民法典物权编理解与适用（下）》，人民法院出版社2020年版，第1054页。

② 刘贵祥：《民法典关于担保的几个问题》，载《法律适用》2021年第1期。

的，对土地使用权的抵押须履行法定审批手续，否则，应认定抵押无效。当事人在签订抵押合同时，如果仅仅约定以自有房产设定抵押并办理房屋抵押登记的，并未将该房产所附着的、以划拨方式取得的国有土地使用权一并抵押的，不适用上述规定。即无须办理土地使用权的审批，只要房屋抵押办理了登记，抵押即为有效。[①]

该案涉及国有划拨土地上所建房屋办理抵押登记的情形，是有效还是无效、是否经审批才能有效的问题。本案的特殊性在于：第一，当事人仅就房产向债权人提供抵押担保，并依法进行了抵押登记，即仅房产单独抵押，而不涉及该房产所附着的土地使用权。第二，该抵押行为发生在2003年2月，且在最高人民法院二审审理期间，主债务人已进入破产程序。也就是说，本案的民事行为发生在《物权法》与《企业破产法》实施之前、《担保法》实施之后。上述各部法律对此表述不尽相同。因此，如何判断该特殊期间的房屋（或者土地使用权）单独抵押的效力，成为本案必须解决的问题。一段时间内，全国相当一批民事案件存在这样的问题亟待解决，因而最高人民法院对此案进行了深入的研究，在二审判决书“本院认为”部分从正反两个方面进行了细致论述，其指导各地法院统一审理同类案件尺度的用意跃然纸上。[②] 对此，本案一审法院的法官撰文表示，最高人民法院本裁判的观点建立在最大限度保护债权人利益的价值取向基础之上，并从充分尊重当事人意思自治的角度出发，作出了合同有效的选择。因这一案例公布在《最高人民法院公报》上，对于审判实践具有很强的指导意义。[③]《民法典担保解释》对该类问题作出了鲜明的回答，即第五十条规定：“抵押人以划拨建设用地上的建筑物抵押，当事人以该建设用地使用权不能抵押或者未办理批准手续为由主张抵押合同无效或者不生效的，人民法院不予支持。抵押权依法实现时，拍卖、变卖建筑物所得的价款，应当优先用于补缴建设用地使用权出让金。当事人以划拨方式取得的建设用地使用权抵押，抵押人以未办理批准手续为由主张抵押合同无效或者不生效的，人民

---

① 《最高人民法院公报》2008年第1期（总第135期）。

② 李京平：《单独设定抵押的房产，其附着的划拨取得国有土地使用权是否仍须履行审批手续》，载最高人民法院民事审判第二庭编：《民商事审判指导》2008年第2辑（总第14辑），人民法院出版社2008年版，第278页。

③ 肖彬：《以国有划拨土地之上的房屋单独设定抵押的效力问题——长城公司某办事处与某医药采购供应站等借款担保合同纠纷案》，载《山东审判》2008年第2期。

法院不予支持。已经依法办理抵押登记，抵押权人主张行使抵押权的，人民法院应予支持。抵押权依法实现时所得的价款，参照前款有关规定处理。”

六、关于房地产抵押后土地上新增房屋的受偿问题

《民法典》第四百一十七条规定：“建设用地使用权抵押后，该土地上新增的建筑物不属于抵押财产。该建设用地使用权实现抵押权时，应当将该土地上新增的建筑物与建设用地使用权一并处分。但是，新增建筑物所得的价款，抵押权人无权优先受偿。”房地产抵押合同签订后，土地上新增的房屋不属于抵押财产，需要拍卖该抵押的房地产时，可以依法将该土地上新增的房屋与抵押物一同拍卖，但对拍卖新增房屋的所得，抵押权人无权优先受偿。

1. 房地产抵押后，土地上新增的房屋不属于抵押物。房地产抵押合同签订后土地上新增的房屋，一是以房屋连同房屋占用范围内建设用地使用权作抵押，其所占用范围的土地上新建的房屋。二是以建设用地使用权作抵押，该土地上新建造的房屋。房地产抵押合同签订后，并依据法定程序办理了抵押权登记，抵押权人依法取得了房地产抵押权。抵押合同签订时，是以现实存在的房地产作为抵押标的物进行抵押的，抵押合同签订后，新增的房屋不是抵押合同确定的抵押权客体对象，不能作为抵押物。《民法典担保解释》第五十一条第一款规定：“……债权人主张抵押权的效力及于正在建造的建筑物的续建部分以及新增建筑物的，人民法院不予支持。”第二款规定：“……当事人按照担保合同的约定，主张抵押权的效力及于续建部分、新增建筑物以及规划中尚未建造的建筑物的，人民法院不予支持。”

2. 抵押房地产拍卖时，对新增房屋的处理。虽然房地产抵押后，土地上新增的房屋不属于抵押财产，但一旦抵押房地产的土地上新增了房屋，其房屋和房屋占用范围的土地便不可分。当需要拍卖抵押房地产时，新增的房屋虽不属于抵押财产，但应与抵押房地产一同拍卖，如果拍卖时将新增房屋从拍卖的抵押房地产中剥离出来，使新的房屋所有权与房屋所占用的建设用地使用权权利主体不一致，则这一新增的房屋权利就无法得到实现。所以法律规定，拍卖抵押房地产时，可以将土地上新增的房屋与抵押房地产一同拍卖。

3. 新增房屋的拍卖所得，抵押权人无权优先受偿。房地产抵押权设定后，土地上新增的房屋，拍卖抵押房地产时，虽可一同拍卖，但抵押权人无权优先受偿，其前提是新增的房屋不属于抵押财产，抵押权人只能对抵押房地产的拍

卖所得优先受偿，无权对新增房屋的价款优先受偿。当抵押人为债务人时，抵押权人可以用新增房屋的拍卖价款进行清偿；当抵押人为第三人时，抵押权人无权对抵押人新增房屋的价款进行清偿。

七、对案例 66 的简要评析

在本案中，当事人争议焦点是国托公司就土地使用权提供借款抵押担保，并办理了抵押权登记，其效力是否及于当事人双方在抵押合同的包括地上建筑物一并抵押的问题。由于司法实践中对房地产抵押问题产生争议，导致司法实践中处理不一致。《物权法》第一百八十二条规定："以建筑物抵押的，该建筑物占用范围内的建设用地使用权一并抵押。以建设用地使用权抵押的，该土地上的建筑物一并抵押。抵押人未依照前款规定一并抵押的，未抵押的财产视为一并抵押。"[①] 从该规定来看，地上建筑物没有办理抵押权登记并不影响其效力，除非当事人在抵押合同中有明确约定。因此，本案的处理并没有问题。若存在房地产分别抵押的情形，当事人并没有对抵押权对标的物的效力作出特别约定，则均视为一并抵押，按照抵押权登记的先后顺序清偿，若为同一天办理抵押权登记，则视为顺序相同，按照债权比例清偿，体现的是公平原则。

第五节 动产浮动抵押

一、问题的提出

《民法典》第三百九十六条规定："企业、个体工商户、农业生产经营者可以将现有的以及将有的生产设备、原材料、半成品、产品抵押，债务人不履行到期债务或者发生当事人约定的实现抵押权的情形，债权人有权就抵押财产确定时的动产优先受偿。"该条是关于动产浮动抵押的规定。

在研究动产浮动抵押之前，先看一则案例。

---

① 对应《民法典》第三百九十七条。

案例 67：民丰小贷公司与林某、佳德信公司民间借贷纠纷案[①]

最高人民法院认为，根据民丰小贷公司的上诉请求，本案当事人二审争议的焦点问题是：民丰小贷公司对佳德信公司名下的动产是否享有优先受偿权。根据原审查明，民丰小贷公司与佳德信公司签订案涉借款合同之后，当日签订《担保合同》约定：担保人愿意就借款人偿付主合同项下全部借款本金、利息、罚息、补偿金、违约金、损害赔偿金和实现债权的费用向贷款人提供担保；由抵押人佳德信公司用其公司名下所有资产为本项目贷款提供抵押担保；本合同的担保期间为主合同项下每笔债务履行期届满之日起一年。该合同所附《抵（质）押物权力清单》为空白。担保合同之成立生效与抵押权之有效设立并不相同，合同是否成立主要考虑当事人的意思表示是否达成一致。就双方的《担保合同》而言，佳德信公司有明确的提供担保的意思表示，合同并不存在无效之情形，《担保合同》在双方当事人之间已经成立并生效。但上述《担保合同》所附《抵（质）押物权力清单》为空白，合同关于“用其公司名下所有资产为本项目贷款提供抵押担保”的约定与法律上公司以其全部财产对外承担责任之规定并无不同，系公司对外承担责任的概括性描述，未特定化具体的抵押物。公司名下所有资产十分笼统，既包括不动产也包括动产，双方未就具体不动产办理抵押登记，也没有就设定浮动抵押的动产作出明确约定，因此不动产抵押权和动产浮动抵押权都未能有效设定。民丰小贷公司关于其对佳德信公司名下的动产享有优先受偿权的主张，系以抵押权有效设立为基础，在抵押权未能有效设立的情况下，其关于优先受偿权的主张不成立。

上述案例，涉及债权人能否有效设立浮动抵押权的问题。试问：如何理解动产浮动抵押？如何适用动产浮动抵押？

二、动产浮动抵押的法律意义

所谓浮动抵押，是以企业现在和将来所有的全部财产包括动产、不动产、知识产权和财产性权利设立抵押的一项担保制度。换言之，浮动抵押是指权利

① 最高人民法院（2018）最高法民终 329 号民事判决书。

人以现有的和将有的全部财产或者部分财产为其债务提供抵押担保。[①] 因抵押物包括现在所有的和将来所有的全部财产，从设定抵押权至执行抵押权的整个期间，抵押物一直处于“浮动不定”的状态，所以称为浮动抵押。因在浮动抵押权实行之前，企业仍可自由处分其财产，无论是企业恶意转让财产还是企业经营失败，导致企业财产急剧减少，都将影响浮动抵押权之实现，使债权人设立担保权的目的落空、遭受严重损失。因此，浮动抵押权的设定人和受担保债权均有限制，设定人限于股份有限公司，受担保债权限于发行企业债券和项目融资。[②]

动产浮动抵押制度是我国《物权法》设立的一项全新的担保制度，此前我国并无该制度，《物权法》通过第一百八十一条、第一百八十九条、第一百九十六条三个条文对该制度进行了系统的规定。《民法典》第三百九十六条、第四百零三条、第四百零四条、第四百一十一条、第四百一十六条进行了系统规定。[③] 浮动抵押发端于英国的衡平法，以后逐渐为英美法系国家所采用，许多大陆法系国家也借鉴该制度作出了相应的规定。[④] 在英国，浮动抵押分为两种：一是有限浮动抵押，即以公司的某一类财产作抵押，如货物或原材料；二是总财产浮动抵押，即以公司的全部财产作抵押。

浮动抵押的法律特征主要表现在以下方面：一是作为抵押物的财团浮动不定。浮动抵押中，抵押物既包括现存的财产，也包括将来的财产，是抵押人现

---

① 黄薇主编：《中华人民共和国民法典物权编释义》，法律出版社 2020 年版，第 481 页。

② 梁慧星：《特别动产集合抵押——物权法第一百八十一条解读》，载《人民法院报》2007 年 9 月 13 日。

③ 《民法典》第三百九十六条规定：“企业、个体工商户、农业生产经营者可以将现有的以及将有的生产设备、原材料、半成品、产品抵押，债务人不履行到期债务或者发生当事人约定的实现抵押权的情形，债权人有权就抵押财产确定时的动产优先受偿。”第四百零三条规定：“以动产抵押的，抵押权自抵押合同生效时设立；未经登记，不得对抗善意第三人。”第四百零四条规定：“以动产抵押的，不得对抗正常经营活动中已经支付合理价款并取得抵押财产的买受人。”第四百一十一条规定：“依据本法第三百九十六条规定设定抵押的，抵押财产自下列情形之一发生时确定：（一）债务履行期限届满，债权未实现；（二）抵押人被宣告破产或者解散；（三）当事人约定的实现抵押权的情形；（四）严重影响债权实现的其他情形。”第四百一十六条规定：“动产抵押担保的主债权是抵押物的价款，标的物交付后十日内办理抵押登记的，该抵押权人优先于抵押物买受人的其他担保物权人受偿，但是留置权人除外。”

④ 《日本企业担保法》第 1 条；《俄罗斯联邦民法典》第 340 条第 2 款、第 6 款，第 357 条；《加拿大魁北克民法典》第 2684 条、第 2715 条。

在和将来财产的总和，浮动抵押设立时，作为抵押标的的财团是不特定的。因此，设定抵押时无须制作财团目录，使抵押物特定化，作为抵押物的财团浮动不定，只有在实现抵押权时才能特定。二是浮动抵押期间，债务人仍继续占有、经营管理并自由处分公司财产，直到约定或法定事由发生，才由浮动抵押转为固定抵押，抵押人不得再处分浮动抵押财产。三是抵押人处分抵押财产不必经过抵押权人同意，抵押权人对抵押财产无追及权。

三、动产浮动抵押的适用

1. 设立浮动抵押的主体仅限于企业、个体工商户、农业生产经营者。从国外立法例来看，许多规定浮动抵押制度的国家对设立主体进行了限制，如英国，只有公司才可以设定浮动抵押，自然人和合伙公司无权设定，日本则将设立主体限定为股份有限公司。考虑到我国设立浮动抵押，主要是为了解决中小企业和农民贷款难的问题，为促进中小企业以及农村经济发展，《民法典》将设定浮动抵押的主体规定为企业、个体工商户和农业生产经营者。非营利的法人和非法人组织、特别法人以及从事非生产经营的自然人等不可以设立浮动抵押。[①]

2. 设定浮动抵押的财产。我国《民法典》物权编所规定的浮动抵押的财产仅限于生产设备、原材料、半成品、产品。除此之外的动产不得设立抵押，对于不动产及无形权利也不得设立抵押。因此，我国的浮动抵押仅是动产浮动抵押。

3. 浮动抵押所担保的债权种类。日本法律规定，浮动抵押所担保的债权仅限于公司债。美国、加拿大对浮动抵押所担保的债权种类未加限制。我国《民法典》物权编对浮动抵押所担保的债权种类也未加限制。亦即，实现抵押权的条件是不履行到期债务或者发生当事人约定的实现抵押权的事由。

4. 浮动抵押的设立和登记。根据《民法典》第四百零三条、第四百零四条的规定，我国的浮动抵押采书面设立——登记对抗的模式，登记部门是抵押人住所地的工商行政管理部门。浮动抵押所采用的物权变动模式与普通的动产抵押是一致的，浮动抵押权自抵押合同生效时设立，未经登记不得对抗善意第三人。也就是说，浮动抵押权不以登记为生效要件，而是自合同生效时设立，合同生效后，即使当事人没有办理登记，债务人不履行债务时，抵押权人仍然可

---

① 黄薇主编：《中华人民共和国民法典物权编释义》，法律出版社 2020 年版，第 482～483 页。

以就实现抵押权的价款优先受偿。

在司法实践中应当注意的是，根据《民法典担保解释》第五十七条的规定，担保人在设立动产浮动抵押并办理抵押登记后又购入或者以融资租赁方式承租新的动产，下列权利人为担保价款债权或者租金的实现而订立担保合同，并在该动产交付后十日内办理登记，主张其权利优先于在先设立的浮动抵押权的，人民法院应予支持：（1）在该动产上设立抵押权或者保留所有权的出卖人；（2）为价款支付提供融资而在该动产上设立抵押权的债权人；（3）以融资租赁方式出租该动产的出租人。买受人取得动产但未付清价款或者承租人以融资租赁方式占有租赁物但是未付清全部租金，又以标的物为他人设立担保物权，前款所列权利人为担保价款债权或者租金的实现而订立担保合同，并在该动产交付后十日内办理登记，主张其权利优先于买受人为他人设立的担保物权的，人民法院应予支持。同一动产上存在多个价款优先权的，人民法院应当按照登记的时间先后确定清偿顺序。

5. 浮动抵押转为固定抵押的事由。浮动抵押设定时，抵押财产是不特定的，因此，实行浮动抵押，首先要使浮动抵押转变为固定抵押。我国《民法典》第四百一十一条规定的抵押财产确定的情形有四种：第一，债务履行期届满，债权未实现的，抵押财产确定。这种情况下，无论抵押权人是否向抵押人提出实现抵押权的要求，抵押财产均应确定，自债务履行期届满之日起，抵押人不得再处分抵押财产。第二，抵押人被宣告破产或者解散，抵押人停止营业，进入清算程序，由于其财产不再发生变动，抵押财产随之确定。第三，发生当事人约定的实现抵押权的情形，抵押财产确定。第四，发生严重影响债权实现的其他情形的，抵押财产确定。严重影响债权实现的情形，范围比较广泛，既可以是因经营不善导致抵押人经营状况恶化或严重亏损；也可以是因抵押人放弃其到期债权、无偿转让财产或者以不合理的低价转让财产，致使其财产明显减少；还可以是抵押人为逃避债务而隐匿、转移财产。抵押人有上述行为，严重影响债权实现的，抵押权人为保全抵押财产达到一定的数额，以起到担保其债权优先受偿的作用，可以向抵押人要求确定抵押财产，以实现抵押权。抵押人对抵押权人的要求有异议的，抵押权人可以向人民法院请求确定抵押财产。

6. 浮动抵押权与固定抵押权的效力顺位问题。关于浮动抵押权的效力顺位问题，有不同的立法例。日本法律规定，质权、固定抵押权、法定抵押权优先于浮动抵押权。存在多个浮动抵押权的，登记在先的浮动抵押权优先于登记在后的浮动抵押权。英国法律规定，在同一财产上同时存在固定抵押和浮动抵押时，不论固定抵押设立在先还是在后，其效力永远优先于浮动抵押，除非浮动抵押合同明确禁止再创设新担保并且后设立的固定抵押权人明知该禁止约定的存在。在浮动抵押期间，法院强制执行债务人财产或扣押其财产不受浮动抵押的限制。美国的做法与英国、日本的规定不同。美国法律规定，公司财产上同时存在固定抵押与浮动抵押的，按照抵押设定的先后顺序受偿。[①] 关于浮动抵押的效力顺位问题，应当区分浮动抵押转换为特定担保之前和之后的不同情况。浮动抵押财产特定之前，其他担保物权应优先于浮动抵押权；一旦浮动抵押财产特定后，该浮动抵押权即成为固定抵押，抵押财产的流动性也不复存在，在此种场合，浮动抵押权的效力应当优先于在此之后设立的担保物权以及其他无担保债权。[②]

企业将其现有的以及将有的生产设备、原材料、半成品及产品等财产设定浮动抵押后，又将其中的生产设备等部分财产设定了动产抵押，并都办理了抵押登记的，登记在先的浮动抵押优先于登记在后的动产抵押。[③]

7. 浮动抵押权的实行程序。由于浮动抵押权的标的物是整个公司的财产或者大部分财产，以整个公司的财产或者大部分财产实现债权，会涉及公司的接管、清算等问题。如果公司资不抵债，还会涉及公司的破产问题。因此，从国外立法例来看，各国一般对浮动抵押的实行设立特别程序。我国《民法典》物权编没有特别规定浮动抵押的实行程序，司法实践中，浮动抵押权应当如何实行？笔者认为，由于《民法典》物权编所规定的设立浮动抵押的主体很宽泛，包括企业、个体工商户、农业生产经营者，因此，浮动抵押权的实行方式不能一概而论。一般来说，浮动抵押权的实行应当按照一般抵押权的实现方式，因为，如果浮动抵押的实现程序过于烦琐，那么浮动抵押的适用范围就会大大缩小，这会与立法者期待通过浮动抵押制度解决中小企业、个体工商户、农业生产经营者融资困难的立法目的背道而驰，可能也是《民

---

① 全国人民代表大会常务委员会法制工作委员会民法室编著：《物权法立法背景与观点全集》，法律出版社 2007 年版，第 639～640 页。

② 最高人民法院物权法研究小组编著：《〈中华人民共和国物权法〉条文理解与适用》，人民法院出版社 2007 年版，第 567 页。

③ 《全国法院民商事审判工作会议纪要》（法〔2019〕254 号）第六十四条。

法典》物权编没有另行规定浮动抵押实现程序的原因所在。不过,《民法典》物权编也规定了企业可以设立浮动抵押，对于企业设立浮动抵押的实现程序，笔者认为有必要另行规定，因为对于较大的企业来说，往往债权人众多，如果不通过法院、不通过一定的公告程序来实行，很可能害及其他债权人的利益，引发新的纠纷。因此，建议最高人民法院在出台物权法的相关司法解释时对此予以明确。

四、对案例 67 的简要评析

在本案中，佳德信公司名下的动产的抵押权能否有效设立问题，因为是动产，所以会存在可变性、不稳定性。依据《民法典》第四百一十一条(《物权法》第一百九十六条）“依据本法第三百九十六条规定设定抵押的，抵押财产自下列情形之一发生时确定：(一）债务履行期限届满，债权未实现；(二）抵押人被宣告破产或者解散；(三）当事人约定的实现抵押权的情形；(四）严重影响债权实现的其他情形”的规定，佳德信公司并没有将抵押的动产特定化，也没有办理抵押权登记。因此，民丰小贷公司并没有设立有效的动产抵押权，不能对佳德信公司名下的动产享有优先受偿权。

第六节　抵押物的转让

一、问题的提出

抵押期间，抵押人经抵押权人同意转让抵押财产的，应当将转让所得的价款向抵押权人提前清偿债务或者提存。转让的价款超过债权数额的部分归抵押人所有，不足部分由债务人清偿。《民法典》第四百零六条规定：“抵押期间，抵押人可以转让抵押财产。当事人另有约定的，按照其约定。抵押财产转让的，抵押权不受影响。抵押人转让抵押财产的，应当及时通知抵押权人。抵押权人能够证明抵押财产转让可能损害抵押权的，可以请求抵押人将转让所得的价款向抵押权人提前清偿债务或者提存。转让的价款超过债权数额的部分归抵押人所有，不足部分由债务人清偿。”

在研究抵押物转让之前，先看一则案例。

案例68：建行分宜支行与江锂科技及张某等金融借款合同纠纷案①

最高人民法院认为，本案二审争议焦点为，建行分宜支行对案涉土地使用权是否享有抵押权。本案中，建行分宜支行与江锂科技于2013年3月29日签订的《最高额抵押合同》，系双方当事人真实意思表示，内容不违反法律、行政法规的强制性规定，应为合法有效。《最高额抵押合同》中约定的抵押物除案涉房屋外，还包括产权证号为分乡国用（2009）第028号，分乡国用（2013）第016号、第017号的土地使用权。协议签订后，双方于2013年4月2日在分宜县房产交易所办理了房地产抵押登记手续，建行分宜支行取得钤房他证分宜字第××号房屋他项权利证明书，该证明书内“附记”中除载明房权证号外，还对上述土地证号进行了记载。建行分宜支行上诉主张，根据分宜县当时关于房地产抵押登记的办公流程，对于附着有建筑物的土地，土地管理部门不负责办理抵押登记，而由房屋管理部门统一办理，出具抵押他项权证，在他项权证上载明土地使用权证号、收存抵押的房屋产权证和土地使用权证原件，即视为办理了土地使用权抵押登记。且即使未办理土地使用权抵押登记，但已依法办理了房屋抵押登记，根据《物权法》第一百八十二条的规定，抵押的效力及于房屋占用范围内的土地使用权。本院认为，《物权法》第十条规定了不动产统一登记，但对不动产抵押登记机构未作明确规定。本案中，分宜县房产交易所在颁发的房屋他项权证上记载土地证号的行为，具有对该房屋占用范围内的土地使用权进行抵押登记的效力，足以产生公示的法律效果。

本案中，《最高额抵押合同》系双方当事人真实意思表示，其中约定的抵押物明确包括案涉土地使用权在内，双方当事人对该土地使用权作为抵押财产均有明确预期。即使案涉土地使用权未办理抵押登记，根据《物权法》第一百八十二条“以建筑物抵押的，该建筑物占用范围内的建设用地使用权一并抵押。以建设用地使用权抵押的，该土地上的建筑物一并抵押。抵押人未依照前款规定一并抵押的，未抵押的财产视为一并抵押”之规定，建行分宜支行对案涉土地使用权亦享有抵押权。一审判决以未办理抵押登记为由，判令建行分宜支行对案涉土地使用权不享有优先受偿权，认定事实和适用法律均有不当，本院予以纠正。

---

① 最高人民法院（2017）最高法民终40号民事判决书。

就案涉土地使用权证已被注销是否影响建行分宜支行行使抵押权一事，根据本案已查明的事实，江锂科技与江西江锂新材料科技有限公司之间的《资产置换协议》，系2016年10月14日签订，发生在建行分宜支行的土地使用权抵押权设定之后，且该置换行为未经建行分宜支行同意，江西江锂新材料科技有限公司亦未代为清偿债务，根据《物权法》第一百九十一条第二款“抵押期间，抵押人未经抵押权人同意，不得转让抵押财产，但受让人代为清偿债务消灭抵押权的除外”之规定，江锂科技置换案涉土地使用权及嗣后注销土地使用权证的行为，不具有对抗建行分宜支行的效力，不影响建行分宜支行对案涉土地使用权抵押权的行使。

上述案例，涉及土地使用权与建筑物抵押问题及抵押期间抵押物土地使用权转让问题。对此，我国《担保法》《担保法解释》《物权法》均作了规定，《民法典》物权编借鉴了《担保法解释》的规定。因此，有必要结合法律和司法解释对抵押物的转让予以论述。

二、抵押人转让抵押物的法律意义

抵押权设定后，不转移抵押物的占有，抵押人仍对抵押物享有占有、使用、收益的权利。抵押权对抵押人就抵押物所享有的占有权、使用权和收益权并无实质性影响，但对抵押人就抵押物的处分权的行使，由于涉及抵押权人行使抵押权，且涉及抵押物受让人的利益，因此，如何平衡抵押人、抵押权人及第三人的利益，有不同的立法例，且理论上也多有争论。

根据抵押物转让价款与抵押权的追及效力的关系，大致有三种立法例。第一种立法例是双重承认主义，以《日本民法典》第372条为代表，既承认抵押权的追及效力，也承认抵押物变卖之价金上可以成立物上代位。第二种立法例是承认抵押权的追及效力而不承认在抵押物变卖价金上可成立物上代位，德、瑞民法采此例。[①]《德国民法典》第1136条、《瑞士民法典》第812条甚至更进一步规定，抵押当事人即使约定不得将抵押的土地转让，该约定也无效。此种立法和学说之所以强调抵押人的处分权特别是转让权不受限制，一是为了保护

---

① 参见《德国民法典》第1123条、第1124条、第1125条、第1127条、第1128条；《瑞士民法典》第806条、第807条。

抵押人应有的权利和利益，二是基于抵押权的追及性。抵押物转让后，抵押权的效力仍及于转让后的抵押物，抵押权并不受影响。《担保法解释》第六十七条“抵押权存续期间，抵押人转让抵押物未通知抵押权人或者未告知受让人的，如果抵押物已经登记的，抵押权人仍可以行使抵押权；取得抵押物所有权的受让人，可以代替债务人清偿其全部债务，使抵押权消灭。受让人清偿债务后可以向抵押人追偿。如果抵押物未经登记的，抵押权不得对抗受让人，因此给抵押权人造成损失的，由抵押人承担赔偿责任”的规定，采纳了这一观点，以抵押权的追及效力和抵押物取得人的涤除权两项制度解决抵押物的转让出现的相应问题。第三种立法例是承认抵押物的转让价金可成立物上代位，但不承认抵押权具有追及效力，为我国《担保法》第四十九条所采。即原则上承认抵押人有权转让抵押物，但在转让前要告知债权人和受让人，转让后的价款要提前清偿债务或提存，如转让抵押物的价款明显低于其价值，抵押权人还可以要求抵押人提供相应的担保。有学者将《担保法》第四十九条的规定概括为“不通知或告知则转让无效制度”“提供相应的担保制度”“提前清偿或提存制度”。[①]以上三种立法例的相同之处在于都肯定了抵押权设定后的抵押人对于抵押物的法律上的处分权，特别是让与权。

对于第一种立法模式，同时赋予抵押权人价金物上代位权与追及效力，显然过分保护了抵押权人的利益，对于抵押人与抵押物的受让人不利。第二种立法模式仅赋予抵押权追及效力，在完善的公示制度下，该模式是比较完美的。因为在完善的公示下，抵押物的受让人可以通过公示手段了解到物上所存负担，因此抵押权人行使抵押权时，并不会对其构成不利，如果构成不利，也是其自己选择的结果。对于没有登记和登记错误的，则发生追及力的阻断，由抵押权人承担预知的风险，对抵押权人也无不当。第三种立法模式的局限性表现在，一是抵押物的价金容易与债务人的财产混同而使抵押权人根本不可能在抵押物的价金上行使物上代位权；二是如果提前清偿则损害了债务人的期限利益，提存会导致资金沉淀，不能充分发挥资金价值，违背效率原则。

三、《担保法》及其司法解释对抵押物转让的规定

当事人之间设定抵押的目的，在于担保主债权的实现，抵押物的占有和用

---

① 崔建远：《抵押权探微》，载《法学》2004年第4期。

益并不转移给抵押权人，因此，在没有特殊的情况下，抵押权人对抵押人处分抵押物并无干涉必要。我国《担保法》第四十九条及其司法解释对于抵押人对抵押物处分的行使，作了明确规定。

1. 抵押物转让在程序上受到限制。《担保法》第四十九条第一款规定："抵押期间，抵押人转让已办理登记的抵押物的，应当通知抵押权人并告知受让人转让物已抵押的情况；抵押人未通知抵押权人或者未告知受让人的，转让行为无效。"《担保法解释》第六十七条第一款规定："抵押权存续期间，抵押人转让抵押物未通知抵押权人或者未告知受让人的，如果抵押物已经登记的，抵押权人仍可以行使抵押权；取得抵押物所有权的受让人，可以代替债务人清偿其全部债务，使抵押权消灭。受让人清偿债务后可以向抵押人追偿。"该条款明确规定了已办理抵押物登记的抵押人负有告知义务，违反此义务的法律后果是转让行为无效。例外的情形是取得抵押物所有权的受让人可以代替清偿其全部债务。

《担保法》第四十九条第一款所规定的是抵押人转让已办理抵押登记的抵押物而未告知抵押权人或受让人，其转让行为无效。那么，对未办理抵押物登记的抵押人是否负有告知义务，其转让行为是否有效，《担保法》未作明文规定。但《担保法解释》第六十七条第二款对此作了明确规定，即"如果抵押物未经登记的，抵押权不得对抗受让人，因此给抵押权人造成损失的，由抵押人承担赔偿责任"。

2. 抵押物转让在内容上受到限制。《担保法》第四十九条第二款对抵押物转让的价格作了限制性规定："转让抵押物的价款明显低于其价值的，抵押权人可以要求抵押人提供相应的担保；抵押人不提供的，不得转让抵押物。"由该条款规定可推定，抵押人以低于价值的价款转让抵押物的，可以提供相应的担保，若不提供担保，则转让行为无效。这样，既可以保障抵押人处分权的行使，也可以维护抵押权人的担保利益。

3. 抵押物转让在后果上受到限制。《担保法》第四十九条第三款规定："抵押人转让抵押物所得的价款，应当向抵押权人提前清偿所担保的债权或者向与抵押权人约定的第三人提存。超过债权数额的部分，归抵押人所有，不足部分由债务人清偿。"

在司法实践中，要准确理解和适用《担保法解释》第六十七条的规定，即抵押权存续期间，抵押人转让抵押物未通知抵押权人或者未告知受让人的，如果抵押物已经登记的，抵押权人仍可以行使抵押权；取得抵押物所有权的受让人，可以代替债务人清偿其全部债务，使抵押权消灭。受让人清偿债务后可以向抵押人追偿。如果抵押物未经登记的，抵押权不得对抗受让人，因此给抵押权人造成损失的，由抵押人承担赔偿责任。依担保物权的法理，抵押人转让已办理登记的抵押物的法律后果除发生抵押权人对抵押人的物上代位权，还应有对第三人的追及权，以及第三人对抗追及权的涤除权。据此分析，对于已办理抵押登记的，抵押人转让抵押物未通知抵押权人或者未告知受让人的（不包括转让抵押物的价款明显低于其价值的情形），如果受让人已取得抵押物的所有权，抵押权人无权主张转让行为无效。受让人如不主张转让合同无效，那么，抵押权人享有对抵押物的追及权，即抵押权人可以追及物之所在行使抵押权优先受偿。取得抵押物的受让人不得提出异议，但受让人可以代替抵押人向抵押权人清偿（或提存）所担保的债务，使抵押权消灭，此即受让人的涤除权。抵押权人也可行使物上代位权，要求抵押人支付或提存转让抵押物的价金，使抵押权消灭。

四、《物权法》和《民法典》物权编对抵押物转让的规定

我国《物权法》采纳的是哪一种观点呢？我国《物权法》第一百九十一条规定，“抵押期间，抵押人经抵押权人同意转让抵押财产的，应当将转让所得的价款向抵押权人提前清偿债务或者提存。转让的价款超过债权数额的部分归抵押人所有，不足部分由债务人清偿。抵押期间，抵押人未经抵押权人同意，不得转让抵押财产，但受让人代为清偿债务消灭抵押权的除外。”《民法典》第四百零六条规定：“抵押期间，抵押人可以转让抵押财产。当事人另有约定的，按照其约定。抵押财产转让的，抵押权不受影响。抵押人转让抵押财产的，应当及时通知抵押权人。抵押权人能够证明抵押财产转让可能损害抵押权的，可以请求抵押人将转让所得的价款向抵押权人提前清偿债务或者提存。转让的价款超过债权数额的部分归抵押人所有，不足部分由债务人清偿。”对于《物权法》第一百九十一条第二款规定的理解并不一致。一种意见认为，转让抵押财产必须消除该财产上的抵押权，既然买受人取得的是没有物上负担的财产，也就不再有物上追及力问题。[①] 按此观点，由于未经抵押权人同意，抵押物转让

---

① 胡康生主编：《中华人民共和国物权法条文释义》，法律出版社 2007 年版，第 418 页。

合同无效，抵押物所有权不发生变动，抵押权无须追及，故不承认抵押权的追及效力。另一种意见认为，该规定表明我国《物权法》承认抵押权的追及效力。在本条中将价金物代位主义和抵押权追及效力以及涤除权制度进行整合，设计出一个比较宽松和利益平衡的抵押物转移制度。[①]我们赞同后一种意见，我国《物权法》第一百九十一条所采用的是一种综合模式，之所以称为综合模式，原因在于我国物权法兼采价金代位主义、涤除权及抵押权追及力三种制度，[②]并区分为两种情形来处理。

一种是经抵押权人同意的情形，采价金代位主义或提前清偿。在这种情形下，由于抵押物的转让已得到了抵押权人的同意，因此，抵押权人不能行使追及效力，抵押物的受让人所取得的是不带任何抵押负担的物。抵押物转让所得价金，若抵押人提前清偿消灭债权，由于提前清偿属于抵押人放弃期限利益的行为，法律自无干预的必要。如果抵押人不愿意提前清偿债权，则需要就转让价金提存，抵押权人在抵押人转让抵押物所得价金上取得代位权。

另一种是未经抵押权人同意的情形，采抵押权追及效力，并赋予抵押物受让人涤除权。在没有经过抵押人同意的情况下，抵押权具有追及效力，抵押权人可以追及物之所在行使抵押权。但是，抵押物的受让人享有涤除权，即受让人代为清偿债务从而消灭抵押权。对于抵押权的追及效力，学者并无分歧。理由是：其一，抵押权是物权，物权具有追及效力，抵押权自应具有追及效力。其二，赋予抵押权以追及效力也是司法实践的选择。抵押权的追及力是与抵押人的处分自由相对的，对于抵押人转让抵押物的限制，我国法律表现出了从《民法通则意见》第115条的严格限制，到《担保法》第四十九条第一款的缓和化，再到《担保法解释》第六十七条规定抵押权的追及力的过程，因此，《物权法》规定抵押权的追及效力也是对司法实践的总结。但是，对于是否规定抵押物受让人的涤除权，学者有不同意见。所谓涤除权，是指抵押物受让人向抵押权人支付一定的代价而对抵押权人提出消灭抵押权的要求，在抵押权人同意这一要求时，抵押权消灭；而在抵押权人不接受要求时，由抵押权人承担一定

---

① 最高人民法院物权法研究小组编著：《〈中华人民共和国物权法〉条文理解与适用》，人民法院出版社2007年版，第572页。

② 此涤除权并非传统民法上的涤除制度。传统民法上的涤除是依第三人的请求而消灭抵押权人抵押权的制度，对抵押权人的利益威胁甚大，这一制度不断受到学说的批判与质疑。

责任的制度。[①] 持肯定意见者认为，一方面，涤除权可以使抵押物的受让人不至于因抵押权的行使而丧失受让物，受让人的权利得以确定。另一方面，通过涤除可以使抵押权人节省因抵押物拍卖而发生的费用，使抵押权的实现更加便捷。持否定意见者则认为，以涤除方式消灭抵押权对于抵押权人极为不利，抵押权人享有在债务人不履行债务时就抵押物的优先受偿权，第三人对抵押权人行使这一权利本无进行干涉的权利，在抵押物受让人对抵押权进行涤除时，无疑就为抵押权人设置了一种负担，即抵押权人必须保证其拍卖抵押物的价格高出第三取得人的出价，否则，抵押权人就要承担不利的后果。然而，需要注意的是，我国《物权法》第一百九十一条第二款但书并非真正意义上的涤除权。首先，传统民法上的涤除权是请求权，而我国《物权法》第一百九十一条第二款但书所规定的应是形成权，只要受让人向抵押权人作出单方意思表示即可，不需要征得抵押权人的同意。其次，传统民法上涤除的是抵押权，主债权是否完全实现在所不问，我国《物权法》规定的是受让人只能通过代为清偿债务从而消灭抵押权，而不能在主债权仍然未全部实现时，仅涤除抵押权。最后，传统民法上的受让人的涤除权与抵押权人的义务和责任相对应，而按照我国《物权法》的规定，抵押权人并不承担义务和责任。

综上，笔者认为，这种综合模式既保证了抵押权的安全性，又使抵押人的处分权在一定条件下得以行使，使得抵押财产能够流转，因此，《民法典》物权编关于抵押物转让方面的法律规制是非常科学、合理的。既保护了抵押人对其所有的抵押财产享有占有、使用、收益、处分的权利，抵押期间抵押人可以转让抵押财产，而不需要经过其他人的同意，并承认抵押权的追及效力，又赋予当事人能否转让抵押财产另行约定的权利，以平衡抵押人与抵押权人之间的利益。[②]

同时，理解适用《民法典》第四百零六条，应当注意下列问题：一是明确禁止或者限制转让的约定不影响转让合同的效力。《民法典》第四百零六条在

---

① ［日］柚木馨：《担保物权法》，有斐阁 1932 年版，第 335 页。转引自许明月：《抵押权制度研究》，法律出版社 1998 年版，第 406 页。此处所指的责任主要是如果抵押权人不接受受让人的出价则须承担一定的义务和责任，这种义务和责任通常表现为抵押权人拍卖抵押物的义务，抵押物拍卖价格高于或不低于第三人出价的义务，抵押权人在拍卖价格低于第三人出价时，应当承担高价应买抵押物或有关费用的责任。第三取得人的涤除权与抵押权人的义务和责任是相对应的。

② 参见黄薇主编：《中华人民共和国民法典释义（上）》，法律出版社 2020 年版，第 787 页。

允许抵押人自由转让抵押财产的同时，规定“当事人另有约定的，按照其约定”。根据区分原则，无论当事人关于限制或者禁止抵押物转让的约定是否登记，都不应影响抵押财产转让合同的效力。二是明确禁止或者限制转让的约定经登记的，具有对抗效力。在限制或者禁止抵押物转让的约定已经登记的情形下，如果抵押人将抵押财产转让给他人且已经办理了过户登记，抵押权人主张抵押物所有权变动无效的，人民法院应予支持。之所以作此规定，一是因为在我国当前，抵押权的追及力实际上受到很多限制，如买受人在受让已经设立的抵押房屋后，如该房屋是买受人及其所扶养家属生活所必需的居住房屋，人民法院则不得拍卖、变卖，这就损害了抵押权人的利益。为落实民法典有关保护抵押权人利益的精神，有必要通过赋予经登记的限制或者禁止转让的约定以类似于预告登记的效力，从而有条件地否定转让行为的物权效力。二是因为《民法典》第四百零六条规定的情形发生纠纷的多是不动产交易。不动产买受人购买不动产时应当查询不动产是否已经抵押登记。如限制或者禁止转让的约定已经依法登记，其查询时自然也应知道。三是因为“是否存在禁止或限制转让不动产的约定”将是不动产登记簿上可以登记的事项，因而具有可操作性。①

五、抵押权的追及效力

1. 对买受人的追及效力。首先，在买受人明知抵押物上存在他人抵押权负担的情况下，买受人能取得抵押物的所有权，但在取得所有权的同时抵押物上的负担也转嫁到买受人身上，抵押人不履行债务，抵押权人行使抵押权时，可以向买受人追索该抵押物，即买受人应承担抵押权人追及该物的风险。其次，在买受人不知抵押物上存在抵押权负担的情况下，笔者认为，买受人以善意取得制度取得抵押物的所有权，抵押权的追及效力受阻，不能对抗善意取得动产第三人。对于采登记要件主义的不动产抵押权，由于已经对抵押权进行了公示，因此，不动产抵押权人具有很强的追及效力。但是，在登记错误情况下，当符合《物权法》第一百零六条的规定，买受人善意取得不动产物权时，由于善意

---

① 参见刘贵祥、林文学、杨永清等：《民法典担保制度司法解释系列解读之四：“关于担保物权”部分重点条文解读》，载“一法决诉疑”微信公众号。

取得属于原始取得，即不带任何权利负担的取得，[①] 此时，抵押权的追及力被阻断，抵押权人不能追及物之所在行使抵押权，只能要求抵押人承担赔偿责任。对于动产抵押，由于登记属于对抗要件，如果当事人没有对动产抵押进行登记，则动产抵押权不具备对抗力，在抵押物转让的情形下，动产抵押权人也不具备追及效力，因为追及效力为对抗力所包含。

需要明确的是，《民法典》第四百零三条规定动产抵押“未经登记不得对抗善意第三人”，在动产抵押没有登记时，抵押权的追及效力是否只是阻断于“善意第三人”，对“恶意第三人”则尚具有追及效力？对于善意与否的理解，一般认为，善意是指对受让财产已设定抵押主观上不知情，恶意则是指明知转让财产已经设定抵押。由于受让人明知转让财产已经被抵押而仍然受让，此举应属于自甘冒险行为，让其承担受让物上的抵押风险并无不当，因此，笔者认为，对于未登记的动产抵押权的追及效力仅止于善意受让人，对于恶意受让人，抵押权仍有追及效力。此外，在动产抵押已经登记的情况下，则同不动产抵押一样，如果发生善意取得，动产抵押权的追及效力也会发生阻断。

2. 抵押权追及效力与商品房消费者的权利冲突如何解决？过去法律规定抵押财产不得转让时，未规定抵押权的追及效力。以房屋买卖合同为例，房地产开发商在对房屋进行预售时，很多情况下并未涤除银行对建设用地使用权的抵押权，或未对抵押权的实现另外作出商业安排。消费者在购房甚至入住后，银行对建设用地使用权行使抵押权，由此产生纠纷。根据《优先受偿权批复》在涉及工程款优先权和消费者权利顺位时，商品房消费者的权利优先于工程款，自然也优先于抵押权，这主要考虑到消费者的生存权问题。但是，《民法典》第四百零六条对《物权法》第一百九十一条进行了修改，在明确抵押物可以转让的同时，明确了抵押权的追及效力。这一立法变化是否将导致上述批复与《民法典》的规定不一致？对此，在进行司法解释清理工作时有必要进行充分论证，审慎定夺。实践证明，《优先受偿权批复》的规定有效保障了弱势群体的生存权，实现了政治效果、社会效果和法律效果的统一，具有正当性与合理性。值得注意的是，《民法典》第四百零四条关于动产抵押权对抗效力的限制性规定，亦即，“以动产抵押的，不得对抗正常经营活动中已经支付合理价款

---

① 《物权法》第一百零八条规定：“善意受让人取得动产后，该动产上的原有权利消灭，但善意受让人在受让时知道或者应当知道该权利的除外。”

并取得抵押财产的买受人”，该条并未区分动产抵押是否已经办理登记，即使办理了抵押登记，抵押权也不能对抗买受人，显然有利于消费者权益的保护，主张在保护商品房消费者问题上类推适用或参照适用这一条款。[①]

3. 对租赁权人的追及效力。关于抵押物上的租赁权，《民法典》第四百零五条规定：“抵押权设立前，抵押财产已经出租并转移占有的，原租赁关系不受该抵押权的影响。”抵押权设立前，抵押物上存在租赁权的，该租赁权于抵押权设立时继续有效，那么此时抵押权则不具有追及效力，不能对抗租赁权人。但租赁权在已存在抵押权的标的物上设立时，因租赁权是债权，抵押权是物权，所以抵押权优于租赁权。若后设立的租赁权有碍抵押权实现时，则抵押权人有权要求租赁权的消灭，即抵押权对抗抵押物上后设立租赁权的租赁权人具有追及的效力，该租赁权人于承租时即承担租赁物被追索的风险。

六、对案例 68 的简要评析

在本案中，建行分宜支行与江锂科技在《最高额抵押合同》中对土地使用权上的房屋办理了抵押权登记，其效力及于建筑物所占用的建设用地使用权，这正是房地产视为“一并抵押”的体现。在抵押期间，江锂科技将抵押物即涉案抵押的房地产未经抵押权人建行分宜支行的同意，擅自转让抵押物，不影响抵押权人建行分宜支行行使抵押权的效力。

第七节　抵押权的保全

一、问题的提出

在现实生活中，经常因抵押物被侵害等原因使抵押权人对抵押物交换价值的支配受到妨碍，进而影响担保债权的优先受偿。因此，法律应对担保物权提供切实、充分的救济。而且，抵押权是一种价值支配权，相对于其他物权被侵害的情况而言，侵害抵押权的行为样态以及法律对受到侵害的抵押权的救济手段均有所不同。

---

① 参见刘贵祥：《民法典关于担保制度的几个问题》，载《法律适用》2021 年第 1 期。

案例 69：长城资产公司与合成化工公司、融海公司、重大高科、高科物业欠款纠纷案[①]

最高人民法院认为本案争议焦点为：合成化工公司和融海公司应当承担责任的范围如何确定。

一、一审法院关于无证据证明合成化工公司、融海公司违背诚实信用原则拒绝办理相关登记手续的认定是否正确。《房屋登记办法》（建设部令第 168 号）第十二条第一款规定，申请房屋登记，应当由有关当事人双方共同申请。对于可以由当事人单方申请登记的情形，《房屋登记办法》第十二条第二款作了列明，本案所涉情形并未包括在内；其时生效的《土地登记办法》（国土资源部令第 40 号）第七条规定，土地登记应当由当事人共同申请，对于可以由单方申请的情形，该条进行了列明，所列明的亦不包括本案所涉情形。依据《房屋登记办法》和《土地登记办法》的前述规定，不动产物权登记以当事人共同申请为一般原则。二审庭审中，双方均认可就股权质押登记事宜曾共同到公证机关办理过公证。（2005）渝高法民初字第 45 号案判决基于相关登记未予办理之事实而认定合成化工公司、融海公司违背诚实信用原则拒绝办理，证据并不充分。在本案一、二审审理过程中，长城资产公司亦未提供证据对合成化工公司、融海公司违背诚实信用原则拒绝办理登记的相关事实加以证明，一审法院对该事实不予认定并无不妥。（2005）渝高法民初字第 45 号案判决适用《担保法解释》第五十六条第二款关于“法律规定登记生效的抵押合同签订后，抵押人违背诚实信用原则拒绝办理抵押登记致使债权人受到损失的，抵押人应当承担赔偿责任”的规定，缺乏事实依据。

二、关于案涉抵押合同和质押合同的效力。抵押合同及质押合同的成立及生效与担保物权的设定系基于不同的法律事实。《物权法》第十五条规定：“当事人之间订立有关设立、变更、转让和消灭不动产物权的合同，除法律另有规定或者合同另有约定外，自合同成立时生效；未办理物权登记的，不影响合同效力。”本案中，虽然相关担保物未办理物权登记，但并不影响案涉抵押合同和质押合同的成立和生效。

三、物的担保合同生效但担保物未办理登记情形下担保人责任的承担。首

① 最高人民法院（2017）最高法民终 934 号民事判决书。

先，关于担保人所应承担责任的性质。在担保物办理了登记的情况下，债权人可以以其享有的担保物权就担保物直接行使优先受偿权，在担保物未办理登记的情况下，因担保人在担保合同中已经作出提供担保物以担保案涉债权实现的明确意思表示，未办理担保物登记之事实并不导致该合同义务的消灭，担保人仍应就担保合同项下的相关义务承担合同责任，包括依约对担保物的登记予以积极协助的责任，以及因其违约行为致使债权人受到损失而应承担的赔偿责任等。长城资产公司在（2005）渝高法民初字第45号案中的诉讼请求并不涉及要求抵押人和质押人协助办理登记之事项，仅涉及合成化工公司、融海公司赔偿责任的承担，（2005）渝高法民初字第45号案判决及一审法院再审判决均直接判令合成化工公司、融海公司承担相关赔偿责任，并无不当。其次，关于合成化工公司、融海公司承担赔偿责任的范围。设定担保物权的功能在于以担保物的价值保障债权人债权的实现。司法实践中，担保物的价值并非总和所担保债权的数额相等。《担保法解释》第七十三条规定，抵押物折价或者拍卖、变卖该抵押物的价款低于抵押权设定时约定价值的，应当按照抵押物实现的价值进行清偿。不足清偿的剩余部分，由债务人清偿。因此，对于抵押人和质押人而言，其系以抵押物和质押物的价值为限对所担保的债权承担担保责任。根据《物权法》第一百九十三条的规定，因抵押人的行为导致抵押财产价值减少的，抵押权人也仅仅是有权要求抵押人停止其行为、要求恢复抵押财产的价值，或者提供与减少的价值相应的担保，抵押人不恢复抵押财产的价值也不提供担保的，抵押权人有权要求债务人提前清偿债务。此种情形下债权人亦无权要求抵押人在抵押物价值之外承担责任。最后，因抵押人和质押人承担的是担保合同项下的合同义务，根据《合同法》第一百一十三条，当事人一方不履行合同义务或者履行合同义务不符合约定，给对方造成损失的，损失赔偿额应当相当于因违约所造成的损失，但不得超过违反合同一方订立合同时预见到或者应当预见到的因违反合同可能造成的损失。债权人与抵押人、质押人签订物的担保合同时，对于其只能在担保物价值范围内享有优先受偿权有明确的预见，合成化工公司、融海公司未办理房产抵押登记以及股权质押登记，给长城资产所造成的损失应当限于本应抵押的房产、本应质押的股权价值范围内。至于担保物价值嗣后的变动，属于当事人在订立合同时应当预见的正常风险。

关于上述案例是否属于抵押权的保全，争议颇大。抵押权以不占有抵押物为特征，因此，抵押权人在抵押权成立以后至抵押权实行之前，抵押物有可能因抵押人的行为或第三人的侵害或不可归责于抵押人的事由（如意外事件等）致使抵押物价值减少，以至于抵押权人的权利受到损害。在各国立法中，都针对抵押权的价值权属性及抵押人的可能侵害行为及其他侵害行为，对抵押权的保护进行了规定。

二、抵押权人保全抵押物的权利

抵押权为抵押权人对抵押物的交换价值的支配，抵押权人不实际占有抵押物，若抵押物因抵押人的行为或第三人的侵害或不可归责于抵押人的事由致使抵押物的价值减少，将直接影响到抵押权人的利益，因此，法律上赋予抵押权人保全抵押物的权利。

我国《担保法》第五十一条规定："抵押人的行为足以使抵押物价值减少的，抵押权人有权要求抵押人停止其行为。抵押物价值减少时，抵押权人有权要求抵押人恢复抵押物的价值，或者提供与减少的价值相当的担保。抵押人对抵押物价值减少无过错的，抵押权人只能在抵押人因损害而得到的赔偿范围内要求提供担保。抵押物价值未减少的部分，仍作为债权的担保。"《担保法解释》第七十条规定："抵押人的行为足以使抵押物价值减少的，抵押权人请求抵押人恢复原状或提供担保遭到拒绝时，抵押权人可以请求债务人履行债务，也可以请求提前行使抵押权。"《民法典》第四百零八条规定："抵押人的行为足以使抵押财产价值减少的，抵押权人有权请求抵押人停止其行为；抵押财产价值减少的，抵押权人有权请求恢复抵押财产的价值，或者提供与减少的价值相应的担保。抵押人不恢复抵押财产的价值，也不提供担保的，抵押权人有权请求债务人提前清偿债务。"从以上条文内容不难看出，在抵押权遭遇侵害时，我国法律赋予了抵押权人停止侵害请求权（担保物价值减少之防止权）、恢复原状请求权或增加担保请求权，以及提前实现债权的权利。该条款的规定与我国台湾地区"民法"规定的实质内容是相同的。我国台湾地区"民法"第八百七十一条第一款规定："抵押人之行为使抵押物之价值减少者，抵押权人得请求停止其行为，如有急迫情事，抵押权人得自为必要之保全处分。"第八百七十二条第二款规定："抵押物价值减少时，抵押权人得请求抵押人恢复抵押物之原状，或提出与减少价额相当之担保。"

三、抵押权人保全抵押权的内容

当抵押人的行为导致抵押财产价值减少时，有必要赋予抵押权人救济的权利，即抵押权人保全权。[①] 根据《民法典》第四百零八条的规定，抵押人的行为足以使抵押物的价值减少时，抵押权人有权请求抵押人停止其行为。当抵押物的价值减少时，抵押权人有权请求抵押人恢复抵押物的价值，或者提供与减少价值相应的担保。抵押人对抵押物价值减少无过错的，抵押权人只能在抵押人因损害而得到的赔偿范围内要求提供担保；抵押物价值未减少的部分，仍作为债权的担保。只有这样才能同时兼顾抵押权人与抵押人双方的利益。抵押权人保全抵押权的内容如下。

1. 抵押物价值减少防止请求权。我国《民法典》第四百零八条前段规定："抵押人的行为足以使抵押财产价值减少的，抵押权人有权请求抵押人停止其行为。"至于侵害行为是出于故意还是出于过失，是作为还是不作为，是对抵押物之全部侵害还是对抵押物之一部分造成侵害，只要对抵押物的价值构成威胁，抵押权人即可行使抵押物价值减少防止请求权。但如果属于抵押人正当利用抵押物而使抵押物价值减少，则抵押权人不得行使停止侵害请求权。因为抵押权设定后，抵押人对抵押物仍有占有、使用、收益和处分的权利，抵押人正当利用抵押物并不构成对抵押权的侵害。

抵押物价值减少防止请求权的行使应具备两个要件：（1）须为抵押人的行为足以使抵押物的价值减少，因抵押权人的行为、自然因素（如抵押房屋漏雨塌毁而不予修缮）、第三人的行为造成抵押物价值足以减少的，均非所问。正如，立法仅规定了对抵押人的物权请求权，但从抵押权人行使停止侵害请求权的基础即物权请求权的基础来看，其对抵押人之外的其他足以使抵押财产价值减少的行为也有权要求停止。[②] 因为抵押权系物权，具有对世效力，不仅抵押人负有不得侵害的义务，其他人也同样负有不得侵害的义务。（2）足以使抵押财产价值减少，此处只要具备可能性即可，非要求实际损害的发生[③]。

---

① 参见最高人民法院民法典贯彻实施工作领导小组主编：《中华人民共和国民法典物权编理解与适用（下）》，人民法院出版社 2020 年版，第 1100 页。

② 孙宪忠、朱广新主编：《民法典评注 · 物权编》（第 1 卷），中国法制出版社 2020 年版，第 183 页。

③ 谢在全：《民法物权论》，中国政法大学出版社 1999 年版，第 628 页。

抵押权人既可直接向抵押人请求停止侵害，也可通过诉讼程序请求停止侵害，在情形急迫时，抵押权人还可自行采取必要的保全措施。因请求停止侵害或自我保全行为的费用，一般由抵押人负担，并列入抵押权担保债权的范围。

2. 恢复原状或增加担保请求权。抵押人的行为已经造成抵押物价值降低的，抵押权人的利益受侵害的事实已经发生，抵押人应当承担恢复原状或者保全抵押权的责任。在这种情况下，抵押权人对抵押人具有的恢复原状请求权或者增加担保请求权，依照抵押物价值减少的种类确定[①]。

抵押物价值减少而不能恢复原状的，抵押权人可以请求抵押人提供相当于减少的价值的担保。但是，抵押权人在抵押物价值减少后所享有的恢复原状或者增加担保请求权，并无先后之别，可以选择行使[②]。应当注意的是，若抵押人对抵押物的价值减少没有过错，抵押权人唯能在抵押人取得的损害赔偿范围内，要求抵押人提供担保。当然，抵押物的价值非因抵押人的行为而减少的，抵押人不承担增加担保的责任。

3. 解除主债权合同权。在抵押人拒绝停止侵害行为或对抵押物拒绝采用必要的防范措施或管理措施，并拒绝对抵押权人提供充分的增加担保，而致使抵押权人的债权不能获得充分的担保时，抵押权人可以解除主债权合同，并由债务人承担由此而发生的损失，在抵押权人已为部分对待给付的情况下，抵押权人得中止依照主合同而应为的后续的给付，直到抵押权人使抵押物价值恢复到能对债权提供充分的担保时为止。《担保法解释》第七十条规定，“抵押人的行为足以使抵押物价值减少的，抵押权人请求抵押人恢复原状或提供担保遭到拒绝时，抵押权人可以请求债务人履行债务，也可以请求提前行使抵押权”。《民法典》第四百零八条后段也规定，“抵押人不恢复抵押财产的价值，也不提供担保的，抵押权人有权请求债务人提前清偿债务”。

4. 行使损害请求权。由于第三人侵权造成抵押物毁损灭失时，抵押权人是否享有损害赔偿请求权？有学者认为，抵押权为物权，故在抵押权受到损害时，抵押权人依物权基本原理，对加害人可直接行使损害赔偿请求权，加害人无论是抵押人，还是第三人，抵押权人均得向其请求损害赔偿。[③] 而且，此项损害

---

① 史尚宽：《物权法论》，中国政法大学出版社 2000 年版，第 288 页。

② 谢在全：《民法物权论（下册）》，中国政法大学出版社 1999 年版，第 629 页。

③ 刘保玉、吕文江主编：《债权担保制度研究》，中国民主法制出版社 2000 年版，第 372 页。

赔偿之请求，不以待抵押权实行后、损害赔偿额经确定为前提，于担保债权之清偿期届至后，可实行抵押权时，即得请求损害赔偿。[①]笔者认为，第三人导致抵押财产价值减少，给抵押权人造成损害时，抵押权人可以直接要求第三人赔偿损失，这是由抵押权的物权特性所决定的。但是抵押人造成抵押物毁损灭失的，抵押权人损害赔偿请求权应仅限于抵押财产由第三人提供的情形。因为，如果抵押人是债务人本身，要求其赔偿损失没有实际意义，此时赔偿损失与未受偿债权都是同一性质的，即都是债权，没有必要多此一举再赋予债权人损害赔偿请求权。如果抵押财产是第三人提供的，在抵押物价值受到妨害或危害时，抵押权人既然享有保全请求权，也就说明了抵押人负有不因其行为导致抵押物交换价值减少的义务。因此，如果行使保全请求权后，其债权由于抵押物价值减少而最终没有全部实现，提供抵押的第三人应承担赔偿责任。[②]

四、对案例 69 的简要评析

在本案中，涉案抵押合同、质押合同签订之后，合成化工公司、融海公司没有对质押物办理抵押权登记，依据《物权法》第十五条“当事人之间订立有关设立、变更、转让和消灭不动产物权的合同，除法律另有规定或者合同另有约定外，自合同成立时生效；未办理物权登记的，不影响合同效力”的规定[③]，抵押合同、质押合同均为有效合同，担保物人合成化工公司、融海公司均应当在抵押物、质物的价值范围内承担民事责任。

第八节　抵押期间

一、问题的提出

所谓抵押期间，又称抵押期限，是指根据法律规定，抵押权人能够行使抵押权的有效期间。简言之，系抵押权的有效存续期间。我国《担保法》未对抵

---

① 谢在全：《民法物权论》，中国政法大学出版社 1999 年版，第 633 页。

② 最高人民法院物权法研究小组编著：《〈中华人民共和国物权法〉条文理解与适用》，人民法院出版社 2007 年版，第 577 页。

③ 对应《民法典》第二百一十五条。

押期限作出规定，亦未见有关法条许可抵押人与抵押权人可在抵押合同中对此予以约定。经查全国人大法律委员会《关于〈中华人民共和国担保法（草案）〉审议结果的报告》可知，此不属立法疏漏，而系立法者有意为之[①]。《民法典》第四百一十九条规定："抵押权人应当在主债权诉讼时效期间行使抵押权；未行使的，人民法院不予保护。"[②]

在审判实践中，抵押期间是个非常复杂的问题，有许许多多的争议。

案例 70：抵押权存续期间纠纷案[③]

原告王某 1 向本院提出诉讼请求：被告华亭农商行返还原告房屋产权证、解除抵押。

双方对 2010 年 4 月 2 日案外人董某向被告公司借款，借款期限为 24 个月（自 2010 年 4 月 2 日起至 2012 年 4 月 1 日止），原告王某 1 以其位于华亭市的房产为该笔贷款提供抵押，并办理了房屋他项权证（他项权证号：华房私他字第 3510 号），抵押期限自借款人取得借款之日起至贷款到期之日止两年，现房屋他项权证由被告保管的事实无异议，本院对以上事实予以确认。庭审中，被告向法庭提交了个人借款抵押担保合同、抵押物清单、房屋所有权证、房屋他项权证、还款催收通知单证明（2019 年 11 月 2 日），但以上证据无法证明主债权诉讼时效仍在延续及其在主债权诉讼时效届满前通过向人民法院起诉等方式向本案原告行使过抵押权，故应认定主债权诉讼时效已于 2014 年 4 月 1 日届满，被告未在法律规定的时效范围内向原告行使抵押权。

《物权法》第二百零二条规定："抵押权人应当在主债权诉讼时效期间内行使抵押权；未行使的，人民法院不予保护。"生效裁判认为，关于主债权诉讼时效届满后抵押权是否消灭的问题。首先，法律规定时效的目的在于督促请求权人积极地行使权利，迅速了结债权债务关系，维护社会经济秩序稳定，其范围仅适用于债权请求权，不适用属于支配权的抵押权，若将抵押权纳入诉讼时效的规制范围，有违民法原理。其次，本案主债权诉讼时效已于 2014 年 4 月 1 日届满，在主权利已经丧失国家强制力保护的情况下，在抵押物上所负担的

① 翟云岭：《论抵押期限》，载《政法论坛》1999 年第 2 期。

② 《民法典》第四百一十九条的规定源自《物权法》第二百零二条。

③ 甘肃省华亭市人民法院（2020）甘 0824 民初 119 号民事判决书。

抵押权亦应消灭更符合法律逻辑。最后，在权利人长期怠于行使权利时，法律无须对其加以特别保护，应使抵押权归于消灭。本案中，被告提交的证据无法证明主债权诉讼时效仍在延续，其未在法律规定的时效范围内向原告行使抵押权，故该抵押权已归于消灭，而非胜诉权的丧失。被告关于诉讼时效仍在延续、抵押权未消灭的辩解，于法无据，且证据不足，本院不予采纳。原告要求被告返还房屋所有权证的诉求，于法有据，予以支持。对原告要求被告解除抵押的诉求，因抵押权已消灭，且房屋他项权证记载的抵押期限已逾期，无解除之必要，本院不作处理。依照《民法总则》第六条、《物权法》第一百七十八条、第二百零二条规定，判决如下：被告华亭农商行于本判决生效后五日内返还原告王某1房屋所有权证（房屋所有权证号：华房权证私字第××××号）。

上述案例涉及抵押权存续期间问题。试问：如何理解适用抵押权存续期间？

二、抵押期间的不同立法选择

抵押期间对抵押权产生作用，主要表现在抵押权是否因一定期间届满而消灭，抵押期间性质如何，各国立法例并不相同。

（一）日本立法例

以独立、完全的诉讼时效、取得时效制度约束抵押权，以日本法为代表。如《日本民法典》第167条规定，债权因10年不行使而消灭，债权及所有权以外的财产权因20年不行使而消灭。该条款认可了包括抵押权在内的其他财产权为诉讼时效的客体，并规定了20年的时效期间。第396条规定，抵押权除非与其担保的债权同时，否则不因时效而对债务人或抵押人消灭。依日本学者解释，这实质上承认抵押权可独立地因时效之完成而消灭。唯抵押权时效与抵押权所担保的债权时效不一致时，债务人或抵押人不得援引抵押时效而对抗抵押权人[①]。第397条规定，非债务人或抵押人者，就抵押不动产实行具备了取得时效必要条件的占有时，抵押权因此而消灭。依本条款，抵押权得因取得

---

① ［日］柚木馨：《注释民法（9）·物权（4）》，有斐阁1983年版，第233页。转引自许明月：《抵押权制度研究》，法律出版社1998年版，第402～403页。

时效之完成而消灭。

（二）德国立法例

以取得时效限制抵押权，但不承认独立的抵押权诉讼时效制度。根据取得时效为原始取得的性质，承认取得人应取得占有物的完整所有权，从而排除抵押权的适用，系大多数规定取得时效制度国家的共同选择。如依《德国民法典》第945条，“在自主占有取得之前，第三人设定于物上的一切权利，因取得时效取得所有权而消灭。但自主占有人在取得自主占有的当时对第三人的权利为非善意者，或以后知道这些权利的存在者，不在此限”。依第937条，取得时效期间为10年。但依第194条，“要求他人作为或不作为的权利（请求权），因时效而消灭”。可见，《德国民法典》明确地否定了诉讼时效对于抵押权等物权的适用。将诉讼时效的客体限定为请求权或诉权，排除对包括抵押权在内的物权的适用，也是大多数国家的共识[①]。但值得说明的是，《德国民法典》对于特殊情形下的抵押权，规定了公示催告制度。其中第1170条规定，对于不知名债权人在登记经过10年后未行使抵押权时，法院得以公示程序排除债权人的权利，抵押权归所有人。

（三）法国立法例

抵押权因其所担保的债权诉讼时效期限届满的消灭而消灭。如依《法国民法典》第2180条之规定可知，抵押权得因债权时效之届满而消灭。美国少数州认为，抵押权只限于附着于所担保之债权而存在，如债权已消灭时效，抵押权亦不可实行[②]。国内亦有学者认为，为保护抵押人利益，应承认债权因时效届满而消灭时，抵押权人不得行使抵押权[③]。依该原则，时效完成后，债权人仅丧失胜诉权，但实体权利仍未消灭，债权人仍可行使据以担保自然之债的抵押权。德国、瑞士、法国等亦否认债权诉讼时效对抵押权的适用。

---

① 参见王泽鉴:《民法学说与判例研究》（第2册），中国政法大学出版社1998年版，第302页；王利明:《物权法论》，中国政法大学出版社1998年版，第153页；王闯:《动产抵押制度研究》，载梁慧星主编:《民商法论丛》（第3卷），法律出版社1995年版，第427页。

② 刘得宽:《民法诸问题与新展望》，我国台湾地区三民书局1980年版，第226页。

③ 郭明瑞:《担保法原理与实务》，中国方正出版社1995年版，第226页。

（四）我国台湾地区的立法例

在我国台湾地区，则设有抵押权除斥期间制度。依我国台湾地区“民法”第八百八十条，抵押权人于消灭时效完成后，5年间不实行其抵押权者，其抵押权消灭。按我国台湾地区民法学者的观点，物权原则上不因时效或除斥期间之完成而消灭，故此条为例外规定[①]。

三、抵押权与抵押期间的关系

《担保法解释》第十二条第一款规定，“当事人约定的或者登记部门要求登记的担保期间，对担保物权的存续不具有法律约束力”，依据该解释，在当事人约定或登记部门要求登记的担保期间届满后，担保物权继续存在。换言之，当事人约定或登记部门要求登记的担保期间没有法律效力，归于无效[②]。其主要理由如下。

1. 就物权法理论而言，根据物权法定原则，当事人不能在物权法之外设定物权，也不能以物权法之外的方式消灭物权。若允许当事人约定抵押权的存续期间，将直接与抵押权的物权性质（即物权法定原则）发生冲突。

2. 当事人约定抵押期间，与抵押权担保债权的清偿目的不完全吻合。抵押权以抵押物的交换价值担保债权的实现，从属于被担保的债权而存在，债权不消灭，抵押权没有单独归于消灭的理由；唯有债权消灭，抵押权始归于消灭。在现实生活中，抵押人利用抵押合同所约定的抵押期间对抗抵押权人对抵押物行使权利，将极大地损害抵押制度的功能。

3. 在保证担保的场合，保证人在保证期间内承担保证责任，因为保证为人的担保；而抵押担保并非人的担保，是以抵押物担保债权受偿，若承认存续期间限制抵押权的效力，将直接降低抵押担保的信用。[③]

因此，当事人约定的或登记部门设定的抵押期间无效。

---

① 史尚宽：《物权法论》，中国政法大学出版社2000年版，第316页。

② 《中国物权法草案建议稿》第三百一十一条规定：“抵押合同约定有抵押权存续期间的，其约定无效。”参见中国物权法研究课题组：《中国物权法草案建议稿：条文、说明、理由与参考立法例》，社会科学文献出版社2000年版。

③ 参见中国物权法研究课题组：《中国物权法草案建议稿：条文、说明、理由与参考立法例》，社会科学文献出版社2000年版。

四、抵押期间的法律性质为除斥期间

抵押权属于担保物权。担保物权行使的时间限制，大致有两种立法例：一是担保物权时效制度，即担保物权在时效期完成后消灭；二是除斥期间制度，即规定担保物权在一定的期间内不行使时，担保物权消灭。两种制度中以第二种为优，在我国，可以采用担保物权除斥期间制度对担保物权的行使期间进行限制。

从法律性质上讲，担保物权期间为除斥期间，而非诉讼时效期间，理由在于：第一，诉讼时效期间为法律强制性规定，其期间之长短不得由当事人以协议方式加以改变，存在中止、中断和延长情形。而担保物权期间则不存在中止、中断和延长情形。第二，依通说，我国民法中诉讼时效的客体为请求权，这对包括担保物权在内的物权并不适用。

由于除斥期间是权利的存续期间，因此担保物权除斥期间届满后，担保物权即不存在，且除斥期间不发生中止、中断问题，在除斥期间届满后，无论发生什么情况，担保物权均归于消灭。《担保法解释》第十二条第二款规定："担保物权所担保的债权的诉讼时效结束后，担保权人在诉讼时效结束后的二年内行使担保物权的，人民法院应当予以支持。"该司法解释作出这样的规定，是因为担保物权属于支配权的范畴而非请求权，依民法原理不受诉讼时效期间的限制，担保物权不宜适用于物权担保的债权相同的诉讼时效制度。但担保物权的行使又不能没有期间的限制，否则，将会助长担保物权人滥用其因为物权担保而取得之优势地位，也不利于物权担保交易关系的稳定。因此，担保物权人自物权担保的债权诉讼时效完成后，经过"二年"仍不行使担保物权的，担保物权消灭。此"二年"法定期间，性质上为除斥期间。由于《担保法解释》是依据《担保法》而制定的，《物权法》第一百七十八条规定："担保法与本法的规定不一致的，适用本法。"显然，《担保法解释》第十二条第二款的规定，与《物权法》第二百零二条的规定不一致，不再适用。

《民法典》第四百一十九条仅规定了抵押权的行使期间，那质权、留置权等其他担保物权是否适用？《担保法解释》关于担保物权存续期间之规定，对抵押权、质权、留置权均可适用，而物权法没有在担保物权的一般规定部分规定担保物权存续期间，仅在抵押权一章规定了抵押权存续期间，应是有意将抵押权存续期间问题与质权、留置权相区别。为避免质权、留置权因权利人长期不行使权利导致出质人、债务人的财产被限定,《民法典》第四百三十七条规定，出质人可以请求质权人在债务履行期限届满后及时行使质权；质权人不行使的，出质人可以请求人民法院拍卖、变卖质押财产。出质人请求质权人及时行使质权，因质权人怠于行使权利造成出质人损害的，由质权人承担赔偿责任。第四百五十四条规定，债务人可以请求留置权人在债务履行期限届满后行使留置权；留置权人不行使的，债务人可以请求人民法院拍卖、变卖留置财产。即对出质人、债务人可以督促权利人行使权利的规定。此条款应是对《民法典》没有关于质权、留置权存续期限之规定可能带来的消极后果，所采取的另类解决措施，避免对已经实际占有质押财产、留置财产的质权人、留置权人的不公平。[①]

主债权诉讼时效期间不行使抵押权的，是会导致抵押权消灭，还是丧失胜诉权？从《民法典》第四百一十九条关于“人民法院不予保护”的表述来看，类似于《民法总则》关于诉讼时效届满后的法律后果的表述。而诉讼时效届满的法律后果，应系债权人丧失胜诉权，并非实体权利的消灭。但是，抵押权存续期间显然不是诉讼时效，应属除斥期间，按除斥期间之法理，在该期间内不行使权利，将导致权利消灭之后果。因此，不应因表述上的巧合而望文生义，得出抵押权期限届满抵押权人丧失胜诉权的结论。[②]《全国法院民商事审判工作会议纪要》第五十九条规定：“抵押权人应当在主债权的诉讼时效期间内行使抵押权。抵押权人在主债权诉讼时效届满前未行使抵押权，抵押人在主债权诉讼时效届满后请求涂销抵押权登记的，人民法院依法予以支持。以登记作为公示方法的权利质权，参照适用前款规定。”因此，担保物权的存续期间与主债权的诉讼时效挂钩，符合担保从属性的要求。[③]正如“过了主债权诉讼时效期间后，抵押权人丧失的是抵押权受人民法院保护的权利即获得司法强制执行的权利，而抵押权本身并没有消灭，如果抵押人自愿履行担保义务，抵押权人

---

① 参见黄薇主编:《中华人民共和国民法典释义（上)》，法律出版社2020年版，第813页。

② 最高人民法院在《民法典》编纂过程中，曾建议将“人民法院不予保护”改为“抵押权消灭”，但最终未作修改，因而并未解决该问题。参见最高人民法院民法典贯彻实施工作领导小组主编:《中华人民共和国民法典物权编理解与适用（下)》，人民法院出版社2020年版，第1145页。

③ 最高人民法院民事审判第二庭编著:《〈全国法院民商事审判工作会议纪要〉理解与适用》，人民法院出版社2019年版，第360页。

仍可以行使抵押权”[①]。

《民法典担保解释》对主债权诉讼时效期间届满后对担保物权的影响作了全面规定，即第四十四条第一款规定：“主债权诉讼时效期间届满后，抵押权人主张行使抵押权的，人民法院不予支持；抵押人以主债权诉讼时效期间届满为由，主张不承担担保责任的，人民法院应予支持。主债权诉讼时效期间届满前，债权人仅对债务人提起诉讼，经人民法院判决或者调解后未在民事诉讼法规定的申请执行时效期间内对债务人申请强制执行，其向抵押人主张行使抵押权的，人民法院不予支持。”第二款规定：“主债权诉讼时效期间届满后，财产被留置的债务人或者对留置财产享有所有权的第三人请求债权人返还留置财产的，人民法院不予支持；债务人或者第三人请求拍卖、变卖留置财产并以所得价款清偿债务的，人民法院应予支持。”第三款规定：“主债权诉讼时效期间届满的法律后果，以登记作为公示方式的权利质权，参照适用第一款的规定；动产质权、以交付权利凭证作为公示方式的权利质权，参照适用第二款的规定。”

《民法典》仅规定抵押权在主债权诉讼时效期间未行使的，人民法院不再予以保护。由于担保物权从属于主债权，因此，在主债权因诉讼时效届满而成为自然债务后，抵押权也无法通过人民法院予以保护。问题是，在抵押权不再受人民法院保护的情形下，抵押人能否提起诉讼，请求抵押权人协助办理注销抵押登记？既然抵押权已经不再受到人民法院的保护，与其让抵押登记的存在影响抵押人处分抵押物，不如明确抵押人有权请求抵押权人协助办理注销抵押登记，以充分发挥物的效用，这也是物尽其用原则的基本要求。但考虑到民法典并无主债权诉讼时效届满导致担保物权消灭的规定，而《全国法院民商事审判工作会议纪要》对此问题已经作出规定，为稳妥起见，本解释未就抵押权登记的注销问题作出规定。实践中较有争议的是，质权和留置权是否也会因主债权诉讼时效届满而不再受人民法院的保护？对此，有两种意见：一种意见认为，《民法典》第四百一十九条明确规定抵押权人未在主债权诉讼时效期间行使抵押权的，人民法院不予保护，而《民法典》第四百五十四条则规定债务人可以请求留置权人在债务履行期限届满后行使留置权。从《民法典》的上述规定可以看出，主债权诉讼时效期间届满对于权利人行使权利的影响并不相同，即明确了人民法院对于抵押权不予保护，但对于留置权的保护问题并未予以规定。考虑到《民

① 黄薇主编：《中华人民共和国民法典释义（上）》，法律出版社2020年版，第813～814页。

法典》第四百一十九条规定的抵押权一般以登记为生效要件，而留置权以债权人占有标的物为前提，因此对于权利人保护方式和处理结果上应有所区别，留置权不因主债权已过诉讼时效而不受人民法院的保护，在主债权诉讼时效期间届满后，债务人或者留置财产的所有权人虽然不能要求返还留置财产，但可以请求拍卖、变卖留置财产以清偿债务。另一种意见认为，留置权人留置债务人的财产，应视为主张权利的方式，因此无主债权诉讼时效已过的问题。显然，《民法典担保解释》采纳了第一种意见。此外，对于质权而言，以登记作为生效要件的权利质权与抵押权相似，可能发生因主债权已过诉讼时效而不再受人民法院保护的问题，应参照适用《民法典担保解释》第四十四条第一款的处理规则；动产质权、交付权利凭证为生效要件的权利质权，因质押财产及权利凭证由质权人占有，则应参照适用《民法典担保解释》第四十四条第二款的处理规则。[①]

五、对案例 70 的简要评析

在本案中，依据《物权法》第二百零二条“抵押权人应当在主债权诉讼时效期间行使抵押权；未行使的，人民法院不予保护”的规定[②]，涉案债权人即抵押权人华亭农商行在主债权的诉讼时效期间内没有行使抵押权，则抵押权消灭。因此，抵押人王某 1 请求人民法院判令抵押权人华亭农商行返还房屋产权证的理由，应当予以支持。本案的情形在司法实践中比较常见，因此说，抵押权人对行使抵押权应当采取积极的态度，否则要承担法律后果。

第九节　抵押权的实行

一、问题的提出

抵押权的实行，又称抵押权的行使，亦称抵押权的实现，是指抵押权人在债权已届清偿期而债务人不履行债务时，行使其抵押权，将抵押物变卖或者拍

① 参见刘贵祥、林文学、杨永清等：《民法典担保制度司法解释系列解读之四“关于担保物权”部分重点条文解读》，载“一法决诉疑”微信公众号。

② 对应《民法典》第四百一十九条。

卖，或者以折价的方式优先受偿，以实现其债权的行为。这里的“不履行”，既包括债务人在客观上没有履行能力而不履行，又包括债务人在客观上有履行能力而主观上不愿履行，并非指“不能履行”。与《民法典》物权编中关于连带责任保证所规定的“没有履行”亦同。

为了便于更好地研究抵押权的实行，使之达到以案说法之目的，先看一则案例，并思考之。

案例71：平安银行与瞿某某、潘某某执行分配方案异议纠纷案①

二审法院认为，本案争议焦点在于：在执行分配中，同一执行标的物抵押给数个债权人的，如何确定各抵押权人的优先受偿范围。瞿某某、潘某某主张以抵押登记的债权数额为限，平安银行则认为应以生效判决确认的优先受偿范围为依据。

首先，关于生效判决确认的平安银行抵押权优先受偿范围的问题。（2012）静民二（商）初字第579号民事判决处理的是平安银行与陈某、竺某某之间的金融借款纠纷。陈某、竺某某系债务人，其作为《抵押合同》的当事人，受该合同条款的约束，不得援引物权登记的公示公信原则对抗平安银行，故一审法院依据《抵押合同》约定的担保范围判决抵押权优先受偿的范围包括债权本金、利息、复利、罚息等，并无不当。而本案处理的系数个抵押权人之间的纠纷，后顺位的抵押权人瞿某某、潘某某系平安银行和陈某、竺某某所签订《抵押合同》以外的第三人。依据合同相对性原则，该抵押合同关于担保范围的约定对第三人不产生效力，故平安银行以此判决得出在执行款分配中，其优先受偿的范围包括债权本金、利息、复利、罚息等的结论，二审法院不予认可。

其次，关于《抵押合同》约定的担保范围与抵押登记不一致的问题。不动产抵押登记制度旨在以客观上可识别的外观形式向社会公众揭示特定不动产上设立的抵押权情况，使物权在当事人之间生效的同时，对第三人发生公示效力，以实现物权法律关系的明晰和交易秩序的稳定。登记作为不动产物权的公示方法，具有权利正确性的推定效力。《物权法》第十六条第一款已明确规定，不动产登记簿是物权归属和内容的依据。担保范围作为抵押权的内容之一，也应当以不动产登记簿的记载为准。后顺位抵押权人依据不动产登记簿的记载知晓

① 上海市高级人民法院（2018）沪民再14号民事判决书。

先顺位抵押权的担保债权数额，由此判断抵押物的抵押余额，继而对其债权受偿的可能性作出合理预期，应受法律的保护，以符合抵押登记制度的宗旨，维护交易安全。而且，《担保法解释》第六十一条明确规定，抵押物登记记载的内容与抵押合同约定的内容不一致的，以登记记载的内容为准，故平安银行依据《抵押合同》约定的担保范围对抗抵押登记的内容，突破了不动产登记簿记载的范围，不仅有悖于物权公示、公信原则，而且会损害顺位在后的抵押权人登记的抵押债权的实现，二审法院不予采信。

本案中，涉案房产先后设定了三个抵押债权：第一顺位抵押权人为平安银行，登记的债权数额为185万元，登记日为2008年4月29日；第二顺位抵押权人为瞿某某，登记的债权数额为80万元，登记日为2009年11月1日；第三顺位抵押权人为潘某某，登记的债权数额为120万元，登记日为2010年5月6日。房地产登记部门在办理涉案房产的抵押登记时，在《上海市房地产登记簿房地产抵押状况信息》及《上海市房地产登记证明他项权利（抵押）》中均仅记载主债权数额，未明确记载担保范围，故涉案房产抵押登记的债权数额均为各抵押权人的债权本金部分，并不包括利息及其他费用。根据法律规定，同一抵押物向两个以上债权人抵押的，拍卖、变卖抵押财产所得的价款，抵押权已登记的，按照登记的先后顺序清偿。因此，一审法院在执行中依据债权本金优先受偿的原则，并根据抵押登记的先后顺位确定各抵押权人分配受偿的范围和顺序，并无不当。

上海高院再审认为，本案的争议焦点为：在本案中应如何确定各债权人的优先受偿范围。经查，平安银行与陈某、竺某某签订的《抵押合同》约定担保范围为主合同项下发生的债权本金、利息、复利、罚息等。生效判决已确认陈某、竺某某应归还平安银行借款本金及相应的利息等，平安银行享有优先受偿权。《物权法》第一百七十三条亦规定，除当事人另有约定外，担保物权的担保范围包括主债权及其利息、违约金等。平安银行、瞿某某、潘某某分别于2008年4月29日、2009年11月1日、2010年5月6日办理了抵押登记，涉案抵押均为一般抵押登记。当时的上海市房地产登记证明（抵押权登记）只有债权数额一栏。一般抵押权设立登记时登记证明上记载的“债权数额”仅是设定抵押时担保的主债权数额，且平安银行在对涉案债权按规定要求进行抵押登记的同时，已将抵押合同进行了备案。其作为第一顺位抵押权人无法预知后续可能发生的抵押。瞿某某、潘某某作为第二、第三顺位抵押权人，在抵押房屋上设立的抵押权均为余额抵押，其二人应当知晓法律关于担保范围的规定，亦应当知晓一般抵押权设立登记时的填写说明及相关规定。作为后顺位抵押权人，其二人负有审慎注意义务，在与债务人一起办理抵押权登记时，可以通过要求债务人查阅已在登记机关备案的抵押合同知晓债务人与第一顺位抵押权人平安银行约定的担保范围。综上所述，原二审判决关于在未登记担保范围的情形下，则以平安银行在办理抵押登记时按规定记载的债权数额作为优先受偿范围的认定，适用法律错误，应予纠正。

根据上述案例，试问：抵押权实行的条件有哪些？抵押权实行的途径和方法有哪些？对抵押权实行的优先受偿顺序有何规定？

二、抵押权实行的条件

抵押权的实行将使抵押权人设立抵押权的目的得以实现，并使主债权得以清偿。根据《民法典》第四百一十条第一款“债务人不履行到期债务或者发生当事人约定的实现抵押权的情形，抵押权人可以与抵押人协议以抵押财产折价或者以拍卖、变卖该抵押财产所得的价款优先受偿。协议损害其他债权人利益的，其他债权人可以请求人民法院撤销该协议”的规定，抵押权实行的条件为：债务人不履行到期债务或者发生当事人约定的实现抵押权的情形的。抵押权的实行条件分为法定条件和约定条件，法定条件是指债务人一旦不履行到期债务，抵押权人即可以直接请求实现抵押权。约定条件是指当事人在抵押合同中约定，一旦抵押人实施了某种行为，抵押权人就可以基于该约定提前实现抵押权，即便此时债务履行期尚未届满。抵押权实行的法定条件可细分为：

1. 须债权有效存在。债权人和债务人之间的债权合同已经合法有效成立，且尚未消灭，才使得抵押权人（即债权人）行使抵押权有了前提条件。若债权因主合同未成立，或被确认无效，或得以撤销，或已消灭，则抵押权无实行之可能。因此，抵押权人行使抵押权，必须具有有效债权的存在。

2. 须抵押权有效存在。抵押权的实行是以抵押权合法有效地存在为前提的。若抵押所担保的主合同被宣告无效或被撤销，则抵押合同也相应被宣告无效，或者因抵押合同自身的原因而导致抵押合同无效，则抵押权自始不能有效成立，抵押权人也不得行使抵押权。

3. 须被担保债权已届清偿期。抵押权的目的在于担保债权受偿。若债权人的债权未届清偿期而允许抵押权人行使抵押权，将损害抵押人依法应当享有的期限利益。所谓期限利益，是指抵押权人实行抵押权之日与债权到期日的期间内，抵押人所享有的利益。债务人没有提前清偿债务的义务。因此，我国《民法典》第四百一十条明文规定债务人不履行到期债务为抵押权实行之要件。

4. 须债务人未履行债务。债务人未履行债务包括债务人拒绝履行、迟延履行和不适当履行。如果债务人到期已履行了债务，或者虽未履行，但依照法律和合同的规定应免除责任的，则主债权人不得行使抵押权，否则，抵押人有权提出抗辩。如果债务不履行是由于债权人的原因造成的，如债权人无正当理由拒绝债务人的履行，则抵押权人也不能行使抵押权。

三、抵押权实行的方法

根据《民法典》第四百一十条第二款“抵押权人与抵押人未就抵押权实现方式达成协议的，抵押权人可以请求人民法院拍卖、变卖抵押财产”、第三款“抵押财产折价或者变卖的，应当参照市场价格”的规定，抵押权实行的方法有两种：协议实行和拍卖、变卖。

（一）协议实行

所谓协议实行，是指债务人在履行期限届满时未履行其债务，由抵押权人与抵押人协议决定抵押权实行的情形。抵押权是一种民事权利，它是当事人在自愿、平等的基础上经过协商而设立的，其实现自然也可以依当事人之间的协议来完成，这体现了我国民法的民事主体地位平等与私法自治原则。

协议实行，就是对抵押物协议折价，是在抵押权所担保的债权已届清偿期后，抵押权人和抵押人协议以抵押物替代清偿受担保的债权，由抵押权人取得抵押物的所有权，受担保债权在协议抵偿的金额范围内消灭的一种抵押权实行方法。抵押物协议折价应以不损害其他抵押权人利益为条件，否则，不得以抵押物协议折价行使抵押权。法律所限制的只是在债务履行期限届满前作出将来转移所有权的协议，在需要实现抵押权的时候，已不存在可能给抵押人造成不利的情势，这时双方可以协议以折价的方式来清偿抵押权人的债权。[①]

抵押物协议折价应当符合下列要件：（1）须抵押权担保的债权已届清偿期。

① 黄薇主编：《中华人民共和国民法典物权编释义》，法律出版社2020年版，第521页。

（2）须抵押人与抵押权人达成抵押物折价协议。一是抵押人与抵押权人应当订立抵押物折价移转所有权的协议。二是当抵押人为第三人时，抵押物折价协议不仅是抵押权人与债务人达成协议，而且必须是经第三人（抵押人）同意，否则不生效力。三是抵押物折价协议应当是当事人的真实意思表示，不得欺诈、胁迫，否则有违诚信原则，应为无效或可撤销。四是根据《民法典》第四百一十条第三款"抵押财产折价或者变卖的，应当参照市场价格"之规定，抵押物折价的价格要公平，以参照市场价格为依据。五是抵押物折价协议的生效是否以登记为必要，依法律规定办理，凡抵押物所有权或使用权之取得应当办理权属登记的，自权属登记之日起生效。（3）抵押物协议折价应以清偿受抵押担保的债权为目的。（4）抵押物协议折价不得损害其他抵押权人的利益。凡是抵押物折价协议有损其他抵押权人和债权人的利益，其他抵押权人和债权人可根据《民法典》第五百三十八条①、第五百三十九条②行使撤销权。对此，《民法典》第四百一十条第一款规定："……协议损害其他债权人利益的，其他债权人可以请求人民法院撤销该协议。"当然，依据《民法典》第五百四十一条的规定，撤销权自债权人知道或者应当知道撤销事由之日起一年内行使。自债务人的行为发生之日起五年内没有行使撤销权的，该撤销权消灭。

（二）抵押物拍卖、抵押物变卖

1. 抵押物拍卖。所谓拍卖，又称竞买，是指以公开竞价的方法把标的物卖给出价最高的竞买者的活动或行为。抵押物拍卖受偿是抵押权实行的最为普遍的方式。拍卖可分为任意拍卖与强制拍卖两类，任意拍卖是出卖人与拍卖行订立委托合同，委托拍卖行进行的拍卖；强制拍卖是由于债务人的财产基于某些法定的原因而由司法机关如人民法院强制进行的拍卖。抵押权人与抵押人之间通过协议对抵押财产进行拍卖的，属于任意拍卖；而抵押权人与抵押人就抵押

---

① 《民法典》第五百三十八条规定："债务人以放弃其债权、放弃债权担保、无偿转让财产等方式无偿处分财产权益，或者恶意延长其到期债权的履行期限，影响债权人的债权实现的，债权人可以请求人民法院撤销债务人的行为。"

② 《民法典》第五百三十九条规定："债务人以明显不合理的低价转让财产、以明显不合理的高价受让他人财产或者为他人的债务提供担保，影响债权人的债权实现，债务人的相对人知道或者应当知道该情形的，债权人可以请求人民法院撤销债务人的行为。"

权发生争议而诉至法院的，人民法院经审理后判决拍卖抵押财产的，则为强制拍卖。以拍卖的方式实现抵押权具有较多优点，因为拍卖是以公开竞价的方式出卖标的物，因此拍卖的成交价格能够最大限度地体现拍卖财产的价值，既有利于维护抵押人的利益，也能充分发挥抵押财产对债权的担保功能，从而维护抵押权人的利益。

2. 抵押物的变卖。抵押物变卖清偿，是指在债务人不履行债务时，抵押权人与抵押人协议将抵押物出卖，而以出卖的价格清偿受抵押权担保的债权。抵押物变卖简便易行、省时省力，是抵押权实行的一种较为普遍的方式，但在变卖时，应根据《民法典》第四百一十条第三款之规定，参照当时当地的市场价格进行，以保证抵押物变卖价格的公正。

需要特别提及的是，根据《民法典》第四百一十三条“抵押财产折价或者拍卖、变卖后，其价款超过债权数额的部分归抵押人所有，不足部分由债务人清偿”之规定，抵押权实行的方法无论是抵押物协议折价，还是抵押物拍卖、变卖，其价款超过所担保债权数额部分归抵押人所有；其不足部分应由债务人清偿，抵押人（第三人）不再承担不足部分的责任，因为第三人非为主债务的债务人，他只能在其提供的抵押物的范围内承担责任，超过此界限，则其理应不承担任何责任，这也是第三人愿意提供抵押担保的原因之一。要防止和杜绝让第三人超出抵押物价值而无限度地承担抵押担保责任的错误做法。

在司法实践中，抵押人的权利义务会因抵押财产价值的增减而受影响。对抵押财产价值计算的时间应明确为抵押权实现时抵押财产的价值，而非抵押权设定时的价值。当事人设定抵押时，未对抵押财产进行评估，或者估价失误，或者设定抵押的当时，抵押财产价值与所担保的债权数额相当，后因市场波动等不可预测的原因导致抵押财产价值下跌的，在债务清偿时应对抵押财产重新估价，按照抵押权实现时的价值进行清偿，抵押权人无权按抵押设定时约定的价值向债务人追偿。抵押权设定后，抵押财产价格上涨时，抵押人不享有使增加的价值脱离担保的权利；抵押财产价格下降时，抵押人不承担按减少的价值补充担保的义务。抵押财产折价或者拍卖、变卖该抵押财产的价款低于抵押权设定时约定价值的，应当按照抵押权实现时的价值进行清偿，不足清偿全部债权的，抵押系由债务人以外的第三人提供的，第三人对剩余的债权不再承担担保责任。此时，如果抵押人系债务人，债务人对剩余的债权亦不再承担担保责任，剩余的债权仅能作为一般债权由债务人负清偿责任。

四、抵押权实行的优先受偿顺序

所谓优先受偿顺序，是指同一财产向两个以上抵押权人抵押的，拍卖、变卖抵押物所得的价款应当优先清偿谁的债权。在再抵押、重复抵押的情形下，涉及抵押权实行的优先受偿顺序问题，确有探讨之必要。

（一）抵押权的顺序概说

抵押权的顺序，也称抵押权的顺位，有广义和狭义之分，狭义的抵押权顺序是指同一抵押物上存在多个抵押权时，每一抵押权相互之次序。狭义的抵押权顺序决定抵押权相互之间的效力顺位。与之相反，广义的抵押权顺序，除了包括狭义的抵押权顺序以外，还包括抵押权与其他优先权之间的效力次序，故广义的抵押权顺序实际上是指在同一抵押物上存在多个优先权时，各个不同的优先权相互之间的效力次序。它不仅包括抵押权相互之间的效力次序，而且也包括抵押权与质权之间、抵押权与留置权之间、抵押权与其他优先权之间的顺序。本书中所谓的抵押权顺序为狭义的抵押权顺序。

《民法典》第四百一十四条规定："同一财产向两个以上债权人抵押的，拍卖、变卖抵押财产所得的价款依照下列规定清偿：（一）抵押权已经登记的，按照登记的时间先后确定清偿顺序；（二）抵押权已经登记的先于未登记的受偿；（三）抵押权未登记的，按照债权比例清偿。其他可以登记的担保物权，清偿顺序参照适用前款规定。"该条规定由《物权法》第一百九十九条修改而来：删除了《物权法》第一百九十九条第一项中"顺序相同的，按照债权比例清偿"的规定；增加了第二款"其他可以登记的担保物权，清偿顺序参照适用前款规定"。随着不动产统一登记制度的全面实行，不动产权利都经由不动产登记机构在统一的不动产登记簿上办理登记，同一个不动产上设立的多个抵押权都登记在一个登记簿上，可以对各个抵押权登记的先后顺序作出判断。[①] 因此，不存在登记顺序相同（是指同一日登记的抵押权顺序相同，即同一日登记的抵押合同同时生效[②]）的情形。

---

① 黄薇主编：《中华人民共和国民法典物权编释义》，法律出版社 2020 年版，第 533 页。

② 《担保法解释》第五十八条第一款规定："当事人同一天在不同的法定登记部门办理抵押物登记的，视为顺序相同。"

（二）抵押权实行的优先受偿顺序确定

根据我国《民法典》第四百一十四条的规定，抵押权实行的优先受偿顺序的确定，应遵循的一般原则是：

1. 抵押权已登记的，按照登记的时间先后确定清偿顺序。该清偿顺序遵循登记在先，顺序优先原则。即登记抵押权相互之间顺序的确定以抵押物登记的先后时间顺序为标准，登记在先的抵押权优先于登记在后的抵押权。只有在先的债权获清偿后，才可清偿后设的抵押债权。以抵押权登记时间的先后顺序为标准清偿抵押债权是世界各国抵押担保制度中的通行规则。该清偿顺序不仅适用于以登记为生效要件的不动产抵押，也适用于以登记为对抗要件的动产抵押，即无论是不动产抵押还是动产抵押，数个抵押权都已登记的，应当按照登记时间确定被担保债权的清偿顺序。抵押登记时间的确定，应当以登记簿材料中记载的时间为准。

当然，任何原则都有例外，该另外须基于法律的明确规定。如《民法典》第四百一十六条规定的动产购买价款抵押担保的优先权："动产抵押担保的主债权是抵押物的价款，标的物交付后十日内办理抵押登记的，该抵押权人优先于抵押物买受人的其他担保物权人受偿，但是留置权人除外。"由于买卖价款抵押权人可以优先于债务人在该动产上的除留置权以外的其他担保物权人受偿，因此在国外的相关制度以及学术理论中被称为"超级优先权"。[①]

2. 抵押权已登记的先于未登记的受偿。该清偿顺序只有在动产抵押权上才有发生的可能。[②]因为在不动产抵押中，未办理抵押登记的，不发生抵押权的效力，也就不会发生未登记的抵押权与已经登记的抵押权之间清偿顺序的问题。根据《民法典》物权编的规定，当事人以动产抵押的，可以自愿办理抵押登记，而不要求必须办理登记。动产抵押权无论是否办理抵押登记都自抵押合同生效时发生效力。但是，办理抵押权登记的，抵押权人可以对抗第三人。《民法典》第四百一十四条第一款第二项的规定主要是因为办理抵押登记的，其他债权人可以通过查阅登记资料知道该财产已经设定抵押的情况，公示性较强；

① 黄薇主编：《中华人民共和国民法典物权编释义》，法律出版社 2020 年版，第 538 页。

② 孙宪忠、朱广新主编：《民法典评注·物权编》（第 1 卷），中国法制出版社 2020 年版，第 221 页。

没有办理抵押登记的，其他债权人并不知情。所以，法律对已登记的抵押权予以特别的保护。[①]

3. 抵押权未登记的，按债权比例清偿。该清偿原则也是针对动产抵押而言的。动产所有权人有权在同一动产上多次设定抵押，其每次设定均为有权处分，在同一抵押财产上设定数个抵押权时，各抵押权人互为第三人，为保障其清偿顺序应当及时进行登记。若每个抵押权均进行了登记，则按照抵押权登记的时间先后确定清偿顺序；若部分抵押权进行了登记，则已登记的抵押权优先于未登记的受偿；若抵押权均未登记，其互相之间均不得对抗，则按照债权比例进行清偿。

4. 其他可以登记的担保物权可以参照适用《民法典》第四百一十四条第一款的规定。该条第二款对抵押权以外可登记的担保物权参照适用作出开放性规定。[②] 可参照适用该条款的担保物权，不仅包括可登记的典型担保，也包括可登记的非典型担保。如典型担保中的动产质权、权利质权可以准用。非典型担保中所有权保留[③] 以及融资租赁[④] 可以参照适用。

五、几种特殊抵押权的实行

（一）《民法典》第四百一十七条所规定的建设用地使用权抵押的实行

我国《民法典》第四百一十七条规定："建设用地使用权抵押后，该土地上新增的建筑物不属于抵押财产。该建设用地使用权实现抵押权时，应当将该土地上新增的建筑物与建设用地使用权一并处分，但是，新增建筑物所得的价款，抵押权人无权优先受偿。"该条规定是针对《民法典》第三百九十七条"以建筑物抵押的，该建筑物占用范围内的建设用地使用权一并抵押。以建设用地使用权抵押的，该土地上的建筑物一并抵押。抵押人未依据前款规定一并抵押的，未抵押的财产视为一并抵押"中以建设用地使用权抵押适用"房随地走"

---

① 黄薇主编：《中华人民共和国民法典物权编释义》，法律出版社2020年版，第535页。

② 最高人民法院民法典贯彻实施工作领导小组主编：《中华人民共和国民法典物权编理解与适用（下）》，人民法院出版社2020年版，第1126页。

③ 《民法典》第六百四十一条规定："当事人可以在买卖合同中约定买受人未履行支付价款或者其他义务的，标的物的所有权属于出卖人。出卖人对标的物保留的所有权，未经登记，不得对抗善意第三人。"

④ 《民法典》第七百四十五条规定："出租人对租赁物享有的所有权，未经登记，不得对抗善意第三人。"

原则的特别规定。虽然土地上新增的房屋不属于抵押物，但由于新增房屋与原有房屋之关联性以及利用上的便利，为了更好地发挥抵押物之经济价值，不致割裂物之使用，我国《民法典》物权编规定，需要拍卖抵押之房地产时，可以依法将土地上新增的房屋与抵押物一同拍卖。这是法律对于抵押效力的延伸，目的是便利抵押权的实现。尽管新增房屋可以与抵押物一同拍卖，但由于其不属于抵押物的范围，对于新增房屋拍卖所得之价款，若为债务人所有，则抵押权人无权优先受偿，而只能作为一般债权人受清偿。若为第三人所有新增房屋的价款，应归第三人所有。

在司法实践中，应当注意建设用地使用权抵押权的效力不及于其设定后新增的房屋的规定，可能产生两种不适当的后果。

1. 在处分抵押的建设用地使用权时，可能出现土地使用权与房屋异其主体的现象。对于这一不适当后果，我国法律通过借鉴日本民法和我国台湾地区“民法”的做法予以消除，即允许抵押权人有权将建设用地使用权与新增房屋一同处分，但对新增的房屋的变价无权优先受偿，除非抵押合同有相反的约定。

2. 由于新增房屋在一定范围内可能影响建设用地使用权，因此抵押的建设用地使用权在处分时价值可能降低，从而使抵押权人的合法权益受到影响。对这种不适当后果的解决，有学者主张可采取如下办法：在能证明抵押建设用地使用权确因新增房屋而使售价降低的情况下，就可使抵押权的效力用于新增房屋变价的一部分，该部分的范围与土地使用权变价的降低额相等。此方法实际上表明，抵押建设用地使用权因新增房屋而使售价降低时，房地产抵押权的效力及于其设定后新增的房屋。而且上述两种处理办法都是在设定房地产抵押权时，抵押权人不知道日后要新增房屋，如果抵押权人于设定抵押时就知道日后要新增房屋，甚至在对抵押土地使用权估价时已将新增房屋的因素考虑在内，那么，依照物权法规定不允许抵押权人将新增房屋变价，也不允许以新增房屋的部分变价弥补抵押土地使用权的变价降低额。但在实践中，建设用地使用权抵押权效力是否及于新增的房屋，似可视情况区别对待：当抵押人告知抵押权人需要新增房屋并得到抵押权人同意的，建设用地使用权抵押权的效力不及于其设定后新增的房屋。因为此时抵押人与抵押权人实际上已对该抵押物作了重新估价。或者当被担保债权的数额低于或等于单独的地上建筑物及其他附着物或土地使用权的价值额的情况下，建设用地使用权抵押权的效力也不及于其设定后新增的房屋。

当抵押人未告知抵押权人需要新增房屋时，建设用地使用权抵押权的效力及于其设定后新增的房屋。建设用地使用权抵押成立后，抵押人可自由转让抵押物或在抵押物上设定权利，但抵押权不因此而受影响，抵押权人于其债权届期未获满足时，可追及该房地产，主张换价受偿。抵押人未经抵押权人同意，在抵押物上设定权利，如新增房屋或在已被抵押的楼房上加盖几层新房，建设用地使用权因新增房屋而使售价降低，侵害了抵押权人的合法权益，抵押权人可通过新增的房屋变价优先受偿以弥补售价降低带来的损失。这样，就有利于权利义务关系的稳定与交易的安全。

（二）《民法典》第四百一十八条所规定的抵押权实行

我国《民法典》第四百一十八条规定："以集体所有土地的使用权依法抵押的，实现抵押权后，未经法定程序，不得改变土地所有权的性质和土地用途。"法律之所以作出这样的规定，是为了防止农业用地的流失，农村集体土地使用权的流转应当坚持土地的集体所有和不改变土地用途。以荒山、荒沟、荒丘、荒滩等荒地的土地使用权和乡（镇）、村企业的厂房等建筑物占有范围内的土地使用权抵押的，在实现抵押权后，未经法定程序，土地的所有权不得移转，仍归集体所有，也不得擅自改变这些土地的原有用途。

六、对案例 71 的简要评析

在本案中，涉案房产先后设定了三个抵押债权：第一顺位抵押权人为平安银行，登记日为 2008 年 4 月 29 日；第二顺位抵押权人为瞿某某，登记日为 2009 年 11 月 1 日；第三顺位抵押权人为潘某某，登记日为 2010 年 5 月 6 日。依据《民法典》物权编的规定，抵押权已登记的，按照登记的时间先后确定清偿顺序。那么，涉案房产的清偿顺序依次是平安银行、瞿某某、潘某某。

本案争议的焦点是平安银行与陈某、竺某某所签订《抵押合同》约定的担保范围与抵押权登记的担保范围不尽一致时如何认定的问题。《全国法院民商事审判工作会议纪要》（法〔2019〕254 号）第五十八条规定，以登记作为公示方式的不动产担保物权的担保范围，一般应当以登记的范围为准。但是，我国目前不动产担保物权登记，不同地区的系统设置及登记规则并不一致，人民法院在审理案件时应当充分注意制度设计上的差别，作出符合实际的判断：一是多数省区市的登记系统未设置“担保范围”栏目，仅有“被担保主债权数额（最高债权数额）”的表述，且只能填写固定数字。而当事人在合同中又往往约定担保物权的担保范围包括主债权及其利息、违约金等附属债权，致使合同约定的担保范围与登记不一致。显然，这种不一致是由于该地区登记系统设置及登记规则造成的普遍现象。人民法院以合同约定认定担保物权的担保范围，是符合实际的妥当选择。二是一些省区市不动产登记系统设置与登记规则比较规范，担保物权登记范围与合同约定一致在该地区是常态或者普遍现象，人民法院在审理案件时，应当以登记的担保范围为准。据此，本案中平安银行与陈某、竺某某所签订的《抵押合同》明确约定了抵押物的担保范围，且该合同亦进行了备案登记，使得第二顺位、第三顺位的抵押权人明知抵押物对平安银行债权的担保范围，自愿承担了抵押物余额担保的风险。因此，再审改判是正确的。由于登记簿的设置没有完全与法律规定相一致，让无辜的债权人承担因此导致的损失对其不公。①

第十节 最高额抵押权

一、问题的提出

《民法典》第四百二十条至第四百二十四条对最高额抵押权作了规定，使最高额抵押权纠纷的处理有了遵循。先看一则案例，并思考之。

案例72：尤某、王某梅与临泉农商行、路达建材公司等借款合同纠纷案②

最高人民法院经审查认为，根据原审查明事实，案涉2016年2月3日003号《借款合同》虽然也约定了路达建材公司向临泉农商行借款3500万元，但临泉农商行发放第一笔3500万元贷款是基于路达建材公司向其出具的提款

① 最高人民法院民事审判第二庭编著：《〈全国法院民商事审判工作会议纪要〉理解与适用》，人民法院出版社2019年版，第358页。

② 最高人民法院（2019）最高法民申3097号民事裁定书。

申请书，该提款申请书载明“根据双方签订的0194号《借款合同》约定，拟提取金额为3500万元贷款”，原审据此认定该笔3500万元贷款系依据0194号《借款合同》发放并不缺乏证据支持。关于尤某、王某梅应否承担担保责任。尤某、王某梅用相同的抵押物分别于2016年2月3日、2月4日与临泉农商行签订了两份《最高额抵押合同》，其中2016年2月3日签订的003号《最高额抵押合同》办理了抵押登记，约定担保的主债权为临泉农商行自2016年2月3日至2018年2月3日向路达建材公司提供的最高贷款金额为3500万元可周转性或分期发放的贷款，本案中，临泉农商行在上述最高额抵押担保期间内虽向路达建材公司共发放了7000万元贷款，但第二笔3500万元是在第一笔贷款已分批偿还的情况下进行续贷而发放的，合计欠款仍为3500万元，并未超出尤某、王某梅所签订的《最高额抵押合同》约定担保的最高债权额，根据《物权法》第二百零三条第一款“为担保债务的履行，债务人或者第三人对一定期间内将要连续发生的债权提供担保财产的，债务人不履行到期债务或者发生当事人约定的实现抵押权的情形，抵押权人有权在最高债权额限度内就该担保财产优先受偿”的规定，原审认定尤某、王某梅应承担抵押担保责任并不缺乏法律依据。同时，本案中，第一笔贷款3500万元发放后，该款项数额虽与涉案《最高额抵押合同》约定担保的最高债权额相等，但根据《物权法》第二百零六条“有下列情形之一的，抵押权人的债权确定：（一）约定的债权确定期间届满；（二）没有约定债权确定期间或者约定不明确，抵押权人或者抵押人自最高额抵押权设立之日起满二年后请求确定债权；（三）新的债权不可能发生；（四）抵押财产被查封、扣押；（五）债务人、抵押人被宣告破产或者被撤销；（六）法律规定债权确定的其他情形”的规定，该事由并不属于债权确定的情形。此外，对于路达建材公司续贷的3500万元贷款，尤某、王某梅出具了个人保证承诺书，签订了《保证合同》，且续贷后，临泉农商行向路达建材公司发放的贷款额度也未超出0194号《借款合同》的约定，客观上并未加重尤某、王某梅基于0194-2号《保证合同》所应负担的义务，原审据此认定尤某、王某梅承担保证责任并不缺乏依据。综上，尤某、王某梅的再审申请不符合《民事诉讼法》第二百条规定的应当再审情形，裁定驳回尤某、王某梅的再审申请。

根据上述案例，试问：何谓最高额抵押权？其有何特征？最高额抵押权的构成要素有哪些？最高额抵押权的效力如何？

二、最高额抵押权的法律意义

根据《民法典》第四百二十条的规定，所谓最高额抵押权，是指抵押人与抵押权人协议，为担保债务的履行，债务人或者第三人对一定期间内将要连续发生的债权提供抵押担保的，债务人不履行到期债务或者发生当事人约定的实现抵押权的情形，抵押权人有权在最高债权额限度内就该担保财产优先受偿。最高额抵押权设立前已经存在的债权，经当事人同意，可以转入最高额抵押担保的债权范围。最高额抵押权与传统抵押权相比，具有以下法律特征：

1. 最高额抵押所担保之债权通常为将来的债权。按传统抵押权制度，抵押权应随其所担保的债权的成立而成立，此为抵押权成立的从属性。为将来债权设定的抵押无效（此为原则，为将来必定发生的确定的债权可以设定抵押是例外）。然而在最高额抵押设定时，债权人与债务人之间仅有基础法律关系，将来由此发生的债权才是担保的对象。也就是说，在设定抵押权时，主债权尚未发生。这是最高额抵押对传统抵押成立上的附从性的突破。

2. 最高额抵押必须预定最高限额。所谓最高限额，是指抵押权人基于最高额抵押权，对于抵押物的交换价值就其债权能够优先受偿的最高数额。最高额抵押权仍属担保物权，仍是抵押权人对抵押物交换价值的支配权。抵押权人的支配范围如果没有量的界限，不仅有害于交易安全，而且也不合理地限制了抵押人对抵押物的利用，有悖于物尽其用的原则。所以，尽管最高额抵押设定时，主债权尚未发生，其数量难以确定，但也必须有所确定。确定的办法不是判断债权的数额，而是确定抵押物担保的债权的最高限额，债权人的优先受偿仅在最高限额内存在。如果实际发生的债权额在最高限额内，债权人的债权能全部优先受偿，但属于实际发生的债权超过了最高限额，其超过部分不能优先受偿。

3. 对一定期间内连续发生的债权作担保。最高额抵押期间是最高额抵押合同的一项基本内容，也是判断债权是否属于抵押担保债权的时间标准。没有“一定期间”，最高额抵押合同就不能成立。在最高额债权限度内，凡是发生在“一定期间”之内的债权都属于有抵押担保的债权；反之，发生在“一定期间”之外的债权，属于无抵押担保的债权。在约定的一定期间内，如果债权没有实际发生，最高额抵押合同因缺乏被担保的主债权而自行终止。

4. 最高额抵押所担保的债权为不确定债权。传统抵押权在其设定时，所担保的债权已经确定，而最高额抵押担保的是“在一定期间内连续发生”的债权，因此，在最高额抵押设定时，担保债权无论在数量上还是债权额上均不确定。

三、最高额抵押权的构成要素

最高额抵押权由抵押人与抵押权人合意设定，但最高额抵押与一般抵押有所不同，最高额抵押的设定应由下列因素构成：

1. 原因交往合同。原因交往合同是债权人与债务人之间就一定期间内连续发生债权债务关系的总合同，它是最高额抵押发生的基础性合同，对于确定最高额抵押的最高限额有重要意义。根据《民法典》物权编的规定，最高额抵押的原因交往合同仅限于担保债务的履行，并非如《担保法》所规定的仅仅限于借款合同和债权人与债务人就某项商品在一定期间内连续发生交易而签订的合同。原因交往合同应当具有连续性和不确定性，它是对将来可能发生的一系列债权的概括性担保，因此其所担保的主债权金额在最后确定之前，可以随时增减变动，只有最高限额是确定的，若缺少最高限额，则不成立最高额抵押。

2. 决算期。决算期是指确定抵押权所担保的债权实际数额的时间。最高额于其设定时，仅确定了抵押权所担保的债权范围，在担保有效期间，抵押权所担保的债权额可能随时发生变动，因此，双方约定的最高限额并非抵押权实际的担保额，实际的担保债权额必须在决算时另行确定，所以设定的最高额抵押时应当约定决算期。当双方未明确约定决算期的，依照最高额抵押主合同届时日期确定。同时，应当明确，当事人对最高额抵押合同的最高限额、最高额抵押期间进行变更，以其变更对抗顺序在后的抵押权人的，人民法院不予支持。

关于决算期，《民法典》第四百二十三条规定："有下列情形之一的，抵押权人的债权确定：（一）约定的债权确定期间届满；（二）没有约定债权确定期间或者约定不明确，抵押权人或者抵押人自最高额抵押权设立之日起满二年后请求确定债权；（三）新的债权不可能发生；（四）抵押权人知道或者应当知道抵押财产被查封、扣押；（五）债务人、抵押人被宣告破产或者解散；（六）法律规定债权确定的其他情形。"

（1）约定的债权确定期间届满。约定的债权确定期间届满，即意味着抵押合同约定的决算期届至。决算期是最高额抵押合同的一个重要内容，是确定最高额抵押权所担保的债权实际数额的时间。最高额抵押合同中，如果没有约定决算期，最高额抵押权就会无限期地延长，这对抵押财产所有人非常不利。如果最高额抵押合同约定了决算期，则决算期届至时，最高额抵押权所担保的债权额确定。最高额抵押的清偿期，是抵押人履行债务的时间，与决算是不同的概念。决算期届至债权额，清偿期未必届至。最高额抵押合同当事人可以在决算期外另行约定清偿期。抵押合同约定决算期属于当事人意思自治，法律不予干涉。

（2）没有约定债权确定期间或者约定不明确，抵押权人或者抵押人自最高额抵押权设立之日起满二年后请求确定债权。在最高额抵押合同中，如果没有约定决算期或者约定不明确，则最高额抵押权就会无限期地延长，最高额范围内的抵押财产担保价值就会一直处于被剥夺状态，这对抵押财产的所有人甚为不利。因此，法律赋予抵押人请求确定最高额抵押权担保债权的权利。可见，该确定请求制度是为保护抵押物所有人的利益而设立的，故不允许当事人之间以任何特别约定排除之。即使当事人有排除确定请求权行使的特别约定，亦为无效，不影响确定请求权的存在。抵押物所有人行使确定请求权只需作出意思表示即可，无须采取书面形式。但是，抵押权人或者抵押人行使确定请求权须具备三个条件：一是行使请求权的人应为抵押人。抵押权人请求的，亦应当允许。如果抵押财产为多数人共有，因确定请求权并不涉及抵押财产的处分，而仅是一种保存行为，故得由共有人中之一人单独行使。此外，应当允许抵押财产所有人的债权人代位行使确定请求权。因为，如果抵押物所有人不行使确定请求权，则被担保的债权可能继续增加，相应地，抵押财产的价值就会减少，抵押财产所有人的一般财产也就会因此而减少。故债权人为保全自己的债权，自可代位行使确定请求权。二是最高额抵押合同没有约定决算期。因为合同约定了决算期的，只能依决算期确定最高额。但在特殊情况下，即使抵押合同约定了决算期，若债务人的资产状况显著恶化，民法学理认为抵押物所有人亦可依情事变更原则行使确定请求权。三是最高额抵押合同设定后满一定期间，即二年。之所以规定这种期限的限制，主要目的在于协调利害关系人之间的利益关系。

（3）新的债权不可能发生。如果最高额抵押权所担保的债权已没有发生的可能性，则构成最高额抵押权确定的原因。最高额抵押权所担保的债权不可能再发生的原因主要有三：其一，一定种类交易的终结。如果最高额抵押权所担保的债权系基于一定种类交易所发生的，则于该交易终结时，债权亦无发生的可能性，最高额抵押权即应确定。当事人之间的交易关系的终结，完全取决于双方的意思。所以，交易双方当事人合意终结交易关系，二者间的交易关系即终结，第三人不得干涉。即使只有一方当事人有终结继续交易的意思，亦应认为交易关系终结。其二，继续性交易合同的终止。如果最高额抵押权所担保的债权系基于继续性交易合同所产生的债权，则于该合同终止时，该债权已丧失发生的可能性，最高额抵押权即应确定。如果继续性交易合同已被解除，亦发生同样的后果。其三，最高额抵押权所担保的债权决定标准变更。最高额抵押权所担保的债权决定标准有所变更，而按变更后的标准，被担保的债权无再发生的可能性时，最高额抵押权即应确定。

（4）抵押财产被查封、扣押。最高额抵押权存续期间，抵押财产被查封、扣押的，其通常的结果可能导致抵押财产被强制拍卖。此时，如果强制拍卖抵押财产，抵押权消灭，最高额抵押应当确定。因此，抵押财产被查封、扣押应为抵押债权确定的原因。最高额抵押的抵押财产被其他债权人申请折价、拍卖或者变卖的，最高额抵押所担保的债权于折价、拍卖或者变卖之日起确定。最高额抵押权所担保的债权范围，不包括抵押物因财产保全或者执行程序被查封后发生的债权。

（5）债务人、抵押人被宣告破产或者解散。债务人、抵押人被宣告破产是指法院对债务人、抵押人具备破产原因的事实作出有法律效力的认定。[①]债务人、抵押人被撤销，是债务人、抵押人根据国家主管机关或者法院的裁决而强制解散，是债务人、抵押人进行清算的缘由之一。最高额抵押的抵押人或者债务人破产或者被撤销的，最高额抵押所担保的债权于债务人或者抵押人被宣告破产或者被有关机关作出撤销决定之日起，抵押权人的债权得以确定。

（6）法律规定债权确定的其他情形。除上述五种情形之外，本条为适应实务的发展还作了概括性的规定。根据审判实务，最高额债权被确定的原因还可能包括抵押物被强制拍卖。在抵押关系存续期间，如果抵押物被强制拍卖，则抵押权消灭。所以在最高额抵押权存续期间，如果欲强制拍卖抵押物，则必须使最高额抵押权确定。因此，抵押物的强制拍卖亦成为最高额抵押权确定的原因。

3. 最高额抵押转让的限制。在一般抵押中，债权可以转让，抵押权应具有附从性，故应随主债权的转让而发生转让。但在最高额抵押中，由于未来发生的债权是不确定的，经常处在变化之中，若在决算期尚未到来之前，债权人随

---

① 王卫国：《破产法》，人民法院出版社1999年版，第110页。

意转让其债权，而抵押权也仍随之转移，特别是当债权人将多项债权分别转让给多人，抵押权的效力也要及于这些转让的债权时，将会使法律关系混乱。因此，《民法典》第四百二十一条规定："最高额抵押担保的债权确定前，部分债权转让的，最高额抵押权不得转让，但当事人另有约定的除外。"

四、最高额抵押权的效力

1. 最高额抵押的效力范围。最高额抵押权所担保之债权，于最高额的范围内，决定其实际额。因此被担保之债权额于决算期前，得随时增减变动，纵因清偿关系，于决算期前其债权额曾一度为零，其抵押权并不因此消灭，仍为其后发生的债权继续存在。直至决算期时，其债权额始能确定，此时如实际发生的债权额超过了预定额，则仅以预定之最高额作为抵押权所担保的债权额。倘不及预定额度，则以实际发生之金额作为抵押权所担保的债权额。债权额的内容不限于合同所记载之金额，利息及违约金等亦包括在最高额度内，但最高额抵押权所担保的债权范围，不包括抵押物因财产保全或者执行程序被查封后或债务人、抵押人破产后发生的债权。

2. 最高额抵押权的处分。最高额抵押权为抵押权之一种，依抵押权之一般规则，抵押权人自得处分。但在转让时，须待其担保的债权确定后，方能随同其债权一并转让，此为国外民法之一般规定。我国《民法典》第四百二十一条规定，最高额抵押担保的债权确定前，抵押权人与抵押人可以通过协议变更确定的债权期间、债权范围以及最高债权额，但是变更的内容不得对其他抵押权人产生不利影响。

最高额抵押合同作为当事人双方意思表示一致的结果，当然可以按双方的意思对合同条款进行变更；但是，最高额抵押合同为涉及物权变动的合同，其条款的变更，除涉及双方当事人的利益外，还会涉及第三人的利益，因此，本法对最高额抵押合同条款的变更有一些限制性规定，目的在于保护当事人及利害关系人的利益，维护正常的交易安全。本条规定的最高额抵押协议变更制度，是指对被担保债权、最高限额、决算期等的变更。具体含义阐释如下：

（1）确定债权的期间的变更。其也称为决算期的变更。对于最高额抵押合同中约定的决算期，当事人可以变更，既可以延长决算期，也可以缩短决算期。且此项变更无须征得第三人的同意。但决算期已经登记的，在变更时亦应为变更登记，否则不得对抗后顺位经过登记的抵押权人和其他善意第三人。

（2）债权范围的变更。债权范围的变更就是最高额抵押权所担保的债权范围的变更，主要是指担保债权的更换。在不改变最高额抵押权存在基础的前提下，应当允许当事人变更债权，以满足当事人的利益需要。设定抵押权的债权得以其他债权代替之，最高额抵押的债权，经抵押人和债权人的一致同意并为登记也得为更换，不仅各个债权得以其他债权更换，而且也得将整个债权范围更换。

（3）最高债权额的变更。最高额抵押合同成立后，合同中约定的最高额可依当事人的合意增加或减少。但是最高额抵押权所担保的债权，抵押权人仅在最高额范围内对抵押财产具有优先受偿的地位，因此，抵押合同约定的最高限额，决定着抵押财产的交换价值的可利用程度，同时也决定着抵押权人对抵押财产的交换价值的可支配范围，最高额的变更对在同一抵押顺序抵押权的债权人以及普通债权人的影响很大，故不允许当事人一方单独加以变更，除非最高抵押权人放弃该权利。最高限额的变更，依据抵押财产的性质，非经登记不生效力或者非经登记不得对抗善意第三人。增加最高限额时，不得以其增加部分对抗变更登记前已成立的后顺序抵押权利人，这样有利于保护第三人的利益。

3. 最高额抵押权的实行。最高额抵押权的实行须具备如下条件：其一，担保债权额须业已确定；其二，于决算期外，当事人得自定清偿期。若未另定清偿期者，设定有抵押权的存续期间，期间届满即清偿期届至。倘若此项存续期间亦未明定，在解释上决算期视为清偿期。根据《担保法解释》第八十三条之规定，最高额抵押权所担保的不特定债权，在特定后，债权已届满清偿期的，最高额抵押权人可以根据普通抵押权的规定行使其抵押权。抵押权人实现最高额抵押权时，如果实际发生的债权余额高于最高限额的，以最高限额为限，超过部分不具有优先受偿的效力；如果实际发生的债权余额低于最高限额的，以实际发生的债权余额为限对抵押物优先受偿。

4. 最高额抵押权的消灭。最高额抵押权所担保的债权，如确定地不发生，则最高额抵押权消灭。最高额抵押中如其所担保的债权额已确定，即转化为普通抵押权，此时自应适用一般抵押权的规定，因而其消灭原因与普通抵押权相同。

五、对案例 72 的简要评析

在本案中，主合同是路达建材公司与临泉农商行签订的 003 号《借款合同》，约定借款3500万元，临泉农商行依照合同约定履行了放贷义务，借款到期后，路达建材公司续贷3500万元，其实质是一个3500万元。尤某、王某梅与临泉农商行签订了003号《最高额抵押合同》，并办理了抵押权登记，合同约定担保的主债权为临泉农商行自2016年2月3日至2018年2月3日向路达建材公司提供的最高贷款金额为3500万元可周转或分期发放的贷款。在合同约定期间内，虽临泉农商行放贷7000万元，但是第二笔贷款3500万元属于续贷，其结欠的贷款余额是3500万元，并没有超过《最高额抵押合同》约定的最高限额。因此，尤某、王某梅应当承担抵押担保责任。同时，续贷3500万元时，尤某、王某梅又与临泉农商行签订了《保证合同》，据此应当承担保证责任。

第三章 质权

第一节 质权概说

一、问题的提出

我国《民法典》物权编第十八章共计用了22个条文明确规定了质权。该章分别从动产质权和权利质权角度规定了质权。在研究质权的几个一般性问题之前，先看一则案例，并思考之。

案例73：质押担保借款纠纷案

某家电维修部业主于某欲去上海购进一批维修零配件，与某商业银行神龙支行（以下简称神龙支行）协商贷款10000元，并由王某以其存款单作质押担保。某年3月3日，于某、王某、神龙支行签订借款质押担保合同书，主要约定：于某借款10000元，月利息为0.9分，借款期限为三个月，质押担保方式为于某的价值6000元的长虹彩电音响一套和王某在神龙支行的存款单5000元一张。合同签订的同日，于某将长虹彩电音响一套和王某的存单移交于神龙支行，神龙支行将10000元支付给于某。借款到期后，于某仅偿还了借款利息和借款本金2000元，尚欠8000元未还形成纠纷，神龙支行以于某、王某为被告而诉至某区人民法院。

该法院审理后认为，借款质押担保合同系神龙支行、于某、王某的真实意思表示，并不违反有关法律规定，应为有效合同。于某尚欠8000元借款本金及利息应当限期给付，逾期给付，神龙支行对质物依法享有优先受偿权，并判决：于某付给神龙支行借款8000元及利息，神龙支行依法对质物享有优先受偿权。

根据上述案例，试问：何谓质押？何谓质权？其法律关系如何？质权如何分类？质权有何特征？质权与抵押权有何区别？质押合同的内容和形式如何？对质物有何规定？

二、质押和质权

（一）质押和质权的概念

所谓质押，是指债务人或者第三人将其动产或者权利凭证移交给债权人占有，将该动产或者权利作为债权的担保，在债务人不履行债务时，债权人有权以该动产或权利折价或者以拍卖、变卖所得的价款优先受偿。我国《担保法》第六十三条第一款对动产质押的概念进行了明确规定，“本法所称动产质押，是指债务人或者第三人将其动产移交债权人占有，将该动产作为债权的担保。债务人不履行债务时，债权人有权依照本法规定以该动产折价或者以拍卖、变卖该动产的价款优先受偿”。

质押在传统民法上称为“质权”，又称为“质押权”，其有广义和狭义之分。广义的质权，是就物的担保而言，包括质押和抵押在内。狭义的质权，是指因担保债权的占有由债务人或第三人移交动产或权利，就其所得价金受偿的权利。我国《担保法》中所规定的质押，应当为狭义上的质权，并以质押标的不同，区别动产质权和权利质权，从而也较为全面地规定了质押担保制度。我国《民法典》第四百二十五条规定了动产质权，即“为担保债务的履行，债务人或者第三人将其动产出质给债权人占有的，债务人不履行到期债务或者发生当事人约定的实现质权的情形，债权人有权就该动产优先受偿。前款规定的债务人或者第三人为出质人，债权人为质权人，交付的动产为质押财产”。由此可见，债务人或者第三人将其动产交付给债权人占有并实际控制的行为被称为质押，质权人因质押而取得的权利为质权，质权是担保物权的一种。

质权与质押是两个不同的概念。质押是指设定的民事法律行为，质权是指质权人的权利；质押是质权产生的原因，质权是质押引起的法律后果。[①] 究其质押与质权的区别，笔者认为，两者的区别在于所处的角度不同而已，从出质人角度来看，就称为质押妥当、准确；从质权人角度来看，就称为质权妥当、准确。

---

① 黄薇主编：《中华人民共和国民法典物权编释义》，法律出版社 2020 年版，第 61 页。

（二）质押法律关系

质押法律关系与其他法律关系一样，包括三个要素，即质押的主体、质押的客体和质押的内容。

1. 质押的主体。即质押法律关系的当事人，包括质权人、出质人与第三人。质权人是指占有质物的债权人。应当明确的是，质权人与债权人为同一人。出质人是指质物移交给债权人，对该债权作担保的人。出质人可以是债务人自己，也可以是债务人以外的第三人。如果债务人用自己的物品出质，则此时出质人就是债务人本人，如果债务人以外的第三人用自己的物品出质，则此时出质人为该第三人。第三人是指债务人以外的出质人。

在前述案例中，质押法律关系的当事人分别为：质权人是债权人神龙支行，出质人是于某和王某。其中，于某既是债务人，又是出质人。王某既是第三人，又是出质人。于某和王某为共同出质人，分别以动产和存单作为质物，构成了共同质押。

2. 质押的客体。即质押的标的物，又称质押财产，简称质物。质物是由出质人移交给债权人占有的动产或财产权利，质物是质押担保的核心。质物为动产和财产权利，这是国际上通行的一个原则。如德国、瑞士民法上规定有动产质权和权利质权，不承认不动产质权。

在前述案例中，质物既有动产，又有财产权利，即质物为于某的动产长虹彩电音响一套和王某的财产权利凭证 5000 元存单一张。

3. 质押的内容。即质押法律关系当事人的民事权利和民事义务，主要是指质权人的质权，就是质物或其变卖价款的优先受偿权及其他为保障其实现的质权人的权利。

在本案中，质押的内容为：出质人于某和王某负有移交质物的义务，于某享有神龙支行给付借款的权利，质权人神龙支行享有占有质物的权利，负有履行给付于某借款的义务，并依法享有对质物的优先受偿权。

三、质权的分类

按照不同的划分标准，质权可分为不同的种类。

1. 根据质物的性质不同，可将质权划分为动产质权、权利质权。动产质权的质物为动产，权利质权的质物为财产权利。

2. 根据出质人的身份不同，质权分为债务人自己提供的质押和第三人提供的质押。第三人作为出质人的，一般是受债务人的委托以一定财产作为债务人履行债务的担保。债务人在债务履行期限届满未履行债务的，质权人依法对质押的财产行使权利后，出质人有权向债务人追偿，其法律地位类似于保证人。

3. 根据出质人数不同，质权分为普通质权和共同质权。普通质权即为债务人一人或第三人一人为债权人的某一债权设置质押担保。共同质权即为债务人一人和第三人或两个以上的第三人为同一债权人的同一笔债权而设置的质押担保。我国法律上虽未明文设定共同质权，但在司法实践中并不少见，因此，应当对共同质权持肯定态度。

在本案中，于某以其长虹彩电音响一套设置质押，因质物为动产，故于某提供的质押物为动产质押。王某以其 5000 元存单为于某设置质押担保，因 5000 元存单一张系财产权利凭证，故王某所提供的质押当属权利质押。因此，神龙支行享有动产质权和权利质权。按其出质人的身份不同，于某为债务人，于某以其长虹彩电音响一套设置质押，属债务人自己提供的质押，王某以其 5000 元存单一张为于某债务设置质押，属第三人提供的质押。在本案中，于某和王某分别以其各自的财产为于某所贷神龙支行的 10000 元借款担保，当属共同质押，而非普通质押。

四、质权的法律特征

质权与抵押权一样，均属担保物权，既与抵押权有相同的法律特征，又有其自身的特征。质权的法律特征如下。

1. 质权的物权性。质押财产交付后或权利凭证交付并登记后，质权得以设定，质权人享有对质物的占有权以及在债务履行期届满后债务人不履行债务时对质物价值的优先受偿权。质权人的这种质权在形式上具有排他性、支配性等物权的性质。

2. 质权的从属性。质权是为担保债权的受偿而设定或者发生的物权，具有从属于被担保债权的属性。被担保的债权为主权利，而担保物权为从权利，担保物权的发生、处分、消灭均从属于主债权。

3. 质权的不可分性。质权人不论其被担保的债权数额多寡，得对担保标的物的全部行使权利；权利人的债权因为清偿、让与、免除等原因而部分消灭的，权利人仍得以其未受偿的债权部分对担保标的物的全部行使权利；担保标的物分割或者转让，不影响质权人的权利，权利人仍得对担保标的物的全部行使权利；担保标的物部分灭失的，权利人仍得以其质权对标的物的残留部分行使权利。

4. 质权的物上代位性。物上代位性，是物权的一般共性。在质物灭失或毁损的，可以得到赔偿的，或价值形态改变的，质权的效力即可及于质物的代位物上。质权人在物的价值遇有危险时，可以拍卖、变卖该质物以其价金取代质物。《民法典》第三百九十条规定："担保期间，担保财产毁损、灭失或者被征收等，担保物权人可以就获得的保险金、赔偿金或者补偿金等优先受偿。被担保债权的履行期限未届满的，也可以提存该保险金、赔偿金或者补偿金等。"

5. 质权的优先受偿性。质权与抵押权作为担保物权，均为担保物权的一种，因此，具有物权的优先受偿性。《民法典》第四百二十五条第一款规定："为担保债务的履行，债务人或者第三人将其动产出质给债权人占有的，债务人不履行到期债务或者发生当事人约定的实现质权的情形，债权人有权就该动产优先受偿。"质权虽由质权人占有标的物而留置标的物，但其根本目的和效力在于以标的物之价值优先受偿。

6. 质权的移转质物的占有性。质权的发生以质权人取得对质物的占有为要件。质权的客体为动产或者财产权利，其流动性较大，权利变动频繁，与不动产相比，不具有区别于其他财产的显著性，若出质人不将质物交付于质权人占有而可以成立质权，则质权人对标的物的支配无从实现。抵押权不移转标的物的占有，但以抵押登记公示确保抵押权人和第三人的利益；质权的设定无须登记公示，对出质人利用、处分和收益质物的权利不能不加以限制，唯有向质权人交付质物，才能够确保质权人之权利存在，并防止损害第三人的利益。

五、质权与抵押权的区别

在我国古代就有质与押的担保方式。《担保法》将质押从《民法通则》的抵押中分离出来，以法律形式确认了质权与抵押权是完全不同的两种担保方式。两者的主要区别如下。

1. 标的物不同。在抵押中，可作担保物的抵押物的范围较为广泛，其包括以下几类：（1）不动产；（2）动产；（3）建设用地使用权；（4）土地承包经营权等。实践中适用抵押还应注意下列财产不得抵押：（1）土地所有权；（2）依法不得抵押的集体所有的土地使用权；（3）社会公益设施，如教育、医疗卫生设施等；（4）依法被查封、扣押、监管的财产；（5）依法不得抵押的其他财产，如权属有争议的财产等。

在质押中，作为担保物的质物的范围仅限于以下两类：一是动产；二是财产权利。实践中适用质押应注意的是，不动产及土地使用权均不能作为质押物，更不能以人身作为质押。

由上可知，质权的标的物是动产和财产权利，财产权利只能设立质押，而不能设立抵押；抵押权标的物是动产和不动产。不动产只能设立抵押，而不能设立质押。

2. 占有原则不同。质权中的标的物必须转移由质权人占有，且质权人负有妥善保管标的物的义务；抵押权中的标的物则不能转移由抵押权人占有，抵押成立后，抵押物仍然由抵押人占有。质押的质物不是通过登记来公示，而是以转移质物的占有作为公示的方式，以达到对抗第三人的担保目的；抵押的抵押物以登记为公示方式，不转移占有也可达到对抗第三人的目的。质权中出质人丧失质物的占有，不得对质物行使使用权；而抵押权中的抵押人仍对抵押物占有、使用和收益，做到物尽其用，故抵押担保素有“担保之王”之称。

3. 生效原则不同。在动产质权中，质权自出质人交付质押财产时设立；在权利质押中，以汇票、支票、本票、债券、存款单、仓单、提单出质的，当事人应当订立书面合同。质权自权利凭证交付质权人时设立。没有权利凭证的，质权自有关部门办理出质登记时设立。以基金份额、股权出质的，当事人应当订立书面合同。以基金份额、证券登记结算机构登记的股权出质的，质权自证券登记结算机构办理出质登记时设立。以其他股权出质的，质权自工商行政管理部门办理出质登记时设立。以注册商标专用权、专利权、著作权等知识产权中的财产权出质的，当事人应当订立书面合同，质权自有关主管部门办理出质登记时设立。以应收账款出质的，当事人应当订立书面合同，质权自信贷征信机构办理出质登记时设立。在抵押权中，以《民法典》物权编所规定的必须办理抵押物登记的，抵押权以登记为生效要件，自愿办理抵押物登记的，抵押权自抵押合同签订之日起生效。

4. 设立原则不同。在质权设立情况下，一物只能设立一个质权，没有受偿顺序；而抵押物可设数个抵押权，抵押权以登记生效的，按照抵押物登记的先后顺序清偿，顺序相同的按照债权比例清偿。抵押权自签订之日起生效的，抵押物已登记的优先于未登记的受偿，抵押物未登记的，按照债权比例清偿。

5. 收取孳息不同。所谓孳息，是指原物所产生的收益，包括天然孳息和法定孳息。在抵押权中，抵押人仅将抵押物的交换价值提供给抵押权人来担保债务的履行，其对抵押物享有占有权和收益权。抵押期间，不论抵押物所生的是天然孳息还是法定孳息，均由抵押人收取，抵押权人无权收取。只有在债务履行期届满，债务人不履行债务致使抵押物被法院依法扣押的情况下，自扣押之日起，抵押权人才有权收取抵押物分离的天然孳息以及抵押权人就抵押物可以收取的法定孳息。但其未将扣押抵押物的事实通知应当清偿法定孳息的义务人的，抵押权的效力不及于该孳息。而在质权中，质权人对质物享有占有权及收益权。质押期间，除当事人在质押合同中另有约定的以外，质权人依法有权收取质物所生的天然孳息和法定孳息。

六、质押合同

所谓质押合同，是指出质人与质权人就质物移交给质权人占有以作债权的担保而明确相互之间的权利和义务关系的协议。《民法典》第四百二十七条规定："设立质权，当事人应当采用书面形式订立质押合同。质权合同一般包括下列条款：（一）被担保债权的种类和数额；（二）债务人履行债务的期限；（三）质押财产的名称、数量、质量等情况；（四）担保的范围；（五）质押财产交付的时间、方式。"现分述如下。

1. 被担保主债权的种类和数额。质押设立的目的就是担保主债权的实现，所以主债权的种类、数额必须首先在质押合同中明确订立。

2. 债务人履行债务的期限。质权人对质物行使变价优先受偿权的前提是债务履行期限届满而未得到清偿，所以质押合同应当包括债务人履行债务的期限的条款。

3. 质物的名称、数量、质量、状况。

4. 质押担保的范围。根据《民法典》第三百八十九条的规定，担保物权的担保范围包括主债权及其利息、违约金、损害赔偿金、保管担保财产和实现担保物权的费用。当事人另有约定的，按照其约定。质押担保亦不例外。

5. 质物移交的时间、方式。移交质物于债权人占有是质押合同生效的标志。出质人移交质物于质权人占有可以是在质押合同签订后即进行，也可以约定在其后某一时间再行质物移交。非即时移交的，应当在质押合同中写明移交质物的时间。即使是即时移交的，为防口说无凭，也应在质押合同中加以注明。移交质物的时间，应当在债务履行期之内，否则质押合同不能生效，也就不能保证质权人在债务履行期届满后债权未受清偿时行使对质物的变价优先受偿权。质物移交的方式应当简便、易行、安全。

6. 质押合同的形式。《民法典》第四百二十七条第一款规定，“设立质权，当事人应当采用书面形式订立质押合同”，说明质押合同应当采用书面形式。

七、质物

所谓质物，就是质押法律关系的客体，即标的物。质物是由出质人移交给债权人占有的动产或财产权利，质物是质押担保的核心。根据我国《民法典》的规定，质物可分为动产质物和财产权利质物。

1. 动产质物。动产质权的客体是以动产为限，但并非所有的动产均可成为质物。作为动产质物应当具备下列条件：（1）动产质物必须具有交换价值。（2）动产质物必须具有可让与性。（3）动产质物必须为特定物。

在司法实践中，金钱可否成为质物？从性质上看，金钱当属于动产，但又是一种特殊的动产——货币，一旦取得占有，则可取得其所有权。而质押原则是质物仅转移占有，而不转移所有权。可见，金钱在一般情况下不能设定质押，但根据《担保法解释》第八十五条“债务人或者第三人将其金钱以特户、封金、保证金等形式特定化后，移交债权人占有作为债权的担保，债务人不履行债务时，债权人可以以该金钱优先受偿”的规定，若将金钱予以特定（诸如金钱的种类、面额、号码特定）而设立质押时，质押合同有效。①

2. 财产权利质物。根据《民法典》第四百四十条的规定，债务人或者第三人有权处分的下列权利可以出质：（1）汇票、支票、本票；（2）债券、存款单；（3）仓单、提单；（4）可以转让的基金份额、股权；（5）可以转让的注册商标专用权、专利权、著作权等知识产权中的财产权；（6）现有的以及将有的应收账款；（7）法律、行政法规规定可以出质的其他财产权利。从物权法的规定来看，财产权利质物的范围比担保法的范围扩大了许多，有利于质权的发展和完善，促进资金融通。

---

① 指导案例 54 号：中国农业发展银行安徽省分行诉张某标、安徽长江融资担保集团有限公司执行异议之诉纠纷案。裁判要旨：当事人依约为出质的金钱开立保证金专门账户，且质权人取得对该专门账户的占有控制权，符合金钱特定化和移交占有的要求，即使该账户内资金余额发生浮动，也不影响该金钱质权的设立。

3. 质物约定不明的处理。质押合同中对质押的财产约定不明，或者约定的出质财产与实际移交的财产不一致的，以实际交付占有的财产为准。

4. 法律规定禁止流通的物，如专属于国家所有的文物、军用武器弹药、毒品、麻醉药品、淫秽物品等均不能作为质物，若作为质物，应当认定无效，并追究有关人员的法律责任。

5. 国家机关的财产不得质押。《民法典担保解释》第五条规定："机关法人提供担保的，人民法院应当认定担保合同无效……"因此，国家机关在自己拥有的财产上设定质权的行为无效。

6. 学校、幼儿园、医院等以公益为目的的事业单位、社会团体的教育设施、医疗卫生设施和其他公益设施不得质押。《民法典》第三百九十九条规定，学校、幼儿园、医疗机构等为公益目的成立的非营利法人的教育设施、医疗卫生设施和其他公益设施不得抵押，该原则适用于质押应无疑问。①

7. 明确财产保险单不适于出质。《最高人民法院关于财产保险单能否用于抵押的复函》（法函〔1992〕47 号）认为，财产保险单不是有价证券，也不是可以折价或变卖的财产，因此财产保险单不能用于抵押。②此外，财产保险单转让的前提一般是保险标的的转让和保险人的同意，而且一旦保险标的物发生保险事故，则标的物的担保物权人享有的权利依"物上代位原则"必然存在于保险赔偿金上，这就可能导致保险单质权人的权利难以实现，因此其不宜设立质权。

人身保险单能否出质，要区别情况对待。非以死亡为给付条件的人身保险如养老保险、医疗保险等健康保险和伤害保险，由于关涉被保险人的生存利益和公共政策，类似社会保障费用，故该种保险单不适于出质。就人寿保险单而言，一般具有现金价值，有类似有价证券的效用，适于出质。但根据《保险法》第三十四条的规定，"以死亡为给付保险金条件的合同所签发的保险单，未经

---

① 《民法典担保解释》第六条第一款规定："以公益为目的的非营利性学校、幼儿园、医疗机构、养老机构等提供担保的，人民法院应当认定担保合同无效，但是有下列情形之一的除外：（一）在购入或者以融资租赁方式承租教育设施、医疗卫生设施、养老服务设施和其他公益设施时，出卖人、出租人为担保价款或者租金实现而在该公益设施上保留所有权；（二）以教育设施、医疗卫生设施、养老服务设施和其他公益设施以外的不动产、动产或者财产权利设立担保物权。"

② 李国光等：《关于适用〈中华人民共和国担保法若干问题的解释〉理解与适用》，吉林人民出版社 2000 年版，第 500 页。

被保险人书面同意，不得转让或者质押”，因此人寿保险合同中以被保险人死亡为保险事故的保险合同的死亡保险合同，在经过被保险人书面同意的情况下，方得出质。

第二节 动产质权的善意取得

一、问题的提出

关于动产质权的善意取得问题，《担保法解释》第八十四条则作了规定，即“出质人以其不具有所有权但合法占有的动产出质的，不知出质人无处分权的质权人行使质权后，因此给动产所有人造成损失的，由出质人承担赔偿责任”。由此可知，债权人知道或者应当知道出质人无权出质的，则不能构成动产质权的善意取得。

在研究动产质权的善意取得之前，先看一则案例。

案例 74：王某颖诉王某超、马某质押合同纠纷案[①]

2011 年，原告王某颖购置 ××× 号奔驰轿车一辆。原告与被告王某超系姐弟关系，原告称王某超于 2018 年 7 月在其处借用了案涉车辆。王某超在被告马某处借款，将案涉车辆于 2018 年 7 月质押给了马某。

生效裁判认为，案涉 ××× 号奔驰轿车所有权人为原告且车辆登记在原告名下，有原告向一审法院提举的保险单、发票、查询记录等在卷佐证，且各方当事人对此无异议。被告王某超将案涉车辆质押给被告马某，没有经过原告的同意和追认，相应的质押行为构成无权处分。被告王某超将案涉车辆出质给被告马某没有原告的授权，马某未尽审慎的注意义务，未对设定质权的车辆权属进行审查，不构成动产质权的善意取得，马某与王某超之间的质押关系对原告没有约束力，马某占有车辆属无权占有，原告有权行使物权追索，被告马某应将案涉车辆返还给原告。被告王某超对案涉车辆虽构成无权处分，但并不因此导致马某与王某超之间的质押关系无效，原告的该项诉请依据不足，不予支持。

---

① 内蒙古自治区赤峰市中级人民法院（2019）内 04 民终 743 号民事判决书。

依照《物权法》第三十四条、第三十九条、第四十条、《民事诉讼法解释》第九十条规定，判决：被告马某于本判决生效后立即将 ××× 号奔驰轿车一辆返还给原告王某颖。

上述案例，当事人争议的焦点是债权人是否构成动产质权的善意取得。试问：如何理解适用动产质权的善意取得？

二、动产质权的善意取得

动产质权的设定属于对物的处分行为，原则上出质人对出质财产应当具有处分权方能为之。对于出质人以无权处分的他人财产而设定的质权，法律以质权人善意取得质物的占有为限，承认其效力。此为质权的善意取得。

对于出质人以无权处分的他人财产设定质权的，各国立法往往按照动产所有权的善意取得制度对质权人予以保护。《德国民法典》第 1207 条规定，物不属于出质人的，对此质权的设定准用动产所有权善意取得之规定：物不属于让与人，受让人得依其和让与人移转物的所有权的合意，因让与人交付物的所有权的行为而成为物的所有人，但受让人在取得物的所有权时为非善意的，不在此限。[①]《瑞士民法典》则直接规定了质权的善意取得，并以其为动产的善意取得的内容之一。该法第 884 条第 2 款规定，“质物的善意取得人，即使出质人无处分该质物的权利，仍取得质权。但第三人因更早的占有而享有权利的，不在此限。”我国台湾地区“民法”第八百八十六条规定：“质权人占有动产，而受关于占有规定之保护者，纵出质人无处分其质物之权利，质权人仍取得质权。”

动产的善意取得制度，起源于日耳曼法中的“以手护手”原则。根据这一原则，权利人将自己的财产让与他人占有的，只能向占有人请求返还占有物；如果占有人将财产转让给第三人，权利人不得请求第三人返还，而只能要求占有人（转让人）赔偿损失。[②] 虽然各国承认动产质权的善意取得乃基于出质人的“占有”这一权利外形，但透过其表面来理解，受让人善意受让质权的真正的合理性乃为交易安全与便利，此为法律建立动产质权善意取得的真实基础[③]。

---

① 《德国民法典》第 922 条、第 923 条、第 934 条。

② 王利明：《物权法研究》，中国人民大学出版社 2002 年版，第 261 页。

③ 孙鹏、肖厚国：《担保法律制度研究》，法律出版社 1998 年版，第 241 页。

近些年来，我国有关法律、法规和司法解释陆续出台了一些具体的有关善意取得制度的规定。如《民法通则意见》第96条规定了非法处分共有财产时的善意取得问题："部分共有人擅自处分共有财产或者非所有权人擅自处分所占有的财产，如果第三人是善意、有偿、依法定手续取得该财产所有权的，第三人不负返还义务，由擅自处分财产的人对所有权人予以赔偿。法律另有规定的除外。"《担保法解释》第八十四条则明确肯定了动产质权的善意取得，规定："出质人以其不具有所有权但合法占有的动产出质的，不知出质人无处分权的质权人行使质权后，因此给动产所有人造成损失的，由出质人承担赔偿责任。"我国《拍卖法》第五十八条规定："委托人违反本法第六条的规定，委托拍卖其没有所有权或者依法不得处分的物品或者财产权利的，应当依法承担责任。拍卖人明知委托人对拍卖的物品或者财产权利没有所有权或者依法不得处分的，应当承担连带责任。"该条的规定体现了《拍卖法》对善意取得制度的肯定态度。虽我国司法实践中承认善意取得制度，但尚未从立法角度确认善意取得制度并对其作出完善和系统的规定。善意取得在实践中大量涌现，也迫切需要我国从立法上确认善意取得制度。有鉴于此，《民法典》第三百一十一条规定："无处分权人将不动产或者动产转让给受让人的，所有权人有权追回；除法律另有规定外，符合下列情形的，受让人取得该不动产或者动产的所有权：（一）受让人受让该不动产或者动产时是善意；（二）以合理的价格转让；（三）转让的不动产或者动产依照法律规定应当登记的已经登记，不需要登记的已经交付给受让人。受让人依据前款规定取得不动产或者动产的所有权的，原所有权人有权向无处分权人请求损害赔偿。当事人善意取得其他物权的，参照适用前两款规定。"从而使作为他物权之一的动产质权有了适用善意取得制度的法律依据。

三、动产质权善意取得制度的构成要件

动产质权的善意取得的确立，必然导致对质物的原所有人权益保护的相对削弱，善意取得动产的质权人则取得担保物权。因此，对动产质权的善意取得应当符合下列要件。

1. 出质人的主体资格受到限制，且必须是无处分权人。作为动产质权的善意取得中不可缺少的主体之一的出质人，必须是同时具有民事权利能力和民事行为能力的人，这是对出质人主体资格的限制。因为，在善意取得中，出质人

通常实施了对原物所有人的民事侵权行为，或者构成不当得利，在善意取得效力得以确认之后，出质人必须以承担对原物所有人履行侵权之债或者不当得利之债，若他不具有民事行为能力，则原物所有人无法追究其民事责任，这样，对原物所有人是不利的。而受让人从无民事行为能力的转让人手中取得财产，应当推定他知道对方无处分标的物的权利而根本不能言之“善意”，当然也就不能构成动产质权的善意取得。动产质权的善意取得一般都发生在无权处分的场合。所谓无权处分，是指无处分权人处分他人的财产权利。处分财产只能由享有处分权的人行使，无处分权人处分他人财产则构成对他人财产的侵害。无处分权人处分包括如下情形：（1）出质人本来就无处分财产的权利，如出质人仅是财产的承租人、借用人、受寄人等。（2）出质人虽拥有所有权，但处分权受到限制。如被人民法院查封扣押的财产，此时，财产所有人虽拥有所有权，但已失去处分权，所有人仍不能转让该财产。（3）共有人中的一人或数人未经其他共同共有人的同意擅自处分共有财产。由于无处分权人非法处分他人的财产，物的原所有人基于其所有权而追回其物，善意取得的质权人便可基于善意取得制度而取得该物的质权，并根据质权的效力而占有、留置质物，债权未获清偿前有权拒绝返还质物。

2. 质权人已经占有质物，且必须是出于善意。质权的发生以质权人取得质物的移转占有为要件，动产质权的善意取得，同样出质人应已经将质物的占有移转于质权人，否则，质权的设定不发生效力，但质权人占有质物必须是出于善意。所谓善意，就是不知情，即质权人在设定质权时，不知道出质人无权设定质押担保。动产质权善意取得制度之设立乃在于保护交易这一动的安全，动的安全之维护不可避免地会给物权人带来不利益的负担。然动的安全与静的安全之维护乃法律的双重任务，但二者有不能兼顾的时候，当二者发生冲突时，法律应两相较量而选择其一加以突出。在动产质权的善意取得下，法律赋予动的安全以压倒静的安全之效力，实在是物权人原有权益的一种有限的否定，因此这种动的安全的优先效力的基础须为善意。但若质权人明知出质人无权处分而设定动产质权，或出质人和质权人恶意串通，损害质物的所有人利益，均应认定为无效。

3. 动产质权的善意取得的质物必须为法律允许流转的动产。动产质权的善意取得的质物必须为法律允许流转的动产，法律禁止或限制流转的物，因不能在市场上交换，自然不得适用善意取得制度。因此，不动产设有登记制度，其权利主张应登记而定，不适用善意取得制度。建有登记制度的动产，也不适用善意取得制度。因此，适用善意取得制度的动产只能是不设登记的法律允许流转的动产。

4. 须以设定担保为目的。出质人将该动产交由债权人占有非为其他目的，而是为担保债权，由此动产质权始有善意取得的可能。[①]

四、对案例 74 的简要评析

在本案中，王某超将涉案车辆质押给马某，并未得到涉案车辆所有权人王某颖的同意和追认，因此王某超将涉案车辆出质构成无权处分。作为债权人马某是否善意取得涉案车辆的质权、应否向王某颖返还涉案车辆的问题。马某未对涉案车辆的行驶证等车辆权属情况进行核实，没有尽到合理的审查注意义务，由于涉案质押的车辆行驶证可以载明车辆所有权人，因此马某应当知道王某超不是车辆的所有权人，不能认定马某善意取得涉案车辆的质权。

第三节　动产质权的转质权

一、问题的提出

所谓转质，是指质权人为担保自己的债务将质押物再行设定质权的行为。质权人这样以原质押物作为自身债务的担保而将其占有权移转给自己的债权人的权利即为转质权。转质行为是基于两个债权债务关系而形成了一个质物上的两个质权并存，从而产生出质人、质权人、转质权人三方主体的权责利互动关系。根据转质是否经过出质人同意，在法律上可将转质分为承诺转质和责任转质。我国《担保法解释》第九十四条规定："质权人在质权存续期间，为担保自己的债务，经出质人同意，以其所占有的质物为第三人设定质权的，应当在原质权所担保的债权范围之内，超过的部分不具有优先受偿的效力。转质权的效力优于原质权。质权人在质权存续期间，未经出质人同意，为担保自己的债务，在其所占有的质物上为第三人设定质权的无效。质权人对因转质而发生的

① 杨与龄:《民法物权》，我国台湾地区五南图书出版公司 1981 年版，第 216 页。

损害承担赔偿责任。”《民法典》第四百三十四条规定：“质权人在质权存续期间，未经出质人同意转质，造成质押财产毁损、灭失的，应当承担赔偿责任。”由此看来，从司法解释到物权立法，都承认了承诺转质和责任转质。

在研究动产质权的转质权之前，先看一则案例。

案例 75：滕某成与陈某财产损害赔偿纠纷案[①]

2018 年 1 月 19 日，原告滕某成向被告陈某借款 60000 元，由滕某成向陈某出具借款借据 1 份，同日双方签订 1 份机动车质押借款合同，约定滕某成将自己名下的林肯牌小汽车质押给陈某作为滕某成向陈某借款 60000 元的担保，后滕某成将车辆及机动车行驶证交付给陈某。2018 年 3 月 20 日，滕某成再次向陈某借款 10000 元。借款到期后，因陈某未偿还借款，陈某遂将车辆转质押给“湘中名车”。现滕某成以陈某未经其同意将车辆出卖为由诉至本院要求赔偿经济损失。

生效裁判认为，《物权法》第二百一十二条规定，质权自出质人交付质押财产时设立。滕某成与陈某签订机动车质押借款合同后将质押车辆林肯牌小汽车交付给了陈某，质权已经设立，滕某成为出质人、陈某为质权人。《物权法》第二百一十四条规定，质权人在质权存续期间，未经出质人同意，擅自使用、处分质押财产，给出质人造成损害的，应当承担赔偿责任。第二百一十五条第一款规定，质权人负有妥善保管质押财产的义务；因保管不善致使质押财产毁损、灭失的，应当承担赔偿责任。第二百一十七条规定，质权人在质权存续期间，未经出质人同意转质，造成质押财产毁损、灭失的，应当向出质人承担赔偿责任。第二百一十九条第一款规定，债务人履行债务或者出质人提前清偿所担保的债权的，质权人应当返还质押财产。本案中质权人陈某并未擅自使用、处分质押财产给出质人滕某成造成损害，质押财产也未毁损、灭失，而仅是未经滕某成同意将质押财产转质，根据《担保法解释》第九十四条第二款的规定，未经出质人同意转质的法律后果是为第三人设定的质权无效及质权人对因转质造成的出质人损失承担赔偿责任，现出质人滕某成要求质权人陈某承担赔偿责任于法无据，滕某成可在清偿债务后要求陈某返还质押车辆，届时如陈某不能返还质押车辆或质押车辆毁损，方能主张要求陈某承担赔偿责任。

---

① 湖南省麻阳苗族自治县人民法院（2019）湘 1226 民初 324 号民事判决书。

综上所述，依照《物权法》第二百一十四条、第二百一十五条、第二百一十七条、第二百一十九条、《担保法解释》第九十四条第二款之规定，判决如下：驳回原告滕某成的诉讼请求。

上述案例，涉及动产质权的转质权问题。试问：如何理解适用承诺转质和责任转质？

二、承诺转质

所谓承诺转质，又称同意转质，是指质权人经出质人同意，为担保自己的债务或他人的债务，以其占有的质押标的物为第三人再设定质权的行为。质权人在转质时取得了出质人的同意，意味着出质人已将质物质押的处分权利授予了原质权人，因它贯彻了当事人的意思自治原则，虽我国《民法典》未明文规定承诺转质，只要法律未予禁止，应承认承诺转质的效力。《民法典》第四百三十四条并未一概禁止转质，而是允许在出质人同意时转质。[①]

（一）承诺转质应具备的条件

1. 质权人转质时必须经出质人同意，即得到出质人的承诺。若质权人转质时未经出质人同意，则不构成承诺转质。

2. 转质人和转质权人必须达成一致的意思表示，意思表示一致是转质成立的有效要件。

3. 转质人必须将质物移交给转质权人占有。移转占有亦是转质依法生效的有效要件，若质物未移交占有，则转质而不生效力。

4. 质权人设定转质必须有被担保的债权存在。若无被担保的债权存在，则转质毫无实际意义。

因此，承诺转质必须具备上述四个要件方能成立并生效，缺一不可。

在处理涉及承诺转质纠纷的案件时，应注意如下两点：（1）正确区分原质和转质的法律关系，并应正确确认承诺转质的法律效力，承诺转质只要不是被欺诈、胁迫或者乘人之危所为而又无其他违法情形的，应承认其效力，以便尊

---

① 孙宪忠、朱广新主编：《民法典评注·物权编》（第4卷），中国法制出版社2020年版，第335页。

重当事人的意思自治。（2）出质人清偿债务时，原质权消灭，转质权并不因此而受到影响。质物的所有人只有以转质人的地位清偿转质权人的债务时，才能取回质物。

（二）承诺转质的法律效力

承诺转质的法律效力表现在：

1. 出质人在质权设定时，作出转质承诺，即产生法律效力，出质人不得撤销或撤回承诺。

2. 质权人转质的，应当在原质权所担保的债权范围之内，超过的部分不具有优先受偿的效力。

3. 承诺转质的后果直接指向出质人。出质人不仅要承担出质的风险，而且要承受转质带来的风险，并受到转质权的拘束。

4. 转质权人的质权优先于原质权人的质权，即质权人受到转质权人的质权优先效力的制约。此优先效力表现在：一是转质权人对于质权人的债权若已届清偿期，则无论质权人的债权是否届期，转质权人均可直接行使质权，从质物变价中优先受偿；二是质权人的质权因债权届期而到实行期时，其债权可以消灭，但转质权人的质权不消灭，如质权人征得转质权人同意行使自己的质权，必须从质物中扣除对转质权人的担保债权额，仅就其剩余额来满足自己债权以清偿。

三、责任转质

所谓责任转质，是指质权人在质权存续过程中，不经出质人同意而将质物转质于第三人，并由质权人承担责任。《担保法解释》第九十四条第二款明确否定责任转质的效力："质权人在质权存续期间，未经出质人同意，为担保自己的债务，在其所占有的质物上为第三人设定质权的无效。质权人对因转质而发生的损害承担赔偿责任。"但应当注意的是，《民法典》第四百三十四条不仅规定了责任转质，而且明确承认责任转质的效力，并规定了责任转质场合下质权人对出质人所承担的损害赔偿责任。究其理由，应当是：转质是质权人为担保自己或者他人债务而在质物上设定新质权的行为，性质上属于质权的再设定，只不过新设定的转质权所支配的标的仍为原质权支配的标的，转质权就质物取得更优先的支配力而已。因此承认责任转质，对于质权人充分利用质物的交换价值有重要的意义，而对出质人的利益并无明显的不利影响，所以没有必要完全否定责任转质的效力。[①] 正如立法机关所言，本法物权编不提倡转质，也没有禁止转质。为了保护出质人的利益，未经出质人同意不允许转质，质权人擅自转质造成质押财产毁损、灭失的要承担赔偿责任。[②]

责任转质的效力基本上涉及三方当事人，即出质人、质权人（即转质人）和转质权人。

（一）责任转质对于出质人的效力

我们知道，转质权是为我国《民法典》物权编所承认的可以由质权人就其质物新设的质权，因此是一种物权。其不仅对于转质权人和转质人（质权人）有效力，而且对于出质人也有效力。在责任转质场合，出质人要想清偿债务并取回质物，便应当先向转质权人清偿；倘若清偿转质权所担保的债务有剩余，则应再向质权人清偿。否则，其清偿对于转质权人不生效力。另外，被担保债权的存在既然是质权成立的基础，则该担保债权的债务人即使不是出质人，也仍然是质权关系的一环。在质权人将质物转质时，由于转质权是物权，因此，转质权对于原质权所担保的债权的债务人也应当具有效力，所以即便在责任转质场合，该债务人如果没有征得转质权人的同意就向质权人进行清偿，也不可以之对抗转质权人。

（二）责任转质对于质权人（转质人）的效力

关于此问题，有两点需要明确：其一，转质人对于因转质所遭受不可抗力的损失，也应当负责。具体而言，转质人对于转质后，不但就质物因其故意或过失所致的损失，出质人当然应负赔偿责任；而且因事变或不可抗力所致的损失，也应负赔偿责任。因为责任转质是未征得出质人的同意而以自己的责任进行的，应当加重其责任。况且质权人本应自己保管质物，现因为转质的结果而将质物交由第三人保管，所以也应当加重其责任。其二，质权人转质后应当受转质权的约束，易言之，即负有不得消灭其所支配的交换价值的义务，所以不

---

① 王闯：《理论争鸣与制度创新——关于最高法院担保法司法解释的若干问题》，载梁慧星主编：《民商法论丛》（第 19 卷），法律出版社 2001 年版，第 327 页。

② 黄薇主编：《中华人民共和国民法典物权编释义》，法律出版社 2020 年版，第 573 页。

得抛弃其质权，免除质权所担保的债权，或受清偿、抵销等。原质权所担保的债权超过转质权所担保的债权额时，就超过范围的差额也是一样。因为转质权人的债权在未受到清偿之前，可能有利息以及违约金等继续发生，因之其差额还处于未确定状态，而且基于质权的不可分性，质权人所支配的全部交换价值当然应受到转质权约束。另外，不言而喻，转质人在转质之后已经没有质权实行权。转质权消灭时，无论基于何种原因，上述约束自当归于消灭。

（三）责任转质对转质权人的效力

1. 转质权人对于质物取得新质权，不仅取得一般质权人的权利，而且负担一般质权人的义务。就留置权能而言，转质权人可以占有质物，且在自己的债权（以原质权所担保债权的金额内为限）未受清偿之前，可以留置质物，拒绝出质人或原质权人返还质物的请求。

2. 转质权人可以行使质物的变价权。只是这项权利的行使不仅需要自己的债权已经届至清偿期，而且需要原质权所担保的债权也已经届至清偿期。因为转质权人所取得的是债权人所支配的交换价值，必须在该交换价值具备现实化的要件时，转质权人所取得的交换价值才能现实化，因此，转质权实现的条件应当受到原质权的限制。而且，转质是质物的再出质，而不是以债权与质权共同设定权利质押，所以转质人不能直接向原质权人的债务人收取债权。至于转质权的实行方法，则与原质权相同。

3. 转质权人就质物卖得价金也有优先受偿权，而且优先于质权人。之所以如此，是因为转质并非由出质人就同一质物设定第二次序的质权，当然不能以发生先后的次序决定。鉴于其本质是原质权人将其所支配的质物担保赋予转质权人，所以转质权人所取得的优先受偿权应当优先于质权人；但是其应当受原质权所担保债权额的限制。具体言之，质权人就质物卖得价金在原质权所担保的债权额内有优先于原质权人受清偿之权，而且在受清偿的期限内，转质权人对于原质权人的债权与原质权人对其债务人的债权都归于消灭。前者是基于质权实行的效力，后者是原质权人的债权有和自质物获得满足的同一结果。（原质权人因有优先受偿权而有权取得质物的价金以清偿对转质权人的债务，所以，在转质权人受清偿范围内，原质权人的债权同时获得清偿）从而，转质权与原质权担保的债权额相同时，转质权人就质物所卖得的价金受到全部清偿后，转质权与原质权以及各自担保的债权都归于消灭，价金如果有剩余，当然应当返还给出质人。反之，转质权所担保的债权额少于原质权所担保的债权额时，原质权人就剩余的价金可以基于自己的质权优先受偿，这时如果有不足，未受清偿部分的债权就成为普通债权。这在转质权人未受全部清偿时也是一样的。[①] 当然其债务人并不是原质权人的债务人。

在司法实践中，应当注意：一是关于转质权所担保的债权范围的限制问题。转质权与原质权是相互独立的，因转质而取得质权的权利人为转质权人，转质权人的质权优先于原质权人的质权。因此，转质权所担保的债权范围，应当在原质权所担保的债权范围之内。转质权人在原质权所担保的债权额范围内，于自己债权受清偿前，对质押财产享有留置权、占有权，而质权人则丧失该权利。转质权人对于转质人的债权如果已届清偿期，无论转质人的债权是否已届清偿期，均可以直接实现其质权。在实现质权时，应以质押财产的变价价款优先清偿转质权人的债权，然后再以其余额清偿转质人的债权。出质人向转质人清偿债务后，原质权消灭，但转质权并不因此而消灭。转质人不能清偿转质权人的到期债务时，质押财产所有人可以第三人的身份向转质权人清偿转质人的债务，取回质押财产，从而抵销原债务人对质权人的债务。二是责任转质的效力问题。因责任转质造成质押财产毁损灭失的，质权人应当向出质人承担赔偿责任。这种规定是非常合理的，因为此时如果要求出质人不通过质权人而直接向转质权人主张赔偿责任，出质人将因信息不对称等原因而遇到困难和障碍。根据民商法上的权利义务相一致的原则，在赋予质权人转质的便利之同时，要求质权人因转质权人的过错造成质押财产毁损、灭失向出质人承担赔偿责任，可谓实现了双方当事人的利益均衡。

四、审判实践中应当注意的问题

1. 注意把握责任转质的构成要件。责任转质毕竟是质权人对出质人财产的一种处置，出于保护出质人的利益考虑，法律对之有严格的限制。一般认为，责任转质的成立应具备以下条件：（1）须在原质权的存续期间设定和存续。转质权衍生于原质权，因此必须以原质权的有效存在为前提，原质权已消灭者，不得转质。（2）转质权所担保的债权数额，必须在原质权所担保的债权范围内，且转质权所担保之债权的清偿期不得长于原质权所担保债权的清偿期。这是因

① 谢在全：《民法物权论（下）》，中国政法大学出版社 1999 年版，第 787 页。

为，未经同意任何第三人不能为他人创设义务是民法的基本原理，对于责任转质亦得遵循。所以，责任转质不但必须以原质权的存在为前提，并且不能超出原质权的范围，否则就会加重出质人的义务。转质权所担保的债权额超过原质权担保的债权额的，超过部分无效。（3）须以自己的责任进行。由于责任转质无须经原出质人同意即可进行，自应加重转质人的责任以保护原出质人。因此，对质物转质所生的一切损害，无论有无过错，转质人均应负责。（4）具备质权成立的一般要件。质权人和转质权人对于质物的转质，应当订立质权合同。质权人应当向转质权人移转质物的占有，否则，转质权人不能取得对该质物的质权。质权的设定以被担保的债权存在为条件，转质亦同。

2. 注意区分责任转质与承诺转质。责任转质与承诺转质的不同之处，主要体现在以下几个方面：（1）是否需经出质人同意不同。承诺转质需征得出质人的同意，而责任转质不需要征得出质人的同意。（2）能否超出原质权范围不同。承诺转质中，被担保的债权数额及其清偿期，无须在原质权范围内，可以超过原质权的范围转质；而责任转质中，被担保的质权数额及清偿期必须在原质权范围之内。（3）转质人责任承担不同。承诺转质中，因征得出质人的同意，转质人的责任不会加重；而责任转质中，转质人的责任因未经出质人同意而加重，就质物因转质所受不可抗力而发生的损失，转质人也要承担责任。（4）质权消灭对转质权影响不同。承诺转质中，质权因清偿或其他原因而消灭时，转质权不受影响；而责任转质中，于质权消灭时，转质权随之消灭。（5）转质权实现条件不同。承诺转质中，如果转质权人自己的债权具备了实现条件即可实行转质权。即使原质权还不具备实行质权的条件，转质权人也可以径行实行其转质权。而责任转质中，转质权人须待自己的质权与原质权均具备实行条件时，才可以实行转质权。

3. 注意区别转质与质权善意取得。转质需要质权人以“质权人”的名义，在质物上另行设定新的质权。如果质权人以“所有人”的名义设定质权，并不发生转质，此时有可能发生质权的善意取得。发生质权善意取得时，债权人取得的是质权而非转质权，善意取得质权人实现质权时并不受原质权的任何影响。

五、对案例 75 的简要评析

在本案中，主要涉及下列法律问题：

1. 转质的性质为承诺转质还是责任转质。承诺转质和责任转质的根本区别标志是是否经出质人同意，若转质经过了出质人的同意，则为承诺转质，若未经出质人同意，则为责任转质。就本案而言，原告滕某成将其车辆质押给被告陈某，被告陈某未经该车所有人滕某成同意又质押给“湘中名车”，因此，本案的转质当属责任转质。

2. 责任转质是否有效。在本案中，首先，原告滕某成与被告陈某之间的原质是合法有效的，被告陈某依法占有了滕某成质押的车辆，取得了质权。其次，被告陈某与“湘中名车”之间的转质是符合责任转质的条件的，根据《物权法》第二百一十七条“质权人在质权存续期间，未经出质人同意转质，造成质押财产毁损、灭失的，应当向出质人承担赔偿责任”的规定，[①] 法律并未否定责任转质的效力。因此，本案的责任转质合法有效。最后，本案原告滕某成要求被告陈某承担赔偿责任，因为本案的质物并未毁损、灭失，反倒是原告滕某成违约所造成涉案车辆由陈某设定质押。因此，原告滕某成的诉讼请求依法予以驳回，法院的裁判结果并无不当。

第四节　动产质权的效力

一、问题的提出

所谓动产质权，是指债务人或者第三人将其动产移交债权人占有作为债权的担保，债务人不履行债务时，债权人有依法以该动产折价或者拍卖、变卖该动产的价款优先受偿的担保物权。而动产质权的效力就是动产质权设定后所产生的法律后果。

在研究动产质权的效力之前，先看两则案例，并思考之。

案例 76：质押担保范围纠纷案

某县华兴制药有限责任公司（以下简称华兴公司）与该县城市信用社（以下简称城市信用社）协商借款事宜，城市信用社要求华兴公司提供担保，华兴公司便找到长年业务户该县医药公司（以下简称医药公司）为其提供质押担

---

① 对应《民法典》第四百三十四条。

保。某年8月3日，华兴公司、城市信用社、医药公司三方签订了借款质押担保协议，主要约定：城市信用社贷给华兴公司20万元，贷款用途为流动资金，月息8厘，借款期限2个月。担保方式为质押担保，质物为医药公司提供的奥迪轿车一辆，质押担保的范围为华兴公司所借城市信用社贷款20万元本金中的17万元。合同签订的当日，医药公司将其小轿车移交于城市信用社占有后，城市信用社当即支付给华兴公司贷款20万元。借款到期后，华兴公司因大量外欠款未收回而无力支付贷款。医药公司为急需使用小轿车，替华兴公司偿还借款17万元后，医药公司要求城市信用社将小轿车返还。城市信用社以华兴公司尚欠贷款未还清为由拒绝返还小轿车。医药公司便以城市信用社为被告诉至法院而形成纠纷。

案例77：质押期间，质物损害赔偿纠纷案

某市某化妆品经营部周某因计划去深圳购进一批化妆品而急需资金，经其朋友介绍，周某从铁某处借款8000元，并出具了借条，且写明月息3分，借款期限3个月，应铁某的要求，周某将其价值12000元的摩托车质押给铁某，并签订了质押协议。质押协议主要约定，质物为周某的摩托车一辆，质押担保的范围是8000元借款和利息，在质押期间，铁某不得使用摩托车。并约定若在借款逾期10日内周某不偿还借款，该摩托车即归铁某所有。在签订质押协议的同时，周某将其摩托车交给铁某保管，铁某给周某出具了收据。在质押期间，铁某用周某所提供的摩托车学骑，不慎将该车撞毁。借款到期后，周某连本带息将铁某的借款还清。周某要求铁某返还摩托车时，铁某才说出摩托车被撞毁的事由。双方因赔偿金额达不成一致意见而形成纠纷，周某以铁某为被告而诉至法院。

上述案例，涉及动产质权的效力问题。下文就动产质权的效力予以论述。

二、动产质权所担保的债权范围

我国《民法典》第三百八十九条规定："担保物权的担保范围包括主债权及其利息、违约金、损害赔偿金、保管担保财产和实现担保物权的费用。当事人另有约定的，按照其约定。"由此可见，动产质权所担保的债权范围，首先应当以当事人约定为准，若无约定，则适用本条的规定，作为补充。即有约定

按约定，未约定按法定的原则。

值得注意的是，《民法典》物权编之所以要规定上述质押担保范围，是为了避免当质押合同没有约定质押担保范围或虽有约定但并不明确时，质权人与出质人之间产生不必要的纷争。因此，根据现代民商法中的私法自治原则（或称意思自治原则），出质人与质权人可以就质押担保的范畴另作其他约定，从而排除《民法典》物权编前段对质押担保范围的规定。

三、动产质权对质物范围的效力

动产质权对质物的支配，实际是对质物交换价值的支配。质权人具有直接支配质物的交换价值的权利，在债务人不履行已届清偿期的债权时，可以依法变价质物而优先受偿。动产质权以其标的物的全部和物上代位性担保债权的受偿。动产质权对标的物的支配不以质物本身为限，动产质权的效力还及于质物的从物和孳息。

1. 质物本身。质物是质权的标的物，当然属于质权的效力所及。在动产质权中，质物限于动产；不动产和权利不包括在内。

2. 质物的从物。关于动产质权的效力范围问题，除合同另有约定外，物权法规定动产质权效力及于孳息，却未对是否及于质物的从物、添附物作出明确规定。笔者认为，质权的效力原则上及于质物的从物，但动产质权的效力并非当然及于从物，将从物移交质权人占有时，才能为质权的效力所及。在质押期间，由于质权人不得使用质物，出质人亦无法使用质物，因而质物与他人发生添附的可能很小。根据《担保法解释》第九十一条之规定，动产质权的效力及于质物的从物。但是，从物未随同质物移交质权人占有的，质权的效力不及于从物。

3. 孳息。《民法典》第四百三十条规定："质权人有权收取质押财产的孳息，但是合同另有约定的除外。前款规定的孳息应当先充抵收取孳息的费用。"也就是说，质物在债权人占有期间所生的孳息属于质权效力所及的标的物范围之内。在债务履行期届满债权未受清偿，质权人享有对质物的变价权优先受偿时，包括对质物孳息的变价优先受偿。孳息属于质权效力所及的标的物范围虽为必然，但依《民法典》物权编的规定，质押合同当事人对此却有排斥限制权，即所谓"质押合同另有约定的，按照约定"，此便为私法自治原则的体现。依法收取的孳息，首先应当充抵质权人收取孳息的费用，其次可以充抵主债权利息，最后可以充抵主债权。[①]

4. 质物的代位物。《民法典》第四百三十三条规定："因不可归责于质权人的事由可能使质押财产毁损或者价值明显减少，足以危害质权人权利的，质权人有权请求出质人提供相应的担保；出质人不提供的，质权人可以拍卖、变卖质押财产，并与出质人协议将拍卖、变卖所得的价款提前清偿债务或者提存。"由此可知，当质物提前拍卖或者变卖以后，质权依然存在于其代位物即价金上。

四、动产质权对质权人的效力

动产质权设定后，质权人享有占有权和留置质物、收取质物孳息、变价质物、优先受偿的权利，并负有妥善保管质物和返还质物的义务。

（一）质权人的权利

1. 对质物的占有权和留置权。各国立法均规定质权人享有占有质物的权利。质权人占有质物并留置质物是质押法律关系成立的条件。而占有与留置是不可分的，对质物的占有既是质权成立的要件，也是质权得以存续的要件。质权的留置效力表现在债务未履行前质权人继续占有质物，且即使质物的所有权已让与他人，质权人的留置权并不受影响，质权人在其债权受偿前，对于第三人交付质物的请求有权拒绝。《担保法解释》第九十五条第一款对此作出了规定，即债务履行期届满质权人未受清偿的，质权人可以继续留置质物，并以质物的全部行使权利。出质人清偿所担保的债权后，质权人应当返还质物。

2. 收取孳息权。收取孳息为质权人的权利，若当事人无相反约定，质权人得以行使此项权利。《民法典》第四百三十条规定，质权人有权收取质押财产的孳息，但合同另有约定的除外。前款规定的孳息应当先充抵收取孳息的费用。

3. 质权的优先受偿权。质权的实质和担保的作用在于质权人通过占有质物并在债务履行期届满而债权未得清偿时，把质物变价优先受偿，所以这是质权人最重要的权利，是动产质权的核心内容和实质所在。

4. 质权人享有质权保全权。我国《民法典》第四百三十三条规定："因不可归责于质权人的事由可能使质押财产毁损或者价值明显减少，足以危害质

---

① 黄薇主编:《中华人民共和国民法典物权编释义》，法律出版社 2020 年版，第 569 页。

权人权利的，质权人有权请求出质人提供相应的担保；出质人不提供的，质权人可以拍卖、变卖质押财产，并与出质人协议将拍卖、变卖所得的价款提前清偿债务或者提存。”根据本条文之规定，当质物有损坏或价值明显减少的可能，并足以危害质权人的权利，且出质人不提供相应担保时，质权人享有质权保全权。

5. 质权人享有停止质权侵害权和损害赔偿请求权。在质物遭受侵害时，质权人的利益也受到侵害。因此，质权人可以质权存在为由行使除去及停止侵害的请求权，并可向侵权人提出损害赔偿请求，以保障质权的完整性，从而保护债权人的合法权益。

（二）质权人的义务

1. 质权人负有质物保管的义务。质权人占有质物是为自己的利益而非为债务人的利益，应当对质物的保管承担责任，即履行善良管理人的注意义务。《民法典》第四百三十二条规定：“质权人负有妥善保管质押财产的义务；因保管不善致使质押财产毁损、灭失的，应当承担赔偿责任。质权人的行为可能使质押财产毁损、灭失的，出质人可以请求质权人将质押财产提存，或者请求提前清偿债务并返还质押财产。”该条款中的“妥善保管”，是指以善良管理人的注意义务加以保管。善良管理人的注意义务，是指依照一般交易上的观念，认为有相当的知识经验及诚意的人所应负的注意义务，即以一种善良的心和应当具备的知识来保管质押财产。①

2. 质权人负有返还质物的义务。我国《民法典》第四百三十六条第一款规定：“债务人履行债务或者出质人提前清偿所担保的债权的，质权人应当返还质押财产。”质权人占有质物，乃在于借其留置效力促使债务人届期履行债务，一旦债务人届期履行其债务而使质权人的债权获得满足，则债权消灭，质权亦随同消灭，质权人即无继续占有质物的必要与理由，故得返还质物于受领权人。所谓受领权人当然为出质人，但如质物已转让给他人，则该他人为受领权人。此时如发生了返还质物的费用，则质权人有权请求受领者支付。

3. 质权人负有提存质物的义务。所谓提存，是指债权人无正当理由而拒绝接受债务人的履行，或债权人下落不明，而无法履行，经债务人申请和人

---

① 黄薇主编：《中华人民共和国民法典物权编释义》，法律出版社 2020 年版，第 570 页。

民法院或主管机关批准可将标的物提交有关机关保存；如标的物不宜长期保存，也可以变卖后将价金存入银行而消灭债务的一项制度。而《民法典》第四百三十二条第二款“质权人的行为可能使质押财产毁损、灭失的，出质人可以请求质权人将质押财产提存，或者请求提前清偿债务并返还质押财产”之规定，与上述意思不同，它是出质人要求质权人将质物交付提存机关，目的在于维护质物交换价值的稳定，并有利于出质人的利益，因此，质权人负有提存质物的义务。

五、动产质权对出质人的效力

（一）出质人的权利

1. 质物孳息的收取权。由于出质人须将质物的占有移转给质权人，故出质人原则上对于质物没有使用、收益的权利。但是依据《民法典》第四百三十条第一款的规定，“质权人有权收取质押财产的孳息，但是合同另有约定的除外”，出质人可以与质权人通过合同约定仍然保留自己对于质物所生孳息的收取权。

2. 质物的处分权。出质人虽然将质物移交质权人占有，但并不因此丧失其对质物的所有权。出质人仍然可以用指示交付的方式将质物让与，或者在同一质物上再设定动产抵押权，以担保其他债权的履行。此时，原有的质权并不因此而受影响。所以，动产上设立质权后，出质人仍然有权处分该动产。不过，此种“处分”只能是法律上的处分，而非事实上的处分。因为出质人在丧失对质物的占有之后，已经无法对质物进行事实上的处分，并且此种处分也有害于质权人的利益。

3. 保全质物的权利。为防止质物在质权人占有下发生毁损、灭失而给出质人造成损害，法律赋予出质人保全质物的权利。如果质权人的行为可能使质押财产毁损、灭失，出质人有权要求质权人将质押财产提存，或者要求提前清偿债务并返还质押财产。如果质权人在质权存续期间，未经出质人同意，擅自使用、处分质押财产，给出质人造成损害的，应当承担赔偿责任。

4. 请求质权人及时行使质权的权利。出质人有权请求质权人在债务履行期届满后及时行使质权；质权人不行使的，出质人可以请求人民法院拍卖、变卖质押财产。出质人请求质权人及时行使质权，因质权人怠于行使权利造成损害的，由质权人承担赔偿责任。

（二）出质人的义务

1. 交付质物的义务。质押合同生效后，出质人应当按照质押合同的约定将质物移交质权人占有。若出质人拒绝移交质物给债权人造成损失的，出质人有违诚信原则，应当承担违约责任。

2. 出质人就质物存在的瑕疵负有担保义务。因质物存在隐蔽的瑕疵造成质权人其他财产损害的，应由出质人承担赔偿责任。但是，质权人在质物移交时明知质物有瑕疵而予以接受的除外。

3. 当由于质物本身的性质造成质物价值明显减少，对质权人的权利构成威胁时，质权人要求出质人提供相应担保的，出质人应当提供。

六、审判实践中应当注意的问题

1. 动产质权所担保的债权范围比抵押权广泛。除了主债权及其利息、违约金和实现质权的费用以外，动产质权所担保的债权范围还包括质物的保管费用和质物瑕疵损害赔偿金。这主要是由于质权的成立与存续以质权人占有质物为必要，质权人可能有保管费用的支出，而且质物移转于质权人后，因质物隐有瑕疵致质权人受损害时，出质人还应负损害赔偿责任。而在抵押权中，则无此类情况。

2. 应当以质权人实际占有的动产为质押财产。《担保法解释》第八十九条规定："质押合同中对质押的财产约定不明，或者约定的出质财产与实际移交的财产不一致的，以实际交付占有的财产为准。"由于质权存在于质押财产之上，质权在出质人实际移交质押财产时设立。因此，实际交付的质押财产是质权存在的标志，也是质权人得以对质押财产占有而对抗第三人和获得优先受偿效力的来源。总之，应当认为质权人实际占有的质押财产属于质权的效力范围。

3. 注意出质人提前履行债务给债权人造成损失的处理。在质权人的行为可能使质押财产毁损、灭失的情况下，出质人可以要求质权人将质押财产提存，或者要求提前清偿债务并返还质押财产。一般情况下，债务人提前履行债务如果对债权人没有不利的，债权人应当接受。但如果提前履行债务给债权人造成损失时如何处理？从尊重合同自由的角度看，如果当事人双方事先存在约定，可以按照约定执行。但若当事人没有约定，由于此处出质人要求提前履行债务的前提是“质权人的行为可能使质押财产毁损、灭失”，所以，应当由质权人承担提前履行带来的不利益。也就是说，在出质人根据以上条款行使提前履行债务的权利时，无论是否会造成债权人的损失，只要双方没有特殊约定，质权人就不得拒绝受偿。同时需要注意的是，《担保法解释》第九十二条进一步指出：“按照担保法第六十九条的规定将质物提存的，质物提存费用由质权人负担；出质人提前清偿债权的，应当扣除未到期部分的利息。”

4. 注意出质人请求质权人行使权利时的方式。《民法典》第四百三十六条第二款规定：“债务人不履行到期债务或者发生当事人约定的实现质权的情形，质权人可以与出质人协议以质押财产折价，也可以就拍卖、变卖质押财产所得的价款优先受偿。”也就是说，质权的实现包括折价、拍卖和变卖三种方式。据此，出质人请求质权人在债务履行期届满后及时行使质权的，可以采取以上三种方式，即可以与质权人协议以质押财产折价来实现债权，也可以与质权人协议采取拍卖或者变卖质押财产来实现债权。在质权人不同意采取上述协商方式，即质权人怠于行使权利时，出质人有权诉诸法院，请求法院拍卖、变卖质押财产，以便及时实现债权、避免损失。

5. 注意变价权行使的条件和方法。根据我国《民法典》第四百三十三条的规定，质权人物上代位权的行使条件是：发生因不能归责于质权人的事由可能使质押财产毁损或者价值明显减少，足以危害质权人权利的情形。行使方法是：质权人不能直接将质物拍卖或变卖，必须先要求出质人提供相应的担保；出质人不提供的，质权人才能拍卖、变卖质押财产。此外，质权人可以与出质人通过协议将拍卖、变卖所得的价款提前清偿债务或者加以提存以取代质物。

6. 质权人放弃质权，不得有损于其他利害关系人的利益。《民法典》第四百三十五条规定，“质权人可以放弃质权。债务人以自己的财产出质，质权人放弃该质权的，其他担保人在质权人丧失优先受偿权益的范围内免除担保责任，但是其他担保人承诺仍然提供担保的除外”。于此情况下，本着公平的原则，在质权担保的是主债权的全部时，质权人放弃质权的，其他担保人免除全部担保责任；在质权担保的是主债权的部分时，质权人放弃质权的，其他担保人免除质权人放弃质权范围所承担的担保责任。当然，如果其他担保人自愿承受质权人放弃质权所产生的不利影响并承诺愿意继续提供担保的，意味着其同意质权人放弃质权的处分行为，法律自无加以干涉的必要。

七、对案例 76、案例 77 的简要评析

（一）对案例 76 的简要评析

在本案中，争议的焦点是质押担保的范围问题，本案涉及下列法律问题。

1. 华兴公司、医药公司与城市信用社所签订的借款质押担保协议合法有效，对三方当事人均具有法律约束力。医药公司与城市信用社在借款质押担保协议中明确约定了质押担保的范围为华兴公司所借城市信用社贷款 20 万元本金中的 17 万元，医药公司将质物奥迪轿车移交给城市信用社占有，依据《民法典》第四百二十九条“质权自出质人交付质押财产时设立”的规定，本案质权设立。医药公司与城市信用社明确约定质押担保的范围，应当尊重其约定。

2. 医药公司在华兴公司借款到期后，主动为其偿还城市信用社贷款 17 万元，履行了医药公司与城市信用社在借款质押担保协议中所约定的质押担保范围，此时担保人医药公司便享有对债务人华兴公司追偿的权利。

3. 根据《民法典》第四百三十六条第一款“债务人履行债务或者出质人提前清偿所担保的债权的，质权人应当返还质押财产”的规定，医药公司在履行了质押担保义务后，要求城市信用社将其小轿车返还，而城市信用社以华兴公司尚欠贷款未还清为由拒绝返还于法无据，不应得到支持，医药公司的起诉理由成立，城市信用社应限期将质物奥迪轿车返还给医药公司。

（二）对案例 77 的简要评析

在本案中，主要涉及质权消灭后质物在质押期间损坏的责任归属和赔偿问题。

1. 周某和铁某所签订的质押协议，除其中“约定在借款逾期 10 日内周某不偿还借款，摩托车即归铁某所有”为《民法典》第四百二十八条“质权人在债务履行期限届满前，与出质人约定债务人不履行到期债务时质押财产归债权人所有的，只能依法就质押财产优先受偿”的禁止性规定无效外，其他条款均为有效，对双方有法律约束力。周某履行了借款义务，双方债权债务关系消灭，铁某对周某的摩托车的质权消灭，因此，双方的质押担保关系亦消灭。

2. 根据质押协议的约定，在质押期间，铁某不得使用摩托车，铁某违背协议约定，擅自使用质物摩托车，并造成摩托车被撞毁，其责任全部在铁某，铁某的行为属于违反质押协议的民事责任，又属于一种民事侵权行为，此时，铁

某的行为是违反合同的民事责任与侵权的民事责任发生竞合。

3. 周某可根据《民法典》第四百三十一条“质权人在质权存续期间，未经出质人同意，擅自使用、处分质押财产，造成出质人损害的，应当承担赔偿责任”的规定，请求铁某赔偿损失，损失数额可参照市场价确定。

第五节　动产质权的行使与消灭

一、问题的提出

动产质权的核心是质权人依法对质物享有优先受偿权，而优先受偿权的实现是通过动产质权的实行，因此，动产质权的实行亦有必要探讨之。在研究动产质权的实行及消灭之前，先看司法实践中的一则案例，并思考之。

案例 78：质权人是否应当担责

某年1月6日，甲公司与某信用社签订了为期3个月的借款合同，借款金额30万元，乙公司以价值33万元的动产作质押担保。借款逾期后，甲公司未还分文。6月6日，乙公司给信用社下达了书面通知，其内容为：因为甲公司担保的质物有降价的趋势，请贵社在7月1日前及时行使权利，否则，因质物降价而造成我公司所受的损失，贵社负赔偿责任。信用社接此通知后，于8月1日与乙公司就质物折价。按此时市场行情双方协商将质物折价为21万元。出质人乙公司认为信用社在接到通知后，怠于行使权利致使质物价值下跌12万元，应由信用社负赔偿责任。而信用社拒绝赔偿，形成纠纷，乙公司将信用社诉至法院。

在司法实践中，债务履行期届满后，一般来说，质权人为实现债权，总是积极行使质权，但亦有出质人请求质权人及时行使权利而质权人却怠于行使权利给出质人造成损害，上述案例可谓典型。

二、动产质权实行的意义及条件

（一）动产质权实行的意义

所谓动产质权的实行，又称为动产质权的实现，亦称为动产质权的行使，是指质权人在债权已届清偿期而债务人不履行债务时，处分质物以优先取偿的行为。质押担保的目的在于确保债权的清偿；受质押担保的债权不能如期受清偿时，质权人有必要行使质权而优先清偿其债权。动产质权的行使，为动产质权的主要效力。我国《民法典》第四百三十六条第二款、第三款和第四百三十八条对动产质权的行使作了相关规定，各国立法例对动产质权的行使均有相似的规定。动产质权的行使，为质权人的权利而非义务。所以，质权人在行使动产质权前，可以请求债务人清偿债务，而债务人不得以质权人先就质物行使权利进行抗辩；质权人还可以先就债务人的其他财产取偿，不足部分再行使质权以就质物的价值取偿。

（二）动产质权的实行条件

我国《民法典》第四百三十六条第二款、第三款规定："债务人不履行到期债务或者发生当事人约定的实现质权的情形，质权人可以与出质人协议以质押财产折价，也可以就拍卖、变卖质押财产所得的价款优先受偿。质押财产折价或者变卖的，应当参照市场价格。"根据该条款的规定，质权人行使动产质权的前提条件是债务人在债务履行期届满时未履行债务，或者发生当事人约定的实现质权的情形。这就有必要要求主合同中的主债务的履行期限应当明确；若未约定履行期间或履行期间约定不明的，在给对方当事人以必要的准备时间的前提下，债权人随时可以主张债权，债务人也可以随时履行债务。

当然，根据《民法典》第四百三十六条第一款"债务人履行债务或者出质人提前清偿所担保的债权的，质权人应当返还质押财产"的规定，出质人也可以提前清偿债务。出质人提前清偿债权的，应当扣除未到期部分的利息。出质人提前清偿债务使质权人的质权得以实现，质权人应当及时返还质物，否则，出质人有权请求质权人返还质物。

三、动产质权的实行方法

根据我国《民法典》第四百三十六条第二款的规定，动产质权的实行方法有两种：质物折价、拍卖或变卖质物。

1. 质物折价。质物折价是指质权人和出质人订立合同，由质权人依质物的价格取得质物所有权。质物的折价须由双方事后通过订立合同方式确定，而不得事先在合同中约定在债务履行期届满且质权人未受清偿时，质物的所有权移转给质权人所有，否则将构成流质契约，应被宣告无效。质物在折价以后，如果质物所折价高于质权担保的债权数额，质权人必须向出质人返还差额。如果低于担保的债权数额，质权人仍有权请求债务人清偿差额部分。不过，由于质权人已接受折价，该差额部分将成为无担保的债权。

2. 拍卖或变卖质物。拍卖质物，是指按照法定的拍卖程序，以拍卖质物所得价金清偿债权的方法。拍卖质物为动产质权实行的主要方法。因为拍卖的性质不同，拍卖质物分为一般拍卖和强制拍卖。质权人和出质人委托拍卖人拍卖质物的，为一般拍卖。我国《拍卖法》第三条规定："拍卖是指以公开竞价的形式，将特定物品或者财产权利转让给最高应价者的买卖方式。"依照我国《民法典》物权编的规定，质权人可与出质人协议拍卖质物。质权人和出质人依照《拍卖法》的规定，在债务人不履行债务时，委托拍卖人拍卖质物，质权人自买受人取得质物所支付的价金中优先清偿其债权。质权人和出质人不能达成委托拍卖人拍卖质物的协议的，质权人可以向人民法院提起诉讼。质权人以诉讼请求人民法院拍卖质物的，属于强制拍卖。

变卖质物，是指将质物变卖后，以其价款清偿债务。变卖质物的优点是快捷、灵活、节省费用，对出质人和质权人都较为有利。需要说明的是，根据《民法典》物权编的规定，质物折价、拍卖或变卖质物只要依法进行，无须出质人同意。

在司法实践中，应当注意的是，一是质权人"怠于行使权利"的要件。不能质押财产价格一下跌即裁判质权人承担赔偿责任，否则将增加债权实现的风险，损害质权人的合法利益。由于质权人在质权得以行使后，可以在相当长的时间内自由选择行使质权的时机，所以判断质权人"怠于行使权利"比较困难。本条规定了一个前提，即以"出质人请求质权人及时实现质权"为前提，至少我们可以得出在出质人向质权人提出行使质权的请求之前，不能作出质权人"怠于行使权利"的结论。此外，质权人承担责任的性质应为一种法定的侵权赔偿责任。二是出质人请求质权人行使质权的，可以与质权人协议以质押财产折价或者采取拍卖、变卖质押财产的方式来实现质权。根据《民法典》第四百三十六条的规定，债务人不履行到期债务，质权人可以与出质人通过协议以质押财产折价，也可以就拍卖、变卖质押财产所得的价款优先受偿，即质权行使的方式包括折价、拍卖和变卖三种方式。因此出质人依据本条规定，请求质权人行使质权时，可以采取与出质人协议以质押财产折价来实现质权，也可以与质权人协商一致采取拍卖或者变卖质押财产来实现质权。在质权人不同意采取前述协商方式时，出质人有权诉诸法院，请求法院拍卖、变卖质押财产，以便更迅捷地实现质权。

四、动产质权的消灭

质权的消灭，是指质权人对质物具有的支配力的终止。质权是担保物权，因法律规定或者当事人之约定原因而消灭。

1. 质权因被担保的债权消灭而消灭。担保物权是因主债权的存在而设立的，对于主债权而言，担保物权属于从权利。因此，当其被担保的债权消灭时，质权也就失去了其存在的基础，质权即归于消灭。这时，质权人应将质物返还给出质人。

2. 质权因物权消灭的原因而消灭。质权为物权的一种，因为物权之通常原因而消灭。因为质物的混同、标的物丧失、标的物被征收、权利人放弃权利等原因的发生，质权消灭。标的物灭失为物权消灭的一般原因，质权为支配质物的担保质权，质物灭失，使得质权丧失而取得的赔偿金具有支配力，即因灭失所得的赔偿金，应当作为出质财产，质权并未消灭。

3. 质权因返还质物而消灭。质权的设定和存续，以质权人占有质物为要件，若质权人将质物返还给出质人，不论质权人返还质物的原因如何，质权人丧失对质物的占有，质权的存续要件欠缺，质权应当归于消灭。

4. 质权因质权人丧失占有且不能返还而消灭。质权以债权人取得出质人财产的占有为要件，并以占有的保持为存续要件。质权人丧失了对质物的占有，并且因此不能行使请求返还权的，质权消灭。

5. 质权因实行而消灭。质权人行使质权，设立质权的目的实现，这样质权即可归于消灭。即使质物被拍卖、变卖后所得价金不足以清偿债务，质权也归于消灭。但债务人对债权人的债务应继续履行，不因质权消灭而免除。

6. 因混同而使质权消灭。因混同而使质权消灭的情形有两种：其一，债权人与债务人归于一人时，债权债务各不存在，质权也自然归于消灭。其二，债权人与出质人（此时出质人非为债务人本人，而是物上保证人，即第三人）混同，而使质权消灭。

五、对案例 78 的简要评析

在本案中，甲公司与信用社所签订的借款合同有效，乙公司与信用社所签订的质押合同亦有效。问题的关键是，质权人信用社在接到出质人乙公司行使质权的请求时，而怠于行使权利，确已给乙公司造成了财产损失，即价值下跌12万元。信用社应否承担责任？

根据《民法典》第四百三十七条第二款“出质人请求质权人及时行使质权，因质权人怠于行使权利造成出质人损害的，由质权人承担赔偿责任”及《担保法解释》第九十五条第二款“债务履行期届满，出质人请求质权人及时行使权利，而质权人怠于行使权利致使质物价格下跌的，由此造成的损失，质权人应当承担赔偿责任”的规定，债务履行期届满后，信用社怠于行使权利，自应承担赔偿责任，当无疑问。

第六节　权利质权若干问题研究

一、问题的提出

权利质权，是指出质人将其所有的可转让的财产权利凭证移交债权人占有，在债务人届期不履行债务时，债权人有权将该权利转让以优先受偿。在权利质押法律关系中，债务人或者第三人为出质人，债权人为质权人。《民法典》第四百四十条规定：“债务人或者第三人有权处分的下列权利可以出质：（一）汇票、本票、支票；（二）债券、存款单；（三）仓单、提单；（四）可以转让的基金份额、股权；（五）可以转让的注册商标专用权、专利权、著作权等知识产权中的财产权；（六）现有的以及将有的应收账款；（七）法律、行政法规规定可以出质的其他财产权利”。

在研究权利质权之前，先看两则案例，并思考之。

案例79：兴业银行重庆分行与重庆力帆公司申请实现担保物权案[①]

2018年11月14日，承兑人兴业银行重庆分行与承兑申请人重庆力帆公司签订《商业汇票银行承兑合同》并约定：经承兑申请人申请，承兑人（或称银行）

---

① 重庆市第一中级人民法院（2019）渝01民特491号民事裁定书。

同意为承兑申请人办理商业汇票银行承兑业务；根据承兑申请人的申请以及本合同约定的条款和条件，承兑人同意对附件《银行承兑汇票清单》所列内容的汇票进行承兑，附件所列汇票共计 15 张，出票人均为重庆力帆公司，票据到期日均为 2019 年 11 月 14 日，汇票金额合计 2.85 亿元；承兑申请人对因承兑人垫付而形成的垫付票款及利息承担还款责任；承兑汇票到期日前，承兑申请人不能足额交付票款时，除法律法规规定可予拒付的情形外，承兑人凭票无条件向持票人支付票款；承兑申请人在承兑汇票到期日前未足额支付本合同项下任何一项承兑汇票票款或其他费用即构成违约事件，承兑人有权按合同约定依法行使担保权利。

同日，质权人兴业银行重庆分行与出质人重庆力帆公司签订《定期存单质押合同》并约定：本合同担保的主合同名称《商业汇票银行承兑合同》，债权种类银行承兑汇票，主债权本金 2.85 亿元；出质人自愿提供其所有的定期存单为本合同项下的质物，质权的效力在质押存续期间及于质物所生孳息；本合同项下的质押担保范围为主合同项下的主债权本金及利息、罚息、复利、违约金、损害赔偿金和实现债权的费用等。

上述协议签订后，因重庆力帆公司于汇票到期日前未按时足额交付票款，兴业银行重庆分行为其垫付票款共计 92088611.67 元。

法院经审查认为，兴业银行重庆分行与重庆力帆公司签订的《商业汇票银行承兑合同》《定期存单质押合同》系当事人真实意思表示，应为合法有效。兴业银行重庆分行已按照约定为重庆力帆公司垫付了商业汇票票款，故有权要求重庆力帆公司承担质押担保责任。现重庆力帆公司对兴业银行重庆分行的债权本金和利息在剩余质押物存款 31300351.43 元及利息范围内享有优先受偿权无异议，予以确认。对兴业银行重庆分行要求重庆力帆公司承担其为本案支付的律师费 18 万元的问题，该笔费用符合本案《商业汇票银行承兑合同》的约定，应由债务人重庆力帆公司承担，并在剩余质押物财产范围内享有优先受偿权。

案例 80：商储公司与刘某宁、中鼎翔公司买卖合同纠纷案[1]

最高人民法院经审查认为：

第一，关于刘某宁出具的《担保函》的法律性质。刘某宁出具的《担保函》载明：“中鼎翔公司与商储公司在履行《业务合作合同》《产品购销合同》

[1] 最高人民法院（2019）最高法民再 202 号民事判决书。

等合同过程中欠商储公司采购资金9196980.50元及自2014年2月起至今的利息（利息率11%）。本人刘某宁自愿为中鼎翔公司欠商储公司的债务承担担保责任，担保资产为本人合法持有的贵阳金阳天合建材有限公司10%的股份（价值1000万元），担保范围包括但不限于商储公司的欠款本息及商储公司实现债权的费用。本人保证用于担保的股权无质押，也未被限制提供担保或被相关部门冻结，如出现上述情况或价值不足值，本人愿意赔偿商储公司的一切损失。”本院认为，《合同法》第一百二十五条第一款规定：“当事人对合同条款的理解有争议的，应当按照合同所使用的词句、合同的有关条款、合同的目的、交易习惯以及诚实信用原则，确定该条款的真实意思。”根据该条规定，对于当事人之间有争议合同条款的解释，应依次采取文义解释、整体解释、目的解释、习惯解释以及诚实信用原则解释等方法来确定该条款的真实含义。从文义解释出发，其虽然表示为中鼎翔公司欠商储公司的债务提供担保，但是以其在贵阳金阳天合建材有限公司10%股权为担保资产。股权作为一种权利，其担保价值的实现只能是将股权出质。根据整体解释方法，对于一个法律行为，要理解其整体意思，必须准确理解其各个部分的意思；反之，要理解各个部分的意思，也必须将各个部分置于整体之中，使其相互协调，才能准确理解各个部分的含义。虽然刘某宁在《担保函》中声称“本人保证用于担保的股权无质押，也未被限制提供担保或被相关部门冻结，如出现上述情况或价值不足值，本人愿意赔偿商储公司的一切损失”，但该“保证”并非担保法意义上的担保方式的保证，而是保证用于担保的股权足值且无权利瑕疵适于办理质押。因此，刘某宁在《担保函》中以案涉股权为中鼎翔公司欠商储公司债务提供担保，其真实意思表示系将案涉股权质押给商储公司。从目的解释或者诚实信用原则解释看，亦不能认定刘某宁出具的《担保函》含有保证担保的意思表示。综上所述，刘某宁所出具的《担保函》应认定为系以其在《担保函》中声明的股权价值为限向债权人商储公司提供股权质押担保，而非保证担保。

第二，关于刘某宁是否应承担民事责任以及承担责任的性质。《物权法》第二百二十六条第一款规定，以基金份额、股权出质的，当事人应当订立书面合同。以基金份额、证券登记结算机构登记的股权出质的，质权自证券登记结算机构办理出质登记时设立；以其他股权出质的，质权自工商行政管理部门办理出质登记时设立。根据查明的案件事实，刘某宁在出具《担保函》之后，并未办理股权质押登记或者通知商储公司为其办理质押登记，据此可以认定质权因未办理出质登记而未设立。本案刘某宁向商储公司出具《担保函》，商储公司表示接受，应视为刘某宁与商储公司之间签订了质权设立合同。案涉质权虽然因未办理质押登记而未设立，但双方之间的质权设立合同是双方的真实意思表示，并不违反法律法规的强制性规定，应属有效，刘某宁与商储公司之间成立股权质押合同关系。质押合同成立后，双方均应按合同约定履行自己的义务。刘某宁向商储公司出具《担保函》后，应按照法律规定向工商行政管理部门申请办理出质设立登记，其未申请设立登记，导致商储公司最终无法就案涉股权的交换价值享有优先受偿权，对商储公司构成违约，应承担相应的违约责任。商储公司主张刘某宁出具的《担保函》是提供连带责任保证担保，并据此要求刘某宁承担连带保证责任缺乏事实和法律依据，本院不予支持。

第三，关于刘某宁承担民事责任的金额。案涉《担保函》系合法有效的股权质押合同，虽然双方并未对办理股权出质登记进行约定，但是作为股权出质人的刘某宁负有向工商行政管理部门办理出质登记的义务，现刘某宁并未办理案涉股权质押登记，违背了《担保函》的约定，存在违约行为。依据《合同法》第一百零七条关于“当事人一方不履行合同义务或者履行合同义务不符合约定的，应当承担继续履行、采取补救措施或者赔偿损失等违约责任”的规定，刘某宁应向商储公司承担违约损害赔偿责任。刘某宁虽然没有办理股权质押登记，但是商储公司也未举示证据证明其有催告刘某宁办理质押股权质押登记或其他积极主张自身权利的行为，其对于案涉股权质押未办理质押登记也存在过错。综合各方的违约情况和过错程度，本院酌定刘某宁就其违约行为承担其在《担保函》中声明的担保物价值（1000万元）50%的民事责任。

在上述案例中，案例79涉及存单质押问题，案例80涉及股权质押问题。试问：如何理解适用票据权利质权、存单质押、仓单质押、股权质权、应收账款质押？

二、票据权利质权

票据的含义有广义和狭义之分。广义的票据是指商业活动中的一切凭证，如发票、仓单、提单、支票等。狭义的票据仅限于以支付一定金额为目的的特种证券。《票据法》上所称的票据是仅就狭义的票据而言的，是出票人依法签发的，由自己或指定他人按票面所载明的时间、地点无条件支付一定金额的有价证券。票据包括汇票、本票和支票。

1. 票据质押的生效要件。《票据法》第三十五条第二款规定："汇票可以设定质押；质押时应当以背书记载'质押'字样。被背书人依法实现其质权时，可以行使汇票权利。"《票据法》第八十一条、第九十四条分别对本票与支票适用汇票作出了规定。而《担保法》第七十六条规定："以汇票、支票、本票……出质的，应当在合同约定的期限内将权利凭证交付质权人。质押合同自权利凭证交付之日起生效。"可见，《票据法》与《担保法》在设立票据质押方面的规定不尽一致。《票据法》要求出质人在票据上为"质押"背书并将票据交付给被背书人后，被背书人才取得质权，强调的是背书记载与交付。而《担保法》则仅要求出质人按合同约定将票据交付后即设立质权，强调的是合意与交付。由于票据背书行为的发生一般都以背书人与被背书人之间的合意为基础，因此两者的区别关键在于票据质押是否以背书"质押"字样为要件。

2. 记载"不得转让"票据质押的效力。票据的"不得转让"记载，又称为票据的禁转记载。《票据法》第二十七条、第三十四条分别规定："出票人在汇票上记载'不得转让'字样的，汇票不得转让"；"背书人在汇票上记载'不得转让'字样，其后手再背书转让的，原背书人对后手的被背书人不承担保证责任"。以上规定的效力同时也及于本票和支票。可以看出，票据的禁转记载有两种情形，即出票人的禁转记载和背书人的禁转记载。

记载"不得转让"的票据能否质押，其质押效力如何，我国《票据法》《担保法》均未作出明确规定，司法实践中对此看法不一。[①] 笔者认为，记载"不

① 《票据法》第二十七条第二款作出了"禁转背书"的规定，所谓禁转背书，指出票人或者背书人在票据上记载"不得转让"等类似文句，以禁止票据权利的转让。那么，禁转背书的票据一经转让将产生怎样的法律后果，背书"不得转让"的汇票还能否设定质押呢？这个问题在法学界和审判实践中一直存在很大的分歧，《人民法院案例选》总第二十一期、第二十二期先后刊登了两个案例，案件事实基本相同，判决观点和结果却截然不同。在第二十一期中刊登的"中国投资银行天津分行诉天津市轻工业对外贸易公司确认记载'不得转让'字样汇票质押效力案"中认为，记载"不得转让"字样的银行承兑汇票可以再设定质押。理由是，"不得转让"并不是单纯禁止将票据作为权利凭证移交他人占有，其目的是对票据权利的"禁止"转让。而质押并不转让票据权利，因此票据质押是有效的。《人民法院案例选》第二十二期刊登的"沈阳石化公司诉辽宁石油公司以'不得转让'汇票向招商银行沈阳分行设定质押无效案"中（就是本案前述的案例）认为，"不得转让"汇票是一种禁止转让、限制流通的票据，如果允许设定质押，在设质人不能偿还债务时，票据权利由设质人转让给质权人，出现了票据权利转让的结果，造成与不能转让相矛盾的事实，因此，"不得转让"汇票设定质押是无效的。

得转让”的票据质押并非票据权利的转让，质权人因与出质人的质押行为而取得的对票据的一定期间的占有权及待主债权届清偿期后而未获清偿时取得票据的权利，应受法律保护，即记载“不得转让”的票据质押时，应当承认其效力。具体理由如下。

（1）票据禁转记载是对票据流通性的限制，对依其他民事法律行为取得的票据权利，法律未作禁止。根据《票据法》第二十七条的规定，出票人的禁转记载产生以下法律效力：票据丧失流通性，收款人不得以背书方式转让票据权利，否则，受让票据的人不能取得票据权利，不能发生票据法上的权利转移和资格证明等效力。该法第三十四条规定：“背书人在汇票上记载‘不得转让’字样，其后手再背书转让的，原背书人对后手的被背书人不承担保证责任。”即记载“不得转让”的背书人的后手仍然可以背书转让票据，原背书人不承担保证责任而已。由此可知，票据禁转记载使票据的流通性受到了限制。

（2）禁转记载的票据质押并非票据权利转让，不产生票据转让的法律后果。禁转记载的票据旨意的效力主要体现在设定质权上，并非将《票据法》上的票据权利转让给被背书人（质权人），而是将票据本身的占有权移转给质权人，质权人将取得的质权作为债权的担保。质权人可以在实现质权时行使一定的票据权利，包括付款请求权，从票据金额优先偿付被担保债权。质权人权利的取得是基于“将一定的票据权利授予他人行使”而非“转让”。因此，质押与转让是两个完全不同的概念，票据的付款人以票据的禁转记载来抗辩质权人行使质权不应受法律保护。

（3）承认记载“不得转让”的票据的质押效力，符合国际立法和商业交易习惯，禁转票据的质押效力已为许多国家的票据立法所确认，如《日内瓦统一汇票、本票法》第 19 条规定：如背书载有“担保价值”“抵押价值”或其他抵押的声明，持票人得行使汇票上所有的一切权利，但只能以代理人资格背书。承担责任的各当事人不得以其与出票人或前手持票人之间的个人关系发生抗辩，对抗持票人，但持票人在接收汇票时明知其行为有害于债务的除外。《日本票据法》第 19 条亦规定，背书有“因担保”，“因设质”和其他表示设定质权字句时，执票人得行使汇票上的一切权利，债务人不得以基于对背书人的个人的关系抗辩对抗执票人，但执票人明知有害于该债务人而取得票据权的，不在此限。实践中将主债务人持有的票据出质给债权人，有利于债务人及时履行债务，充分保障债权的实现。因此，认定禁转票据质押有效，不仅能够及时保护质权人的合法权益，也符合国际方法和商业习惯。

3. 票据质权的行使。票据质押所确立的是设质背书的被背书人一种附条件行使票据权利的资格。这种条件不是质权的成立条件，而是行使条件。也就是说，质权人只享有对票据权利行使的期待权。当设质背书完成后，被背书人虽然已经取得完整的票据权利，但是这种权利却不能马上由作为质权人的被背书人行使，必须等到条件成就时，被背书人行使票据权利方为合法。这时的条件可以理解为期限，即主债务到期的期限。在主债务到期前，票据权利人一般是不能行使票据权利的。但债务到期的事实仍然不足以保证票据质权人行使票据权利，还必须有债务人的到期不还债的事实予以证明，才能视为条件的真正成就。一般而言，当以上条件成就时，除前文所述的票据转让外，票据质押权人实现质权的方式主要有如下几种。

（1）向付款人请求付款，并以所得款项优先满足自己的债权。当主债务到期未还而票据又已到期时，票据质押人作为主债权人，即可以依背书的连续性证明自己权利的存在，持票据提示付款人付款。如果该票据已经付款人、第三人承兑或保付，承兑人、保付人则成为票据主债务人负有绝对的保证票据兑付的义务，其余债务人则退居其次而成为第二债务人。若票据主债务人拒绝付款，票据质押权人可以直接向法院起诉，要求其履行义务，而不必马上行使追索权。如果付款人、承兑人或保付人将票款支付给票据质押人，在票据法上，票据质押关系应当已经完成但是根据质押合同的规定，质押人只能收取与债权相等的部分数额，其余则须退还给出质人。

（2）行使票据追索权，并用所得款项优先满足自己的债权。当票据到期未获付款，或在到期前不获承兑，或有其他法定原因时，票据质押权人在进行了行使或保全票据权利的行为后，可以向其前手追索，请求偿还票据金额及其他法定款项。由于票据关系人发行、转让、质押票据所承担连带担保责任是对内的一种连带关系，相对于付款人、承兑人来说则只是一种补充担保，所以只有当票据请求权不能实现或无法得到满足时，持票人才能行使追索权，使其前手承担连带担保责任。正因如此，可以认为，追索权是付款请求权的一种补充或保障性的权利，为第二次请求权。它有效地起到了保障票据债权流通、票据制度规范运行的作用。倘若票据质权人能够通过行使追索权而获得票款，则可优先满足自己的债权，即使是对出质人行使追索权时亦如此。追索的标的是票据所载的全部票款，而不是主债权的数额，因此票据债务人不能以主债权数额小于票面金额予以抗辩。不过在所有的被追索对象中，只有出质人可以依票据原因关系的瑕疵而抗辩质权人的追索权。

三、存单质押

存单质押性质属于权利质押，出质人以存单所代表的债权作为出质权利出质给债权人，以保证担保债权的实现。2020 年修正后的《存单若干规定》第八条“对存单质押的认定和处理”规定：“存单可以质押。存单持有人以伪造、变造的虚假存单质押的，质押合同无效。接受虚假存单质押的当事人如以该存单质押为由起诉金融机构，要求兑付存款优先受偿的，人民法院应当判决驳回其诉讼请求，并告知其可另案起诉出质人。存单持有人以金融机构开具的、未有实际存款或与实际存款不符的存单进行质押，以骗取或占用他人财产的，该质押关系无效。接受存单质押的人起诉的，该存单持有人与开具存单的金融机构为共同被告。利用存单骗取或占用他人财产的存单持有人对侵犯他人财产权承担赔偿责任，开具存单的金融机构因其过错致他人财产权受损，对所造成的损失承担连带赔偿责任。接受存单质押的人在审查存单的真实性上有重大过失的，开具存单的金融机构仅对所造成的损失承担补充赔偿责任。明知存单虚假而接受存单质押的，开具存单的金融机构不承担民事赔偿责任。……以金融机构核押的存单出质的，即便存单系伪造、变造、虚开，质押合同均为有效，金融机构应当依法向质权人兑付存单所记载的款项。”存单质押在司法实践中主要存在下列问题。

1. 以虚开的存单进行质押的效力。虚开的存单，是指确属金融机构出具但无实际存单内容或与实际存款不符的真实存单。无实际存款内容的存单，是指空存单，即“存款人”根本未存入任何款项；与实际存款内容不符的存单指套取的存单，比如，实际存入 100 元，在金融机构存款底联上记载 100 元，但在存单上却另行记载（手写或打印）100 万元。无论是哪一种存单，它们都有一个共同的特点，即存单外表真实，形式要件齐备，一个普通的局外人在通常情况下不能辨别存单的真实情况，不能获悉存单持有人的实际存款状况。虚开存单属于涉嫌刑事犯罪行为，必须有金融机构内部工作人员的帮助才能完成。虚开存单，存单持有人和金融机构内部工作人员在主观上属于串通，而且是恶意的，存单持有人虽持有存单，但也并不表明其与金融机构之间存在任何债权债务关系。存单持有人不仅没有任何应受法律保护的民事权利，而且应当受到法律的制裁。然而，由于存单可以质押，存单持有人如以虚开的存单出质向他人借贷或担保某合同的履行，就可能会给接受存单出质的当事人造成财产损失，在不要求存单出质应向金融机构进行核押的法律背景下，这种情况尤其容易出现。对于以虚开存单出质骗取或占有他人财产的处理，根据《存单若干规定》第八条的规定，该质押关系无效，利用存单骗取或占有他人财产的存单持有人对侵害他人财产负赔偿责任。认定质押关系无效，是因为作为出质标的的出质债权自始不存在，属于债权出质性质的存单质押关系自始不存在。至于金融机构应承担的责任，按照《存单若干规定》的规定，金融机构与出质人承担连带赔偿责任。因为，无论是金融机构虚开存单，还是其工作人员虚开存单，虽然虚开存单的行为非法，不存在合法授权的可能，但接受存单质押的债权人并不知情，虚开的存单是存单持有人骗取或占有接受存单出质人的财产的重要手段。对侵害债权人的合法权益，虚开存单的金融机构和存单持有人应视为有共同故意。另外，为区分不同情况，《存单若干规定》第八条规定，如接受存单质押的人明知存单是虚开的而接受质押的，金融机构不承担民事赔偿责任。因为该当事人在明知的情况下接受存单质押，实际为套取金融机构信用，主观上有恶意，其损失的产生与金融机构虚开的存单无必然联系。但虚开存单毕竟违反了金融管理规定，人民法院可以视情况建议有关部门对这种行为给予处罚。

接受存单质押的人在审查存单的真实性上有重大过失的，《存单若干规定》考虑了部分减轻金融机构的责任，即规定开具存单的金融机构对所造成的损失承担补充赔偿责任。接受存单质押的人在审查存单的真实性上的重大过失，指存单的真实性上存在明显瑕疵，而相对人未尽到必要的注意义务。即一般有理性的人都可以发现的瑕疵，而作为债权人的相对人却未能发现。根据过错责任理论，未尽到一般的注意义务，属于重大过失，应相应减轻金融机构的责任。故在这种情况下，金融机构承担补充赔偿责任，以区别于前面的连带责任。值得注意的是，《存单若干规定》在处理中没有要求接受存单出质的债权人尽善良管理人的义务，体现了对善意或仅有轻过失的债权人的充分保护。

2. 以伪造、变造的虚假存单质押的处理。按照《存单若干规定》第八条的规定，以伪造、变造的虚假存单出质的，因标的虚假，质权自始不能设立。质押合同为无效合同，质权不成立。如质权人以存单质押为由起诉金融机构，应判决驳回其诉讼请求，并可告知其另案起诉出质人。比较对以虚开存单质押的处理可以发现两者的差别很大，以伪造、变造的假存单质押，金融机构不承担民事责任，由存单出质人单独承担民事责任。因此，对虚假存单的界定就成为关键。认定虚假存单应当十分慎重，一般对当事人自己单独伪造、变造的，在样式、印鉴上区别于真实存单的存单，认定为虚假存单。样式与真实存单相同，但印鉴虚假的，也应当认定为虚假存单。

对接受伪造、变造的存单质押的债权人不予保护，原因是：（1）持单人与金融机构之间没有产生任何法律关系，金融机构对伪造、变造存单的持单人，不负清偿之债，接受存单质押的债权人在接受存单出质时的主观状态是恶意还是善意对处理结果不产生影响；（2）虚假存单因样式、印鉴虚假，应认定该债权凭证上不存在金融机构的意思表示，对该债权没有金融机构的承诺，无论当事人单独伪造还是与金融机构工作人员串通伪造，均属于个人行为，不代表金融机构。值得注意的是，认定虚假存单的前提是存单代表的债权自始不存在，如存单是虚假存单，但对金融机构的债权真实存在的，金融机构对持单人，仍负清偿之债，接受存单质押的债权人仍应受到保护。依据是《存单若干规定》第五条之二确立的“双重真实性原则”。比如，存款人在金融机构存款并将款项交付给金融机构的业务人员后，业务人员给存款人开具作废存单侵吞钱款，按照《存单若干规定》第五条确立的以存单的真实性和存款关系的真实性处理案件的“双重真实性原则”，如存款查证属实，存单的虚假不影响存款人与金融机构之间存款关系的成立，金融机构仍应对其业务人员的行为负民事赔偿责任。

3. 以借用存单进行质押的处理。实践中，债务人用存单出质作担保以实现自己的经济目的，有用自己的存单出质，也有用他人的存单出质，如借他人的存单出质。以他人的存单出质，性质上属于第三人提供出质权利，因此，应当有该第三人以存单债权为他人进行担保的真实意思表示。权利人自愿以自己的存单为他人提供担保，性质上属于权利人对自己的财产权设定限制，是权利人的处分行为，在法律上不受限制。即便权利人在存单被出质时不知情，但事后追认该出质行为的，对质押关系的有效性也不存在质疑。然而，如果没有该权利人为他人的债权提供担保的真实意思表示，权利人不知情，事后不予追认并要求确认质押无效、返还存单，比如，以拾得的存单出质、以借用的存单出质、丈夫以妻子的存单出质等，该质押行为是否有效，债权人能否取得质权，值得研究。从实际发生的情况看，以第三人存单出质但无第三人提供担保的意思表示的情形有两种：一是以不法占有的他人存单出质；二是以合法占有的存单出质。如用偷、抢、骗、捡的存单出质的，债权人无论在主观上对出质人不法占有存单的状态知悉还是不知悉，质押行为均为无效行为，债权人不能取得质权。因为不符合质权的善意取得理论。根据质权的善意取得理论，出质人以合法占有的他人财产出质，当债权人不知该财产的真实所有关系、实属善意时，债权人可以在该财产上取得质权。以偷、抢、骗、捡的不法占有的存单出质，不符合质权的善意取得理论，因此，应认定债权人不能取得质权。对于以合法占有的存单出质的处理，主要针对债权人接受存单出质时知道存单不属于出质人的，能否存在适用表见代理的可能。分述如下。

债务人以合法占有的存单出质（如以借用的存单出质），当债权人对存单的真实所有关系不知情，根据上述质权的善意取得理论，债权人属于善意接受出质，是可以取得质权的，质押关系应属有效。但这种情况在司法实践中较少见。因为存单绝大多数是记名存单，债权人在接受存单出质时应当注意到存单记载的存款人。当债权人明知存单记载的存款人与出质人不是同一人而接受存单出质的，债权人就不属于善意，不能取得质权。债权人如宣称没有注意到存单的记载事项，是不成立的。只有在过去不记名的存单的情况下，善意取得存单质押的情况才可能成为现实。

债务人以合法占有的存单出质（如以借用的存单出质，丈夫以妻子的存单出质），当债权人在接受存单出质时对存单的真实所有关系知情，债权人能否取得质权？分两种情况。第一种情况，债权人在接受出质时知道存单不属于出质人所有，但出质人与存单的权利人之间有关于出质存单的代理关系，出质人有真实的代理权，出质的结果由权利人承担，质权关系有效。（反之，接受存单出质的债权人知道存单不属于出质人所有，出质人没有代理权，债权人也无任何正当理由相信出质人有代理权，质押关系当然无效。）对此，讨论中不存在分歧意见。第二种情况，接受存单出质的债权人知道存单不属于出质人所有，出质人也没有代理权，能否适用表见代理的规定来认定质押关系的法律效力？存在两种意见：一种意见认为，债权人如有正当理由相信出质人有代理权，根据表见代理的规定，出质人的出质行为是代理存单权利人的代理行为，出质的结果应由权利人承担，质押关系应当有效；另一种意见认为，存单上记载有真实的权利人，已经排除了表见代理的适用，因为接受存单出质的债权人在明知存单不属于出质人所有的情况下，债权人相信有代理权存在的任何理由都不能成为正当理由，不符合表见代理的规定。实务中倾向于第一种意见，主要是考虑到质押关系也是一种合同关系。《民法典》关于表见代理的规定应当适用于质押合同。在承认存单质押可以适用表见代理的前提下，要严格掌握债权人接受存单出质的正当理由，不能扩大表见代理的适用。表见代理的适用应当局限在一些特定的环境中，如前面提到的丈夫以妻子的存单出质可以存在表见代理的情况。存单绝大多数是记名的，在这种情况下法庭如不能发现有充分证据证明存在表见代理的事实，应当认定表见代理不成立，债权人与出质人之间的质押关系无效，债权人不能取得质权，即存单的权利人要求人民法院确认质押无效，返还存单的请求应当得到法庭的支持。

4. 返还存单的后果。实践中有质权人返还存单给出质人的情况，通常是质权人为避免行使质权时的麻烦而返还存单给出质人，让出质人自己向银行行使取款权，再由出质人向质权人清偿。所谓“行使质权时的麻烦”，是指银行常以质权人不是存单记载的权利人为由而拒付。返还存单对质权人和出质人来说是不受限制的，但问题出在出质人如果不向质权人清偿债务，而是重新处分存单项下的权利或向第三人清偿，质权人的权利必然落空，这时质权人的质权还能否存续并有对抗第三人的效力？最高人民法院民二庭庭务会在讨论中一致认为，存单出质属于有权利凭证的出质，权利凭证的返还是质权丧失的一种情形，质权人的质权在权利凭证返还时消灭，质权人不能再主张质权，只能行使其债权请求权。1998 年 6 月 26 日修改的《德国民法典》第 1278 条对此也有相同的规定。

实践中要注意，返还存单是指质权人依自己的意思表示返还存单，而不是被骗的结果。如果质权人在丧失对存单的占有后能够提起返还之诉的，质权并不消灭。但在存单丧失占有期间第三人取得存单项下的权利的，除第三人与出质人恶意串通外，质权人仍然不能对抗该第三人已取得的权利。

5. 存单质权的实现方式。质权人的债权到期未受清偿，质权人可直接向存单债务人（也就是开具存单的银行）要求兑付存单，以实现质权。此时，权利凭证的持有就显得非常重要。如果银行拒绝向质权人兑付存单（在我国很常见，银行常见的理由是质权人不是存款权利人，不能单独取款），质权人可以向银行提起给付之诉。司法实践中遇到的问题是，质权人起诉银行时，法庭要不要将出质人列为共同被告，质权人单独起诉银行能否得到法庭的认可。这个问题在司法实践中的认识有个发展过程。起初司法界主张不能撇开债务人而单独起诉存单债务人，以免影响对债务人债务的真实性审查。后来司法界越来越认识到质权人向存单债务人提起的诉讼构成单独的诉讼，对债务人的债务的审查可以通过庭审调查来进行，不一定要将债务人列为案件当事人。应当允许质权人在行使质权遇到障碍时单独起诉存单债务人，即开具存单的金融机构，如果质权人将债务人、出质人（当第三人出质时的情形）、金融机构一并起诉，也是质权人的诉讼权利，不受法律的限制。单独起诉存单债务人的案件中，如金融机构对存单所担保的债权的真实性提出疑义，法庭应当传唤债务人到庭接受询问，并根据案件情况要求有关当事人提供证据。

6. 真实存款单质押后，出质人又挂失并将款项支取，存款行是否承担责任。在司法实践和现实生活中，诸多存款单均为记名式的，存款人（也即出质人）在为他人债务或自身债务设定质押时，出质人将存款单交与质权人占有后，出质人又到存款行办理存款单挂失手续，挂失期满后便将款项支取，待质权人实现质权时，才得知存款单上的款项被支取，造成质权落空。以存款单出质的，签发银行核押后又受理挂失并造成存款流失的，应当承担民事责任。从该条规定来看，言外之意为，以存款单出质的，未经签发银行核押的，存款人申请挂失并将款项取走的，存款银行均不承担民事责任。

四、仓单质押

仓单是指仓储保管人在接受仓储物时向存货人签发的表示收到一定数量仓储物的单据，是存货人与仓储保管人之间仓储关系的证明文件。关于仓单的性质，由于仓单是以给付一定的物品为标的的，故为物品证券；同时由于仓单上所记载货物的移转，必须移转仓单始生所有权转移的效力，故仓单又称为物权证券或处分证券。因为仓单上记载的事项，须依法律的规定而作成，故为要式证券。仓单的记载事项决定当事人的权利义务，当事人须以仓单上的记载主张权利义务，故仓单为文义证券、不要因证券。又因为仓单是保管人自己填发的，由自己负担给付义务，所以仓单为自付证券。[①]

以仓单质押的，出质人与质权人应当以书面形式订立质押合同，并应当在合同约定的期限内交付仓单。在实践中，债权人一般应采取与仓储保管人签订相关协议的方式来使仓单质押的效力及于仓储保管人。因仓单所记载的提货日期与质押所担保的债权的清偿期有所不同，故仓单质权的实现途径也有所不

---

① 崔建远主编：《合同法》，法律出版社2000年版，第494页。

同。根据《民法典担保解释》第五十九条的规定，存货人或者仓单持有人在仓单上以背书记载“质押”字样，并经保管人签章，仓单已经交付质权人的，人民法院应当认定质权自仓单交付质权人时设立。没有权利凭证的仓单，依法可以办理出质登记的，仓单质权自办理出质登记时设立。出质人既以仓单出质，又以仓储物设立担保，按照公示的先后确定清偿顺序；难以确定先后的，按照债权比例清偿。保管人为同一货物签发多份仓单，出质人在多份仓单上设立多个质权，按照公示的先后确定清偿顺序；难以确定先后的，按照债权比例受偿。债权人举证证明其损失系由出质人与保管人的共同行为所致，请求出质人与保管人承担连带赔偿责任的，人民法院应予支持。

实践中，存在所谓“仓单乱象”，即保管人就同一批货物开出数份仓单，导致存货人以仓单多次质押或者转让，或者保管人在开出仓单后，仍然允许存货人无单取货或者以货物再次进行质押、抵押等情况。为了明确仓单作为货权凭证的法律地位，并通过司法裁判引导和规范仓单质押的实践，首先，《民法典担保解释》第五十九条明确了仓单质押的成立要件，即仓单质押并非仅仅是交付仓单即可，而是应当进行质押背书并由保管人签名或者盖章。此外，考虑到《国务院关于实施动产和权利担保统一登记的决定》规定仓单可以进行质押登记，因而本解释规定：没有权利凭证的仓单，依法可以办理出质登记的，仓单质权自办理出质登记时设立。其次，根据《民法典》第四百一十四条、第四百一十五条的规定，在出质人既以仓单出质，又以仓储物设立担保的情况下，应按照公示的先后确定清偿顺序；难以确定先后顺序的，按照债权比例清偿。在保管人为同一货物签发多份仓单，而出质人又以多份仓单上设立多个质权的情况下，应按照公示的先后确定清偿顺序；难以确定先后顺序的，按照债权比例受偿。最后，由于实践中上述问题的出现，往往是存货人与保管人共同侵权的结果，因此有过错的保管人应与存货人对因此受到损失的债权人承担连带赔偿责任。①

五、股权质权

所谓股权质权，是指在出资证明书、股票等股权证明上设定的质权。出资

---

① 参见刘贵祥、林文学、杨永清等：《民法典担保制度司法解释系列解读之四“关于担保物权”部分重点条文解读》，载“一法决诉疑”微信公众号。

证明书、股票所代表的股东权有财产内容，具有交换价值，因此，可以作为质押的标的。随着我国《公司法》《证券法》的实施，股票市场的繁荣，以出资证明书、股票设定质押将会成为质押的重要方式。《民法典》第四百四十三条规定："以基金份额、股权出质的，质权自办理出质登记时设立。基金份额、股权出质后，不得转让，但是出质人与质权人协商同意的除外。出质人转让基金份额、股权所得的价款，应当向质权人提前清偿债务或者提存。"

股权质权的标的范围。可作为股权质权的标的的股份、股票必须具备两个条件：其一，不为法律所禁止；其二，具有可转让性。这是由于质权是一种价值权，以不可让与的股份、股票作为标的物，质权人无法实现其质权，不能以质物的变价优先受偿。据此，股份有限公司的股份、股票原则上有完全流通性。具有可转让性，才可以作为质押标的。但是法律明文禁止转让的股份有限公司的股份、股票、因法律禁止而使此类特别的股份、股票失去可转让性，因此不可质押。

以依法不得转让的股票设定质押的，股权质权无效。根据《公司法》及有关法律的规定，下列几种股票不得转让：（1）发起人持有的本公司股份自公司成立之日起 3 年内不得转让。（2）公司董事、监事、经理所持有的本公司的股票在任职期间不得转让。（3）采取发起方式设立的公司，公司股权证的转让必须在法人之间进行，不得向个人转让。（4）采取定向募集方式设立的公司，其股权证按其原持有人身份，可在法人之间以及公司内部职工之间转让，但不得向公司以外的任何个人转让。（5）本公司内部职工持有的股权证要严格限定在本公司内部，不得向公司以外的任何个人转让。（6）各种法人均不得将持有的公司股份、认股权证和优先认股权转让给本法人单位的职工，不得将以集体福利基金、奖励基金、公益金购买的股份派送转让给职工。（7）公司内部职工的股份（除离职和死亡者的股份外），在公司配售后 3 年内不得转让。（8）公司股份自公司清算之日起不得转让。

股权质权的实现一般有以下方式：（1）依法处分入质的股权，通过变卖、折价、转让等方式依法处分担保物，并从处分所得价款中优先受偿，是担保物权实现的共同方式，同样也适用于股权质权。（2）收取入质股权的收益，质权人有权在被担保债权到期时向股份所在公司收取股份应得的收益。需要明确的是，股权质权的实现即变价受偿应以被担保债权清偿期到来后才能行使。这一点不同于其他权利质权，如债权质权的行使不以被担保债权是否到期为前提，入质债权清偿期到来，质权人即可行使入质债权，入质债权清偿期先于被担保债权的，债权人也可与出质人协商将行使入质债权所得财产提前清偿或向第三人提存。

六、应收账款质押

根据2019年中国人民银行颁布的《应收账款质押登记办法》第二条第一款的规定，应收账款是指权利人因提供一定的货物、服务或设施而获得的要求义务人付款的权利以及依法享有的其他付款请求权，包括现有的和未来的金钱债权，但不包括因票据或其他有价证券而产生的付款请求权，以及法律、行政法规禁止转让的付款请求权。由此可见，应收账款在性质上属于一般债权，包括尚未发生的债权，但仅限于金钱债权。此外，《应收账款质押登记办法》第二条第二款对应收账款的具体内容进行了正面列举，包括下列权利：（1）销售、出租产生的债权，包括销售货物，供应水、电、气、暖，知识产权的许可使用，出租动产或不动产等；（2）提供医疗、教育、旅游等服务或劳务产生的债权；（3）能源、交通运输、水利、环境保护、市政工程等基础设施和公用事业项目收益权；（4）提供贷款或其他信用活动产生的债权；（5）其他以合同为基础的具有金钱给付内容的债权。所谓应收账款质押，是指应收账款的债权人将其对债务人的应收账款之债权向银行等信贷机构提供质押担保并获得贷款的行为，这种担保应属于权利质中的普通债权质。

应收账款质权的设立。《民法典》第四百四十五条规定：“以应收账款出质的，质权自办理出质登记时设立。应收账款出质后，不得转让，但是出质人与质权人协商同意的除外。出质人转让应收账款所得的价款，应当向质权人提前清偿债务或者提存。”由于应收账款在性质上属于债权，具有相对性，难以为外部第三人所知晓，作为质押的客体，应收账款质押应当具备法定的公示方式，才能对第三人产生效力。在目前的理论和实践中，有三种公示方式，一是债权证书的移转，二是债权证书的移转与通知第三债务人，三是登记。按照传统民法的解释，债权证书的移转代表债权占有的移转，但是，债权证书只是用以证明债权存在的文件，与债权本身是形式与实质的关系，债权证书的灭失并不必然表明债权本身的消灭。因此，在债权质权设定时，即使无债权证书的交付仍然能够成立债权质权，此时不存在债权占有的移转问题，即以债权证书的移转作为债权占有标准的做法并不合乎逻辑。而且，债权证书的返还还不会导致质权的消灭。所以，单纯以移转债权证书作为公示方式并不妥当。第二种方式与第一种的区别重点在于对第三债务人的通知。在未为通知之前，即使出质人和质权人已经订立以该一般债权为标的的质押合同，第三债务人对出质人的履行仍属有效，除非第三债务人为恶意。通知之时，第三债务人基于与出质人之间的债权债务关系对出质人的请求权享有的抗辩权，可向质权人主张。以上种种，无疑有利于第三债务人利益的保护。但在同一债权上设立多个质权的场合，如一项应收账款为多个债权人设定了质押，善意第三人（后顺序的质权人）的利益极易受到损害。第二种公示方式无法满足对善意第三人利益的保护需要，也不足取。鉴于上述两种公示方式的弊端，考虑到登记的公示效果最强，有利于第三人迅速、便捷、清楚地了解应收账款上存在的权利质权，更能保护质权人和其他第三人的利益。《民法典》物权编采纳了第三种公示方式，即质权自办理出质登记时设立。

根据《民法典担保解释》第六十一条的规定，应当注意下列问题：（1）以现有的应收账款出质，应收账款债务人向质权人确认应收账款的真实性后，又以应收账款不存在或者已经消灭为由主张不承担责任的，人民法院不予支持。（2）以现有的应收账款出质，应收账款债务人未确认应收账款的真实性，质权人以应收账款债务人为被告，请求就应收账款优先受偿，能够举证证明办理出质登记时应收账款真实存在的，人民法院应予支持；质权人不能举证证明办理出质登记时应收账款真实存在，仅以已经办理出质登记为由，请求就应收账款优先受偿的，人民法院不予支持。（3）以现有的应收账款出质，应收账款债务人已经向应收账款债权人履行了债务，质权人请求应收账款债务人履行债务的，人民法院不予支持，但是应收账款债务人接到质权人要求向其履行的通知后，仍然向应收账款债权人履行的除外。（4）以基础设施和公用事业项目收益权、提供服务或者劳务产生的债权以及其他将有的应收账款出质，当事人为应收账款设立特定账户，发生法定或者约定的质权实现事由时，质权人请求就该特定账户内的款项优先受偿的，人民法院应予支持；特定账户内的款项不足以清偿债务或者未设立特定账户，质权人请求折价或者拍卖、变卖项目收益权等将有的应收账款，并以所得的价款优先受偿的，人民法院依法予以支持。

七、对案例 79、案例 80 的简要评析

在案例 79 中，质权人兴业银行重庆分行与出质人重庆力帆公司签订了《定

期存单质押合同》，明确约定了质押担保范围、实现质权的条件，该合同合法有效。同时，重庆力帆公司将存单交付于兴业银行重庆分行，质权有效设立。在重庆力帆公司未按照《商业汇票银行承兑合同》约定支付款项，即构成违约，质权人兴业银行重庆分行可依法行使质权。本案质权人依据《民事诉讼法》第一百九十七条“人民法院受理申请后，经审查，符合法律规定的，裁定拍卖、变卖担保财产，当事人依据该裁定可以向人民法院申请执行；不符合法律规定的，裁定驳回申请，当事人可以向人民法院提起诉讼”的规定，向人民法院申请实现担保物权，可谓便捷、高效、节约，避免了诉讼的费时、费钱、烦琐，建议担保物权人更多地采取《民事诉讼法》所规定的“实现担保物权案件”特别程序行使担保物权。

在案例 80 中，当事人争议的焦点是《担保函》的法律性质，系保证担保还是股权质押。刘某宁在《担保函》明确约定了担保资产为本人合法持有的贵阳金阳天合建材有限公司 10% 的股份（价值 1000 万元）。由此可见，刘某宁用了特定的物——股权，为特定的债权——9196980.50 元及自 2014 年 2 月起至今的利息（利息率 11%），符合股权担保的特征，应当认定为股权担保。换言之，刘某宁以股权作为担保实现的基础，担保责任实现范围为股权价值，刘某宁并未设立其他担保方式，该担保方式符合股权质押担保的特点。由于所担保的股权没有办理出质登记，因此股权质权不能有效设立。对此，当事人双方均有过错，法院判令刘某宁在价值 1000 万元的 50% 范围内承担民事责任，并无不当。

第四章　留置权

第一节　留置权的成立条件

一、问题的提出

留置为民法规定的一种债的担保方法。当债权人占有债务人的财产时，若债务人尚未履行债务，债权人可以拒绝债务人返还物之占有的请求，并继续占有债务人的财产，称为留置。留置是债权人以继续占有债务人的财产的方法迫使债务人履行债务的担保方式。根据《民法典》第四百四十七条“债务人不履行到期债务，债权人可以留置已经合法占有的债务人的动产，并有权就该动产优先受偿。前款规定的债权人为留置权人，占有的动产为留置财产”的规定，留置权是指在法律规定可以留置的合同中，债权人按照合同约定占有债务人的动产，债务人不按照合同约定的期限履行债务的，债权人有权依法留置该财产，以该财产折价或者以拍卖、变卖该财产的价款优先受偿的担保物权。

在研究留置权的设立之前，先看一则案例。

案例81：钟某斌与腾捷公司留置权纠纷案[①]

广东高院经审查认为：本案为留置权纠纷。本案争议的焦点是钟某斌是否应当因留置涉案车辆所导致的损失承担赔偿责任。2015年10月，腾捷公司委托钟某斌办理多台东风牌大型普通客车的办证事宜，并将粤A ××××× 及粤A ××××× 两辆电动汽车交由钟某斌安排使用。同年12月，腾捷公司借用了钟某斌的场地停放涉案车辆，并将涉案车辆钥匙由钟某斌保管。2016年3月，腾捷公司要求钟某斌交还案涉七辆汽车、钥匙及充电设备，钟某斌以腾捷公司拖欠费用为由不予退还。根据腾捷公司提供的发票等证据，显示涉案7台车辆

① 广东省高级人民法院（2017）粤民申7462号民事裁定书。

的发票总价格为1424100元，而腾捷公司拖欠钟某斌的费用为12万多元，钟某斌其主张拖欠费用为25万余元，已另案提起诉讼，但未能提交生效判决书证明所述事实。根据《担保法》第八十五条的规定，留置的财产为可分物的，留置物的价值应当相当于债务的金额。钟某斌留置的财产价值已远远超过债务的金额，违反了担保法的上述规定。由于钟某斌大大超出债务金额进行留置，属不当留置，一、二审判决钟某斌归还涉案的7台车辆给腾捷公司正确。二审判决认为钟某斌应对不当留置造成腾捷公司的损失承担赔偿责任，理据充分。对于腾捷公司主张的损失，腾捷公司提交了其中一车辆的采购及租赁合作协议书，证明该车以4000元/月从案外人处租来，但其他车辆的损失未能提供相关证据予以证明，二审酌情认定腾捷公司每月的损失为5000元，合情合理。因此，钟某斌的再审申请理由不成立，不予支持。综上，钟某斌的再审申请不属于《民事诉讼法》第二百条规定的再审事由。依照《民事诉讼法》第二百零四条第一款，《民事诉讼法解释》第三百九十五条第二款规定，裁定如下：驳回钟某斌的再审申请。

上述案例是涉及留置权的典型案例。试问：留置权的法律意义如何？成立留置权需要具备哪些条件？哪些情形不得行使留置权？

二、我国留置权的法律意义

留置权是债权人私力救济的一种有效方法，有利于保障债权的实现，不同于抵押权、质权，有其自身的法律特征：

1. 留置权具有法定性。留置权是一种法定权利。留置权是依照法律规定的条件而直接发生的，其成立、效力也是法律明确规定的，当事人不能通过合同约定与法律明确规定相异的所谓的“留置权”，这也是大陆法系的民法原则。[①]因此，我国民法上的留置权是一种直接管领物并享有其利益的排他性的物权，即法定担保物权。

2. 留置权具有从属性。留置权是为担保债权受偿而依法发生的物权，具有从属于被担保债权的属性。留置权的发生、转移或者消灭，从属于被担保债权的存在、转移或者消灭。留置权的依法成立以债权的依法存在为前提。留置权

① 参见黄薇主编：《中华人民共和国民法典物权编释义》，法律出版社2020年版，第599页。

不可与被担保的债权相分离，因债权的受偿取得对留置物的占有，已经发生的留置权因为债权的转移而发生转移。受留置权担保的债权，因为清偿、提存、抵销、免除、混同等原因消灭的，留置权随之消灭。

3. 留置权具有二次发生效力性。留置权于其债权未受清偿先得留置债务人的财产，以促使债务人履行其义务。留置权人就其所占有的留置物于债务人履行债务前有继续占有的权利，对于债务人等基于债权或物权的返还请求权，均可以排除。此谓留置权的第一次效力。留置权人于债务人超过一定期限仍不履行其义务时，得依法以留置物的变价优先受偿。此谓留置权的第二次效力。留置权的二次发生效力性也是与抵押权、质权的区别之处。

4. 留置权具有不可分性。不可分性可以说是担保物权的共同特征，留置权属于担保物权，也具有不可分性。留置权人的债权不论多少，均对担保标的物的全部行使留置权。留置权的效力及于债权人所留置占有的债务人的财产的全部。但是，我国《民法典》第四百五十条规定："留置财产为可分物的，留置财产的价值应当相当于债务的金额。"说明出于公平原则，留置权人占有的财产为可分物的，债权人留置占有的留置物的价值应当相当于债务的金额。

5. 留置权具有物上代位性。留置权同其他担保物权一样，具有物上代位性。留置权的权利内容在于留置并支配留置物的交换价值，留置权作为担保物权，具有支配留置物交换价值的效力，还可追及于变形物或者替代物。留置权对担保标的物因损害或者灭失而取得赔偿、其他对待给付或者保险给付享有优先受偿的权利。

6. 留置权具有实体公平性。民法之所以设立留置权制度，乃基于公平之原则。因为债权人既占有债务人之物，对债务人之债权对该物有牵连关系存在，则于债权未受清偿前，若须先返还占有物，则使债权难以甚至无从获得清偿，此非公平之道。[①] 故法律乃给予债权人于债权未受清偿前可以留置其物的权利，以间接迫使债务人清偿债务。倘债务人仍不履行，则可就留置物折价、变价、拍卖并优先受偿，以使其债权获得满足，如此方能维持其公平，不至于一方履行债务而置他方之债务于不顾。可见，留置权具有极强的实现公平之权能，为民法公平原则之具体表现。

---

① 参见王利明主编：《中国民法案例与学理研究：物权篇》，中国法制出版社 1998 年版，第 261 页。

三、留置权成立条件之一——债权人必须依法占有债务人的动产

留置权的成立，又称留置权的发生、留置权的原始取得，是指债权人对其占有的债务人的财产，因法定事由的具备而发生“留置”该财产并对抗债务人的给付请求之效力。债权人因法定或者约定事由占有债务人的财产，但留置权的发生不能仅以占有为必要，还应当满足法律规定的其他要件。

留置权是基于法律规定而产生的一种担保物权，而不是由当事人设定的。留置权是以担保债权实现为目的，其权利主体为债权人，义务主体为债务人，留置权的客体是留置权。《民法典》第四百四十九条规定：“法律规定或者当事人约定不得留置的动产，不得留置。”留置权的性质是担保物权，因此其权利的主体为债权人。留置权的客体，应为属于债务人的动产。对于留置的动产是否具有让与性，学界有不同的认识。有学者认为，留置物无须一定具有让与性，因为留置权的作用主要在于留置，其次才是优先受偿，尽管不具有让与性的留置物不能实现优先受偿，但不影响留置效力的发挥。笔者认为，留置物应当具有让与性。因为，当就留置物变价时，不可避免地要求留置物必须具有让与性，否则留置权人的利益将无从实现。留置物应为债权人占有的动产。占有的方式则不限于直接占有，间接占有也可。但留置物的交付与质物一样不能通过占有改定的方法移转占有，因为在占有改定的情况下，债务人仍然现实地占有质物，而作为留置权人间接占有留置物是无法实现留置效力的。

《民法典》第四百四十七条中的债权发生并不一定是基于合同关系，与《担保法》的规定不同。《担保法》第八十四条规定：“因保管合同、运输合同、加工承揽合同发生的债权，债务人不履行债务的，债权人有留置权……”留置权只产生于保管、运输与加工承揽等合同关系，而不适用其他法律关系。《民法典》物权编并未对此作出限制，因此，应当认为留置权的适用并不受债权范围的限制，可以基于合同之债，也可以基于不当得利之债、无因管理之债或者侵权之债。

建设工程合同中，发包人在工程建设完成以后，对竣工验收合格的工程应予以接受，并应当按照合同约定的方式和期限进行工程结算，向承包人支付价款。发包人未按照合同约定的期限支付价款的，承包人可否享有留置，有人认为，承包人可以成立留置权，以维护承包人的合法权益。[①] 笔者认为，承包人

---

① 邹海林、常敏主编：《债权担保的方式和应用》，法律出版社1998年版，第327页。又见《担保法司法解释中的几个重要问题》，载《人民司法》2000年第1期，第11页中认为，我国《合同法》已规定不动产留置权，将留置财产的范围扩大到不动产，适用于建设工程合同。

不可成立留置权主要在于：一是留置权的标的物一般应当为动产，而建设工程为不动产。二是留置权的成立条件之一是债权人占有标的物，而在发包人不支付价款时，一般承包人已经不再占有标的物，是由于工程已验收并交付给发包人。但承包人可依法享有优先受偿权，其优先受偿权的实质是法定抵押权。①

四、留置权成立条件之二——债权已届清偿期而未获清偿

留置权是为了保护债权人的利益而设立的，债权人对占有债务人的动产是否享有留置权，关键是债权必须已届清偿期而未得到清偿的，债权人才享有留置权。如果债务履行期未到，债务人是否履行尚不得而知，更谈不上留置问题。“占有标的物者之债权尚未届清偿期，其物应返还之义务先届履行期时，如就占有标的物认为留置权，则结果债务人之债务虽未届清偿期，而于期前将依留置权间接地被强制执行，甚为不公。”② 因此，只有在债务履行期已经届满，债务人未履行债务时，债权人才能行使留置权。债务人不履行债务，既包括债务人有能力履行而不履行，也包括债务人无能力履行而不履行两种情况。总之，债权人对依据合同合法占有债务人的动产实行留置，只取决于债务人是否履行债务，不必问其债务人不履行债务的原因。

债权已届清偿期，应当是无条件的，若依照法律规定债务人没有即时履行债务的责任，不得认为“债权已届清偿期”，不发生债权人的留置权。债权没有约定履行期的，债权人可以随时要求债务人履行，但双务契约的债务人可以要求债权人同时履行合同，债务人主张同时履行抗辩权的，债权不得视为已届清偿期。依照约定，债务人应当先履行义务，但债权人有不能履行对待给付义务的事实发生，债务人主张不安抗辩权的，债权人对债务人履行义务没有提供相当的担保，债务人在约定的债务履行期到来时，没有履行义务的责任，不得认为债权已届清偿期而发生留置权。总之，若债务人主张同时履行抗辩权的，占有标的物的债权人不得主张留置权；对于债务人的履行，若债权人受领给付迟延或者拒绝受领给付，亦不得主张留置权。③

在司法实践中应当注意：（1）债权是否已届清偿期，可根据双方当事人在

---

① 参见王利明:《抵押权若干问题的探讨》，载《法学》2000 年第 11 期。

② 史尚宽:《物权法论》，中国政法大学出版社 2000 年版，第 500 页。

③ 谢在全:《民法物权论（下册）》，中国政法大学出版社 1999 年版，第 868 页。

合同中的约定。若无约定时，可根据当事人的催告或法定方式确定。（2）在债务人无支付能力时，即使留置权人的债权未届清偿期，为了保护债权人的利益，亦可承认债权人的留置权。（3）债务人有抗辩权的，留置权人的债权即使已届清偿期，债权人不可行使留置权。（4）债权人未经事前通知债务人于确定的期限履行债务的，不得实现留置权；若无法通知债务人，债务人于2个月内仍不履行义务的，留置权人可以实现留置权；若债权人与债务人在合同中有宽限期限的约定，则留置权人可以不予通知。

五、留置权成立条件之三——债权人留置的动产，应当与债权属于同一法律关系，但是企业之间留置的除外

《民法典》第四百四十八条规定："债权人留置的动产，应当与债权属于同一法律关系，但是企业之间留置的除外。"据此，留置财产的范围仅限于与债权属于同一法律关系的动产。一般来说，留置财产的范围仅限于与债权属于同一法律关系的动产。所谓同一法律关系，就是留置财产应当与债权所形成的债权债务关系属于同一个民事法律关系。[①] 同一法律关系最为常见的就是因合同产生的债权债务关系，也可以是因侵权形成的同一主权债务关系。

值得注意的是，"但是企业之间留置的除外"。在企业之间行使留置权，留置财产与债权则没有属于同一法律关系的限制，只要质权人合法占有债务人的动产，债务人不履行债务，债权人即可留置其动产，而不论该动产是基于何种法律关系占有。立法目的在于企业之间相互交易频繁，追求交易效率，讲究商业信用，如果一个要求留置财产必须与债权的发生具有同一法律关系，则有悖于交易快捷和交易安全原则。[②]

六、不得行使留置权的情形

债权人行使留置权需具备一定的条件，遇到下列情形之一的，债权人不得行使留置权。

1. 法律规定不得留置的情形。《担保法》第八十四条规定："因保管合同、运输合同、加工承揽合同发生的债权，债务人不履行债务的，债权人有留置权。

---

① 黄薇主编：《中华人民共和国民法典物权编释义》，法律出版社2020年版，第604页。

② 黄薇主编：《中华人民共和国民法典物权编释义》，法律出版社2020年版，第605页。

法律规定可以留置的其他合同，适用前款规定。当事人可以在合同中约定不得留置的物。”由此可以看出，《担保法》规定的留置权的适用范围限于合同，而且主要是保管、运输、加工承揽三种典型合同。对于其他合同，应当在法律有明确规定的情况下，才有留置权之适用。《民法典》物权编则扩大了留置权的适用范围，留置权的适用不再局限在合同的范围内，而是只要债权人合法占有债务人的动产与债权属于同一法律关系即可成立留置权。留置权扩大后，虽然有利于督促债务人履行债务，加强对债权人利益的保护，但也不可避免地会出现一些因留置权的行使而损害社会公共利益或者他人利益的情形，有时也会造成债权人与债务人之间的利益失衡，为有效预防此种不利后果的出现，《民法典》物权编明确规定了不得留置的情形。关于“法律规定不得留置”情形，“法律”应当解释为狭义的法律，即全国人民代表大会及其常务委员会制定的法律，不包括行政法规、地方法规和行政规章等广义上的“法律”。“法律规定不得留置”的情形包括：一是法律直接规定不得留置的情况，既包括现有法律中已经规定的不得留置的情形，也包括将来立法中规定的不得留置的情形。例如，《海关法》第三十七条规定：“海关监管货物，未经海关许可，不得开拆、提取、交付、发运、调换、改装、抵押、质押、留置、转让、更换标记、移作他用或者进行其他处置。”二是对于禁止流通物，不得留置。禁止流通物是依照法律规定，不允许在商品交换领域为实现其价值而流通的物。例如，武器、弹药等国家专有物，淫秽书画和音像、鸦片等危害身心健康的物。这些物依照法律都不能作为留置物。

2. 双方当事人在合同中已明确约定排除留置权，债权人不得行使留置权。留置权为法定担保物权，不得依照当事人的合意而成立。依照物权法定主义，债权人和债务人不得约定变更留置权发生的要件。但是，物权法定主义并不排斥当事人在留置权发生的要件之外附加新条件，以限制留置权的发生；因此，当事人合意使留置权成立的要件更为困难的约定，应当是有效的约定。[①] 例如，当事人可以对留置权的发生约定停止条件，债权人占有债务人的财产唯有在约定的停止条件成就时，才能发生留置权。当事人可以约定债权人不得留置的财产，如加工承揽合同中当事人可约定，无论发生何种违约，承揽人均不得留置

---

① 史尚宽：《物权法论》，中国政法大学出版社2000年版，第503页。

标的物，此约定应为有效。[①] 依照我国《民法典》第四百四十九条“法律规定或者当事人约定不得留置的动产，不得留置”的规定，若当事人对不得留置的物已有约定，则当然排除留置权的发生。

3. 动产的留置违反公序良俗，债权人不得行使留置权。公序良俗，在我国现行法上称作社会公共利益和社会公德，不得违反。留置权的成立也不例外，若违反公序良俗，则不得成立留置权。如运输赈灾粮食的交通运输经营者，以未付运费为由而扣押粮食是有违社会公共利益的。《瑞士民法》第896条、我国台湾地区“民法”第九百三十条均规定，动产的留置，如违反公共秩序或善良风俗的，不能行使。如身份证、工作证、毕业证书等不可留置。

4. 动产的留置与债权人所承担的义务相抵触的，债权人不得行使留置权。债权人所承担的义务是指债权人占有动产时所负担的义务。法律允许留置权人占有他人的财产，是为了促使债务人履行债务，但是若留置权人在占有他人动产的同时，还负有交付该动产的义务，如果动产的留置与债权人所承担的债务相抵触，则不得成立留置，否则与诚信原则相悖。如加工承揽合同中的债权人不能因主张留置权而不加工物品，他只有在履行了自己的义务，将物品加工成成品而未被支付加工费用时才可留置该物品。如果加工方的占有是由债权人侵权行为所致的，债权人不得行使留置权。留置权是基于公平原则使留置权人继续占有动产，以促使债务人清偿债务。因此，债权人占有的动产必须是合法的占有，才受法律保护。若债权人因侵权行为而非法占有债务人的动产，则不得设立留置权。

5. 债权人占有依法不得转让的动产。如承运人在收妥全部运费前，对其承运的法律禁止流动的财产，不得予以留置。

6. 留置权人丧失对留置物的占有。《民法典》第四百五十七条规定，留置权人对留置财产丧失占有或者留置权人接受债务人另行提供担保的，留置权消灭。

七、对案例81的简要评析

在本案中，腾捷公司借用钟某斌的场地停放涉案车辆，双方形成了借用合

---

① 《民法典》第七百八十三条规定：“定作人未向承揽人支付报酬或者材料费等价款的，承揽人对完成的工作成果享有留置权或者有权拒绝交付，但是当事人另有约定的除外。”

同关系，并由钟某斌保管涉案车辆，钟某斌属于合法占有涉案车辆。当腾捷公司要求钟某斌返还涉案车辆时，钟某斌以腾捷公司拖欠费用为由拒不返还，此时钟某斌属于依法行使留置权。但是，根据《担保法》第八十五条“留置财产为可分物的，留置财产的价值应当相当于债务的金额”的规定，[①] 钟某斌应当留置与其拖欠费用相当的车辆，不应全部留置。因钟某斌的不当行使留置权，给腾捷公司造成了损失，是一种侵权责任，应当予以赔偿。

第二节　留置权的效力

一、问题的提出

留置权一经成立，便具有法律效力。留置权的法律效力表现在：留置权对所担保的债权范围的效力、留置权对留置物的效力、留置权对留置权人的效力、留置权对被留置人的效力、留置权的对抗效力。留置权的消灭，是指留置权人对留置物具有的支配力终止。留置权为法定担保物权，因法律规定或者当事人约定之原因而消灭。留置权消灭后，债权人负有返还留置物的义务的，因可归责于债权人之原因致使留置物返还不能的，债权人应当承担损害赔偿责任。

在研究留置权的效力之前，先看一则案例，并思考之。

案例 82：邓某诉货运公司赔偿损失纠纷案

某市邓某和货运公司于农历腊月二十签订了货物运输合同。合同主要约定：邓某和货运公司一块去湖北省洪湖市拉鲜鱼 50000 斤，在腊月廿四前运回该市，逾期一天，每天按 5000 元赔偿损失，若在腊月廿八前未运回鲜鱼，则按 50000 斤的单价 4 元计算赔偿金 200000 元。运费 6000 元，由邓某在签订合同的同日支付 2000 元，下余 4000 元运费待鲜鱼运回该市后立即支付，若未支付下余运费，货运公司可以及时变卖鲜鱼中价值相当于 4000 元的部分，下余鲜鱼则应交给邓某。合同签订后，邓某随即支付运费 2000 元。邓某和货运公司所派的两辆货运车一起去湖北省洪湖市拉鲜鱼，腊月廿三夜，货运公司将邓

---

① 对应《民法典》第四百五十条。

某的50000斤鲜鱼从湖北省洪湖市拉回。腊月廿四早晨，邓某要求卸鲜鱼时，货运公司要求邓某按合同约定立即支付下余运费4000元，邓某以暂时无款支付为由拒付，并要求货运公司留置价值相当于4000元的鲜鱼，双方未能形成一致意见。货运公司卸给邓某45000斤鲜鱼后，便留置了5000斤鲜鱼，并要求邓某在腊月廿七前将所欠的4000元运费付清，但邓某在腊月廿七前未付所欠的4000元运费。由于气温较高，货运公司未妥善保管，又未按合同约定及时变卖，致使留置的5000斤鲜鱼有40%腐烂变臭。腊月廿七晚，邓某将所欠运费4000元付给货运公司，将所留置部分鲜鱼3000斤拉走。邓某要求货运公司赔偿2000斤鲜鱼的损失，货运公司拒绝赔偿，双方形成纠纷。邓某诉至该市某区人民法院。案件在审理过程中，邓某和货运公司均认可腊月廿八邓某的鲜鱼价格平均为2.5元/斤，但货运公司认为邓某有过错而不愿承担赔偿责任。

根据上述案例，试问：留置权的效力表现在哪些方面？

二、留置权对所担保债权范围的效力

留置权所担保的债权，仅以与债权人占有的留置物有牵连关系的债权为限，因与留置物有牵连关系而发生的原始债权，固属留置权担保之范围，应无疑义。原始债权所发生的利息、原始债权行使不能发生的违约金或赔偿金请求权，以及债权人保管留置物、行使留置权的费用，与债权人占有的留置物之间存在直接或者间接的关联，应当属于留置权所担保的债权范围。我国《民法典》第三百八十九条规定："担保物权的担保范围包括主债权及其利息、违约金、损害赔偿金、保管担保财产和实现担保物权的费用。当事人另有约定的，按照其约定。"因此，债权人享有的原始债权及其利息、违约金、损害赔偿金、保管留置物的费用、实现留置权的费用等请求权，均可以留置物为担保向债务人请求给付。

三、留置权对留置物的效力

留置权对留置物的效力，依《民法典》的规定，在解释上认为包括主物、从物、孳息和代位物。

1. 留置物的主物。留置物的主物，是留置权的标的物，留置权自然应对其发生效力，当无疑义。主物为单一的独立物，其效力及于物的全部，不可分割。

主物为数个独立物，以所担保的债权范围为限，对其一个或数个独立物发生效力，并不对全部的合同标的物发生效力，债权人只需留置与其所担保的债权范围相适应的标的物，不必将全部标的物予以留置。我国《民法典》第四百五十条规定："留置财产为可分物的，留置财产的价值应当相当于债务的金额。"

2. 留置物的从物。从物与主物常命运相同，即所谓"从随主"原则，留置物若为主物，则其从物亦应为留置权效力所及。当然，留置权以占有标的物为成立要件，可得留置之从物，亦必须以已为债权人占有为其成立要件。（1）债权人只占有留置物的主物而未依合同占有其从物时，不得对其从物予以占有后再予以留置，即留置权的效力不及于未经占有的留置物的从物；（2）债权人依合同既占有留置物的主物又占有其从物时，如果主物、从物不可分离，则留置权的效力及于留置物的全部，包括主物和从物，如果主物和从物可以分离且不影响其价值，则只可按其被担保的债权价值，留置其中的主物或从物，不可留置其全部。

3. 留置物的孳息。传统民法中一般有规定，债权人有收取留置物所生孳息之权，可见留置物之孳息，亦应在留置权效力范围之内。《民法典》第四百五十二条规定："留置权人有权收取留置财产的孳息。前款规定的孳息应当先充抵收取孳息的费用。"

4. 留置物代位物。留置权为担保物权之一种，具有担保物权之物上代位性，从而留置权因留置物灭失所受之赔偿金，即学说上所称之代位物或代替物，亦为留置权效力所及。

四、留置权对留置权人的效力

（一）留置权人的权利

1. 留置物的占有权。占有标的物即为留置标的物。留置权人在其债权未受清偿时有留置标的物的权利。留置权一经成立，就发生留置标的物的效力，称为第一层次法律效力，留置权人有权在债权未获清偿前继续占有对方财产，并以此对抗对方返还财产的请求权。留置权人的占有权是一种持续占有权，受到民法占有制度的保护，当其留置物被侵夺时，留置权人得行使占有物返还之诉请求返还。而债务人对该物的返还请求，无论是基于债权还是物权，留置物只要不是侵权行为占有的，留置权人均可以拒绝返还。

由留置物的所有人提起所有物返还请求之诉，留置权人主张留置权，法院是判决驳回原告的诉讼请求，还是支持被告提出原告应当履行的债务，由原告履行后返还该留置物呢？债权人不必提出返还留置物，就可以诉请债务人清偿债务，但债务人不能不提出返还留置物，而请求判令留置物的返还。如债务人有同时履行的抗辩权，即使占有人的债权已届清偿期，占有人也不可以行使留置权。所以，同时履行的原则不因留置权的行使而被破坏。

2. 留置物孳息收取权。留置权人有权收取留置物产生的自然孳息和法定孳息以充抵债权，孳息的收受权实际上产生于留置权对孳息优先受偿的孳息留置权。留置权人收取留置物的孳息以充抵其债权，对债务人并无不当，并对留置权担保债权受偿具有补充意义。因此，《民法典》物权编对留置权人对留置物的孳息享有收受权作出明确规定，说明留置权效力应当及于留置物的孳息，留置权人享有对留置物孳息的收受权。

3. 留置权人保管留置物上的使用权。留置权为担保物权，而非用益物权。因此，留置权人原则上对留置物不享有使用权。但是，留置权以善良管理人的注意保管留置物时，在必要的范围内应当享有使用留置物的权利。如《日本民法典》第 298 条第 2 款对此作出了明确规定，即留置权人未经债务人同意，不得使用、租赁留置物，亦不得以之提供担保，但是为保全该物而进行必要使用的，不在此限。实际上留置权人在必要时使用留置物，在性质上仍然属于对留置物的保管，并应当以保全留置物的使用价值和交换价值为目的。留置权对留置物的保管使用所产生的利益，可视为孳息，应当用以充抵债权。

4. 必要费用的求偿权。留置权人享有必要费用的求偿权，是指留置权人对保管留置物所支出的必要费用，得向其物之所有人请求偿还的权利。在理解留置权人的费用求偿权时，应注意如下问题：（1）求偿权人必须为债权人，即留置权人，且如原留置权人的留置权消灭后，继续占有标的物并支付必要费用，仍不能享有该种费用求偿权，至于能否以不当得利或无因管理为求偿，则另当别论。[①]（2）须为保管留置物所支付之必要费用，所谓必要费用，系指为维持或保管留置物之现状所不可或缺之费用，包括通常必要费用与临时必要费用，通常必要费用是指通常情况下为正常保管所必需之费用，或者指因临时事变（如自然灾害），于正常保管费用之外所必须支出之费用。（3）求偿权之相对人

---

① 史尚宽：《物权法论》，中国政法大学出版社 2000 年版，第 508 页。

为物之所有人，因为留置权于设立时虽所有人即为债务人（善意取得留置权者除外），但其后债务人仍有将其让与第三人的可能，从而使债务人与所有人分离，而享有债权人支付该必要费用之利益者，仍为所有人。

5. 留置权人的优先受偿权。前文已阐述留置权具有二次发生效力性，第一层次的法律效力是留置该动产，第二层次的法律效力是优先受偿。留置的第一层次法律效力。留置权一经成立，即发生第一层次的法律效力，留置权人有权继续占有对方的财产，并以此对抗对方返还财产的请求权。留置权人继续占有债务人的动产，拒绝对方返还请求，系基于担保物权的留置权。若无留置权，则无此效力。如加工承揽合同双方预先约定排除留置权，在定作人不给付加工费时，承揽人只能依债权本身的效力提起追索加工费及违约金之诉，而不能继续占有加工物。

留置权的第二层次法律效力。《民法典》第四百五十三条规定："留置权人与债务人应当约定留置财产后的债务履行期限；没有约定或者约定不明确的，留置权人应当给债务人六十日以上履行债务的期限，但是鲜活易腐等不易保管的动产除外。债务人逾期未履行的，留置权人可以与债务人协议以留置财产折价，也可以就拍卖、变卖留置财产所得的价款优先受偿。留置财产折价或者变卖的，应当参照市场价格。"此为留置权的第二层次效力。在留置权的效力之间，第一层次效力和第二层次效力不能同时行使。必须依第一层次的法律效力继续占有留置物，在经过一定期间而对方仍未偿付款项时，方可依第二层次的法律效力将留置物折价或变卖优先受偿。在依第一层次的法律效力占有留置物期间，如果债务人提供其他担保，并被债权人接受时，此时第一层次的法律效力即应终止，留置权人应当返还留置物，第二层次的法律效力也就无发生之根据，整个留置权因留置物的返还而予以消灭。

留置权第二层次法律效力的核心是优先受偿。根据《民法典》物权编的规定，留置权人行使留置权的第二层次的法律效力必须在依第一层次的法律效力继续占有留置物，债务人在债务履行期满后不少于六十日的期限内未履行债务的情况下，方可将留置物折价或变卖优先受偿。

在司法实践中应当注意：（1）如果债权人与债务人在主合同中约定债权人留置债务人财产后，债务人必须在少于六十日的期限内履行债务，若债务人主张期限权利的，该约定为无效，因为《民法典》第四百五十三条规定"留置权人应当给债务人六十日以上履行债务的期限"。但是，鲜活易腐等不易保管的动产除外。（2）留置权在其所担保债权已届清偿期而未受清偿时，留置权人应当书面通知债务人在六十日以上的期限内履行债务。“六十日以上履行债务的期限”应当从债务人收到债权人的书面通知以后起算。债务人在六十日以上的期限内不履行债务的，债权人可依法将留置物以合理的价格折价、拍卖、变卖后，优先受偿。（3）债权人和债务人按照《民法典》第四百五十三条的规定在合同中约定宽限期的，债权人可以不经通知，直接行使留置权。

留置权人优先受偿的方式，根据《民法典》第四百五十三条的规定，留置权人可以与债务人协议，以该留置物折价清偿留置权人的债权，若债务人不同意折价，留置权人依法拍卖或变卖留置物，此时不需要经过债务人的同意，留置权人可以自己选择拍卖或者变卖。

6. 留置权人对留置权的转让权。留置权是财产权，具有可让与性，应允许留置权人将其转让。只是因留置权为担保物权，从属于主债权，所以必须与债权一同转移，加之留置权以占有为要件，尚须将留置物的占有与债权一同转让于受让人。

（二）留置权人的义务

1. 留置物的保管义务。我国《民法典》第四百五十一条规定：“留置权人负有妥善保管留置财产的义务；因保管不善致使留置财产毁损、灭失的，应当承担赔偿责任。”该条是对留置权人保管义务及义务违反时民事责任之规定，不过对义务的程度与民事责任的性质语焉不详。传统民法一般以留置权人之保管义务为善良管理人之注意，我国法律亦可作相同解释。因为留置物既然在留置权人占有之中，且其占有又系为留置权人自己之利益，而非兼为债务人之利益，故不仅应为保管，且应尽较重之保管义务，即善良管理人之注意义务，留置权人违反此项义务致债务人受到损害时，自应负担损害赔偿责任。

一般认为留置权人保管留置物的义务，包括三个方面的内容：（1）保障标的物的安全。留置权人应当采取必要的措施确保留置物不受损失。留置物因为留置权人的过错毁损或者灭失的，留置权人应负赔偿责任。（2）保障标的物的利益收取。留置权人对标的物的孳息和其他利益有收取、保管的义务，因过错而怠于收取的，应当负损害赔偿责任。（3）不为自己的利益利用标的物。留置权人非以“必要的使用”为目的，未经债务人同意，不得使用、出租留置物或者以留置物向他人提供担保，否则，留置权人应当负义务不履行之损害赔偿责任。[①]

2. 留置权人不得擅自处分留置物。留置权人未经债务人同意，不得使用、出租留置物，也不得以之为其他债权提供担保，但留置权人为保全留置物而为的必要使用不在此限。所有人对于留置权人出租或设质的承诺，是以处分的让与为其内容的。留置权人依此承诺，取得处分权，从而该处分权与留置权人的资格，并无不可分离的关系，以后留置权虽消灭，基于所有人承诺而作的租赁及担保设定，不因此而受影响。

留置物所有人限定一定期间允许留置权人使用、出租留置物或以留置物提供担保的，留置权人在该期间经过后，不能再就留置物继续使用、出租或提供担保。留置权人未得到所有人的承诺，不是出于保管的必要而使用，出租留置物或用留置物提供担保，致使留置物损害时，对于物的所有人，应负债务不履行的损害赔偿责任。

3. 留置权人负有返还留置物的义务。留置权消灭时，留置权人丧失留置物的占有权，应将留置物返还被留置人。这种返还义务准确地说应是给付合同标的物的义务，因为留置权一经消灭，留置权人即为债务人，应负给付合同标的物的义务。对此，债权人必须履行。违背这一义务，债权人为非法占有，应负民事责任。

4. 留置权人负有剩余价款返还的义务。留置权人实现留置权，是以处分留置物的价款优先受偿其债权。根据《民法典》第四百五十五条“留置财产折价或者拍卖、变卖后，其价款超过债权数额的部分归债务人所有，不足部分由债务人清偿”的规定，留置权人负有返还剩余价款的义务。

五、留置权对被留置人的效力

被留置人是留置权的义务主体，是留置权所担保的债权关系的债务人，因其不履行给付义务，留置权人依法留置该合同由债权人占有的合同标的物。因而，在留置权法律关系中，原债权的债务人称为被留置人。

1. 被留置人仍享有留置物的所有权。留置物被留置以后，被留置人并不丧失对留置物的所有权，留置物所有人仍对留置物享有所有权，留置物经营权人仍对留置物享有经营权，留置物合法占有人仍对留置物享有相应的权利。被留

① 梁慧星主编:《中国物权法研究》，法律出版社 1998 年版，第 1039 页。

置人依其权限范围可以处分留置物，或出卖，或赠与，或作其他转让，但留置权并不因此而受影响，留置权仍对留置物发生效力，债权人的留置权也不消灭，留置物也不转移占有，只是留置权人与留置物的受让人之间产生留置权法律关系，受让人成为新的被留置人。

2. 被留置人行使留置物的权利受到限制。留置权一经成立，被留置人对留置物的权利虽仍然存在，但必然会受到限制。首先，受到限制的是占有、使用、收益权，被留置人丧失对留置物的占有，也无法进行使用，这两项权能受到了完全的限制。收益的权能，则部分受限制，因为留置物的孳息、经被留置人承诺使用而发生的利益，均由留置权人收取，但权属仍属于被留置人。其次，受限制的是出质权。从理论上说，被留置人如果是留置物的所有权人、经营人，有权将留置物出质设定的质权，但因质权以质物的占有为要件，虽被留置人可以将其对留置权人的返还请求权让与质权人，使其取得间接占有，而使质权成立，但由于该返还请求权已因留置权的存在而不完整，自不会有人愿意接受之而成立质权。[①] 因而，出质权受到限制。最后，被留置人的租赁权受到限制，其可以把留置物出租，与承租人签订租赁合同，但因无法交付租赁物，而使租赁权受到限制。

3. 被留置人不得阻挠留置权人行使留置权。留置物被留置以后，被留置人有两种选择，或者及时清偿债务而要求返还留置物，或者承认留置权人的留置，待其对留置物变价后优先受偿。被留置人无论作何种选择，都必须尊重留置权人行使留置权的事实，不得干扰、阻碍留置权人行使权利，必要时尚须予以协助。

4. 被留置权人负有偿付留置物必要费用的义务。留置权人为保管留置物所支付的必要费用应当由被留置人负担，这也正是被留置人违反义务所应当承担的民事责任。

六、留置权的对抗效力

在同一标的物上存在留置权和其他担保物权时，留置权的对抗效力如何？笔者认为，留置权是法定担保物权，具有对抗其他担保物权的效力。具体分为如下几种情形。

---

① 郑玉波：《民法物权》，我国台湾地区三民书局 2011 年版，第 352 页。

1. 同一动产上抵押权或者质权与留置权同时设立时，如果留置权人是善意取得留置物的，其留置权优先于抵押权。《民法典》第四百五十六条规定：“同一动产上已经设立抵押权或者质权，该动产又被留置的，留置权人优先受偿。”因为，留置权为法定担保物权，抵押权、质权为意定担保，留置权的发生与否，并不取决于当事人之间的约定。留置权人行使权利可以有效对抗标的物所有人对物的处分行为，至于留置物是否已经负有抵押权，则非所问。但是，当事人利用留置权的对抗效力，恶意约定债权人对标的物的占有而成立留置权，以妨碍或者排除标的物上已存在的抵押权的，应不受法律保护，因法律仅保护善意取得，而不保护恶意取得。

2. 同一动产上先成立留置权后设定抵押权的，留置权人未经留置物所有人同意，以留置物设定抵押权的，抵押行为无效；留置权人经留置物所有人同意以留置物设定抵押权的，抵押权优先于留置权。因为，此时应视为留置权人对留置权优先于抵押权的抛弃。

3. 留置权人未经留置物所有人同意将留置物设定质权的，除善意取得质权的外，其设定行为无效；留置权未经留置物所有人同意成立留置权的，第三人基于留置权的成立善意取得留置权的，留置权优先于质权。

4. 留置权与优先权同属法定担保物权，留置权的效力则后于优先权。我国法律规定的优先权，主要有船舶优先权、民用航空器优先权以及建筑工程承包人优先权。如《海商法》第二十五条规定“船舶优先权先于船舶留置权受偿”，因此，留置权不具有对抗优先权的效力。

七、留置权的消灭

留置权的消灭，是指留置人对留置物的支配力终止。留置权为法定担保物权，留置权消灭后，债权人负有返还留置物的义务，因可归于债权人的原因致使留置物返还不能的，债权人应当承担损害赔偿责任。根据《民法典》第四百五十七条“留置权人对留置财产丧失占有或者留置权人接受债务人另行提供担保的，留置权消灭”的规定，结合司法实践，留置权可以因下列原因而消灭：

1. 留置权因被担保的债权消灭而消灭。留置权为担保物权，目的在于担保债权的受偿。受留置权担保的债权的存在，是留置权的要件，若债权因清偿、提存、抵销、免除、混同等原因全部消灭时，留置权随之消灭。但值得注意的是，留置权所担保的债权部分消灭的，留置权并不消灭，这是由留置权具有不可分性所决定的。

2. 留置权因被留置人另行担保而消灭。留置权因债务人另行提供担保且为债权人所接受而消灭。债权人留置债务人之动产的目的在于实现其债权，若债务人另行提供担保，能够保证债权人实现其债权，债权人接受担保的，债权人对占有的债务人的动产不再享有留置权。

3. 留置权因留置物的消灭而消灭。留置权丧失其标的，留置权也随之消灭。若留置物的灭失是由于留置权人保管不善造成的，留置权人还应当赔偿债务人因留置权使留置物灭失所受到的损失，或者以留置物的价值折抵债务人所欠债权人的债务。

4. 留置权因债权人丧失对留置物的占有而消灭。因占有的丧失而使留置权的消灭是经常发生的，但还不是终局的。如果留置权人日后再取得对该留置物的占有，且具备留置权成立要件，可以在该物上为同一债权人重新设立留置权。

5. 留置权因债权人放弃留置而消灭。根据民法的规定，当事人有权处分自己的民事权利。如果债权人放弃留置权，是对自己民事权利的处分，应当尊重其意思表示，予以允许。留置权也因此而消灭。

6. 留置权因与所有权混同而消灭。他物权与所有权混同，是他物权消灭的共同原因。留置权与所有权混同，也消灭留置权，因为债权人不能留置自己的财产以担保债权。例如，被留置人将留置物的所有权转让给留置权人，留置权即因混同而消灭。这种混同，债权人与债务人之间必对其债务关系作出约定，依其约定处理债权债务关系即可。

7. 留置物因被征用而消灭。物权标的物被征用，该物权消灭。留置权同样如此，不过，留置物为动产，被征用的可能性很小。留置物被征用以后，国家给予的补偿，应当优先偿付留置物担保的债权，有剩余的，归还债务人，不足部分，由债务人另行清偿。

八、对案例 82 的简要评析

在本案中，主要涉及留置权人货运公司留置邓某的鲜鱼的价值与所欠运费 4000 元的关系和留置权人货运公司应当负有妥善的保管义务。在本案中主要涉及下列法律问题。

1. 货物运输合同的效力问题。在本案中，邓某与货运公司所签订的货物运输合同，是双方当事人的真实意思表示，双方对合同的权利和义务约定明确，又不违反法律强制性的规定，因此，该货物运输合同为有效合同。在实践中，有人认为，合同中约定的逾期每天按5000元赔偿损失，若在腊月廿八前未运回鲜鱼，则按50000斤的单价4元计算赔偿金200000元的约定无效，笔者认为，该案中标的物鲜鱼的特殊性，易腐烂变质；时间的特殊性，快过春节系销鱼旺季，错过春节，则鲜鱼难以销售。因此，结合该案标的物的特殊性、时间的特殊性，不易将合同中双方当事人所约定的违约金、赔偿金认定为无效。

2. 货运公司依法享有留置权。货运公司按货物运输合同的约定，将邓某的50000斤鲜鱼从湖北省洪湖市运至该市，履行了货物运输合同的义务，而邓某却未将下欠的4000元运费付给货运公司，货运公司依据货物运输合同的约定留置邓某的鲜鱼，当属依法享有留置权。

3. 货运公司行使留置权时，应当与4000元运费相当。我国《民法典》第四百五十条明确规定："留置财产为可分物的，留置财产的价值应当相当于债务的金额。"此项规定，是由留置财产的目的所决定的，留置财产的目的是清偿债权，只要留置物的价值相当于债务金额，就能够保证债权实现，因此，没有必要留置过多的财产，否则，会对债务人的合法权益造成损害。在本案中，邓某和货运公司所签订的货物运输合同的标的物为鲜鱼，鲜鱼是可分物，经分割变卖不会损害其经济用途或失去其价值，货运公司可以留置相当于4000元运费的鲜鱼，并变卖使债权实现，且双方在合同中对此业已明确约定。但货运公司却留置了5000斤鲜鱼，远远超过邓某所欠的4000元运费，与法相违背。

4. 货运公司未尽妥善保管义务，应当承担赔偿责任。我国《民法典》第四百五十一条明确规定："留置权人负有妥善保管留置财产的义务；因保管不善致使留置财产毁损、灭失的，应当承担赔偿责任。"在本案中，货运公司留置邓某的5000斤鲜鱼未尽妥善保管义务，也未按合同约定及时变卖所留置的5000斤鲜鱼以抵偿邓某所欠的4000元运费，致使40%的鲜鱼腐烂变质。双方在庭审过程中，均认可腊月廿八鲜鱼的价格平均为每斤2.5元，货运公司的过错致使邓某的鲜鱼损失2000斤，计款5000元，货运公司依法应当承担赔偿责任。

第三节 留置权的行使

一、问题的提出

根据《民法典》第四百五十三条的规定，留置权人与债务人应当约定留置财产后的债务履行期限；没有约定或者约定不明确的，留置权人应当给债务人六十日以上履行债务的期限，但是鲜活易腐等不易保管的动产除外。债务人逾期未履行的，留置权人可以与债务人协议以留置财产折价，也可以就拍卖、变卖留置财产所得的价款优先受偿。留置财产折价或者变卖的，应当参照市场价格。

在研究留置权行使之前，先看一则案例。

案例 83：江苏公司与舟山公司海上货物运输合同纠纷案[①]

生效裁判认为，本案系海上货物运输合同纠纷。江苏公司系涉案货物托运人，舟山公司系承运人，双方之间成立海上货物运输合同法律关系，双方当事人均应按照合同约定和法律规定行使权利和履行义务。结合双方当事人的陈述，本案的争议焦点如下。

1. 舟山公司是否有权留置涉案货物的问题。

江苏公司抗辩称：（1）《合同法》规定了运费未支付，承运人可以对运输货物享有留置权，但未规定承运人有权就未付的滞期费行使留置权；（2）留置物并非为其所有，故舟山公司无权行使留置权。本院认为，首先，《合同法》并未禁止承运人可就托运人未付的滞期费对运输货物行使留置权。在不违反法律规定的前提下，民商事合同应充分尊重当事人的意思自治，原、被告之间签订的运输合同已明确约定，若不付清运费及滞期费，船方有权不卸货或留置货物，该约定不违反法律规定，是双方真实意思表示，合法有效。其次，《物权法》第二百三十六条规定，债务人不履行到期债务，债权人可以留置已经合法占有的债务人的动产，并有权就该动产优先受偿，其规定的"债务人的动产"不仅

① 详见宁波海事法院（2019）浙 72 民初 263 号民事判决书。

仅限于债务人所有的动产，还应该包括债务人合法取得或占有的动产。江苏公司将其合法取得的钢板委托舟山公司运输，舟山公司接受了该委托并进行了运输，双方之间形成的运输合同关系合法有效，在江苏公司未支付滞期费的情况下，舟山公司有权留置已经合法占有的江苏公司合法取得的钢板。因此，舟山公司对涉案钢板行使留置权符合留置权成立的条件，可以对涉案钢板成立留置权。

2. 江苏公司欠付滞期费，舟山公司留置的货物系可分物且价值超出滞期费，双方应该承担的责任问题。

涉案留置货物价值230938.64元，变卖留置货物得款80700元，保管及装卸费用支出共60000元，故涉案纠纷所造成的损失共计210238.64元。原、被告各认为对方应当对损失承担主要责任。本院认为，对江苏公司而言，因江苏公司欠付滞期费36000元，舟山公司行使法律赋予的留置权对涉案货物予以留置，故江苏公司违约在前，系涉案纠纷的起因，且舟山公司行使留置权后，履行了通知义务，但江苏公司在收到通知后，仍未及时支付滞期费，显属不当，这也是造成留置物不能及时处理并最终只能按废钢材变卖的重要原因，故江苏公司应对留置物价值的损失承担主要责任；对舟山公司而言，其留置的三块钢板价值23万余元，系可分物，留置物价值远超债务金额，且在收到江苏公司已另行订制钢板的函告后，未及时处置留置货物，导致保管费用增加，故舟山公司也存在留置权行使不当的行为，并扩大了损失。综合全案，原、被告双方均存在过错，应认定原、被告双方责任相当，对涉案损失各承担50%的责任，即各承担损失105119.32元。

根据上述案例，试问：留置权行使的程序如何进行？留置权的行使应当如何限制？留置权行使的方法如何？

二、留置权行使的程序

依据《民法典》第四百五十三条的规定，留置权人行使留置权的程序是：先通知债务人在一定期限内履行债务，债务人不履行债务时再处分留置物。债权人在债务履行期届满后，债务人迟延履行债务时可以依法留置债务人的财产，但债权人不能随即处分留置物，首先，债权人必须通知债务人在合同约定的期限或法律规定的期限内履行债务。我国《民法典》物权编规定在留置权人留置财产的六十日后或留置权人通知债务人履行债务的六十日后，债务人仍不履行债务的，留置权人可以处分留置物。其他立法例也有规定留置权行使期限的，如我国台湾地区“民法”规定，留置权人应当给予债务人六个月的履行期，履行期届满才能行使留置权。当然，也有立法例未规定期间的，只要债务履行期届满，债权人通知债务人履行债务后，留置权人在任何时候均可以行使留置权，如瑞士民法。

留置权人通知债务人履行债务的通知，是否必须到达债务人才能生效，对此《担保法》没有规定。依照大陆法系的通说，留置权人仅通知债务人即可，债务人是否收到通知并不成为留置权人行使留置权的条件。根据该通说，笔者认为，在我国也应当仅对留置权人通知债务人履行债务的通知作形式上的要求，不应以债务人收到通知为条件，因为留置权成立以债务履行期届满、债务人迟延履行债务为要件，即债务人已经违约在先。而我国债务人往往以未收到通知为由逃债，如果强调通知的到达，则不利于留置权人行使留置权，对保障债权不利。因此，债务人履行债务的两个月的宽限期，应当自留置权人向债务人发出债务履行通知之时开始起算。

在债务人下落不明时，留置权人可以免于履行对债务人的通知义务。在债务履行期届满，债务人下落不明时，债权人留置债务人的财产后经过两个月的，债权人即可以处分留置物。

债权人与债务人在合同中按照《民法典》物权编规定约定了债务人履行债务的宽限期的（不少于两个月），债权人也可免于履行对债务人的通知义务，在约定的宽限期届满后，留置权人即可以处分留置物。约定的债务履行宽限期自债务履行期届满后即开始计算。债权人与债务人在合同中约定的宽限期少于两个月的，视为未约定。债权人留置债务人财产后，应重新确定不少于两个月的宽限期。

留置权人在约定或法律规定的期限届满之前行使留置权，留置权人行使留置权的行为并非无效，如果留置物依其性质不适于保留两个月的，留置权人行使留置权不仅有效，而且并不产生对债务人的赔偿责任；如果留置物依其性质可以在期间届满后处理而于期满前被处理的，留置权人处分留置物的行为也不能被宣告无效，但留置权人应对由此造成的债务人的损失承担民事赔偿责任。

留置权人实现留置权与质权人实现质权的方式相同，均属于自力救济，行使留置权无须通过法院。债权人可以与债务人协议以留置物折价，也可以依法拍卖、变卖留置物，以价款优先受偿。留置物折价或者拍卖、变卖后，其价款超过债权数额的部分归债务人所有，不足部分由债务人清偿。留置担保的范围包括主债权及利息、违约金、损害赔偿金、留置物保管费用和实现留置权的费用。

三、留置权的行使限制

债权人留置债务人交付的物，不得违背公序良俗原则，比如不得在战争时期留置军用物资，不得留置有损人的善良感情、人格权利的物，不得有乘人之危的留置等。例如，债权人不得留置他人的尸体、身份证、工作证、残疾人的工具等。我国担保法对此虽未作规定，但依我国民法的基本原则，应当认为我国法律要求留置权人行使留置权必须符合公序良俗原则的要求。

债权人行使留置权也不得与债权人所承担的义务或者当事人在合同中的特殊约定相抵触。《担保法解释》第一百一十一条规定："债权人行使留置权与其承担的义务或者合同的特殊约定相抵触的，人民法院不予支持。"这与各国民法的一般规定相吻合。具体来说：（1）当事人事先约定排除留置权的，或者债权人事先明示放弃留置权的，不得行使留置权。（2）留置财产与债权人所承担的义务相抵触时，不得行使留置权。例如运输合同中的承运人未将承运的货物运到目的地，仅运到半途，托运人未支付运费时，承运人不得留置承运的货物。（3）留置财产与合同的特殊约定相抵触的，不能行使留置权。比如，修理合同中，债权人与债务人特别约定在债务人试用修理物两天后，如未发现瑕疵，债务人再支付修理费，这里的"试用修理物两天"为特殊约定，在债务人试用之前，债权人不得留置修理物。

留置权的行使，是否受债权诉讼时效效力的支配？在德国民法上，留置权的性质为债务履行的抗辩权，留置权并非担保物权，因此适用消灭时效的规定。因为，债权罹于消灭时效，债务人取得对抗债权人的请求之时效抗辩权，债务人有权拒绝给付，债权人不得以债务人拒绝给付而拒绝自己应为给付。因此，债权罹于消灭时效的，留置权人不得行使留置权。[①] 但是，作为担保物权的留置权，则与之不同。留置权作为担保物权的一种，不同于债权。担保物权的消灭时效和债权的消灭时效并不相同。例如，《日本民法典》第300条规定："留

---

① 邹海林：《留置权基本问题研究》，载《法学研究》1991年第2期，第49页。

置权的行使，不妨碍债权消灭时效的进行。”以此作相反的说明，债权消灭时效的完成对留置权的行使不产生影响。我国台湾地区“民法”第一百四十五条规定：“以抵押权、质权或留置权担保之请求权，虽经时效消灭，债权人仍得就其抵押物、质物或留置物受偿。前项规定，于利息及其他定期给付之各期给付请求权，经时效消灭者，不适用之。”依此规定，留置权人的权利并不因为债权罹于消灭时效而当然行使不能。留置权因为债权已届清偿期、债务人不履行债务、债权人占有债务人的财产而发生效果，只要债权人占有而不给付（返还）留置物，留置权始终处于有效形式状态，留置权人对留置物享有的权利没有计算诉讼时效的余地。所以，留置权的行使不受债权的诉讼时效是否完成的影响，债权罹于诉讼时效，留置权人仍得行使其留置权。

四、留置权行使的方式

债权人实现留置权的方式，具体包括：

1. 债权人可以与债务人协议以留置物折价。所谓折价，就是指经债权人与债务人协议，或者协议不成时经由人民法院审理后判决，按照留置物自身的品质、参考市场价格，把留置物的所有权由债务人转移给债权人，从而实现留置权的一种方法。

2. 债权人可以依法拍卖留置物。如果债权人与债务人就拍卖留置物协商一致，则可以自行委托拍卖机构进行拍卖。如果当事人就拍卖没有达成一致，则只能通过法院依据《民事诉讼法》以及最高人民法院有关司法解释的规定进行强制拍卖。

3. 债权人可以依法变卖留置物。变卖是对标的物进行换价的一种比拍卖更为简易的方式，它不需要经过竞价，而是由当事人或法院直接将标的物以相当的、合理的价格出卖。当事人可以通过协商将留置物变卖，协商不成的，留置权人可以向法院起诉，在获得胜诉判决后通过法院的强制执行程序将留置物拍卖或变卖。但是，司法实践中，为了确保公平公开公正，人民法院一般是以拍卖为原则，以变卖为例外。

五、对案例 83 的简要评析

在本案中，江苏公司与舟山公司在运输合同中明确约定，若不付清运费及滞期费，承运人舟山公司有权不卸货或留置货物，该约定合法有效。即便合同中没有此项约定，依据留置权的法律规定，舟山公司依法享有留置权。因此，在舟山公司合法占有运输货物的情形下，有权依法留置货物。《物权法》第二百三十三条明确规定："留置财产为可分物的，留置财产的价值应当相当于债务的金额。"[①] 本案中，江苏公司拖欠滞期费 36000 元，舟山公司留置三块钢板价值 23 万元之多，该钢板为可分物，也就是说，舟山公司留置一块钢板已经足够偿还滞期费。正是由于舟山公司不当行使留置权，给江苏公司造成了损失，法院判定各自承担一半责任，并无不妥。本案给舟山公司的启示是"赔了夫人又折兵"。

---

① 对应《民法典》第四百五十条。

第五编
占　有

本编概要

占有，是占有人对不动产或者动产的实际控制。基于合同关系等产生的占有，有关不动产或者动产的使用、收益、违约责任等，按照合同约定；合同没有约定或者约定不明确的，依照有关法律规定。占有人因使用占有的不动产或者动产，致使该不动产或者动产受到损害的，恶意占有人应当承担赔偿责任。不动产或者动产被占有人占有的，权利人可以请求返还原物及其孳息；但是，应当支付善意占有人因维护该不动产或者动产支出的必要费用。

占有的不动产或者动产毁损、灭失，该不动产或者动产的权利人请求赔偿的，占有人应当将因毁损、灭失取得的保险金、赔偿金或者补偿金等返还给权利人；权利人的损害未得到足够弥补的，恶意占有人还应当赔偿损失。占有的不动产或者动产被侵占的，占有人有权请求返还原物；对妨害占有的行为，占有人有权请求停止侵害、排除妨碍或者消除危险；因侵占或者妨害造成损害的，占有人有权请求损害赔偿。占有人返还原物的请求权，自侵占发生之日起一年内未行使的，该请求权消灭。

第一章 占有概说

一、问题的提出

占有，是现代物权法上一项重要的法律制度。但它的历史源远流长，其概念随着社会的发展和法律科学的发达亦产生了巨大的变化，将占有从所有权中独立出来是近代民法的一个重要里程碑。现代民法的占有制度承袭了罗马法占有、日耳曼法占有、中世纪教会法的某些特征，而其理论真正臻于成熟却得力于德国法学巨匠萨维尼及耶林的贡献。

在研究占有的几个一般性问题之前，先看下列两则案例，并思考之：

案例84：下列情形中，谁是物之占有人？

1. 张三将其宝马轿车停于自己的车库；或停于街上。
2. 李四承包本村土地10亩，自己承包6亩，另外4亩转包给周某承包经营。
3. 王五拾得马某的手机一部。

案例85：继承人是否为有权占有？

张三之父张某于2019年6月9日借给李四10万元，约定使用期限6个月，李四并以其奥迪轿车作质押，亦将奥迪轿车移交给张某占有。张某于2019年12月因故不幸身亡，张三沉浸在悲痛之中。而李四却幸灾乐祸，辩称债权人已不存在，便派人去开奥迪轿车，遭到张三的反对。李四反而将张三诉至法院，请求法院判令张三返还奥迪轿车。张三辩称其是张某的法定继承人，有权继承其父亲的遗产，包括借给李四的10万元，有权享有质权，其占有合法，建议驳回原告李四的诉讼请求。

根据上述案例，试问：何谓占有？其构成要件如何？占有的法律性质如何？占有是如何取得的？

二、占有的意义及构成要件

（一）占有的意义

所谓占有，是指占有人对不动产或者动产的实际控制。在法律上，对不动产或者动产实际控制的人，称为占有人，是占有的主体；被占有人所实际控制的不动产或者动产，称为占有物，是占有的客体。

占有作为一项重要的法律制度，通说认为，它具有三种功能，即保护功能、继续功能和公示功能。这三种不同的功能系基于一种基本认识，即占有的背后通常存在某种特定的权利。保护占有，实际上就在保护此种权利。

1. 占有的保护功能。指占有这种对物为事实上的支配状态一旦存在，即应受保护，以维护社会和平与物之秩序，此为占有制度的基本功能。在此意义上，占有享有绝对性的保护。它体现了法律的基本原则，即任何人不得以私力改变占有的现状。

2. 占有的继续功能。指占有人对于占有物有继续使用的权利。对物的占有达到一定期间，即可取得其于物上行使的权利，即占有的维持具有取得时效的意义。

3. 占有的公示功能。指占有具有表彰本权的作用，它发生三种效力：权利移转的效力、权利推定的效力和善意取得的效力。[①] 在现代市场经济条件下，商品生产和流通处于高速运行之中，对交易安全的保护日趋重要，为了保障商品流通的安全有序，通过确立占有规则对判断是否发生交付及所有权是否发生移转具有重要作用，对维护交易安全也是十分重要的。[②] 当然，占有的公示功能仅适用于动产，即占有被法律用来在动产中使人注意权利的存在。例如，在动产所有权移转和设立质权时，法律要求进行交付，通过转移占有可以使外界识别法律状况的变化。

依现代观念，法律对占有给予保护，其目的无非是通过对占有人的保护来实现社会的安定；同时，对占有给予法律保护，也符合现代的效益观念。

---

① 参见谢在全：《民法物权论》，中国政法大学出版社 1999 年版，第 939 页。德国学者认为，占有的功能在于保护法律秩序、占有作为公示手段、持续功能。详见［德］曼弗雷德·沃尔夫：《物权法》，法律出版社 2002 年版，第 77 页。

② 王利明：《物权法研究》，中国人民大学出版社 2002 年版，第 637 页。

（二）占有的构成要件

1. 占有的主体。占有的取得应以事实行为为限，即使有承认可通过法律行为让与者，亦无不以物之交付为要件，而物之交付乃事实行为，因而，作为占有主体应为可作事实行为的人。该“人”包括自然人、法人和非法人组织。

2. 占有的客体。“物”无可置疑可作占有的客体。各国立法例虽然对“物”的概念及范围有不同的定义，但无论其概念为何，均没有说物不得成为占有的客体。物的概念可以单指有体物，也可以泛指有体物及无体物，甚至超越有体物与无体物。但对物的不同定义会影响占有客体的范围。如德国法中，对权利的占有便称为准占有。

只要为物，则不论动产还是不动产均可成为占有的客体，然而，占有在动产领域所产生的作用较大，而在不动产领域则较小。作为物权的客体的物应具有独立性，占有的客体则无此要求，因此，物的一部分如果可被现实支配则亦可作占有的客体。值得注意的是，传统学说认为，集合物不得作为一物而成为占有的客体，因为集合物并没有消除其内部的各个单一构成物的独立特征。倘若对集合物与其各构成物可以分别成立不同的占有，则占有的支配意义便无以复存，对集合物的支配与对其单一构成物的支配也必会产生冲突与矛盾。

3. 占有人对物有事实上的管领。对物有事实上的管领，是指对于物得为支配，排除他人的干涉，此须依社会观念外部可认识的空间、时间关系，就个案加以认定。空间关系，是指人与物在场合上须有一定的结合关系。时间关系，是指人与物在时间上须有相当的继续性，仅具短暂性的，不成立占有，如就餐所用餐具。除空间和时间关系外，法秩序亦属重要，停车于路旁，外出数日，时空远隔，所以仍可肯定对于该车的事实管领，是基于一般社会秩序及对他人财产的尊重。[①]

占有的能力。法律行为的行为人须具有行为能力，然而占有取得及实施管领的行为均非法律行为，而是事实行为，占有人无须以具有行为能力为取得占有或继续占有的前提。然而，纵使占有的取得为事实行为，行为人仍需具备一定的意思能力即自然意思。即使是儿童，只要懂得分别“我的”或“他人的”，便足以取得物之管领、成立占有。

4. 占有人须有占有的意思。《民法典》第一百三十三条规定，民事法律行

---

① 王泽鉴:《民法概要》，中国政法大学出版社 2003 年版，第 577 页。

为是民事主体通过意思表示设立、变更、终止民事法律关系的行为。因此，作为占有法律行为，须有占有人占有的意思表示。

三、占有的法律性质

占有的法律性质，学理上有两种理论：权利说和事实说。主张占有为权利者认为，占有具有主观权利的所有特征：有利益、有法律的保护，因而应为主观权利的一种。例如，当权利受到侵害时，权利人得请求公权的保护，同样当占有受到侵害时，占有人亦可请求公权的保护。主张占有为物权者认为，假若承认占有为主观权利，则下一步应指出究竟占有作为主观权利应属于绝对权抑或相对权、支配权抑或请求权等，而最后的结论是，占有人无须他人协助而直接支配物（占有人事实上的管领力）并有排除他人干涉的权利（占有保护），这两个方面正是物权的特征，因此，占有应为物权。

主张占有为事实者认为，占有乃推定权利的前提，不得与权利混为一谈，倘若以为占有是权利，则是将有权占有中占有所依据的本权与占有混淆，是对所有权与占有分离现象的不理解。另外，权利与占有的取得方式亦有所不同，取得占有的行为是事实行为，既可以是合法，也可以是违法，相反，一切权利的取得均须合法。“权利必须合法取得”，而占有之取得不一定合法，这是目前学界反对占有作为权利说的唯一较有说服力的论点。

虽然从概念上否定占有作为权利并不容易，且尚有争论，可是将占有视为事实对占有的保护更为有利，因为不论是否有权占有，是否违法，法律一概加以保护，除非有人主张足以排斥占有的权利。如果占有是权利，则要追究权利的取得是否合法，一来，对于非法取得的占有法律不予保护；二来，占有人在请求法律保护时又要对权利的合法取得负举证责任。因此，除少数国家（如日本）外，各国立法大都采纳占有为事实说的观点，从我国《民法典》物权编的规定来看，我国亦采纳事实说。

四、占有的取得

占有的取得可以分为两种：一是原始取得；二是继受取得。

（一）占有的原始取得

占有的原始取得，是指不基于他人的占有而取得的占有。例如，遗失物的拾得、无主物的先占、抢夺物的占有等，都属于占有的原始取得。占有的原始取得，其标的物可以是动产，也可以是不动产（无论登记与否）。占有是一种事实，占有的原始取得是一种事实行为，而非法律行为。所以，原始取得人无须具有行为能力。同时，原始取得也可以由辅助占有人为之。占有的原始取得与能否取得该标的物的所有权没有必然的联系。是否取得标的物的所有权，应依法律的规定而确定。例如，对无主物的占有，须依先占而取得所有权。

（二）占有的继受取得

占有的继受取得，是指基于他人的占有而取得的占有。占有虽为事实，但现代各国民法均承认占有具有移转性，可因继受而取得。占有的继受取得，主要有以下两种情形：

1. 占有的让与。占有的让与是指占有人以法律行为将其占有物交付他人，受让人因此而取得占有。占有的让与应具备下列条件：一是须有让与占有的意思表示。占有虽为事实，但占有的让与须依法律行为进行，所以，占有的让与必须有让与占有的意思表示。占有的让与既然以意思表示为必要，因此占有的让与非因当事人的意思表示而发生，则不发生占有的让与问题。如遗失的动物自拾得人处自动返回遗失人住所，就不发生占有的让与问题。占有的让与可以是双方行为，也可以是单方行为。前者须有双方让与占有的意思表示一致。例如，出质人与质权人订立质权合同，而将质物交付质权人占有；后者仅需有让与人的意思表示即可。例如，无权占有人将占有物返还给所有人。二是须交付标的物。占有以对物的事实上的管领力为成立要件，所以，占有的让与，除当事人的意思表示外，还须将占有物交付给受让人，才能发生效力。我国台湾地区“民法”第九百四十六条规定，占有的移转因占有物的交付而生效力。占有物的交付可以是现实交付，也可以是简易交付、占有改定、指示交付等。

2. 占有的继承。占有可否因继承而取得，学说上有不同的主张。否定说认为，占有是一种事实而非权利，所以，占有人一旦死亡，其占有的意思即不存在。同时，亦断绝与物的实力支配关系，自因占有人的死亡而当然归于消灭，无继承性可言。罗马法即采取这种观点。肯定说认为，占有虽为一种事实，但占有在法律上有一定利益的存在，又不具有专属性，故具有继承性，可因继承关系，由被继承人移转于继承人。现代各国民法多采取肯定说。如《德国民法典》第 857 条规定："占有得移转于继承人。"《意大利民法典》第 1146 条规定："占有自继承开始之时转移给继承人。"因继承而取得占有的，是否于继承开始时，即当然取得继承标的物的占有，学说上意见不一。有人认为，继承一经开始，继承人即当然取得继承标的物的占有。而有人则认为，占有的继承须继承人对物获得事实上的管领力，才能发生效力，并非一旦脱离被继承人的范围，就当然归入继承人的实力支配范围。前一种观点为通说，笔者亦持这种观点。继承开始时，继承人当然取得继承标的物的占有，既不以知悉继承事实的发生为必要，也无须事实上已管领其物或有交付的行为，更无须为继承的意思表示。可见，占有的继承完全系出于法律的拟制，与占有的取得，通常须占有人对于占有物有事实上的管领力明显不同。

关于占有继受取得的效力，我国台湾地区"民法"第九百四十七条有明确的规定，即占有的继承人或受让人，得就自己的占有或与其前占有人的占有合并而为主张。可见，在占有的继受取得时，继承人或受让人既可以主张占有的合并，也可以主张占有的分离。主张占有合并的，继承人或受让人应按占有的原状态加以继受，故继承人或受让人应承受前占有的瑕疵；主张占有分离的，继承人或受让人系单独主张自己的新占有，故继承人或受让人无须承受前占有的瑕疵。

在司法实践中，应当注意以下问题：一是对动产而言，在没有相反证据证明的情况下，应当推定占有人为有权占有。动产所有权移转以交付为准，而交付的外在表现即为移转占有。判断动产是否发生了所有权移转，只需要判断占有是否发生了移转。例如，在强制执行程序中，人民法院可以查封、扣押、冻结被执行人占有的动产。其理论依据在于，在被执行人占有该动产的情况下，如无相反的证据证明，动产占有人在法律上推定为权利人。既然该动产属于被执行人所有，则可以作为被执行财产予以强制执行。二是对不动产而言，虽然必须以登记为物权变动的必要条件，但在没有进行不动产物权登记的情况下，要注意保护占有人（买受人）的合法权益。例如，在我国城市和农村的房屋买卖中，房屋交付完毕，买受人实现并继续维持对该房屋之占有使用却未办理登记的事实是大量存在的，如果绝对地认为登记才是不动产物权变动生效的依据，那么在占有移转之后至登记完成之前，不动产转让方仍得以物权人身份向他人移转该物之所有权，则对受让人显失公正。因此，有观点认为，买卖合同当事人之间移转房屋占有（交付）的行为足以表彰当事人就移转所有权的内心真意，这种交付属于法律行为之一，理应产生相应的法律效果。[①] 笔者认为，出卖人已经将房屋交付于买受人，买受人请求出卖人移转房屋所有权、办理房屋所有权登记的请求权具有物权属性，应受法律保护。

五、对案例 84、案例 85 的简要评析

（一）对案例 84 的简要评析

1. 张三将其宝马轿车停于自己的车库，其是该车的占有人；张三将车停于街上，此时，其与车有一定的距离，但其随时可使用该车，仍控制该车，故张三仍是该车的占有人。

2. 李四承包本村土地 10 亩，自己承包 6 亩，李四享有土地承包经营权而占有土地的使用权，因此，李四是该 6 亩土地的占有人；另外 4 亩转包给周某承包经营，而土地承包经营权可依法流转，周某因李四的转包而取得了 4 亩土地的承包经营权，因此，该 4 亩土地由周某占有。

3. 王五拾得马某的手机一部，该手机为马某所有，但因王五拾得而占有，因此，王五是手机的占有人。当然，王五的占有为无权占有。

（二）对案例 85 的简要评析

在本案中，主要涉及下列法律问题：

1. 张某合法占有李四的奥迪轿车。张某基于借款合同关系，由李四以其奥迪轿车作质押担保，并移交了质物奥迪轿车，因此，质押合同依法生效。所以，张某占有李四的奥迪轿车是合法有效的。

2. 张三能否取得占有的继承。在本案中，债权人张某因故不幸身亡，作为债权人张某之子张三是合法的继承人，张三有权对其父的债权享有继承权。张三继承了债权，作为债权的从权利质权也一并转移。因此，张三依法享有质权，对质物享有占有权。

综上所述，本案应当驳回李四的诉讼请求。

---

① 辛正郁：《交房、办证与诉讼时效》，载《中国民事审判前沿》，法律出版社 2005 年版，第 213～214 页。

第二章 占有的分类

一、问题的提出

占有的分类，是指按照占有的各种状态将占有区别为不同的类型，因此，又称占有状态的分类。占有依其取得和维持的正当性、取得的方式、取得和维持的占有意思以及占有人与他人的关系等，形成不同的占有状态。占有状态不同，其法律效果也有所不同。

在研究占有的分类之前，先看下列案例，并思考之。

案例 86：下列情形中，占有是何种类型？

1. 张三的轿车在李四处维修，维修费用为 3000 元，张三未支付，李四将车留置。后张三将维修费用付清，李四拒不返还轿车。张三无奈，诉至法院。

2. 张三的摩托车（价值 19000 元）委托李四保管。在保管过程中，该摩托车被王五盗走，卖给赵六。若赵六明知是赃车而仍购买，该如何处理？若赵六不知道是赃车而购买，又该如何处理？

3. 张三和李四共同租赁王五单元房一套，初始，两人和睦相处。后两个人发生矛盾，张三独占该单元房，或张三又邀赵六共同居住该单元房。李四非常气愤，又该如何办？

根据上述案例，试问：占有的具体分类有哪些？何谓准占有？

二、有权占有与无权占有

有权占有，是指依据某些具有占有内容的权利所行使的占有。既然凡称权利者皆合法，因此，有权占有必然是合法占有。在有权占有中，作为占有的法律原因的权利被称作本权。又由于这种占有具有权利作为法律上的原因，故此又被称为有因占有。而无权占有则被称为无原因的占有或形式占有。占有的本权可以是物权，也可以是债权，甚至可以是其他法律关系所生的权利，如监护人管理被监护人财产的权利。无权占有虽然没有本权作为其法律上的原因，但不一定都是恶意或暴力的，很多情况下，无权占有的状态会因为取得本权的法律行为无效，占有发生了转移而造成。例如，不动产买卖合同因虚伪法律行为而无效，但该物已交付，则买受人的物权取得虽不成功，但却取得了占有。在这种情况下，当法律行为被宣告无效后，买受人的占有虽为无权占有，但也未必为恶意。

区分有权占有与无权占有的实益在于：在无权占有中，倘若遇到本权之权利人请求返还占有物时，占有人有返还的义务。在有权占有中，占有人得依本权主张相应的请求权，对其占有进行保护，然而无权占有无此便利，当有权占有人依权利请求保护时，其运作的规则根本上就是一般权利的运作规则。可是，占有制度的大部分规则事实上是以无权占有作为考虑的基础。在权利的举证极为困难的制度中，有权占有人时常会为举证的便利而选择不以权利为基础而主张占有的保护，然而，在登记制度完善的国家，权利的举证已日益简便，选择主张占有保护请求权在诉讼程序上也较简便。

有权占有或无权占有的状态是绝对的，但不是永久的。若占有为无权，则对任何人而言都是无权。但无权占有可由占有人在占有不发生转移的情况下取得物权而变成有权占有。由于有权占有不过是物权的一项权能，而且可以随时通过主张权利而得到保护，因此，占有制度的重点内容乃是规范无权占有。

三、无权占有中的善意占有与恶意占有

根据无权占有人主观心理状态的不同，将无权占有分为善意占有和恶意占有。善意占有中的善意如何认定，各国学说及立法例有所不同，有的认为应以占有人是否知道自己无权为标准，有的认为应以占有人是否误信其占有为有权为标准[①]，也有的认为应以占有人是否知悉其占有侵犯他人的权利为标准[②]。三种标准中，前两者对解析继受取得占有的情况尚无问题，然而在原始取得占有的情况下，如先占、发现埋藏物等情况下，何谓“误信自己有权”似乎不太明确。采用“不知悉其占有是否侵犯他人权利”作标准则无上述困难。善意占有

① 史尚宽:《物权法论》，中国政法大学出版社 2000 年版，第 488 页。

② 如《意大利民法典》第 1147 条、《澳门民法典》第 1184 条。

可转化为恶意占有，但反过来则无可能。占有一旦为恶意则不可能再转变为善意。所以，善意占有的状态不是永久的。

区别善意占有和恶意占有的实益在于：（1）在善意取得制度中，占有人的善意为其要件，恶意者不能取得他人无权出让之物的所有权或其他权利。（2）善意占有人因在法律上被推定具有在占有物上所行使的权利，因而对于占有物有使用、收益之权。善意占有人取得的收益为原始取得，不适用不当得利的规定，不负有向真正权利人返还的义务。而恶意占有人对于占有物无占有和使用的权利。（3）善意占有人返还占有物时，仅返还现存利益，并得请求偿还必要及有益费用，而恶意占有人则须一并返还物之应有收益（孳息），其对于占有物所支付的必要费用，仅得依民法上关于无因管理的规定请求偿还。（4）在善意占有中，于占有并无可归责于占有人的原因而毁损灭失时，占有人仅以其所受利益为限，负赔偿责任，而恶意占有人则须赔偿全部损失。[①] 如《民法典》第四百五十九条规定："占有人因使用占有的不动产或者动产，致使该不动产或者动产受到损害的，恶意占有人应当承担赔偿责任。"

四、自主占有和他主占有

自主占有和他主占有是根据占有人是否以所有的意思进行占有为标准所作的分类。自主占有是指占有人以所有的意思对标的物进行的占有。如所有人对所有物的占有等。他主占有是指占有人非以所有的意思对标的物进行的占有。如承租人、借用人、保管人、典权人、质权人、留置权人等对标的物的占有。这里的"所有意思"，无须为依法律行为取得所有权的意思，而只需事实上对于物具有与所有人为同样管领的意思即可构成。所以，自主占有不以标的物为占有人所有为必要，标的物虽非占有人所有，但其以所有的意思而占有的，亦为自主占有。如误认他人之物为自己之物进行占有，盗窃者将盗窃物的占有等，都属于自主占有。占有是否以所有的意思为之，属于主观问题，实难证明。所以，许多国家民法都规定，推定占有人是以所有的意思而为占有，占有人就此不负举证责任。

区分自主占有和他主占有的实益在于，适用取得时效、先占及占有人的责任范围不同。根据各国民法规定，只有自主占有人才能依据取得时效和先占取

① 参见梁慧星、陈华彬：《物权法》（第6版），法律出版社2019年版，第355页。

得所有权，他主占有人不能依取得时效和先占而取得所有权。同时，当占有物毁损、灭失时，自主占有人和他主占有人的责任范围亦有所不同，通常他主占有人的责任要重于自主占有人。

五、直接占有和间接占有

直接占有和间接占有是以占有人是否对标的物直接进行事实上的管领为标准所作的分类。直接占有是指占有人直接对标的物进行事实上的管领的占有。如所有人直接对其所有物的占有、承租人对租赁物的占有、借用人对借用物的占有、保管人对保管物的占有等，都属于直接占有。间接占有是指基于一定的法律关系，自己不直接对标的物进行管领，而是对于直接占有人有返还请求权，并间接地对标的物进行管领的占有。如出租人、出借人、出质人、寄托人等为间接占有人，他们对标的物的占有即为间接占有。间接占有必须与直接占有同时存在，不能独立存在。而间接占有人与直接占有人之间亦必须存在一定的法律关系。否则，就不可能产生间接占有。

严格地说，间接占有并非真正的占有。法律上将其视为占有，其实益在于维护间接占有人的利益，以使其与直接占有人同样受占有制度的法律保护。

六、单独占有与共同占有

以占有人数为标准将占有分为单独占有和共同占有。所谓单独占有，与共同占有之区分乃比照权利中之单独所有权与共有所有权而来，但单独占有不以物之独立性为前提，共同占有则大部分比照共有的运作规则。单独占有系指一人对于物而为占有。占有无须以物的独立性为前提，对物的部分占有也是单独占有，对物部分占有的人可以将其部分占有移转给他人，而各部分的占有人便可以相互主张占有保护。

共同占有指数人共同占有一物。物之共有人通常为共同占有人。共同占有之成立不问各占有人间之意思，各人可以相信自己为单独占有人，但仍为共同占有。共同占有既可以全部为自主占有，亦可以部分为他主占有。除非部分共同占有人剥夺其他共同占有人的占有，否则共同占有人间不得相互主张占有保护（与单独的部分占有刚好相反），但可主张其他请求权，如损害赔偿。类似所有权之共有，当占有物被他人侵占或干扰时，任何共同占有人均可请求整个占有物的返还。共同占有人又可将其地位让与他人。

区分单独占有与共同占有实益在于，二者在请求权范围上有异，共同占有的各占有人就其占有物使用的范围，不得独立请求保护，而单独占有人则不存在这一问题；另外，就共同占有关系而言，占有人主张保护的权利经常会受到其他占有人意思的制约。

七、自己占有与辅助占有

以占有人是否亲自对标的物继续占有为标准分为自己占有和辅助占有。所谓自己占有，是不通过他人而自行行使占有，此提法只为区别辅助占有。辅助占有是指占有辅助人以他人为占有人而受该人之指示对物进行实际的控制。占有辅助人与占有人之间存在一种特定的从属关系。该关系的成立要件仅为“受他人指示而对物加以控制”。此种关系可因私法上的关系而生，如金钱出纳、司机、看守人、受雇职工等，在工作上对某财产进行占有，即为占有辅助人。除此以外，该关系亦可以因公法关系而生，例如警察占有警车、军人管领武器。占有辅助人无须以占有人的名义取得占有或行使管领力，也无须向外展示其辅助占有人的资格，但若其取得占有时表示为自己取得，则属于自己占有。

占有人与占有辅助人因该占有而发生的内部关系：占有主人从占有辅助人处强行收回占有物，占有辅助人对此不得行使自力救济权或请求占有保护。例如，甲为乙的司机，天天为乙驾驶汽车，负责接送其上下班。从现实意义上观察，汽车当然由甲管领，但若某天乙要自己驾车，甲当然不得以其对汽车的占有为理由，行使自力救济或请求占有保护。相反的情况是，租赁关系中，承租人的占有得以对抗出租人。

占有人与占有辅助人对第三人的关系：当占有受到侵害时，享有占有保护请求权的是占有主人而不是占有辅助人。可是，依占有主人的指示，占有辅助人可针对其他人行使自力救济权。另外，辅助占有与民法上的代理有所不同，代理仅适用于法律行为，而辅助占有虽可因法律行为而生，但占有本身乃事实行为，不得代理。当然，代理本身亦可以是产生辅助占有的原因，同时，辅助占有亦具有代理的部分功能。

自己占有与辅助占有区分之实益主要在于，一是可明确真正的占有人，从而确定权利义务归属。二是占有辅助人在替占有人为法律行为时，具有代理功能，但为事实行为时，不能适用代理。三是辅助占有不能独立存在，自己占有则能独立存在。

八、准占有

准占有又称权利占有，指以财产权利为客体的占有。严格来说，准占有并非真正意义上的占有，而关于权利是否能作为占有的客体，各国立法有所不同，《法国民法典》不仅确立了权利可以成为占有的客体，而且还扩大了权利占有的概念，将身份关系也包括进去，称为“身份占有”；《德国民法典》虽未就权利占有设立一般规定，但承认了地役权与人役权的准占有；《瑞士民法典》完全继受了德国法立场，将准占有客体仅限于地役权及土地负担；《日本民法典》以及我国台湾地区“民法”就准占有的立法采取了概括主义，把财产权利作为准占有的客体。

准占有在效力上除适用占有的规则之外，还有两种特别效力：一是对于债权的准占有人善意而为的清偿产生清偿的效力；二是准占有的标的如为继续行使之权利，则发生所有权以外财产权之取得时效的效力。

此外，占有还可分为和平占有和强暴占有、有瑕疵占有与无瑕疵占有、有过失占有和无过失占有等。由于不同的占有将产生不同的法律后果，因此，区别不同的占有，对司法实践具有重要意义。

九、对案例 86 的简要评析

1. 张三的轿车在李四处维修，张三与李四之间形成了加工承揽合同关系。张三欠其维修费用 3000 元，李四将轿车留置，此时李四是依法行使《民法典》物权编所赋予的权利，为有权占有。同时，又属于他主占有、自己占有、单独占有、直接占有。

后张三将维修费用付清，李四拒不返还轿车。此时，李四已由有权占有转变为无权占有，是对张三所有权的侵害，构成侵权。同时，李四又属于无权占有中的恶意占有。因此，张三的诉讼请求应当得到法院的支持。

2. 张三的摩托车（价值 19000 元）委托李四保管，此时，李四为有权占有，又属于直接占有、单独占有、他主占有。在保管过程中，该摩托车被王五盗走，卖给赵六。若赵六明知是赃车而仍购买，此时，赵六是无权占有，并且是恶意占有。同时，也触犯了刑律，构成收购赃物罪，应当受到刑法制裁。若赵六不知道是赃车而购买，则赵六是无权占有，又属于善意占有。但是，从我国的司法实践来看，赃物不适用善意取得制度。因此，赵六还应当将摩托车归还受害人张三，而自己所遭受的损失，只能向王五追偿。

3. 张三和李四共同租赁王五单元房一套，初始，两人和睦相处。此时，属于共同占有，又属于他主占有、直接占有、自己占有。

后两个人发生矛盾，张三独占该单元房。此时，构成单独占有。或张三又邀赵六共同居住该单元房，此时，为共同占有。在此共同占有中，张三是有权占有，而赵六是无权占有。李四非常气愤，该如何办？李四可向法院提起诉讼，请求判令张三停止其侵权行为或赵六停止其侵权行为。

第三章　占有的效力

一、问题的提出

占有的效力，是占有制度的核心问题，是指占有所具有的法律上的证明力和强制力。关于占有的效力，各国立法规定并不一致。在研究占有的效力之前，先看下列案例，并思考之：

案例 87：下列情形中，谁是电动车的所有权人？

张三占有“永久”牌电动车一辆，下列情形中，应当认定谁是该电动车的所有权人？

1. 李四对张三主张该“永久”牌电动车为其所有，并请求返还，双方争执不下。法院对此争执该如何处理？

2. 李四向张三借用该“永久”牌电动车，李四在使用过程中，王五主张该电动车为其所有，并请求返还时，李四主张其是借用张三的电动车，张三为该电动车的所有权人。法院对此争执该如何处理？

3. 李四向张三借用该“永久”牌电动车，在使用过程中，李四以其所有权人的名义将该电动车卖给王五，由王五占有、使用该电动车。张三发现后，便主张该电动车为其所有，请求王五予以返还，而王五以从李四处购买为由，拒绝返还。法院对此争执该如何处理？

4. 张三的“永久”牌电动车因不慎被李四盗走。李四又将该电动车卖给王五，王五以所有权人的名义将该车处置于赵六，赵六使用 10 天，给王五支付租金 300 元。后张三发现其电动车，便要求王五返还电动车而形成纠纷。法院对此争执该如何处理？

根据上述案例，试问：何谓占有的权利推定和事实推定？占有人能否善意取得占有物？善意占有和恶意占有的法律效力分别如何？

二、占有的权利推定

占有的权利推定效力又称占有权利的推定力，是指占有人于占有物上行使的权利，推定其为合法占有此权利。这是占有的最主要效力，为各国和地区民法所明定。在现代民法中，占有是物权变动的要件，是权利存在的外观。占有存在时，通常均认为有实质或真实的权利为其基础。基于这种权利存在的盖然性，各国法律大多规定了占有的权利推定效力。例如，《德国民法典》第1006条规定，为了动产的占有人的利益，推定占有人即为物的所有人；《日本民法典》第188条规定，占有人在其占有物上行使的权利可推定为适法；我国台湾地区“民法”第九百四十三条规定，占有人于占有物上行使的权利，推定其适法有此权利。

法律之所以设定占有的权利推定，其理由有四：（1）保护占有背后的权利。占有通常多基于本权，具有权利存在的盖然性，尤其在民法对于动产物权的移转采交付主义时，更是如此。（2）维护社会秩序。占有的推定可以使占有人免除举证责任的困难，易于排除侵害，维护物之秩序。否则他人任意争执，诉讼不断，当危及社会秩序。（3）促进交易安全。占有的权利既受推定，则产生公信力，使善意信赖占有的交易者受到保护，有益交易安全。（4）符合经济原则。权利的推定有助于保护本权，避免争议，减少诉讼，节省资源，使物得尽其所用。①

占有的权利推定，其效力表现为：

1. 占有物上行使的权利为依占有所表现的一切权利，不限于物权，也包括债权。例如，占有人于占有物行使所有权时，推定其有所有权；于占有物上行使质权时，推定其有质权；于占有物行使租赁权或借用权时，推定其有租赁权或借用权。但是，不以占有为内容的权利在推定之列，如抵押权等。

2. 受权利推定的占有人不负有权占有的举证责任。即如果他人对占有人的占有物提出权利主张时，占有人无须证明自己有占有的权源。但当该他人提出反证证明其有权源时，占有人应负有推翻反证的举证责任。

3. 权利的推定效力，不仅占有人可以主张，第三人也可以主张。例如，债

---

① 参见王泽鉴：《民法物权：用益物权·占有》（第2卷），中国政法大学出版社2001年版，第234页。

权人对于债务人占有的动产，得援引“推定为债务人所有”的效力，主张该动产为债务人所有。

4. 受权利推定的占有人，包括一切占有人，无论占有人的占有是否存在瑕疵。但《德国民法典》规定，权利的推定不适用于占有物系被盗窃、遗失或以其他方式丢失的前占有人，但占有物为金钱或无记名证券者，不在此限。同时，除现有占有人外，过去占有人，于其占有期间亦推定其有合法权利。

5. 权利的推定，一方面，可以是为占有人的利益而为推定，《德国民法典》明确规定须为占有人的利益而为推定。另一方面，也可以是为占有人的不利益而为推定。如推定占有人为所有人，则物上的负担也应推定由占有人负担。

6. 权利的推定仅具有消极的效力，占有人不得利用此项推定作为行使权利的证明。例如，占有人不得利用权利的推定申请权利登记。

7. 权利的推定适用于动产当无疑问，但是否适用于不动产则意见不一。法国、德国、瑞士等国民法规定，权利的推定仅限于动产，不动产不发生权利推定问题。日本民法及我国台湾地区“民法”则认为，不动产也适用权利推定。笔者认为，不动产以登记为公示方法。所以，不动产如已登记，则不发生权利推定问题。但如不动产没有登记，则可以适用权利推定。

三、占有的事实推定

占有事实的推定是指对于占有状态的推定。占有人虽然有无权占有、以非所有的意思占有等情形，但在更多的情况下，占有人为有权占有、以所有的意思占有、善意、和平及公然占有。如果必须证明占有的真正状态始决定占有的状态及其效果，则往往难以举证。因此，为避免举证的困难，兼谋生活上的便利，法律推定占有人系以所有的意思，善意、和平及公然而占有，除有反证外，占有人不负举证责任。占有人于前后两小时为占有的，推定其前后两小时之间，为不间断之继续占有。此种推定亦仅于有反证时才能推翻。[①]

四、动产的善意取得

在善意取得制度里，占有产生决定性的效力。动产的善意取得，乃基于交易安全的保护以及占有在动产交易上的公示效力。占有之公示效力是源自占有

① 参见梁慧星主编:《中国物权法研究》，法律出版社 1998 年版，第 1130 页。

表彰本权的机能。动产以占有为其物权的公示方法，信赖公示与动产占有人交易的第三人，应受法律保护。这样，即使占有人对财产无处分权，与之交易的第三人仍可基于对公示的信赖而取得动产物权。因此，善意取得的基础要件是占有。当然，动产的善意取得构成要件适用《民法典》第三百一十一条“无处分权人将不动产或者动产转让给受让人的，所有权人有权追回；除法律另有规定外，符合下列情形的，受让人取得该不动产或者动产的所有权：（一）受让人受让该不动产或者动产时是善意；（二）以合理的价格转让；（三）转让的不动产或者动产依照法律规定应当登记的已经登记，不需要登记的已经交付给受让人”的规定。

五、善意占有人的权利义务

（一）善意占有人对占有物的使用权、收益权

占有物的使用权、收益权，是指善意占有人对占有物的使用权、收益权。我国台湾地区“民法”第九百五十二条规定：“善意占有人，依推定其为适法所有的权利，得为占有物的使用及收益。”可见，恶意占有人对占有物没有使用权、收益权。善意占有人对于占有物的使用、收益，应当依其推定的权利的性质、方法、内容为使用、收益。如果占有人所行使的权利，不包含使用、收益的权能，则占有人不得对占有物为使用、收益。例如，占有人对占有物所行使的是所有权、租赁权，则占有人应依该推定的权利为使用、收益。但占有人对占有物行使的是质权、留置权等，因这些权利无使用、收益的权能，则占有人对质物、留置物不能为使用、收益。

（二）善意占有人的费用求偿权

费用求偿权是指占有人向返还请求人请求返还原物时，得向返还请求人请求偿还有关费用的权利。费用求偿权的适用范围，因占有人是善意或恶意而有所不同。

根据《民法典》第四百六十条“不动产或者动产被占有人占有的，权利人可以请求返还原物及其孳息；但是，应当支付善意占有人因维护该不动产或者动产支出的必要费用”的规定，善意占有人对于占有物所支出的必要费用和有益费用，都有权要求返还请求人偿还。所谓必要费用，是指为保存、管理

占有物所必须支出的费用，如占有物的维修费、饲养费等。这些费用是为保管占有物所必须支出的费用，属于返还请求人所应承担的负担，故在占有人返还占有物时，应由返还请求人予以偿还。各国和地区民法一般将必要费用分为通常必要费用和特别必要费用。前者是在通常情况下所支出的费用，而后者是在特殊情况下所支出的费用（如占有物因火灾毁损所支出的修缮费用）。对于通常必要费用，如果占有人已就占有物收取孳息的，则不得要求偿还。因为依一般社会观念，孳息完全可以与这种费用相抵充。《德国民法典》第994条规定，占有人得向所有人请求偿还对占有物所支出的必要费用，但在占有人保留收益期间所通常所需的保存费用，不得请求偿还。我国台湾地区“民法”第九百五十四条规定：“善意占有人因保存占有物所支出的必要费用，得向回复请求人请求偿还。但已就占有物取得孳息的，不得请求偿还。”所谓有益费用，是指为利用或改良占有物以增加其价值所支出的费用。如占有物的装修费、安装费等。这些是为增加占有物的价值而支出的，故在占有人返还占有物时，也应由返还请求人予以偿还。但有益费用的偿还，应以占有物现存增加的价值为限。《德国民法典》第996条规定，占有人支出的有益费用，以在所有人取回其物的当时因支出费用而增加了物的价值者为限，始得请求偿还。《意大利民法典》第1150条规定，对于善意占有人，应当在因改良而使占有物增加的价值的范围内进行补偿。我国台湾地区“民法”第九百五十五条规定：“善意占有人因改良占有物所支出的有益费用，于其占有物现存的增加价值限度内，得向回复请求人请求偿还。”

（三）善意占有人返还占有物的义务

善意占有人对占有物有使用权、收益权，故可以收取占有物的孳息。该孳息无论是天然孳息还是法定孳息，均归占有人所有，故占有人没有返还的义务，无论该孳息是否尚存。

当然，如果善意占有构成善意取得的，则占有人无返还占有物的义务。

（四）善意占有人赔偿损失的义务

无权占有人对于返还请求人，负有返还占有物的义务。如果占有物因可归责于占有人的原因而发生毁损灭失的，占有人自应负赔偿损失的责任。应当指出的是，这里的占有物毁损灭失，应包括一切不能使所有人回复占有的情形。

占有人的赔偿责任范围，因善意占有和恶意占有的不同而有所差别。

根据《民法典》第四百六十一条的规定，善意占有人的赔偿责任范围，仅以毁损灭失的所受利益为限。所以，善意占有人赔偿责任仅以占有人所受利益为准，而非以返还请求人的损害为准，即善意占有人不负赔偿全部损害的责任。这是因为，善意占有人既然相信物为己有，也当然不可能预见到自己应负什么样的责任，这时如果使善意占有人对占有物的全部损害负赔偿责任，未免失之过苛。所以，各国民法大都对善意占有人的赔偿责任作了限制。《日本民法典》第 191 条规定，占有物因应归责于占有人的事由而灭失或毁损时，善意占有人在因灭失或毁损而现受利益限度内，负赔偿责任。我国台湾地区"民法"第九百五十三条规定："善意占有人因可归责于自己的事由，致占有物减失或毁损的，对于回复请求人仅以因减失或毁损的所受利益为限，负赔偿责任。"可见，善意占有人的赔偿责任，系依不当得利的原则处理。

六、恶意占有人的权利义务

（一）恶意占有人享有必要费用求偿权

恶意占有人仅对占有物所支出的必要费用享有费用求偿权，而对有益费用则不享有费用求偿权。立法例上一般认为，恶意占有人的这种费用求偿权仅得依无因管理的规定为之。《德国民法典》第 994 条规定，恶意占有人所支出的必要费用，所有人的偿还义务依关于无因管理的规定确定之。我国台湾地区"民法"第九百五十七条规定："恶意占有人因保存占有物所支出的必要费用，对于回复请求人，得依关于无因管理的规定，请求偿还。"

（二）恶意占有人返还占有物的义务

恶意占有人于物之权利人请求返还原物时，负有返还原物义务。恶意占有人对于占有物没有使用权、收益权，自无收取孳息的权利。所以，恶意占有人所收取的孳息，应当返还于物之权利人。《法国民法典》第 549 条规定："单纯占有人仅在其为善意占有时，始得占有果实。在恶意占有时，占有人应负责对请求返还的所有人返还占有物及其产生的果实。如上述果实已无实物，其价值按偿还之日的价值计算。"我国台湾地区"民法"第九百五十八条也规定："恶意占有人，负返还孳息的义务，其孳息如已消费，或因过失而毁损，或怠于收取者，负偿还其孳息价金的义务。”

（三）恶意占有人赔偿损失的责任

恶意占有人的赔偿责任较之善意占有人的赔偿责任为重，其赔偿责任范围为占有物的全部损失。对此，《民法典》第四百六十一条规定，占有的不动产或者动产毁损、灭失，该不动产或者动产的权利人请求赔偿的，占有人应当将因毁损、灭失取得的保险金、赔偿金或者补偿金等返还给权利人；权利人的损害未得到足够弥补的，恶意占有人还应当赔偿损失。这是因为，恶意占有人明知自己无权占有，而却因自己的原因使占有物毁损灭失，法律自应加重其责任。《日本民法典》第191条规定，占有物因应归责于占有人的事由而灭失或毁损的，恶意占有人应负赔偿全部损害的义务。我国台湾地区“民法”第九百五十六条也规定：“恶意占有人或无所有意思的占有人，因可归责于自己的事由，致占有物减失毁损的，对于回复请求人，负损害赔偿的责任。”可见，恶意占有人的赔偿责任，是依侵权行为的原则处理。

七、对案例87的简要评析

1. 李四对张三主张该“永久”牌电动车为其所有，并请求返还，双方争执不下。此时，根据《民事诉讼法》第六十四条之规定，谁主张谁举证，李四主张“永久”牌电动车为其所有，则李四必须举证证明其为电动车的所有权人，若拿不出证据予以证明，依据占有的权利推定原则，只能认为张三是该电动车的所有权人。

需要说明的是，电动车的占有人张三对此不负举证责任，切忌在司法实践中让张三举证证明该电动车为其所有，若这样做，则有违谁主张谁举证的司法原则。只有在李四举证证明该“永久”牌电动车为其所有的情况下，张三才负有举反证的义务，以对抗李四的主张。

2. 李四向张三借用该“永久”牌电动车，李四在使用过程中，王五主张该电动车为其所有，并请求返还时，李四主张是借用张三的，张三为该电动车的所有权人。对此，电动车的直接占有人是李四，而间接占有人是张三，王五主张还电动车为其所有，仍负有举证责任。若举不出为其所有的证据，则只能承担败诉的责任。

3. 李四向张三借用该“永久”牌电动车，在使用过程中，李四以其所有权人的名义将该电动车卖给王五，由王五占有、使用该电动车。此时，王五占有该电动车，虽属于无权占有，但王五购买该电动车时，不知道李四无权处分，且王五支付了对价，又属于善意，因此，王五属于善意取得。

张三发现后，便主张该电动车为其所有，请求王五予以返还，而王五以该电动车系从李四处购买为由拒绝返还。因王五属于善意取得，故王五不负有返还电动车的义务。张三只能向李四主张赔偿，李四擅自处分张三的电动车，侵害了张三的物权，应当承担赔偿损失的责任。

4. 张三的“永久”牌电动车因不慎被李四盗走。李四又将该电动车卖给王五，王五以所有权人的名义将该车出租于赵六，赵六使用 10 天，给王五支付租金 300 元。此时，王五属于无权占有，且为间接占有。问题的关键是王五占有电动车，是否符合善意取得。我们知道，该电动车是盗窃物，而盗窃物不能成为善意取得的客体，因此，王五虽然支付了价款，但不能构成善意取得。现在，张三向王五主张返还电动车，王五应当将该电动车予以返还。同时，王五不是善意占有，则王五应当将收取的租金 300 元一并返还。

附录

中华人民共和国民法典（节录）

（2020年5月28日第十三届全国人民代表大会第三次会议通过）

第二编　物　权

第一分编　通　则

第一章　一般规定

第二百零五条　本编调整因物的归属和利用产生的民事关系。

第二百零六条　国家坚持和完善公有制为主体、多种所有制经济共同发展，按劳分配为主体、多种分配方式并存，社会主义市场经济体制等社会主义基本经济制度。

国家巩固和发展公有制经济，鼓励、支持和引导非公有制经济的发展。

国家实行社会主义市场经济，保障一切市场主体的平等法律地位和发展权利。

第二百零七条　国家、集体、私人的物权和其他权利人的物权受法律平等保护，任何组织或者个人不得侵犯。

第二百零八条　不动产物权的设立、变更、转让和消灭，应当依照法律规定登记。动产物权的设立和转让，应当依照法律规定交付。

第二章　物权的设立、变更、转让和消灭

第一节　不动产登记

第二百零九条　不动产物权的设立、变更、转让和消灭，经依法登记，发生效力；未经登记，不发生效力，但是法律另有规定的除外。

依法属于国家所有的自然资源，所有权可以不登记。

第二百一十条　不动产登记，由不动产所在地的登记机构办理。

国家对不动产实行统一登记制度。统一登记的范围、登记机构和登记办法，由法律、行政法规规定。

第二百一十一条　当事人申请登记，应当根据不同登记事项提供权属证明和不动产界址、面积等必要材料。

第二百一十二条　登记机构应当履行下列职责：

（一）查验申请人提供的权属证明和其他必要材料；

（二）就有关登记事项询问申请人；

（三）如实、及时登记有关事项；

（四）法律、行政法规规定的其他职责。

申请登记的不动产的有关情况需要进一步证明的，登记机构可以要求申请人补充材料，必要时可以实地查看。

第二百一十三条　登记机构不得有下列行为：

（一）要求对不动产进行评估；

（二）以年检等名义进行重复登记；

（三）超出登记职责范围的其他行为。

第二百一十四条　不动产物权的设立、变更、转让和消灭，依照法律规定应当登记的，自记载于不动产登记簿时发生效力。

第二百一十五条　当事人之间订立有关设立、变更、转让和消灭不动产物权的合同，除法律另有规定或者当事人另有约定外，自合同成立时生效；未办理物权登记的，不影响合同效力。

第二百一十六条　不动产登记簿是物权归属和内容的根据。

不动产登记簿由登记机构管理。

第二百一十七条　不动产权属证书是权利人享有该不动产物权的证明。不动产权属证书记载的事项，应当与不动产登记簿一致；记载不一致的，除有证据证明不动产登记簿确有错误外，以不动产登记簿为准。

第二百一十八条　权利人、利害关系人可以申请查询、复制不动产登记资料，登记机构应当提供。

第二百一十九条　利害关系人不得公开、非法使用权利人的不动产登记资料。

第二百二十条　权利人、利害关系人认为不动产登记簿记载的事项错误的，可以申请更正登记。不动产登记簿记载的权利人书面同意更正或者有证据证明登记确有错误的，登记机构应当予以更正。

不动产登记簿记载的权利人不同意更正的，利害关系人可以申请异议登记。登记机构予以异议登记，申请人自异议登记之日起十五日内不提起诉讼的，异议登记失效。异议登记不当，造成权利人损害的，权利人可以向申请人请求损害赔偿。

第二百二十一条 当事人签订买卖房屋的协议或者签订其他不动产物权的协议，为保障将来实现物权，按照约定可以向登记机构申请预告登记。预告登记后，未经预告登记的权利人同意，处分该不动产的，不发生物权效力。

预告登记后，债权消灭或者自能够进行不动产登记之日起九十日内未申请登记的，预告登记失效。

第二百二十二条 当事人提供虚假材料申请登记，造成他人损害的，应当承担赔偿责任。

因登记错误，造成他人损害的，登记机构应当承担赔偿责任。登记机构赔偿后，可以向造成登记错误的人追偿。

第二百二十三条 不动产登记费按件收取，不得按照不动产的面积、体积或者价款的比例收取。

第二节 动产交付

第二百二十四条 动产物权的设立和转让，自交付时发生效力，但是法律另有规定的除外。

第二百二十五条 船舶、航空器和机动车等的物权的设立、变更、转让和消灭，未经登记，不得对抗善意第三人。

第二百二十六条 动产物权设立和转让前，权利人已经占有该动产的，物权自民事法律行为生效时发生效力。

第二百二十七条 动产物权设立和转让前，第三人占有该动产的，负有交付义务的人可以通过转让请求第三人返还原物的权利代替交付。

第二百二十八条 动产物权转让时，当事人又约定由出让人继续占有该动产的，物权自该约定生效时发生效力。

第三节 其他规定

第二百二十九条 因人民法院、仲裁机构的法律文书或者人民政府的征收决定等，导致物权设立、变更、转让或者消灭的，自法律文书或者征收决定等生效时发生效力。

第二百三十条 因继承取得物权的，自继承开始时发生效力。

第二百三十一条 因合法建造、拆除房屋等事实行为设立或者消灭物权的，自事实行为成就时发生效力。

第二百三十二条 处分依照本节规定享有的不动产物权，依照法律规定需要办理登记的，未经登记，不发生物权效力。

第三章 物权的保护

第二百三十三条 物权受到侵害的，权利人可以通过和解、调解、仲裁、诉讼等途径解决。

第二百三十四条 因物权的归属、内容发生争议的，利害关系人可以请求确认权利。

第二百三十五条 无权占有不动产或者动产的，权利人可以请求返还原物。

第二百三十六条 妨害物权或者可能妨害物权的，权利人可以请求排除妨害或者消除危险。

第二百三十七条 造成不动产或者动产毁损的，权利人可以依法请求修理、重作、更换或者恢复原状。

第二百三十八条 侵害物权，造成权利人损害的，权利人可以依法请求损害赔偿，也可以依法请求承担其他民事责任。

第二百三十九条 本章规定的物权保护方式，可以单独适用，也可以根据权利被侵害的情形合并适用。

第二分编 所有权

第四章 一般规定

第二百四十条 所有权人对自己的不动产或者动产，依法享有占有、使用、收益和处分的权利。

第二百四十一条 所有权人有权在自己的不动产或者动产上设立用益物权和担保物权。用益物权人、担保物权人行使权利，不得损害所有权人的权益。

第二百四十二条 法律规定专属于国家所有的不动产和动产，任何组织或者个人不能取得所有权。

第二百四十三条 为了公共利益的需要，依照法律规定的权限和程序可以征收集体所有的土地和组织、个人的房屋以及其他不动产。

征收集体所有的土地，应当依法及时足额支付土地补偿费、安置补助费以及农村村民住宅、其他地上附着物和青苗等的补偿费用，并安排被征地农民的社会保障费用，保障被征地农民的生活，维护被征地农民的合法权益。

征收组织、个人的房屋以及其他不动产，应当依法给予征收补偿，维护被征收人的合法权益；征收个人住宅的，还应当保障被征收人的居住条件。

任何组织或者个人不得贪污、挪用、私分、截留、拖欠征收补偿费等费用。

第二百四十四条 国家对耕地实行特殊保护，严格限制农用地转为建设用地，控制建设用地总量。不得违反法律规定的权限和程序征收集体所有的土地。

第二百四十五条 因抢险救灾、疫情防控等紧急需要，依照法律规定的权限和程序可以征用组织、个人的不动产或者动产。被征用的不动产或者动产使用后，应当返还被征用人。组织、个人的不动产或者动产被征用或者征用后毁损、灭失的，应当给予补偿。

第五章 国家所有权和集体所有权、私人所有权

第二百四十六条 法律规定属于国家所有的财产，属于国家所有即全民所有。

国有财产由国务院代表国家行使所有权。法律另有规定的，依照其规定。

第二百四十七条 矿藏、水流、海域属于国家所有。

第二百四十八条 无居民海岛属于国家所有，国务院代表国家行使无居民海岛所有权。

第二百四十九条 城市的土地，属于国家所有。法律规定属于国家所有的农村和城市郊区的土地，属于国家所有。

第二百五十条 森林、山岭、草原、荒地、滩涂等自然资源，属于国家所有，但是法律规定属于集体所有的除外。

第二百五十一条 法律规定属于国家所有的野生动植物资源，属于国家所有。

第二百五十二条 无线电频谱资源属于国家所有。

第二百五十三条 法律规定属于国家所有的文物，属于国家所有。

第二百五十四条 国防资产属于国家所有。

铁路、公路、电力设施、电信设施和油气管道等基础设施，依照法律规定为国家所有的，属于国家所有。

第二百五十五条 国家机关对其直接支配的不动产和动产，享有占有、使用以及依照法律和国务院的有关规定处分的权利。

第二百五十六条 国家举办的事业单位对其直接支配的不动产和动产，享有占有、使用以及依照法律和国务院的有关规定收益、处分的权利。

第二百五十七条 国家出资的企业，由国务院、地方人民政府依照法律、行政法规规定分别代表国家履行出资人职责，享有出资人权益。

第二百五十八条 国家所有的财产受法律保护，禁止任何组织或者个人侵占、哄

抢、私分、截留、破坏。

第二百五十九条　履行国有财产管理、监督职责的机构及其工作人员，应当依法加强对国有财产的管理、监督，促进国有财产保值增值，防止国有财产损失；滥用职权，玩忽职守，造成国有财产损失的，应当依法承担法律责任。

违反国有财产管理规定，在企业改制、合并分立、关联交易等过程中，低价转让、合谋私分、擅自担保或者以其他方式造成国有财产损失的，应当依法承担法律责任。

第二百六十条　集体所有的不动产和动产包括：

（一）法律规定属于集体所有的土地和森林、山岭、草原、荒地、滩涂；

（二）集体所有的建筑物、生产设施、农田水利设施；

（三）集体所有的教育、科学、文化、卫生、体育等设施；

（四）集体所有的其他不动产和动产。

第二百六十一条　农民集体所有的不动产和动产，属于本集体成员集体所有。

下列事项应当依照法定程序经本集体成员决定：

（一）土地承包方案以及将土地发包给本集体以外的组织或者个人承包；

（二）个别土地承包经营权人之间承包地的调整；

（三）土地补偿费等费用的使用、分配办法；

（四）集体出资的企业的所有权变动等事项；

（五）法律规定的其他事项。

第二百六十二条　对于集体所有的土地和森林、山岭、草原、荒地、滩涂等，依照下列规定行使所有权：

（一）属于村农民集体所有的，由村集体经济组织或者村民委员会依法代表集体行使所有权；

（二）分别属于村内两个以上农民集体所有的，由村内各该集体经济组织或者村民小组依法代表集体行使所有权；

（三）属于乡镇农民集体所有的，由乡镇集体经济组织代表集体行使所有权。

第二百六十三条　城镇集体所有的不动产和动产，依照法律、行政法规的规定由本集体享有占有、使用、收益和处分的权利。

第二百六十四条　农村集体经济组织或者村民委员会、村民小组应当依照法律、行政法规以及章程、村规民约向本集体成员公布集体财产的状况。集体成员有权查阅、复制相关资料。

第二百六十五条　集体所有的财产受法律保护，禁止任何组织或者个人侵占、哄抢、私分、破坏。

农村集体经济组织、村民委员会或者其负责人作出的决定侵害集体成员合法权益的，受侵害的集体成员可以请求人民法院予以撤销。

第二百六十六条 私人对其合法的收入、房屋、生活用品、生产工具、原材料等不动产和动产享有所有权。

第二百六十七条 私人的合法财产受法律保护，禁止任何组织或者个人侵占、哄抢、破坏。

第二百六十八条 国家、集体和私人依法可以出资设立有限责任公司、股份有限公司或者其他企业。国家、集体和私人所有的不动产或者动产投到企业的，由出资人按照约定或者出资比例享有资产收益、重大决策以及选择经营管理者等权利并履行义务。

第二百六十九条 营利法人对其不动产和动产依照法律、行政法规以及章程享有占有、使用、收益和处分的权利。

营利法人以外的法人，对其不动产和动产的权利，适用有关法律、行政法规以及章程的规定。

第二百七十条 社会团体法人、捐助法人依法所有的不动产和动产，受法律保护。

第六章 业主的建筑物区分所有权

第二百七十一条 业主对建筑物内的住宅、经营性用房等专有部分享有所有权，对专有部分以外的共有部分享有共有和共同管理的权利。

第二百七十二条 业主对其建筑物专有部分享有占有、使用、收益和处分的权利。业主行使权利不得危及建筑物的安全，不得损害其他业主的合法权益。

第二百七十三条 业主对建筑物专有部分以外的共有部分，享有权利，承担义务；不得以放弃权利为由不履行义务。

业主转让建筑物内的住宅、经营性用房，其对共有部分享有的共有和共同管理的权利一并转让。

第二百七十四条 建筑区划内的道路，属于业主共有，但是属于城镇公共道路的除外。建筑区划内的绿地，属于业主共有，但是属于城镇公共绿地或者明示属于个人的除外。建筑区划内的其他公共场所、公用设施和物业服务用房，属于业主共有。

第二百七十五条 建筑区划内，规划用于停放汽车的车位、车库的归属，由当事人通过出售、附赠或者出租等方式约定。

占用业主共有的道路或者其他场地用于停放汽车的车位，属于业主共有。

第二百七十六条 建筑区划内，规划用于停放汽车的车位、车库应当首先满足业主的需要。

第二百七十七条　业主可以设立业主大会，选举业主委员会。业主大会、业主委员会成立的具体条件和程序，依照法律、法规的规定。

地方人民政府有关部门、居民委员会应当对设立业主大会和选举业主委员会给予指导和协助。

第二百七十八条　下列事项由业主共同决定：

（一）制定和修改业主大会议事规则；

（二）制定和修改管理规约；

（三）选举业主委员会或者更换业主委员会成员；

（四）选聘和解聘物业服务企业或者其他管理人；

（五）使用建筑物及其附属设施的维修资金；

（六）筹集建筑物及其附属设施的维修资金；

（七）改建、重建建筑物及其附属设施；

（八）改变共有部分的用途或者利用共有部分从事经营活动；

（九）有关共有和共同管理权利的其他重大事项。

业主共同决定事项，应当由专有部分面积占比三分之二以上的业主且人数占比三分之二以上的业主参与表决。决定前款第六项至第八项规定的事项，应当经参与表决专有部分面积四分之三以上的业主且参与表决人数四分之三以上的业主同意。决定前款其他事项，应当经参与表决专有部分面积过半数的业主且参与表决人数过半数的业主同意。

第二百七十九条　业主不得违反法律、法规以及管理规约，将住宅改变为经营性用房。业主将住宅改变为经营性用房的，除遵守法律、法规以及管理规约外，应当经有利害关系的业主一致同意。

第二百八十条　业主大会或者业主委员会的决定，对业主具有法律约束力。

业主大会或者业主委员会作出的决定侵害业主合法权益的，受侵害的业主可以请求人民法院予以撤销。

第二百八十一条　建筑物及其附属设施的维修资金，属于业主共有。经业主共同决定，可以用于电梯、屋顶、外墙、无障碍设施等共有部分的维修、更新和改造。建筑物及其附属设施的维修资金的筹集、使用情况应当定期公布。

紧急情况下需要维修建筑物及其附属设施的，业主大会或者业主委员会可以依法申请使用建筑物及其附属设施的维修资金。

第二百八十二条　建设单位、物业服务企业或者其他管理人等利用业主的共有部分产生的收入，在扣除合理成本之后，属于业主共有。

第二百八十三条　建筑物及其附属设施的费用分摊、收益分配等事项，有约定的，按照约定；没有约定或者约定不明确的，按照业主专有部分面积所占比例确定。

第二百八十四条 业主可以自行管理建筑物及其附属设施，也可以委托物业服务企业或者其他管理人管理。

对建设单位聘请的物业服务企业或者其他管理人，业主有权依法更换。

第二百八十五条 物业服务企业或者其他管理人根据业主的委托，依照本法第三编有关物业服务合同的规定管理建筑区划内的建筑物及其附属设施，接受业主的监督，并及时答复业主对物业服务情况提出的询问。

物业服务企业或者其他管理人应当执行政府依法实施的应急处置措施和其他管理措施，积极配合开展相关工作。

第二百八十六条 业主应当遵守法律、法规以及管理规约，相关行为应当符合节约资源、保护生态环境的要求。对于物业服务企业或者其他管理人执行政府依法实施的应急处置措施和其他管理措施，业主应当依法予以配合。

业主大会或者业主委员会，对任意弃置垃圾、排放污染物或者噪声、违反规定饲养动物、违章搭建、侵占通道、拒付物业费等损害他人合法权益的行为，有权依照法律、法规以及管理规约，请求行为人停止侵害、排除妨碍、消除危险、恢复原状、赔偿损失。

业主或者其他行为人拒不履行相关义务的，有关当事人可以向有关行政主管部门报告或者投诉，有关行政主管部门应当依法处理。

第二百八十七条 业主对建设单位、物业服务企业或者其他管理人以及其他业主侵害自己合法权益的行为，有权请求其承担民事责任。

第七章 相邻关系

第二百八十八条 不动产的相邻权利人应当按照有利生产、方便生活、团结互助、公平合理的原则，正确处理相邻关系。

第二百八十九条 法律、法规对处理相邻关系有规定的，依照其规定；法律、法规没有规定的，可以按照当地习惯。

第二百九十条 不动产权利人应当为相邻权利人用水、排水提供必要的便利。

对自然流水的利用，应当在不动产的相邻权利人之间合理分配。对自然流水的排放，应当尊重自然流向。

第二百九十一条 不动产权利人对相邻权利人因通行等必须利用其土地的，应当提供必要的便利。

第二百九十二条 不动产权利人因建造、修缮建筑物以及铺设电线、电缆、水管、暖气和燃气管线等必须利用相邻土地、建筑物的，该土地、建筑物的权利人应当提供必要的便利。

第二百九十三条　建造建筑物，不得违反国家有关工程建设标准，不得妨碍相邻建筑物的通风、采光和日照。

第二百九十四条　不动产权利人不得违反国家规定弃置固体废物，排放大气污染物、水污染物、土壤污染物、噪声、光辐射、电磁辐射等有害物质。

第二百九十五条　不动产权利人挖掘土地、建造建筑物、铺设管线以及安装设备等，不得危及相邻不动产的安全。

第二百九十六条　不动产权利人因用水、排水、通行、铺设管线等利用相邻不动产的，应当尽量避免对相邻的不动产权利人造成损害。

第八章　共有

第二百九十七条　不动产或者动产可以由两个以上组织、个人共有。共有包括按份共有和共同共有。

第二百九十八条　按份共有人对共有的不动产或者动产按照其份额享有所有权。

第二百九十九条　共同共有人对共有的不动产或者动产共同享有所有权。

第三百条　共有人按照约定管理共有的不动产或者动产；没有约定或者约定不明确的，各共有人都有管理的权利和义务。

第三百零一条　处分共有的不动产或者动产以及对共有的不动产或者动产作重大修缮、变更性质或者用途的，应当经占份额三分之二以上的按份共有人或者全体共同共有人同意，但是共有人之间另有约定的除外。

第三百零二条　共有人对共有物的管理费用以及其他负担，有约定的，按照其约定；没有约定或者约定不明确的，按份共有人按照其份额负担，共同共有人共同负担。

第三百零三条　共有人约定不得分割共有的不动产或者动产，以维持共有关系的，应当按照约定，但是共有人有重大理由需要分割的，可以请求分割；没有约定或者约定不明确的，按份共有人可以随时请求分割，共同共有人在共有的基础丧失或者有重大理由需要分割时可以请求分割。因分割造成其他共有人损害的，应当给予赔偿。

第三百零四条　共有人可以协商确定分割方式。达不成协议，共有的不动产或者动产可以分割且不会因分割减损价值的，应当对实物予以分割；难以分割或者因分割会减损价值的，应当对折价或者拍卖、变卖取得的价款予以分割。

共有人分割所得的不动产或者动产有瑕疵的，其他共有人应当分担损失。

第三百零五条　按份共有人可以转让其享有的共有的不动产或者动产份额。其他共有人在同等条件下享有优先购买的权利。

第三百零六条 按份共有人转让其享有的共有的不动产或者动产份额的，应当将转让条件及时通知其他共有人。其他共有人应当在合理期限内行使优先购买权。

两个以上其他共有人主张行使优先购买权的，协商确定各自的购买比例；协商不成的，按照转让时各自的共有份额比例行使优先购买权。

第三百零七条 因共有的不动产或者动产产生的债权债务，在对外关系上，共有人享有连带债权、承担连带债务，但是法律另有规定或者第三人知道共有人不具有连带债权债务关系的除外；在共有人内部关系上，除共有人另有约定外，按份共有人按照份额享有债权、承担债务，共同共有人共同享有债权、承担债务。偿还债务超过自己应当承担份额的按份共有人，有权向其他共有人追偿。

第三百零八条 共有人对共有的不动产或者动产没有约定为按份共有或者共同共有，或者约定不明确的，除共有人具有家庭关系等外，视为按份共有。

第三百零九条 按份共有人对共有的不动产或者动产享有的份额，没有约定或者约定不明确的，按照出资额确定；不能确定出资额的，视为等额享有。

第三百一十条 两个以上组织、个人共同享有用益物权、担保物权的，参照适用本章的有关规定。

第九章 所有权取得的特别规定

第三百一十一条 无处分权人将不动产或者动产转让给受让人的，所有权人有权追回；除法律另有规定外，符合下列情形的，受让人取得该不动产或者动产的所有权：

（一）受让人受让该不动产或者动产时是善意；

（二）以合理的价格转让；

（三）转让的不动产或者动产依照法律规定应当登记的已经登记，不需要登记的已经交付给受让人。

受让人依据前款规定取得不动产或者动产的所有权的，原所有权人有权向无处分权人请求损害赔偿。

当事人善意取得其他物权的，参照适用前两款规定。

第三百一十二条 所有权人或者其他权利人有权追回遗失物。该遗失物通过转让被他人占有的，权利人有权向无处分权人请求损害赔偿，或者自知道或者应当知道受让人之日起二年内向受让人请求返还原物；但是，受让人通过拍卖或者向具有经营资格的经营者购得该遗失物的，权利人请求返还原物时应当支付受让人所付的费用。权利人向受让人支付所付费用后，有权向无处分权人追偿。

第三百一十三条 善意受让人取得动产后，该动产上的原有权利消灭。但是，善意受让人在受让时知道或者应当知道该权利的除外。

第三百一十四条　拾得遗失物，应当返还权利人。拾得人应当及时通知权利人领取，或者送交公安等有关部门。

第三百一十五条　有关部门收到遗失物，知道权利人的，应当及时通知其领取；不知道的，应当及时发布招领公告。

第三百一十六条　拾得人在遗失物送交有关部门前，有关部门在遗失物被领取前，应当妥善保管遗失物。因故意或者重大过失致使遗失物毁损、灭失的，应当承担民事责任。

第三百一十七条　权利人领取遗失物时，应当向拾得人或者有关部门支付保管遗失物等支出的必要费用。

权利人悬赏寻找遗失物的，领取遗失物时应当按照承诺履行义务。

拾得人侵占遗失物的，无权请求保管遗失物等支出的费用，也无权请求权利人按照承诺履行义务。

第三百一十八条　遗失物自发布招领公告之日起一年内无人认领的，归国家所有。

第三百一十九条　拾得漂流物、发现埋藏物或者隐藏物的，参照适用拾得遗失物的有关规定。法律另有规定的，依照其规定。

第三百二十条　主物转让的，从物随主物转让，但是当事人另有约定的除外。

第三百二十一条　天然孳息，由所有权人取得；既有所有权人又有用益物权人的，由用益物权人取得。当事人另有约定的，按照其约定。

法定孳息，当事人有约定的，按照约定取得；没有约定或者约定不明确的，按照交易习惯取得。

第三百二十二条　因加工、附合、混合而产生的物的归属，有约定的，按照约定；没有约定或者约定不明确的，依照法律规定；法律没有规定的，按照充分发挥物的效用以及保护无过错当事人的原则确定。因一方当事人的过错或者确定物的归属造成另一方当事人损害的，应当给予赔偿或者补偿。

第三分编　用益物权

第十章　一般规定

第三百二十三条　用益物权人对他人所有的不动产或者动产，依法享有占有、使用和收益的权利。

第三百二十四条　国家所有或者国家所有由集体使用以及法律规定属于集体所有

的自然资源，组织、个人依法可以占有、使用和收益。

第三百二十五条 国家实行自然资源有偿使用制度，但是法律另有规定的除外。

第三百二十六条 用益物权人行使权利，应当遵守法律有关保护和合理开发利用资源、保护生态环境的规定。所有权人不得干涉用益物权人行使权利。

第三百二十七条 因不动产或者动产被征收、征用致使用益物权消灭或者影响用益物权行使的，用益物权人有权依据本法第二百四十三条、第二百四十五条的规定获得相应补偿。

第三百二十八条 依法取得的海域使用权受法律保护。

第三百二十九条 依法取得的探矿权、采矿权、取水权和使用水域、滩涂从事养殖、捕捞的权利受法律保护。

第十一章 土地承包经营权

第三百三十条 农村集体经济组织实行家庭承包经营为基础、统分结合的双层经营体制。

农民集体所有和国家所有由农民集体使用的耕地、林地、草地以及其他用于农业的土地，依法实行土地承包经营制度。

第三百三十一条 土地承包经营权人依法对其承包经营的耕地、林地、草地等享有占有、使用和收益的权利，有权从事种植业、林业、畜牧业等农业生产。

第三百三十二条 耕地的承包期为三十年。草地的承包期为三十年至五十年。林地的承包期为三十年至七十年。

前款规定的承包期限届满，由土地承包经营权人依照农村土地承包的法律规定继续承包。

第三百三十三条 土地承包经营权自土地承包经营权合同生效时设立。

登记机构应当向土地承包经营权人发放土地承包经营权证、林权证等证书，并登记造册，确认土地承包经营权。

第三百三十四条 土地承包经营权人依照法律规定，有权将土地承包经营权互换、转让。未经依法批准，不得将承包地用于非农建设。

第三百三十五条 土地承包经营权互换、转让的，当事人可以向登记机构申请登记；未经登记，不得对抗善意第三人。

第三百三十六条 承包期内发包人不得调整承包地。

因自然灾害严重毁损承包地等特殊情形，需要适当调整承包的耕地和草地的，应当依照农村土地承包的法律规定办理。

第三百三十七条　承包期内发包人不得收回承包地。法律另有规定的，依照其规定。

第三百三十八条　承包地被征收的，土地承包经营权人有权依据本法第二百四十三条的规定获得相应补偿。

第三百三十九条　土地承包经营权人可以自主决定依法采取出租、入股或者其他方式向他人流转土地经营权。

第三百四十条　土地经营权人有权在合同约定的期限内占有农村土地，自主开展农业生产经营并取得收益。

第三百四十一条　流转期限为五年以上的土地经营权，自流转合同生效时设立。当事人可以向登记机构申请土地经营权登记；未经登记，不得对抗善意第三人。

第三百四十二条　通过招标、拍卖、公开协商等方式承包农村土地，经依法登记取得权属证书的，可以依法采取出租、入股、抵押或者其他方式流转土地经营权。

第三百四十三条　国家所有的农用地实行承包经营的，参照适用本编的有关规定。

第十二章　建设用地使用权

第三百四十四条　建设用地使用权人依法对国家所有的土地享有占有、使用和收益的权利，有权利用该土地建造建筑物、构筑物及其附属设施。

第三百四十五条　建设用地使用权可以在土地的地表、地上或者地下分别设立。

第三百四十六条　设立建设用地使用权，应当符合节约资源、保护生态环境的要求，遵守法律、行政法规关于土地用途的规定，不得损害已经设立的用益物权。

第三百四十七条　设立建设用地使用权，可以采取出让或者划拨等方式。

工业、商业、旅游、娱乐和商品住宅等经营性用地以及同一土地有两个以上意向用地者的，应当采取招标、拍卖等公开竞价的方式出让。

严格限制以划拨方式设立建设用地使用权。

第三百四十八条　通过招标、拍卖、协议等出让方式设立建设用地使用权的，当事人应当采用书面形式订立建设用地使用权出让合同。

建设用地使用权出让合同一般包括下列条款：

（一）当事人的名称和住所；

（二）土地界址、面积等；

（三）建筑物、构筑物及其附属设施占用的空间；

（四）土地用途、规划条件；

（五）建设用地使用权期限；

（六）出让金等费用及其支付方式；

（七）解决争议的方法。

第三百四十九条 设立建设用地使用权的，应当向登记机构申请建设用地使用权登记。建设用地使用权自登记时设立。登记机构应当向建设用地使用权人发放权属证书。

第三百五十条 建设用地使用权人应当合理利用土地，不得改变土地用途；需要改变土地用途的，应当依法经有关行政主管部门批准。

第三百五十一条 建设用地使用权人应当依照法律规定以及合同约定支付出让金等费用。

第三百五十二条 建设用地使用权人建造的建筑物、构筑物及其附属设施的所有权属于建设用地使用权人，但是有相反证据证明的除外。

第三百五十三条 建设用地使用权人有权将建设用地使用权转让、互换、出资、赠与或者抵押，但是法律另有规定的除外。

第三百五十四条 建设用地使用权转让、互换、出资、赠与或者抵押的，当事人应当采用书面形式订立相应的合同。使用期限由当事人约定，但是不得超过建设用地使用权的剩余期限。

第三百五十五条 建设用地使用权转让、互换、出资或者赠与的，应当向登记机构申请变更登记。

第三百五十六条 建设用地使用权转让、互换、出资或者赠与的，附着于该土地上的建筑物、构筑物及其附属设施一并处分。

第三百五十七条 建筑物、构筑物及其附属设施转让、互换、出资或者赠与的，该建筑物、构筑物及其附属设施占用范围内的建设用地使用权一并处分。

第三百五十八条 建设用地使用权期限届满前，因公共利益需要提前收回该土地的，应当依据本法第二百四十三条的规定对该土地上的房屋以及其他不动产给予补偿，并退还相应的出让金。

第三百五十九条 住宅建设用地使用权期限届满的，自动续期。续期费用的缴纳或者减免，依照法律、行政法规的规定办理。

非住宅建设用地使用权期限届满后的续期，依照法律规定办理。该土地上的房屋以及其他不动产的归属，有约定的，按照约定；没有约定或者约定不明确的，依照法律、行政法规的规定办理。

第三百六十条 建设用地使用权消灭的，出让人应当及时办理注销登记。登记机构应当收回权属证书。

第三百六十一条 集体所有的土地作为建设用地的，应当依照土地管理的法律规定办理。

第十三章　宅基地使用权

第三百六十二条　宅基地使用权人依法对集体所有的土地享有占有和使用的权利，有权依法利用该土地建造住宅及其附属设施。

第三百六十三条　宅基地使用权的取得、行使和转让，适用土地管理的法律和国家有关规定。

第三百六十四条　宅基地因自然灾害等原因灭失的，宅基地使用权消灭。对失去宅基地的村民，应当依法重新分配宅基地。

第三百六十五条　已经登记的宅基地使用权转让或者消灭的，应当及时办理变更登记或者注销登记。

第十四章　居住权

第三百六十六条　居住权人有权按照合同约定，对他人的住宅享有占有、使用的用益物权，以满足生活居住的需要。

第三百六十七条　设立居住权，当事人应当采用书面形式订立居住权合同。

居住权合同一般包括下列条款：

（一）当事人的姓名或者名称和住所；

（二）住宅的位置；

（三）居住的条件和要求；

（四）居住权期限；

（五）解决争议的方法。

第三百六十八条　居住权无偿设立，但是当事人另有约定的除外。设立居住权的，应当向登记机构申请居住权登记。居住权自登记时设立。

第三百六十九条　居住权不得转让、继承。设立居住权的住宅不得出租，但是当事人另有约定的除外。

第三百七十条　居住权期限届满或者居住权人死亡的，居住权消灭。居住权消灭的，应当及时办理注销登记。

第三百七十一条　以遗嘱方式设立居住权的，参照适用本章的有关规定。

第十五章　地役权

第三百七十二条　地役权人有权按照合同约定，利用他人的不动产，以提高自己的不动产的效益。

前款所称他人的不动产为供役地，自己的不动产为需役地。

第三百七十三条 设立地役权，当事人应当采用书面形式订立地役权合同。

地役权合同一般包括下列条款：

（一）当事人的姓名或者名称和住所；

（二）供役地和需役地的位置；

（三）利用目的和方法；

（四）地役权期限；

（五）费用及其支付方式；

（六）解决争议的方法。

第三百七十四条 地役权自地役权合同生效时设立。当事人要求登记的，可以向登记机构申请地役权登记；未经登记，不得对抗善意第三人。

第三百七十五条 供役地权利人应当按照合同约定，允许地役权人利用其不动产，不得妨害地役权人行使权利。

第三百七十六条 地役权人应当按照合同约定的利用目的和方法利用供役地，尽量减少对供役地权利人物权的限制。

第三百七十七条 地役权期限由当事人约定；但是，不得超过土地承包经营权、建设用地使用权等用益物权的剩余期限。

第三百七十八条 土地所有权人享有地役权或者负担地役权的，设立土地承包经营权、宅基地使用权等用益物权时，该用益物权人继续享有或者负担已经设立的地役权。

第三百七十九条 土地上已经设立土地承包经营权、建设用地使用权、宅基地使用权等用益物权的，未经用益物权人同意，土地所有权人不得设立地役权。

第三百八十条 地役权不得单独转让。土地承包经营权、建设用地使用权等转让的，地役权一并转让，但是合同另有约定的除外。

第三百八十一条 地役权不得单独抵押。土地经营权、建设用地使用权等抵押的，在实现抵押权时，地役权一并转让。

第三百八十二条 需役地以及需役地上的土地承包经营权、建设用地使用权等部分转让时，转让部分涉及地役权的，受让人同时享有地役权。

第三百八十三条 供役地以及供役地上的土地承包经营权、建设用地使用权等部分转让时，转让部分涉及地役权的，地役权对受让人具有法律约束力。

第三百八十四条 地役权人有下列情形之一的，供役地权利人有权解除地役权合同，地役权消灭：

（一）违反法律规定或者合同约定，滥用地役权；

（二）有偿利用供役地，约定的付款期限届满后在合理期限内经两次催告未支付费用。

第三百八十五条　已经登记的地役权变更、转让或者消灭的，应当及时办理变更登记或者注销登记。

第四分编　担保物权

第十六章　一般规定

第三百八十六条　担保物权人在债务人不履行到期债务或者发生当事人约定的实现担保物权的情形，依法享有就担保财产优先受偿的权利，但是法律另有规定的除外。

第三百八十七条　债权人在借贷、买卖等民事活动中，为保障实现其债权，需要担保的，可以依照本法和其他法律的规定设立担保物权。

第三人为债务人向债权人提供担保的，可以要求债务人提供反担保。反担保适用本法和其他法律的规定。

第三百八十八条　设立担保物权，应当依照本法和其他法律的规定订立担保合同。担保合同包括抵押合同、质押合同和其他具有担保功能的合同。担保合同是主债权债务合同的从合同。主债权债务合同无效的，担保合同无效，但是法律另有规定的除外。

担保合同被确认无效后，债务人、担保人、债权人有过错的，应当根据其过错各自承担相应的民事责任。

第三百八十九条　担保物权的担保范围包括主债权及其利息、违约金、损害赔偿金、保管担保财产和实现担保物权的费用。当事人另有约定的，按照其约定。

第三百九十条　担保期间，担保财产毁损、灭失或者被征收等，担保物权人可以就获得的保险金、赔偿金或者补偿金等优先受偿。被担保债权的履行期限未届满的，也可以提存该保险金、赔偿金或者补偿金等。

第三百九十一条　第三人提供担保，未经其书面同意，债权人允许债务人转移全部或者部分债务的，担保人不再承担相应的担保责任。

第三百九十二条　被担保的债权既有物的担保又有人的担保的，债务人不履行到期债务或者发生当事人约定的实现担保物权的情形，债权人应当按照约定实现债权；没有约定或者约定不明确，债务人自己提供物的担保的，债权人应当先就该物的担保实现债权；第三人提供物的担保的，债权人可以就物的担保实现债权，也可以请求保证人承担保证责任。提供担保的第三人承担担保责任后，有权向债务人追偿。

第三百九十三条 有下列情形之一的，担保物权消灭：

（一）主债权消灭；

（二）担保物权实现；

（三）债权人放弃担保物权；

（四）法律规定担保物权消灭的其他情形。

第十七章 抵押权

第一节 一般抵押权

第三百九十四条 为担保债务的履行，债务人或者第三人不转移财产的占有，将该财产抵押给债权人的，债务人不履行到期债务或者发生当事人约定的实现抵押权的情形，债权人有权就该财产优先受偿。

前款规定的债务人或者第三人为抵押人，债权人为抵押权人，提供担保的财产为抵押财产。

第三百九十五条 债务人或者第三人有权处分的下列财产可以抵押：

（一）建筑物和其他土地附着物；

（二）建设用地使用权；

（三）海域使用权；

（四）生产设备、原材料、半成品、产品；

（五）正在建造的建筑物、船舶、航空器；

（六）交通运输工具；

（七）法律、行政法规未禁止抵押的其他财产。

抵押人可以将前款所列财产一并抵押。

第三百九十六条 企业、个体工商户、农业生产经营者可以将现有的以及将有的生产设备、原材料、半成品、产品抵押，债务人不履行到期债务或者发生当事人约定的实现抵押权的情形，债权人有权就抵押财产确定时的动产优先受偿。

第三百九十七条 以建筑物抵押的，该建筑物占用范围内的建设用地使用权一并抵押。以建设用地使用权抵押的，该土地上的建筑物一并抵押。

抵押人未依据前款规定一并抵押的，未抵押的财产视为一并抵押。

第三百九十八条 乡镇、村企业的建设用地使用权不得单独抵押。以乡镇、村企业的厂房等建筑物抵押的，其占用范围内的建设用地使用权一并抵押。

第三百九十九条 下列财产不得抵押：

（一）土地所有权；

（二）宅基地、自留地、自留山等集体所有土地的使用权，但是法律规定可以抵押的除外；

（三）学校、幼儿园、医疗机构等为公益目的成立的非营利法人的教育设施、医疗卫生设施和其他公益设施；

（四）所有权、使用权不明或者有争议的财产；

（五）依法被查封、扣押、监管的财产；

（六）法律、行政法规规定不得抵押的其他财产。

第四百条 设立抵押权，当事人应当采用书面形式订立抵押合同。

抵押合同一般包括下列条款：

（一）被担保债权的种类和数额；

（二）债务人履行债务的期限；

（三）抵押财产的名称、数量等情况；

（四）担保的范围。

第四百零一条 抵押权人在债务履行期限届满前，与抵押人约定债务人不履行到期债务时抵押财产归债权人所有的，只能依法就抵押财产优先受偿。

第四百零二条 以本法第三百九十五条第一款第一项至第三项规定的财产或者第五项规定的正在建造的建筑物抵押的，应当办理抵押登记。抵押权自登记时设立。

第四百零三条 以动产抵押的，抵押权自抵押合同生效时设立；未经登记，不得对抗善意第三人。

第四百零四条 以动产抵押的，不得对抗正常经营活动中已经支付合理价款并取得抵押财产的买受人。

第四百零五条 抵押权设立前，抵押财产已经出租并转移占有的，原租赁关系不受该抵押权的影响。

第四百零六条 抵押期间，抵押人可以转让抵押财产。当事人另有约定的，按照其约定。抵押财产转让的，抵押权不受影响。

抵押人转让抵押财产的，应当及时通知抵押权人。抵押权人能够证明抵押财产转让可能损害抵押权的，可以请求抵押人将转让所得的价款向抵押权人提前清偿债务或者提存。转让的价款超过债权数额的部分归抵押人所有，不足部分由债务人清偿。

第四百零七条 抵押权不得与债权分离而单独转让或者作为其他债权的担保。债权转让的，担保该债权的抵押权一并转让，但是法律另有规定或者当事人另有约定的除外。

第四百零八条 抵押人的行为足以使抵押财产价值减少的，抵押权人有权请求抵押人停止其行为；抵押财产价值减少的，抵押权人有权请求恢复抵押财产的价值，或者提供与减少的价值相应的担保。抵押人不恢复抵押财产的价值，也不提供担保的，抵押权人有权请求债务人提前清偿债务。

第四百零九条 抵押权人可以放弃抵押权或者抵押权的顺位。抵押权人与抵押人可以协议变更抵押权顺位以及被担保的债权数额等内容。但是，抵押权的变更未经其他抵押权人书面同意的，不得对其他抵押权人产生不利影响。

债务人以自己的财产设定抵押，抵押权人放弃该抵押权、抵押权顺位或者变更抵押权的，其他担保人在抵押权人丧失优先受偿权益的范围内免除担保责任，但是其他担保人承诺仍然提供担保的除外。

第四百一十条 债务人不履行到期债务或者发生当事人约定的实现抵押权的情形，抵押权人可以与抵押人协议以抵押财产折价或者以拍卖、变卖该抵押财产所得的价款优先受偿。协议损害其他债权人利益的，其他债权人可以请求人民法院撤销该协议。

抵押权人与抵押人未就抵押权实现方式达成协议的，抵押权人可以请求人民法院拍卖、变卖抵押财产。

抵押财产折价或者变卖的，应当参照市场价格。

第四百一十一条 依据本法第三百九十六条规定设定抵押的，抵押财产自下列情形之一发生时确定：

（一）债务履行期限届满，债权未实现；

（二）抵押人被宣告破产或者解散；

（三）当事人约定的实现抵押权的情形；

（四）严重影响债权实现的其他情形。

第四百一十二条 债务人不履行到期债务或者发生当事人约定的实现抵押权的情形，致使抵押财产被人民法院依法扣押的，自扣押之日起，抵押权人有权收取该抵押财产的天然孳息或者法定孳息，但是抵押权人未通知应当清偿法定孳息义务人的除外。

前款规定的孳息应当先充抵收取孳息的费用。

第四百一十三条 抵押财产折价或者拍卖、变卖后，其价款超过债权数额的部分归抵押人所有，不足部分由债务人清偿。

第四百一十四条 同一财产向两个以上债权人抵押的，拍卖、变卖抵押财产所得的价款依照下列规定清偿：

（一）抵押权已经登记的，按照登记的时间先后确定清偿顺序；

（二）抵押权已经登记的先于未登记的受偿；

（三）抵押权未登记的，按照债权比例清偿。

其他可以登记的担保物权，清偿顺序参照适用前款规定。

第四百一十五条　同一财产既设立抵押权又设立质权的，拍卖、变卖该财产所得的价款按照登记、交付的时间先后确定清偿顺序。

第四百一十六条　动产抵押担保的主债权是抵押物的价款，标的物交付后十日内办理抵押登记的，该抵押权人优先于抵押物买受人的其他担保物权人受偿，但是留置权人除外。

第四百一十七条　建设用地使用权抵押后，该土地上新增的建筑物不属于抵押财产。该建设用地使用权实现抵押权时，应当将该土地上新增的建筑物与建设用地使用权一并处分。但是，新增建筑物所得的价款，抵押权人无权优先受偿。

第四百一十八条　以集体所有土地的使用权依法抵押的，实现抵押权后，未经法定程序，不得改变土地所有权的性质和土地用途。

第四百一十九条　抵押权人应当在主债权诉讼时效期间行使抵押权；未行使的，人民法院不予保护。

第二节　最高额抵押权

第四百二十条　为担保债务的履行，债务人或者第三人对一定期间内将要连续发生的债权提供担保财产的，债务人不履行到期债务或者发生当事人约定的实现抵押权的情形，抵押权人有权在最高债权额限度内就该担保财产优先受偿。

最高额抵押权设立前已经存在的债权，经当事人同意，可以转入最高额抵押担保的债权范围。

第四百二十一条　最高额抵押担保的债权确定前，部分债权转让的，最高额抵押权不得转让，但是当事人另有约定的除外。

第四百二十二条　最高额抵押担保的债权确定前，抵押权人与抵押人可以通过协议变更债权确定的期间、债权范围以及最高债权额。但是，变更的内容不得对其他抵押权人产生不利影响。

第四百二十三条　有下列情形之一的，抵押权人的债权确定：

（一）约定的债权确定期间届满；

（二）没有约定债权确定期间或者约定不明确，抵押权人或者抵押人自最高额抵押权设立之日起满二年后请求确定债权；

（三）新的债权不可能发生；

（四）抵押权人知道或者应当知道抵押财产被查封、扣押；

（五）债务人、抵押人被宣告破产或者解散；

（六）法律规定债权确定的其他情形。

第四百二十四条 最高额抵押权除适用本节规定外，适用本章第一节的有关规定。

第十八章 质权

第一节 动产质权

第四百二十五条 为担保债务的履行，债务人或者第三人将其动产出质给债权人占有的，债务人不履行到期债务或者发生当事人约定的实现质权的情形，债权人有权就该动产优先受偿。

前款规定的债务人或者第三人为出质人，债权人为质权人，交付的动产为质押财产。

第四百二十六条 法律、行政法规禁止转让的动产不得出质。

第四百二十七条 设立质权，当事人应当采用书面形式订立质押合同。

质押合同一般包括下列条款：

（一）被担保债权的种类和数额；

（二）债务人履行债务的期限；

（三）质押财产的名称、数量等情况；

（四）担保的范围；

（五）质押财产交付的时间、方式。

第四百二十八条 质权人在债务履行期限届满前，与出质人约定债务人不履行到期债务时质押财产归债权人所有的，只能依法就质押财产优先受偿。

第四百二十九条 质权自出质人交付质押财产时设立。

第四百三十条 质权人有权收取质押财产的孳息，但是合同另有约定的除外。

前款规定的孳息应当先充抵收取孳息的费用。

第四百三十一条 质权人在质权存续期间，未经出质人同意，擅自使用、处分质押财产，造成出质人损害的，应当承担赔偿责任。

第四百三十二条 质权人负有妥善保管质押财产的义务；因保管不善致使质押财产毁损、灭失的，应当承担赔偿责任。

质权人的行为可能使质押财产毁损、灭失的，出质人可以请求质权人将质押财产提存，或者请求提前清偿债务并返还质押财产。

第四百三十三条 因不可归责于质权人的事由可能使质押财产毁损或者价值明显减少，足以危害质权人权利的，质权人有权请求出质人提供相应的担保；出质人不提供的，质权人可以拍卖、变卖质押财产，并与出质人协议将拍卖、变卖所得的价款提前清偿债务或者提存。

第四百三十四条　质权人在质权存续期间，未经出质人同意转质，造成质押财产毁损、灭失的，应当承担赔偿责任。

第四百三十五条　质权人可以放弃质权。债务人以自己的财产出质，质权人放弃该质权的，其他担保人在质权人丧失优先受偿权益的范围内免除担保责任，但是其他担保人承诺仍然提供担保的除外。

第四百三十六条　债务人履行债务或者出质人提前清偿所担保的债权的，质权人应当返还质押财产。

债务人不履行到期债务或者发生当事人约定的实现质权的情形，质权人可以与出质人协议以质押财产折价，也可以就拍卖、变卖质押财产所得的价款优先受偿。

质押财产折价或者变卖的，应当参照市场价格。

第四百三十七条　出质人可以请求质权人在债务履行期限届满后及时行使质权；质权人不行使的，出质人可以请求人民法院拍卖、变卖质押财产。

出质人请求质权人及时行使质权，因质权人怠于行使权利造成出质人损害的，由质权人承担赔偿责任。

第四百三十八条　质押财产折价或者拍卖、变卖后，其价款超过债权数额的部分归出质人所有，不足部分由债务人清偿。

第四百三十九条　出质人与质权人可以协议设立最高额质权。

最高额质权除适用本节有关规定外，参照适用本编第十七章第二节的有关规定。

第二节　权利质权

第四百四十条　债务人或者第三人有权处分的下列权利可以出质：

（一）汇票、本票、支票；

（二）债券、存款单；

（三）仓单、提单；

（四）可以转让的基金份额、股权；

（五）可以转让的注册商标专用权、专利权、著作权等知识产权中的财产权；

（六）现有的以及将有的应收账款；

（七）法律、行政法规规定可以出质的其他财产权利。

第四百四十一条　以汇票、本票、支票、债券、存款单、仓单、提单出质的，质权自权利凭证交付质权人时设立；没有权利凭证的，质权自办理出质登记时设立。法律另有规定的，依照其规定。

第四百四十二条　汇票、本票、支票、债券、存款单、仓单、提单的兑现日期或者提货日期先于主债权到期的，质权人可以兑现或者提货，并与出质人协议将兑现的价款或者提取的货物提前清偿债务或者提存。

第四百四十三条 以基金份额、股权出质的，质权自办理出质登记时设立。

基金份额、股权出质后，不得转让，但是出质人与质权人协商同意的除外。出质人转让基金份额、股权所得的价款，应当向质权人提前清偿债务或者提存。

第四百四十四条 以注册商标专用权、专利权、著作权等知识产权中的财产权出质的，质权自办理出质登记时设立。

知识产权中的财产权出质后，出质人不得转让或者许可他人使用，但是出质人与质权人协商同意的除外。出质人转让或者许可他人使用出质的知识产权中的财产权所得的价款，应当向质权人提前清偿债务或者提存。

第四百四十五条 以应收账款出质的，质权自办理出质登记时设立。

应收账款出质后，不得转让，但是出质人与质权人协商同意的除外。出质人转让应收账款所得的价款，应当向质权人提前清偿债务或者提存。

第四百四十六条 权利质权除适用本节规定外，适用本章第一节的有关规定。

第十九章　留置权

第四百四十七条 债务人不履行到期债务，债权人可以留置已经合法占有的债务人的动产，并有权就该动产优先受偿。

前款规定的债权人为留置权人，占有的动产为留置财产。

第四百四十八条 债权人留置的动产，应当与债权属于同一法律关系，但是企业之间留置的除外。

第四百四十九条 法律规定或者当事人约定不得留置的动产，不得留置。

第四百五十条 留置财产为可分物的，留置财产的价值应当相当于债务的金额。

第四百五十一条 留置权人负有妥善保管留置财产的义务；因保管不善致使留置财产毁损、灭失的，应当承担赔偿责任。

第四百五十二条 留置权人有权收取留置财产的孳息。

前款规定的孳息应当先充抵收取孳息的费用。

第四百五十三条 留置权人与债务人应当约定留置财产后的债务履行期限；没有约定或者约定不明确的，留置权人应当给债务人六十日以上履行债务的期限，但是鲜活易腐等不易保管的动产除外。债务人逾期未履行的，留置权人可以与债务人协议以留置财产折价，也可以就拍卖、变卖留置财产所得的价款优先受偿。

留置财产折价或者变卖的，应当参照市场价格。

第四百五十四条　债务人可以请求留置权人在债务履行期限届满后行使留置权；留置权人不行使的，债务人可以请求人民法院拍卖、变卖留置财产。

第四百五十五条　留置财产折价或者拍卖、变卖后，其价款超过债权数额的部分归债务人所有，不足部分由债务人清偿。

第四百五十六条　同一动产上已经设立抵押权或者质权，该动产又被留置的，留置权人优先受偿。

第四百五十七条　留置权人对留置财产丧失占有或者留置权人接受债务人另行提供担保的，留置权消灭。

第五分编　占　有

第二十章　占有

第四百五十八条　基于合同关系等产生的占有，有关不动产或者动产的使用、收益、违约责任等，按照合同约定；合同没有约定或者约定不明确的，依照有关法律规定。

第四百五十九条　占有人因使用占有的不动产或者动产，致使该不动产或者动产受到损害的，恶意占有人应当承担赔偿责任。

第四百六十条　不动产或者动产被占有人占有的，权利人可以请求返还原物及其孳息；但是，应当支付善意占有人因维护该不动产或者动产支出的必要费用。

第四百六十一条　占有的不动产或者动产毁损、灭失，该不动产或者动产的权利人请求赔偿的，占有人应当将因毁损、灭失取得的保险金、赔偿金或者补偿金等返还给权利人；权利人的损害未得到足够弥补的，恶意占有人还应当赔偿损失。

第四百六十二条　占有的不动产或者动产被侵占的，占有人有权请求返还原物；对妨害占有的行为，占有人有权请求排除妨害或者消除危险；因侵占或者妨害造成损害的，占有人有权依法请求损害赔偿。

占有人返还原物的请求权，自侵占发生之日起一年内未行使的，该请求权消灭。

最高人民法院关于适用《中华人民共和国民法典》物权编的解释（一）

（法释〔2020〕24号，2020年12月25日最高人民法院审判委员会第1825次会议通过，自2021年1月1日起施行）

为正确审理物权纠纷案件，根据《中华人民共和国民法典》等相关法律规定，结合审判实践，制定本解释。

第一条 因不动产物权的归属，以及作为不动产物权登记基础的买卖、赠与、抵押等产生争议，当事人提起民事诉讼的，应当依法受理。当事人已经在行政诉讼中申请一并解决上述民事争议，且人民法院一并审理的除外。

第二条 当事人有证据证明不动产登记簿的记载与真实权利状态不符、其为该不动产物权的真实权利人，请求确认其享有物权的，应予支持。

第三条 异议登记因民法典第二百二十条第二款规定的事由失效后，当事人提起民事诉讼，请求确认物权归属的，应当依法受理。异议登记失效不影响人民法院对案件的实体审理。

第四条 未经预告登记的权利人同意，转让不动产所有权等物权，或者设立建设用地使用权、居住权、地役权、抵押权等其他物权的，应当依照民法典第二百二十一条第一款的规定，认定其不发生物权效力。

第五条 预告登记的买卖不动产物权的协议被认定无效、被撤销，或者预告登记的权利人放弃债权的，应当认定为民法典第二百二十一条第二款所称的“债权消灭”。

第六条 转让人转让船舶、航空器和机动车等所有权，受让人已经支付合理价款并取得占有，虽未经登记，但转让人的债权人主张其为民法典第二百二十五条所称的

“善意第三人”的，不予支持，法律另有规定的除外。

第七条　人民法院、仲裁机构在分割共有不动产或者动产等案件中作出并依法生效的改变原有物权关系的判决书、裁决书、调解书，以及人民法院在执行程序中作出的拍卖成交裁定书、变卖成交裁定书、以物抵债裁定书，应当认定为民法典第二百二十九条所称导致物权设立、变更、转让或者消灭的人民法院、仲裁机构的法律文书。

第八条　依据民法典第二百二十九条至第二百三十一条规定享有物权，但尚未完成动产交付或者不动产登记的权利人，依据民法典第二百三十五条至第二百三十八条的规定，请求保护其物权的，应予支持。

第九条　共有份额的权利主体因继承、遗赠等原因发生变化时，其他按份共有人主张优先购买的，不予支持，但按份共有人之间另有约定的除外。

第十条　民法典第三百零五条所称的“同等条件”，应当综合共有份额的转让价格、价款履行方式及期限等因素确定。

第十一条　优先购买权的行使期间，按份共有人之间有约定的，按照约定处理；没有约定或者约定不明的，按照下列情形确定：

（一）转让人向其他按份共有人发出的包含同等条件内容的通知中载明行使期间的，以该期间为准；

（二）通知中未载明行使期间，或者载明的期间短于通知送达之日起十五日的，为十五日；

（三）转让人未通知的，为其他按份共有人知道或者应当知道最终确定的同等条件之日起十五日；

（四）转让人未通知，且无法确定其他按份共有人知道或者应当知道最终确定的同等条件的，为共有份额权属转移之日起六个月。

第十二条　按份共有人向共有人之外的人转让其份额，其他按份共有人根据法律、司法解释规定，请求按照同等条件优先购买该共有份额的，应予支持。其他按份共有人的请求具有下列情形之一的，不予支持：

（一）未在本解释第十一条规定的期间内主张优先购买，或者虽主张优先购买，但提出减少转让价款、增加转让人负担等实质性变更要求；

（二）以其优先购买权受到侵害为由，仅请求撤销共有份额转让合同或者认定该合同无效。

第十三条　按份共有人之间转让共有份额，其他按份共有人主张依据民法典第三百零五条规定优先购买的，不予支持，但按份共有人之间另有约定的除外。

第十四条 受让人受让不动产或者动产时，不知道转让人无处分权，且无重大过失的，应当认定受让人为善意。

真实权利人主张受让人不构成善意的，应当承担举证证明责任。

第十五条 具有下列情形之一的，应当认定不动产受让人知道转让人无处分权：

（一）登记簿上存在有效的异议登记；

（二）预告登记有效期内，未经预告登记的权利人同意；

（三）登记簿上已经记载司法机关或者行政机关依法裁定、决定查封或者以其他形式限制不动产权利的有关事项；

（四）受让人知道登记簿上记载的权利主体错误；

（五）受让人知道他人已经依法享有不动产物权。

真实权利人有证据证明不动产受让人应当知道转让人无处分权的，应当认定受让人具有重大过失。

第十六条 受让人受让动产时，交易的对象、场所或者时机等不符合交易习惯的，应当认定受让人具有重大过失。

第十七条 民法典第三百一十一条第一款第一项所称的“受让人受让该不动产或者动产时”，是指依法完成不动产物权转移登记或者动产交付之时。

当事人以民法典第二百二十六条规定的方式交付动产的，转让动产民事法律行为生效时为动产交付之时；当事人以民法典第二百二十七条规定的方式交付动产的，转让人与受让人之间有关转让返还原物请求权的协议生效时为动产交付之时。

法律对不动产、动产物权的设立另有规定的，应当按照法律规定的时间认定权利人是否为善意。

第十八条 民法典第三百一十一条第一款第二项所称“合理的价格”，应当根据转让标的物的性质、数量以及付款方式等具体情况，参考转让时交易地市场价格以及交易习惯等因素综合认定。

第十九条 转让人将民法典第二百二十五条规定的船舶、航空器和机动车等交付给受让人的，应当认定符合民法典第三百一十一条第一款第三项规定的善意取得的条件。

第二十条 具有下列情形之一，受让人主张依据民法典第三百一十一条规定取得所有权的，不予支持：

（一）转让合同被认定无效；

（二）转让合同被撤销。

第二十一条 本解释自2021年1月1日起施行。

最高人民法院关于适用《中华人民共和国民法典》有关担保制度的解释

（法释〔2020〕28号，2020年12月25日最高人民法院审判委员会第1824次会议通过，自2021年1月1日起施行）

为正确适用《中华人民共和国民法典》有关担保制度的规定，结合民事审判实践，制定本解释。

一、关于一般规定

第一条　因抵押、质押、留置、保证等担保发生的纠纷，适用本解释。所有权保留买卖、融资租赁、保理等涉及担保功能发生的纠纷，适用本解释的有关规定。

第二条　当事人在担保合同中约定担保合同的效力独立于主合同，或者约定担保人对主合同无效的法律后果承担担保责任，该有关担保独立性的约定无效。主合同有效的，有关担保独立性的约定无效不影响担保合同的效力；主合同无效的，人民法院应当认定担保合同无效，但是法律另有规定的除外。

因金融机构开立的独立保函发生的纠纷，适用《最高人民法院关于审理独立保函纠纷案件若干问题的规定》。

第三条　当事人对担保责任的承担约定专门的违约责任，或者约定的担保责任范围超出债务人应当承担的责任范围，担保人主张仅在债务人应当承担的责任范围内承担责任的，人民法院应予支持。

担保人承担的责任超出债务人应当承担的责任范围，担保人向债务人追偿，债务人主张仅在其应当承担的责任范围内承担责任的，人民法院应予支持；担保人请求债权人返还超出部分的，人民法院依法予以支持。

第四条 有下列情形之一，当事人将担保物权登记在他人名下，债务人不履行到期债务或者发生当事人约定的实现担保物权的情形，债权人或者其受托人主张就该财产优先受偿的，人民法院依法予以支持：

（一）为债券持有人提供的担保物权登记在债券受托管理人名下；

（二）为委托贷款人提供的担保物权登记在受托人名下；

（三）担保人知道债权人与他人之间存在委托关系的其他情形。

第五条 机关法人提供担保的，人民法院应当认定担保合同无效，但是经国务院批准为使用外国政府或者国际经济组织贷款进行转贷的除外。

居民委员会、村民委员会提供担保的，人民法院应当认定担保合同无效，但是依法代行村集体经济组织职能的村民委员会，依照村民委员会组织法规定的讨论决定程序对外提供担保的除外。

第六条 以公益为目的的非营利性学校、幼儿园、医疗机构、养老机构等提供担保的，人民法院应当认定担保合同无效，但是有下列情形之一的除外：

（一）在购入或者以融资租赁方式承租教育设施、医疗卫生设施、养老服务设施和其他公益设施时，出卖人、出租人为担保价款或者租金实现而在该公益设施上保留所有权；

（二）以教育设施、医疗卫生设施、养老服务设施和其他公益设施以外的不动产、动产或者财产权利设立担保物权。

登记为营利法人的学校、幼儿园、医疗机构、养老机构等提供担保，当事人以其不具有担保资格为由主张担保合同无效的，人民法院不予支持。

第七条 公司的法定代表人违反公司法关于公司对外担保决议程序的规定，超越权限代表公司与相对人订立担保合同，人民法院应当依照民法典第六十一条和第五百零四条等规定处理：

（一）相对人善意的，担保合同对公司发生效力；相对人请求公司承担担保责任的，人民法院应予支持。

（二）相对人非善意的，担保合同对公司不发生效力；相对人请求公司承担赔偿责任的，参照适用本解释第十七条的有关规定。

法定代表人超越权限提供担保造成公司损失，公司请求法定代表人承担赔偿责任的，人民法院应予支持。

第一款所称善意，是指相对人在订立担保合同时不知道且不应当知道法定代表人超越权限。相对人有证据证明已对公司决议进行了合理审查，人民法院应当认定其构成善意，但是公司有证据证明相对人知道或者应当知道决议系伪造、变造的除外。

第八条 有下列情形之一，公司以其未依照公司法关于公司对外担保的规定作出决议为由主张不承担担保责任的，人民法院不予支持：

（一）金融机构开立保函或者担保公司提供担保；

（二）公司为其全资子公司开展经营活动提供担保；

（三）担保合同系由单独或者共同持有公司三分之二以上对担保事项有表决权的股东签字同意。

上市公司对外提供担保，不适用前款第二项、第三项的规定。

第九条 相对人根据上市公司公开披露的关于担保事项已经董事会或者股东大会决议通过的信息，与上市公司订立担保合同，相对人主张担保合同对上市公司发生效力，并由上市公司承担担保责任的，人民法院应予支持。

相对人未根据上市公司公开披露的关于担保事项已经董事会或者股东大会决议通过的信息，与上市公司订立担保合同，上市公司主张担保合同对其不发生效力，且不承担担保责任或者赔偿责任的，人民法院应予支持。

相对人与上市公司已公开披露的控股子公司订立的担保合同，或者相对人与股票在国务院批准的其他全国性证券交易场所交易的公司订立的担保合同，适用前两款规定。

第十条 一人有限责任公司为其股东提供担保，公司以违反公司法关于公司对外担保决议程序的规定为由主张不承担担保责任的，人民法院不予支持。公司因承担担保责任导致无法清偿其他债务，提供担保时的股东不能证明公司财产独立于自己的财产，其他债权人请求该股东承担连带责任的，人民法院应予支持。

第十一条 公司的分支机构未经公司股东（大）会或者董事会决议以自己的名义对外提供担保，相对人请求公司或者其分支机构承担担保责任的，人民法院不予支持，但是相对人不知道且不应当知道分支机构对外提供担保未经公司决议程序的除外。

金融机构的分支机构在其营业执照记载的经营范围内开立保函，或者经有权从事担保业务的上级机构授权开立保函，金融机构或者其分支机构以违反公司法关于公司对外担保决议程序的规定为由主张不承担担保责任的，人民法院不予支持。金融机构的分支机构未经金融机构授权提供保函之外的担保，金融机构或者其分支机构主张不承担担保责任的，人民法院应予支持，但是相对人不知道且不应当知道分支机构对外提供担保未经金融机构授权的除外。

担保公司的分支机构未经担保公司授权对外提供担保，担保公司或者其分支机构主张不承担担保责任的，人民法院应予支持，但是相对人不知道且不应当知道分支机构对外提供担保未经担保公司授权的除外。

公司的分支机构对外提供担保，相对人非善意，请求公司承担赔偿责任的，参照本解释第十七条的有关规定处理。

第十二条 法定代表人依照民法典第五百五十二条的规定以公司名义加入债务的，人民法院在认定该行为的效力时，可以参照本解释关于公司为他人提供担保的有关规则处理。

第十三条 同一债务有两个以上第三人提供担保，担保人之间约定相互追偿及分担份额，承担了担保责任的担保人请求其他担保人按照约定分担份额的，人民法院应予支持；担保人之间约定承担连带共同担保，或者约定相互追偿但是未约定分担份额的，各担保人按照比例分担向债务人不能追偿的部分。

同一债务有两个以上第三人提供担保，担保人之间未对相互追偿作出约定且未约定承担连带共同担保，但是各担保人在同一份合同书上签字、盖章或者按指印，承担了担保责任的担保人请求其他担保人按照比例分担向债务人不能追偿部分的，人民法院应予支持。

除前两款规定的情形外，承担了担保责任的担保人请求其他担保人分担向债务人不能追偿部分的，人民法院不予支持。

第十四条 同一债务有两个以上第三人提供担保，担保人受让债权的，人民法院应当认定该行为系承担担保责任。受让债权的担保人作为债权人请求其他担保人承担担保责任的，人民法院不予支持；该担保人请求其他担保人分担相应份额的，依照本解释第十三条的规定处理。

第十五条 最高额担保中的最高债权额，是指包括主债权及其利息、违约金、损害赔偿金、保管担保财产的费用、实现债权或者实现担保物权的费用等在内的全部债权，但是当事人另有约定的除外。

登记的最高债权额与当事人约定的最高债权额不一致的，人民法院应当依据登记的最高债权额确定债权人优先受偿的范围。

第十六条 主合同当事人协议以新贷偿还旧贷，债权人请求旧贷的担保人承担担保责任的，人民法院不予支持；债权人请求新贷的担保人承担担保责任的，按照下列情形处理：

（一）新贷与旧贷的担保人相同的，人民法院应予支持；

（二）新贷与旧贷的担保人不同，或者旧贷无担保新贷有担保的，人民法院不予支持，但是债权人有证据证明新贷的担保人提供担保时对以新贷偿还旧贷的事实知道或者应当知道的除外。

主合同当事人协议以新贷偿还旧贷，旧贷的物的担保人在登记尚未注销的情形下同意继续为新贷提供担保，在订立新的贷款合同前又以该担保财产为其他债权人设立担保物权，其他债权人主张其担保物权顺位优先于新贷债权人的，人民法院不予支持。

第十七条　主合同有效而第三人提供的担保合同无效，人民法院应当区分不同情形确定担保人的赔偿责任：

（一）债权人与担保人均有过错的，担保人承担的赔偿责任不应超过债务人不能清偿部分的二分之一；

（二）担保人有过错而债权人无过错的，担保人对债务人不能清偿的部分承担赔偿责任；

（三）债权人有过错而担保人无过错的，担保人不承担赔偿责任。

主合同无效导致第三人提供的担保合同无效，担保人无过错的，不承担赔偿责任；担保人有过错的，其承担的赔偿责任不应超过债务人不能清偿部分的三分之一。

第十八条　承担了担保责任或者赔偿责任的担保人，在其承担责任的范围内向债务人追偿的，人民法院应予支持。

同一债权既有债务人自己提供的物的担保，又有第三人提供的担保，承担了担保责任或者赔偿责任的第三人，主张行使债权人对债务人享有的担保物权的，人民法院应予支持。

第十九条　担保合同无效，承担了赔偿责任的担保人按照反担保合同的约定，在其承担赔偿责任的范围内请求反担保人承担担保责任的，人民法院应予支持。

反担保合同无效的，依照本解释第十七条的有关规定处理。当事人仅以担保合同无效为由主张反担保合同无效的，人民法院不予支持。

第二十条　人民法院在审理第三人提供的物的担保纠纷案件时，可以适用民法典第六百九十五条第一款、第六百九十六条第一款、第六百九十七条第二款、第六百九十九条、第七百条、第七百零一条、第七百零二条等关于保证合同的规定。

第二十一条　主合同或者担保合同约定了仲裁条款的，人民法院对约定仲裁条款的合同当事人之间的纠纷无管辖权。

债权人一并起诉债务人和担保人的，应当根据主合同确定管辖法院。

债权人依法可以单独起诉担保人且仅起诉担保人的，应当根据担保合同确定管辖法院。

第二十二条　人民法院受理债务人破产案件后，债权人请求担保人承担担保责任，担保人主张担保债务自人民法院受理破产申请之日起停止计息的，人民法院对担保人的主张应予支持。

第二十三条　人民法院受理债务人破产案件，债权人在破产程序中申报债权后又向人民法院提起诉讼，请求担保人承担担保责任的，人民法院依法予以支持。

担保人清偿债权人的全部债权后，可以代替债权人在破产程序中受偿；在债权人的债权未获全部清偿前，担保人不得代替债权人在破产程序中受偿，但是有权就债权人通过破产分配和实现担保债权等方式获得清偿总额中超出债权的部分，在其承担担保责任的范围内请求债权人返还。

债权人在债务人破产程序中未获全部清偿，请求担保人继续承担担保责任的，人民法院应予支持；担保人承担担保责任后，向和解协议或者重整计划执行完毕后的债务人追偿的，人民法院不予支持。

第二十四条 债权人知道或者应当知道债务人破产，既未申报债权也未通知担保人，致使担保人不能预先行使追偿权的，担保人就该债权在破产程序中可能受偿的范围内免除担保责任，但是担保人因自身过错未行使追偿权的除外。

二、关于保证合同

第二十五条 当事人在保证合同中约定了保证人在债务人不能履行债务或者无力偿还债务时才承担保证责任等类似内容，具有债务人应当先承担责任的意思表示的，人民法院应当将其认定为一般保证。

当事人在保证合同中约定了保证人在债务人不履行债务或者未偿还债务时即承担保证责任、无条件承担保证责任等类似内容，不具有债务人应当先承担责任的意思表示的，人民法院应当将其认定为连带责任保证。

第二十六条 一般保证中，债权人以债务人为被告提起诉讼的，人民法院应予受理。债权人未就主合同纠纷提起诉讼或者申请仲裁，仅起诉一般保证人的，人民法院应当驳回起诉。

一般保证中，债权人一并起诉债务人和保证人的，人民法院可以受理，但是在作出判决时，除有民法典第六百八十七条第二款但书规定的情形外，应当在判决书主文中明确，保证人仅对债务人财产依法强制执行后仍不能履行的部分承担保证责任。

债权人未对债务人的财产申请保全，或者保全的债务人的财产足以清偿债务，债权人申请对一般保证人的财产进行保全的，人民法院不予准许。

第二十七条 一般保证的债权人取得对债务人赋予强制执行效力的公证债权文书后，在保证期间内向人民法院申请强制执行，保证人以债权人未在保证期间内对债务人提起诉讼或者申请仲裁为由主张不承担保证责任的，人民法院不予支持。

第二十八条 一般保证中，债权人依据生效法律文书对债务人的财产依法申请强制执行，保证债务诉讼时效的起算时间按照下列规则确定：

（一）人民法院作出终结本次执行程序裁定，或者依照民事诉讼法第二百五十七条第三项、第五项的规定作出终结执行裁定的，自裁定送达债权人之日起开始计算；

（二）人民法院自收到申请执行书之日起一年内未作出前项裁定的，自人民法院收到申请执行书满一年之日起开始计算，但是保证人有证据证明债务人仍有财产可供执行的除外。

一般保证的债权人在保证期间届满前对债务人提起诉讼或者申请仲裁，债权人举证证明存在民法典第六百八十七条第二款但书规定情形的，保证债务的诉讼时效自债权人知道或者应当知道该情形之日起开始计算。

第二十九条　同一债务有两个以上保证人，债权人以其已经在保证期间内依法向部分保证人行使权利为由，主张已经在保证期间内向其他保证人行使权利的，人民法院不予支持。

同一债务有两个以上保证人，保证人之间相互有追偿权，债权人未在保证期间内依法向部分保证人行使权利，导致其他保证人在承担保证责任后丧失追偿权，其他保证人主张在其不能追偿的范围内免除保证责任的，人民法院应予支持。

第三十条　最高额保证合同对保证期间的计算方式、起算时间等有约定的，按照其约定。

最高额保证合同对保证期间的计算方式、起算时间等没有约定或者约定不明，被担保债权的履行期限均已届满的，保证期间自债权确定之日起开始计算；被担保债权的履行期限尚未届满的，保证期间自最后到期债权的履行期限届满之日起开始计算。

前款所称债权确定之日，依照民法典第四百二十三条的规定认定。

第三十一条　一般保证的债权人在保证期间内对债务人提起诉讼或者申请仲裁后，又撤回起诉或者仲裁申请，债权人在保证期间届满前未再行提起诉讼或者申请仲裁，保证人主张不再承担保证责任的，人民法院应予支持。

连带责任保证的债权人在保证期间内对保证人提起诉讼或者申请仲裁后，又撤回起诉或者仲裁申请，起诉状副本或者仲裁申请书副本已经送达保证人的，人民法院应当认定债权人已经在保证期间内向保证人行使了权利。

第三十二条　保证合同约定保证人承担保证责任直至主债务本息还清时为止等类似内容的，视为约定不明，保证期间为主债务履行期限届满之日起六个月。

第三十三条　保证合同无效，债权人未在约定或者法定的保证期间内依法行使权利，保证人主张不承担赔偿责任的，人民法院应予支持。

第三十四条　人民法院在审理保证合同纠纷案件时，应当将保证期间是否届满、债权人是否在保证期间内依法行使权利等事实作为案件基本事实予以查明。

债权人在保证期间内未依法行使权利的，保证责任消灭。保证责任消灭后，债权人书面通知保证人要求承担保证责任，保证人在通知书上签字、盖章或者按指印，债权人请求保证人继续承担保证责任的，人民法院不予支持，但是债权人有证据证明成立了新的保证合同的除外。

第三十五条 保证人知道或者应当知道主债权诉讼时效期间届满仍然提供保证或者承担保证责任，又以诉讼时效期间届满为由拒绝承担保证责任或者请求返还财产的，人民法院不予支持；保证人承担保证责任后向债务人追偿的，人民法院不予支持，但是债务人放弃诉讼时效抗辩的除外。

第三十六条 第三人向债权人提供差额补足、流动性支持等类似承诺文件作为增信措施，具有提供担保的意思表示，债权人请求第三人承担保证责任的，人民法院应当依照保证的有关规定处理。

第三人向债权人提供的承诺文件，具有加入债务或者与债务人共同承担债务等意思表示的，人民法院应当认定为民法典第五百五十二条规定的债务加入。

前两款中第三人提供的承诺文件难以确定是保证还是债务加入的，人民法院应当将其认定为保证。

第三人向债权人提供的承诺文件不符合前三款规定的情形，债权人请求第三人承担保证责任或者连带责任的，人民法院不予支持，但是不影响其依据承诺文件请求第三人履行约定的义务或者承担相应的民事责任。

三、关于担保物权

（一）担保合同与担保物权的效力

第三十七条 当事人以所有权、使用权不明或者有争议的财产抵押，经审查构成无权处分的，人民法院应当依照民法典第三百一十一条的规定处理。

当事人以依法被查封或者扣押的财产抵押，抵押权人请求行使抵押权，经审查查封或者扣押措施已经解除的，人民法院应予支持。抵押人以抵押权设立时财产被查封或者扣押为由主张抵押合同无效的，人民法院不予支持。

以依法被监管的财产抵押的，适用前款规定。

第三十八条 主债权未受全部清偿，担保物权人主张就担保财产的全部行使担保物权的，人民法院应予支持，但是留置权人行使留置权的，应当依照民法典第四百五十条的规定处理。

担保财产被分割或者部分转让，担保物权人主张就分割或者转让后的担保财产行使担保物权的，人民法院应予支持，但是法律或者司法解释另有规定的除外。

第三十九条 主债权被分割或者部分转让，各债权人主张就其享有的债权份额行使担保物权的，人民法院应予支持，但是法律另有规定或者当事人另有约定的除外。

主债务被分割或者部分转移，债务人自己提供物的担保，债权人请求以该担保财产担保全部债务履行的，人民法院应予支持；第三人提供物的担保，主张对未经其书面同意转移的债务不再承担担保责任的，人民法院应予支持。

第四十条 从物产生于抵押权依法设立前，抵押权人主张抵押权的效力及于从物的，人民法院应予支持，但是当事人另有约定的除外。

从物产生于抵押权依法设立后，抵押权人主张抵押权的效力及于从物的，人民法院不予支持，但是在抵押权实现时可以一并处分。

第四十一条 抵押权依法设立后，抵押财产被添附，添附物归第三人所有，抵押权人主张抵押权效力及于补偿金的，人民法院应予支持。

抵押权依法设立后，抵押财产被添附，抵押人对添附物享有所有权，抵押权人主张抵押权的效力及于添附物的，人民法院应予支持，但是添附导致抵押财产价值增加的，抵押权的效力不及于增加的价值部分。

抵押权依法设立后，抵押人与第三人因添附成为添附物的共有人，抵押权人主张抵押权的效力及于抵押人对共有物享有的份额的，人民法院应予支持。

本条所称添附，包括附合、混合与加工。

第四十二条 抵押权依法设立后，抵押财产毁损、灭失或者被征收等，抵押权人请求按照原抵押权的顺位就保险金、赔偿金或者补偿金等优先受偿的，人民法院应予支持。

给付义务人已经向抵押人给付了保险金、赔偿金或者补偿金，抵押权人请求给付义务人向其给付保险金、赔偿金或者补偿金的，人民法院不予支持，但是给付义务人接到抵押权人要求向其给付的通知后仍然向抵押人给付的除外。

抵押权人请求给付义务人向其给付保险金、赔偿金或者补偿金的，人民法院可以通知抵押人作为第三人参加诉讼。

第四十三条 当事人约定禁止或者限制转让抵押财产但是未将约定登记，抵押人违反约定转让抵押财产，抵押权人请求确认转让合同无效的，人民法院不予支持；抵押财产已经交付或者登记，抵押权人请求确认转让不发生物权效力的，人民法院不予支持，但是抵押权人有证据证明受让人知道的除外；抵押权人请求抵押人承担违约责任的，人民法院依法予以支持。

当事人约定禁止或者限制转让抵押财产且已经将约定登记，抵押人违反约定转让抵押财产，抵押权人请求确认转让合同无效的，人民法院不予支持；抵押财产已经交付或者登记，抵押权人主张转让不发生物权效力的，人民法院应予支持，但是因受让人代替债务人清偿债务导致抵押权消灭的除外。

第四十四条 主债权诉讼时效期间届满后，抵押权人主张行使抵押权的，人民法院不予支持；抵押人以主债权诉讼时效期间届满为由，主张不承担担保责任的，人民法院应予支持。主债权诉讼时效期间届满前，债权人仅对债务人提起诉讼，经人民法院判决或者调解后未在民事诉讼法规定的申请执行时效期间内对债务人申请强制执行，其向抵押人主张行使抵押权的，人民法院不予支持。

主债权诉讼时效期间届满后，财产被留置的债务人或者对留置财产享有所有权的第三人请求债权人返还留置财产的，人民法院不予支持；债务人或者第三人请求拍卖、变卖留置财产并以所得价款清偿债务的，人民法院应予支持。

主债权诉讼时效期间届满的法律后果，以登记作为公示方式的权利质权，参照适用第一款的规定；动产质权、以交付权利凭证作为公示方式的权利质权，参照适用第二款的规定。

第四十五条 当事人约定当债务人不履行到期债务或者发生当事人约定的实现担保物权的情形，担保物权人有权将担保财产自行拍卖、变卖并就所得的价款优先受偿的，该约定有效。因担保人的原因导致担保物权人无法自行对担保财产进行拍卖、变卖，担保物权人请求担保人承担因此增加的费用的，人民法院应予支持。

当事人依照民事诉讼法有关“实现担保物权案件”的规定，申请拍卖、变卖担保财产，被申请人以担保合同约定仲裁条款为由主张驳回申请的，人民法院经审查后，应当按照以下情形分别处理：

（一）当事人对担保物权无实质性争议且实现担保物权条件已经成就的，应当裁定准许拍卖、变卖担保财产；

（二）当事人对实现担保物权有部分实质性争议的，可以就无争议的部分裁定准许拍卖、变卖担保财产，并告知可以就有争议的部分申请仲裁；

（三）当事人对实现担保物权有实质性争议的，裁定驳回申请，并告知可以向仲裁机构申请仲裁。

债权人以诉讼方式行使担保物权的，应当以债务人和担保人作为共同被告。

（二）不动产抵押

第四十六条 不动产抵押合同生效后未办理抵押登记手续，债权人请求抵押人办理抵押登记手续的，人民法院应予支持。

抵押财产因不可归责于抵押人自身的原因灭失或者被征收等导致不能办理抵押登记，债权人请求抵押人在约定的担保范围内承担责任的，人民法院不予支持；但是抵押人已经获得保险金、赔偿金或者补偿金等，债权人请求抵押人在其所获金额范围内承担赔偿责任的，人民法院依法予以支持。

因抵押人转让抵押财产或者其他可归责于抵押人自身的原因导致不能办理抵押登记，债权人请求抵押人在约定的担保范围内承担责任的，人民法院依法予以支持，但是不得超过抵押权能够设立时抵押人应当承担的责任范围。

第四十七条 不动产登记簿就抵押财产、被担保的债权范围等所作的记载与抵押合同约定不一致的，人民法院应当根据登记簿的记载确定抵押财产、被担保的债权范围等事项。

第四十八条 当事人申请办理抵押登记手续时，因登记机构的过错致使其不能办理抵押登记，当事人请求登记机构承担赔偿责任的，人民法院依法予以支持。

第四十九条 以违法的建筑物抵押的，抵押合同无效，但是一审法庭辩论终结前已经办理合法手续的除外。抵押合同无效的法律后果，依照本解释第十七条的有关规定处理。

当事人以建设用地使用权依法设立抵押，抵押人以土地上存在违法的建筑物为由主张抵押合同无效的，人民法院不予支持。

第五十条 抵押人以划拨建设用地上的建筑物抵押，当事人以该建设用地使用权不能抵押或者未办理批准手续为由主张抵押合同无效或者不生效的，人民法院不予支持。抵押权依法实现时，拍卖、变卖建筑物所得的价款，应当优先用于补缴建设用地使用权出让金。

当事人以划拨方式取得的建设用地使用权抵押，抵押人以未办理批准手续为由主张抵押合同无效或者不生效的，人民法院不予支持。已经依法办理抵押登记，抵押权人主张行使抵押权的，人民法院应予支持。抵押权依法实现时所得的价款，参照前款有关规定处理。

第五十一条 当事人仅以建设用地使用权抵押，债权人主张抵押权的效力及于土地上已有的建筑物以及正在建造的建筑物已完成部分的，人民法院应予支持。债权人主张抵押权的效力及于正在建造的建筑物的续建部分以及新增建筑物的，人民法院不予支持。

当事人以正在建造的建筑物抵押，抵押权的效力范围限于已办理抵押登记的部分。当事人按照担保合同的约定，主张抵押权的效力及于续建部分、新增建筑物以及规划中尚未建造的建筑物的，人民法院不予支持。

抵押人将建设用地使用权、土地上的建筑物或者正在建造的建筑物分别抵押给不同债权人的，人民法院应当根据抵押登记的时间先后确定清偿顺序。

第五十二条 当事人办理抵押预告登记后，预告登记权利人请求就抵押财产优先受偿，经审查存在尚未办理建筑物所有权首次登记、预告登记的财产与办理建筑物所有权首次登记时的财产不一致、抵押预告登记已经失效等情形，导致不具备办理抵押登记条件的，人民法院不予支持；经审查已经办理建筑物所有权首次登记，且不存在预告登记失效等情形的，人民法院应予支持，并应当认定抵押权自预告登记之日起设立。

当事人办理了抵押预告登记，抵押人破产，经审查抵押财产属于破产财产，预告登记权利人主张就抵押财产优先受偿的，人民法院应当在受理破产申请时抵押财产的价值范围内予以支持，但是在人民法院受理破产申请前一年内，债务人对没有财产担保的债务设立抵押预告登记的除外。

（三）动产与权利担保

第五十三条 当事人在动产和权利担保合同中对担保财产进行概括描述，该描述能够合理识别担保财产的，人民法院应当认定担保成立。

第五十四条 动产抵押合同订立后未办理抵押登记，动产抵押权的效力按照下列情形分别处理：

（一）抵押人转让抵押财产，受让人占有抵押财产后，抵押权人向受让人请求行使抵押权的，人民法院不予支持，但是抵押权人能够举证证明受让人知道或者应当知道已经订立抵押合同的除外；

（二）抵押人将抵押财产出租给他人并移转占有，抵押权人行使抵押权的，租赁关系不受影响，但是抵押权人能够举证证明承租人知道或者应当知道已经订立抵押合同的除外；

（三）抵押人的其他债权人向人民法院申请保全或者执行抵押财产，人民法院已经作出财产保全裁定或者采取执行措施，抵押权人主张对抵押财产优先受偿的，人民法院不予支持；

（四）抵押人破产，抵押权人主张对抵押财产优先受偿的，人民法院不予支持。

第五十五条 债权人、出质人与监管人订立三方协议，出质人以通过一定数量、品种等概括描述能够确定范围的货物为债务的履行提供担保，当事人有证据证明监管人系受债权人的委托监管并实际控制该货物的，人民法院应当认定质权于监管人实际控制货物之日起设立。监管人违反约定向出质人或者其他人放货、因保管不善导致货物毁损灭失，债权人请求监管人承担违约责任的，人民法院依法予以支持。

在前款规定情形下，当事人有证据证明监管人系受出质人委托监管该货物，或者虽然受债权人委托但是未实际履行监管职责，导致货物仍由出质人实际控制的，人民法院法院应当认定质权未设立。债权人可以基于质押合同的约定请求出质人承担违约责任，但是不得超过质权有效设立时出质人应当承担的责任范围。监管人未履行监管职责，债权人请求监管人承担责任的，人民法院依法予以支持。

第五十六条　买受人在出卖人正常经营活动中通过支付合理对价取得已被设立担保物权的动产，担保物权人请求就该动产优先受偿的，人民法院不予支持，但是有下列情形之一的除外：

（一）购买商品的数量明显超过一般买受人；

（二）购买出卖人的生产设备；

（三）订立买卖合同的目的在于担保出卖人或者第三人履行债务；

（四）买受人与出卖人存在直接或者间接的控制关系；

（五）买受人应当查询抵押登记而未查询的其他情形。

前款所称出卖人正常经营活动，是指出卖人的经营活动属于其营业执照明确记载的经营范围，且出卖人持续销售同类商品。前款所称担保物权人，是指已经办理登记的抵押权人、所有权保留买卖的出卖人、融资租赁合同的出租人。

第五十七条　担保人在设立动产浮动抵押并办理抵押登记后又购入或者以融资租赁方式承租新的动产，下列权利人为担保价款债权或者租金的实现而订立担保合同，并在该动产交付后十日内办理登记，主张其权利优先于在先设立的浮动抵押权的，人民法院应予支持：

（一）在该动产上设立抵押权或者保留所有权的出卖人；

（二）为价款支付提供融资而在该动产上设立抵押权的债权人；

（三）以融资租赁方式出租该动产的出租人。

买受人取得动产但未付清价款或者承租人以融资租赁方式占有租赁物但是未付清全部租金，又以标的物为他人设立担保物权，前款所列权利人为担保价款债权或者租金的实现而订立担保合同，并在该动产交付后十日内办理登记，主张其权利优先于买受人为他人设立的担保物权的，人民法院应予支持。

同一动产上存在多个价款优先权的，人民法院应当按照登记的时间先后确定清偿顺序。

第五十八条　以汇票出质，当事人以背书记载“质押”字样并在汇票上签章，汇票已经交付质权人的，人民法院应当认定质权自汇票交付质权人时设立。

第五十九条　存货人或者仓单持有人在仓单上以背书记载“质押”字样，并经保管人签章，仓单已经交付质权人的，人民法院应当认定质权自仓单交付质权人时设立。没有权利凭证的仓单，依法可以办理出质登记的，仓单质权自办理出质登记时设立。

出质人既以仓单出质，又以仓储物设立担保，按照公示的先后确定清偿顺序；难以确定先后的，按照债权比例清偿。

保管人为同一货物签发多份仓单，出质人在多份仓单上设立多个质权，按照公示的先后确定清偿顺序；难以确定先后的，按照债权比例受偿。

存在第二款、第三款规定的情形，债权人举证证明其损失系由出质人与保管人的共同行为所致，请求出质人与保管人承担连带赔偿责任的，人民法院应予支持。

第六十条 在跟单信用证交易中，开证行与开证申请人之间约定以提单作为担保的，人民法院应当依照民法典关于质权的有关规定处理。

在跟单信用证交易中，开证行依据其与开证申请人之间的约定或者跟单信用证的惯例持有提单，开证申请人未按照约定付款赎单，开证行主张对提单项下货物优先受偿的，人民法院应予支持；开证行主张对提单项下货物享有所有权的，人民法院不予支持。

在跟单信用证交易中，开证行依据其与开证申请人之间的约定或者跟单信用证的惯例，通过转让提单或者提单项下货物取得价款，开证申请人请求返还超出债权部分的，人民法院应予支持。

前三款规定不影响合法持有提单的开证行以提单持有人身份主张运输合同项下的权利。

第六十一条 以现有的应收账款出质，应收账款债务人向质权人确认应收账款的真实性后，又以应收账款不存在或者已经消灭为由主张不承担责任的，人民法院不予支持。

以现有的应收账款出质，应收账款债务人未确认应收账款的真实性，质权人以应收账款债务人为被告，请求就应收账款优先受偿，能够举证证明办理出质登记时应收账款真实存在的，人民法院应予支持；质权人不能举证证明办理出质登记时应收账款真实存在，仅以已经办理出质登记为由，请求就应收账款优先受偿的，人民法院不予支持。

以现有的应收账款出质，应收账款债务人已经向应收账款债权人履行了债务，质权人请求应收账款债务人履行债务的，人民法院不予支持，但是应收账款债务人接到质权人要求向其履行的通知后，仍然向应收账款债权人履行的除外。

以基础设施和公用事业项目收益权、提供服务或者劳务产生的债权以及其他将有的应收账款出质，当事人为应收账款设立特定账户，发生法定或者约定的质权实现事由时，质权人请求就该特定账户内的款项优先受偿的，人民法院应予支持；特定账户内的款项不足以清偿债务或者未设立特定账户，质权人请求折价或者拍卖、变卖项目收益权等将有的应收账款，并以所得的价款优先受偿的，人民法院依法予以支持。

第六十二条 债务人不履行到期债务，债权人因同一法律关系留置合法占有的第三人的动产，并主张就该留置财产优先受偿的，人民法院应予支持。第三人以该留置财产并非债务人的财产为由请求返还的，人民法院不予支持。

企业之间留置的动产与债权并非同一法律关系，债务人以该债权不属于企业持续经营中发生的债权为由请求债权人返还留置财产的，人民法院应予支持。

企业之间留置的动产与债权并非同一法律关系，债权人留置第三人的财产，第三人请求债权人返还留置财产的，人民法院应予支持。

四、关于非典型担保

第六十三条 债权人与担保人订立担保合同，约定以法律、行政法规尚未规定可以担保的财产权利设立担保，当事人主张合同无效的，人民法院不予支持。当事人未在法定的登记机构依法进行登记，主张该担保具有物权效力的，人民法院不予支持。

第六十四条 在所有权保留买卖中，出卖人依法有权取回标的物，但是与买受人协商不成，当事人请求参照民事诉讼法“实现担保物权案件”的有关规定，拍卖、变卖标的物的，人民法院应予准许。

出卖人请求取回标的物，符合民法典第六百四十二条规定的，人民法院应予支持；买受人以抗辩或者反诉的方式主张拍卖、变卖标的物，并在扣除买受人未支付的价款以及必要费用后返还剩余款项的，人民法院应当一并处理。

第六十五条 在融资租赁合同中，承租人未按照约定支付租金，经催告后在合理期限内仍不支付，出租人请求承租人支付全部剩余租金，并以拍卖、变卖租赁物所得的价款受偿的，人民法院应予支持；当事人请求参照民事诉讼法“实现担保物权案件”的有关规定，以拍卖、变卖租赁物所得价款支付租金的，人民法院应予准许。

出租人请求解除融资租赁合同并收回租赁物，承租人以抗辩或者反诉的方式主张返还租赁物价值超过欠付租金以及其他费用的，人民法院应当一并处理。当事人对租赁物的价值有争议的，应当按照下列规则确定租赁物的价值：

（一）融资租赁合同有约定的，按照其约定；

（二）融资租赁合同未约定或者约定不明的，根据约定的租赁物折旧以及合同到期后租赁物的残值来确定；

（三）根据前两项规定的方法仍然难以确定，或者当事人认为根据前两项规定的方法确定的价值严重偏离租赁物实际价值的，根据当事人的申请委托有资质的机构评估。

第六十六条 同一应收账款同时存在保理、应收账款质押和债权转让，当事人主张参照民法典第七百六十八条的规定确定优先顺序的，人民法院应予支持。

在有追索权的保理中，保理人以应收账款债权人或者应收账款债务人为被告提起诉讼，人民法院应予受理；保理人一并起诉应收账款债权人和应收账款债务人的，人民法院可以受理。

应收账款债权人向保理人返还保理融资款本息或者回购应收账款债权后，请求应收账款债务人向其履行应收账款债务的，人民法院应予支持。

第六十七条 在所有权保留买卖、融资租赁等合同中，出卖人、出租人的所有权未经登记不得对抗的"善意第三人"的范围及其效力，参照本解释第五十四条的规定处理。

第六十八条 债务人或者第三人与债权人约定将财产形式上转移至债权人名下，债务人不履行到期债务，债权人有权对财产折价或者以拍卖、变卖该财产所得价款偿还债务的，人民法院应当认定该约定有效。当事人已经完成财产权利变动的公示，债务人不履行到期债务，债权人请求参照民法典关于担保物权的有关规定就该财产优先受偿的，人民法院应予支持。

债务人或者第三人与债权人约定将财产形式上转移至债权人名下，债务人不履行到期债务，财产归债权人所有的，人民法院应当认定该约定无效，但是不影响当事人有关提供担保的意思表示的效力。当事人已经完成财产权利变动的公示，债务人不履行到期债务，债权人请求对该财产享有所有权的，人民法院不予支持；债权人请求参照民法典关于担保物权的规定对财产折价或者以拍卖、变卖该财产所得的价款优先受偿的，人民法院应予支持；债务人履行债务后请求返还财产，或者请求对财产折价或者以拍卖、变卖所得的价款清偿债务的，人民法院应予支持。

债务人与债权人约定将财产转移至债权人名下，在一定期间后再由债务人或者其指定的第三人以交易本金加上溢价款回购，债务人到期不履行回购义务，财产归债权人所有的，人民法院应当参照第二款规定处理。回购对象自始不存在的，人民法院应当依照民法典第一百四十六条第二款的规定，按照其实际构成的法律关系处理。

第六十九条 股东以将其股权转移至债权人名下的方式为债务履行提供担保，公司或者公司的债权人以股东未履行或者未全面履行出资义务、抽逃出资等为由，请求作为名义股东的债权人与股东承担连带责任的，人民法院不予支持。

第七十条 债务人或者第三人为担保债务的履行，设立专门的保证金账户并由债权人实际控制，或者将其资金存入债权人设立的保证金账户，债权人主张就账户内的款项优先受偿的，人民法院应予支持。当事人以保证金账户内的款项浮动为由，主张实际控制该账户的债权人对账户内的款项不享有优先受偿权的，人民法院不予支持。

在银行账户下设立的保证金分户，参照前款规定处理。

当事人约定的保证金并非为担保债务的履行设立，或者不符合前两款规定的情形，债权人主张就保证金优先受偿的，人民法院不予支持，但是不影响当事人依照法律的规定或者按照当事人的约定主张权利。

五、附则

第七十一条　本解释自 2021 年 1 月 1 日起施行。

扫描下方二维码获取民法典全文及新旧条文对照

图书在版编目（CIP）数据

民法典·物权判解研究与适用 / 何志著 . —北京：中国法制出版社，2021.5

（民法典判解研究与适用丛书）

ISBN 978-7-5216-1860-0

Ⅰ . ①民…　Ⅱ . ①何…　Ⅲ . ①物权法—法律解释—中国　②物权法—法律适用—中国　Ⅳ . ① D923.25

中国版本图书馆 CIP 数据核字（2021）第 086067 号

策划编辑：周琼妮（zqn-zqn@126.com）

责任编辑：周琼妮　　封面设计：杨泽江

民法典·物权判解研究与适用

MINFADIAN · WUQUAN PANJIE YANJIU YU SHIYONG

著者 / 何　志

经销 / 新华书店

印刷 / 三河市国英印务有限公司

开本 / 710 毫米 ×1000 毫米　16 开　　印张 / 43.75　字数 / 742 千

版次 / 2021 年 5 月第 1 版　　2021 年 5 月第 1 次印刷

中国法制出版社出版

书号 ISBN 978-7-5216-1860-0　　定价：158.00 元

北京西单横二条 2 号　邮政编码 100031　　传真：010-66031119

网址：http://www.zgfzs.com　　**编辑部电话：010-66067023**

市场营销部电话：010-66033393　　**邮购部电话：010-66033288**

（如有印装质量问题，请与本社印务部联系调换。电话：010-66032926）